2026 대비

COMPACT 변시 진도별 민사소송법 선택연습 (모의편)

변호사/법학박사 이관형 공저
변호사　　　　송재광 공저

머리말

　민사소송법 선택형 기출문제집은 제2판에서 전면 개정을 하여, 제1판에서 부족했던 부분을 수정 보완하고 선지 하나하나의 해설을 충실히 하였습니다. 그리고 문제의 배열은 크게 두 가지 기준으로 분류를 새롭게 하였습니다. 하나는 단답형 유형과 사례형 유형의 선택형 문제로 나누었습니다. 이는 제14회 변호사시험 민사법 선택형에서 사례형 유형의 문항수가 많이 증가하였고, 이를 효과적으로 대비하기 위함입니다. 진도별에서 단답형 유형은 전반부, 사례형 유형은 후반부에 배치하여 난이도가 점점 상승하도록 구성하였습니다. 학습이 아직 부족하신 분들은 단답형 유형을 학습하시다가, 이후 사례형 유형을 풀어보면서 실력을 향상하시면 됩니다. 그리고 같은 유형에서는 먼저 출제된 문항을 배치하여 통시적으로 학습할 수 있도록 하였습니다. 제2판부터는 송재광 변호사가 전면적으로 참여하여, 공동 저자로 이 책을 출간하게 되었습니다. 저자의 큰 복이고 늘 감사하게 생각합니다. 책임감 있는 자세로 빠르고 정확한 해설서를 출간할 수 있도록 다짐해 봅니다. 이 책으로 학습하시는 모든 분에게 합격의 순간이 찾아오기를 기원합니다.

이관형 변호사, 법학박사 & 송재광 변호사 올림

목 차

제1편 총론

제1장 민사소송상 신의칙 ··· 3
제2장 소송을 갈음하는 분쟁해결제도 및 간이소송절차 ································ 4

제2편 소송의 주체

제1장 법원 ··· 9
  제1절 법관의 제척·기피·회피 ·· 9
  제2절 관할 ·· 14
제2장 당사자 ··· 29
  제1절 당사자의 확정 ·· 29
  제2절 당사자의 능력과 적격 ·· 34
  제3절 소송상의 대리인 ·· 62

제3편 제1심 소송절차

제1장 소송의 개시 ··· 69
  제1절 소의 의의와 종류, 소송요건 ·· 69
  제2절 소장심사와 소제기 이후의 법원의 조치 ·· 83
  제3절 소제기의 효과 ·· 87
    제1항 절차법상의 효과(중복소제기의 금지, 일부청구, 상계항변) ········ 87
    제2항 실체법상의 효과(시효중단·기간준수) ·· 94
제2장 변론(심리(審理)) ··· 98

제1절 심리 ··· 98
제2절 송달 ··· 117
제3절 증거 ··· 125

제4편 소송의 종료

제1장 당사자의 행위에 의한 종료 ··· 157
제2장 종국판결에 의한 종료 ··· 174

제5편 병합소송

제1장 병합청구소송(객관적 병합) ··· 201
제2장 다수당사자소송(주관적 병합) ······································· 232

제6편 상소심절차

제1장 상소 ··· 297
제2장 항소 ··· 303
제3장 상고 ··· 310
제4장 항고 ··· 313
제5장 재심절차 ··· 314

제7편 민사집행법 / 321

판례색인 ··· 335

COMPACT 변시 진도별 민사소송법선택연습(모의편)

제1편
총론

제1장 민사소송상 신의칙

1. 민사소송법상 신의성실의 원칙에 관한 설명 중 옳지 않은 것은? (다툼이 있는 경우 판례에 의함)

[2021년 10월 모의]

① 한쪽 당사자가 다른 청구에 관하여 관할만 발생시킬 목적으로 본래 제소할 의사가 없는 청구를 병합한 것이 명백한 경우에는 관할선택권의 남용으로서 신의칙에 위배되므로, 관련재판적 규정을 적용할 수 없다.
② 특정한 권리나 법률관계에 관하여 분쟁이 있더라도 제소하지 않기로 한 합의에 위반하여 제기한 소는 권리보호의 이익이 없다.
③ 항소심에서 항소인의 추완항소를 받아들여 심리 결과 본안판단에서 항소가 이유 없다고 기각하자 항소인이 상고이유에서 추완항소의 부적법을 주장하는 것은 허용될 수 없다.
④ 무효인 공정증서상 집행채무자로 표시된 자가 그 공정증서를 집행권원으로 한 경매절차 진행 중 변제를 주장하여 매각허가결정에 대한 항고를 하고 매각대금까지 배당받은 후 매수인에 대하여 공정증서의 무효를 이유로 강제경매도 무효라고 주장하더라도 이는 신의칙에 위반되지 않는다.
⑤ 신의성실의 원칙에 반하는 것은 강행규정에 위배되는 것이므로 법원은 당사자의 주장이 없더라도 직권으로 판단할 수 있다.

해설

① (O) 민사소송의 일방 당사자가 다른 청구에 관하여 관할만을 발생시킬 목적으로 본래 제소할 의사 없는 청구를 병합한 것이 명백한 경우에는 관할선택권의 남용으로서 신의칙에 위배되어 허용될 수 없으므로, 그와 같은 경우에는 관련재판적에 관한 민소법 제25조의 규정을 적용할 수 없다(대법원 2011.09.29. 자 2011마62 결정).
② (O) 특정한 권리나 법률관계에 관하여 분쟁이 있어도 제소하지 아니하기로 합의(이하 '부제소 합의'라고 한다)한 경우 이에 위배되어 제기된 소는 권리보호의 이익이 없고, 또한 당사자와 소송관계인은 신의에 따라 성실하게 소송을 수행하여야 한다는 신의성실의 원칙(민소법 제1조 제2항)에도 어긋나는 것이므로, 소가 부제소 합의에 위배되어 제기된 경우 법원은 직권으로 소의 적법 여부를 판단할 수 있다(대법원 2013.11.28. 선고 2011다80449 판결).
③ (O) 원심에서 피고의 추완항소를 받아들여 심리 결과 본안판단에서 피고의 항소가 이유 없다고 기각하자 추완항소를 신청했던 피고 자신이 이제 상고이유에서 그 부적법을 스스로 주장하는 것은 허용될 수 없다(대법원 1995.01.24. 선고 93다25875 판결).
④ (X) 무효인 공정증서상에 집행채무자로 표시된 자가 그 공정증서를 채무명의로 한 경매절차가 진행되고 있는 동안에 공정증서의 무효를 주장하여 경매절차를 저지할 수 있었음에도 불구하고 그러한 주장을 일체 하지 않고 이를 방치하였을 뿐 아니라, 오히려 공정증서가 유효임을 전제로 변제를 주장하여 경락허가결정에 대한 항고절차를 취하였고 경락허가결정확정 후에 경락대금까지 배당받았다면, 특별한 사정이 없는 한 집행채무자로 표시된 자는 경락인에 대하여 그 공정증서가 유효하다는 신뢰를 부여한 것으로서 객관적으로 보아 경락인으로서는 이와 같은 신뢰를 갖는 것이 상당하므로, 그 후 집행채무자로 표시된 자가 경락인에 대하여 공정증서의 무효임을 이유로 이에 기하여 이루어진 강제경매도 무효라고 주장하는 것은 금반언 및 신의칙에 위반된다(대법원 1992.07.28. 선고 92다7726 판결).
⑤ (O) 신의성실의 원칙에 반하는 것 또는 권리남용은 강행규정에 위배되는 것이므로 당사자의 주장이 없더라도 법원은 직권으로 판단할 수 있다(대법원 1995.12.22. 선고 94다42129 판결).

정답 ④

제2장 소송을 갈음하는 분쟁해결제도 및 간이소송절차

1. 중재에 관한 다음 설명 중 옳지 <u>않은</u> 것은? (다툼이 있는 경우 판례에 의함) [2022년 08월 모의]

① 중재란 당사자가 분쟁해결을 제3자인 중재인에게 맡기기로 합의하여 법원의 판단이 아닌 중재인의 판단에 따라 분쟁을 종결시키는 분쟁해결수단이다.
② 중재판정이 집행권원이 되기 위해서는 중재법에 따라 그 중재판정을 승인하고 집행을 허가하는 법원의 결정이 필요하다.
③ 중재판정에 대한 불복은 법원에 중재판정 취소의 소를 제기하는 방법으로 할 수 있는데, 중재법이 정한 그 취소사유는 판결에 대한 재심사유 및 화해조서에 대한 준재심사유와 같다.
④ 국제상거래에서 중재가 활발히 이용되는 이유 중 하나는, '외국중재판정의 승인 및 집행에 관한 협약'에 의하여, 체약국의 법원이 다른 체약국에서 행해진 중재판단에 대하여 원칙적으로 승인 및 집행을 허용하도록 의무지워져 있고, 대부분의 주요국가들이 이 협약에 가입하였기 때문이다.
⑤ 한국에는 중재법에 기하여 대한상사중재원이 설치되어 있다.

해설

① (O) "중재"란 당사자 간의 합의로 재산권상의 분쟁 및 당사자가 화해에 의하여 해결할 수 있는 비재산권상의 분쟁을 법원의 재판에 의하지 아니하고 중재인의 판정에 의하여 해결하는 절차를 말한다(중재법 제3조 제1호).
② (O) 중재판정은 제38조 또는 제39조에 따른 승인 거부사유가 없으면 승인된다. 다만, 당사자의 신청이 있는 경우에는 법원은 중재판정을 승인하는 결정을 할 수 있다(중재법 제37조 제1항). 중재판정에 기초한 집행은 당사자의 신청에 따라 법원에서 집행결정으로 이를 허가하여야 할 수 있다(중재법 제37조 제2항).
③ (X) 중재법 제36조 제2항에서 정한 그 취소사유는 판결에 대한 재심사유(민소법 제451조) 및 화해조서에 대한 준재심사유(민소법 제461조)와 다르다.
④ (O) 각 체약국은 중재판정을 다음 조항에 규정한 조건하에서 구속력 있는 것으로 승인하고 그 판정이 원용될 영토의 절차 규칙에 따라서 그것을 집행하여야 한다. 이 협약이 적용되는 중재판정의 승인 또는 집행에 있어서는 내국 중재판정의 승인 또는 집행에 있어서 부과하는 것보다 실질적으로 엄중한 조건이나 고액의 수수료 또는 과징금을 부과하여서는 아니된다(외국 중재판정의 승인 및 집행에 관한 협약 제3조).
⑤ (O) 정부는 이 법에 따라 국내외 상사분쟁을 공정·신속하게 해결하고 국제거래질서를 확립하기 위하여 법무부장관 또는 산업통상자원부장관이 지정하는 상사중재를 하는 사단법인에 대하여 필요한 경비의 전부 또는 일부를 보조할 수 있다(중재법 제40조).

정답 ③

2. 비송(非訟)에 대한 다음 설명 중 옳지 않은 것은? (다툼이 있는 경우에는 판례에 의함) [2022년 10월 모의]

① 법원이 담당하여 처리하는 민사사건 중 소송절차로 처리하지 않는 사건을 비송사건이라고 한다.
② 비송사건의 범위 및 절차를 정한 법률이 비송사건절차법이다.
③ 비송사건절차법은 법인, 신탁, 공탁에 관한 사항, 그리고 회사의 경매, 사채(社債), 청산, 상업등기 등에 관한 사항들을 적용 대상으로 나열하고 있다.
④ 가사소송법상의 비송사건에서는 비송사건절차법을 준용하지 않는다.
⑤ 비송사건은 쌍방대립주의가 아니라 편면주의가 원칙이다.

> **해설**
>
> ① (○) 민사소송은 소송절차로 처리하는 사건이고, 소송절차로 처리하지 않는 사건을 비송사건이라 한다.
> ② (○) 비송사건의 범위 및 절차를 정한 법률이 비송사건절차법이다
> ③ (○) 비송사건절차법은 법인, 신탁, 공탁에 관한 사항, 그리고 회사의 경매, 사채(社債), 청산, 상업등기 등에 관한 사항들을 적용 대상으로 나열하고 있다.
> ④ (✕) 가사소송법상의 비송사건에서는 가사소송법 제34조에 따라 가사소송법에 특별한 규정이 없으면 「비송사건절차법」 제1편을 준용한다. 다만, 「비송사건절차법」 제15조는 준용하지 아니한다.
> ⑤ (○) 당사자의 변론에만 의존하는 것이 아니고, 법원이 자기의 권능과 책임으로 재판의 기초가 되는 자료를 수집하는, 이른바 직권탐지주의가 적용되므로, 편면주의가 원칙이다.   **정답** ④

3. 민사소송과 다른 소송과의 관계에 관한 설명 중 옳지 않은 것은? (다툼이 있는 경우 판례에 의함) [2024년 08월 모의]

① 비송사건이 민사소송의 방법으로 청구되었으나 법령의 규정상 비송사건임이 명확하지 않은 경우에, 수소법원은 당사자에게 석명을 구하여 비송사건으로 처리해 주기를 바라는 의사도 포함되어 있다면, 비송사건 신청으로 보아 재배당을 거쳐 비송사건으로 심리·판단하여야 하고 그 비송사건에 대한 토지관할이 없을 때에는 관할법원에 이송할 수 있다.
② 가사소송법 제2조 제1항에 의하여 가사소송사건 또는 가사비송사건으로 규정된 경우에도 이혼을 원인으로 한 손해배상청구와 같이 그 성격이 민사사건인 경우에는 가정법원의 전속관할에 속하지 않는다.
③ 민사재판에 있어서 확정된 형사판결에서 인정된 사실은 특별한 사정이 없는 한 유력한 증거자료가 된다.
④ 행정소송의 제소기간을 도과하여 행정소송사건을 민사소송으로 제기한 경우, 수소법원은 관할 법원에 이송할 것이 아니라 각하하여야 한다.
⑤ 민사소송에서 행정처분의 당연무효 여부가 선결문제로 된 경우 수소법원이 이를 심리·판단할 수 있다.

> **해설**
>
> ① (○) 비송사건절차법에 규정된 비송사건을 민사소송의 방법으로 청구하는 것은 허용되지 않는다. 그러나 소송사건과 비송사건의 구별이 항상 명확한 것은 아니고, 비송사건절차법이나 다른 법령에 비송사건임이 명확히 규정되어 있지 않은 경우 당사자로서는 비송사건임을 알기 어렵다. 이러한 경우 수소법원은 당사자

에게 석명을 구하여 당사자의 소제기에 사건을 소송절차로만 처리해 달라는 것이 아니라 비송사건으로 처리해 주기를 바라는 의사도 포함되어 있음이 확인된다면, 당사자의 소제기를 비송사건 신청으로 보아 재배당 등을 거쳐 비송사건으로 심리·판단하여야 하고 그 비송사건에 대한 토지관할을 가지고 있지 않을 때에는 관할법원에 이송하는 것이 타당하다(대법원 2023.09.14. 선고 2020다238622 판결).

② (×)
1) 이혼의 무효·취소 또는 이혼을 원인으로 하는 손해배상청구(제3자에 대한 청구를 포함한다) 및 원상회복의 청구는 현행 가사소송법 제2조 제1항 제1호 다목 2)에 해당한다.
2) 이혼을 원인으로 하는 손해배상청구는 제3자에 대한 청구를 포함하여 가사소송법 제2조 제1항 (가)목 (3) 다류 2호의 가사소송사건으로서 가정법원의 전속관할에 속한다. 그런데 원심이 인용한 제1심판결 이유에 의하면, 원고의 피고에 대한 이 사건 청구는 피고와 원고의 배우자 사이의 부정한 행위로 인하여 원고가 배우자와 협의이혼을 함으로써 원고의 혼인관계가 파탄에 이르렀음을 원인으로 위자료 3,000만 원 및 이에 대한 지연손해금의 지급을 구하는 손해배상청구임을 알 수 있는바, 이러한 청구는 이혼을 원인으로 하는 제3자에 대한 손해배상청구에 해당하고, 가정법원의 전속관할에 속한다(대법원 2010.03.25. 선고 2009다102964 판결).

③ (○) 원래 민사재판에 있어서는 형사재판의 사실인정에 구속을 받는 것이 아니라고 하더라도 동일한 사실관계에 관하여 이미 확정된 형사판결이 유죄로 인정한 사실은 유력한 증거자료가 되므로 민사재판에서 제출된 다른 증거들에 비추어 형사재판의 사실판단을 채용하기 어렵다고 인정되는 특별한 사정이 없는 한 이와 반대되는 사실을 인정할 수 없다(대법원 1995.01.12. 선고 94다39215 판결).

④ (○) 행정소송법 제7조는 원고의 고의 또는 중대한 과실 없이 행정소송이 심급을 달리하는 법원에 잘못 제기된 경우에 민소법 제31조 제1항을 적용하여 이를 관할법원에 이송하도록 규정하고 있을 뿐 아니라, 관할 위반의 소를 부적법하다고 하여 각하하는 것보다 관할법원에 이송하는 것이 당사자의 권리구제나 소송경제의 측면에서 바람직하므로, 원고가 고의 또는 중대한 과실 없이 행정소송으로 제기하여야 할 사건을 민사소송으로 잘못 제기한 경우, 수소법원으로서는 만약 그 행정소송에 대한 관할도 동시에 가지고 있다면 이를 행정소송으로 심리·판단하여야 하고, 그 행정소송에 대한 관할을 가지고 있지 아니하다면 당해 소송이 이미 행정소송으로서의 전심절차 및 제소기간을 도과하였거나 행정소송의 대상이 되는 처분 등이 존재하지도 아니한 상태에 있는 등 행정소송으로서의 소송요건을 결하고 있음이 명백하여 행정소송으로 제기되었더라도 어차피 부적법하게 되는 경우가 아닌 이상 이를 부적법한 소라고 하여 각하할 것이 아니라 관할법원에 이송하여야 한다(대법원 1997.05.30. 선고 95다28960 판결).

⑤ (○) 민사소송에 있어서 어느 행정처분의 당연무효 여부가 선결문제로 되는 때에는 이를 판단하여 당연무효임을 전제로 판결할 수 있고 반드시 행정소송 등의 절차에 의하여 그 취소나 무효확인을 받아야 하는 것은 아니다(대법원 1972.10.10. 선고 71다2279 판결).

정답 ②

COMPACT 변시 진도별 민사소송법선택연습(모의편)

제2편
소송의 주체

제1장 법원

제1절 법관의 제척 · 기피 · 회피

1. 법관의 제척사유에 해당하는 것을 모두 고른 것은? (다툼이 있는 경우 판례에 의함) [2020년 06월 모의]

> ㄱ. 항소심 법관이 당해 항소사건의 제1심 절차의 변론과 증거조사에 관여하고 판결의 합의와 판결서의 작성에는 관여하지 않은 경우
> ㄴ. 확정판결에 대한 재심소송을 담당하는 법관이 그 대상 사건의 심리와 판결에 관여한 경우
> ㄷ. 종중이 당사자인 사건에 대한 합의부 구성 법관 3인 중 1인이 그 종중의 구성원인 경우
> ㄹ. 법관과 당사자 일방이 부부였으나 이혼한 사이인 경우
> ㅁ. 법관과 당사자 일방의 변호사인 소송대리인이 부부인 경우
> ㅂ. 재판장이 절차를 밟지 않은 증인신청을 철회할 것을 종용하고 변론을 종결할 의향을 표시한 경우
> ㅅ. 법관이 당해 사건의 사실관계와 관련 있는 형사사건의 심리와 판결에 관여한 경우

① ㄱ, ㄴ, ㅂ
② ㄷ, ㄹ
③ ㄱ, ㄹ, ㅁ
④ ㅂ, ㅅ
⑤ ㄴ, ㄷ, ㅁ, ㅅ

해설

ㄱ. (×) 법관이 전심판결에 관여하였다 함은 그 전심최종 변론에 관여하여 판결의 평결에 관여하였음을 말하며 그 이전의 변론이나 증거조사에 관여한 경우를 포함하지 않는다(대법원 1971.02.23. 선고 70다2938 판결).

ㄴ. (×)
  1) 재심대상재판에 관여한 법관이 나아가 그 재심사건의 재판에 관여하여도 이를 제척사유에 해당한다고 볼 수 없다(대법원 1987.07.28. 자 87마590 결정).
  2) '이전심급의 재판'은 상소에 의하여 상소심의 심판대상이 되어있는 하급심의 모든 재판을 말한다. 법관이 같은 심급의 재판에 관여한 때에는 제척사유에 해당하지 않는다. 재심의 소는 재심을 제기할 판결을 한 법원의 전속관할로 하므로(민소법 제453조 제1항) '재심대상재판'과 '재심사건의 재판'은 동일심급이다.

ㄷ. (○) 종중 규약을 개정한 종중 총회 결의에 대한 무효확인을 구하는 소가 제기되었는데 원심 재판부를 구성한 판사 중 1인이 당해 종중의 구성원인 사안에서, 그 판사는 민소법 제41조 제1호에 정한 '당사자와 공동권리자 · 공동의무자의 관계에 있는 자'에 해당한다(대법원 2010.05.13. 선고 2009다102254 판결).

ㄹ. (○) 법관은 법관 또는 그 배우자나 배우자이었던 사람이 사건의 당사자가 되거나, 사건의 당사자와 공동권리자 · 공동의무자 또는 상환의무자의 관계에 있는 때에는 직무집행에서 제척된다(민소법 제41조 제1호).

ㅁ. (×) 법관이 사건당사자의 대리인이었거나 대리인이 된 때에는 직무집행에서 제척된다(민소법 제41조 제4호).

ㅂ. (×) 법관이 사건에 관하여 증언이나 감정을 하였을 때에는 직무집행에서 제척된다(민소법 제41조 제3호).

ㅅ. (×) 원심재판장이 본건 소유권이전등기말소청구소송과 동일내용의 다른 사건에 관하여 그 사건의 피고들에게 패소판결을 하였다 하여도 그것만으로 법관제척이나 기피사유가 있다고 할 수 없다(대법원 1984.05.15. 선고 83다카2009 판결).

정답 ②

2. 법관의 제척에 관한 설명 중 옳지 않은 것은? (다툼이 있는 경우 판례에 의함) [2020년 08월 모의]

① A사건에 대하여 제1심 법원의 재판장으로 판결을 한 판사가 대법관으로 임명된 경우에 그 판사는 A사건의 상고심에 관여할 수 없다.
② 제1심에서 A사건의 재판장에 대한 기피신청사건에 관여한 판사는 제2심에서 A사건의 합의부원으로 사건에 관여할 수 있다.
③ 甲 종중의 종중재산 처분에 관한 甲 종중 총회결의의 무효확인을 구하는 소송에서 甲 종중의 구성원인 판사는 사건에 관여할 수 없다.
④ A사건의 판결에 관여한 판사가 A사건의 재심에 관여하는 것은 허용되지 않는다.
⑤ A사건의 변론준비나 증거조사에 관여한 판사는 A사건의 상급심 재판에 관여할 수 있다.

해설

① (○) 법관이 불복사건의 이전심급의 재판에 관여하였을 때에는 직무집행에서 제척된다(민소법 제41조 제5호).
② (○) 본안사건의 재판장에 대한 기피신청사건의 재판에 관여한 법관이 다시 위 본안사건에 관여한다 하더라도 이는 민소법 제37조 제5호 소정의 전심재판관여에는 해당하지 아니한다(대법원 1991.12.27. 자 91마631 결정).
③ (○) 종중 규약을 개정한 종중 총회결의에 대한 무효확인을 구하는 소가 제기되었는데 원심 재판부를 구성한 판사 중 1인이 당해 종중의 구성원인 사안에서, 그 판사는 민소법 제41조 제1호에 정한 '당사자와 공동권리자 · 공동의무자의 관계에 있는 자'에 해당한다(대법원 2010.05.13. 선고 2009다102254 판결).
④ (×)
  1) 재심대상재판에 관여한 법관이 나아가 그 재심사건의 재판에 관여하여도 이를 제척사유에 해당한다고 볼 수 없다(대법원 1987.07.28. 자 87마590 결정).
  2) '이전심급의 재판'은 상소에 의하여 상소심의 심판대상이 되어있는 하급심의 모든 재판을 말한다. 법관이 같은 심급의 재판에 관여한 때에는 제척사유에 해당하지 않는다. 재심의 소는 재심을 제기할 판결을 한 법원의 전속관할로 하므로(민소법 제453조 제1항) '재심대상재판'과 '재심사건의 재판'은 동일심급이다.
⑤ (○) 법관이 전심판결에 관여하였다 함은 그 전심최종 변론에 관여하여 판결의 평결에 관여하였음을 말하며 그 이전의 변론이나 증거조사에 관여한 경우를 포함하지 않는다(대법원 1971.02.23. 선고 70다2938 판결).

정답 ④

3. 법관의 제척 · 기피에 관한 설명으로 옳지 않은 것은? (다툼이 있는 경우에는 판례에 의함) [2021년 06월 모의]

① 피고 종중의 회장 등 그 임원을 선출하고, 그 종중 규약을 개정하는 결의의 무효확인을 구하는 소에서 법관이 피고 종중의 종중원이라는 사실은 제척이유에 해당한다.
② 법관 제척의 이유가 되는 전심관여는 최종변론과 판결의 합의에 관여하거나 종국판결과 더불어 상급심의 판단을 받는 중간적인 재판에 관여하는 것은 물론 최종변론 전의 변론이나 증거조사 또는 기일지정의 재판에 관여하는 경우도 포함된다.
③ 재심사건에 있어서 그 재심의 대상으로 삼고 있는 원재판은 법관의 제척이유에 해당하는 '불복사건의 이전심급의 재판'에 해당하지 않는다.
④ 평균적 일반인으로서의 당사자의 관점에서 법관이 불공정한 재판을 할 수 있다는 의심을 가질 만한 객관적인 사정이 있는 때에는 실제로 법관에게 편파성이 존재하지 아니하거나 헌법과 법률이

정한 바에 따라 공정한 재판을 할 수 있는 경우에도 기피가 인정될 수 있다.
⑤ 소송당사자 일방이 재판장의 변경에 따라 소송대리인을 교체하였다 하더라도 그와 같은 사유는 법관의 기피를 위한 '재판의 공정을 기대하기 어려운 객관적인 사정이 있는 때'에 해당한다고 할 수 없다.

해설

① (O) 종중 규약을 개정한 종중 총회결의에 대한 무효확인을 구하는 소가 제기되었는데 원심 재판부를 구성한 판사 중 1인이 당해 종중의 구성원인 사안에서, 그 판사는 민소법 제41조 제1호에 정한 '당사자와 공동권리자·공동의무자의 관계에 있는 자'에 해당한다(대법원 2010.05.13. 선고 2009다102254 판결).

② (X) 법관의 제척 원인이 되는 전심관여란 최종변론과 판결의 합의에 관여하거나 종국판결과 더불어 상급심의 판단을 받는 중간인 재판에 관여함을 말하는 것이고 최종변론 전의 변론이나 증거조사 또는 기일지정과 같은 소송지휘상의 재판 등에 관여한 경우는 포함되지 않는다(대법원 1997.06.13. 선고 96다56115 판결).

③ (O)
1) 재심대상재판에 관여한 법관이 나아가 그 재심사건의 재판에 관여하여도 이를 제척사유에 해당한다고 볼 수 없다(대법원 1987.07.28. 자 87마590 결정).
2) '이전심급의 재판'은 상소에 의하여 상소심의 심판대상이 되어있는 하급심의 모든 재판을 말한다. 법관이 같은 심급의 재판에 관여한 때에는 제척사유에 해당하지 않는다. 재심의 소는 재심을 제기할 판결을 한 법원의 전속관할로 하므로(민소법 제453조 제1항) '재심대상재판'과 '재심사건의 재판'은 동일심급이다.

④ (O) 평균적 일반인으로서의 당사자의 관점에서 위와 같은 의심을 가질 만한 객관적인 사정이 있는 때에는 실제로 법관에게 편파성이 존재하지 아니하거나 헌법과 법률이 정한 바에 따라 공정한 재판을 할 수 있는 경우에도 기피가 인정될 수 있다(대법원 2019.01.04. 자 2018스563 결정).

⑤ (O) 소송당사자 일방이 재판장의 변경에 따라 소송대리인을 교체하였다 하더라도 그와 같은 사유가 재판의 공정을 기대하기 어려운 객관적인 사정이 있는 때에 해당할 수 없다(대법원 1992.12.30. 자 92마783 결정).

정답 ②

4. 민사재판권에 관한 설명 중 옳지 않은 것은? (다툼이 있는 경우 판례에 의함)　　　[2021년 10월 모의]

① 우리나라 영토 내에서 행해진 외국의 사법적 행위에 대하여는 재판권의 행사가 외국의 주권적 활동에 대한 부당한 간섭이 될 우려가 있다는 등의 특별한 사정이 없는 한, 그 국가를 피고로 우리나라 법원이 재판권을 행사할 수 있다.
② 우리나라 법원에 외국을 제3채무자로 하는 추심명령에 대한 재판권이 인정되지 않는 경우에는 추심금 소송에 대한 재판권도 인정되지 않는다.
③ 국제재판관할을 결정할 때는 개별 사건에서 법정지와 당사자 및 분쟁이 된 사안의 실질적 관련성을 객관적인 기준으로 삼아 합리적으로 판단하여야 한다.
④ 제조물책임소송에서 손해발생지 법원에 국제재판관할권이 있는지를 판단할 때는 제조업자가 손해발생지에서 사고가 발생하여 그 지역의 법원에 제소될 것임을 합리적으로 예견할 수 있을 정도로 제조업자와 손해발생지 사이에 실질적 관련성이 있는지를 고려하여야 한다.
⑤ 대한민국 법원의 관할을 배제하고 외국법원을 관할법원으로 하는 국제재판관할 합의는 당해 사건이 대한민국 법원의 전속관할에 속하는 경우에도 지정된 외국법원이 그 외국법상 당해 사건에 대하여 관할권을 가지는 한 유효하다.

해설

① (○) 우리나라의 영토 내에서 행하여진 외국의 사법적 행위가 주권적 활동에 속하는 것이거나 이와 밀접한 관련이 있어서 이에 대한 재판권의 행사가 외국의 주권적 활동에 대한 부당한 간섭이 될 우려가 있다는 등의 특별한 사정이 없는 한, 외국의 사법적(私法的) 행위에 대하여는 당해 국가를 피고로 하여 우리나라의 법원이 재판권을 행사할 수 있다(대법원 1998.12.17. 선고 97다39216 판결).
② (○) 우리나라 법원이 외국을 제3채무자로 하는 추심명령에 대하여 재판권을 행사할 수 있는 경우에는 그 추심명령에 기하여 외국을 피고로 하는 추심금 소송에 대하여도 역시 재판권을 행사할 수 있다고 할 것이고, 반면 추심명령에 대한 재판권이 인정되지 않는 경우에는 추심금 소송에 대한 재판권 역시 인정되지 않는다(대법원 2011.12.13. 선고 2009다16766 판결).
③ (○) 국제재판관할은 개별 사건에서 법정지와 당사자 사이의 실질적 관련성 및 법정지와 분쟁이 된 사안 사이의 실질적 관련성을 객관적인 기준으로 삼아 합리적으로 판단하여야 한다(대법원 2013.07.12. 선고 2006다17539 판결).
④ (○) 물품을 제조·판매하는 제조업자에 대한 제조물책임소송에서 손해발생지 법원에 국제재판관할권이 있는지를 판단하는 경우에는 제조업자가 손해발생지에서 사고가 발생하여 그 지역의 법원에 제소될 것임을 합리적으로 예견할 수 있을 정도로 제조업자와 손해발생지 사이에 실질적 관련성이 있는지를 고려하여야 한다(대법원 2013.07.12. 선고 2006다17539 판결).
⑤ (✕) 대한민국 법원의 관할을 배제하고 외국의 법원을 관할법원으로 하는 전속적인 국제관할 합의가 유효하기 위하여는, 당해 사건이 대한민국 법원의 전속관할에 속하지 아니하고, 지정된 외국법원이 그 외국법상 당해 사건에 대하여 관할권을 가져야 하는 외에, 당해 사건이 그 외국법원에 대하여 합리적인 관련성을 가질 것이 요구된다(대법원 1997.09.09. 선고 96다20093 판결). **정답 ⑤**

5. 법관의 제척에 관한 설명 중 옳지 않은 것은? (다툼이 있는 경우 판례에 의함) [2023년 10월 모의]

① 법관 또는 그 배우자나 배우자이었던 사람이 사건의 당사자가 되는 경우에 법관은 직무집행에서 제척된다.
② 종중 총회결의에 대한 무효확인을 구하는 소가 제기되었는데 재판부를 구성한 판사 중 1인이 당해 종중의 구성원이라고 하여도 그 판사에게 제척의 이유가 있다고는 볼 수 없다.
③ 법관이 전심사건의 최종변론 전 변론이나 증거조사 또는 기일지정에 관여한 경우는 제척의 이유가 되는 전심관여에 해당하지 않는다.
④ 재심사건에서 재심의 대상이 된 원재판에 관여한 법관이 다시 재심사건의 재판에 관여하는 것은 제척의 이유에 해당하지 않는다.
⑤ 제척의 이유가 있는 법관이 판결에 관여한 경우에는 절대적 상고이유에 해당한다.

해설

① (○) 법관은 법관 또는 그 배우자나 배우자이었던 사람이 사건의 당사자가 되거나, 사건의 당사자와 공동권리자·공동의무자 또는 상환의무자의 관계에 있는 때에는 직무집행에서 제척된다(민소법 제41조 제1호).
② (✕) 종중 규약을 개정한 종중 총회결의에 대한 무효확인을 구하는 소가 제기되었는데 원심 재판부를 구성한 판사 중 1인이 당해 종중의 구성원인 사안에서, 그 판사는 민소법 제41조 제1호에 정한 '당사자와 공동권리자·공동의무자의 관계에 있는 자'에 해당한다(대법원 2010.05.13. 선고 2009다102254 판결).
③ (○) 법관의 제척원인이 되는 전심관여란 최종변론과 판결의 합의에 관여하거나 종국판결과 더불어 상급심의 판단을 받는 중간적인 재판에 관여함을 말하는 것이고 최종변론 전의 변론이나 증거조사 또는 기

일지정과 같은 소송지휘상의 재판 등에 관여한 경우는 포함되지 않는다(대법원 1997.06.13. 선고 96다56115 판결).

④ (O)
1) 재심대상재판에 관여한 법관이 나아가 그 재심사건의 재판에 관여하여도 이를 제척사유에 해당한다고 볼 수 없다(대법원 1987.07.28. 자 87마590 결정).
2) '이전심급의 재판'은 상소에 의하여 상소심의 심판대상이 되어있는 하급심의 모든 재판을 말한다. 법관이 같은 심급의 재판에 관여한 때에는 제척사유에 해당하지 않는다. 재심의 소는 재심을 제기할 판결을 한 법원의 전속관할로 하므로(민소법 제453조 제1항) '재심대상재판'과 '재심사건의 재판'은 동일심급이다.

⑤ (O) 민소법 제424조 제1항 제2호가 절대적 상고이유로 규정하고 있는 '법률에 따라 판결에 관여할수 없는 판사가 판결에 관여한 때'라 함은 법률상 당연히 직무집행에서 제척되는 법관(민소법 제41조)이나 기피신청이 이유 있다고 하는 재판이 확정된 법관(민소법 제43조)이 판결에 관여한 경우, 상고심에서 파기된 원심판결에 관여한 법관이 환송 후 재판에 관여한 경우(민소법 제436조 제3항) 등을 말한다(대법원 2020.01.09. 선고 2018다229212 판결).

정답 ②

6. 법원에 관한 설명 중 옳은 것을 모두 고른 것은? (다툼이 있는 경우 판례에 의함) [2024년 08월 모의]

ㄱ. 항소심에서 제척이유가 있는 법관이 소송에 관여하였음을 이유로 상고하였더라도 판결에 영향이 없다면 심리불속행으로 인한 상고기각판결을 하여야 한다.
ㄴ. 상고심에서 파기환송되기 전의 원심판결에 관여한 법관은 파기환송된 사건에 관여하지 못한다.
ㄷ. 제척신청에 정당한 이유가 있다는 결정에 대하여는 즉시항고를 할 수 있다.
ㄹ. 종중 규약을 개정한 종중 총회 결의에 대한 무효확인을 구하는 소가 제기되었는데 원심 재판부를 구성한 판사 중 1인이 당해 종중의 구성원인 경우, 그 판사는 「민사소송법」 제41조 제1호에 정한 '당사자와 공동권리자·공동의무자의 관계에 있는 자'에 해당하지 아니하므로 당해 재판에 관여할 수 있다.

① ㄱ, ㄴ ② ㄱ, ㄷ ③ ㄴ, ㄷ
④ ㄷ, ㄹ ⑤ ㄱ, ㄹ

해설

㉠ (O) 상고심절차에 관한 특례법
제4조 (심리의 불속행)
① 대법원은 상고이유에 관한 주장이 다음 각 호의 어느 하나의 사유를 포함하지 아니한다고 인정하면 더 나아가 심리(審理)를 하지 아니하고 판결로 상고를 기각(棄却)한다.
  1. 원심판결(原審判決)이 헌법에 위반되거나, 헌법을 부당하게 해석한 경우
  2. 원심판결이 명령·규칙 또는 처분의 법률위반 여부에 대하여 부당하게 판단한 경우
  3. 원심판결이 법률·명령·규칙 또는 처분에 대하여 대법원 판례와 상반되게 해석한 경우
  4. 법률·명령·규칙 또는 처분에 대한 해석에 관하여 대법원 판례가 없거나 대법원 판례를 변경할 필요가 있는 경우
  5. 제1호부터 제4호까지의 규정 외에 중대한 법령위반에 관한 사항이 있는 경우
  6. 「민사소송법」 제424조제1항제1호부터 제5호까지에 규정된 사유가 있는 경우
② 가압류 및 가처분에 관한 판결에 대하여는 상고이유에 관한 주장이 제1항제1호부터 제3호까지에 규정된 사유를 포함하지 아니한다고 인정되는 경우 제1항의 예에 따른다.

③ 상고이유에 관한 주장이 제1항 각 호의 사유(가압류 및 가처분에 관한 판결의 경우에는 제1항제1호부터 제3호까지에 규정된 사유)를 포함하는 경우에도 다음 각 호의 어느 하나에 해당할 때에는 제1항의 예에 따른다.
   1. 그 주장 자체로 보아 이유가 없는 때
   2. 원심판결과 관계가 없거나 원심판결에 영향을 미치지 아니하는 때
ⓒ (O) 상고법원은 상고에 정당한 이유가 있다고 인정할 때에는 원심판결을 파기하고 사건을 원심법원에 환송하거나, 동등한 다른 법원에 이송하여야 한다(민소법 제436조 제1항). 사건을 환송받거나 이송받은 법원은 다시 변론을 거쳐 재판하여야 한다. 이 경우에는 상고법원이 파기의 이유로 삼은 사실상 및 법률상 판단에 기속된다(민소법 제436조 제2항). 원심판결에 관여한 판사는 제2항의 재판에 관여하지 못한다(민소법 제436조 제3항).
ⓒ (×) 제척 또는 기피신청에 정당한 이유가 있다는 결정에 대하여는 불복할 수 없다(민소법 제47조 제1항). 제45조 제1항의 각하결정 또는 제척이나 기피신청이 이유 없다는 결정에 대하여는 즉시항고를 할 수 있다(민소법 제47조 제2항). 제45조 제1항의 각하결정에 대한 즉시항고는 집행정지의 효력을 가지지 아니한다(민소법 제47조 제3항).
㉣ (×) 민소법 제41조 제1호에서 "법관 또는 그 배우자나 배우자이었던 사람이 사건의 당사자가 되거나, 사건의 당사자와 공동권리자·공동의무자 또는 상환의무자의 관계에 있는 때"를 제척사유의 하나로 규정하고 있다. 여기서 말하는 사건의 당사자와 공동권리자·공동의무자의 관계라 함은 소송의 목적이 된 권리관계에 관하여 공통되는 법률상 이해관계가 있어 재판의 공정성을 의심할 만한 사정이 존재하는 지위에 있는 관계를 의미하는 것으로 해석할 것이다. 종중의 종중원들은 종중원의 재산상·신분상 권리의무관계에 직접적인 영향을 미치는 종중 규약을 개정한 종중 총회 결의의 효력 유무에 관하여 공통되는 법률상 이해관계가 있다고 할 것이다. <u>종중소송에서 재판부의 구성법관이 종중의 구성원이면 민소법 제41조 제1호 소정의 당사자와 공동권리자·공동의무자의 관계에 있는 자에 해당한다</u>(대법원 2010.05.13. 선고 2009다102254 판결).

정답 ①

제2절 관할

1. **관할의 합의 중 유효한 것을 모두 고른 것은? (다툼이 있는 경우 판례에 의함)** [2019년 08월 모의]

> ㄱ. 분양자와 입주자 사이의 아파트 분양계약에 관한 소송은 분양자가 지정하는 법원을 관할법원으로 한다는 관할의 합의
> ㄴ. 甲과 乙 사이의 모든 소송은 서울중앙지방법원을 관할법원으로 한다는 관할의 합의
> ㄷ. 종국판결 뒤에 양 쪽 당사자가 상고할 권리를 유보하고 항소를 하지 아니하기로 하는 합의
> ㄹ. 甲과 乙 사이의 임대차계약에 관한 소송은 서울중앙지방법원 합의부를 관할법원으로 한다는 관할의 합의
> ㅁ. 甲과 乙 사이의 채권양도계약에 관한 제1심 소송은 부산고등법원을 관할법원으로 한다는 관할의 합의

① ㄱ, ㄴ　　② ㄱ, ㄷ, ㄹ　　③ ㄷ, ㄹ
④ ㄹ, ㅁ　　⑤ ㄴ, ㄷ, ㅁ

해설

ㄱ. (✗) 재항고인(대한주택공사)이 상대방과 사이에 이 사건 아파트 분양계약을 하면서 그 계약 제13조에서 "본 계약에 관한 소송은 재항고인이 지정하는 법원을 관할법원으로 한다"고 규정하였음은 결국 전국의 법원 중 재항고인이 선택하는 어느 법원에나 관할권을 인정한다는 내용의 합의라고 볼 수 밖에 없어 관할법원을 특정할 수 있는 정도로 표시한 것이라고 볼 수 없을 뿐만 아니라, 이와 같은 관할에 관한 합의는 패소자의 권리를 부당하게 침해하고 공평원칙에 어긋나는 결과가 되어 무효이다(대법원 1977.11.09. 자 77마284 결정).

ㄴ. (✗) 모든 소송이라고 합의한 것은 일정한 법률관계를 특정하여 관할합의를 한 것이 아니므로 유효하지 않다.

ㄷ. (○) 항소는 제1심 법원이 선고한 종국판결에 대하여 할 수 있다. 다만, 종국판결 뒤에 양 쪽 당사자가 상고할 권리를 유보하고 항소를 하지 아니하기로 합의한 때에는 그러하지 아니하다(민소법 제390조 제1항). 즉, 이른바 비약상고의 합의는 유효하다.

ㄹ. (○) 甲과 乙의 관할합의는 임의관할인 제1심 관할법원의 서울중앙지방법원으로 합의이며, 합의의 대상이 임대차와 관련된 소송으로 특정된다. 서면화 여부가 명시적으로 나타나 있지않은데, 이 요건이 충족된 것으로 본다면 일응 유효하다.

ㅁ. (✗) 전속관할이 정하여진 소에는 합의관할의 규정을 적용하지 아니한다(민소법 제31조). **정답 ③**

2. 전속관할에 관한 다음 설명 중 옳은 것은? (다툼이 있는 경우 판례에 의함) [2019년 10월 모의]

① 전속관할을 위반한 소를 전속관할권이 없는 법원으로 이송하면 이송받은 법원은 그 소에 관해 심판할 수 없다.
② 법원이 전속관할을 위반한 소에 관해 심리하다가 관할법원으로 이송하면 그때까지 한 심리는 권한 없는 법원이 한 것으로서 무효로 된다.
③ 전속관할을 위반한 판결에 대해서는 항소·상고로 불복할 수 있고, 그 판결이 확정되면 그 확정판결에 대한 재심의 소를 제기할 수 있는 사유로 된다.
④ 항소심 법원이 전속관할 위반을 이유로 제1심판결을 취소한 경우에, 항소법원은 판결로 사건을 관할법원인 제1심법원으로 이송해야 하는 것이 원칙이지만, 당사자의 동의가 있으면 스스로 본안판결을 할 수 있다.
⑤ 상고심법원이 제1심판결의 전속관할 위반을 발견한 경우에는 항소심판결을 파기하고 제1심판결을 취소하여 사건을 전속관할권 있는 제1심법원으로 이송해야 한다.

해설

① (✗) 이송결정의 기속력은 당사자에게 이송결정에 대한 불복방법으로 즉시항고가 마련되어 있는 점이나 이송의 반복에 의한 소송지연을 피하여야 할 공익적 요청은 전속관할을 위배하여 이송한 경우라고 하여도 예외일 수 없는 점에 비추어 볼 때, 당사자가 이송결정에 대하여 즉시항고를 하지 아니하여 확정된 이상 원칙적으로 전속관할의 규정을 위배하여 이송한 경우에도 미친다(대법원 1995.05.15. 자 94마1059 결정).

② (✗)
1) 이송결정이 확정된 때에는 소송은 처음부터 이송받은 법원에 계속된 것으로 본다(민소법 제40조 제1항).
2) 재심의 소가 재심제기기간내에 제1심법원에 제기되었으나 재심사유 등에 비추어 항소심판결을 대상으로 한 것이라 인정되어 위 소를 항소심법원에 이송한 경우에 있어서 재심제기기간의 준수여부는 민소법 제40조 제1항의 규정에 비추어 제1심법원에 제기된 때를 기준으로 할 것이지 항소법원에 이송

된 때를 기준으로 할 것은 아니다(대법원 1984.02.28. 선고 83다카1981 전합 판결).
  3) 따라서, 법원이 전속관할을 위반한 소에 관해 심리하다가 관할법원으로 이송하면 그때까지 한 심리도 이송받은 법원에서 계속된 것으로 유효하다. '기록송부'가 아니라 '이송'인 이상 제소기간 준수여부도 처음의 소제기 시를 기준으로 하고, 전속관할 법원에 이송된 때를 기준으로 하지 않는다.
③ (×) 판결이 전속관할에 관한 규정에 어긋난 때에는 상고에 정당한 이유가 있는 것으로 한다(민소법 제424조 제1항 제3호). 다만, 전속관할을 위반한 판결은 재심사유(민소법 제451조)에 해당하지 않는다.
④ (×) 관할위반을 이유로 제1심 판결을 취소한 때에는 항소법원은 판결로 사건을 관할법원에 이송하여야 한다(민소법 제419조).
⑤ (○) 상고법원은 상고에 정당한 이유가 있다고 인정할 때에는 원심판결을 파기하고 사건을 원심법원에 환송하거나, 동등한 다른 법원에 이송하여야 한다(민소법 제436조 제1항). 즉, 상고심 법원의 심리 결과 원심판결에 전속관할 위반이 있다고 인정되는 경우에는 관할권이 있는 법원에 사건을 이송한다. **정답** ⑤

3. 관할 및 이송에 관한 설명 중 옳지 않은 것은? (다툼이 있는 경우 판례에 의함) [2020년 10월 모의]

① 관할의 합의의 효력은 부동산에 관한 물권의 특정승계인에게는 미치지 않는다.
② 甲이 乙에게 1억 5천만 원의 지급을 구하는 소를 제기하였다가 소송계속 중 청구취지를 5억 5천만 원으로 확장하는 경우에도 乙이 관할위반의 항변을 하지 않고 본안에 관하여 변론하면 단독판사의 관할이 생기고 이 경우에는 합의부로 이송할 필요가 없다.
③ 고등법원으로 이송할 것을 심급관할을 위반하여 대법원으로 이송한 경우 그 이송결정의 기속력은 이송을 받은 대법원에는 미치지 않는다.
④ 당사자가 관할위반을 이유로 이송신청을 하는 것은 법원의 직권발동을 촉구하는 의미밖에 없으므로 법원이 이송결정을 하거나 이송신청 기각결정을 하여도 이에 대한 즉시항고는 허용되지 않는다.
⑤ 당사자의 관할위반을 이유로 한 이송신청에 대하여 법원이 이송결정을 하였다가 항고심에서 당초의 이송결정이 취소되었다 하여도 이에 대한 신청인의 재항고는 허용되지 않는다.

해설

① (○) 관할의 합의의 효력은 부동산에 관한 물권의 특정승계인에게는 미치지 않는다(대법원 1994.05.26. 자 94마536 결정).
② (○) 본소가 단독사건인 경우에 피고가 반소로 합의사건에 속하는 청구를 한 때에는 법원은 직권 또는 당사자의 신청에 따른 결정으로 본소와 반소를 합의부에 이송하여야 한다. 다만, 반소에 관하여 변론관할이 생긴 경우에는 그러하지 아니하다(민소법 제269조 제2항).
③ (○) 민소법 제38조 제1항, 제2항의 규정에 의하면 소송을 이송받은 법원은 이송결정에 따라야 하며 사건을 다시 다른 법원에 이송하지 못하도록 되어 있기는 하나, 심급관할을 위배하여 이송한 경우에도 이송결정의 기속력이 이송받은 상급심법원에 미친다고 한다면 당사자의 심급 이익을 박탈하여 부당할 뿐만 아니라, 이송을 받은 법원이 법률심인 대법원인 경우에는 직권조사사항을 제외하고는 새로운 소송자료의 수집과 사실확정이 불가능한 관계로 당사자의 사실에 관한 주장, 입증의 기회가 박탈되는 불합리가 생기므로 심급관할을 위배한 이송결정의 기속력은 이송받은 상급심법원에는 미치지 아니한다(대법원 2009.04.15. 자 2007그154 결정).
④ (×) 이송결정과 이송신청의 기각결정에 대하여는 즉시항고를 할 수 있다(민소법 제39조).
⑤ (○)
  1) 당사자가 관할위반을 이유로 한 이송신청을 한 경우에도 이는 단지 법원의 직권발동을 촉구하는 의미밖에 없다. 한편 법원이 당사자의 신청에 따른 직권발동으로 이송결정을 한 경우에는 즉시항고가

허용되지만(민소법 제39조), 위와 같이 당사자에게 이송신청권이 인정되지 않는 이상 항고심에서 당초의 이송결정이 취소되었다 하더라도 이에 대한 신청인의 재항고는 허용되지 않는다(대법원 2018.01.19. 자 2017마1332 결정).

2) 관련 판례 : 관련된 판례로는 다음의 것들이 있다. 이송신청권이 있음을 전제로 한 신청이나 불복(항고, 재항고, 즉시항고, 특별항고)는 모두 불허된다고 이해하면 편하다.

ⓐ 당사자가 관할위반을 이유로 한 이송신청을 한 경우에도 이는 단지 법원의 직권발동을 촉구하는 의미밖에 없는 것이고, 따라서 법원은 이 이송신청에 대하여는 재판을 할 필요가 없고, 설사 법원이 이 이송신청을 거부하는 재판을 하였다고 하여도 항고가 허용될 수 없으므로 항고심에서는 이를 각하하여야 한다(대법원 1993.12.06. 자 93마524 전합 결정).

ⓑ 위 ⓐ항의 항고심에서 항고를 각하하지 아니하고 항고이유의 당부에 관한 판단을 하여 기각하는 결정을 하였다고 하여도 이 항고기각결정은 항고인에게 불이익을 주는 것이 아니므로 이 항고심결정에 대하여 재항고를 할 아무런 이익이 없는 것이어서 이에 대한 재항고는 부적법한 것이다(대법원 1993.12.06. 자 93마524 전합 결정).

ⓒ 민소법 제31조 제1항의 관할위반에 기한 이송은 당사자에게 이송신청권이 있는 것이 아니므로 이송신청에 대한 재판을 할 필요가 없는데도 원심이 그 이송신청을 기각하는 결정을 하였다면, 그 결정은 그 결정에 대한 특별항고인에게 아무런 불이익을 주는 것이 아니며 그 결정에 대하여 특별항고를 할 어떤 이익도 없는 것이 분명하므로 그 특별항고는 부적법하다(대법원 1996.01.12. 자 95그59 결정).

정답 ④

4. 이송에 관한 설명 중 옳지 않은 것을 모두 고른 것은? (다툼이 있는 경우 판례에 의함)[2021년 06월 모의]

ㄱ. 지방법원 단독판사는 소송에 대하여 관할권이 있는 경우라도 상당하다고 인정하면 직권으로 소송의 전부 또는 일부를 같은 지방법원 합의부에 이송할 수 있으나, 당사자는 이러한 이송에 대해 신청권이 없다.

ㄴ. 당사자가 관할위반을 이유로 이송신청을 한 경우, 법원이 그 신청에 따른 직권발동으로 이송결정을 한 경우에는 즉시항고가 허용되지만, 항고심에서 당초의 이송결정이 취소되었다 하더라도 이에 대한 신청인의 재항고는 허용되지 않는다.

ㄷ. 지방법원 본원 합의부가 지방법원 단독판사의 판결에 대한 항소사건을 제2심으로 심판하는 도중에 지방법원 합의부의 관할에 속하는 소송이 새로 추가된 경우에는 지방법원 본원 합의부가 그 소송을 고등법원으로 이송하여야 한다.

ㄹ. 행정소송법상 항고소송으로 제기하여야 할 사건을 민사소송으로 잘못 제기한 경우에 수소법원이 그 항고소송에 대한 관할도 동시에 가지고 있다고 하여도 수소법원은 사건을 즉시 행정법원으로 이송하여야 한다.

① ㄱ, ㄷ ② ㄴ, ㄹ ③ ㄱ, ㄴ, ㄷ
④ ㄱ, ㄷ, ㄹ ⑤ ㄴ, ㄷ, ㄹ

해설

ㄱ. (✗) 지방법원 단독판사는 소송에 대하여 관할권이 있는 경우라도 상당하다고 인정하면 직권 또는 당사자의 신청에 따른 결정으로 소송의 전부 또는 일부를 같은 지방법원 합의부에 이송할 수 있다(민소법 제34조 제2항).

ㄴ. (○)

1) 수소법원의 재판관할권 유무는 법원의 직권조사사항으로서 법원이 그 관할에 속하지 아니함을 인정한 때에는 민소법 제34조 제1항에 의하여 직권으로 이송결정을 하는 것이고, 소송당사자에게 관할위반을 이유로 하는 이송신청권이 있는 것은 아니다. 따라서 당사자가 관할위반을 이유로 한 이송신청을 한 경우에도 이는 단지 법원의 직권발동을 촉구하는 의미밖에 없다. 한편 법원이 당사자의 신청에 따른 직권발동으로 이송결정을 한 경우에는 즉시항고가 허용되지만(민소법 제39조), 위와 같이 당사자에게 이송신청권이 인정되지 않는 이상 항고심에서 당초의 이송결정이 취소되었다 하더라도 이에 대한 신청인의 재항고는 허용되지 않는다(대법원 2018.01.19. 자 2017마1332 결정).
2) 관련 판례 : 관련된 판례로는 다음의 것들이 있다. 이송신청권이 있음을 전제로 한 신청이나 불복(항고, 재항고, 즉시항고, 특별항고)는 모두 불허된다고 이해하면 편하다.
ⓐ 당사자가 관할위반을 이유로 한 이송신청을 한 경우에도 이는 단지 법원의 직권발동을 촉구하는 의미밖에 없는 것이고, 따라서 법원은 이 이송신청에 대하여는 재판을 할 필요가 없고, 설사 법원이 이 이송신청을 거부하는 재판을 하였다고 하여도 항고가 허용될 수 없으므로 항고심에서는 이를 각하하여야 한다(대법원 1993.12.06. 자 93마524 전합 결정).
ⓑ 위 ⓐ항의 항고심에서 항고를 각하하지 아니하고 항고이유의 당부에 관한 판단을 하여 기각하는 결정을 하였다고 하여도 이 항고기각결정은 항고인에게 불이익을 주는 것이 아니므로 이 항고심결정에 대하여 재항고를 할 아무런 이익이 없는 것이어서 이에 대한 재항고는 부적법한 것이다(대법원 1993.12.06. 자 93마524 전합 결정).
ⓒ 민소법 제31조 제1항의 관할위반에 기한 이송은 당사자에게 이송신청권이 있는 것이 아니므로 이 송신청에 대한 재판을 할 필요가 없는데도 원심이 그 이송신청을 기각하는 결정을 하였다면, 그 결정은 그 결정에 대한 특별항고인에게 아무런 불이익을 주는 것이 아니며 그 결정에 대하여 특별항고를 할 어떤 이익도 없는 것이 분명하므로 그 특별항고는 부적법하다(대법원 1996.01.12. 자 95그59 결정).

ㄷ. (✕) 지방법원 본원 합의부가 지방법원 단독판사의 판결에 대한 항소사건을 제2심(항소심)으로 심판하는 도중에 지방법원 합의부의 관할에 속하는 소송이 새로 추가되거나 그러한 소송으로 청구가 변경되었다고 하더라도, 심급관할은 제1심 법원의 존재에 의하여 결정되는 전속관할이어서 이미 정하여진 항소심의 관할에는 영향이 없는 것이므로, 추가되거나 변경된 청구에 대하여도 그대로 심판할 수 있다(대법원 1992.05.12. 선고 92다2066 판결).

ㄹ. (✕) 원고가 고의 또는 중대한 과실 없이 행정소송으로 제기하여야 할 사건을 민사소송으로 잘못 제기한 경우 수소법원으로서는 만약 그 행정소송에 대한 관할도 동시에 가지고 있는 경우라면, 행정소송으로서의 전심절차 및 제소기간을 도과하였거나 행정소송의 대상이 되는 처분 등이 존재하지도 아니한 상태에 있는 등 행정소송으로서의 소송요건을 결하고 있음이 명백하여 행정소송으로 제기되었더라도 어차피 부적법하게 되는 경우가 아닌 이상, 원고로 하여금 항고소송으로 소 변경을 하도록 하여 그 1심 법원으로 심리·판단하여야 한다(대법원 1999.11.26. 선고 97다42250 판결). **정답** ④

5. 관할에 관한 설명 중 옳지 않은 것을 모두 고른 것은? (다툼이 있는 경우 판례에 의함)
[2021년 06월 모의]

ㄱ. 재심은 재심을 제기할 판결을 한 법원의 전속관할로 한다.
ㄴ. 특허권 등의 지식재산권에 관한 소를 제기하는 경우에는 민사소송법 제2조부터 제23조까지의 규정에 따른 관할법원 소재지를 관할하는 고등법원이 있는 곳의 지방법원의 전속관할로 한다. 다만 법원은 현저한 손해 또는 지연을 피하기 위하여 필요한 때에는 직권 또는 신청에 따라 결정으로 소송의 전부 또는 일부를 민사소송법 제2조부터 제23조까지의 규정에 따른 지방법원으로 이송할 수 있다.

ㄷ. 원고가 사해행위취소의 소의 채권자인 경우 사해행위취소에 따른 원상회복으로서의 소유권이 전등기 말소등기의무의 이행지는 원고의 주소지이다.
ㄹ. 상속에 관한 소를 제기하는 경우에는 상속이 시작된 당시 상속인의 보통재판적이 있는 곳의 법원에 제기할 수 있다.
ㅁ. 사무소 또는 영업소에 계속하여 근무하는 사람이 원고로서 소를 제기하는 경우에는 그 사무소 또는 영업소가 있는 곳을 관할하는 법원에 소를 제기할 수 있다.

① ㄱ, ㄴ, ㄷ   ② ㄱ, ㄹ, ㅁ   ③ ㄴ, ㄷ, ㄹ
④ ㄴ, ㄹ, ㅁ   ⑤ ㄷ, ㄹ, ㅁ

해설

ㄱ. (O) 재심은 재심을 제기할 판결을 한 법원의 전속관할로 한다(민소법 제453조 제1항).
ㄴ. (O) 특허권 등의 지식재산권에 관한 소를 제기하는 경우에는 제2조부터 제23조까지의 규정에 따른 관할법원 소재지를 관할하는 고등법원이 있는 곳의 지방법원의 전속관할로 한다. 다만, 서울고등법원이 있는 곳의 지방법원은 서울중앙지방법원으로 한정한다(민소법 제24조 제2항). 제24조 제2항에 따라 특허권 등의 지식재산권에 관한 소를 관할하는 법원은 현저한 손해 또는 지연을 피하기 위하여 필요한 때에는 직권 또는 당사자의 신청에 따른 결정으로 소송의 전부 또는 일부를 제2조부터 제23조까지의 규정에 따른 지방법원으로 이송할 수 있다(민소법 제36조 제3항).
ㄷ. (×) 부동산등기의 신청에 협조할 의무의 이행지는 성질상 등기지의 특별재판적에 관한 민소법 제19조에 규정된 '등기할 공무소 소재지'라고 할 것이므로, 원고가 사해행위취소의 소의 채권자라고 하더라도 사해행위취소에 따른 원상회복으로서의 소유권이전등기 말소등기의무의 이행지는 그 등기관서 소재지라고 볼 것이지, 원고의 주소지를 그 의무이행지로 볼 수는 없다(대법원 2002.05.10. 자 2002마1156 결정).
ㄹ. (×) 상속에 관한 소 또는 유증, 그 밖에 사망으로 효력이 생기는 행위에 관한 소를 제기하는 경우에는 상속이 시작된 당시 피상속인의 보통재판적이 있는 곳의 법원에 제기할 수 있다(민소법 제22조).
ㅁ. (×) 사무소 또는 영업소에 계속하여 근무하는 사람에 대하여 소를 제기하는 경우에는 그 사무소 또는 영업소가 있는 곳을 관할하는 법원에 제기할 수 있다(민소법 제7조).

정답 ⑤

6. 토지관할에 관한 설명 중 옳지 않은 것은? (다툼이 있는 경우 판례에 의함)   [2021년 08월 모의]

① 법인, 그 밖의 사단 또는 재단의 보통재판적은 이들의 주된 사무소 또는 영업소가 있는 곳에 따라 정하고, 사무소와 영업소가 없는 경우에는 주된 업무담당자의 주소에 따라 정한다.
② 선박 또는 항해에 관한 일로 선박소유자, 그 밖의 선박이용자에 대하여 소를 제기하는 경우에는 선적이 있는 곳의 법원에 제기할 수 있다.
③ 대한민국에 주소가 없는 사람 또는 주소를 알 수 없는 사람에 대하여 재산권에 관한 소를 제기하는 경우에는 청구의 목적 또는 담보의 목적이나 압류할 수 있는 피고의 재산이 있는 곳의 법원에 제기할 수 있다.
④ 불법행위로 인한 손해배상과 관련한 손해배상책임의 채무부존재확인소송의 경우 불법행위지에 근거한 토지관할이 인정된다.
⑤ 약속어음은 그 어음에 표시된 지급지가 의무이행지이고, 그 의무이행을 구하는 소송의 토지관할권은 지급지를 관할하는 법원에 있고, 재산권에 관한 소여서 채권자의 주소지에도 토지관할이 인정된다.

해설

① (O) 법인, 그 밖의 사단 또는 재단의 보통재판적은 이 들의 주된 사무소 또는 영업소가 있는 곳에 따라 정하고, 사무소와 영업소가 없는 경우에는 주된 업무담당자의 주소에 따라 정한다(민소법 제5조 제1항).
② (O) 선박 또는 항해에 관한 일로 선박소유자 그 밖의 선박이용자에 대하여 소를 제기하는 경우에는 선적이 있는 곳의 법원에 제기할 수 있다(민소법 제13조).
③ (O) 대한민국에 주소가 없는 사람 또는 주소를 알 수 없는 사람에 대하여 재산권에 관한 소를 제기하는 경우에는 청구의 목적 또는 담보의 목적이나 압류할 수 있는 피고의 재산이 있는 곳의 법원에 제기할 수 있다(민소법 제11조).
④ (O) 불법행위로 인한 손해배상과 관련한 채무부존재확인소송으로서 제1심법원은 민소법 제18조에 따라 불법행위지에 근거한 토지관할이 인정된다(대법원 2011.07.14. 자 2011그65 결정).
⑤ (X) 약속어음은 그 어음에 표시된 지급지가 의무이행지이고, 그 의무이행을 구하는 소송의 토지관할권은 지급지를 관할하는 법원에 있고, 채권자의 주소지를 관할하는 법원에 있는 것이 아니다(대법원 1980.07. 22. 자 80마208 결정).

정답 ⑤

7. 특별재판적에 관한 다음 설명 중 옳은 것은? (다툼이 있는 경우 판례에 의함) [2022년 08월 모의]

① 재산권에 관한 소를 재산소재지 법원에 제기할 수는 있으나, 거소지의 관할법원에 제기할 수는 없다.
② 상속에 관한 소 또는 유증(遺贈), 그 밖에 사망으로 효력이 생기는 행위에 관한 소는, 상속이 시작된 당시 각 상속인의 보통재판적 소재지 법원에 제기할 수 있다.
③ 민사소송법의 관할 관련 조문 중에는, 부동산에 관한 소는 부동산이 있는 곳의 법원에 제기할 수 있다는 규정이 있으며, 선박·자동차·건설기계·항공기도 등기·등록으로 공시되는 것이어서 부동산과 유사성이 있으므로, 이 규정의 적용을 받는다.
④ 회사, 그 밖의 사단이 사원에 대하여 소를 제기하거나 사원이 다른 사원에 대하여 소를 제기하는 경우에는 그 소가 사원의 자격으로 말미암은 것이면 회사, 그 밖의 사단의 보통재판적이 있는 곳의 법원에 소를 제기할 수 있다.
⑤ 불법행위에 관한 소는 행위지의 법원에 제기할 수 있는데, 여기서 "행위지"는 가해행위지뿐만 아니라 손해발생지를 포함하는 것으로 해석하는 것이 판례이며, 여러 가해행위가 결합하여 불법행위 요건을 충족하는 경우에는 그 중 주된 가해행위지 한 곳만 재판적을 가지게 된다.

해설

① (X) 재산권에 관한 소를 제기하는 경우에는 거소지 또는 의무이행지의 법원에 제기할 수 있다(민소법 제8조).
② (X) 상속에 관한 소 또는 유증, 그 밖에 사망으로 효력이 생기는 행위에 관한 소를 제기하는 경우에는 상속이 시작된 당시 피상속인의 보통재판적이 있는 곳의 법원에 제기할 수 있다(민소법 제22조).
③ (X) 등기·등록에 관한 소를 제기하는 경우에는 등기 또는 등록할 공공기관이 있는 곳의 법원에 제기할 수 있다(민소법 제21조).
④ (O) 회사, 그 밖의 사단이 사원에 대하여 소를 제기하거나 사원이 다른 사원에 대하여 소를 제기하는 경우에는 그 소가 사원의 자격으로 말미암은 것이면 회사, 그 밖의 사단의 보통재판적이 있는 곳의 법원에 소를 제기할 수 있다(민소법 제15조 제1항).
⑤ (X) 불법행위에 관한 소를 제기하는 경우에는 행위지의 법원에 제기할 수 있다(민소법 제18조 제1항). 불

법행위지의 특별재판적에는 가해행위지와 손해발생지가 모두 포함된다(대법원 1980.06.12. 자 80마158 결정).

정답 ④

8. 이송에 관한 다음 설명 중 옳은 것은? [2022년 10월 모의]

① 관할은 소제기시를 기준으로 정해지므로, 1억 원의 손해배상을 구하는 소를 제기한 후 청구액을 6억 원으로 확장하는 것은 이송사유가 아니다.
② 항소심 판결에 대한 상고장이 대법원에 제출되었다면, 대법원은 이를 2심 법원으로 이송해야한다는 것이 판례이다.
③ 지방법원 단독판사는, 배당받은 사건에 관하여 관할권이 있다면, 그 상태에서 그 소송을 같은 지방법원의 합의부로 이송할 수는 없다.
④ 당사자 사이에 전속적 관할합의가 있는 경우, 원고가 법정 관할권이 있는 다른 법원에 소를 제기하는 것은 전속관할의 위반이므로 법원은 관할위반 항변이 없더라도 합의관할 법원으로 이송해야 한다.
⑤ 현저한 손해나 지연을 피하기 위한 이송은 당사자의 신청뿐만 아니라 법원의 직권으로도 할 수 있다.

해설

① (✗)
  1) 법원의 관할은 소를 제기한 때를 표준으로 정한다(민소법 제33조).
  2) 지방법원 및 지방법원 지원의 합의부는 소송목적의 값이 5억 원을 초과하는 민사사건 및 「민사소송 등 인지법」 제2조 제4항의 규정에 해당하는 민사사건을 제1심으로 심판한다(민사 및 가사소송의 사물관할에 관한 규칙 제2조).
  3) 제1심 단독판사에 계속 중에 원고가 청구취지를 확장하여 소가가 5억 원을 초과하면, 합의부 관할사건이 되므로 합의부로 이송해야 한다. 다만, 이송 전에 변론관할이 생기면 그대로 단독판사가 심리를 진행한다. 참고로, 합의부 계속 중 원고가 청구취지를 감축하여 소가가 5억 원의 이하가 되더라도 단독판사에게 이송할 필요는 없다. 왜냐하면, 합의부에서의 심리가 당사자에게 불이익하지 않기 때문이다.

② (✗)
  1) 판결에 대한 상소는 상소장 원심제출주의가 적용되어 그 판결법원 즉, 원심법원에 해야 한다. 그런데, 이러한 1심 판결에 대하여 2심 법원 또는 대법원에 항소장을 제출한 경우, '이송'으로 처리하여 항소장을 2심 법원 또는 대법원에 항소장을 제출한 날을 기준으로 상고기간 도과 여부를 판단하면 당사자에게 유리하겠지만, 통상적으로는 이를 '기록송부'로 처리하여 항소장이 원심법원에 도착하여 접수된 날을 기준으로 상고기간 도과 여부를 판단한다.
  2) 「민소법」 제425조, 제397조 제1항에 의하면 상고장은 원심법원에 제출하도록 규정되어 있으므로, 상고제기기간의 준수 여부는 상고장이 원심법원에 접수된 때를 기준으로 판단한다. 기록에 의하면, 원심판결 정본이 피고에게 송달된 날은 2007. 6. 7.이고, 피고의 상고장이 2007. 6. 21. 원심법원이 아닌 광주지방법원에 제출되었는데 같은 법원이 2007. 6. 22.에 원심법원인 광주고등법원에 송부하여 그 날짜로 광주고등법원에 접수된 사실이 기록상 명백하므로, 피고의 상고는 상고제기기간이 경과한 후에 원심법원에 접수된 것으로서 부적법하다(대법원 2010.12.09. 선고 2007다42907 판결).
  3) 따라서, 항소심 판결에 대한 상고장이 대법원에 제출되었다면, 대법원은 이를 2심 법원으로 이송하는 것이 아니라 단순한 '기록송부'로 처리한다. 따라서 항소장이 항소심법원으로 기록송부되어 접수된 날을 기준으로 상고기간 도과 여부를 판단한다.

③ (✗) 지방법원 단독판사는 소송에 대하여 관할권이 있는 경우라도 상당하다고 인정하면 직권 또는 당사

자의 신청에 따른 결정으로 소송의 전부 또는 일부를 같은 지방법원 합의부에 이송할 수 있다(민소법 제34조 제2항).
④ (✗) 전속적 합의관할의 경우에도 그 성질상 임의관할이다. 그 본질이 임의관할 법원 중 하나를 전속적으로 정하는 합의이지 법령으로 강제되는 전속관할이 아니기 때문이다.
⑤ (○) 법원은 소송에 대하여 관할권이 있는 경우라도 현저한 손해 또는 지연을 피하기 위하여 필요하면 직권 또는 당사자의 신청에 따른 결정으로 소송의 전부 또는 일부를 다른 관할법원에 이송할 수 있다. 다만, 전속관할이 정하여진 소의 경우에는 그러하지 아니하다(민소법 제35조). **정답** ⑤

9. 변론관할에 관한 다음 설명 중 옳지 않은 것은? (다툼이 있는 경우 판례에 의함) [2022년 10월 모의]

① 본안에 대한 변론을 하여야 변론관할이 성립하는데, 본안에 대한 변론에 소각하 판결의 신청 및 기일변경의 신청은 포함되지 않으나 법관기피신청은 포함된다.
② 전속관할을 위반한 소제기의 경우 변론관할이 적용될 여지가 없다.
③ 피고가 본안에 대한 변론을 하기는 했지만 "이 법원에 관할이 있다면"이라는 조건 하에 본안변론을 한 경우에는 변론관할은 생기지 않는다.
④ 한 번 생긴 변론관할은 그 소송계속 중에만 유효하므로, 소취하나 각하 후에 다시 제기한 소에는 그 효력이 미치지 않는다.
⑤ 답변서를 제출하여 법원에 접수된 것만으로는 변론관할이 생기지 않는다.

해설

① (✗) 본안이란 소송요건에 대한 심리단계를 지나서, 원고 청구가 이유 있는지 여부를 심리하는 단계이다. 예컨대, 소송요건 흠결을 이유로 소각하 판결을 구하는 것, 기일변경신청 또는 법관기피신청을 하는 것만으로는 본안에 관하여 진술을 한 것으로 보지 않는다.
② (○) 전속관할이 정하여진 소에는 변론관할의 규정을 적용하지 아니한다(민소법 제31조).
③ (○) 피고가 "이 법원에 관할이 있다면"이라는 조건 하에 본안 변론을 한 경우에는 변론관할은 생기지 않는다.
④ (○) 한 번 생긴 변론관할은 그 소송 계속 중에만 유효하다. 소취하나 각하 후에 다시 제기한 소에는 그 효력이 미치지 않는다.
⑤ (○) 응소관할(현재 변론관할)이 생기려면 피고의 본안에 관한 변론이나 준비 절차에서의 진술은 현실적인 것이어야 하므로 피고의 불출석에 의하여 답변서 등이 법률상 진술 간주되는 경우는 이에 포함되지 아니한다(대법원 1980.09.26. 자 80마403 결정). **정답** ①

10. 민사소송상 관할에 관한 설명 중 옳은 것을 모두 고른 것은? (다툼이 있는 경우 판례에 의함) [2023년 06월 모의]

ㄱ. 지방법원 본원 합의부가 지방법원 단독판사의 판결에 대한 항소사건을 항소심으로 심판하는 도중에 소가가 1억 5천만 원에서 5억 5천만 원으로 변경되면 이 사건을 합의사건의 항소심인 고등법원으로 이송하여야 한다.
ㄴ. 원고가 사해행위취소에 따른 원상회복으로서 소유권이전등기의 말소를 구하는 소를 제기하는 경우, 특별재판적의 기준이 되는 의무이행지는 원고의 주소지이다.
ㄷ. 근저당권설정자와 근저당권자 사이에 이루어진 관할합의의 효력은 해당 부동산의 양수인에게

미치지 않는다.
ㄹ. 본안에 관한 사항이 기재된 준비서면이 변론기일에 진술간주된 것만으로는 변론관할이 생기지 않는다.
ㅁ. 심급관할을 위반한 이송결정이 이루어지면 이송받은 법원이 상급심인지 하급심인지 막론하고 그 법원에 이송결정의 구속력이 미친다.

① ㄱ, ㄷ
② ㄴ, ㄷ
③ ㄴ, ㅁ
④ ㄷ, ㄹ
⑤ ㄹ, ㅁ

해설

ㄱ. (✕) 지방법원 본원 합의부가 지방법원 단독판사의 판결에 대한 항소사건을 제2심(항소심)으로 심판하는 도중에 지방법원 합의부의 관할에 속하는 소송이 새로 추가되거나 그러한 소송으로 청구가 변경되었다고 하더라도, 심급관할은 제1심 법원의 존재에 의하여 결정되는 전속관할이어서 이미 정하여진 항소심의 관할에는 영향이 없는 것이므로, 추가되거나 변경된 청구에 대하여도 그대로 심판할 수 있다(대법원 1992.05.12. 선고 92다2066 판결).

ㄴ. (✕) 부동산등기의 신청에 협조할 의무의 이행지는 성질상 등기지의 특별재판적에 관한 민소법 제19조에 규정된 '등기할 공무소 소재지'라고 할 것이므로, 원고가 사해행위취소의 소의 채권자라고 하더라도 사해행위취소에 따른 원상회복으로서의 소유권이전등기 말소등기의무의 이행지는 그 등기관서 소재지라고 볼 것이지, 원고의 주소지를 그 의무이행지로 볼 수는 없다(대법원 2002.05.10. 자 2002마1156 결정).

ㄷ. (○) 관할의 합의의 효력은 부동산에 관한 물권의 특정승계인에게는 미치지 않는다고 새겨야 할 것인바, 부동산 양수인이 근저당권 부담부의 소유권을 취득한 특정승계인에 불과하다면(근저당권 부담부의 부동산의 취득자가 그 근저당권의 채무자 또는 근저당권설정자의 지위를 당연히 승계한다고 볼 수는 없다), 근저당권설정자와 근저당권자 사이에 이루어진 관할합의의 효력은 부동산 양수인에게 미치지 않는다(대법원 1994.05.26. 자 94마536 결정).

ㄹ. (○) 응소관할(현재 변론관할)이 생기려면 피고의 본안에 관한 변론이나 준비 절차에서의 진술은 현실적인 것이어야 하므로 피고의 불출석에 의하여 답변서 등이 법률상 진술 간주되는 경우는 이에 포함되지 아니한다(대법원 1980.09.26. 자 80마403 결정).

ㅁ. (✕)
1) 소송을 이송받은 법원은 이송결정에 따라야 한다. 소송을 이송받은 법원은 사건을 다시 다른 법원에 이송하지 못한다(민소법 제38조 제1,2항).
2) 민소법 제38조 제1항, 제2항의 규정에 의하면 소송을 이송받은 법원은 이송 결정에 따라야 하며 사건을 다시 다른 법원에 이송하지 못하도록 되어 있기는 하나, 심급관할을 위배하여 이송한 경우에도 이송결정의 기속력이 이송받은 상급심법원에 미친다고 한다면 당사자의 심급 이익을 박탈하여 부당하므로 심급관할을 위배한 이송 결정의 기속력은 이송받은 상급심법원에는 미치지 아니한다(대법원 2009.04.15. 자 2007그154 결정).
3) 비교 : 상급심법원이 하급심법원으로 한 이송 결정은 상·하급심 법원 사이에 반복하여 이송되는 불합리한 결과를 피할 필요가 있는점 등을 고려하여 하급심법원을 구속한다고 본다(대법원 1995.05.15. 자 94마1059 결정).

정답 ④

11. 당사자의 거동에 의한 관할에 관한 설명 중 옳지 않은 것을 모두 고른 것은? (다툼이 있는 경우 판례에 의함)
[2023년 10월 모의]

ㄱ. 국제재판관할 합의의 유형이 분명하지 아니한 경우 그 합의로 정해진 관할은 전속적인 것으로 추정한다.
ㄴ. 전속적 관할합의의 경우 사건을 다른 관할 법원에 이송하는 것은 허용되지 아니한다.
ㄷ. 근저당권설정자와 근저당권자 사이의 관할합의의 효력은 근저당권설정자로부터 해당 부동산을 양수한 자에게도 미친다.
ㄹ. 대출금채권의 채권자와 채무자 사이에 있었던 관할합의의 효력은 그 채권의 특정승계인에게 미친다.
ㅁ. 피고가 불출석하였으나 답변서 등이 법률상 진술한 것으로 간주되는 경우에는 변론관할이 생길 수 있다.

① ㄱ, ㄴ, ㄷ
② ㄱ, ㄹ, ㅁ
③ ㄴ, ㄷ, ㄹ
④ ㄴ, ㄷ, ㅁ
⑤ ㄷ, ㄹ, ㅁ

해설

ㄱ. (○) 당사자는 일정한 법률관계로 말미암은 소에 관하여 국제재판관할의 합의를 할 수 있고, 합의로 정해진 관할은 전속적인 것으로 추정한다(국제사법 제8조 제1,3항).

ㄴ. (×) 전속적 관할합의의 경우 법률이 규정한 전속관할과 달리 임의관할의 성격을 가지기 때문에, 법원은 공익상의 필요에 의하여 사건을 다른 관할법원에 이송할 수 있다(대법원 2008.12.16. 자 2007마1328 결정).

ㄷ. (×) 관할의 합의의 효력은 부동산에 관한 물권의 특정승계인에게는 미치지 않는다고 새겨야 할 것인바, 부동산 양수인이 근저당권 부담부의 소유권을 취득한 특정승계인에 불과하다면(근저당권 부담부의 부동산의 취득자가 그 근저당권의 채무자 또는 근저당권설정자의 지위를 당연히 승계한다고 볼 수는 없다), 근저당권설정자와 근저당권자 사이에 이루어진 관할합의의 효력은 부동산 양수인에게 미치지 않는다(대법원 1994.05.26. 자 94마536 결정).

ㄹ. (○) 관할의 합의는 소송법상의 행위로서 합의 당사자 및 그 일반승계인을 제외한 제3자에게 그 효력이 미치지 않는 것이 원칙이지만, 관할에 관한 당사자의 합의로 관할이 변경된다는 것을 실체법적으로 보면, 권리행사의 조건으로서 그 권리관계에 불가분적으로 부착된 실체적 이해의 변경이라 할 수 있으므로, 지명채권과 같이 그 권리관계의 내용을 당사자가 자유롭게 정할 수 있는 경우에는, 당해 권리관계의 특정승계인은 그와 같이 변경된 권리관계를 승계한 것이라고 할 것이어서, 관할합의의 효력은 특정승계인에게도 미친다(대법원 2006.03.02. 자 2005마902 결정).

ㅁ. (×) 응소관할(현재 변론관할)이 생기려면 피고의 본안에 관한 변론이나 준비 절차에서의 진술은 현실적인 것이어야 하므로 피고의 불출석에 의하여 답변서 등이 법률상 진술 간주되는 경우는 이에 포함되지 아니한다(대법원 1980.09.26. 자 80마403 결정).

정답 ④

12. 토지관할에 관한 설명 중 옳지 않은 것은? (다툼이 있는 경우 판례에 의함) [2024년 06월 모의]

① 불법행위로 인한 손해배상과 관련하여 제기되는 채무부존재확인의 소는 불법행위지의 법원에 토지관할이 인정된다.
② 약속어음의 의무이행을 구하는 소송의 토지관할권은 지급지를 관할하는 법원에 있다.
③ 사해행위취소에 따른 원상회복으로서의 소유권이전등기 말소등기청구의 소는 그 의무이행지인 원고의 주소지를 관할하는 법원에 제기할 수 있다.
④ 영업에 관한 채무의 이행을 구하는 소는 제소 당시 채권 추심 관련 업무를 실제로 담당하는 채권자의 영업소 소재지 법원에 제기할 수 있다.
⑤ 근무지의 특별재판적은 사무소 또는 영업소에 계속하여 근무하는 사람을 피고로 하여 소를 제기하는 경우에 적용된다.

해설

① (O)
1) 불법행위에 관한 소를 제기하는 경우에는 행위지의 법원에 제기할 수 있다(민소법 제18조 제1항).
2) 이 사건은 그 본소가 불법행위로 인한 손해배상과 관련한 채무부존재확인소송으로서 제1심법원은 민소법 제18조에 따라 불법행위지에 근거한 토지관할이 인정된다(대법원 2011.07.14. 자 2011그65 결정).

② (O)
1) 어음·수표에 관한 소를 제기하는 경우에는 지급지의 법원에 제기할 수 있다(민소법 제9조).
2) 주의 : 재산권에 관한 소를 제기하는 경우에는 거소지 또는 의무이행지의 법원에 제기할 수 있다(민소법 제8조). 어음·수표에 관한 소를 제기하는 경우에는 민소법 제8조 후단이 적용되지 않는다. 따라서 어음·수표에 관한 소의 특별재판적은 지급지이지, 채권자의 주소지가 아니다.

③ (×)
1) [1] 채권자가 사해행위의 취소와 함께 수익자 또는 전득자로부터 책임재산의 회복을 구하는 사해행위취소의 소를 제기한 경우 채권자의 주된 목적은 사해행위의 취소 그 자체보다는 일탈한 책임재산의 회복에 있는 것이므로, 사해행위취소의 소에 있어서의 의무이행지는 '취소의 대상인 법률행위의 의무이행지'가 아니라 '<u>취소로 인하여 형성되는 법률관계에 있어서의 의무이행지</u>'라고 보아야 할 것이다. [2] 부동산등기의 신청에 협조할 의무의 이행지는 성질상 등기지의 특별재판적에 관한 민소법 제19조(현행 21조)에 규정된 '등기할 공무소 소재지'라고 할 것이므로, 원고가 사해행위취소의 소의 채권자라고 하더라도 <u>사해행위취소에 따른 원상회복으로서의 소유권이전등기 말소등기의무의 이행지는 그 등기관서 소재지라고 볼 것이지, 원고의 주소지를 그 의무이행지로 볼 수는 없다</u>(대법원 2002.05.10. 자 2002마1156 결정).
2) 비교 : 가액배상판결의 경우 취소로 인하여 형성되는 법률관계는 금전채권이므로, 민소법 제8조가 적용되어, 원고의 주소지가 의무이행지가 된다.

④ (O) 민법 제467조 제2항의 '영업에 관한 채무'는 영업과 관련성이 인정되는 채무를 의미하고, '현영업소'는 변제 당시를 기준으로 그 채무와 관련된 채권자의 영업소로서 주된 영업소(본점)에 한정되는 것이 아니라 그 채권의 추심 관련 업무를 실제로 담당하는 영업소까지 포함된다. 따라서 영업에 관한 채무의 이행을 구하는 소는 제소 당시 채권 추심 관련 업무를 실제로 담당하는 채권자의 영업소 소재지 법원에 제기할 수 있다(대법원 2022.05.03. 자 2021마6868 결정).

⑤ (O) 사무소 또는 영업소에 계속하여 근무하는 사람에 대하여 소를 제기하는 경우에는 그 사무소 또는 영업소가 있는 곳을 관할하는 법원에 제기할 수 있다(민소법 제7조).

정답 ③

13. 소송의 이송에 관한 설명 중 옳지 않은 것을 모두 고른 것은? (다툼이 있는 경우 판례에 의함)

[2024년 06월 모의]

ㄱ. 항소장이 항소제기 기간 내에 제1심 법원 이외의 법원에 제출되었다 하더라도 항소제기의 효력이 인정된다.
ㄴ. 재심의 소가 재심제기 기간 내에 제1심 법원에 제기되었으나 재심사유 등에 비추어 항소심 법원으로 이송한 경우 재심제기 기간의 준수 여부는 제1심 법원에 제기된 때를 기준으로 한다.
ㄷ. 소송을 이송한 경우에 있어서 법률상 기간의 준수 여부는 소송이 이송된 때를 기준으로 하여야 한다.
ㄹ. 법원이 당사자의 신청에 따라 관할위반을 이유로 이송결정을 한 경우에는 즉시항고가 허용되지만, 항고심에서 당초의 이송결정이 취소되었다 하더라도 이에 대한 신청인의 재항고는 허용되지 않는다.
ㅁ. 소송을 이송 받은 법원은 이송결정에 따라야 하므로 심급관할을 위배한 이송결정의 기속력은 이송받은 상급심 법원에 미친다.

① ㄱ, ㄴ, ㄷ
② ㄱ, ㄷ, ㄹ
③ ㄱ, ㄷ, ㅁ
④ ㄴ, ㄷ, ㅁ
⑤ ㄷ, ㄹ, ㅁ

해설

㉠ (×) 항소제기기간의 준수 여부는 항소장이 제1심 법원에 접수된 때를 기준으로 하여 판단하여야 하며 비록 항소장이 항소제기기간 내에 제1심 법원 이외의 법원에 제출되었다 하더라도 항소제기의 효력이 있는 것은 아니다(대법원 1992.04.15. 자 92마146 결정).

㉡ (○) 재심의 소가 재심제기기간내에 제1심법원에 제기되었으나 재심사유 등에 비추어 항소심판결을 대상으로 한 것이라 인정되어 위 소를 항소심법원에 이송한 경우에 있어서 재심제기기간의 준수여부는 민소법 제36조 제1항의 규정에 비추어 제1심법원에 제기된 때를 기준으로 할 것이지 항소법원에 이송된 때를 기준으로 할 것은 아니다(대법원 1984.02.28. 선고 83다카1981 전합 판결).

㉢ (×) 이송결정이 확정된 때에는 소송은 처음부터 이송받은 법원에 계속된 것으로 본다(민소법 제40조 제1항). 따라서 시효중단·기간준수 여부는 소송이 이송된 때가 아니라 이송한 법원에 소가 제기된 때를 기준으로 해야 한다(대법원 2007.11.30. 선고 2007다54610 판결).

㉣ (○)
1) 수소법원의 재판관할권 유무는 법원의 직권조사사항으로서 법원이 그 관할에 속하지 아니함을 인정한 때에는 민소법 제34조 제1항에 의하여 직권으로 이송결정을 하는 것이고, 소송당사자에게 관할위반을 이유로 하는 이송신청권이 있는 것은 아니다. 따라서 당사자가 관할위반을 이유로 한 이송신청을 한 경우에도 이는 단지 법원의 직권발동을 촉구하는 의미밖에 없다. 한편 법원이 당사자의 신청에 따른 직권발동으로 이송결정을 한 경우에는 즉시항고가 허용되지만(민소법 제39조), 위와 같이 당사자에게 이송신청권이 인정되지 않는 이상 항고심에서 당초의 이송결정이 취소되었다 하더라도 이에 대한 신청인의 재항고는 허용되지 않는다(대법원 2018.01.19. 자 2017마1332 결정).
2) 관련 판례 : 관련된 판례로는 다음의 것들이 있다. 이송신청권이 있음을 전제로 한 신청이나 불복(항고, 재항고, 즉시항고, 특별항고)는 모두 불허된다고 이해하면 편하다.
ⓐ 당사자가 관할위반을 이유로 한 이송신청을 한 경우에도 이는 단지 법원의 직권발동을 촉구하는 의미밖에 없는 것이고, 따라서 법원은 이 이송신청에 대하여는 재판을 할 필요가 없고, 설사 법원이 이 이송신청을 거부하는 재판을 하였다고 하여도 항고가 허용될 수 없으므로 항고심에서는 이를 각

하하여야 한다(대법원 1993.12.06. 자 93마524 전합 결정).
ⓑ 위 ⓐ항의 항고심에서 항고를 각하하지 아니하고 항고이유의 당부에 관한 판단을 하여 기각하는 결정을 하였다고 하여도 이 항고기각결정은 항고인에게 불이익을 주는 것이 아니므로 이 항고심결정에 대하여 재항고를 할 아무런 이익이 없는 것이어서 이에 대한 재항고는 부적법한 것이다(대법원 1993.12.06. 자 93마524 전합 결정).
ⓒ 민소법 제31조 제1항의 관할위반에 기한 이송은 당사자에게 이송신청권이 있는 것이 아니므로 이송신청에 대한 재판을 할 필요가 없는데도 원심이 그 이송신청을 기각하는 결정을 하였다면, 그 결정은 그 결정에 대한 특별항고인에게 아무런 불이익을 주는 것이 아니며 그 결정에 대하여 특별항고를 할 어떤 이익도 없는 것이 분명하므로 그 특별항고는 부적법하다(대법원 1996.01.12. 자 95그59 결정).

ⓜ (×)
1) 소송을 이송받은 법원은 이송결정에 따라야 한다. 소송을 이송받은 법원은 사건을 다시 다른 법원에 이송하지 못한다(민소법 제38조 제1,2항).
2) 민소법 제38조 제1항, 제2항의 규정에 의하면 소송을 이송받은 법원은 이송결정에 따라야 하며 사건을 다시 다른 법원에 이송하지 못하도록 되어 있기는 하나, 심급관할을 위배하여 이송한 경우에도 이송결정의 기속력이 이송받은 상급심법원에 미친다고 한다면 당사자의 심급 이익을 박탈하여 부당하므로 심급관할을 위배한 이송결정의 기속력은 이송받은 상급심법원에는 미치지 아니한다(대법원 2009. 04.15. 자 2007그154 결정).
3) 비교 : 상급심법원이 하급심법원으로 한 이송결정은 상·하급심 법원 사이에 반복하여 이송되는 불합리한 결과를 피할 필요가 있는점 등을 고려하여 하급심법원을 구속한다고 본다(대법원 1995.05.15. 자 94마1059 결정).

정답 ③

14. 재판적에 관한 설명 중 옳지 않은 것은? (다툼이 있는 경우 판례에 의함) [2024년 10월 모의]

① 사무소나 영업소에 계속하여 근무하는 사람에 대한 소는 그 업무와 관련이 없더라도 근무지 관할법원에 제기할 수 있다.
② 채권자가 수익자에 대하여 제기하는 사해행위의 취소 및 소유권이전등기의 말소등기청구의 소는 그 말소등기절차를 이행할 등기관서 소재지의 법원에 제기할 수 있다.
③ 불법행위의 가해행위지와 결과발생지가 다른 경우, 그 불법행위로 인한 손해배상책임에 대한 채무부존재확인의 소는 가해행위지나 결과발생지 관할법원에 제기할 수 있다.
④ 사무소 또는 영업소가 있는 사람이 그 사무소 또는 영업소의 업무와 관련이 있는 소를 제기하는 경우에는 그 사무소 또는 영업소가 있는 곳의 법원에 제기할 수 있다.
⑤ 동일한 교통사고에 기하여 수인의 피해자들이 가해자를 상대로 제기하는 손해배상청구의 소는 공동원고 중 1인의 청구에 대한 관할권이 있는 법원에 제기할 수 있다.

해설

① (○)
1) 사무소 또는 영업소에 계속하여 근무하는 사람에 대하여 소를 제기하는 경우에는 그 사무소 또는 영업소가 있는 곳을 관할하는 법원에 제기할 수 있다(민소법 제7조).
2) 사무소 또는 영업소의 업무와 관련된 소송이 아니더라도 그 주소지에서 제소하는 것보다 원·피고에게 편리하기 때문에 인정되는 특별재판적이다.
② (○) 사해행위취소의 소에 있어서의 의무이행지는 '취소의 대상인 법률행위의 의무이행지'가 아니라 '취소로 인하여 형성되는 법률관계에 있어서의 의무이행지'라고 보아야 한다. 즉, 부동산등기의 신청에 협조할 의무의 이행지는 성질상 등기지의 특별재판적에 관한 민소법 제19조에 규정된 '등기할 공무소 소재

지'라고 할 것이므로, 원고가 사해행위취소의 소의 채권자라고 하더라도 사해행위취소에 따른 원상회복으로서의 소유권이전등기 말소등기의무의 이행지는 그 등기관서 소재지라고 볼 것이지, 원고의 주소지를 그 의무이행지로 볼 수는 없다(대법원 2002.05.10. 자 2002마1156 결정).

③ (O)
1) 원격지 불법행위로서 가해행위지와 손해발생지가 다른 때에는 양자 모두 재판적이 된다.
2) 불법행위로 인한 손해배상과 관련한 채무부존재확인소송의 경우, 민소법 제18조 제1항의 불법행위지에 근거한 토지관할이 인정된다(대법원 2011.07.14. 자 2011그65 결정).

④ (×)
1) 사무소 또는 영업소가 있는 사람에 대하여 그 사무소 또는 영업소의 업무와 관련이 있는 소를 제기하는 경우에는 그 사무소 또는 영업소가 있는 곳의 법원에 제기할 수 있다(민소법 제12조).
2) 민소법 제12조의 법문상 피고에 대한 특별재판적이다.

⑤ (O) 하나의 소로 여러 개의 청구를 하는 경우에는 제2조 내지 제24조의 규정에 따라 그 여러 개 가운데 하나의 청구에 대한 관할권이 있는 법원에 소를 제기할 수 있다(민소법 제25조 제1항). 소송목적이 되는 권리나 의무가 여러 사람에게 공통되거나 사실상 또는 법률상 같은 원인으로 말미암아 그 여러 사람이 공동소송인으로서 당사자가 되는 경우에는 제1항의 규정을 준용한다(민소법 제25조 제2항).

정답 ④

제2장 당사자

제1절 당사자의 확정

1. 당사자의 사망에 관한 설명 중 옳지 <u>않은</u> 것을 모두 고른 것은? (다툼이 있는 경우 판례에 의함)

[2020년 10월 모의]

> ㄱ. 소 제기 후 소장 송달 전에 피고가 사망한 경우 제1심 판결이 선고되더라도 그 판결은 효력이 없다.
> ㄴ. 소 제기 후 소장 송달 전에 피고가 사망한 경우, 1심판결 후 그 판결에 대한 상속인들의 소송수계신청은 적법하다.
> ㄷ. 소 제기 후 소장 송달 전에 피고가 사망하였는데 사망한 자를 피고로 하여 제1심 판결이 선고된 경우, 그 판결에 대한 상속인들의 항소는 적법하다.
> ㄹ. 원고가 사망사실을 모르고 그 사망자를 피고로 표시하여 소를 제기한 경우, 선순위 상속인이 상속을 포기한 경우에는 후순위 상속인으로 당사자표시정정을 할 수 있다.
> ㅁ. 원고가 사망사실을 모르고 그 사망자를 피고로 표시하여 소를 제기하였다가 상속인들에 대하여 소송수계신청을 한 경우, 법원은 소송수계신청의 적부에 대해서만 판단하여야 하고, 이를 당사자표시정정신청으로 선해하여서는 안 된다.

① ㄱ, ㄴ, ㄷ
② ㄴ, ㄷ, ㄹ
③ ㄷ, ㄹ, ㅁ
④ ㄱ, ㄹ, ㅁ
⑤ ㄴ, ㄷ, ㅁ

해설

ㄱ. (○), ㄴ. (×), ㄷ. (×)

사망자를 피고로 하는 소제기는 원고와 피고의 대립당사자 구조를 요구하는 민소법상의 기본원칙이 무시된 부적법한 것으로서 실질적 소송관계가 이루어질 수 없으므로, 그와 같은 상태에서 제1심판결이 선고되었다 할지라도 그 판결은 당연무효이며, 그 판결에 대한 사망인인 피고의 상속인들에 의한 항소나 소송수계신청은 부적법하다. 이러한 법리는 소제기 후 소장부본이 송달되기 전에 피고가 사망한 경우에도 마찬가지로 적용된다(대법원 2015.01.29. 선고 2014다34041 판결).

ㄹ. (○) 원고가 사망 사실을 모르고 사망자를 피고로 표시하여 소를 제기한 경우에, 청구의 내용과 원인사실, 당해 소송을 통하여 분쟁을 실질적으로 해결하려는 원고의 소제기 목적 내지는 사망 사실을 안 이후의 원고의 피고 표시 정정신청 등 여러 사정을 종합하여 볼 때 사망자의 상속인이 처음부터 실질적인 피고이고 다만 그 표시를 잘못한 것으로 인정된다면, 사망자의 상속인으로 피고의 표시를 정정할 수 있다. 그리고 이 경우에 실질적인 피고로 해석되는 사망자의 상속인은 실제로 상속을 하는 사람을 가리키고, 상속을 포기한 자는 상속 개시시부터 상속인이 아니었던 것과 같은 지위에 놓이게 되므로 제1순위 상속인이라도 상속을 포기한 경우에는 이에 해당하지 아니하며, 후순위 상속인이라도 선순위 상속인의 상속포기 등으로 실제로 상속인이 되는 경우에는 이에 해당한다(대법원 2006.07.04. 자 2005마425 결정).

ㅁ. (✗) 당사자표시변경신청을 소송수계신청으로 선해하여 해석한 경우가 있다(대법원 2012.07.26. 선고 2010다 37813 판결). 이를 유추적용하면 소송수계신청도 당사자표시정정으로 선해할 수 있다고 해석된다.

정답 ⑤

2. 사망자를 당사자로 한 소송에 관한 설명 중 옳은 것은? (다툼이 있는 경우에는 판례에 의함)
[2022년 08월 모의]

① 변론종결 후에 당사자가 사망하면, 수계절차 없이 법원은 그대로 판결을 선고할 수 있다.
② 소제기 시점에 피고가 생존 중이었다면 소장부본 송달시점에는 비록 그가 사망했더라도 그의 상속인에게 소송이 승계된다.
③ 피고가 사망자임을 모른 채로 원고가 소를 제기했던 것이라면, 그 상속인 앞으로 당사자표시정정을 허용한다는 것이 판례이며, 표시정정 없이 판결이 선고되더라도 그 판결이 당연무효는 아니다.
④ 피고에게 소장부본이 송달된 후에 피고가 사망하면 그 소송은 피고의 상속인들에게 승계되며, 이 경우 만약 피고의 소송대리인이 있다면 소송이 중단되지 않지만, 판결이 선고되면 그때 비로소 소송이 중단된다.
⑤ 이미 사망한 자를 당사자로 표시하여 소제기한 경우에, 그 망인이 피고이면 당연히 부적법하지만, 그 망인이 원고이면 부적법하지 않다는 것이 판례이다.

해설

① (○) 당사자가 죽은 때에 소송절차는 중단된다. 이 경우 상속인·상속재산관리인, 그 밖에 법률에 의하여 소송을 계속하여 수행할 사람이 소송절차를 수계하여야 한다(민소법 제233조 제1항). 그러나 판결의 선고는 소송절차가 중단된 중에도 할 수 있다(민소법 제247조 제1항).
② (✗) 사망자를 피고로 하는 소제기는 원고와 피고의 대립당사자 구조를 요구하는 민소법상의 기본원칙이 무시된 부적법한 것으로서 실질적 소송관계가 이루어질 수 없으므로, 그와 같은 상태에서 제1심판결이 선고되었다 할지라도 판결은 당연무효이며, 판결에 대한 사망자인 피고의 상속인들에 의한 항소나 소송수계신청은 부적법하다. 이러한 법리는 소제기 후 소장부본이 송달되기 전에 피고가 사망한 경우에도 마찬가지로 적용된다(대법원 2015.01.29. 선고 2014다34041 판결).
③ (✗) 소제기 전에 이미 사망한 자를 당사자로 한 제1심판결은 당연무효이며 망인의 재산상속인이 수계신청과 동시에 항소를 한 경우에는 수계신청을 할 수 없어 수계신청과 동시에 한 항소도 부적법하므로 이를 각하한 것은 정당하다(대법원 1971.02.09. 선고 69다1741 판결).
④ (✗) 소송대리인을 선임한 당사자가 제1심 소송 계속 중 사망하였으나 사망 당시 소송대리인이 있었으므로 소송절차가 중단되지 않아 제1심판결의 선고는 적법하게 되었으나, 심급대리의 원칙상 동 판결이 선고되어 소송대리인에게 제1심판결 정본이 송달됨과 동시에 그 소송절차는 중단되었다(대법원 1997.10.10. 선고 96다35484 판결).
⑤ (✗) 당사자가 사망하여 실재하지 아니한 자를 당사자로 하여 소가 제기된 경우는 당초부터 원고와 피고의 대립당사자 구조를 요구하는 민소법상의 기본원칙이 무시된 것이므로, 그와 같은 상태 하에서의 판결은 당연무효이다(대법원 1995.05.23. 선고 94다28444 전합 판결).

정답 ①

3. 판결의 무효에 관한 설명 중 옳은 것을 모두 고른 것은? (다툼이 있는 경우 판례에 의함)

[2023년 06월 모의]

ㄱ. 당사자가 소제기 이전에 이미 사망하였으나 이를 간과한 채 본안판결을 하였다고 하여 이 판결을 당연무효라고 할 수 없다.
ㄴ. 판결이 확정되었더라도 당사자가 실종선고의 확정으로 당초의 소제기 이전에 사망한 것으로 간주되면 그 판결은 무효로 된다.
ㄷ. 이혼소송 중 일방당사자가 사망하였음에도 법원이 이를 알지 못하고 이혼판결을 선고한 경우, 이 판결은 당연무효라고는 할 수 없다.
ㄹ. 원고의 청구에 대해 피고가 본소청구의 인용을 조건으로 하는 예비적 반소를 제기하였는데, 법원이 원고의 청구를 기각하면서 피고의 예비적 반소에 대해서도 판결하였다면 예비적 반소 부분에 대한 판결은 무효이다.
ㅁ. 무효인 판결을 대상으로 재심청구를 하는 것은 허용되지 않는다.

① ㄱ, ㄴ   ② ㄱ, ㄹ   ③ ㄴ, ㄷ
④ ㄷ, ㅁ   ⑤ ㄹ, ㅁ

해설

ㄱ. (✗) 사망자를 피고로 하는 소 제기는 원고와 피고의 대립당사자 구조를 요구하는 민소법상의 기본원칙이 무시된 부적법한 것으로서 실질적 소송관계가 이루어질 수 없으므로, 그와 같은 상태에서 제1심판결이 선고되었다 할지라도 판결은 당연무효이며, 판결에 대한 사망인 피고의 상속인들에 의한 항소나 소송수계신청은 부적법하다(대법원 2015.01.29. 선고 2014다34041 판결).

ㄴ. (✗) 비록 실종자를 당사자로 한 판결이 확정된 후에 실종선고가 확정되어 그 사망간주의 시점이 소 제기 전으로 소급하는 경우에도 위 판결 자체가 소급하여 당사자능력이 없는 사망한 사람을 상대로 한 판결로서 무효가 된다고는 볼 수 없다(대법원 1992.07.14. 선고 92다2455 판결).

ㄷ. (✗) 재판상의 이혼청구권은 부부의 일신전속의 권리이므로 이혼소송 계속 중 배우자의 일방이 사망한 때에는 상속인이 그 절차를 수계할 수 없음은 물론이고, 또 그러한 경우에 검사가 이를 수계할 수 있는 특별한 규정도 없으므로 이혼소송은 종료된다(대법원 1994.10.28. 선고 94므246 판결).

ㄹ. (O) 본소청구가 인용될 경우를 대비하여 조건부로 반소청구에 대하여 심판을 구하는 형태의 예비적 반소는 본소청구 기각판결이 확정되면 해제조건의 성취로 인하여 소송의 계속은 소급적으로 소멸한다. 이러한 예비적 반소는 소송이 재판에 의하지 않고 끝난 경우에 해당하므로 당시의 소송계속 법원은 본안재판에서 반소비용에 관하여 판단할 필요가 없고, 이에 대하여 판단하였더라도 아무런 효력이 없다(대법원 2018.04.06. 자 2017마6406 결정).

ㅁ. (O) 원래 재심의 소는 종국판결의 확정력을 제거함을 그 목적으로 하는 것으로 확정된 판결에 대하여서만 제기할 수 있는 것이므로 소송수계 또는 당사자표시 정정 등 절차를 밟지 아니하고 사망한 사람을 당사자로 하여 선고된 판결은 당연무효로서 확정력이 없어 이에 대한 재심의 소는 부적법하다(대법원 1994.12.09. 선고 94다16564 판결).

정답 ⑤

4. 甲이 乙에 대한 대여금반환청구소송을 제기하여 소송계속 중 사망하였다. 甲에게는 사망 당시 상속인으로 丙과 丁이 있었으나 법원은 丁의 존재를 알지 못하였다. 甲에게는 변호사 A가 소송대리를 하고 있었기 때문에 소송은 중단되지 않았다. 법원은 심리 후 변론을 종결하고 '망 甲의 상속인 丙'만으로 원고를 표시하여 그 청구를 기각하는 판결을 선고하고 판결 정본을 A에게 송달하였다. 다음 설명 중 옳지 않은 것은? (다툼이 있는 경우 판례에 의함) [2021년 10월 모의]

① 상소제기의 특별수권을 받은 변호사 A가 판결의 송달을 받은 후 아무도 상소를 제기하지 않았다면 상소제기기간을 도과한 때에 丙과 丁에 대한 관계에서 판결이 확정된다.
② 상소제기의 특별수권을 받은 변호사 A가 丙만을 상속인으로 표시한 제1심 판결을 신뢰하고 丙만을 상소인으로 표시하여 상소를 제기하였다면 丁에게는 상소가 제기된 것으로 볼 수 없다.
③ 상소제기의 특별수권을 받은 변호사 A가 판결의 송달을 받은 후 유일한 상속인으로 알고 있는 丙에게만 판결정본을 전달하여 丙이 상소를 제기하였으나 丁은 판결의 존재를 알지 못하여 상소제기기간을 도과한 경우 丁과 상대방 사이의 판결은 상소제기기간의 도과시에 확정된다.
④ 상소제기의 특별수권을 받지 않은 변호사 A가 판결의 송달을 받은 경우에는 송달과 동시에 절차가 중단되므로 이 상태에서는 판결은 확정되지 않는다.
⑤ 상소제기의 특별수권을 받지 않은 변호사 A가 판결의 송달을 받고 유일한 상속인으로 알고 있는 丙에게 판결정본을 전달하여 丙은 상소를 제기하였으나 丁은 상소를 제기하지 않은 경우 丁과 상대방 사이에 판결은 확정되지 않는다.

해설

① (O), ② (✕) 망인의 소송대리인에게 상소제기에 관한 특별수권이 부여되어 있는 경우에는, 그에게 판결이 송달되더라도 소송절차가 중단되지 아니하고 상소기간은 진행하는 것이므로 상소제기 없이 상소기간이 지나가면 그 판결은 확정되는 것이지만, 한편 망인의 소송대리인이나 상속인 또는 상대방 당사자에 의하여 적법하게 상소가 제기되면 그 판결이 확정되지 않는 것 또한 당연하다. 그런데 당사자표시가 잘못되었음에도 망인의 소송상 지위를 당연승계한 정당한 상속인들 모두에게 효력이 미치는 판결에 대하여 그 잘못된 당사자 표시를 신뢰한 망인의 소송대리인이나 상대방 당사자가 그 잘못 기재된 당사자 모두를 상소인 또는 피상소인으로 표시하여 상소를 제기한 경우에는, 상소를 제기한 자의 합리적 의사에 비추어 특별한 사정이 없는 한 정당한 상속인들 모두에게 효력이 미치는 위 판결 전부에 대하여 상소가 제기된 것으로 보는 것이 타당하다(대법원 2010.12.23. 선고 2007다22859 판결).

③ (O), ⑤ (O) 제1심판결의 효력은 당사자표시에서 누락되었음에도 불구하고 위 망 남기열의 정당한 상속인인 위 남국현, 남주현에게도 그들의 상속지분만큼 미치는 것이고 통상의 경우라면 심급대리의 원칙상 이 판결의 정본이 소송대리인에게 송달된 때에 소송절차는 중단되는 것이며, 소송수계를 하지 아니한 남국현과 남주현에 관하여는 현재까지도 중단상태에 있다고 할 것이나, 기록에 의하면 이 사건의 경우 망 남기열의 소송대리인이었던 임종선 변호사는 상소제기의 특별수권을 부여받고 있었으므로(소송대리위임장에 부동문자로 특별수권이 부여되어 있다) 항소제기기간은 진행된다고 하지 않을 수 없어 제1심판결 중 위 남국현, 남주현의 상속지분에 해당하는 부분은 그들이나 소송대리인이 항소를 제기하지 아니한 채 항소제기기간이 도과하여 이미 그 판결이 확정되었다(대법원 1992.11.05. 자 91마342 결정).

④ (O) 당사자가 사망하였으나 그를 위한 소송대리인이 있는 경우에는 소송절차가 중단되지 아니하고, 그 소송대리인은 상속인들 전원을 위하여 소송을 수행하게 되어 그 사건의 판결은 상속인들 전원에 대하여 효력이 있다고 할 것이며, 다만 심급대리의 원칙상 그 판결정본이 소송대리인에게 송달된 때에는 소송절차가 중단된다(대법원 1996.02.09. 선고 94다61649 판결).

정답 ②

5. 甲은 乙에게 대여금청구의 소를 제기하였다. 다음의 설명 중 옳은 것은? (다툼이 있는 경우 판례에 의함)
[2024년 08월 모의]

① 사망자 乙을 피고로 하여 제소한 제1심에서 甲이 상속인으로 당사자표시정정을 하면서 일부상속인을 누락한 경우, 甲은 항소심에서 그 누락된 상속인을 다시 피고로 정정추가할 수 있다.
② 甲이 乙의 사망 사실을 알면서도 乙의 상속인이 누구인지를 확인할 수가 없어서 일단 乙을 상대로 소를 제기하고 그 후 바로 사실조회신청을 통해 상속인을 확인하여 표시정정신청을 하였더라도 그러한 표시정정은 허용되지 않는다.
③ 법원은 甲의 청구를 기각하였으며 이 판결이 확정된 후 甲은 사망하였다. 이후에 甲의 상속인인 丙이 재판에 관여할 수 없는 법관의 재판 관여를 이유로 재심을 제기하면서 재심원고를 그대로 甲으로 표시하였다면 丙으로의 표시정정이 허용된다.
④ 甲이 소송대리인을 선임하였으나 소제기 전에 사망하였고 그 사실을 모르는 소송대리인이 甲을 원고로 표시하여 소를 제기한 경우 甲의 사망시에 소송대리권도 소멸하였다고 보아야 하므로 소를 부적법 각하하여야 한다.
⑤ 甲이 乙의 사망 사실은 알았으나 乙의 제1순위 상속인인 丙의 상속포기 사실은 알지 못하고 丙을 상대로 소를 제기한 경우, 丙과 제2순위 상속인 丁의 동일성을 인정할 수 없으므로 丁으로의 표시정정은 허용되지 않는다.

해설

① (✕) 사망자를 피고로하여 제소한 제1심에서 원고가 상속인으로 당사자표시정정을 함에 있어서 일부상속인을 누락시킨 탓으로 그 누락된 상속인이 피고로 되지 않은채 제1심판결이 선고된 경우에 원고는 항소심에서 그 누락된 상속인을 다시 피고로 정정추가할 수 없다(대법원 1974.07.16. 선고 73다1190 판결).

② (✕)
[1] 소송에서 당사자가 누구인가는 당사자능력, 당사자적격 등에 관한 문제와 직결되는 중요한 사항이므로, 사건을 심리·판결하는 법원으로서는 직권으로 소송당사자가 누구인가를 확정하여 심리를 진행하여야 하며, 이때 당사자가 누구인가는 소장에 기재된 표시 및 청구의 내용과 원인 사실 등 소장의 전취지를 합리적으로 해석하여 확정하여야 한다. 따라서 소장에 표시된 피고에게 당사자능력이 인정되지 않는 경우에는 소장의 전취지를 합리적으로 해석한 결과 인정되는 올바른 당사자능력자로 표시를 정정하는 것이 허용된다.
[2] 채무자 甲의 乙 은행에 대한 채무를 대위변제한 보증인 丙이 채무자 甲의 사망사실을 알면서도 그를 피고로 기재하여 소를 제기한 사안에서, 채무자 甲의 상속인이 실질적인 피고이고 다만 소장의 표시에 잘못이 있었던 것에 불과하므로, 보증인 丙은 채무자 甲의 상속인으로 피고의 표시를 정정할 수 있고, 따라서 당초 소장을 제출할 때에 소멸시효중단의 효력이 생긴다고 본 원심판단을 수긍한 사례(대법원 2011.03.10. 선고 2010다99040 판결).

③ (○) 피고(재심원고)가 재심대상 판결에 대하여 재심을 제기할 당시 피고는 사망하였는데 그 표시를 사망자 그대로 표시하였다 하더라도 그것이 그 상속인들에 의하여 실제 제기되었음이 인정되는 경우에는 당사자 표시정정을 할 수 있다(대법원 1979.08.14. 선고 78다1283 판결).

④ (✕) 당사자가 사망하더라도 소송대리인의 소송대리권은 소멸하지 아니하므로(민소법 제95조 제1호), 당사자가 소송대리인에게 소송위임을 한 다음 소 제기 전에 사망하였는데 소송대리인이 당사자가 사망한 것을 모르고 당사자를 원고로 표시하여 소를 제기하였다면 소의 제기는 적법하고, 시효중단 등 소 제기의 효력은 상속인들에게 귀속된다. 이 경우 민소법 제233조 제1항이 유추적용되어 사망한 사람의 상속인들

은 소송절차를 수계하여야 한다(대법원 2016.04.29. 선고 2014다210449 판결).
⑤ (✗) 원고가 피고의 사망 사실을 모르고 사망자를 피고로 표시하여 소를 제기한 경우, 청구의 내용과 원인사실, 당해 소송을 통하여 분쟁을 실질적으로 해결하려는 원고의 소제기 목적, 사망 사실을 안 이후 원고의 피고표시정정신청 등의 사정을 종합하여 볼 때, 실질적인 피고는 당사자능력이 없어 소송당사자가 될 수 없는 사망자가 아니라 처음부터 사망자의 상속인이고 다만 그 표시에 잘못이 있는 것에 지나지 않는다고 인정되면 사망자의 상속인으로 피고의 표시를 정정할 수 있다. 또한, 여기서 실질적인 피고로 해석되는 사망자의 상속인이라고 함은 실제로 상속을 하는 사람을 가리키고, 상속을 포기한 자는 상속개시시부터 상속인이 아니었던 것과 같은 지위에 놓이게 되므로 제1순위 상속인이라도 상속을 포기한 경우에는 이에 해당하지 아니하며, 후순위 상속인이라도 선순위 상속인의 상속포기 등으로 실제로 상속인이 되는 경우에는 이에 해당한다(대법원 2006.07.04. 자 2005마425 결정). **정답 ③**

제2절 당사자의 능력과 적격

1. 당사자에 대한 설명 중 옳은 것은? (다툼이 있는 경우 판례에 의함) [2019년 06월 모의]

① 사단법인의 소속지부에 대하여 금전지급을 명하는 판결이 확정된 경우, 이 확정판결에 기하여 위 법인의 재산에 강제집행을 할 수 없다.
② 조합은 업무집행조합원이 있는 경우 당사자능력이 있다.
③ 당사자능력 유무는 소제기 시를 기준으로 판단한다.
④ 법인에 대하여 청산절차가 진행되어 청산종결의 등기가 경료되면, 실제 청산사무가 종결되었는지 여부를 불문하고 법인의 당사자능력은 소멸한다.
⑤ 비법인사단인지 조합인지 여부는 명칭에 따라서 판단한다.

해설

① (O) 지부·분회·지회 등 어떤 법인의 하부조직을 상대로 일정한 의무의 이행을 구하는 소를 제기하여 승소 확정판결을 받은 경우 판결의 집행력이 해당 지부·분회·지회 등을 넘어서 소송의 당사자도 아닌 법인에까지 미친다고 볼 수는 없으므로 그 판결을 집행권원으로 하여 법인의 재산에 대해 강제집행을 할 수는 없고, 법인의 재산에 대한 강제집행을 위해서는 법인 자체에 대한 별도의 집행권원이 필요하다(대법원 2018.09.13. 선고 2018다231031 판결).
② (✗) 민법상의 조합에 있어서 조합규약이나 조합결의에 의하여 자기 이름으로 조합재산을 관리하고 대외적 업무를 집행할 권한을 수여받은 업무집행 조합원은 조합재산에 관한 소송에 관하여 조합원으로부터 임의적 소송신탁을 받아 자기 이름으로 소송을 수행하는 것이 허용된다(대법원 1984.02.14. 선고 83다카1815 판결).
③ (✗) 당사자능력이 있느냐의 문제는 소송요건에 관한 것으로서 사실심의 변론종결시를 기준으로 판단하여야 한다(대법원 1997.12.09. 선고 97다18547 판결).
④ (✗) 법인에 관하여 청산종결등기가 경료된 경우에도 청산사무가 종료되었다고 할 수 없는 경우에는 청산법인으로서 당사자능력이 있다(대법원 1997.04.22. 선고 97다3408 판결).
⑤ (✗) 민법상 조합의 명칭을 가지고 있는 단체라 하더라도 고유의 목적을 가지고 사단적 성격을 가지는 규약을 만들어 이에 근거하여 의사결정기관 및 집행기관인 대표자를 두는 등의 조직을 갖추고 있고 기관의 의결이나 업무집행방법이 다수결의 원칙에 의하여 행해지며, 구성원의 가입, 탈퇴 등으로 인한 변경에 관계없이 단체 그 자체가 존속되고, 그 조직에 의하여 대표의 방법, 총회나 이사회 등의 운영, 자본

의 구성 재산의 관리 기타 단체로서의 주요사항이 확정되어 있는 경우에는 비법인사단으로서의 실체를 가진다(대법원 1992.07.10. 선고 92다2431 판결). **정답** ①

2. 채권자취소소송에 대한 설명 중 옳지 않은 것은? (다툼이 있는 경우 판례에 의함) [2019년 06월 모의]

① 사해행위의 취소만을 먼저 청구한 다음 원상회복을 나중에 청구할 수 있다.
② 피보전권리를 추가하거나 교환하여도 소송물이 달라지지 않는다.
③ 채무자의 동일한 행위에 대하여 수인의 채권자가 각각 제기한 채권자취소소송이 동시에 계속 중이면 중복소송에 해당한다.
④ 채권자취소소송에서 원상회복으로 채무자와 수익자 사이의 확정판결에 기하여 마쳐진 등기의 말소를 명하는 것은 위 확정판결의 기판력에 반하지 않는다.
⑤ 채무자의 동일한 행위에 대하여 어떤 채권자가 받은 채권자취소소송의 승소확정판결이 있다는 사정만으로 다른 채권자가 채권자취소소송을 제기할 권리보호의 이익이 없어지는 것은 아니다.

해설

① (O) 채권자가 민법 제406조 제1항에 따라 사해행위의 취소와 원상회복을 청구함에 있어 사해행위의 취소만을 먼저 청구한 다음 원상회복을 나중에 청구할 수 있으며, 이 경우 사해행위 취소 청구가 민법 제406조 제2항에 정하여진 기간 안에 제기되었다면 원상회복의 청구는 그 기간이 지난 뒤에도 할 수 있다 (대법원 2001.09.04. 선고 2001다14108 판결).

② (O) 채권자가 사해행위의 취소를 청구하면서 그 보전하고자 하는 채권을 추가하거나 교환하는 것은 그 사해행위취소권을 이유 있게 하는 공격방법에 관한 주장을 변경하는 것일 뿐이지 소송물 또는 청구 자체를 변경하는 것이 아니므로 소의 변경이라 할 수 없다(대법원 2003.05.27. 선고 2001다13532 판결).

③ (×), ⑤ (O) 채권자취소권의 요건을 갖춘 각 채권자는 고유의 권리로서 채무자의 재산처분 행위를 취소하고 그 원상회복을 구할 수 있는 것이므로 여러 명의 채권자가 동시에 또는 시기를 달리하여 사해행위취소 및 원상회복청구의 소를 제기한 경우 이들 소가 중복제소에 해당하지 아니할 뿐만 아니라, 어느 한 채권자가 동일한 사해행위에 관하여 사해행위취소 및 원상회복청구를 하여 승소판결을 받아 그 판결이 확정되었다는 것만으로는 그 후에 제기된 다른 채권자의 동일한 청구가 권리보호의 이익이 없게 되는 것은 아니고, 그에 기하여 재산이나 가액의 회복을 마친 경우에 비로소 다른 채권자의 사해행위취소 및 원상회복청구는 그와 중첩되는 범위 내에서 권리보호의 이익이 없게 된다(대법원 2008.04.24. 선고 2007다84352 판결).

④ (O) 채권자취소권의 요건을 갖춘 각 채권자는 고유의 권리로서 채무자의 재산처분 행위를 취소하고 그 원상회복을 구할 수 있는 것이므로 여러 명의 채권자가 동시에 또는 시기를 달리하여 사해행위취소 및 원상회복청구의 소를 제기한 경우 이들 소가 중복제소에 해당하지 아니할 뿐만 아니라, 어느 한 채권자가 동일한 사해행위에 관하여 사해행위취소 및 원상회복청구를 하여 승소판결을 받아 그 판결이 확정되었다는 것만으로는 그 후에 제기된 다른 채권자의 동일한 청구가 권리보호의 이익이 없게 되는 것은 아니고, 그에 기하여 재산이나 가액의 회복을 마친 경우에 비로소 다른 채권자의 사해행위취소 및 원상회복청구는 그와 중첩되는 범위 내에서 권리보호의 이익이 없게 된다(대법원 2008.04.24. 선고 2007다84352 판결).

정답 ③

3. 당사자적격에 대한 설명 중 옳지 않은 것은? (다툼이 있는 경우 판례에 의함) [2019년 08월 모의]

① 甲 앞으로 원인무효의 근저당권설정등기가 경료된 후 乙 앞으로 근저당권이전의 부기등기가 경료된 경우 저당권설정등기 말소청구의 피고적격은 乙이 갖는다.
② 유언집행자가 있는 경우 그의 유언집행에 필요한 한도에서 상속인의 상속재산에 대한 처분권은 제한되며 그 제한을 받는 범위 내에서 상속인은 당사자적격이 없다.
③ 집합건물의 관리단으로부터 공용부분 변경에 관한 업무를 위임받은 입주자대표회의는 구분소유자들을 상대로 공용부분 변경에 따른 비용을 청구하는 소를 제기할 원고적격이 없다.
④ 종중의 대표자를 선출한 결의의 무효나 부존재의 확인을 구하는 소송에서 피고적격을 가지는 자는 종중이다.
⑤ 채권자대위소송에서 피보전권리가 없는 것으로 밝혀진 경우 법원은 원고적격 흠결을 이유로 소를 각하하여야 한다.

해설

① (O) 근저당권의 양도에 의한 부기등기는 기존의 근저당권설정등기에 의한 권리의 승계를 등기부상 명시하는 것뿐으로, 그 등기에 의하여 새로운 권리가 생기는 것이 아닌 만큼 근저당권설정등기의 말소등기청구는 양수인만을 상대로 하면 족하고, 양도인은 그 말소등기청구에 있어서 피고적격이 없다(대법원 1995.05.26. 선고 95다7550 판결).
② (O) 유언집행자는 유증의 목적인 재산의 관리 기타 유언의 집행에 필요한 모든 행위를 할 권리의무가 있으므로, 유증 목적물에 관하여 마쳐진, 유언의 집행에 방해가 되는 다른 등기의 말소를 구하는 소송에 있어서는 유언집행자가 이른바 법정소송담당으로서 원고적격을 가진다고 할 것이고, 유언집행자는 유언의 집행에 필요한 범위 내에서는 상속인과 이해상반되는 사항에 관하여도 중립적 입장에서 직무를 수행하여야 하므로, 유언집행자가 있는 경우 그의 유언집행에 필요한 한도에서 상속인의 상속재산에 대한 처분권은 제한되며 그 제한 범위 내에서 상속인은 원고적격이 없다(대법원 2010.10.28. 선고 2009다20840 판결).
③ (×) 집합건물법 제15조 제1항에서 정한 특별결의나 집합건물법 제41조 제1항에서 정한 서면이나 전자적 방법 등에 의한 합의의 방법으로 집합건물의 관리단으로부터 공용부분 변경에 관한 업무를 위임받은 입주자대표회의는 특별한 사정이 없는 한 구분소유자들을 상대로 자기 이름으로 소를 제기하여 공용부분 변경에 따른 비용을 청구할 권한이 있다(대법원 2017.03.16. 선고 2015다3570 판결).
④ (O) 문제가 되어 있는 대의원회의의 인준결의가 무효 내지 부존재인 것을 확인받아 피고(개인)들의 위종중의 도유사나 이사가 아닌 사실을 확정판결로 명확히 하려는 확인의 소에 있어서는 피고들 개인을 상대로 제소할 것이 아니라 위의 종중을 피고로 하여 제소하여야만 원고로서는 이 소를 제기할 확인의 이익이 있다(대법원 1973.12.11. 선고 73다1553 판결).
⑤ (O) 채권자대위소송에 있어서 대위에 의하여 보전될 채권자의 채무자에 대한 권리가 인정되지 아니할 경우에는 채권자가 스스로 원고가 되어 채무자의 제3채무자에 대한 권리를 행사할 당사자적격이 없게 되므로 그 대위소송은 부적법하여 각하할 수밖에 없다(대법원 1994.06.24. 선고 94다14339 판결). **정답** ③

4. 소송능력과 법정대리인에 관한 설명 중 옳지 않은 것은? (다툼이 있는 경우 판례에 의함)
[2019년 10월 모의]

① 미성년자는, 독립하여 법률행위를 할 수 있는 경우가 아니면, 친권자의 동의를 받더라도 소송행위를 할 수 없다.
② 미성년후견인이 소의 취하, 화해, 청구의 포기를 하는 경우에는 후견감독인으로부터 특별한 권한을 받아야 하지만, 상대방의 상소 제기에 관해 소송행위를 하는 경우에는 그러한 권한을 받을 필요가 없다.
③ 제한능력자를 위한 특별대리인이 소의 취하를 하기 위해서는 후견감독인으로부터 특별한 권한을 받아야 한다. 다만, 후견감독인이 없는 경우에는 가정법원으로부터 특별한 권한을 받아야 한다.
④ 미성년자가 당사자인 사건의 소송계속 중 미성년자의 친권자가 사망한 경우에는 소송절차가 중단되지만, 미성년후견인이 사망한 경우에는 후견감독인이 소송행위를 계속할 수 있으므로 소송절차가 중단되지 않는다.
⑤ 법정대리인은 당사자에 준하는 지위를 갖지만, 당해 판결의 효력인 기판력과 집행력이 미치지 않는다.

해설

① (O) 미성년자 또는 피성년후견인은 법정대리인에 의해서만 소송행위를 할 수 있다. 다만, 미성년자가 독립하여 법률행위를 할 수 있는 경우에는 그러하지 아니하다(민소법 제55조 제1항 제1호).
② (O), ③ (O) 미성년후견인, 대리권 있는 성년후견인 또는 대리권 있는 한정후견인이 상대방의 소 또는 상소 제기에 관하여 소송행위를 하는 경우에는 그 후견감독인으로부터 특별한 권한을 받을 필요가 없다(민소법 제56조 제1항). 제1항의 법정대리인이 소의 취하, 화해, 청구의 포기 또는 인낙 또는 제80조에 따른 탈퇴를 하기 위해서는 후견감독인으로부터 특별한 권한을 받아야 한다. 다만, 후견감독인이 없는 경우에는 가정법원으로부터 특별한 권한을 받아야 한다(민소법 제56조 제2항). 특별대리인은 대리권 있는 후견인과 같은 권한을 가진다. 특별대리인의 대리권의 범위에서 법정대리인의 권한은 정지된다(민소법 제62조 제3항).
④ (×) 당사자가 소송능력을 잃은 때 또는 법정대리인이 죽거나 대리권을 잃은 때에 소송절차는 중단된다. 이 경우 소송능력을 회복한 당사자 또는 법정대리인이 된 사람이 소송절차를 수계하여야 한다(민소법 제235조).
⑤ (O) 법정대리인은 당사자 본인이 아니기 때문에 판결의 효력인 기판력·집행력을 받지 않는다.

정답 ④

5. 당사자능력과 당사자적격에 관한 다음 설명 중 옳지 않은 것은? (다툼이 있는 경우 판례에 의함)
[2020년 06월 모의]

① 법인 아닌 사단에 해산사유가 발생했다고 하더라도 청산사무가 완료될 때까지 청산의 목적 범위 내에서 그 법인의 당사자능력은 계속 유지된다.
② 부부 사이의 이혼소송이 계속 중 당사자 일방이 사망하면 그 소송사건이 종료되므로 법원은 그 사건에 관해 아무런 심리·판단을 하지 않아도 된다.
③ 소송사건의 심리 중에 당사자가 사망하면 그의 당사자능력 흠결이 발생하게 되므로 법원은 곧바로 변론을 종결하고 사망한 당사자의 당사자능력 흠결을 이유로 소각하 판결을 선고해야 한다.

④ 채권자가 제3채무자를 상대로 채권자대위의 소를 제기하더라도 채무자는 제3채무자를 상대로 대위의 대상인 채권에 관한 이행의 소를 제기할 수 있는 당사자적격을 상실하지 않는다.
⑤ 집행채권자가 압류채권에 대한 추심명령을 받은 경우에는 집행채권자가 추심의 소를 제기하지 않았다고 하더라도 집행채무자는 제3채무자를 상대로 압류채권에 관한 이행의 소를 제기할 수 있는 당사자적격을 상실한다.

해설

① (O) 비법인사단에 해산사유가 발생하였다고 하더라도 곧바로 당사자능력이 소멸하는 것이 아니라 청산사업이 완료될 때까지 청산의 목적범위 내에서 권리·의무의 주체가 되고, 이 경우 청산 중의 비법인사단은 해산 전의 비법인사단과 동일한 사단이고 다만 그 목적이 청산 범위 내로 축소된 데 지나지 않는다 (대법원 2007.11.16. 선고 2006다41297 판결).
② (O) 재판상의 이혼청구권은 부부의 일신전속의 권리이므로 이혼소송 계속 중 부부의 일방이 사망한 경우에는 상속인이 그 소송절차를 승계할 수 없음은 물론이며, 그런 경우에 검사가 이를 승계할 수 있는 특별한 규정도 없으므로 당연히 소송이 종료된다 (대법원 1985.09.10. 선고 85므27 판결).
③ (X) 당사자가 죽은 때에 소송절차는 중단된다. 이 경우 상속인·상속재산관리인 그 밖에 법률에 의하여 소송을 계속하여 수행할 사람이 소송절차를 수계하여야 한다(민소법 제233조 제1항). 소송대리인이 있는 경우에는 제233조 제1항, 제234조 내지 제237조의 규정을 적용하지 않는다(민소법 제238조).
④ (O) 채권자 대위소송은 제3자의 법정소송 담당 중 병행형이므로 채권자 대위의 소가 제기되더라도 채무자는 당사자적격을 유지한다. 따라서, 채권자대위소송에서 참가하려는 채무자는 공동소송적 보조참가가 가능하다. 참고로, 채권자대위소송 진행 중에 채무자가 제3채무자를 상대로 소를 제기하면 중복제소에 해당한다.
⑤ (O) 채권에 대한 압류 및 추심명령이 있으면 제3채무자에 대한 이행의 소는 추심채권자만이 제기할 수 있고 채무자는 피압류채권에 대한 이행소송을 제기할 당사자적격을 상실한다 (대법원 2000.04.11. 선고 99다23888 판결).

정답 ③

6. 채권자취소소송에 관한 설명 중 옳지 않은 것은? (다툼이 있는 경우 판례에 의함) [2020년 06월 모의]

① 사해행위로서의 계약 전부의 취소와 부동산 자체의 반환을 구하는 청구취지 속에는 일부취소를 하여야 할 경우 그 일부취소와 가액배상을 구하는 취지도 포함되어 있다고 볼 수 있으므로 청구취지의 변경 없이도 법원은 그 가액반환을 명할 수 있다.
② 근저당권이 설정되어 있는 부동산에 관하여 사해행위가 이루어진 후에 그 근저당권이 말소된 경우, 사해행위를 통해 그 부동산에 관한 권리를 취득한 자에 대해서는 사실심 변론종결시의 부동산가액에서 말소된 근저당권의 피담보채무액을 공제한 금액의 한도에서 그가 취득한 이익에 대한 가액배상을 명할 수 있다.
③ 소유권이전등기청구권보전을 위한 가등기가 사해행위에 의해 이루어지기 전에 근저당권이 설정되고 그 가등기 후에 근저당권설정등기가 말소된 경우 채권자는 가등기의 원인이 된 매매예약의 취소와 원상회복으로서 가등기의 말소등기절차의 이행을 구하는 소를 제기할 수 있다.
④ 채권자는 원칙적으로 자신의 채권액을 초과하여 채권자취소권을 행사할 수 없는데, 채권자의 채권액에는 사해행위 이후 사실심 변론종결시까지 발생한 이자나 지연손해금도 포함된다.
⑤ 채권자취소권은 채권자의 고유한 권리이므로 동일한 채권자가 채무자의 동일한 법률행위에 대하여 피보전채권을 달리하여 채권자취소의 소를 제기하더라도 이는 중복제소에 해당하지 아니한다.

해설

① (O), ② (O), ④ (O)

[1] 사해행위를 전부 취소하고 원상회복을 구하는 채권자의 주장 속에는 사해행위를 일부 취소하고 가액의 배상을 구하는 취지도 포함되어 있으므로, 채권자가 원상회복만을 구하는 경우에도 법원은 가액의 배상을 명할 수 있다.

[2] 근저당권이 설정되어 있는 부동산에 관하여 사해행위가 이루어진 후 근저당권이 말소되어 그 부동산의 가액에서 근저당권 피담보채무액을 공제한 나머지 금액의 한도에서 사해행위를 취소하고 가액의 배상을 명하는 경우 그 가액의 산정은 사실심 변론종결시를 기준으로 하여야 하고, 기존의 근저당권이 말소된 후 사해행위에 의하여 그 부동산에 관한 권리를 취득한 전득자에 대하여도 사실심 변론종결시의 부동산 가액에서 말소된 근저당권 피담보채무액을 공제한 금액의 한도에서 그가 취득한 이익에 대한 가액 배상을 명할 수 있다.

[3] 채권자가 채권자취소권을 행사할 때에는 원칙적으로 자신의 채권액을 초과하여 취소권을 행사할 수 없고, 이 때 채권자의 채권액에는 사해행위 이후 사실심 변론종결시까지 발생한 이자나 지연손해금이 포함된다(대법원 2001.09.04. 선고 2000다66416 판결).

③ (O) 소유권이전등기청구권보전을 위한 가등기가 사해행위로서 이루어진 경우 그 매매예약을 취소하고 원상회복으로서 가등기를 말소하면 족한 것이고, 가등기 후에 저당권이 말소되었다거나 그 피담보채무가 일부 변제된 점 또는 그 가등기가 사실상 담보가등기라는 점 등은 그와 같은 원상회복의 방법에 아무런 영향을 주지 않는다(대법원 2001.06.12. 선고 99다20612 판결).

⑤ (×)

1) 채권자가 사해행위취소 및 원상회복청구를 하면서 보전하고자 하는 채권을 추가하거나 교환하는 것은 사해행위취소권과 원상회복청구권을 이유 있게 하는 공격방법에 관한 주장을 변경하는 것일 뿐이지 소송물 또는 청구 자체를 변경하는 것이 아니므로, 채권자가 보전하고자 하는 채권을 달리하여 동일한 법률행위의 취소 및 원상회복을 구하는 채권자취소의 소를 이중으로 제기하는 경우 전소와 후소는 소송물이 동일하다(대법원 2012.07.05. 선고 2010다80503 판결).

2) 참고 : 위 1) 판례는 동일한 채권자가 중복으로 청구한 경우의 쟁점이라는 점에 주의해야 한다. 다수의 취소채권자가 있는 경우에는 아래 3)의 판례법리가 적용된다. 다만 어느 경우나 소송물은 각 취소채권자의 채권자취소권 그 자체가 소송물이 된다는 점에 유의해야 한다.

3) 채권자취소권의 요건을 갖춘 각 채권자는 고유의 권리로서 채무자의 재산처분 행위를 취소하고 그 원상회복을 구할 수 있는 것이므로 여러 명의 채권자가 동시에 또는 시기를 달리하여 사해행위취소 및 원상회복청구의 소를 제기한 경우 이들 소가 중복제소에 해당하지 아니할 뿐만 아니라, 어느 한 채권자가 동일한 사해행위에 관하여 사해행위취소 및 원상회복청구를 하여 승소판결을 받아 그 판결이 확정되었다는 것만으로는 그 후에 제기된 다른 채권자의 동일한 청구가 권리보호의 이익이 없게 되는 것은 아니다. 그러나 확정된 판결에 기하여 재산이나 가액의 회복을 마친 경우에는 다른 채권자의 사해행위취소 및 원상회복청구는 그와 중첩되는 범위 내에서 권리보호의 이익이 없게 된다. 그리고 수익자가 확정된 판결에 기하여 해당 채권자에게 재산이나 가액을 반환함으로써 그 채권자가 다른 채권자보다 사실상 우선변제를 받는 불공평한 결과가 초래된다고 하더라도, 그 재산이나 가액의 반환이 다른 채권자를 해할 목적으로 수익자와 해당 채권자가 통모한 행위라는 등의 특별한 사정이 없는 한 확정된 판결에 따른 반환의무를 이행하는 것이 다른 채권자의 신의에 반하는 행위라고 할 수는 없으므로, 확정된 판결에 따라 재산이나 가액의 반환을 마친 수익자가 다른 채권자의 사해행위취소 및 원상회복청구에 대하여 권리보호의 이익이 없다고 주장하는 것이 신의성실의 원칙에 위배된다고 할 수는 없다(대법원 2014.08.20. 선고 2014다28114 판결).

정답 ⑤

7. 당사자적격에 관한 설명 중 옳지 않은 것은? (다툼이 있는 경우 판례에 의함) [2020년 08월 모의]

① 이행의 소에서 피고가 실제 의무자인지 여부는 본안에서 가릴 문제이기 때문에 실제 이행청구권자나 의무자가 아닌 것으로 판명되더라도 청구기각을 할 것이지 당사자적격이 없다고 하여 소를 각하해서는 안 된다.
② 등기명의인이나 그 포괄승계인이 아닌 자를 상대로 등기말소청구를 하는 경우, 이는 당사자적격의 문제가 아니라 본안판단의 문제이므로 청구를 기각하여야 한다.
③ 자신을 종중대표자라고 주장하는 자가 대표자지위의 확인을 구할 경우, 종중원 전원을 피고로 하거나 종중을 피고로 하여야 한다.
④ 추심명령이 있으면 추심명령을 받은 자만이 채권의 이행을 청구하는 소를 제기할 수 있고 채무자는 당사자적격을 상실한다.
⑤ 채권자대위소송에서 피보전채권의 존재가 인정되지 않는 경우, 채권자는 원고로서 채무자의 제3채무자에 대한 권리를 대위행사할 당사자적격이 없다.

해설

① (O) 급부의 소에 있어서는 원고의 청구자체로서 당사자적격이 판가름되고 그 판단은 청구의 당부의 판단에 흡수되는 것이므로 자기의 급부청구권을 주장하는 자가 정당한 원고이고 의무자로 주장된 자가 정당한 피고이다(대법원 1989.07.25. 선고 88다카26499 판결).

② (×) 등기의무자, 즉 등기부상의 형식상 그 등기에 의하여 권리를 상실하거나 기타 불이익을 받을 자(등기명의인이거나 그 포괄승계인)가 아닌 자를 상대로 한 등기의 말소절차이행을 구하는 소는 당사자적격이 없는 자를 상대로 한 부적법한 소이다(대법원 1994.02.25. 선고 93다39225 판결).

③ (O) 종중 대표자라고 주장하는 자가 종중을 상대로 하지 않고 종중원 개인을 상대로 하여 대표자 지위의 적극적 확인을 구하는 소송은, 만일 그 청구를 인용하는 판결이 선고되더라도 그 판결의 효력은 당해 종중에는 미친다고 할 수 없기 때문에 대표자의 지위를 둘러싼 당사자들 사이의 분쟁을 근본적으로 해결하는 가장 유효 적절한 방법이 될 수 없고 따라서 확인의 이익이 없어 부적법하다(대법원 1998.11.27. 선고 97다4104 판결).

④ (O) 채권에 대한 압류 및 추심명령이 있으면 제3채무자에 대한 이행의 소는 추심채권자만이 제기할 수 있고 채무자는 피압류채권에 대한 이행소송을 제기할 당사자적격을 상실하나, 채무자의 이행소송 계속 중에 추심채권자가 압류 및 추심명령 신청의 취하 등에 따라 추심권능을 상실하게 되면 채무자는 당사자적격을 회복한다. 이러한 사정은 직권조사사항으로서 당사자가 주장하지 않더라도 법원이 직권으로 조사하여 판단하여야 하고, 사실심 변론종결 이후에 당사자적격 등 소송요건이 흠결되거나 그 흠결이 치유된 경우 상고심에서도 이를 참작하여야 한다(대법원 2010.11.25. 선고 2010다64877 판결).

⑤ (O) 채권자대위소송에서 대위에 의하여 보전될 채권자의 채무자에 대한 권리(피보전채권)가 부존재할 경우 당사자적격을 상실하고, 이와 같은 당사자적격의 존부는 소송요건으로서 법원의 직권조사사항이기는 하나, 그 피보전채권에 대한 주장·증명책임이 채권자대위권을 행사하려는 자에게 있으므로, 사실심 법원은 원고가 피보전채권으로 주장하지 아니한 권리에 대하여서까지 피보전채권이 될 수 있는지 여부를 판단할 필요가 없다(대법원 2014.10.27. 선고 2013다25217 판결).

정답 ②

8. 미성년자의 소송능력에 관한 설명 중 옳지 않은 것은? (다툼이 있는 경우 판례에 의함)

[2020년 08월 모의]

① 법정대리인이 처분을 허락한 재산에 대해서도 미성년자의 소송능력은 인정되지 아니한다.
② 미성년자가 법정대리인으로부터 허락을 얻은 특정 영업에 관한 법률행위에 대해서는 그 범위 내에서 미성년자의 소송능력이 인정된다.
③ 제한능력자인 미성년자와의 소송에서 패소한 상대방이 미성년자의 소송능력의 흠을 주장하며 상소나 재심의 사유로 삼는 것은 허용되지 않는다.
④ 법정대리인이 미성년자의 소송행위에 대하여 추인을 거절하였다가 다시 추인하면 그 소송행위는 행위시로 소급하여 효력이 생긴다.
⑤ 미성년자의 후견인이 상대방의 소 또는 상소제기에 관하여 소송행위를 하는 경우에는 그 후견감독인으로부터 특별한 권한을 받을 필요가 없다.

해설

① (O) 처분을 허락한 재산, 가령 용돈으로 구입한 매매 행위에 대한 소송분쟁까지 미성년자가 단독으로 수행할 수 있는 것은 아니다.
② (O) 미성년자 또는 피성년후견인은 법정대리인에 의해서만 소송행위를 할 수 있다. 다만, 미성년자가 독립하여 법률행위를 할 수 있는 경우에는 그러하지 아니하다(민소법 제55조 제1항 제1호). 미성년자가 법정대리인으로부터 허락을 얻은 특정한 영업에 관하여는 성년자와 동일한 행위능력이 있다(민법 제8조 제1항).
③ (O) 소송능력제도는 무능력자 본인을 보호하기 위한 제도이기 때문에, 소송무능력자 측이 승소한 경우에 패소한 상대방은 소송능력의 흠을 주장하여 상소나 재심의 소를 제기할 수 없다.
④ (×) 일단 추인거절의 의사표시가 있은 이상 그 무권대리행위는 확정적으로 무효로 귀착되므로 그 후에 다시 이를 추인할 수는 없다(대법원 2008.08.21. 선고 2007다79480 판결).
⑤ (O) 미성년후견인, 대리권 있는 성년후견인 또는 대리권 있는 한정후견인이 상대방의 소 또는 상소 제기에 관하여 소송행위를 하는 경우에는 그 후견감독인으로부터 특별한 권한을 받을 필요가 없다(민소법 제56조 제1항).

정답 ④

9. 채권자취소소송에 관한 설명 중 옳지 않은 것은? (다툼이 있는 경우 판례에 의함) [2020년 08월 모의]

① 상속의 포기는 사해행위취소의 대상이 되지 않는다.
② 채권자의 채권이 사해행위 이전에 성립한 이상 사해행위 이후에 채권이 양도되었다고 하더라도 그 양수인은 채권자취소권을 행사할 수 있다.
③ 채권자가 사해행위취소 및 원상회복청구를 하면서 피보전채권을 교환적으로 변경하는 것은 청구의 변경에 해당한다.
④ 사해행위의 목적물이 부동산인 경우 채권자는 수익자나 전득자인 현재의 등기명의인을 상대로 채무자 앞으로의 소유권이전등기절차 이행을 구할 수도 있다.
⑤ 채권자가 사해행위취소 및 가액배상을 구하여 승소함에 따라 가액배상금을 직접 수령한 경우, 다른 채권자가 취소채권자를 상대로 하여 안분액의 지급을 직접 구할 수 있는 권리를 취득하는 것은 아니다.

해설

① (O) 상속의 포기는 비록 포기자의 재산에 영향을 미치는 바가 없지 아니하나 상속인으로서의 지위 자체를 소멸하게 하는 행위로서 순전한 재산법적 행위와 같이 볼 것이 아니다. 오히려 상속의 포기는 1차적으로 피상속인 또는 후순위상속인을 포함하여 다른 상속인 등과의 인격적 관계를 전체적으로 판단하여 행하여지는 '인적 결단'으로서의 성질을 가진다. 이러한 점들을 종합적으로 고려하여 보면, 상속의 포기는 민법 제406조 제1항에서 정하는 "재산권에 관한 법률행위"에 해당하지 아니하여 사해행위취소의 대상이 되지 못한다(대법원 2011.06.09. 선고 2011다29307 판결).

② (O) 사해행위라고 볼 수 있는 행위가 행하여지기 전에 발생한 채권은 원칙적으로 채권자취소권에 의하여 보호될 수 있는 채권이 될 수 있고, 채권자의 채권이 사해행위 이전에 성립한 이상 사해행위 이후에 양도되었다고 하더라도 양수인은 채권자취소권을 행사할 수 있으며, 채권 양수일에 채권자취소권의 피보전채권이 새로이 발생되었다고 할 수 없다(대법원 2012.02.09. 선고 2011다77146 판결).

③ (X) 채권자가 사해행위의 취소를 청구하면서 그 보전하고자 하는 채권을 추가하거나 교환하는 것은 그 사해행위취소권을 이유 있게 하는 공격방법에 관한 주장을 변경하는 것일 뿐이지 소송물 또는 청구 자체를 변경하는 것이 아니므로 소의 변경이라 할 수 없다(대법원 2003.05.27. 선고 2001다13532 판결).

④ (O) 자기 앞으로 소유권을 표상하는 등기가 되어 있었거나 법률에 의하여 소유권을 취득한 자가 진정한 등기명의를 회복하기 위한 방법으로는 그 등기의 말소를 구하는 외에 현재의 등기명의인을 상대로 직접 소유권이전등기절차의 이행을 구하는 것도 허용되어야 한다. 이러한 법리는 사해행위 취소소송에 있어서 취소 목적 부동산의 등기명의를 수익자로부터 채무자 앞으로 복귀시키고자 하는 경우에도 그대로 적용될 수 있다고 할 것이고, 따라서 채권자는 사해행위의 취소로 인한 원상회복청구로 수익자 명의의 등기의 말소를 구하는 대신 수익자를 상대로 채무자 앞으로 직접 소유권이전등기절차를 이행할 것을 청구할 수도 있다(대법원 2000.02.25. 선고 99다53704 판결).

⑤ (O) 사해행위의 취소와 원상회복은 모든 채권자의 이익을 위하여 그 효력이 있으므로(민법 제407조), 채권자취소권의 행사로 채무자에게 회복된 재산에 대하여 취소채권자가 우선변제권을 가지는 것이 아니라 다른 채권자도 총채권액 중 자기의 채권에 해당하는 안분액을 변제받을 수 있는 것이지만, 이는 채권의 공동담보로 회복된 채무자의 책임재산으로부터 민집법 등의 법률상 절차를 거쳐 다른 채권자도 안분액을 지급받을 수 있다는 것을 의미하는 것일 뿐, 다른 채권자가 이러한 법률상 절차를 거치지 아니하고 취소채권자를 상대로 하여 안분액의 지급을 직접 구할 수 있는 권리를 취득한다거나, 취소채권자에게 인도받은 재산 또는 가액배상금에 대한 분배의무가 인정된다고 볼 수는 없다(대법원 2008.06.12. 선고 2007다37837 판결).

정답 ③

10. 법인 아닌 사단에 관한 설명 중 옳지 않은 것은? (다툼이 있는 경우 판례에 의함) [2020년 10월 모의]

① 법인 아닌 사단은 단체 자체가 당사자가 될 수 있다.
② 법인 아닌 사단의 총유재산에 관한 소송은 보존행위인 경우에 한하여 구성원 각자가 소송을 수행할 수 있다.
③ 아파트 부녀회도 회원의 가입, 탈퇴와 상관없이 조직이 유지되고 있고 의사결정기관인 임원진이 구성되어 있으며 대외적으로 부녀회를 대표할 회장과 부회장 등의 대표자가 정해져 있는 경우에는 법인 아닌 사단으로서 당사자능력을 갖는다.
④ 법인 아닌 사단의 당사자능력은 법원의 직권조사사항이다.
⑤ 법인 아닌 사단이 당사자인 소송에서 판결의 기판력은 구성원이 아닌 사단에 대해서만 미친다.

해설

① (O) 법인이 아닌 사단이나 재단은 대표자 또는 관리인이 있는 경우에는 그 사단이나 재단의 이름으로 당사자가 될 수 있다(민소법 제52조).
② (✕) 총유재산에 관한 소송은 법인 아닌 사단이 그 명의로 사원총회의 결의를 거쳐 하거나 또는 그 구성원 전원이 당사자가 되어 필수적 공동소송의 형태로 할 수 있을 뿐 그 사단의 구성원은 설령 그가 사단의 대표자라거나 사원총회의 결의를 거쳤다 하더라도 그 소송의 당사자가 될 수 없고, 이러한 법리는 총유재산의 보존행위로서 소를 제기하는 경우에도 같다(대법원 2005.09.15. 선고 2004다44971 전합 판결).
③ (O) 법인 아닌 사단의 실체를 갖춘 아파트 부녀회의 수익금이 아파트 부녀회 회장의 개인 명의의 예금계좌에 입금되어 있는 경우, 위 수익금의 관리·사용권을 승계한 아파트입주자 대표회의가 수익금의 지급을 청구할 상대방은 회장 개인이 아니라 아파트 부녀회이다(대법원 2006.12.21. 선고 2006다52723 판결).
④ (O) 당사자능력 유무에 관한 사항은 법원의 직권조사사항이므로, 그 당사자능력 판단의 전제가 되는 사실에 관하여는 법원이 당사자의 주장에 구속될 필요 없이 직권으로 조사한다(대법원 1997.12.09. 선고 94다41249 판결).
⑤ (O) 민소법 제48조에 의하여 당사자가 될 수 있는 법인 아닌 사단인 교회에 대한 인낙조서의 기판력은 소송당사자가 아닌 사단구성원인 교인에게는 미치지 아니한다(대법원 1978.11.01. 선고 78다1206 판결).

정답 ②

11. 당사자적격에 관한 설명 중 옳지 않은 것은? (다툼이 있는 경우 판례에 의함) [2021년 06월 모의]

① 유언을 집행하기 위한 유증 목적물에 관한 소유권이전등기 청구소송에 있어서 유언집행자는 당사자적격이 없다.
② 법인 아닌 사단인 종교단체의 대표자 또는 구성원의 지위에 관한 확인소송에서 그 단체를 상대로 하지 않고 대표자 또는 구성원 개인을 상대로 한 청구는 확인의 이익이 없어 부적법하다.
③ 채권자취소의 소에 있어 상대방은 채무자가 아니라 그 수익자나 전득자가 되어야 한다.
④ 주주총회결의부존재확인소송에 있어서 피고가 될 수 있는 자는 회사로 한정된다.
⑤ 채권에 대한 압류 및 추심명령이 있으면 채무자는 피압류채권에 대한 이행소송을 제기할 당사자적격을 상실하나, 채무자의 이행소송 계속 중에 추심채권자가 압류 및 추심명령 신청을 취하하면 채무자는 당사자적격을 회복한다.

해설

① (✕) 유언집행자는 유증의 목적인 재산의 관리 기타 유언의 집행에 필요한 모든 행위를 할 권리의무가 있으므로, 유증 목적물에 관하여 마쳐진, 유언의 집행에 방해가 되는 다른 등기의 말소를 구하는 소송에 있어서는 유언집행자가 이른바 법정소송담당으로서 원고적격을 가진다고 할 것이고, 유언집행자는 유언의 집행에 필요한 범위 내에서는 상속인과 이해상반되는 사항에 관하여도 중립적 입장에서 직무를 수행하여야 하므로, 유언집행자가 있는 경우 그의 유언집행에 필요한 한도에서 상속인의 상속재산에 대한 처분권은 제한되며 그 제한 범위 내에서 상속인은 원고적격이 없다(대법원 2010.10.28. 선고 2009다20840 판결).
② (O) 법인 아닌 사단인 종교단체의 대표자 또는 구성원의 지위에 관한 확인소송에서 그 대표자 또는 구성원 개인을 상대로 제소하는 경우에는 그 청구를 인용하는 판결이 내려진다 하더라도 그 판결의 효력이 해당 단체에 미친다고 할 수 없기 때문에 대표자 또는 구성원의 지위를 둘러싼 당사자들 사이의 분쟁을 근본적으로 해결하는 가장 유효적절한 방법이 될 수 없으므로, 그 단체를 상대로 하지 않고 대표자 또는 구성원 개인을 상대로 한 청구는 확인의 이익이 없어 부적법하다(대법원 2015.02.16. 선고 2011다101155

판결).

③ (O) 채권자가 채권자취소권을 행사하려면 사해행위로 인하여 이익을 받은 자나 전득한 자를 상대로 그 법률행위의 취소를 청구하는 소송을 제기하여야 되는 것으로서 채무자를 상대로 그 소송을 제기할 수는 없다(대법원 2004.08.30. 선고 2004다21923 판결).

④ (O) 주주총회결의 취소와 결의무효확인판결은 대세적 효력이 있으므로 그와 같은 소송의 피고가 될 수 있는 자는 그 성질상 회사로 한정된다(대법원 1982.09.14. 선고 80다2425 판결).

⑤ (O) 채권에 대한 압류 및 추심명령이 있으면 제3채무자에 대한 이행의 소는 추심채권자만이 제기할 수 있고 채무자는 피압류채권에 대한 이행소송을 제기할 당사자적격을 상실하나, 채무자의 이행소송 계속 중에 추심채권자가 압류 및 추심명령 신청의 취하 등에 따라 추심권능을 상실하게 되면 채무자는 당사자적격을 회복한다. 이러한 사정은 직권조사사항으로서 당사자가 주장하지 않더라도 법원이 직권으로 조사하여 판단하여야 하고, 사실심 변론종결 이후에 당사자적격 등 소송요건이 흠결되거나 그 흠결이 치유된 경우 상고심에서도 이를 참작하여야 한다(대법원 2010.11.25. 선고 2010다64877 판결). **정답** ①

12. 당사자적격에 관한 설명 중 옳지 않은 것을 모두 고른 것은? (다툼이 있는 경우 판례에 의함)
[2022년 06월 모의]

ㄱ. 등기의무자 아닌 자를 상대로 한 등기말소절차 이행소송은 이행의 소인 이상 피고적격이 인정되어 본안에서 청구를 기각해야 한다.
ㄴ. 단체 대표자의 선임결의가 무효임을 다투는 확인소송에서는 단체와 대표자를 공동 피고로 하여야 한다.
ㄷ. 관리단으로부터 집합건물의 관리업무를 위탁받은 위탁관리회사는 임의적 소송담당으로 구분소유자를 상대로 관리비청구를 할 수 있다.
ㄹ. 비법인사단인 채무자가 사원총회 결의 없이 제3채무자를 상대로 소를 제기하여 부적법 각하 판결을 받았더라도 이미 채무자가 권리를 행사한 이상 채권자가 제3채무자를 상대로 제기한 채권자대위소송은 부적법하다.
ㅁ. 주주가 대표소송을 제기하기 위하여 회사에 대해 '이사의 책임을 추궁하는 소'를 제기할 것을 청구할 때와 회사를 위하여 그 소를 제기할 때 상법이 정한 주식보유요건을 갖추면 되고, 소 제기 후에는 주주 지위를 잃지 않는 한 보유주식 수가 그 요건에 미달하여도 무방하다.

① ㄱ, ㄴ, ㄷ   ② ㄱ, ㄴ, ㄹ   ③ ㄱ, ㄷ, ㅁ
④ ㄴ, ㄹ, ㅁ   ⑤ ㄷ, ㄹ, ㅁ

해설

ㄱ. (✕) 등기의무자, 즉 등기부상의 형식상 그 등기에 의하여 권리를 상실하거나 기타 불이익을 받을 자(등기명의인이거나 그 포괄승계인)가 아닌 자를 상대로 한 등기의 말소절차이행을 구하는 소는 당사자적격이 없는 자를 상대로 한 부적법한 소이다(대법원 1994.02.25. 선고 93다39225 판결).
ㄴ. (✕) 주주총회결의 취소와 결의무효확인 판결은 대세적 효력이 있으므로 그와 같은 소송의 피고가 될 수 있는 자는 그 성질상 회사로 한정된다(대법원 1982.09.14. 선고 80다2425 판결).
ㄷ. (O) 관리단으로부터 집합건물의 관리업무를 위임받은 위탁관리회사는 특별한 사정이 없는 한 구분소유자 등을 상대로 자기 이름으로 소를 제기하여 관리비를 청구할 당사자적격이 있다(대법원 2016.12.15. 선고 2014다87885 판결).

ㄹ. (X) 비법인사단인 채무자 명의로 제3채무자를 상대로 한 소가 제기되었으나 사원총회의 결의 없이 총유재산에 관한 소가 제기되었다는 이유로 각하판결을 받고 그 판결이 확정된 경우에는 채무자가 스스로 제3채무자에 대한 권리를 행사한 것으로 볼 수 없다(대법원 2018.10.25. 선고 2018다210539 판결).

ㅁ. (O) 주주가 대표소송을 제기하기 위하여는 회사에 대하여 이사의 책임을 추궁할 소의 제기를 청구할 때와 회사를 위하여 그 소를 제기할 때와 회사를 위하여 그 소를 제기할 때 상법 또는 은행법이 정하는 주식보유요건을 갖추면 되고, 소 제기 후에는 보유주식의 수가 그 요건에 미달하게 되어도 무방하다(대법원 2018.11.29. 선고 2017다35717 판결).

정답 ②

13. 채권자대위권에 관한 설명 중 옳지 않은 것은? (다툼이 있는 경우 판례에 의함) [2022년 06월 모의]

① 재심대상판결에 불복하여 종전 소송절차의 재개·속행 및 재심판을 구하는 재심의 소 제기는 채권자대위권의 목적이 될 수 없다.
② 채권자가 채무자와 제3채무자 사이에 체결된 부동산매매계약에 기한 소유권이전등기청구권을 보전하기 위해 채무자를 대위하여 제3채무자의 부동산에 대한 처분금지가처분결정을 받았는데, 채무자가 그러한 사실을 알게 된 후 그 매매계약을 합의해제 하였다면, 채무자나 제3채무자는 이러한 계약의 해제로써 채권자에게 대항할 수 없다.
③ 미등기 토지에 대한 시효취득자가 시효완성 후 경료된 제3자 명의의 소유권보존등기가 원인무효라 하여 채무자인 진정한 소유자를 대위하여 그 등기의 말소를 구하는 경우, 채무자가 성명불상자라 하여도 그 채권자대위권 행사에 어떤 법률적 장애가 될 수 없다.
④ 채권자가 대위권을 행사할 당시 이미 채무자가 피대위권리를 재판상 행사하여 패소의 본안판결을 받았다면 채권자는 채무자를 대위할 당사자적격이 없다.
⑤ 채권자대위소송이 제기되고 대위채권자가 채무자에게 대위권 행사사실을 통지하거나 채무자가 이를 알게 된 이후에 피대위채권에 대한 압류 및 전부명령이 발령되었더라도 전부명령이 무효가 되는 것은 아니다.

해설

① (O) 채권을 보전하기 위하여 대위행사가 필요한 경우는 실체법상 권리뿐만 아니라 소송법상 권리에 대해서도 대위가 허용되나, 채무자와 제3채무자 사이의 소송이 계속된 이후의 소송수행과 관련한 개개의 소송상 행위는 그 권리의 행사를 소송당사자인 채무자의 의사에 맡기는 것이 타당하므로 채권자대위가 허용될 수 없다. 같은 취지에서 볼 때 상소의 제기와 마찬가지로 종전 재심대상판결에 대하여 불복하여 종전 소송절차의 재개, 속행 및 재심판을 구하는 재심의 소 제기는 채권자대위권의 목적이 될 수 없다(대법원 2012.12.27. 선고 2012다75239 판결).

② (O) 채권자대위권의 행사에 있어서 채무자가 채권자대위권을 행사한 점을 알게 된 이후에는 채무자가 그 권리를 처분하여도 이로써 채권자에게 대항할 수 없으므로, 채권자가 채무자를 대위하여 제3채무자의 부동산에 대한 처분금지가처분을 신청하여 처분금지가처분 결정을 받은 경우, 이는 해당 부동산에 관한 소유권이전등기청구권을 보전하기 위한 것이므로 피보전권리인 소유권이전등기청구권을 행사한 것과 같이 볼 수 있어, 채무자가 그러한 채권자대위권의 행사 사실을 알게 된 이후에 그 부동산에 대한 매매계약을 합의해제함으로써 채권자대위권의 객체인 그 부동산의 소유권이전등기청구권을 소멸시켰다 하더라도 이로써 채권자에게 대항할 수 없다(대법원 1996.04.12. 선고 95다54167 판결).

③ (O) 미등기 토지에 대한 시효취득자가 제3자 명의의 소유권보존등기가 원인무효라 하여 그 등기의 말소를 구하는 경우에 있어 채무자인 진정한 소유자가 성명불상자라 하여도 그가 위 등기의 말소를 구하는 데 어떤 법률적 장애가 있다고 할 수는 없어 그 채권자대위권 행사에 어떤 법률적 장애가 될 수 없다(대

법원 1992.02.25. 선고 91다9312 판결).
④ (O) 채권자대위권은 채무자가 제3채무자에 대한 권리를 행사하지 아니하는 경우에 한하여 채권자가 자기의 채권을 보전하기 위하여 행사할 수 있는 것이어서 채권자가 대위권을 행사할 당시는 이미 채무자가 권리를 재판상 행사하였을 때에는 설사 패소의 본안판결을 받았더라도 채권자는 채무자를 대위하여 채무자의 권리를 행사할 당사자적격이 없다(대법원 1992.11.10. 선고 92다30016 판결).
⑤ (✕) 채권자대위소송이 제기되고 대위채권자가 채무자에게 대위권 행사사실을 통지하거나 채무자가 이를 알게 된 이후에는 민집법 제229조 제5항이 유추적용되어 피대위채권에 대한 전부명령은, 우선권 있는 채권에 기초한 것이라는 등의 특별한 사정이 없는 한 무효이다(대법원 2016.08.29. 선고 2015다236547 판결).

정답 ⑤

14. 채권자대위소송에 관한 다음 설명 중 옳은 것은? (다툼이 있는 경우 판례에 의함) [2022년 08월 모의]

① 피보전채권의 근거가 되는 계약이 강행법규에 위반되어 무효라도 그 피보전권리가 확정판결에 기한 것이라면, 그 판결이 재심에 의해 취소되지 않는 한 제3채무자에 대한 관계에서는 피보전권리가 존재한다고 보아야 한다.
② 채권자가 채권자취소권을 대위행사하는 경우 제소기간은 원고인 채권자를 기준으로 하므로, 채권자취소권을 대위행사하는 채권자가 취소원인을 안 지 1년이 지났다면 채무자가 취소원인을 안 날로부터 1년이 안 지났더라도 채권자취소소송의 제소기간을 도과한 것이다.
③ 공유물분할청구권도 채권자대위권의 목적이 될 수 있으므로, 피보전권리가 금전채권인 경우에도 공유물분할청구권을 대위행사할 수 있다.
④ 채무자 소유 부동산을 시효취득한 채권자의 공동상속인이 채무자에 대한 시효완성에 기한 소유권이전등기청구권을 피보전채권으로 하여 제3채무자를 상대로 채무자의 제3채무자에 대한 소유권이전등기 말소등기청구권을 대위행사하는 경우, 공동상속인은 자기 지분을 초과하는 범위에서도 보존행위로서 그 말소등기청구권을 적법하게 대위행사할 수 있다.
⑤ 채권자대위소송이 계속 중인데 다른 채권자가 동일한 채무자를 대위하여 공동소송참가를 신청할 경우, 양 청구의 소송물이 동일하다면 참가신청은 적법하고, 또한 원고가 일부청구임을 명시하여 피대위채권의 일부만을 청구한 경우에도 참가인의 청구금액이 원고 청구금액을 초과하지 않으면 그 참가신청은 적법하다.

해설

① (✕) 채권자대위권을 행사하는 경우, 채권자가 채무자를 상대로 보전되는 청구권에 기한 이행청구의 소를 제기하여 승소판결을 선고받고 판결이 확정되었다면, 특별한 사정이 없는 한 그 청구권의 발생원인이 되는 사실관계가 제3채무자에 대한 관계에서도 증명되었다고 볼 수 있다. 그러나 그 청구권의 취득이, 채권자로 하여금 채무자를 대신하여 소송행위를 하게 하는 것을 주목적으로 이루어진 경우와 같이, 강행법규에 위반되어 무효라고 볼 수 있는 경우 등에는 위 확정판결에도 불구하고 채권자대위소송의 제3채무자에 대한 관계에서는 피보전권리가 존재하지 않는다고 보아야 한다. 이는 위 확정판결 또는 그와 같은 효력이 있는 재판상 화해조서 등이 재심이나 준재심으로 취소되지 않아 채권자와 채무자 사이에서는 그 판결이나 화해가 무효라는 주장을 할 수 없는 경우라 하더라도 마찬가지이다(대법원 2019.01.31. 선고 2017다228618 판결).
② (✕) 채권자가 채무자의 채권자취소권을 대위행사하는 경우, 제소기간은 대위의 목적으로 되는 권리의 채권자인 채무자를 기준으로 하여 그 준수 여부를 가려야 할 것이고, 따라서 채권자취소권을 대위 행사하는 채권자가 취소 원인을 안 지 1년이 지났더라도 채무자가 취소 원인을 안 날로부터 1년, 법률행위가

있은 날로부터 5년 내라면 채권자 취소의 소를 제기할 수 있다(대법원 2001.12.27. 선고 2000다73049 판결).
③ (✕) 공유물분할청구권은 공유관계에서 수반되는 형성권으로서 공유자의 일반 재산을 구성하는 재산권의 일종이다. 공유물분할청구권의 행사가 오로지 공유자의 자유로운 의사에 맡겨져 있어 공유자 본인만 행사할 수 있는 권리라고 볼 수는 없다. 따라서 공유물분할청구권도 채권자대위권의 목적이 될 수 있다. 다만, 채권자가 자신의 금전채권을 보전하기 위하여 채무자를 대위하여 부동산에 관한 공유물분할청구권을 행사하는 것은, 책임재산의 보전과 직접적인 관련이 없어 채권의 현실적 이행을 유효 · 적절하게 확보하기 위하여 필요하다고 보기 어렵고 채무자의 자유로운 재산관리행위에 대한 부당한 간섭이 되므로 보전의 필요성을 인정할 수 없다. 따라서 극히 예외적인 경우가 아니라면 금전채권자는 부동산에 관한 공유물분할청구권을 대위 행사할 수 없고, 이는 각하된다(대법원 2020.05.21. 선고 2018다879 판결).
④ (✕) 채무자 소유의 부동산을 시효취득한 채권자의 공동상속인이 채무자에 대한 소유권이전등기청구권을 피보전채권으로 하여 제3채무자를 상대로 채무자의 제3채무자에 대한 소유권이전등기의 말소등기청구권을 대위행사하는 경우, 공동상속인은 자신의 지분 범위 내에서만 채무자의 제3채무자에 대한 소유권이전등기의 말소등기청구권을 대위행사할 수 있고, 지분을 초과하는 부분에 관하여는 채무자를 대위할 보전의 필요성이 없다(대법원 2014.10.27. 선고 2013다25217 판결).
⑤ (O) 채권자대위소송이 계속 중인 상황에서 다른 채권자가 동일한 채무자를 대위하여 채권자대위권을 행사하면서 공동소송참가신청을 할 경우, 양 청구의 소송물이 동일하다면 민소법 제83조 제1항이 요구하는 '소송목적이 한쪽 당사자와 제3자에게 합일적으로 확정되어야 할 경우'에 해당하므로 참가신청은 적법하다. 여기서 원고가 일부 청구임을 명시하여 피대위채권의 일부만을 청구한 것으로 볼 수 있는 경우에는 참가인의 청구금액이 원고의 청구금액을 초과하지 않는 한 참가인의 청구가 원고의 청구와 소송물이 동일하여 중복된다고 할 수 있으므로 소송목적이 원고와 참가인에게 합일적으로 확정되어야 할 필요성을 인정할 수 있어 참가인의 공동소송참가신청을 적법한 것으로 보아야 한다(대법원 2015.07.23. 선고 2013다30301 판결).

정답 ⑤

15. 채권자취소소송에 관한 다음 설명 중 옳지 않은 것은? (다툼이 있는 경우 판례에 의함)
[2022년 08월 모의]

① 채권자가 사해행위의 취소 및 원상회복을 청구하면서 그 피보전채권을 추가하거나 교환하는 것은 청구의 변경에 해당하지 않는다.
② 채권자가 사해행위의 전부 취소 및 원상회복으로서 원물반환을 청구하는 경우 법원이 청구취지 변경 없이 사해행위의 일부 취소 및 가액반환을 명하는 것은 처분권주의에 반한다.
③ 사해행위 후 그 목적물에 관하여 선의의 제3자가 근저당권을 취득하였음을 이유로 가액배상을 명하는 경우에는 사해행위 당시 일반 채권자들의 공동담보로 되어 있었던 부동산 가액 전부의 배상을 명하여야 할 것이고, 그 가액에서 제3자가 취득한 저당권의 피담보채권액을 공제할 것은 아니다.
④ 채무자의 동일한 사해행위에 대하여 채권자 甲이 제기한 채권자취소소송의 계속 중 채무자의 다른 채권자 乙이 제기한 채권자취소소송은 중복소송에 해당하지 않는다.
⑤ 채무자의 동일한 사해행위에 관하여 채권자 甲이 사해행위취소 및 원상회복청구를 하여 승소판결을 받아 그 판결이 확정되었다는 것만으로는 그 후에 제기된 다른 채권자 乙의 사해행위취소 및 원상회복청구의 소가 권리보호의 이익이 없게 되는 것은 아니다.

해설

① (O) 채권자가 사해행위의 취소를 청구하면서 그 보전하고자 하는 채권을 추가하거나 교환하는 것은 그 사해행위취소권을 이유 있게 하는 공격방법에 관한 주장을 변경하는 것일 뿐이지 소송물 또는 청구 자

체를 변경하는 것이 아니므로 소의 변경이라 할 수 없다(대법원 2003.05.27. 선고 2001다13532 판결).
② (✕) 사해행위인 계약 전부의 취소와 부동산 자체의 반환을 구하는 청구취지 속에는 위와 같이 일부취소를 하여야 할 경우 그 일부취소와 가액배상을 구하는 취지도 포함되어 있다고 볼 수 있으므로 청구취지의 변경이 없더라도 바로 가액반환을 명할 수 있다(대법원 2001.06.12. 선고 99다20612 판결).
③ (○) 사해행위 후 그 목적물에 관하여 선의의 제3자가 저당권을 취득하였음을 이유로 가액배상을 명하는 경우에는 사해행위 당시 일반 채권자들의 공동담보로 되어 있었던 부동산 가액 전부의 배상을 명하여야 할 것이고, 그 가액에서 제3자가 취득한 저당권의 피담보채권액을 공제할 것은 아니고, 증여의 형식으로 이루어진 사해행위를 취소하고 원물반환에 갈음하여 그 목적물 가액의 배상을 명함에 있어서는 수익자에게 부과된 증여세액과 취득세액을 공제하여 가액배상액을 산정할 것도 아니다(대법원 2003.12.12. 선고 2003다40286 판결).
④ (○), ⑤ (○) 채권자취소권의 요건을 갖춘 각 채권자는 고유의 권리로서 채무자의 재산처분 행위를 취소하고 그 원상회복을 구할 수 있는 것이므로 여러 명의 채권자가 동시에 또는 시기를 달리하여 사해행위취소 및 원상회복청구의 소를 제기한 경우 이들 소가 중복제소에 해당하지 아니할 뿐만 아니라, 어느 한 채권자가 동일한 사해행위에 관하여 사해행위취소 및 원상회복청구를 하여 승소판결을 받아 그 판결이 확정되었다는 것만으로는 그 후에 제기된 다른 채권자의 동일한 청구가 권리보호의 이익이 없게 되는 것은 아니고, 그에 기하여 재산이나 가액의 회복을 마친 경우에 비로소 다른 채권자의 사해행위취소 및 원상회복청구는 그와 중첩되는 범위 내에서 권리보호의 이익이 없게 된다(대법원 2008.04.24. 선고 2007다84352 판결).

정답 ②

16. 민사소송상 소송능력에 관한 설명 중 옳지 않은 것을 모두 고른 것은? (다툼이 있는 경우 판례에 의함)
[2023년 06월 모의]

ㄱ. 미성년자는 소송무능력자이므로 미성년자가 임금을 청구하는 소송에서도 소송능력이 없다.
ㄴ. 소송능력에 관한 사항은 직권조사사항으로서 재판상 자백의 대상이 되지 않는다.
ㄷ. 법원이 소송능력의 흠결을 간과하여 판결을 선고하면 이는 위법하므로 무능력자가 승소하였는지 패소하였는지를 가리지 않고 상소 또는 재심사유가 된다.
ㄹ. 법정대리인은 법원이나 상대방에 대해 명시적 또는 묵시적으로 소송무능력자의 소송행위를 추인할 수 있다.
ㅁ. 당사자가 소송행위 당시 미성년이었더라도 성년자로 된 후에 추인하면 소송능력의 흠결은 치유된다.

① ㄱ, ㄴ
② ㄱ, ㄷ
③ ㄴ, ㄹ
④ ㄷ, ㅁ
⑤ ㄹ, ㅁ

해설

ㄱ. (✕) 미성년자는 원칙적으로 법정대리인에 의해서만 소송행위를 할 수 있으나 미성년자 자신의 노무제공에 따른 임금의 청구는 근로기준법 제54조의 규정에 의하여 미성년자가 독자적으로 할 수 있다(대법원 1981.08.25. 선고 80다3149 판결).
ㄴ. (○) 종중이 당사자인 사건에 있어서 그 종중의 대표자에게 적법한 대표권이 있는지의 여부는 소송요건에 관한 것으로서 법원의 직권조사사항이다. 직권조사사항은 자백의 대상이 될 수 없다(대법원 2002.05.14. 선고 2000다42908 판결).
ㄷ. (✕) 소송능력제도는 무능력자 본인을 보호하기 위한 제도이기 때문에, 소송무능력자 측이 승소한 경우에 패소한 상대방은 소송능력의 흠을 주장하여 상소나 재심의 소를 제기할 수 없다.

ㄹ. (O) 법정대리인은 원칙적으로 법원이나 상대방에게 명시적, 묵시적으로 소송무능력자의 소송행위를 추인할 수 있다.

ㅁ. (O) 당사자가 소송행위 당시 또는 변호사를 선임할 당시에 미성년자였다고 하더라도 성년이 된 후에 묵시적으로 추인한 경우에는 소송능력의 흠결은 없어진다(대법원 1970.12.22. 선고 70다2297 판결). **정답** ②

17. 사해행위취소의 소에서 소의 이익에 관한 설명 중 옳은 것은? (다툼이 있는 경우 판례에 의함)
[2023년 08월 모의]

① 사해행위가 취소되더라도 원상회복청구의 소에서 패소할 것이 예상되는 사정이 있다면 사해행위취소의 소는 소의 이익이 인정되지 않는다.
② 사해행위취소의 소 제기 당시에 소의 이익이 있었다면 그 소송 도중(변론종결 전)에 사해행위가 해제 또는 해지되어 당초 원상회복을 구하고자 했던 재산이 채무자에게 복귀되었더라도 소의 이익이 흠결된 것으로 볼 수는 없다.
③ 어느 한 채권자가 사해행위취소 및 원상회복청구를 하여 승소판결을 받고 그 판결이 확정되어 원상회복을 마친 후 다른 채권자가 동일한 사해행위에 관하여 사해행위취소의 소(후소)를 제기하더라도 후소에서 소의 이익이 없다고 볼 수 없다.
④ 채무자가 근저당권을 설정한 후 경매절차로 인하여 근저당권설정등기가 말소되었더라도 채권자가 근저당권설정계약의 취소를 구하는 사해행위취소의 소를 제기할 경우 근저당권설정등기가 말소되었다는 이유로 소의 이익이 없다고 볼 수는 없다.
⑤ 근저당권설정계약이 사해행위에 해당하더라도 채무자(소유자)가 당해 부동산을 매각하여 그 대금으로 근저당권자(수익자)에게 피담보채무를 변제함으로써 근저당권설정등기가 말소되었다면 채권자가 근저당권설정계약의 취소를 구하는 사해행위취소의 소는 소의 이익이 인정될 수 없다.

해설

① (✗) 채권자가 원상회복청구의 소에서 패소할 것이 예상된다는 이유로 그와 별개인 사해행위 취소의 소에 대하여 소송요건을 갖추지 못한 것으로 보아 소의 이익을 부정할 수는 없다(대법원 2013.04.26. 선고 2011다37001 판결).
② (✗) 채권자가 채무자의 부동산에 관한 사해행위를 이유로 수익자를 상대로 사해행위의 취소 및 원상회복을 구하는 소송을 제기한 후 소송계속 중에 사해행위가 해제 또는 해지되고 채권자가 사해행위의 취소에 의해 복귀를 구하는 재산이 벌써 채무자에게 복귀한 경우에는, 특별한 사정이 없는 한 사해행위취소소송의 목적은 이미 실현되어 더 이상 소에 의해 확보할 권리보호의 이익이 없다(대법원 2015.05.21. 선고 2012다952 판결).
③ (✗) 확정된 판결에 기하여 재산이나 가액의 회복을 마친 경우에는 다른 채권자의 사해행위취소 및 원상회복청구는 그와 중첩되는 범위 내에서 권리보호의 이익이 없다(대법원 2014.08.20. 선고 2014다28114 판결).
④ (O), ⑤ (✗) 채무자가 사해행위로 인한 근저당권 실행으로 경매절차가 진행 중인 부동산을 매각하고, 그 대금으로 근저당권자인 수익자에게 피담보채무를 변제함으로써 그 근저당권설정등기가 말소된 경우에 위와 같은 변제는 특별한 사정이 없는 한 근저당권의 우선변제권에 기하여 일반 채권자에 우선하여 된 것이라고 봄이 타당하므로 수익자로 하여금 근저당권 말소를 위한 변제 이익을 보유하게 하는 것은 부당하다. 따라서 이 경우 근저당권설정등기로 말미암아 해를 입게 되는 채권자는 원상회복을 위하여 사해행위인 근저당권설정계약의 취소를 구할 이익이 있고, 근저당권설정계약을 사해행위로서 취소하는 경우 타인이 소유권을 취득하고 근저당권설정등기가 말소되었다면 원물반환이 불가능하므로 가액배상의 방법으로 원상회복을 명하여야 한다(대법원 2018.06.19. 선고 2017다270107 판결). **정답** ④

18. 채권자취소소송에 관한 설명 중 옳지 않은 것은? (다툼이 있는 경우 판례에 의함) [2024년 08월 모의]

① 채권자취소소송의 계속 중 동일한 채권자가 피보전권리를 달리하여 동일한 사해행위에 대하여 채권자취소소송을 이중으로 제기하는 경우, 전소와 후소는 소송물이 동일하다.
② 수익자가 원상회복으로서 가액배상을 할 경우, 수익자가 채권자취소권을 행사하는 채권자에 대하여 가지는 별개의 다른 채권을 집행하기 위하여 그에 대한 집행권원을 가지고 채권자의 수익자에 대한 가액배상채권을 압류하고 전부명령을 받을 수 있다.
③ 부동산에 관한 법률행위가 사해행위에 해당하여 취소된 경우, 수익자가 사해행위 이후 그 부동산을 직접 사용하였다면 원상회복으로서 그 부동산을 반환하는 외에 그 사용이익을 반환해야 한다.
④ 어느 한 채권자가 동일한 사해행위에 관하여 채권자취소 및 원상회복청구를 하여 승소판결을 받아 그 판결이 확정되고 그에 기하여 재산이나 가액의 회복을 마친 경우에는, 다른 채권자의 채권자취소 및 원상회복청구는 그와 중첩되는 범위 내에서 소의 이익이 없게 된다.
⑤ 사해행위취소의 청구에는 그 취소판결이 미확정인 상태에서도 그 취소의 효력을 전제로 하는 원상회복청구를 병합하여 제기할 수 있다.

해설

① (O)
1) 채권자가 채무자의 어떤 금원지급행위가 사해행위에 해당된다고 하여 그 취소를 청구하면서 다만 그 금원지급행위의 법률적 평가와 관련하여 증여 또는 변제로 달리 주장하는 것은 그 사해행위취소권을 이유 있게 하는 공격방법에 관한 주장을 달리하는 것일 뿐이지 소송물 또는 청구 자체를 달리하는 것으로 볼 수 없다(대법원 2005.03.25. 선고 2004다10985 판결). 따라서 피보전채권을 추가하거나 변경하는 것은 소의 변경(민소법 제262조)에 해당하지 않으므로 사해행위취소의 소의 제척기간 준수여부를 판단하는 데 영향이 없고, 전소 계속 중 피보전채권만 달리할 뿐 당사자와 소송물이 동일하다면 중복소제기에 해당하며, 전소 판결확정 후 신소제기의 경우라면 기판력도 미친다.

2) 참고
ⓐ 확인의 소의 소송물은 청구취지에 의하여 특정된다. 소유권 확인의 소에서 소송물은 '소유권 자체의 존부'이다. 소유권 확인의 청구원인으로 매매, 시효취득, 상속 등을 주장하는 경우 공격방법에 불과하다.
ⓑ 말소등기청구사건의 소송물은 당해 등기의 말소등기청구권이고 그 동일성 식별의 표준이 되는 청구원인, 즉 말소등기청구권의 발생원인은 당해 등기원인의 무효라 할 것으로서 등기원인의 무효를 뒷받침하는 개개의 사유는 독립된 공격방어방법에 불과하여 별개의 청구원인을 구성하는 것이 아니라 할 것이므로 전소에서 원고가 주장한 사유나 후소에서 주장하는 사유들은 모두 등기의 원인무효를 뒷받침하는 공격방법에 불과할 것일 뿐 그 주장들이 자체로서 별개의 청구원인을 구성한다고 볼 수 없고 모두 전소의 변론종결 전에 발생한 사유라면 전소와 후소는 그 소송물이 동일하여 후소에서의 주장사유들은 전소의 확정판결의 기판력에 저촉되어 허용될 수 없는 것이다(대법원 1993.06.29. 선고 93다11050 판결).
ⓒ 부당이득반환청구에서 (소송물은 민법 제741조 부당이득반환청구권 그 자체이므로) 법률상의 원인 없는 사유를 계약의 불성립, 취소, 무효, 해제 등으로 주장하는 것은 공격방법에 지나지 않으므로, 그중 어느 사유를 주장하여 패소한 경우에 다른 사유를 주장하여 청구하는 것은 기판력에 저촉되어 허용할 수 없다. 또한 판결의 기판력은 그 소송의 변론종결 전에 주장할 수 있었던 모든 공격방어방법에 미치는 것이므로, 그 당시 당사자가 알 수 있었거나 또는 알고서 이를 주장하지 않았던 사항에 한해서만 기판력이 미친다고 볼 수 없다(대법원 2022.07.28. 선고 2020다231928 판결).

② (○)
[1] 사해행위취소의 소에서 수익자가 원상회복으로서 채권자취소권을 행사하는 채권자에게 가액배상을 할 경우, 수익자 자신이 사해행위취소소송의 채무자에 대한 채권자라는 이유로 채무자에 대하여 가지는 자기의 채권과 상계하거나 채무자에게 가액배상금 명목의 돈을 지급하였다는 점을 들어 채권자취소권을 행사하는 채권자에 대해 이를 가액배상에서 공제할 것을 주장할 수 없다. 그러나 수익자가 채권자취소권을 행사하는 채권자에 대해 가지는 별개의 다른 채권을 집행하기 위하여 그에 대한 집행권원을 가지고 채권자의 수익자에 대한 가액배상채권을 압류하고 전부명령을 받는 것은 허용된다. 이는 수익자의 채무자에 대한 채권을 기초로 한 상계나 임의적인 공제와는 내용과 성질이 다르다. 또한 채권자가 채무자의 제3채무자에 대한 채권을 압류하는 경우 제3채무자가 채권자 자신인 경우에도 이를 압류하는 것이 금지되지 않으므로 단지 채권자와 제3채무자가 같다고 하여 채권압류 및 전부명령이 위법하다고 볼 수 없다.
[2] 상계가 금지되는 채권이라고 하더라도 압류금지채권에 해당하지 않는 한 강제집행에 의한 전부명령의 대상이 될 수 있다(대법원 2017.08.21. 자 2017마499 결정).

③ (×) 채권자취소권은 채무자가 채권자를 해함을 알면서 일반재산을 감소시키는 행위를 한 경우에 그 행위를 취소하여 채무자의 재산을 원상회복시킴으로써 채무자의 책임재산을 보전하기 위하여 인정된 권리로서, 사해행위의 취소 및 원상회복은 책임재산의 보전을 위하여 필요한 범위 내로 한정되어야 하므로 원래의 책임재산을 초과하는 부분까지 원상회복의 범위에 포함된다고 볼 수 없다. 따라서 부동산에 관한 법률행위가 사해행위에 해당하여 민법 제406조 제1항에 의하여 취소된 경우에 수익자 또는 전득자가 사해행위 이후 그 부동산을 직접 사용하거나 제3자에게 임대하였다고 하더라도, 당초 채권자의 공동담보를 이루는 채무자의 책임재산은 당해 부동산이었을 뿐 수익자 또는 전득자가 그 부동산을 사용함으로써 얻은 사용이익이나 임차인으로부터 받은 임료상당액까지 채무자의 책임재산이었다고 볼 수 없으므로 수익자 등이 원상회복으로서 당해 부동산을 반환하는 이외에 그 사용이익이나 임료상당액을 반환해야 하는 것은 아니다(대법원 2008.12.11. 선고 2007다69162 판결).

④ (○) 채권자취소권의 요건을 갖춘 각 채권자는 고유의 권리로서 채무자의 재산처분 행위를 취소하고 원상회복을 구할 수 있다. 그러므로 여러 채권자가 동시에 또는 시기를 달리하여 사해행위취소 및 원상회복청구의 소를 제기한 경우, 어느 한 채권자가 동일한 사해행위에 관하여 사해행위취소 및 원상회복청구를 하여 승소판결을 받아 그 판결이 확정되었다는 것만으로는 그 후에 제기된 다른 채권자의 동일한 청구가 권리보호의 이익이 없게 되는 것은 아니고, 그에 기하여 재산이나 가액의 회복을 마친 경우에 비로소 다른 채권자의 사해행위취소 및 원상회복청구가 그와 중첩되는 범위 내에서 권리보호의 이익이 없게 된다. 따라서 여러 채권자가 사해행위취소 및 원상회복청구의 소를 제기하여 여러 개의 소송이 계속 중인 경우에는 각 소송에서 채권자의 청구에 따라 사해행위의 취소 및 원상회복을 명하는 판결을 선고하여야 하고, 수익자가 가액배상을 하여야 할 경우에도 수익자가 반환하여야 할 가액 범위 내에서 각 채권자의 피보전채권액 전액의 반환을 명하여야 한다(대법원 2022.08.11. 선고 2018다202774 판결).

⑤ (○) 사해행위취소소송은 형성의 소로서 그 판결이 확정됨으로써 비로소 권리변동의 효력이 발생하나, 민법 제406조 제1항은 채권자가 사해행위의 취소와 원상회복을 법원에 청구할 수 있다고 규정함으로써 사해행위취소청구에는 그 취소판결이 미확정인 상태에서도 그 취소의 효력을 전제로 하는 원상회복청구를 병합하여 제기할 수 있도록 허용하고 있다. 또한 원고가 매매계약 등 법률행위에 기하여 소유권을 취득하였음을 전제로 피고를 상대로 일정한 청구를 할 때, 피고는 원고의 소유권 취득의 원인이 된 법률행위가 사해행위로서 취소되어야 한다고 다투면서, 동시에 반소로써 그 소유권 취득의 원인이 된 법률행위가 사해행위임을 이유로 법률행위의 취소와 원상회복으로 원고의 소유권이전등기의 말소절차 등의 이행을 구하는 것도 가능하다. 위와 같이 원고의 본소 청구에 대하여 피고가 본소 청구를 다투면서 사해행위의 취소 및 원상회복을 구하는 반소를 적법하게 제기한 경우, 사해행위의 취소 여부는 반소의 청구원인임과 동시에 본소 청구에 대한 방어방법이자, 본소 청구 인용 여부의 선결문제가 될 수 있다. 그 경우 법원이 반소 청구가 이유 있다고 판단하여, 사해행위의 취소 및 원상회복을 명하는 판결을 선고하는 경우, 비록 반소 청구에 대한 판결이 확정되지 않았다고 하더라도, 원고의 소유권 취득의 원인이 된 법률행위가 취소되었음을 전제로 원고의 본소 청구를 심리하여 판단할 수 있다고 봄이 타당하다. 그때에는 반소 사해

행위취소 판결의 확정을 기다리지 않고, 반소 사해행위취소 판결을 이유로 원고의 본소 청구를 기각할 수 있다. 본소와 반소가 같은 소송절차 내에서 함께 심리, 판단되는 이상, 반소 사해행위취소 판결의 확정 여부가 본소 청구 판단 시 불확실한 상황이라고 보기 어렵고, 그로 인해 원고에게 소송상 지나친 부담을 지운다거나, 원고의 소송상 지위가 불안정해진다고 볼 수도 없다. 오히려 이로써 반소 사해행위취소소송의 심리를 무위로 만들지 않고, 소송경제를 도모하며, 본소 청구에 대한 판결과 반소 청구에 대한 판결의 모순 저촉을 피할 수 있다(대법원 2019.03.14. 선고 2018다277785 판결). 정답 ③

19. 당사자능력에 관한 설명 중 옳지 않은 것은? (다툼이 있는 경우 판례에 의함) [2024년 10월 모의]

① 사단법인 A시민연합의 하부조직인 B지부는 비법인사단으로서의 실체를 갖추고 독자적인 활동을 하고 있더라도 당사자능력을 갖지 못한다.
② 소제기시에는 조합이었으나 사실심변론종결시에 비법인사단으로서의 실체를 갖추었다면 당사자능력이 인정된다.
③ 사망한 당사자의 이름으로 소가 제기되었음을 간과하고 본안판결을 한 경우, 그 판결은 당연무효이며 상소나 재심도 허용되지 않는다.
④ 비법인사단의 대표자의 대표권 유무는 소송요건이므로 법원의 직권조사사항이다.
⑤ 지방자치단체는 당사자능력이 있으나 소송수행자 지정을 통해 그 소속 공무원이 소송대리하도록 할 수는 없다.

해설

① (✕) 민소법 제52조가 비법인사단의 당사자능력을 인정하는 것은, 법인이 아니라도 사단으로서의 실체를 갖추고 그 대표자 또는 관리인을 통하여 사회적 활동이나 거래를 하는 경우에는, 그로 인하여 발생하는 분쟁은 그 단체가 자기 이름으로 당사자가 되어 소송을 통하여 해결하도록 하기 위한 것이다. 그러므로 여기서 말하는 사단이라 함은 일정한 목적을 위하여 조직된 다수인의 결합체로서 대외적으로 사단을 대표할 기관에 관한 정함이 있는 단체를 말한다. 또한 사단법인의 하부조직의 하나라 하더라도 스스로 위와 같은 단체로서의 실체를 갖추고 독자적인 활동을 하고 있다면 사단법인과는 별개의 독립된 비법인사단으로 볼 것이다. 원심은, 원고(항만근로자 퇴직충당금 관리위원회)가 항만물류협회와는 별개로 구성되어 있고, 별도의 조직과 운영규정, 예산 및 결산에 관한 사항을 두는 등 항만물류협회와는 구별되는 독자적인 단체로서의 성격을 지닌다고 보아, 항만물류협회와는 별개의 독립된 비법인사단으로서 당사자능력이 있다고 판단하였다. 위에서 본 법리와 기록에 비추어 살펴보면, 원심의 이러한 판단은 정당하고 거기에 상고이유 주장과 같이 당사자능력에 관한 법리를 오해한 잘못이 없다(대법원 2018.04.26. 선고 2015다211289 판결).
② (O) 비법인사단으로서의 실체를 갖고 있어서 당사자능력이 있는지 여부는 사실심의 변론종결일을 기준으로 하여 판단되어야 할 성질의 것이다(대법원 2020.11.05. 선고 2017다23776 판결).
③ (O)
 1) 당사자가 사망하더라도 소송대리인의 소송대리권은 소멸하지 아니하므로(민소법 제95조 제1호), 당사자가 소송대리인에게 소송위임을 한 다음 소 제기 전에 사망하였는데 소송대리인이 당사자가 사망한 것을 모르고 당사자를 원고로 표시하여 소를 제기하였다면 소의 제기는 적법하고, 시효중단 등 소 제기의 효력은 상속인들에게 귀속된다. 이 경우 민소법 제233조 제1항이 유추적용되어 사망한 사람의 상속인들은 소송절차를 수계하여야 한다(대법원 2016.04.29. 선고 2014다210449 판결).
 2) 위 판시의 반대해석상, ⓐ 소제기 당시 원고 명의로 된 사람이 이미 사망한 것으로 밝혀진 경우, 소송대리인이 있다는 사정도 없다면 이러한 소는 원칙적으로 부적법하여 각하되어야 하고 ⓑ 사망한 원고의 상속인에 의한 당사자표시정정신청이나 소송수계신청도 허용되지 않는다고 보는 것이 통설적인

견해이다. ⓒ 소제기 당시 당사자가 이미 사망한 사실을 간과한 판결은 당연무효로서, 상속인들에 의한 항소는 무효이다(대법원 2015.01.29. 선고 2014다34041 판결). ⓓ 사망한 사람을 당사자로 하여 선고된 판결은 당연무효로서 확정력이 없어 이에 대한 재심의 소도 부적법하다(대법원 1994.12.09. 선고 94다16564 판결).

④ (O) 비법인사단이 당사자인 사건에서 대표자에게 적법한 대표권이 있는지 여부는 소송요건에 관한 것으로서 법원의 직권조사사항이므로, 법원에 판단의 기초자료인 사실과 증거를 직권으로 탐지할 의무까지는 없다 하더라도 이미 제출된 자료에 의하여 대표권의 적법성에 의심이 갈만한 사정이 엿보인다면 그에 관하여 심리 조사할 의무가 있다(대법원 2011.07.28. 선고 2010다97044 판결).

⑤ (O)
1) 국가, 지방자치단체는 당사자능력이 있다. 다만, 행정청은 항고소송의 피고로서의 당사자능력은 있으나, 민사소송에서는 당사자능력이 인정되지 않는다.
2) 기록에 의하면 원심에서 변호사 아닌 피고 인천광역시 소속 공무원이 피고를 대리하여 소송을 수행하였음을 알 수 있는바, 지방자치단체는 국가를 당사자로 하는 소송에 관한 법률의 적용대상이 아니어서 같은 법률 제3조, 제7조에서 정한 바와 같은 소송수행자의 지정을 할 수 없고, 또한 민소법 제87조가 정하는 변호사대리의 원칙에 따라 변호사 아닌 사람의 소송대리는 허용되지 않는 것이므로, 원심이 변호사 아닌 피고 소속 공무원으로 하여금 소송수행자로서 피고의 소송대리를 하도록 한 것은 민소법 제424조 제1항 제4호가 정하는 '소송대리권의 수여에 흠이 있는 경우'에 해당하는 위법이 있는 것이다(대법원 2006.06.09. 선고 2006두4035 판결).

정답 ①

20. 당사자적격에 관한 설명 중 옳은 것을 모두 고른 것은? (다툼이 있는 경우 판례에 의함) [2024년 10월 모의]

ㄱ. 순차로 소유권이전등기가 경료된 경우에, 중간의 등기명의인에 대한 진정한 등기명의의 회복을 위한 소유권이전등기청구의 소는 피고적격 흠결로 각하하여야 한다.
ㄴ. 공동주택의 입주자는 그 거주하는 동의 대표자를 상대로 그 대표자 선출결의 무효확인을 구할 수 있다.
ㄷ. 순차로 경료된 소유권이전등기 중 후순위 등기에 대한 말소청구가 패소 확정되어 전순위 등기의 말소등기 실행이 불가능해진 경우에 전순위 등기명의인에 대한 말소등기청구의 소는 피고적격 흠결로 각하하여야 한다.
ㄹ. 채무자가 자신 소유 토지에 근저당권을 설정하였는데, 채권자가 피담보채권을 양도하면서 근저당권의 부기등기도 경료한 경우, 피담보채권의 전액 변제를 주장하는 채무자의 근저당권말소등기청구의 소에서는 채권의 양수인이 피고적격자이다.
ㅁ. 압류 및 추심명령에 의하여 추심권능을 상실한 채무자가 제3채무자를 상대로 대여금청구의 소를 제기하면 원고적격 흠결로 각하하여야 한다.

① ㄱ, ㄴ ② ㄱ, ㄴ, ㅁ ③ ㄱ, ㄹ, ㅁ
④ ㄹ, ㅁ ⑤ ㄷ, ㄹ, ㅁ

해 설

㉠ (O) 진정한 등기명의의 회복을 위한 소유권이전등기는 이미 자기 앞으로 소유권을 표상하는 등기가 되어 있었거나 법률에 따라 소유권을 취득한 자가 진정한 등기명의를 회복하기 위한 방법으로서 현재의 등기명의인을 상대로 그 절차의 이행을 구하여야 하고, 등기의무자, 즉 등기부상의 형식상 그 등기에 의

하여 권리를 상실하거나 기타 불이익을 받을 자(등기명의인이나 포괄승계인)가 아닌 자를 상대로 한 등기절차이행의 소는 피고적격이 없는 자를 상대로 한 부적법한 소이다. 이와 같이 당사자적격에 관한 사정은 직권조사사항으로서 당사자의 주장이 없더라도 법원은 이를 직권으로 조사하여 판단하여야 하고, 사실심 변론종결 이후에 당사자적격 등 소송요건이 흠결되는 사정이 발생한 경우 상고심에서도 이를 참작하여야 한다(대법원 2020.12.30. 선고 2020다255733 판결).

ⓒ (×) 공동주택의 입주자대표회의는 동별 세대수에 비례하여 선출되는 동별 대표자를 구성원으로 하는 법인 아닌 사단이므로, 동별 대표자의 선출결의의 무효확인을 구하는 것은 결국 입주자대표회의의 구성원의 자격을 다투는 것이어서 입주자대표회의는 그 결의의 효력에 관한 분쟁의 실질적인 주체로서 그 무효확인 소송에서 피고적격을 가진다. 또한, 입주자대표회의의 구성원은 그 임기가 만료되더라도 특별한 사정이 없는 한 필요한 범위 내에서 새로운 구성원이 선출될 때까지 직무를 수행할 수 있으므로, 입주자대표회의의 구성원의 임기가 만료되었다는 사정만으로는 그 구성원이 무효인 동별 대표자의 선출결의를 다툴 확인의 이익이 없는 것이라고 보기 어렵다(대법원 2008.09.25. 선고 2006다86597 판결).

ⓒ (×) 순차 경료된 소유권이전등기의 각 말소 청구소송은 보통공동소송이므로 그 중의 어느 한 등기명의자만을 상대로 말소를 구할 수 있고, 최종 등기명의자에 대하여 등기말소를 구할 수 있는지에 관계없이 중간의 등기명의자에 대하여 등기말소를 구할 소의 이익이 있다(대법원 1998.09.22. 선고 98다23393 판결).

ⓔ (○) 근저당권의 양도에 의한 부기등기는 기존의 근저당권설정등기에 의한 권리의 승계관계를 등기부상에 명시하는 것뿐으로 그 등기에 의하여 새로운 권리가 생기는 것이 아닌 만큼 근저당권설정등기 말소등기청구는 양수인만을 상대로 하면 족하고 양도인은 그 말소등기청구에 있어서의 피고적격이 없다 할 것이다(대법원 1968.01.31. 선고 67다2558 판결).

ⓜ (○) 채권에 대한 압류 및 추심명령이 있으면 제3채무자에 대한 이행의 소는 추심채권자만이 제기할 수 있고 채무자는 피압류채권에 대한 이행소송을 제기할 당사자적격을 상실한다. 위와 같은 당사자적격에 관한 사항은 소송요건에 관한 것으로서 법원이 이를 직권으로 조사하여 판단하여야 하고, 비록 당사자가 사실심 변론종결 시까지 이에 관하여 주장하지 않았다 하더라도 상고심에서 새로이 이를 주장·증명할 수 있다(대법원 2018.12.27. 선고 2018다268385 판결).   **정답 ③**

21. 말소등기청구에 관한 설명 중 옳지 않은 것은? (다툼이 있는 경우 판례에 의함) [2019년 08월 모의]

① 甲이 乙을 상대로 X 토지에 관하여 제기한 소유권이전등기 말소청구소송에서 패소확정판결을 받았다면 그 기판력은 그 후 甲이 乙을 상대로 X 토지에 관하여 제기한 진정명의회복을 원인으로 한 소유권이전등기 청구소송에도 미친다.

② 원고가 X 토지 소유권에 기한 방해배제청구권의 행사로서 X 토지에 관하여 원고 명의의 소유권이전등기로부터 전전(轉傳)하여 경료된 피고 명의의 소유권이전등기의 말소를 청구하는 경우, 설령 피고 명의의 등기가 원인무효라 하더라도, 원고의 소유권이 인정되지 않는다면, 원고의 청구를 인용할 수 없다.

③ 근저당권이 설정된 후에 그 부동산의 소유권이 제3자에게 이전된 경우, 근저당권설정자인 종전의 소유자는 근저당권자를 상대로 피담보채무의 소멸을 이유로 하여 그 근저당권설정등기의 말소를 청구할 수 있다.

④ 甲으로부터 乙, 丙, 丁 앞으로 X 토지 중 각 1/3 지분에 관하여 원인무효의 합유이전등기가 마쳐진 후 乙과 丙이 사망하자 甲이 乙의 상속인 戊와 丙의 상속인 己를 상대로 X 토지 중 각 1/3 지분에 관하여 합유이전등기의 말소를 청구하는 경우, 乙, 丙, 丁 사이의 특별한 약정이 인정되지 않는다면, 법원은 戊와 己에 대한 청구를 모두 기각하는 판결을 선고하여야 한다.

⑤ 채권담보의 목적으로 부동산에 관하여 가등기가 경료된 경우, 채무자는 자신의 채무를 먼저 변제하여야만 비로소 그 가등기의 말소를 구할 수 있고, 채권자가 그 가등기가 채무담보의 목적으로 된 것임을 다투는 경우에는 피담보채무의 변제를 조건으로 가등기를 말소할 것을 청구할 수 있다.

해설

① (O) 말소등기에 갈음하여 허용되는 진정명의회복을 원인으로 한 소유권이전등기청구권과 무효등기의 말소청구권은 어느 것이나 진정한 소유자의 등기명의를 회복하기 위한 것으로서 실질적으로 그 목적이 동일하고, 두 청구권 모두 소유권에 기한 방해배제청구권으로서 그 법적 근거와 성질이 동일하므로, 비록 전자는 이전등기, 후자는 말소등기의 형식을 취하고 있다고 하더라도 그 소송물은 실질상 동일한 것으로 보아야 하고, 따라서 소유권이전등기말소청구소송에서 패소확정판결을 받았다면 그 기판력은 그 후 제기된 진정명의회복을 원인으로 한 소유권이전등기청구소송에도 미친다(대법원 2001.09.20. 선고 99다37894 판결).

② (O) 원고가 부동산의 소유권에 기한 물권적 방해배제청구권 행사의 일환으로서 위 부동산에 관하여 피고들 명의로 마쳐진 소유권이전등기의 말소를 구하려면 먼저 원고에게 그 말소를 청구할 수 있는 권원이 있음을 적극적으로 주장·입증하여야 한다(대법원 2005.09.28. 선고 2004다50044 판결).

③ (O) 근저당권설정자인 종전의 소유자도 근저당권설정계약의 당사자로서 근저당권소멸에 따른 원상회복으로 근저당권자에게 근저당권설정등기의 말소를 구할 수 있는 계약상 권리가 있으므로 이러한 계약상 권리에 터잡아 근저당권자에게 피담보채무의 소멸을 이유로 하여 그 근저당권설정등기의 말소를 청구할 수 있다(대법원 1994.01.25. 선고 93다16338 판결).

④ (×)
가. 등기의무자, 즉 등기부상의 형식상 그 등기에 의하여 권리를 상실하거나 기타 불이익을 받을 자(등기명의인이거나 그 포괄승계인)가 아닌 자를 상대로 한 등기의 말소절차이행을 구하는 소는 당사자적격이 없는 자를 상대로 한 부적법한 소이다.
나. 부동산의 합유자 중 일부가 사망한 경우 합유자 사이에 특별한 약정이 없는 한 사망한 합유자의 상속인은 합유자로서의 지위를 승계하는 것이 아니므로 해당 부동산은 잔존 합유자가 2인 이상일 경우에는 잔존 합유자의 합유로 귀속되고 잔존 합유자가 1인인 경우에는 잔존 합유자의 단독소유로 귀속된다(대법원 1994.02.25. 선고 93다39225 판결).

⑤ (O) 채무자는 자신의 채무를 먼저 변제하여야만 비로소 그 채무를 담보하기 위하여 경료되었던 가등기 및 그 가등기에 기한 본등기의 말소나 새로운 소유권이전등기를 청구할 수 있는 것이기는 하지만, 채권자가 그 가등기 등이 채권담보의 목적으로 경료된 것임을 다툰다든지 피담보채무의 액수를 다투기 때문에 채무자가 채무를 변제하더라도 채권자가 위와 같은 소유권의 공시에 협력할 의무를 이행할 것으로 기대되지 않는 경우에는 미리 청구할 필요가 있다고 보아 채무의 변제를 조건으로 채권담보의 목적으로 경료된 가등기 및 그 가등기에 기한 본등기의 말소나 새로운 소유권이전등기를 청구하는 장래이행의 소를 허용하여야 할 것이다(대법원 1992.01.21. 선고 91다35175 판결).

정답 ④

22. 甲은 A에 대해 매매대금채권을 갖고 있다. A가 자신이 소유하는 부동산(이 사건 부동산)에 乙을 채권자로 하는 근저당권을 설정하자(이 사건 설정계약), 甲은 乙을 상대로 사해행위취소의 소를 제기하였다. 이에 관한 설명 중 옳지 않은 것은? (다툼이 있는 경우 판례에 의함) [2021년 08월 모의]

① 이 소송 진행 중 A와 乙이 이 사건 설정계약을 해제하면, 이 소송은 특별한 사정이 없는 한 권리보호의 이익이 없다.
② A는 이미 채무초과 상태에 빠져 있고 이 사건 부동산도 A의 유일한 재산이라면, 乙은 자신이 선의로 이 사건 설정계약을 체결하였다고 증명해야 한다.
③ A가 이 사건 설정계약을 체결하기 전에 B를 채권자로 하는 근저당권을 이 사건 부동산에 설정하고 그 피담보채무액이 이 사건 부동산의 가액을 초과하면, 乙에 대한 이 사건 설정계약은 사해행위에 해당한다고 할 수 없다.
④ 甲이 이 소송에서 주장하는 사해행위취소의 피보전권리를 매매대금채권에서 대여금채권으로 변경하면 소의 변경에 해당한다.
⑤ 이 사건 부동산에 관한 근저당권설정등기가 乙이 A를 상대로 제기한 근저당권설정등기청구소송의 확정판결을 통해 마쳐진 경우, 그 근저당권설정등기가 사해행위취소로 인한 원상회복으로써 말소되어도 확정판결 등의 효력에 반하지 않는다.

해설

① (O) 채권자가 채무자의 부동산에 관한 사해행위를 이유로 수익자를 상대로 사해행위의 취소 및 원상회복을 구하는 소송을 제기한 후 소송계속 중에 사해행위가 해제 또는 해지되고 채권자가 사해행위의 취소에 의해 복귀를 구하는 재산이 벌써 채무자에게 복귀한 경우에는, 특별한 사정이 없는 한 사해행위취소소송의 목적은 이미 실현되어 더 이상 소에 의해 확보할 권리보호의 이익이 없어진다. 그리고 이러한 법리는 사해행위취소소송이 제기되기 전에 사해행위의 취소에 의해 복귀를 구하는 재산이 채무자에게 복귀한 경우에도 마찬가지로 타당하다(대법원 2015.05.21. 선고 2012다952 판결).
② (O) 이미 채무초과 상태에 빠져 있는 채무자가 그의 유일한 재산인 부동산을 채권자들 중 1인에게 채권담보로 제공하는 행위는 다른 특별한 사정이 없는 한 다른 채권자들에 대한 관계에서 채권자취소권의 대상이 되는 사해행위가 된다. 채무자의 제3자에 대한 담보제공 행위가 객관적으로 사해행위에 해당하는 경우, 수익자의 악의는 추정되는 것이므로, 수익자가 그 법률행위 당시 선의였다는 입증을 하지 못하는 앞에서 채권자는 그 법률행위를 취소하고 그에 따른 원상회복을 청구할 수 있다(대법원 2006.04.14. 선고 2006다5710 판결).
③ (O) 사해행위취소의 소에서 채무자가 수익자에게 양도한 목적물에 저당권이 설정되어 있는 경우에 목적물 중에서 일반채권자들의 공동담보에 제공되는 책임재산은 피담보채권액을 공제한 나머지 부분만이므로, 피담보채권액이 목적물의 가액을 초과할 때의 목적물 양도는 사해행위에 해당하지 않는다(대법원 2017.01.12. 선고 2016다208792 판결).
④ (×) 채권자가 사해행위의 취소를 청구하면서 그 보전하고자 하는 채권을 추가하거나 교환하는 것은 그 사해행위취소권을 이유 있게 하는 공격방법에 관한 주장을 변경하는 것일 뿐이지 소송물 또는 청구 자체를 변경하는 것이 아니므로 소의 변경이라 할 수 없다(대법원 2003.05.27. 선고 2001다13532 판결).
⑤ (O) 채권자가 사해행위의 취소와 함께 수익자 또는 전득자로부터 책임재산의 회복을 명하는 사해행위취소의 판결을 받은 경우 수익자 또는 전득자가 채권자에 대하여 사해행위의 취소로 인한 원상회복 의무를 부담하게 될 뿐, 채권자와 채무자 사이에서 취소로 인한 법률관계가 형성되는 것은 아니다. 따라서 위와 같이 채무자와 수익자 사이의 소송절차에서 확정판결 등을 통해 마쳐진 소유권이전등기가 사해행위취소로 인한 원상회복으로써 말소된다고 하더라도, 그것이 확정판결 등의 효력에 반하거나 모순되는 것이라고는 할 수 없다(대법원 2017.04.07. 선고 2016다204783 판결).

정답 ④

23. 乙에 대한 대여금채권을 가지고 있다고 주장하는 甲은 乙이 丙에게 X 건물을 매각한 것이 사해행위라는 이유로 丙을 상대로 사해행위 취소의 소를 제기하였다. 이와 관련하여 옳은 설명을 모두 고른 것은?
(다툼이 있는 경우 판례에 의함) [2021년 10월 모의]

ㄱ. 위 소가 계속 중, 丁이 丙을 상대로 동일한 행위의 취소를 구하는 사해행위 취소의 소를 제기하여도 이는 중복제소가 되지 않는다.
ㄴ. 위 소가 계속 중, 이와 별도로 甲이 乙에 대한 공사대금채권을 피보전권리로 하여 丙을 상대로 X 건물의 매각을 취소할 것을 구하여도 중복제소가 되지 않는다.
ㄷ. 甲과 乙 사이에 위 대여금채권과 관련된 분쟁에 대해 소를 제기하지 않기로 하는 합의가 있다면 甲의 청구는 인용될 수 없다.
ㄹ. 甲이 위 소를 제기하지 않고, 丙을 상대로 X 건물의 인도를 구하는 소를 제기한 후 공격방어방법으로 사해행위의 취소를 주장하여도 무방하다.
ㅁ. 丙이 乙에 대해 매매계약에 기하여 X 건물의 이전등기를 구하는 소를 제기하였는데, 甲이 乙과 丙 사이의 계약이 사해행위라고 주장하며 그 취소를 구하는 독립당사자참가를 할 수는 없다.

① ㄱ, ㄴ, ㄷ
② ㄱ, ㄷ, ㅁ
③ ㄴ, ㄷ, ㄹ
④ ㄴ, ㄹ, ㅁ
⑤ ㄷ, ㄹ, ㅁ

해설

ㄱ. (○) 채권자취소권의 요건을 갖춘 각 채권자는 고유의 권리로서 채무자의 재산처분 행위를 취소하고 그 원상회복을 구할 수 있는 것이므로 여러 명의 채권자가 동시에 또는 시기를 달리하여 사해행위취소 및 원상회복청구의 소를 제기한 경우 이들 소가 중복제소에 해당하지 않는다(대법원 2008.04.24. 선고 2007다84352 판결).

ㄴ. (×)
1) 채권자가 사해행위취소 및 원상회복청구를 하면서 보전하고자 하는 채권을 추가하거나 교환하는 것은 사해행위취소권과 원상회복청구권을 이유 있게 하는 공격방법에 관한 주장을 변경하는 것일 뿐이지 소송물 또는 청구 자체를 변경하는 것이 아니므로, 채권자가 보전하고자 하는 채권을 달리하여 동일한 법률행위의 취소 및 원상회복을 구하는 채권자취소의 소를 이중으로 제기하는 경우 전소와 후소는 소송물이 동일하다(대법원 2012.07.05. 선고 2010다80503 판결).
2) 참고 : 위 1) 판례는 동일한 채권자가 중복으로 청구한 경우의 쟁점이라는 점에 주의해야 한다. 다수의 취소채권자가 있는 경우에는 아래 3)의 판례법리가 적용된다. 다만 어느 경우나 소송물은 각 취소채권자의 채권자취소권 그 자체가 소송물이 된다는 점에 유의해야 한다.
3) 채권자취소권의 요건을 갖춘 각 채권자는 고유의 권리로서 채무자의 재산처분 행위를 취소하고 그 원상회복을 구할 수 있는 것이므로 여러 명의 채권자가 동시에 또는 시기를 달리하여 사해행위취소 및 원상회복청구의 소를 제기한 경우 이들 소가 중복제소에 해당하지 아니할 뿐만 아니라, 어느 한 채권자가 동일한 사해행위에 관하여 사해행위취소 및 원상회복청구를 하여 승소판결을 받아 그 판결이 확정되었다는 것만으로는 그 후에 제기된 다른 채권자의 동일한 청구가 권리보호의 이익이 없게 되는 것은 아니다. 그러나 확정된 판결에 기하여 재산이나 가액의 회복을 마친 경우에는 다른 채권자의 사해행위취소 및 원상회복청구는 그와 중첩되는 범위 내에서 권리보호의 이익이 없게 된다. 그리고 수익자가 확정된 판결에 기하여 해당 채권자에게 재산이나 가액을 반환함으로써 그 채권자가 다른 채권자보다 사실상 우선변제를 받는 불공평한 결과가 초래된다고 하더라도, 그 재산이나 가액의 반환이 다른 채권자를 해할 목적으로 수익자와 해당 채권자가 통모한 행위라는 등의 특별한 사정

이 없는 한 확정된 판결에 따른 반환의무를 이행하는 것이 다른 채권자의 신의에 반하는 행위라고 할 수는 없으므로, 확정된 판결에 따라 재산이나 가액의 반환을 마친 수익자가 다른 채권자의 사해행위취소 및 원상회복청구에 대하여 권리보호의 이익이 없다고 주장하는 것이 신의성실의 원칙에 위배된다고 할 수는 없다(대법원 2014.08.20. 선고 2014다28114 판결).

ㄷ. (O) 채권자취소권을 행사하려면 채무자에 대하여 피보전채권을 행사할 수 있음이 전제되어야 하고 이를 행사할 수 없다면 그 채권을 행사하기 위한 사해행위취소청구도 인용될 수 없으므로, 피고의 주장처럼 원고가 이 사건 합의각서로 인하여 진흥아스콘에 대한 물품대금채권을 소송상 행사할 수 없다면 원고는 이를 피보전채권으로 하여 진흥아스콘과 피고 사이에 이루어진 사해행위의 취소를 구할 수는 없다 (대법원 2012.03.29. 선고 2011다81541 판결).

ㄹ. (✕) 채무자가 채권자를 해함을 알고 재산권을 목적으로 한 법률행위를 한 경우, 채권자는 사해행위의 취소를 법원에 소를 제기하는 방법으로 청구할 수 있을 뿐 소송상의 공격방어방법으로 주장할 수 없다 (대법원 1995.07.25. 선고 95다8393 판결).

ㅁ. (O) 원고의 피고에 대한 청구의 원인행위가 사해행위라는 이유로 원고에 대하여 사해행위취소를 청구하면서 독립당사자참가신청을 하는 경우, 독립당사자참가인의 청구가 그대로 받아들여진다 하더라도 원고와 피고 사이의 법률관계에는 아무런 영향이 없고, 따라서 그러한 참가신청은 사해방지참가의 목적을 달성할 수 없으므로 부적법하다(대법원 2014.06.12. 선고 2012다47548 판결). **정답** ②

24. 채권자 甲이 채무자 乙에 대하여 가지는 A채권을 보전하기 위하여 제3채무자 丙을 상대로 乙이 丙에 대해 가지는 B채권의 이행을 구하는 채권자대위소송을 제기한 후 乙에게 소송고지가 이루어진 경우, 乙의 지위와 관련된 다음 설명 중 옳지 않은 것은? (다툼이 있는 경우 판례에 의함) [2023년 06월 모의]

① 乙은 B채권을 처분할 수 없으므로, 丙도 乙의 처분행위를 통해 얻은 권리로 甲에게 대항할 수 없다.
② 乙에 대하여 甲보다 우선권 있는 채권을 가진 丁이 B채권에 대하여 전부명령을 받는다면 그 전부명령은 유효하다.
③ B채권에 관하여 丙이 임의로 변제한다면 乙은 이를 수령할 수 있으므로, 甲이 乙을 대위하여 丙을 상대로 소유권이전등기청구의 소를 제기한 경우에도 丙은 임의로 乙에게 유효하게 소유권이전등기를 마쳐줄 수 있다.
④ 甲이 제기한 대위소송의 소장부본이 丙에게 송달된 후 乙이 丙을 상대로 B채권의 이행을 구하는 소(후소)를 제기한다면 후소는 중복소송이 되어 부적법하다.
⑤ 乙이 소송고지를 받고서도 대위소송에 참가하지 않은 상태로 대위소송의 판결이 선고되어 확정되면 乙에게는 기판력이 아닌 참가적 효력이 미친다.

해설

① (O), ② (O) 채권자대위소송이 제기되고 대위채권자가 채무자에게 대위권 행사사실을 통지하거나 채무자가 이를 알게 되면 민법 제405조 제2항에 따라 채무자는 피대위채권을 양도하거나 포기하는 등 채권자의 대위권행사를 방해하는 처분행위를 할 수 없게 되고 이러한 효력은 제3채무자에게도 그대로 미치는데, 그럼에도 그 이후 대위채권자와 평등한 지위를 가지는 채무자의 다른 채권자가 피대위채권에 대하여 전부명령을 받는 것도 가능하다고 하면, 채권자대위소송의 제기가 채권자의 적법한 권리행사방법 중 하나이고 채무자에게 속한 채권을 추심한다는 점에서 추심소송과 공통점도 있음에도 그것이 무익한 절차에 불과하게 될 뿐만 아니라, 대위채권자가 압류·가압류나 배당요구의 방법을 통하여 채권배당절차에 참여할 기회조차 가지지 못하게 한 채 전부명령을 받은 채권자가 대위채권자를 배제하고 전속적인 만족을 얻는 결과가 되어, 채권자대위권의 실질적 효과를 확보하고자 하는 민법 제405조 제2항의 취지에 반하게 된다. 따라서, 채권자대위소송이 제기되고 대위채권자가 채무자에게 대위권 행사사실을 통지하

거나 채무자가 이를 알게 된 이후에는 민집법 제229조 제5항이 유추적용되어 피대위채권에 대한 전부명령은, 우선권 있는 채권에 기초한 것이라는 등의 특별한 사정이 없는 한, 무효라고 보는 것이 타당하다(대법원 2016.08.29. 선고 2015다236547 판결).

③ (O) 채권자가 채무자를 대위하여 채무자의 제3채무자에 대한 권리를 행사하고 채무자에게 통지를 하거나 채무자가 채권자의 대위권 행사사실을 안 후에는 채무자는 그 권리에 대한 처분권을 상실하여 그 권리의 양도나 포기 등 처분행위를 할 수 없고 채무자의 처분행위에 기하여 취득한 권리로서는 채권자에게 대항할 수 없으나, 채무자의 변제수령은 처분행위라 할 수 없고 같은 이치에서 채무자가 그 명의로 소유권이전등기를 경료하는 것 역시 처분행위라고 할 수 없으므로 소유권이전등기청구권의 대위행사 후에도 채무자는 그 명의로 소유권이전등기를 경료하는 데 아무런 지장이 없다(대법원 1991.04.12. 선고 90다9407 판결).

④ (O) 채권자가 채무자를 대위하여 제3채무자를 상대로 제기한 채권자대위소송이 법원에 계속중 채무자와 제3채무자 사이에 채권자대위소송과 소송물을 같이 하는 내용의 소송이 제기된 경우, 양 소송은 동일 소송이므로 후소는 중복제소금지원칙에 위배되어 제기된 부적법한 소송이라 할 것이나, 이 경우 전소, 후소의 판별기준은 소송계속의 발생시기의 선후에 의할 것이다(대법원 1992.05.22. 선고 91다41187 판결).

⑤ (✗) 민소법 제218조 제3항은 '다른 사람을 위하여 원고나 피고가 된 사람에 대한 확정판결은 그 다른 사람에 대하여도 효력이 미친다.'고 규정하고 있으므로, 채권자가 채권자대위권을 행사하는 방법으로 제3채무자를 상대로 소송을 제기하고 판결을 받은 경우 채권자가 채무자에 대하여 민법 제405조 제1항에 의한 보존행위 이외의 권리행사의 통지, 또는 민소법 제84조에 의한 소송고지 혹은 비송사건절차법 제49조 제1항에 의한 법원에 의한 재판상 대위의 허가를 고지하는 방법 등 어떠한 사유로 인하였든 적어도 채권자대위권에 의한 소송이 제기된 사실을 채무자가 알았을 때에는 그 판결의 효력이 채무자에게 미친다(대법원 2014.01.23. 선고 2011다108095 판결).

정답 ⑤

25. 甲은 乙에 대하여 대여금반환채권을 가지고 있는데 乙은 자신의 유일한 책임재산인 X부동산을 丙에게 매도하기로 계약하였고, 丙은 乙을 피고로 삼아 X부동산에 관하여 매매를 원인으로 하는 소유권이전등기청구의 소('본소'라고 함)를 제기하였다. 다음 설명 중 옳지 <u>않은</u> 것은? (다툼이 있는 경우 판례에 의함)

[2023년 06월 모의]

① 甲은 본소에서 乙의 승소를 돕기 위하여 보조참가를 하더라도 乙이 청구원인 사실을 자백한다면 그에 반하는 甲의 주장은 소송법상 인정될 수 없다.

② 丙이 본소에서 승소한 후 그 확정판결에 기하여 X부동산에 관하여 소유권이전등기를 마친다면 甲이 乙을 대위하여 丙을 피고로 삼아 등기원인의 무효를 이유로 丙 명의 소유권이전등기의 말소를 청구하더라도 승소할 수 없다.

③ 본소가 계속 중이라도 甲은 별소로 丙을 피고로 삼아 乙과 丙 사이의 매매계약에 대하여 사해행위취소 청구를 할 수 있다.

④ 丙이 본소에서 승소한 후 그 확정판결에 기하여 X부동산에 관하여 소유권이전등기를 마친 후 甲이 사해행위취소 및 원상회복 청구(丙 명의의 소유권이전등기의 말소청구)를 한다면 기판력에 저촉되어 승소할 수 없다.

⑤ 甲이 乙과 丙 사이의 매매계약이 사해행위라는 이유를 들어 사해행위취소청구를 하면서 본소에 사해방지참가신청을 한다면 부적법하여 각하될 것이다.

해설

① (O) 피참가인이 상대방의 주장사실을 자백한 이상 보조참가인이 이를 다투었다고 하여도 민소법 제70조 제2항에 의하여 참가인의 주장은 그 효력이 없다(대법원 1981.06.23. 선고 80다1761 판결).
② (O) 제1심판결의 취지는 전 소송에서 한 원고 청구기각판결의 기판력은 이 사건 청구에 미친다 할 것이므로 이 사건에서는 전소판결의 내용과 모순되는 판단을 하여서는 아니되는 구속력 때문에 전소판결의 판단을 원용하여 원고 청구기각의 판결을 한다(대법원 1989.06.27. 선고 87다카2478 판결).
③ (O) 본소의 원고 丙이고, 피고는 乙이며, 소송물은 X 부동산에 관하여 매매를 원인으로 한 소유권이전등기청구권이다. 별소의 원고는 甲이고, 피고는 丙이며 소송물은 채권자취소소송이다. 본소와 별소는 당사자와 소송물도 다르며, 선결 내지 모순관계에 있는 것도 아니므로 별소 제기에는 소송상 아무런 문제가 없다.
④ (✕) 채권자가 사해행위의 취소와 함께 수익자 또는 전득자로부터 책임재산의 회복을 명하는 사해행위취소의 판결을 받은 경우 수익자 또는 전득자가 채권자에 대하여 사해행위의 취소로 인한 원상회복 의무를 부담하게 될 뿐 채권자와 채무자 사이에서 취소로 인한 법률관계가 형성되는 것은 아니다. 따라서 위와 같이 채무자와 수익자 사이의 소송절차에서 확정판결 등을 통해 마쳐진 소유권이전등기가 사해행위취소로 인한 원상회복으로써 말소된다고 하더라도, 그것이 확정판결 등의 효력에 반하거나 모순되는 것이라고는 할 수 없다(대법원 2008.04.24. 선고 2007다84352 판결).
⑤ (O) 사해행위취소의 상대적 효력에 의하면, 원고의 피고에 대한 청구의 원인행위가 사해행위인 이유로 원고에 대하여 사해행위취소를 청구하면서 독립당사자참가신청을 하는 경우, 독립당사자참가인의 청구가 그대로 받아들여진다 하더라도 원고와 피고 사이의 법률관계에는 아무런 영향이 없고, 따라서 그러한 참가신청은 사해방지참가의 목적을 달성할 수 없으므로 부적법하다(대법원 2014.06.12. 선고 2012다47548 판결).

정답 ④

26. 사해행위취소소송에 관한 설명 중 옳은 것을 모두 고른 것은? (다툼이 있는 경우 판례에 의함)
[2023년 10월 모의]

ㄱ. 채권자가 전득자를 상대로 하여 사해행위취소의 소를 제기한 경우에 취소의 대상이 되는 사해행위는 채무자와 수익자 사이에서 행하여진 법률행위에 국한되고, 수익자와 전득자 사이의 법률행위는 취소의 대상이 되지 않는다.
ㄴ. 甲이 乙에 대한 매매대금채권을 피보전채권으로 하여 丙을 상대로 제기한 사해행위취소소송 계속 중 다시 甲이 乙에 대한 대여금채권을 피보전채권으로 하여 丙을 상대로 동일한 법률행위에 관한 사해행위취소의 소를 제기한 경우, 후소는 중복된 소제기에 해당하지 않는다.
ㄷ. 채권자가 원상회복청구의 소에서 패소할 것이 예상된다는 이유로 그와 별개인 사해행위취소의 소에 대하여 소송요건을 갖추지 못한 것으로 보아 소의 이익을 부정할 수는 없다.

① ㄱ ② ㄱ, ㄴ ③ ㄱ, ㄷ
④ ㄴ, ㄷ ⑤ ㄱ, ㄴ, ㄷ

해설

ㄱ. (O) 채권자가 전득자를 상대로 하여 사해행위의 취소와 함께 책임재산의 회복을 구하는 사해행위취소의 소를 제기한 경우에 그 취소의 효과는 채권자와 전득자 사이의 상대적인 관계에서만 생기는 것이고 채무자 또는 채무자와 수익자 사이의 법률관계에는 미치지 않는 것이므로, 이 경우 취소의 대상이 되는

사해행위는 채무자와 수익자 사이에서 행하여진 법률행위에 국한되고, 수익자와 전득자 사이의 법률행위는 취소의 대상이 되지 않는다(대법원 2004.08.30. 선고 2004다21923 판결).

ㄴ. (×)
1) 채권자가 사해행위취소 및 원상회복청구를 하면서 보전하고자 하는 채권을 추가하거나 교환하는 것은 사해행위취소권과 원상회복청구권을 이유 있게 하는 공격방법에 관한 주장을 변경하는 것일 뿐이지 소송물 또는 청구 자체를 변경하는 것이 아니므로, 채권자가 보전하고자 하는 채권을 달리하여 동일한 법률행위의 취소 및 원상회복을 구하는 채권자취소의 소를 이중으로 제기하는 경우 전소와 후소는 소송물이 동일하다(대법원 2012.07.05. 선고 2010다80503 판결).
2) 참고 : 위 1) 판례는 동일한 채권자가 중복으로 청구한 경우의 쟁점이라는 점에 주의해야 한다. 다수의 취소채권자가 있는 경우에는 아래 3)의 판례법리가 적용된다. 다만 어느 경우나 소송물은 각 취소채권자의 채권자취소권 그 자체가 소송물이 된다는 점에 유의해야 한다.
3) 채권자취소권의 요건을 갖춘 각 채권자는 고유의 권리로서 채무자의 재산처분 행위를 취소하고 그 원상회복을 구할 수 있는 것이므로 여러 명의 채권자가 동시에 또는 시기를 달리하여 사해행위취소 및 원상회복청구의 소를 제기한 경우 이들 소가 중복제소에 해당하지 아니할 뿐만 아니라, 어느 한 채권자가 동일한 사해행위에 관하여 사해행위취소 및 원상회복청구를 하여 승소판결을 받아 그 판결이 확정되었다는 것만으로는 그 후에 제기된 다른 채권자의 동일한 청구가 권리보호의 이익이 없게 되는 것은 아니다. 그러나 확정된 판결에 기하여 재산이나 가액의 회복을 마친 경우에는 다른 채권자의 사해행위취소 및 원상회복청구는 그와 중첩되는 범위 내에서 권리보호의 이익이 없게 된다. 그리고 수익자가 확정된 판결에 기하여 해당 채권자에게 재산이나 가액을 반환함으로써 그 채권자가 다른 채권자보다 사실상 우선변제를 받는 불공평한 결과가 초래된다고 하더라도, 그 재산이나 가액의 반환이 다른 채권자를 해할 목적으로 수익자와 해당 채권자가 통모한 행위라는 등의 특별한 사정이 없는 한 확정된 판결에 따른 반환의무를 이행하는 것이 다른 채권자의 신의에 반하는 행위라고 할 수는 없으므로, 확정된 판결에 따라 재산이나 가액의 반환을 마친 수익자가 다른 채권자의 사해행위취소 및 원상회복청구에 대하여 권리보호의 이익이 없다고 주장하는 것이 신의성실의 원칙에 위배된다고 할 수는 없다(대법원 2014.08.20. 선고 2014다28114 판결).

ㄷ. (○) 사해행위 취소의 소와 원상회복청구의 소는 서로 소송물과 쟁점을 달리하는 별개의 소로서 양자가 반드시 동시에 제기되어야 하는 것은 아니고 별개로 제기될 수 있으며, 전자의 소에서는 승소하더라도 후자의 소에서는 당사자가 제출한 공격·방어 방법 여하에 따라 패소할 수도 있고, 취소채권자가 사해행위 취소의 소를 제기하여 승소한 경우 그 취소의 효력은 민법 제407조에 의하여 모든 채권자의 이익을 위하여 미치고 이로써 그 소의 목적은 달성된다. 이에 비추어 보면, 채권자가 원상회복청구의 소에서 패소할 것이 예상된다는 이유로 그와 별개인 사해행위 취소의 소에 대하여 소송요건을 갖추지 못한 것으로 보아 소의 이익을 부정할 수는 없다(대법원 2012.12.26. 선고 2011다60421 판결). 정답 ③

제3절 소송상의 대리인

1. 소송대리인의 권한에 대한 설명 중 옳지 않은 것은? (다툼이 있는 경우 판례에 의함) [2019년 08월 모의]

① 수인의 소송대리인이 공동하여 소송대리권을 행사하여야 한다는 약정은 소송법상 무효이다.
② 원고의 소취하에 대하여 피고의 소송대리인이 동의하는 것은 특별수권사항이다.
③ 소송대리인의 사실상 진술은 당사자가 이를 곧 취소하거나 경정할 수 있다.
④ 당사자가 소송능력을 상실하여도 소송대리권은 소멸하지 않는다.
⑤ 변호사가 아닌 소송대리인의 소송대리권은 제한할 수 있다.

해설

① (O) 여러 소송대리인이 있는 때에는 각자가 당사자를 대리하고, 당사자가 이에 어긋나는 약정을 한 경우 그 약정은 효력을 가지지 못한다(민소법 제93조 제1,2항).
② (×) 소취하에 대한 소송내용의 동의는 민소법 제90조 제2항 소정의 특별수권사항이 아닐 뿐 아니라, 소송대리인에 대하여 특별수권사항인 소취하를 할 수 있는 대리권을 부여한 경우에도 상대방의 소취하에 대한 동의권도 포함되어 있다고 봄이 상당하므로 그 같은 소송대리인이 한 소취하의 동의는 소송대리권의 범위 내의 사항으로서 본인에게 그 효력이 미친다(대법원 1984.03.13. 선고 82므40 판결).
③ (O) 소송대리인의 사실상 진술은 당사자가 이를 곧 취소하거나 경정한 때에는 그 효력을 잃는다(민소법 제94조).
④ (O) 당사자의 사망 또는 소송능력의 상실에 해당하더라도 소송대리권은 소멸되지 아니한다(민소법 제95조 제1호).
⑤ (O) 소송대리권은 제한하지 못한다. 다만, 변호사가 아닌 소송대리인에 대해서는 그러하지 아니하다(민소법 제91조).

정답 ②

2. 소송대리인(법정대리인 제외)에 관한 설명 중 옳은 것은? (다툼이 있는 경우 판례에 의함) [2020년 06월 모의]

① 지배인이나 국가소송 수행자 등 법률에 의해 재판상 행위를 할 수 있는 대리인이 반소의 제기, 소의 취하, 화해, 청구의 포기·인낙, 상소의 제기 또는 취하, 대리인의 선임을 하기 위해서는 특별한 권한을 따로 받아야 한다.
② 원고가 국가를 상대로 부동산에 관한 소유권이전등기 청구를 하는 경우에 국가를 위한 소송담당자가 법무부장관의 승인 없이 원고의 청구를 인낙하면, 그 인낙은 효력이 없다.
③ 소액사건심판법이 적용되는 소액사건에 관해서는 당사자의 배우자·직계혈족 또는 형제자매는 법원의 허가 없이 소송대리인이 될 수 있으므로 그들은 신분관계를 서면으로 증명하기만 하면 소송대리인으로 인정된다.
④ 소송대리인이 사임서를 법원에 제출해도 상대방에게 그 사실을 통지하지 않은 이상 그 대리인의 대리권은 존속하므로 그 소송대리인에게 한 변론기일 통지는 적법하다.
⑤ 상대방이 무권대리인에게 대리권이 있는 것으로 믿고 그 믿은 데에 정당한 이유가 있을 때에는 무권대리인을 상대로 소송행위를 한 상대방은 민법상 표현대리의 법리에 의해 그 소송행위가 유효함을 주장할 수 있다.

> 해 설

① (×)
1) 지배인은 영업주에 갈음하여 그 영업에 관한 재판상 또는 재판 외의 모든 행위를 할 수 있다(상법 제11조). 국가를 당사자로 하는 소송에 관한 법률에 의해 재판상 행위를 할 수 있는 대리인은 그 소송에 관하여 대리인 선임을 제외한 모든 재판상의 행위를 할 수 있다(국가를 당사자로 하는 소송에 관한 법률 제7조).
2) 소송대리인은 반소의 제기, 소의 취하, 화해, 청구의 포기·인낙, 상소의 제기 또는 취하, 대리인의 선임에 대하여는 특별한 권한을 따로 받아야 한다(민소법 제90조). 법률에 의하여 재판상 행위를 할 수 있는 대리인의 권한에는 제90조를 적용하지 않는다(민소법 제92조).

② (×) 국가를 당사자로 하는 소송에 관한 법률 제7조에 의하면 국가소송수행자로 지정된 자는 당해 소송에 관하여 대리인의 선임 이외의 모든 재판상의 행위를 할 수 있도록 규정되어 있으므로, 소송수행자는 별도의 특별수권 없이 당해 청구의 인낙을 할 수 있고, 그 인낙행위가 같은 법 시행령 제3조 및 같은 법 시행규칙 제11조 제5항 소정의 법무부장관 등의 승인 없이 이루어졌다고 하더라도 소송수행자가 내부적으로 지휘감독상의 책임을 지는 것은 별론으로 하고 그 소송법상의 효력에는 아무런 영향이 없다(대법원 1995.04.28. 선고 95다3077 판결).

③ (×) 당사자의 배우자, 직계혈족 또는 형제자매는 법원의 허가 없이 소송대리인이 될 수 있다(소액사건심판법 제8조 제1항). 제1항의 소송대리인은 당사자와의 신분관계 및 수권관계를 서면으로 증명하여야 한다. 그러나 수권관계에 대하여는 당사자가 판사의 면전에서 구술로 제1항의 소송대리인을 선임하고 법원사무관 등이 조서에 이를 기재한 때에는 그러하지 아니하다(소액사건심판법 제8조 제2항).

④ (○) 소송대리인이 사임서를 법원에 제출하였다 하더라도 상대방에게 그 사실을 통지하지 않은 이상 소송절차의 안정과 명확을 기하기 위하여 그 대리인의 대리권은 여전히 존속하는 것인바, 기록에 의하면 항고인이 소송대리인의 사임서 제출 사실을 상대방에게 통지하였다고 볼 만한 자료가 없으므로 소송대리인에 대한 판결시의 송달은 적법하다(대법원 2008.04.18. 자 2008마392 결정).

⑤ (×) 공정증서가 채무명의로서 집행력을 가질 수 있도록 하는 집행인낙 표시는 공증인에 대한 소송행위로서 이러한 소송행위에는 민법상의 표현대리 규정이 적용 또는 준용될 수 없다(대법원 1994.02.22. 선고 93다42047 판결).

정답 ④

3. 소송상의 대리인에 대한 설명 중 옳지 않은 것은? (다툼이 있는 경우에는 판례에 의함) [2021년 08월 모의]

① 의사능력이 없는 사람을 상대로 소송행위를 하려고 하거나 의사능력이 없는 사람이 소송행위를 하는데 필요한 경우 수소법원에 특별대리인의 선임을 신청할 수 있다.
② 소송절차가 진행되는 중에 법정대리권이 소멸한 경우에는 본인 또는 대리인이 상대방에게 그 사실을 통지하지 아니하면 소멸의 효력을 주장하지 못하지만, 상대방이 소멸 사실을 알고 있었다면 소멸의 효력을 주장할 수 있다.
③ 국가를 당사자로 하는 소송에서 국가소송수행자로 지정된 자가 소송을 수행하던 중 법무부장관의 승인 없이 한 청구 인낙도 그 효력이 있다.
④ 당사자가 소송대리인에게 소송위임을 한 다음 소 제기 전에 사망하였는데 소송대리인이 당사자가 사망한 것을 모르고 당사자를 원고로 표시하여 소를 제기하였다면, 소의 제기는 적법하고 시효중단 등 소 제기의 효력은 상속인들에게 귀속된다.
⑤ 소송상 쌍방대리를 금지한 변호사법 제31조 제1호의 규정에 위반한 변호사의 소송행위에 대하여는 상대방 당사자가 법원에 대하여 이의를 제기하는 경우 그 소송행위는 무효이지만, 상대방 당사

자가 그와 같은 사실을 알았거나 알 수 있었음에도 불구하고 아무런 이의를 제기하지 아니하였다면 그 소송행위는 소송법상 효력이 있다.

> **해설**
>
> ① (O) 의사능력이 없는 사람을 상대로 소송행위를 하려고 하거나 의사능력이 없는 사람이 소송행위를 하는 데 필요한 경우 수소법원에 특별대리인을 선임하여 주도록 신청할 수 있다(민소법 제62조의2 제1항).
> ② (×) 소송절차가 진행되는 중에 법정대리권이 소멸한 경우에는 본인 또는 대리인이 상대방에게 소멸된 사실을 통지하지 아니하면 소멸의 효력을 주장하지 못한다. 다만, 법원에 법정대리권의 소멸 사실이 알려진 뒤에는 그 법정대리인은 취하, 화해, 청구의 포기·인낙, 소송탈퇴 등의 소송행위를 하지 못한다(민소법 제63조 제1항).
> ③ (O) 국가를 당사자로 하는 소송에 관한 법률 제7조에 의하면 국가소송수행자로 지정된 자는 당해 소송에 관하여 대리인의 선임 이외의 모든 재판상의 행위를 할 수 있도록 규정되어 있으므로, 소송수행자는 별도의 특별수권 없이 당해 청구의 인낙을 할 수 있고, 그 인낙행위가 같은 법 시행령 제3조 및 같은 법 시행규칙 제11조 제5항 소정의 법무부장관 등의 승인 없이 이루어졌다고 하더라도 소송수행자가 내부적으로 지휘감독상의 책임을 지는 것은 별론으로 하고 그 소송법상의 효력에는 아무런 영향이 없다(대법원 1995.04.28. 선고 95다3077 판결).
> ④ (O) 당사자가 사망하더라도 소송대리인의 소송대리권은 소멸하지 아니하므로(민소법 제95조 제1호), 당사자가 소송대리인에게 소송위임을 한 다음 소 제기 전에 사망하였는데 소송대리인이 당사자가 사망한 것을 모르고 당사자를 원고로 표시하여 소를 제기하였다면 소의 제기는 적법하고, 시효중단 등 소제기의 효력은 상속인들에게 귀속된다. 이 경우 민소법 제233조 제1항이 유추적용되어 사망한 사람의 상속인들은 소송절차를 수계하여야 한다(대법원 2016.04.29. 선고 2014다210449 판결).
> ⑤ (O) 변호사법 제31조 제1호의 규정에 위반한 변호사의 소송행위에 대하여는 상대방 당사자가 법원에 대하여 이의를 제기하는 경우 그 소송행위는 무효이고 그러한 이의를 받은 법원으로서는 그러한 변호사의 소송관여를 더 이상 허용하여서는 아니 될 것이지만, 다만 상대방 당사자가 그와 같은 사실을 알았거나 알 수 있었음에도 불구하고 사실심 변론종결시까지 아무런 이의를 제기하지 아니하였다면 그 소송행위는 소송법상 완전한 효력이 생긴다(대법원 2003.05.30. 선고 2003다15556 판결).
>
> **정답** ②

4. **소송상 대리인에 관한 설명 중 옳지 않은 것은?** (다툼이 있는 경우 판례에 의함) [2021년 10월 모의]

① 당사자가 소송대리인에게 소송위임을 한 다음 소 제기 전에 사망한 것을 소송대리인이 모르고 그 사망한 사람을 원고로 표시하여 소를 제기하였다면 그 소는 부적법하다.
② 소송대리권의 범위는 특별한 사정이 없는 한 당해 심급에 한정되어, 소송대리인의 소송대리권의 범위는 수임한 소송사무가 종료하는 시기인 당해 심급의 판결을 송달받은 때까지다.
③ 무권대리인이 한 소송행위의 추인은 특별한 사정이 없는 한 소송행위의 전체를 대상으로 하여야 하고, 그중 일부의 소송행위만 추인하는 것은 허용되지 아니한다.
④ 이행지체가 있으면 즉시 강제집행을 하여도 이의가 없다는 강제집행 수락의사표시는 소송행위라 할 것이고, 이러한 소송행위에는 민법상의 표현대리규정이 적용 또는 유추적용될 수 없다.
⑤ 원고 소송복대리인으로서 변론기일에 출석하여 소송행위를 하였던 변호사가 피고 소송복대리인으로도 출석하여 변론한 경우라도, 당사자가 그에 대하여 아무런 이의를 제기하지 않았다면 그 소송행위는 소송법상 완전한 효력이 생긴다.

해설

① (✗) 당사자가 사망하더라도 소송대리인의 소송대리권은 소멸하지 아니하므로(민소법 제95조 제1호), 당사자가 소송대리인에게 소송위임을 한 다음 소 제기 전에 사망하였는데 소송대리인이 당사자가 사망한 것을 모르고 당사자를 원고로 표시하여 소를 제기하였다면 소의 제기는 적법하고, 시효중단 등 소 제기의 효력은 상속인들에게 귀속된다. 이 경우 민소법 제233조 제1항이 유추적용되어 사망한 사람의 상속인들은 소송절차를 수계하여야 한다(대법원 2016.04.29. 선고 2014다210449 판결).

② (○) 소송대리권의 범위는 특별한 사정이 없는 한 당해 심급에 한정되어, 소송대리인의 소송대리권의 범위는 수임한 소송사무가 종료하는 시기인 당해 심급의 판결을 송달받은 때까지라고 할 것이다(대법원 2000.01.31. 자 99마6205 결정).

③ (○) 무권대리인이 행한 소송행위의 추인은 특별한 사정이 없는 한 소송행위의 전체를 대상으로 하여야 하고, 그 중 일부의 소송행위만을 추인하는 것은 허용되지 아니한다(대법원 2008.08.21. 선고 2007다79480 판결).

④ (○) 이행지체가 있으면 즉시 강제집행을 하여도 이의가 없다는 강제집행 수락의사표시는 소송행위라 할 것이고, 이러한 소송행위에는 민법상의 표현대리규정이 적용 또는 유추적용될 수는 없다(대법원 1983.02.08. 선고 81다카621 판결).

⑤ (○) 원고 소송복대리인으로서 변론기일에 출석하여 소송행위를 하였던 변호사가 피고 소송복대리인으로도 출석하여 변론한 경우라도, 당사자가 그에 대하여 아무런 이의를 제기하지 않았다면 그 소송행위는 소송법상 완전한 효력이 생긴다(대법원 1995.07.28. 선고 94다44903 판결).

정답 ①

5. 소송상 대리인에 관한 설명 중 옳은 것을 모두 고른 것은? (다툼이 있는 경우 판례에 의함)
[2022년 06월 모의]

ㄱ. 소송상 화해나 청구의 포기에 관한 특별수권이 있더라도, 이는 위와 같은 소송행위에 대한 수권이지 그 전제가 되는 소송물인 권리의 처분이나 포기에 관하여 수권이 된 것은 아니다.

ㄴ. 심급대리의 원칙상 상고심에서 항소심으로 파기환송된 사건이 다시 상고되었을 경우에 환송 전 상고심에서의 소송대리권이 다시 상고심이 계속되면서 부활하게 된다.

ㄷ. 당사자가 소송대리인에게 소송위임을 한 다음 소 제기 전 사망하였는데 소송대리인이 그 사실을 모르고 당사자를 원고로 표시하여 소 제기하였다면 그 소는 적법하다.

ㄹ. 무권대리인이 변호사에게 소 제기를 위임하여 1심에서 승소하고 상대방 항소로 항소심 계속 중 그 소를 취하하였는데, 추후 원고 본인이 소취하를 제외한 나머지 행위만을 추인하는 것은 허용되지 않는다.

ㅁ. 원고인 주식회사의 대표이사가 소송계속 중 사임한 경우 이러한 사실을 상대방이 알았더라도 통지하지 않으면 그의 법정대리권은 소멸하지 아니한다.

① ㄱ, ㄷ ② ㄴ, ㄹ ③ ㄷ, ㅁ
④ ㄴ, ㅁ ⑤ ㄱ, ㄹ

해설

ㄱ. (✗) 소송상 화해나 청구의 포기에 관한 특별수권이 되어 있다면 특별한 사정이 없는 한 그러한 소송행위에 대한 수권만이 아니라 그러한 소송행위의 전제가 되는 당해 소송물인 권리의 처분이나 포기에 대한 권한도 수여되어 있다(대법원 1994.03.08. 선고 93다52105 판결).

ㄴ. (✗) 소송대리권의 범위는 특별한 사정이 없는 한 당해 심급에 한정되므로, 상고심에서 항소심으로 파기

환송된 사건이 다시 상고되었을 경우에는 항소심에서의 소송대리인은 그 소송대리권을 상실하게 되고, 이때 환송 전의 상고심에서의 소송대리인의 대리권이 그 사건이 다시 상고심에 계속되면서 부활하게 되는 것은 아니다(대법원 1996.04.04. 자 96마148 결정).

ㄷ. (O) 당사자가 사망하더라도 소송대리인의 소송대리권은 소멸하지 아니하므로(민소법 제95조 제1호), 당사자가 소송대리인에게 소송위임을 한 다음 소 제기 전에 사망하였는데 소송대리인이 당사자가 사망한 것을 모르고 당사자를 원고로 표시하여 소를 제기하였다면 소의 제기는 적법하고, 시효중단 등 소 제기의 효력은 상속인들에게 귀속된다. 이 경우 민소법 제233조 제1항이 유추적용되어 사망한 사람의 상속인들은 소송절차를 수계하여야 한다(대법원 2016.04.29. 선고 2014다210449 판결).

ㄹ. (X) 무권대리인이 행한 소송행위의 추인은 소송행위의 전체를 일괄하여 하여야 하는 것이나 무권대리인이 변호사에게 위임하여 소를 제기하여서 승소하고 상대방의 항소로 소송이 2심에 계속 중 그 소를 취하한 일련의 소송행위 중 소취하 행위만을 제외하고 나머지 소송행위를 추인함은 소송의 혼란을 일으킬 우려없고 소송경제 상으로도 적절하여 그 추인은 유효하다(대법원 1973.07.24. 선고 69다60 판결).

ㅁ. (O) 법인 대표자의 대표권이 소멸된 경우에도 그 통지가 있을 때까지는 다른 특별한 사정이 없는 한 소송절차상으로는 그 대표권이 소멸되지 아니한 것으로 보아야 하므로, 대표권 소멸 사실의 통지가 없는 상태에서 구 대표자가 한 소취하는 유효하고, 상대방이 그 대표권 소멸 사실을 알고 있었다고 하여 이를 달리 볼 것은 아니다(대법원 1998.02.19. 선고 95다52710 판결). 이는, 대리권 상실 후에 구 법정대리인 예컨대, 구 대표자가 본인(회사)를 배신하고 소송상대방과 통모하여 청구포기나 화해 등을 할 우려가 있으므로, 이를 방지하기 위하여 2002년 법개정으로 민소법 제63조 제1항 단서가 추가되었다. 즉, 법원에 법정대리권 소멸 사실이 알려진 뒤에는 상대방에게 통지를 하기 전이라도 그 법정대리인은 민소법 제56조 제2항에 열거된 중요한 소송행위 예컨대, 취하, 화해, 청구의 포기·인낙, 소송탈퇴 등을 하지 못한다.

정답 ③

COMPACT 변시 진도별 민사소송법선택연습(모의편)

제3편
제1심 소송절차

제1장 소송의 개시

제1절 소의 의의와 종류, 소송요건

1. 소송요건에 관한 설명 중 옳은 것을 모두 고른 것은? (다툼이 있는 경우에는 판례에 의함)

[2019년 06월 모의]

> ㄱ. 소송요건이 갖추어지지 않은 경우 언제나 판결로 소를 각하하여야 한다.
> ㄴ. 직권조사사항인 소송요건의 증명책임은 원고가 진다.
> ㄷ. 제1심 법원이 임의관할 위반을 간과하고 판결하였음이 밝혀지는 경우, 항소심법원은 제1심 법원의 판결을 취소하여야 한다.
> ㄹ. 소송요건에 흠이 있는 경우 본안에 대하여 판단하여 청구를 기각할 수 없다.
> ㅁ. 부적법한 소로서 그 흠을 보정할 수 없는 경우에는 변론 없이 판결로 소를 각하할 수 있다.

① ㄱ, ㄴ, ㄷ　　② ㄴ, ㄹ　　③ ㄷ, ㄹ
④ ㄴ, ㄹ, ㅁ　　⑤ ㄴ, ㅁ

해설

ㄱ. (×)
1) 소송능력·법정대리권 또는 소송행위에 필요한 권한의 수여에 흠이 있는 경우에는 법원은 기간을 정하여 이를 보정하도록 명하여야 하며, 만일 보정하는 것이 지연됨으로써 손해가 생길 염려가 있는 경우에는 법원은 보정하기 전의 당사자 또는 법정대리인으로 하여금 일시적으로 소송행위를 하게 할 수 있다(민소법 제59조). 부적법한 소로서 그 흠을 보정할 수 없는 경우에는 변론 없이 판결로 소를 각하할 수 있다(민소법 제219조).
2) 법원은 소송의 전부 또는 일부에 대하여 관할권이 없다고 인정하는 경우에는 결정으로 이를 관할법원에 이송한다(민소법 제34조).

ㄴ. (○) 제소단계에서의 소송대리인의 대리권 존부는 소송요건으로서 법원의 직권조사사항이고, 이와 같은 직권조사사항에 관하여도 그 사실의 존부가 불명한 경우에는 입증책임의 원칙이 적용되어야 할 것인바, 본안판결을 받는다는 것 자체가 원고에게 유리하다는 점에 비추어 직권조사사항인 소송요건에 대한 입증책임은 원고에게 있다(대법원 1997.07.25. 선고 96다39301 판결).

ㄷ. (×) 당사자는 항소심에서 제1심 법원의 관할위반을 주장하지 못한다(민소법 제411조).

ㄹ. (○) 소송(심판)요건에 흠결 등이 있어서 본안에 들어가 판단을 할 수 없는 경우에 있어서는 그 소송(심판)은 부적법하다 하여 각하하여야 하고 본안에 대하여는 판단을 할 수 없다(대법원 1997.06.27. 선고 97후235 판결). 즉, 소송요건 심사의 선순위성 원칙이다.

ㅁ. (○) 부적법한 소로서 그 흠을 보정할 수 없는 경우에는 변론 없이 판결로 소를 각하할 수 있다(민소법 제219조).

정답 ④

2. 소의 이익에 대한 설명 중 옳지 않은 것은? (다툼이 있는 경우 판례에 의함) [2019년 08월 모의]

① 건축 중인 건축물을 양수한 자가 건축주 명의변경에 동의하지 않는 양도인을 상대로 그 의사표시에 갈음하여 건축허가서의 건축주 명의변경절차 이행을 구하는 소는 소의 이익이 있다.
② 부제소합의가 있는지 여부는 법원이 당사자의 항변을 기다리지 않고 직권으로 판단할 수 있다.
③ 소의 이익은 소송요건 중 하나이고, 소송요건의 구비 여부는 사실심 변론종결시를 기준으로 판단하기 때문에 상고심 진행 중 소의 이익이 소멸된 경우 상고심은 이를 고려하여 판단할 필요가 없다.
④ 어떤 서면에 의하여 증명되어야 하는 법률관계에 대하여 이미 다른 소송이 제기되어 있다면 특별한 사정이 없는 한 위 서면에 관한 증서진부확인의 소를 제기할 확인의 이익이 없다.
⑤ 확인의 소에서 확인의 대상은 현재의 권리 또는 법률관계일 것을 요하므로, 특별한 사정이 없는 한 과거의 권리 또는 법률관계의 존부확인은 인정되지 아니한다.

해설

① (○) 건축중인 건축물을 양수한 자가 건축주 명의변경에 동의하지 않는 양도인을 상대로 그 의사표시에 갈음하여 건축허가서의 건축주 명의변경절차 이행을 구하는 소는 소의 이익이 있다(대법원 1989.05.09. 선고 88다카6754 판결).
② (○) 특정한 권리나 법률관계에 관하여 분쟁이 있어도 제소하지 아니하기로 합의(이하 '부제소 합의'라고 한다)한 경우 이에 위배되어 제기된 소는 권리보호의 이익이 없고, 또한 당사자와 소송관계인은 신의에 따라 성실하게 소송을 수행하여야 한다는 신의성실의 원칙(민소법 제1조 제2항)에도 어긋나는 것이므로, 소가 부제소 합의에 위배되어 제기된 경우 법원은 직권으로 소의 적법 여부를 판단할 수 있다(대법원 2013.11.28. 선고 2011다80449 판결).
③ (✕) 근저당권설정등기의 말소등기절차의 이행을 구하는 소송 도중에 그 근저당권설정등기가 경락을 원인으로 하여 말소된 경우에는 더 이상 근저당권설정등기의 말소를 구할 법률상 이익이 없다. 원고가 말소등기절차의 이행을 구하고 있는 근저당권설정등기는 상고심 계속 중에 낙찰을 원인으로 하여 말소되었으므로 근저당설정등기의 말소를 구할 법률상의 이익이 없게 되었고, 따라서 상고심 계속 중에 소의 이익이 없게 되어 부적법하다(대법원 2003.01.10. 선고 2002다57904 판결).
④ (○) 민소법 제250조에서 증서의 진정 여부를 확인하는 소를 허용하고 있는 이유는 법률관계를 증명하는 서면의 진정 여부가 확정되면 당사자가 그 서면의 진정 여부에 관하여 더 이상 다툴 수 없게 되는 결과, 법률관계에 관한 분쟁 그 자체가 해결되거나 적어도 분쟁 자체의 해결에 크게 도움이 된다는 데 있으므로, 증서의 진정 여부를 확인하는 소가 적법하기 위해서는 그 서면에 대한 진정 여부의 확인을 구할 이익이 있어야 한다. 어느 서면에 의하여 증명되어야 할 법률관계를 둘러싸고 이미 소가 제기되어 있는 경우에는 그 소송에서 분쟁을 해결하면 되므로 그와 별도로 그 서면에 대한 진정 여부를 확인하는 소를 제기하는 것은 특별한 사정이 없는 한 확인의 이익이 없다(대법원 2007.06.14. 선고 2005다29290 판결).
⑤ (○) 확인의 소에서 확인의 대상은 현재의 권리 또는 법률관계일 것을 요하므로 특별한 사정이 없는 한 과거의 권리 또는 법률관계의 존부확인은 인정되지 않는바, 근저당권의 피담보채무에 관한 부존재확인의 소는 근저당권이 말소되면 과거의 권리 또는 법률관계의 존부에 관한 것으로서 확인의 이익이 없다(대법원 2013.08.23. 선고 2012다17585 판결).

정답 ③

3. 소의 이익에 관한 설명 중 옳은 것은? (다툼이 있는 경우 판례에 의함) [2019년 10월 모의]

① 물상보증인이 근저당권자의 채무자에 대한 채권을 다투고 있는 경우 근저당권자는 물상보증인을 상대로 근저당권의 피담보채권의 존재에 관한 확인의 소를 제기할 수 있다.
② 손해배상채무의 부존재확인을 구하는 본소에 대하여 그 채무의 이행을 구하는 반소가 제기된 경우에는 본소청구에 대한 확인의 이익이 소멸한다.
③ 어느 서면에 의하여 증명되어야 할 법률관계를 둘러싸고 소가 제기되어 있는 경우에도 그 법률관계를 증명하는 서면의 진정여부에 관하여 당사자 간에 다툼이 있으면 별도로 증서의 진정여부를 확인하는 소를 제기할 이익이 있다.
④ 매매계약해제의 효과로서 이미 이행한 것의 반환을 구하는 이행의 소를 제기할 수 있는 경우에는 그 기본되는 매매계약의 존부에 대하여 다툼이 있어 즉시확정의 이익이 있더라도 매매계약 해제 확인을 구할 이익이 없다.
⑤ 무허가건물대장은 건물에 관한 물권변동을 공시하는 법률상 등록원부가 아니므로 그 건물주명의 기재의 말소를 구하는 청구는 소의 이익이 없다.

해설

① (O) 물상보증인이 근저당권자의 채권에 대하여 다투고 있을 경우 그 분쟁을 종국적으로 종식시키는 유일한 방법은 근저당권의 피담보채권의 존부에 관한 확인의 소라고 할 것이므로, 근저당권자가 물상보증인을 상대로 제기한 확인의 소는 확인의 이익이 있어 적법하다(대법원 2004.03.25. 선고 2002다20742 판결).
② (X) 소송요건을 구비하여 적법하게 제기된 본소가 그 후에 상대방이 제기한 반소로 인하여 소송요건에 흠결이 생겨 다시 부적법하게 되는 것은 아니므로, 원고가 피고에 대하여 손해배상채무의 부존재확인을 구할 이익이 있어 본소로 그 확인을 구하였다면, 피고가 그 후에 그 손해배상채무의 이행을 구하는 반소를 제기하였다 하더라도 그러한 사정만으로 본소청구에 대한 확인의 이익이 소멸하여 본소가 부적법하게 된다고 볼 수는 없다(대법원 1999.06.08. 선고 99다17401 판결).
③ (X) 민소법 제250조에서 증서의 진정 여부를 확인하는 소를 허용하고 있는 이유는 법률관계를 증명하는 서면의 진정 여부가 확정되면 당사자가 그 서면의 진정 여부에 관하여 더 이상 다툴 수 없게 되는 결과, 법률관계에 관한 분쟁 그 자체가 해결되거나 적어도 분쟁 자체의 해결에 크게 도움이 된다는 데 있으므로, 증서의 진정 여부를 확인하는 소가 적법하기 위해서는 그 서면에 대한 진정 여부의 확인을 구할 이익이 있어야 한다. 어느 서면에 의하여 증명되어야 할 법률관계를 둘러싸고 이미 소가 제기되어 있는 경우에는 그 소송에서 분쟁을 해결하면 되므로 그와 별도로 그 서면에 대한 진정 여부를 확인하는 소를 제기하는 것은 특별한 사정이 없는 한 확인의 이익이 없다(대법원 2007.06.14. 선고 2005다29290 판결).
④ (X) 매매계약해제의 효과로서 이미 이행한 것의 반환을 구하는 이행의 소를 제기할 수 있을지라도 그 기본되는 매매계약의 존부에 대하여 다툼이 있어 즉시 확정의 이익이 있는 때에는 계약이 해제되었음의 확인을 구할 수도 있는 것이므로 매매계약이 해제됨으로써 현재의 법률관계가 존재하지 않는다는 취지의 소는 확인의 이익이 있다(대법원 1982.10.26. 선고 81다108 판결).
⑤ (X) 무허가건물대장이 건물의 물권변동을 공시하는 법률상의 등록원부가 아니라고 하더라도 그 건물주명의 기재의 말소를 구하는 청구가 일률적으로 법률상 소의 이익이 없다고 볼 것은 아니고, 개별적인 사건에 있어 구체적 사정을 고려하여 이를 판단한다(대법원 1998.06.26. 선고 97다48937 판결).

정답 ①

4. 소의 이익에 관한 설명 중 옳지 않은 것은? (다툼이 있는 경우 판례에 의함) [2021년 08월 모의]

① 국가를 상대로 한 토지소유권확인청구는 그 토지가 미등기이고 토지대장이나 임야대장상에 등록명의자가 없거나 등록명의자가 누구인지 알 수 없을 때 등 특별한 사정이 있는 경우에 한하여 그 확인의 이익이 있다.
② 당해 건물의 소유권에 관하여 국가가 이를 특별히 다투고 있지도 아니하다면, 국가를 상대로 미등기 건물의 소유권 확인을 구하는 것은 그 확인의 이익이 없어 부적법하다.
③ 근저당권자는 유치권 신고를 한 사람을 상대로 유치권 전부의 부존재뿐만 아니라 경매절차에서 유치권을 내세워 대항할 수 있는 범위를 초과하는 유치권의 부존재 확인을 구할 소의 이익이 있다.
④ 부동산 근저당권자에 대한 채권자취소소송의 계속 중 사해행위인 근저당권설정계약에 기해 설정된 근저당권설정등기가 경매절차상 매각으로 인하여 말소된 경우 채권자는 원상회복을 위하여 사해행위인 근저당권설정계약의 취소를 구할 소의 이익이 없다.
⑤ 어느 서면에 의하여 증명되어야 할 법률관계를 둘러싸고 이미 소가 제기되어 있는 경우에는 그 소송에서 분쟁을 해결하면 되므로 그와 별도로 그 서면에 대한 진정 여부를 확인하는 소를 제기하는 것은 특별한 사정이 없는 한 확인의 이익이 없다.

해설

① (O) 국가를 상대로 한 토지소유권확인청구는 토지가 미등기이고 토지대장이나 임야대장상에 등록명의자가 없거나 등록명의자가 누구인지 알 수 없을 때와 그 밖에 국가가 등기 또는 등록명의인 제3자의 소유를 부인하면서 계속 국가소유를 주장하는 등 특별한 사정이 있는 경우에 한하여 확인의 이익이 있다(대법원 2019.05.16. 선고 2018다242246 판결).
② (O) 당해 건물의 소유권에 관하여 국가가 이를 특별히 다투고 있지도 않다면, 국가는 그 소유권 귀속에 관한 직접 분쟁의 당사자가 아니어서 이를 확인해 주어야 할 지위에 있지 않으므로, 국가를 상대로 미등기 건물의 소유권 확인을 구하는 것은 그 확인의 이익이 없어 부적법하다(대법원 1999.05.28. 선고 99다2188 판결).
③ (O) 근저당권자는 유치권 신고를 한 사람을 상대로 유치권 전부의 부존재뿐만 아니라 경매절차에서 유치권을 내세워 대항할 수 있는 범위를 초과하는 유치권의 부존재 확인을 구할 법률상 이익이 있고, 심리결과 유치권 신고를 한 사람이 유치권의 피담보채권으로 주장하는 금액의 일부만이 경매절차에서 유치권으로 대항할 수 있는 것으로 인정되는 경우에는 법원은 특별한 사정이 없는 한 그 유치권 부분에 대하여 일부패소의 판결을 하여야 한다(대법원 2016.03.10. 선고 2013다99409 판결).
④ (×)
  1) 채무자와 수익자 사이의 근저당권설정계약이 사해행위인 이상 그로 인한 근저당권설정등기가 경락으로 인하여 말소되었다고 하더라도 수익자로 하여금 근저당권자로서의 배당을 받도록 하는 것은 민법 제406조 제1항의 취지에 반하므로, 수익자에게 그와 같은 부당한 이득을 보유시키지 않기 위하여 그 근저당권설정등기로 인하여 해를 입게 되는 채권자는 근저당권설정계약의 취소를 구할 이익이 있다(대법원 1997.10.10. 선고 97다8687 판결).
  2) 위와 같은 경우 수익자가 경매절차에서 채무자와의 사해행위로 취득한 근저당권에 기하여 배당에 참가하여 배당표는 확정되었으나 채권자의 배당금 지급금지가처분으로 인하여 배당금을 현실적으로 지급받지 못한 경우, 채권자취소권의 행사에 따른 원상회복의 방법은 수익자에게 바로 배당금의 지급을 명할 것이 아니라 수익자가 취득한 배당금지급청구권을 채무자에게 반환하는 방법으로 이루어져야 하고, 이는 결국 배당금지급채권의 양도와 그 채권양도의 통지를 배당금지급채권의 채무자에게 하여 줄 것을 청구하는 형태가 될 것이다(대법원 1997.10.10. 선고 97다8687 판결).

⑤ (O) 민소법 제250조에서 증서의 진정 여부를 확인하는 소를 허용하고 있는 이유는 법률관계를 증명하는 서면의 진정 여부가 확정되면 당사자가 그 서면의 진정 여부에 관하여 더 이상 다툴 수 없게 되는 결과, 법률관계에 관한 분쟁 그 자체가 해결되거나 적어도 분쟁 자체의 해결에 크게 도움이 된다는 데 있으므로, 증서의 진정 여부를 확인하는 소가 적법하기 위해서는 그 서면에 대한 진정 여부의 확인을 구할 이익이 있어야 한다. 어느 서면에 의하여 증명되어야 할 법률관계를 둘러싸고 이미 소가 제기되어 있는 경우에는 그 소송에서 분쟁을 해결하면 되므로 그와 별도로 그 서면에 대한 진정 여부를 확인하는 소를 제기하는 것은 특별한 사정이 없는 한 확인의 이익이 없다(대법원 2007.06.14. 선고 2005다29290 판결). **정답** ④

5. 소의 이익에 관한 설명 중 옳지 않은 것은? (다툼이 있는 경우 판례에 의함) [2022년 06월 모의]

① 확정판결에 의한 채권의 소멸시효기간인 10년의 경과가 임박한 경우에는 그 시효중단을 위한 소는 소의 이익이 있다.
② 전소 판결로 확정된 채권의 시효를 중단시키기 위한 조치인 재판상 청구가 있다는 점에 대하여만 확인을 구하는 형태의 확인소송도 허용된다.
③ 임대차계약금으로 일정한 금원을 받았음을 증명하기 위하여 작성된 영수증은 특별한 사정이 없는 한 임대차 등 법률관계의 성립 내지 존부를 직접 증명하는 서면이 아니므로 증서의 진정 여부를 확인하는 소의 대상이 될 수 없다.
④ 원고가 피고에 대하여 손해배상채무의 부존재확인을 구할 이익이 있어 본소로 그 확인을 구하였다고 하더라도, 피고가 그 후에 그 손해배상채무의 이행을 구하는 반소를 제기하였다면 본소청구에 대한 확인의 이익이 소멸하여 본소가 부적법하게 된다.
⑤ 제3자이의의 소가 강제집행 종료 후 제기되거나 또는 소 제기 당시 존재하였던 강제집행이 소송계속 중 종료된 경우에는 소의 이익이 없어 부적법하다.

해설

① (O)
1) 확정된 승소판결에는 기판력이 있으므로, 승소 확정판결을 받은 당사자가 그 상대방을 상대로 다시 승소 확정판결의 전소(전소)와 동일한 청구의 소를 제기하는 경우 그 후소(후소)는 권리보호의 이익이 없어 부적법하다. 하지만 예외적으로 확정판결에 의한 채권의 소멸시효기간인 10년의 경과가 임박한 경우에는 그 시효중단을 위한 소는 소의 이익이 있다. 나아가 이러한 경우에 후소의 판결이 전소의 승소 확정판결의 내용에 저촉되어서는 아니 되므로, 후소 법원으로서는 그 확정된 권리를 주장할 수 있는 모든 요건이 구비되어 있는지 여부에 관하여 다시 심리할 수 없다(대법원 2018.07.19. 선고 2018다22008 판결).
2) 이후에도 판례는 위와 같은 법리를 유지하면서 '후소 법원으로서는 그 확정된 권리를 주장할 수 있는 모든 요건이 구비되어 있는지 여부에 관하여 다시 심리할 수 없다.'는 법리에 따라 ㉠ 채권양도의 대항요건 구비여부 ㉡ 연대보증계약의 성립여부 등의 요건이 전소에서 이미 판단되었으므로 후소에서 위 요건이 구비되어 있는지 여부에 관하여 다시 심리할 수 없다고 보면서, 후소에서 다시금 위와 같은 각 항변을 하는 피고 주장을 모두 배척하였다. 시효중단을 위한 이행의 소 청구가 기록형에서 출제되었을 때 이러한 피고 항변에 대해서는 위 판례법리(기판력)를 서술하여 배척해 주어야 한다.
② (O) 채권자가 전소로 이행청구를 하여 승소 확정판결을 받은 후 그 채권의 시효중단을 위한 후소를 제기하는 경우, 후소의 형태로서 항상 전소와 동일한 이행청구만이 시효중단사유인 '재판상의 청구'에 해당한다고 볼 수는 없다. 시효중단을 위한 이행소송은 다양한 문제를 야기한다. 그와 같은 문제들의 근본적인 원인은 시효중단을 위한 후소의 형태로 전소와 소송물이 동일한 이행소송이 제기되면서 채권자가 실제로 의도하지도 않은 청구권의 존부에 관한 실체 심리를 진행하는 데에 있다. 채무자는 그와 같은 후

소에서 전소 판결에 대한 청구이의사유를 조기에 제출하도록 강요되고 법원은 불필요한 심리를 해야 한다. 채권자 또한 자신이 제기한 후소의 적법성이 10년의 경과가 임박하였는지 여부라는 불명확한 기준에 의해 좌우되는 불안정한 지위에 놓이게 된다. 위와 같은 종래 실무의 문제점을 해결하기 위해서, 시효중단을 위한 후소로서 이행소송 외에 전소 판결로 확정된 채권의 시효를 중단시키기 위한 조치, 즉 '재판상의 청구'가 있다는 점에 대하여만 확인을 구하는 형태의 '새로운 방식의 확인소송'이 허용되고, 채권자는 두 가지 형태의 소송 중 자신의 상황과 필요에 보다 적합한 것을 선택하여 제기할 수 있다고 보아야 한다(대법원 2018.10.18. 선고 2015다232316 전합 판결).

③ (O) 민소법 제250조는 "확인의 소는 법률관계를 증명하는 서면이 진정한지 아닌지를 확정하기 위하여서도 제기할 수 있다"고 규정하고 있으므로, 증서의 진정 여부를 확인하는 소의 대상이 되는 서면은 직접 법률관계를 증명하는 서면에 한하고, '법률관계를 증명하는 서면'이란 그 기재 내용으로부터 직접 일정한 현재의 법률관계의 존부가 증명될 수 있는 서면을 말한다. 임대차계약금으로 일정한 금원을 받았음을 증명하기 위하여 작성된 영수증은 특별한 사정이 없는 한 임대차 등 법률관계의 성립 내지 존부를 직접 증명하는 서면이 아니므로 증서의 진정 여부를 확인하는 소의 대상이 될 수 없다(대법원 2007.06.14. 선고 2005다29290 판결).

④ (X) 소송요건을 구비하여 적법하게 제기된 본소가 그 후에 상대방이 제기한 반소로 인하여 소송요건에 흠결이 생겨 다시 부적법하게 되는 것은 아니므로, 원고가 피고에 대하여 손해배상채무의 부존재확인을 구할 이익이 있어 본소로 그 확인을 구하였다면, 피고가 그 후에 그 손해배상채무의 이행을 구하는 반소를 제기하였다 하더라도 그러한 사정만으로 본소청구에 대한 확인의 이익이 소멸하여 본소가 부적법하게 된다고 볼 수는 없다(대법원 1999.06.08. 선고 99다17401 판결).

⑤ (O)
1) 제3자이의의 소는 강제집행의 목적물에 대하여 소유권이나 양도 또는 인도를 저지하는 권리를 가진 제3자가 그 권리를 침해하여 현실적으로 진행되고 있는 강제집행에 대하여 이의를 주장하고 집행의 배제를 구하는 소이므로, 당해 강제집행이 종료된 후에 제3자이의의 소가 제기되거나 또는 제3자이의의 소가 제기된 당시 존재하였던 강제집행이 소송 계속 중 종료된 경우에는 소의 이익이 없어 부적법하다(대법원 1997.10.10. 선고 96다49049 판결).
2) 제3자이의의 소의 원고로서는 이러한 문제점을 막기 위하여 민집법 제46조의 강제집행을 정지하는 잠정처분을 함께 신청하여야 한다.
3) 강제집행의 정지와 이미 실시한 집행처분의 취소에 대하여는 제46조 및 제47조의 규정을 준용한다(민집법 제48조 제3항 본문). 이의의 소를 주장한 사유가 법률상 정당한 이유가 있다고 인정되고, 사실에 대한 소명(疎明)이 있을 때에는 수소법원은 당사자의 신청에 따라 판결이 있을 때까지 담보를 제공하게 하거나 담보를 제공하게 하지 아니하고 강제집행을 정지하도록 명할 수 있으며, 담보를 제공하게 하고 그 집행을 계속하도록 명하거나 실시한 집행처분을 취소하도록 명할 수 있다. 잠정처분신청에 대한 재판은 급박한 경우에는 재판장이 할 수 있다. 그보다도 더 급박할 경우에는 집행법원이 일단 강제집행을 정지시키고 이후 원고로부터 위 잠정처분에 대한 재판서를 제출받는 것으로 할 수도 있다(민집법 제46조 제2 내지 4항).
4) 이러한 법리는 청구이의의 소(민집법 제44조)의 경우에도 마찬가지이다.

정답 ④

6. 소송물에 관한 설명 중 옳지 않은 것은? (다툼이 있는 경우 판례에 의함) [2022년 06월 모의]

① 불법행위를 원인으로 한 손해배상을 청구한 것에 대하여 채무불이행을 원인으로 한 손해배상을 인정한 것은 당사자가 신청하지 아니한 사항에 대하여 판결한 것으로서 위법이다.
② 동일한 계약관계에 대하여 그 계약의 법적 성질을 대물변제의 예약이라고 하면서도 새로운 매매계약이 성립되었음을 인정하여 매매를 원인으로 한 소유권이전등기 절차를 이행할 의무가 있다고 하는 것은 위법하다.

③ 채권자가 채무자의 어떤 금원지급행위가 사해행위에 해당된다고 하여 그 취소를 청구하면서 그 금원지급행위의 법률적 평가를 증여 또는 변제로 달리 주장하는 것은 소송물을 달리하는 것이다.
④ 민법 제840조의 각 이혼사유는 그 각 사유마다 독립된 이혼청구원인이 되므로 법원은 원고가 주장한 이혼사유에 관하여서만 심판하여야 한다.
⑤ 여러 개의 유죄확정판결이 재심대상판결의 기초가 되었는데 이후 각 유죄판결이 재심을 통하여 무죄판결이 확정된 경우, 어느 한 판결이 무죄로 확정되었다는 것은 특별한 사정이 없는 한 별개의 독립된 재심사유이다.

해설

① (○)
1) 채무불이행 손해배상청구의 근거규정은 민법 제390조, 불법행위 손해배상청구의 근거규정은 민법 제750조로서 소송물이 다르다. 처분권주의란 소송절차의 개시(민소법 제248조), 심판의 대상과 범위(민소법 제203조), 소송절차의 종결(민소법 제220조, 266조)에 대하여 당사자에게 주도권을 주어 그의 처분에 맡기는 원칙을 말한다. 사적자치원칙의 소송법적 발현인 것이다. 따라서 원고가 불법행위책임(제390조)을 구함에 있어 법원이 채무불이행에 기한 손해배상금 지급(제390조)을 명한 것은 처분권주의에 반한다.
2) 물권적청구권의 이행불능으로 인한 전보배상청구권을 부정한 대법원 2012.05.17. 선고 2010다28604 전합 판결은 피고 대한민국의 위법한 등기명의경료 후 해당 부동산을 전전 양수한 자가 등기부취득시효를 완성하였고 이에 대한 확정판결이 있게 되어 그 결과 원고가 부동산의 소유권을 잃게 된 상황에서, ㉠ 원고가 피고 대한민국을 상대로 불법행위 손해배상청구를 하였음에도 불구하고, ㉡ 당사자가 주장하지 아니한 소유권보존등기 말소등기절차 이행의무의 이행불능으로 인한 손해배상책임(채무불이행 손해배상책임)을 인정한 원심판결에는 법리오해와 처분권주의 위반의 위법이 있다고 하였다.
3) 채무불이행책임과 불법행위책임이 별개의 소송물임을 전제로 한 판례 : 채무불이행책임과 불법행위책임은 각각 요건과 효과를 달리하는 별개의 법률관계에서 발생하는 것이므로 하나의 행위가 계약상 채무불이행의 요건을 충족함과 동시에 불법행위의 요건도 충족하는 경우에는 두 개의 손해배상청구권이 경합하여 발생하고, 권리자는 위 두 개의 손해배상청구권 중 어느 것이든 선택하여 행사할 수 있다(대법원 2021.06.24. 선고 2016다210474 판결).

② (○) 대물변제예약에 기한 소유권이전등기청구권과 매매계약에 기한 소유권이전등기청구권은 그 소송물이 서로 다르므로 동일한 계약관계에 대하여 그 계약의 법적 성질을 대물변제의 예약이라고 하면서도 새로운 매매계약이 성립되었음을 인정하여 매매를 원인으로 한 소유권이전등기 절차를 이행할 의무가 있다고 하는 것은 위법하다(대법원 1997.04.25. 선고 96다32133 판결).

③ (×) 채권자가 채무자의 어떤 금원지급행위가 사해행위에 해당된다고 하여 그 취소를 청구하면서 다만 그 금원지급행위의 법률적 평가와 관련하여 증여 또는 변제로 달리 주장하는 것은 그 사해행위취소권을 이유 있게 하는 공격방법에 관한 주장을 달리하는 것일 뿐이지 소송물 또는 청구 자체를 달리하는 것으로 볼 수 없다(대법원 2005.03.25. 선고 2004다10985 판결).

④ (○) 재판상 이혼사유에 관한 민법 제840조는 동조가 규정하고 있는 각 호 사유마다 각 별개의 독립된 이혼사유를 구성하는 것이고, 이혼청구를 구하면서 위 각 호 소정의 수 개의 사유를 주장하는 경우 법원은 그 중 어느 하나를 받아들여 청구를 인용할 수 있다(대법원 2000.09.05. 선고 99므1886 판결).

⑤ (○) 재심사유는 그 하나하나의 사유가 별개의 청구원인을 이루는 것이므로, 여러 개의 유죄판결이 재심대상판결의 기초가 되었는데 이후 각 유죄판결이 재심을 통하여 효력을 잃고 무죄판결이 확정된 경우, 어느 한 유죄판결이 효력을 잃고 무죄판결이 확정되었다는 사정은 특별한 사정이 없는 한 별개의 독립된 재심사유라고 보아야 한다(대법원 2019.10.17. 선고 2018다300470 판결).

정답 ③

7. 다음 설명 중 옳지 않은 것을 모두 고른 것은? (다툼이 있는 경우에는 판례에 의함) [2022년 08월 모의]

ㄱ. 확인의 소의 제1심에서 피고가 권리관계를 다투었으나 항소심에 이르러서는 더 이상 다투고 있지 않다면, 특별한 사정이 없는 한 확인의 이익이 없다.
ㄴ. 甲 명의로 등기가 마쳐진 X 부동산에 관하여 무단으로 乙, 丙 명의로 순차로 소유권이전등기가 마쳐진 경우, 甲의 丙에 대한 등기말소청구가 패소 확정되어 甲의 등기명의 회복이 불가능하다면, 甲이 乙에게 등기말소를 청구하는 소송은 소의 이익이 인정되지 않는다.
ㄷ. 채권이 압류되면 제3채무자의 채무자에 대한 지급이 금지되므로, 채무자가 제3채무자를 상대로 채무이행을 구하는 소는 소의 이익이 없다.
ㄹ. 원고가 양도담보로 제공한 부동산의 잔존 피담보채무 변제를 조건으로 피고 명의의 소유권이전등기 말소를 구하는 소는 장래이행의 소인데, 피고가 위 등기는 대물변제에 기한 것이지 담보에 기한 것이 아니라고 다투고 있다면 위 소는 미리 청구할 이익이 있다.

① ㄱ, ㄴ
② ㄱ, ㄷ
③ ㄱ, ㄴ, ㄷ
④ ㄴ, ㄷ, ㄹ
⑤ ㄷ, ㄹ

해설

ㄱ. (×) 권리관계에 대하여 당사자 사이에 아무런 다툼이 없어 법적 불안이 없으면 원칙적으로 확인의 이익이 없다고 할 것이나, 피고가 권리관계를 다투어 원고가 확인의 소를 제기하였고 당해 소송에서 피고가 권리관계를 다툰 바 있다면 특별한 사정이 없는 한 항소심에 이르러 피고가 권리관계를 다투지 않는다는 사유만으로 확인의 이익이 없다고 할 수 없다(대법원 2009.01.15. 선고 2008다74130 판결).

ㄴ. (×) 순차적으로 소유권이전등기가 경료된 경우 후순위등기의 말소등기절차 이행청구가 패소확정됨으로써 직접적으로는 그 전순위등기의 말소등기의 실행이 불가능하게 되었다 하더라도 그 전순위등기의 말소를 구할 소의 이익이 없다 할 수 없다(대법원 1993.07.13. 선고 93다20955 판결). 따라서, 그 말소등기절차를 이행할 의무가 있는 때에는 그 전순위등기의 말소절차이행을 명하여야 할 것이라는 것이 판결이유의 설시이다.

ㄷ. (×) 일반적으로 채권에 대한 가압류가 있더라도 이는 채무자가 제3채무자로부터 현실로 급부를 추심하는 것만을 금지하는 것일 뿐 채무자는 제3채무자를 상대로 그 이행을 구하는 소송을 제기할 수 있고, 법원은 가압류가 되어 있음을 이유로 이를 배척할 수는 없는 것이 원칙이다. 왜냐하면 채무자로서는 제3채무자에 대한 그의 채권이 가압류되어 있다 하더라도 채무명의를 취득할 필요가 있고 또는 시효를 중단할 필요도 있는 경우도 있을 것이며 또한 소송 계속 중에 가압류가 행하여진 경우에 이를 이유로 청구가 배척된다면 장차 가압류가 취소된 후 다시 소를 제기하여야 하는 불편함이 있는데 반하여 제3채무자로서는 이행을 명하는 판결이 있더라도 집행단계에서 이를 저지하면 될 것이기 때문이다(대법원 2002.04.26. 선고 2001다59033 판결).

ㄹ. (○) 채무자가 피담보채무 전액을 변제하였다고 하거나, 피담보채무의 일부가 남아 있음을 시인하면서 그 변제와 상환으로 담보목적으로 경료된 소유권이전등기의 회복을 구함에 대하여 채권자는 그 소유권이전 등기가 담보목적으로 경료된 것임을 다투고 있는 경우, 채무자의 청구 중에는 만약 그 소유권이전등기가 담보목적으로 경료된 것이라면 소송 과정에서 밝혀진 잔존 피담보채무의 지급을 조건으로 그 소유권이전등기의 회복을 구한 것이라는 취지까지 포함되어 있는 것으로 해석하여야 하고, 그러한 경우에는 장래이행의 소로서 미리 청구할 필요도 있다(대법원 1996.11.12. 선고 96다33938 판결).

정답 ③

8. 소송물에 관한 설명 중 옳지 않은 것은? (다툼이 있는 경우에는 판례에 의함) [2023년 06월 모의]

① 동일한 사실관계에서 발생한 불법행위로 인한 손해배상청구와 부당이득반환청구는 그 소송물이 서로 다르다.
② 원금청구와 이자청구는 그 소송물이 서로 다르다.
③ 동일한 채권자가 보전하고자 하는 채권을 달리하여 동일한 법률행위를 대상으로 사해행위의 취소를 구하는 소를 이중으로 제기하는 경우에 두 소송의 소송물은 동일하다.
④ 민법 제840조의 각 호에서 정한 재판상 이혼사유를 달리하여 제기한 이혼소송은 그 소송물이 서로 다르다.
⑤ 담보목적으로 경료된 소유권이전등기에 관하여, 피담보채무의 변제를 이유로 담보설정계약에 기하여 제기한 말소청구와 등기원인의 무효를 이유로 제기한 말소청구는 소송물이 동일하다.

해설

① (O) 부당이득반환청구권과 불법행위로 인한 손해배상청구권은 서로 실체법상 별개의 청구권으로 존재하고 그 각 청구권에 기초하여 이행을 구하는 소는 소송법적으로도 소송물을 달리하므로, 채권자로서는 어느 하나의 청구권에 관한 소를 제기하여 승소 확정판결을 받았다고 하더라도 아직 채권의 만족을 얻지 못한 경우에는 다른 나머지 청구권에 관한 이행판결을 얻기 위하여 그에 관한 이행의 소를 제기할 수 있다. 그리고 채권자가 먼저 부당이득반환청구의 소를 제기하였을 경우 특별한 사정이 없는 한 손해 전부에 대하여 승소판결을 얻을 수 있었을 것임에도 우연히 손해배상청구의 소를 먼저 제기하는 바람에 과실상계 또는 공평의 원칙에 기한 책임제한 등의 법리에 따라 그 승소액이 제한되었다고 하여 그로써 제한된 금액에 대한 부당이득반환청구권의 행사가 허용되지 않는 것도 아니다(대법원 2013.09.13. 선고 2013다45457 판결).

② (O) 금전채무불이행의 경우에 발생하는 원본채권과 지연손해금채권은 별개의 소송물이므로, 불이익변경에 해당하는지 여부는 원금과 지연손해금 부분을 각각 따로 비교하여 판단하여야 하고, 별개의 소송물을 합산한 전체 금액을 기준으로 판단하여서는 아니 된다(대법원 2009.06.11. 선고 2009다12399 판결).

③ (O)
1) 채권자가 사해행위취소 및 원상회복청구를 하면서 보전하고자 하는 채권을 추가하거나 교환하는 것은 사해행위취소권과 원상회복청구권을 이유 있게 하는 공격방법에 관한 주장을 변경하는 것일 뿐이지 소송물 또는 청구 자체를 변경하는 것이 아니므로, 채권자가 보전하고자 하는 채권을 달리하여 동일한 법률행위의 취소 및 원상회복을 구하는 채권자취소의 소를 이중으로 제기하는 경우 전소와 후소는 소송물이 동일하다(대법원 2012.07.05. 선고 2010다80503 판결).
2) 참고 : 위 1) 판례는 동일한 채권자가 중복으로 청구한 경우의 쟁점이라는 점에 주의해야 한다. 다수의 취소채권자가 있는 경우에는 아래 3)의 판례법리가 적용된다. 다만 어느 경우나 소송물은 각 취소채권자의 채권자취소권 그 자체가 소송물이 된다는 점에 유의해야 한다.
3) 채권자취소권의 요건을 갖춘 각 채권자는 고유의 권리로서 채무자의 재산처분 행위를 취소하고 그 원상회복을 구할 수 있는 것이므로 여러 명의 채권자가 동시에 또는 시기를 달리하여 사해행위취소 및 원상회복청구의 소를 제기한 경우 이들 소가 중복제소에 해당하지 아니할 뿐만 아니라, 어느 한 채권자가 동일한 사해행위에 관하여 사해행위취소 및 원상회복청구를 하여 승소판결을 받아 그 판결이 확정되었다는 것만으로는 그 후에 제기된 다른 채권자의 동일한 청구가 권리보호의 이익이 없게 되는 것은 아니다. 그러나 확정된 판결에 기하여 재산이나 가액의 회복을 마친 경우에는 다른 채권자의 사해행위취소 및 원상회복청구는 그와 중첩되는 범위 내에서 권리보호의 이익이 없게 된다. 그리고 수익자가 확정된 판결에 기하여 해당 채권자에게 재산이나 가액을 반환함으로써 그 채권자가 다른 채권자보다 사실상 우선변제를 받는 불공평한 결과가 초래된다고 하더라도, 그 재산이나 가액의

반환이 다른 채권자를 해할 목적으로 수익자와 해당 채권자가 통모한 행위라는 등의 특별한 사정이 없는 한 확정된 판결에 따른 반환의무를 이행하는 것이 다른 채권자의 신의에 반하는 행위라고 할 수는 없으므로, 확정된 판결에 따라 재산이나 가액의 반환을 마친 수익자가 다른 채권자의 사해행위취소 및 원상회복청구에 대하여 권리보호의 이익이 없다고 주장하는 것이 신의성실의 원칙에 위배된다고 할 수는 없다(대법원 2014.08.20. 선고 2014다28114 판결).

④ (O) 재판상 이혼사유에 관한 민법 제840조는 동조가 규정하고 있는 각 호 사유마다 각 별개의 독립된 이혼사유를 구성하는 것이고, 이혼청구를 구하면서 위 각 호 소정의 수 개의 사유를 주장하는 경우 법원은 그 중 어느 하나를 받아들여 청구를 인용할 수 있다(대법원 2000.09.05. 선고 99므1886 판결).

⑤ (×)
1) 담보목적으로 경료된 소유권이전등기의 피담보채무를 변제하였음을 이유로 하여 말소를 구하는 본소청구와 소유권이전등기가 원인무효임을 이유로 하여 말소를 구하는 전소청구는 소송물이 동일하다고 볼 수 없으므로 전소에 대한 확정판결의 기판력은 본소에 미치지 아니한다(대법원 1983.03.08. 선고 82다카1203 판결).
2) 위 판례의 본소 청구는 변제로 인한 담보계약상의 '채권적 청구권으로서의 말소청구권'이 소송물이다. 반면 전소 청구는 소유권이전등기가 원인무효임을 이유로 하여 말소를 구하는 것은 물권적 청구권으로서 등기말소청구권 그 자체가 소송물이다. '물권적 청구권으로서의 등기말소청구권'에 대한 다음의 판례와 혼동이 없도록 해야 한다.
3) 말소등기청구사건의 소송물은 당해 등기의 말소등기청구권이고 그 동일성 식별의 기준이 되는 청구원인, 즉 말소등기청구권의 발생원인은 당해 등기원인의 무효라 할 것으로서 등기원인의 무효를 뒷받침하는 개개의 사유는 독립된 공격방어방법에 불과하여 별개의 청구원인을 구성하는 것이 아니라 할 것이므로 전소에서 원고가 주장한 사유나 후소에서 주장하는 사유들은 모두 등기의 원인무효를 뒷받침하는 공격방법에 불과할 것일 뿐 그 주장들이 자체로서 별개의 청구원인을 구성한다고 볼 수 없고 모두 전소의 변론종결 전에 발생한 사유라면 전소와 후소는 그 소송물이 동일하여 후소에서의 주장사유들은 전소의 확정판결의 기판력에 저촉되어 허용될 수 없는 것이다(대법원 1993.06.29. 선고 93다11050 판결).

정답 ⑤

9. 소송요건에 관한 설명 중 옳은 것을 모두 고른 것은? (다툼이 있는 경우에는 판례에 의함)
[2023년 06월 모의]

ㄱ. 당사자가 부제소합의의 효력이나 범위에 관하여 주장하지 않았음에도 법원이 직권으로 조사한 결과 서면에 의한 부제소 합의가 있었음을 발견하였다면 당사자에게 의견을 진술할 기회를 줄 필요 없이 곧바로 소를 각하할 수 있다.
ㄴ. 항소심판결 선고 후 채권압류 및 추심명령에 대한 압류해제 및 추심포기서가 제출되었더라도 피압류채권의 채권자의 당사자적격은 사실심변론종결시를 기준으로 하여야 하므로 상고심에서 피압류채권의 채권자의 당사자적격을 인정할 수는 없다.
ㄷ. 종중이 원고인 소송에서 그 대표자 甲의 대표권 흠결을 이유로 소각하판결이 선고되어 확정되었더라도, 그 후 새로 소집된 종중총회에서 甲이 적법한 대표자로 선임되었다면 동일한 소를 다시 제기할 수 있다.
ㄹ. 소를 각하한 제1심판결을 항소심법원이 취소하는 경우 원칙적으로 스스로 본안판결을 하여야 한다.
ㅁ. 종중이 당사자인 사건에서 그 대표자에게 적법한 대표권이 있다는 주장에 대하여 상대방이 자백하였더라도 법원은 직권으로 조사하여 그 대표자에게 적법한 대표권이 없음을 확인하였다면 소를 각하하여야 한다.

① ㄱ, ㄴ　　　　　② ㄴ, ㄷ　　　　　③ ㄴ, ㄹ
④ ㄷ, ㅁ　　　　　⑤ ㄹ, ㅁ

> 해설

ㄱ. (✕) 당사자들이 부제소합의의 효력이나 그 범위에 관하여 쟁점으로 삼아 소의 적법 여부를 다투지 않는다 하더라도 법원이 직권으로 부제소합의에 위배되었다는 이유로 소가 부적법하다고 판단하기 위해서는 그와 같은 법률적 관점에 대하여 당사자에게 의견을 진술할 기회를 주어야 하고, 법원이 그와 같이 하지 않고 직권으로 부제소 합의를 인정하여 소를 각하하는 것은 예상외의 재판으로 당사자 일방에게 불의의 타격을 가하는 것으로서 석명의무를 위반하여 필요한 심리를 제대로 하지 않는 것이다(대법원 2013.11.28. 선고 2011다80449 판결).

ㄴ. (✕) 항소심판결 선고 후 채권압류 및 추심명령에 대한 압류해제 및 추심포기서가 제출되어 피압류채권의 채권자가 그 지급을 구하는 소를 제기할 수 있게 된 경우, 그 소송요건은 직권조사사항으로서 상고심에서도 그 치유를 인정하여야 한다(대법원 2007.11.29. 선고 2007다63362 판결).

ㄷ. (O) 원심은 이 사건 소가 대표권 없는 자에 의하여 제기되어 부적법하다고 하면서도, 이 사건 소는 확정된 종전의 소각하판결에서 판시된 대표권흠결의 하자를 그대로 둔 채 거듭 제기된 것이기 때문에 종전의 확정판결의 기판력에 저촉되어 기각을 면치 못한다고 하고 있는바, 소송판결도 그 판결에서 확정한 소송요건의 흠결에 관하여 기판력이 발생함은 물론이나, 이 사건에서 종전 소송의 원고 종중 대표자로서 소를 제기한 자는 자신이 종전 소송판결의 확정 후에 소집된 종중총회에서 새로이 대표자로 선임되었음을 들어 대표권을 주장하는 것이어서 종전 확정판결의 기판력이 미칠 여지가 없다(대법원 1994.06.14. 선고 93다45015 판결).

ㄹ. (✕) 소가 부적법하다고 각하한 제1심 판결을 취소하는 경우에는 항소법원은 사건을 제1심 법원에 환송하여야 한다. 다만, 제1심에서 본안판결을 할 수 있을 정도로 심리가 된 경우, 또는 당사자의 동의가 있는 경우에는 항소법원은 스스로 본안판결을 할 수 있다(민소법 제418조).

ㅁ. (O) 종중이 당사자인 사건에 있어서 그 종중의 대표자에게 적법한 대표권이 있는지의 여부는 소송요건에 관한 것으로서 법원의 직권조사사항이고, 이러한 직권조사사항이 자백의 대상이 될 수가 없다(대법원 2002.05.14. 선고 2000다42908 판결).

정답 ④

10. 소의 이익에 관한 설명 중 옳은 것을 모두 고른 것은? (다툼이 있는 경우에는 판례에 의함)
[2023년 08월 모의]

ㄱ. 영수증의 진정여부를 확인하는 소는 사실관계의 확인을 구하는 것이나 소의 이익이 있다.
ㄴ. 순차로 경료된 소유권이전등기 중 후순위 등기에 대한 말소청구가 패소 확정되어 그 선순위 등기의 말소등기 실행이 불가능해진 경우, 그 선순위 등기의 말소를 구할 소의 이익이 없다.
ㄷ. 소유권보존등기가 되었던 종전 건물의 소유자가 이를 헐어 내고 건물을 신축한 경우, 그 소유자가 새 건물의 소유권보존등기를 하기 위하여 필요하다면 종전 건물에 대한 소유권보존등기의 말소를 청구할 소의 이익이 있다.
ㄹ. 미등기 토지의 소유자가 그 토지에 관하여 소유권보존등기를 하고자 할 경우, 해당 토지의 토지대장이 작성되어 있지 않다면 국가를 상대로 토지소유권존재확인의 소를 제기할 확인의 이익이 있다.

① ㄱ, ㄴ　　　　　② ㄱ, ㄷ　　　　　③ ㄴ, ㄷ
④ ㄴ, ㄹ　　　　　⑤ ㄷ, ㄹ

해설

ㄱ. (×) 임대차계약금으로 일정한 금원을 받았음을 증명하기 위하여 작성된 영수증은 특별한 사정이 없는 한 임대차 등 법률관계의 성립 내지 존부를 직접 증명하는 서면이 아니므로 증서의 진정 여부를 확인하는 소의 대상이 될 수 없다(대법원 2007.06.14. 선고 2005다29290 판결).

ㄴ. (×) 순차 경료된 소유권이전등기의 각 말소 청구소송은 통상공동소송이므로 그 중의 어느 한 등기명의자만을 상대로 말소를 구할 수 있고, 최종 등기명의자에 대하여 등기말소를 구할 수 있는지에 관계 없이 중간의 등기명의자에 대하여 등기말소를 구할 소의 이익이 있다(대법원 1998.09.22. 선고 98다23393 판결).

ㄷ. (O) 소유권보존등기가 되었던 종전건물의 소유자가 이를 헐어 내고 건물을 신축한 경우에 있어 종전건물에 대한 멸실등기를 하고 새 건물에 대한 소유권보존등기를 하기 위하여 종전건물에 대한 소유권보존등기에 터잡아 마쳐진 원인무효의 소유권이전등기 등의 말소를 청구할 소의 이익이 있다(대법원 1992.03.31. 선고 91다39184 판결).

ㄹ. (O) 국가를 상대로 한 토지소유권확인청구는 토지가 미등기이고 토지대장이나 임야대장상에 등록명의자가 없거나 등록명의자가 누구인지 알 수 없을 때와 그 밖에 국가가 등기 또는 등록명의자인 제3자의 소유를 부인하면서 계속 국가소유를 주장하는 등 특별한 사정이 있는 경우에 한하여 확인의 이익이 있다(대법원 2019.05.16. 선고 2018다242246 판결).

정답 ⑤

11. 소의 이익에 관한 설명 중 옳지 않은 것은? (다툼이 있는 경우 판례에 의함) [2023년 10월 모의]

① 제3자를 위한 계약에서 낙약자가 요약자의 이행청구에 응하지 아니하면 특별한 사정이 없는 한 요약자는 낙약자에 대하여 제3자에게 급부를 이행할 것을 소로써 구할 이익이 있다.
② 장래이행의 소가 적법하기 위해서는 청구권 발생의 기초가 되는 법률상·사실상 관계가 변론종결 당시 존재하여야 하고, 그 상태가 계속될 것이 확실히 예상되어야 하며, 미리 청구할 필요가 인정되어야만 한다.
③ 보험계약의 당사자 사이에 계약상 채무의 존부나 범위에 관하여 다툼이 있는 경우 그로 인한 법적 불안을 제거하기 위하여 보험회사는 먼저 보험수익자를 상대로 소극적 확인의 소를 제기할 확인의 이익이 있다.
④ 상대적 불확지 변제공탁의 피공탁자 중 1인을 채무자로 하여 그의 공탁물출급청구권에 대하여 채권압류 및 추심명령을 받은 추심채권자가 자기의 이름으로 다른 피공탁자를 상대로 공탁물출급청구권이 추심채권자의 채무자에게 있음의 확인을 구하는 것은 확인의 이익이 없다.
⑤ 동일한 피압류채권에 대하여 각 압류 및 전부명령을 받은 두 채권자 甲, 乙 중 甲이 乙을 상대로 제3채무자의 乙에 대한 전부금채무 부존재확인을 구하는 소는 확인의 이익이 없다.

해설

① (O) 제3자를 위한 계약에서 제3자는 채무자(낙약자)에 대하여 계약의 이익을 받을 의사를 표시한 때에 채무자에게 직접 그 이행을 청구할 수 있는 권리를 취득하고(민법 제539조), 요약자는 제3자를 위한 계약의 당사자로서 원칙적으로 제3자의 권리와는 별도로 낙약자에 대하여 제3자에게 급부를 이행할 것을 요구할 수 있는 권리를 가진다. 이때 낙약자가 요약자의 이행청구에 응하지 아니한 경우 특별한 사정이 없는 한 요약자는 낙약자에 대하여 제3자에게 급부를 이행할 것을 소로써 구할 이익이 있다(대법원 2022.01.27. 선고 2018다259565 판결).

② (O) 이행의 소는 청구권의 이행기가 도래한 경우에 한하여 허용되는 것이 원칙이지만, 이행기가 도래하더라도 채무자가 임의이행을 거부할 것이 명백히 예상되는 상황과 같이 예외적으로 채권자로 하여금 이

행기에 이르러 소를 제기하게 하는 것보다 미리 집행권원을 확보하게 함으로써 이행기가 도래하면 곧바로 강제집행을 할 필요가 인정되는 경우를 대비하여 민소법 제251조에서 '장래이행의 소'를 정하였다. 장래이행의 소가 적법하기 위해서는 청구권 발생의 기초가 되는 법률상·사실상 관계가 변론종결 당시 존재하여야 하고, 그 상태가 계속될 것이 확실히 예상되어야 하며, 미리 청구할 필요가 인정되어야만 한다(대법원 2023.03.13. 선고 2022다286786 판결).

③ (O) 보험계약의 당사자 사이에 계약상 채무의 존부나 범위에 관하여 다툼이 있는 경우 그로 인한 불안을 해소하기 위하여 보험회사는 먼저 보험수익자를 상대로 소극적 확인의 소를 제기할 확인의 이익이 있다(대법원 2021.06.17. 선고 2018다257958 판결).

④ (×)
1) 상대적 불확지 변제공탁의 피공탁자 중 1인을 채무자로 하여 그의 공탁물출급청구권에 대하여 채권압류 및 추심명령을 받은 추심채권자는 공탁물을 출급하기 위하여 자기의 이름으로 다른 피공탁자를 상대로 공탁물출급청구권이 추심채권자의 채무자에게 있음을 확인하는 확인의 소를 제기할 수 있다(대법원 2011.11.10. 선고 2011다55405 판결).

2) 비교 : 위 1)의 판례는 '어느 피공탁자(또는 그의 추심채권자)'가 다른 피공탁자를 상대로 공탁물출급청구권의 확인을 구할 이익이 있다고 본 것이다. 그러나 아래 3)과 같이 '변제공탁의 피공탁자가 아닌 제3자'가 피공탁자를 상대로 공탁물출급청구권의 확인을 구한 사안에서는 확인의 이익을 부정하였으므로 비교하여 알아두어야 한다.

3) 변제공탁의 공탁물출급청구권자는 피공탁자 또는 그 승계인이고 피공탁자는 공탁서의 기재에 의하여 형식적으로 기재되므로, 실체법상의 채권자라고 하더라도 피공탁자로 지정되어 있지 않으면 공탁물출급청구권을 행사할 수 없고, 따라서 피공탁자가 아닌 제3자가 피공탁자를 상대로 하여 공탁물출급청구권 확인판결을 받았더라도 그 확인판결을 받은 제3자가 직접 공탁물출급청구를 할 수 없으므로, 피공탁자 중 1인을 채무자로 하여 그의 공탁물출급청구권에 대하여 채권압류 및 추심명령을 받은 추심채권자라는 등의 특별한 사정이 없는 한 피공탁자가 아닌 제3자는 피공탁자를 상대로 하여 공탁물출급청구권의 확인을 구할 이익이 없다(대법원 2016.03.24. 선고 2014다3122 판결).

⑤ (O)
1) 압류 및 전부명령을 받은 양 당사자 중 어느 한 쪽이 상대방에 대하여 제3채무자의 상대방에 대한 전부금채무 부존재확인을 구하는 소는 확인의 이익이 없어 부적법하다(대법원 2004.03.12. 선고 2003다49092 판결).

2) 구체적인 이유는 다음과 같다. 스스로 채권자라고 주장하는 어느 한쪽이 상대방에 대하여 그 채권이 자기에게 속한다는 채권의 귀속에 관한 확인을 구하는 청구는 그 확인의 이익이 있으나, 자기의 권리 또는 법률상의 지위를 부인하는 상대방이 자기 주장과는 양립할 수 없는 제3자에 대한 권리 또는 법률관계를 주장한다고 하여 상대방 주장의 그 제3자에 대한 권리 또는 법률관계가 부존재한다는 것만의 확인을 구하는 것은, 설령 그 확인의 소에서 승소판결을 받는다고 하더라도 그 판결로 인하여 상대방에 대한 관계에서 자기의 권리가 확정되는 것도 아니고 그 판결의 효력이 제3자에게 미치는 것도 아니어서 그와 같은 부존재확인의 소는 자기의 권리 또는 법률적 지위에 현존하는 불안·위험을 해소시키기 위한 유효 적절한 수단이 될 수 없으므로 확인의 이익이 없다 할 것이다(대법원 1995.10.12. 선고 95다26131 판결).

정답 ④

12. 소송요건에 관한 설명 중 옳지 않은 것은? (다툼이 있는 경우 판례에 의함) [2024년 08월 모의]

① 민사소송에서 청구의 취지는 내용 및 범위를 명확히 알아볼 수 있도록 구체적으로 특정되어야 하고 청구취지의 특정 여부는 직권조사사항이므로, 청구취지가 특정되지 않은 경우에는 법원은 직권으로 보정을 명하고 보정명령에 응하지 않을 때에는 소를 각하하여야 한다.
② 당사자들이 부제소 합의의 효력이나 그 범위에 관하여 쟁점으로 삼아 소의 적법 여부를 다투지 아니하는데도 법원이 직권으로 부제소 합의에 위배되었다는 이유로 소가 부적법하다고 판단하기 위해서는 그와 같은 법률적 관점에 대하여 당사자에게 의견을 진술할 기회를 주어야 한다.
③ 확인의 이익 등 소송요건은 사실심의 변론종결시를 기준으로 판단하여야 하므로, 사실심 변론종결 이후에 소송요건이 흠결되거나 그 흠결이 치유된 경우에도 상고심에서 이를 참작할 수 없다.
④ 확인의 소에서 확인의 대상은 현재의 권리 또는 법률관계일 것을 요하므로 특별한 사정이 없는 한 과거의 권리 또는 법률관계의 존부확인은 인정되지 아니하는바, 근저당권의 피담보채무에 관한 부존재확인의 소는 근저당권이 말소되면 과거의 권리 또는 법률관계의 존부에 관한 것으로서 확인의 이익이 없게 된다.
⑤ 종중이 당사자인 사건에 있어서 그 종중의 대표자에게 적법한 대표권이 있는지의 여부는 소송요건에 관한 것으로서 법원의 직권조사사항이고, 이러한 직권조사사항은 자백의 대상이 될 수 없다.

해설

① (○) 민사소송에서 청구의 취지는 내용 및 범위를 명확히 알아볼 수 있도록 구체적으로 특정되어야 하고 청구취지의 특정 여부는 직권조사사항이므로, 청구취지가 특정되지 않은 경우에는 법원은 직권으로 보정을 명하고 보정명령에 응하지 않을 때에는 소를 각하하여야 한다. 이 경우 당사자가 부주의 또는 오해로 인하여 청구취지가 특정되지 아니한 것을 명백히 간과한 채 본안에 관하여 공방을 하고 있는데도 보정의 기회를 부여하지 아니한 채 당사자가 전혀 예상하지 못하였던 청구취지 불특정을 이유로 소를 각하하는 것은 석명의무를 다하지 아니하여 심리를 제대로 하지 아니한 것으로서 위법하다(대법원 2014.03.13. 선고 2011다111459 판결).
② (○) 당사자들이 부제소 합의의 효력이나 그 범위에 관하여 쟁점으로 삼아 소의 적법 여부를 다투지 아니하는데도 법원이 직권으로 부제소 합의에 위배되었다는 이유로 소가 부적법하다고 판단하기 위해서는 그와 같은 법률적 관점에 대하여 당사자에게 의견을 진술할 기회를 주어야 하고, 부제소 합의를 하게 된 동기 및 경위, 그 합의에 의하여 달성하려는 목적, 당사자의 진정한 의사 등에 관하여도 충분히 심리할 필요가 있다. 법원이 그와 같이 하지 않고 직권으로 부제소 합의를 인정하여 소를 각하하는 것은 예상외의 재판으로 당사자 일방에게 불의의 타격을 가하는 것으로서 석명의무를 위반하여 필요한 심리를 제대로 하지 아니하는 것이다(대법원 2013.11.28. 선고 2011다80449 판결).
③ (✕) 확인의 소는 원고의 권리 또는 법률상의 지위에 현존하는 불안·위험이 있고, 확인판결을 받는 것이 그 분쟁을 근본적으로 해결하는 가장 유효·적절한 수단일 때 허용된다. 그리고 확인의 이익 등 소송요건은 직권조사사항으로서 당사자가 주장하지 않더라도 법원이 직권으로 조사하여 판단하여야 하고, 사실심 변론종결 이후에 소송요건이 흠결되거나 그 흠결이 치유된 경우 상고심에서도 이를 참작하여야 한다(대법원 2020.01.16. 선고 2019다247385 판결).
④ (○) 확인의 소에서 확인의 대상은 현재의 권리 또는 법률관계일 것을 요하므로 특별한 사정이 없는 한 과거의 권리 또는 법률관계의 존부확인은 인정되지 아니하는바, 근저당권의 피담보채무에 관한 부존재확인의 소는 근저당권이 말소되면 과거의 권리 또는 법률관계의 존부에 관한 것으로서 확인의 이익이 없게 된다(대법원 2013.08.23. 선고 2012다17585 판결).
⑤ (○) 종중이 당사자인 사건에 있어서 그 종중의 대표자에게 적법한 대표권이 있는지의 여부는 소송요건

에 관한 것으로서, 법원의 직권조사사항이다. 직권조사사항은 자백의 대상이 될 수 없다(대법원 2002.05.1 4. 선고 2000다42908 판결).

정답 ③

제2절 소장심사와 소제기 이후의 법원의 조치

1. 소장심사, 보정명령 및 소장각하명령에 관한 설명 중 옳지 않은 것은? (다툼이 있는 경우 판례에 의함)

[2020년 08월 모의]

① 소장에 법정대리인이 아닌 자가 법정대리인으로 잘못 표시되어 있어 재판장이 이를 정당한 법정대리인으로 보정하라는 취지의 보정명령을 하였는데 원고가 보정기간 내에 이에 응하지 않은 경우, 재판장은 소장각하명령을 할 수 없다.

② 소장에 법률의 규정에 따른 인지를 붙이지 않아 재판장이 인지보정명령을 하였는데 원고가 보정기간 내에 소송구조신청을 한 경우, 그 소송구조신청에 대하여 기각결정이 확정되면 재판장으로서는 다시 인지보정명령을 할 필요는 없지만 종전의 인지보정명령에 따른 보정기간 전체가 다시 진행되어 그 기간이 경과된 때에 비로소 소장 등에 대한 각하명령을 할 수 있다.

③ 재판장이 소장심사 후 인지보정명령을 하였는데 원고가 보정기간 내에 이에 응하지 않아 소장각하명령을 한 경우, 원고는 인지보정명령에 대하여는 즉시항고나 통상항고, 특별항고를 할 수 없고, 소장각하명령에 대하여만 즉시항고할 수 있다.

④ 원고가 인지보정명령을 받아 보정기간 내에 인지를 납부하였으나 그 납부서를 보정기간 내에 법원에 제출하지 않아 법원이 소장각하명령을 하였는데 원고가 즉시항고하면서 뒤늦게 위 납부서를 제출한 경우, 원심법원은 재도의 고안에 의하여 소장각하명령을 취소하여야 한다.

⑤ 원고가 보정기간 내에 인지보정명령을 이행하지 않아 재판장이 소장각하명령을 하고 그 원본을 법원사무관에게 교부하였으나 아직 그 명령정본이 당사자에게 고지되기 전에 원고가 부족한 인지를 보정하면서 소장각하명령에 즉시항고한 경우, 원심법원은 재도의 고안에 의하여 소장각하명령을 취소하여야 한다.

해설

① (O) 소장에 일응 대표자의 표시가 되어 있는 이상 설령 그 표시에 잘못이 있다고 하더라도 이를 정정 표시하라는 보정명령을 하고 그에 대한 불응을 이유로 소장을 각하하는 것은 허용되지 않는다. 이러한 경우에는 오로지 판결로써 소를 각하할 수 있다(대법원 2013.09.09. 자 2013마1273 결정).

② (O) 종전의 인지보정명령에 따른 보정기간 중에 제기된 소송구조신청에 대하여 기각결정이 확정되면 재판장으로서는 다시 인지보정명령을 할 필요는 없지만 종전의 인지보정명령에 따른 보정기간 전체가 다시 진행되어 그 기간이 경과된 때에 비로소 소장 등에 대한 각하명령을 할 수 있다(대법원 2018.05.04. 자 2018무513 결정).

③ (O) 소장 또는 상소장에 관한 재판장의 인지보정명령은 민소법에서 일반적으로 항고의 대상으로 삼고 있는 같은 법 제409조 소정의 "소송절차에 관한 신청을 기각하는 결정이나 명령"에 해당하지 않고 또 이에 대하여 불복할 수 있는 특별규정도 없으므로, 인지보정명령에 대하여는 독립하여 이의신청이나 항고를 할 수 없고 다만 보정명령에 따른 인지를 보정하지 않아 소장이나 상소장이 각하되면 그 각하 명령에 대하여 즉시항고로 대응할 수밖에 없다(대법원 1995.06.30. 자 94다39086 결정).

④ (○)
1) 재도(再度)의 고안(考案)이란 법률에 따른 항고가 제기되었을 때에, 항고의 대상이 된 재판을 한 법원이 스스로 그 재판의 옳고 그름을 다시 검토하는 것이다. 이때 항고가 이유 있다고 인정되면 항고의 대상이 된 재판을 한 법원 스스로 그 재판을 경정한다.
2) 인지 등 보정명령에 따른 인지 등 상당액의 현금 납부에 관하여는 송달료 규칙 제3조에 정한 송달료 수납은행에 현금을 납부한 때에 인지 등 보정의 효과가 발생하는 것이고, 이 납부에 따라 발부받은 영수증 확인서 등을 보정서 등 소송서류에 첨부하여 접수 담당 법원사무관 등에게 제출하고 또 그 접수 담당 법원사무관 등이 이를 소장 등 소송서류에 첨부하여 소인하는 등의 행위는 소송기록상 그 납부 사실을 확인케 하기 위한 절차에 불과하다. 그렇다면 앞서 본 바와 같이 재항고인이 원심재판장의 인지 보정명령에 따라 그 보정기간 안에 수납은행 중의 하나인 신한은행 법조타운 법원지점에 부족한 인지액을 납부한 이상 이로써 인지 보정의 효과가 발생하여 위 명령에 따른 보정이 제대로 이행되었다고 할 것이고, 재항고인이 위 납부서를 원심법원에 제출하지 않았다고 하여 그 보정의 효과를 부정할 수 없다(대법원 2008.08.28. 자 2008마1073 결정).
⑤ (✕) 판결과 같이 선고가 필요하지 않은 결정이나 명령과 같은 재판은 그 원본이 법원사무관등에게 교부되었을 때 성립한 것으로 보아야 하므로, 이미 각하명령이 성립한 이상 그 명령정본이 당사자에게 고지되기 전에 부족한 인지를 보정하였다 하여 위 각하명령이 위법한 것으로 되거나 재도의 고안에 의하여 그 명령을 취소할 수 있는 것은 아니다(대법원 2013.07.31. 자 2013마670 결정). **정답 ⑤**

2. 소의 제기에 관한 설명 중 옳지 않은 것은? (다툼이 있는 경우에는 판례에 의함) [2021년 08월 모의]

① 소장의 필수적 기재사항으로 소장에는 당사자, 법정대리인과 소송대리인, 청구의 취지와 원인을 적어야 한다.
② 청구의 취지는 그 내용 및 범위를 명확히 알아볼 수 있도록 구체적으로 특정되어야 하고, 청구취지가 특정되지 않은 경우에는 법원은 그 보정을 명하고, 이에 응하지 않을 때에는 소를 각하하여야 한다.
③ 재판장은 소장을 심사하여 흠이 있는 경우 상당한 기간을 정하고, 그 기간 이내에 흠을 보정하도록 명하여야 하는데, 법원사무관등은 재판장의 명을 받아 보정명령을 할 수 있다.
④ 소장에 일응 대표자의 표시가 되어 있는 이상 설령 그 표시에 잘못이 있다고 하더라도 재판장이 이를 정정 표시하라는 보정명령을 하고 그에 대한 불응을 이유로 소장을 각하하는 것은 허용되지 않으며, 이러한 경우에는 법원이 오로지 판결로써 소를 각하할 수 있을 뿐이다.
⑤ 피고가 청구의 원인이 된 사실을 모두 자백하는 취지의 답변서를 제출하고 따로 항변을 하지 아니한 때에는 법원은 무변론원고승소판결을 선고할 수 있다.

해설

① (✕) 소장에는 당사자와 법정대리인, 청구의 취지와 원인을 적어야 한다(민소법 제249조 제1항).
② (○) 민사소송에서 청구의 취지는 내용 및 범위를 명확히 알아볼 수 있도록 구체적으로 특정되어야 하고 청구취지의 특정 여부는 직권조사사항이므로, 청구취지가 특정되지 않은 경우에는 법원은 직권으로 보정을 명하고 보정명령에 응하지 않을 때에는 소를 각하하여야 한다. 이 경우 당사자가 부주의 또는 오해로 인하여 청구취지가 특정되지 아니한 것을 명백히 간과한 채 본안에 관하여 공방을 하고 있는데도 보정의 기회를 부여하지 아니한 채 당사자가 전혀 예상하지 못하였던 청구취지 불특정을 이유로 소를 각하하는 것은 석명의무를 다하지 아니하여 심리를 제대로 하지 아니한 것으로서 위법하다(대법원 2014.03.13. 선고 2011다111459 판결).

③ (O) 소장이 제249조 제1항의 규정에 어긋나는 경우와 소장에 법률의 규정에 따른 인지를 붙이지 않은 경우에는 재판장은 상당한 기간을 정하고, 그 기간 이내에 흠을 보정하도록 명하여야 한다. 재판장은 법원사무관 등으로 하여금 위 보정명령을 하게 할 수 있다(민소법 제254조).

④ (O) 소장에 일응 대표자의 표시가 되어 있는 이상 설령 그 표시에 잘못이 있다고 하더라도 이를 정정 표시하라는 보정명령을 하고 그에 대한 불응을 이유로 소장을 각하하는 것은 허용되지 않는다. 이러한 경우에는 오로지 판결로써 소를 각하할 수 있다(대법원 2013.09.09. 자 2013마1273 결정).

⑤ (O) 법원은 피고가 제256조제1항의 답변서를 제출하지 않았을 때에는 청구의 원인이 된 사실을 자백한 것으로 보고 변론 없이 판결할 수 있다. 다만, 직권으로 조사할 사항이 있거나 판결이 선고되기까지 피고가 원고의 청구를 다투는 취지의 답변서를 제출한 경우에는 그러하지 아니하다(민소법 제257조 제1항). 피고가 청구의 원인이 된 사실을 모두 자백하는 취지의 답변서를 제출하고 따로 항변을 하지 않은 때에는 제1항의 규정을 준용한다(민소법 제257조 제2항).

정답 ①

3. 소장 심사와 관련하여 옳지 않은 것은? (다툼이 있는 경우 판례에 의함) [2022년 10월 모의]

① 소장에는 당사자와 법정대리인, 청구의 취지와 원인이 필수적으로 기재되어야 한다.
② 재판장은 소장의 적식 여부 및 인지 첨부 여부에 대해 심사하여 흠이 있는 경우 상당한 기간을 정하여 그 기간 이내에 흠을 보정하도록 명하여야 하며, 법원사무관 등으로 하여금 위 보정명령을 하게 할 수 있다.
③ 보정명령은 상당한 방법으로 고지하면 되고, 반드시 서면으로 송달할 필요는 없다.
④ 소장에 원고(법인)의 대표자가 甲으로 표시되어 있으나 소장에 첨부된 법인등기사항증명서(법인등기부등본)에는 대표자가 乙로 되어 있어 재판장이 이를 정정하여 표시하라는 보정명령을 하였는데 원고가 보정기간 내에 이에 응하지 않은 경우, 재판장은 소장각하명령을 할 수 있다.
⑤ 상소인이 인지 보정명령에 따라 인지액에 해당하는 현금을 수납은행에 납부하면서 잘못하여 인지로 납부하지 않고 송달료로 납부한 경우 인지보정의 효과가 발생하지 않으나, 이러한 경우 재판장이 바로 상소장을 각하해서는 안 되고, 상소인에게 인지를 보정하는 취지로 송달료를 납부한 것인지에 관하여 석명을 구하고 다시 인지를 보정할 수 있는 기회를 부여하여야 한다.

해설

① (O) 소장에는 당사자와 법정대리인, 청구의 취지와 원인을 적어야 한다(민소법 제249조 제1항).

② (O) 소장이 제249조제1항의 규정에 어긋나는 경우와 소장에 법률의 규정에 따른 인지를 붙이지 않은 경우에는 재판장은 상당한 기간을 정하고, 그 기간 이내에 흠을 보정하도록 명하여야 한다. 재판장은 법원사무관 등으로 하여금 위 보정명령을 하게 할 수 있다(민소법 제254조 제1항).

③ (O) 결정과 명령은 상당한 방법으로 고지하면 효력을 가진다(민소법 제221조 제1항). 이에 반하여 판결은 반드시 선고해야 한다. 그러한 이유로 판례번호의 표시에도 판결은 날짜 뒤에 '선고'를 붙인다. 결정은 상당한 방법으로 고지하면 족하고 반드시 선고될 필요는 없으므로 판례번호의 표시에서 날짜 뒤에 '자'만을 붙인다.

④ (X) 민소법 제254조에 의한 재판장의 소장심사권은 소장이 같은 법 제249조 제1항의 규정에 어긋나거나 소장에 법률의 규정에 따른 인지를 붙이지 아니하였을 경우에 재판장이 원고에 대하여 상당한 기간을 정하여 그 흠결의 보정을 명할 수 있고, 원고가 그 기간 내에 이를 보정하지 않을 때에 명령으로써 그 소장을 각하한다는 것일 뿐이므로, 소장에 일응 대표자의 표시가 되어 있는 이상 설령 그 표시에 잘못이 있다고 하더라도 이를 정정 표시하라는 보정명령을 하고 그에 대한 불응을 이유로 소장을 각하하는 것은 허용되지 아니한다. 이러한 경우에는 오로지 판결로써 소를 각하할 수 있을 뿐이다(대법원 2013.09.09.

자 2013마1273 결정)

⑤ (O) 인지와 송달료는 납부절차, 관리주체, 납부금액의 처리방법 등에 차이가 있는 점 등을 고려하면, 신청인이 인지의 보정명령에 따라 인지액 상당의 현금을 수납은행에 납부하면서 잘못하여 인지로 납부하지 아니하고 송달료 납부서에 의하여 송달료로 납부한 경우에는 인지가 납부되었다고 할 수 없어 인지보정의 효과가 발생되지 않는다. 그러나 재판장으로서는 인지 보정명령 이후 수납은행의 영수증 확인서 및 영수증 통지서가 보정기간 내에 제출되지 않았다 하더라도 곧바로 소장이나 상소장을 각하하여서는 안 되고, 인지액 상당의 현금이 송달료로 납부된 사실이 있는지를 관리은행 또는 수납은행에 전산 기타 적당한 방법으로 확인한 후, 만일 그러한 사실이 확인되는 경우라면 신청인에게 인지를 보정하는 취지로 송달료를 납부한 것인지에 관하여 설명을 구하고 다시 인지를 보정할 수 있는 기회를 부여하여야 한다. 이러한 보정의 기회를 부여하지 않은 채 소장이나 상소장을 각하하는 것은 설명의무를 다하지 않아 심리를 제대로 하지 않은 것으로서 위법하다(대법원 2014.04.30. 자 2014마76 결정). **정답** ④

4. 소의 제기에 관한 설명 중 옳지 않은 것은? (다툼이 있는 경우 판례에 의함) [2024년 08월 모의]

① 원고가 소권을 남용하여 청구가 이유 없음이 명백한 소를 반복적으로 제기한 경우에는 법원은 결정으로 500만 원 이하의 과태료에 처한다.
② 원고가 상한을 표시하지 않고 일정액을 초과하는 채무의 부존재의 확인을 청구하는 사건에 있어서 일정액을 초과하는 채무의 존재가 인정되는 경우에는, 특단의 사정이 없는 한, 법원은 그 청구의 전부를 기각할 것이 아니라 존재하는 채무부분에 대하여 일부패소의 판결을 하여야 한다.
③ 소장에 필수적 기재사항이 적혀져 있지 않거나 소장에 인지를 붙이지 않은 경우 재판장은 상당한 기간을 정하고, 그 기간 이내에 흠을 보정하도록 명하여야 하며, 재판장은 법원사무관등으로 하여금 위 보정명령을 하게 할 수도 있는데, 원고가 위 기간 이내에 흠을 보정하지 아니한 때에는 재판장은 명령으로 소장을 각하하여야 한다.
④ 재판장의 인지보정명령에 대하여는 이의신청이나 항고를 할 수 없고 특별항고를 할 수도 없으며, 다만 인지보정명령에 따른 인지를 보정하지 아니하여 소장이 각하되면 이 각하명령에 대하여 즉시항고로 다툴 수 있다.
⑤ 재판장의 인지보정명령에 따라 원고가 그 보정기간 안에 수납은행에 부족한 인지액을 납부하고 이 납부에 따라 발부받은 영수필확인서 등 납부서를 보정서에 첨부하여 담당 법원사무관등에게 제출하여야 인지보정의 효과가 발생하므로, 원고가 위 납부서를 법원에 제출하지 않은 이상 인지보정의 효과를 주장할 수는 없다.

해설

① (O) 원고가 소권(항소권을 포함한다)을 남용하여 청구가 이유 없음이 명백한 소를 반복적으로 제기한 경우에는 법원은 결정으로 500만원 이하의 과태료에 처한다(민소법 제219조의2).
② (O) 원고가 상한을 표시하지 않고 일정액을 초과하는 채무의 부존재의 확인을 청구하는 사건에 있어서 일정액을 초과하는 채무의 존재가 인정되는 경우에는, 특단의 사정이 없는 한, 법원은 그 청구의 전부를 기각할 것이 아니라 존재하는 채무부분에 대하여 일부패소의 판결을 하여야 한다(대법원 1994.01.25. 선고 93다9422 판결).
③ (O) 소장이 제249조제1항의 규정에 어긋나는 경우와 소장에 법률의 규정에 따른 인지를 붙이지 아니한 경우에는 재판장은 상당한 기간을 정하고, 그 기간 이내에 흠을 보정하도록 명하여야 한다. 재판장은 법원사무관등으로 하여금 위 보정명령을 하게 할 수 있다(민소법 제254조 제1항). 원고가 제1항의 기간 이내에 흠을 보정하지 아니한 때에는 재판장은 명령으로 소장을 각하하여야 한다(민소법 제254조 제2항). 제2항

의 명령에 대하여는 즉시항고를 할 수 있다(민소법 제254조 제3항).
④ (O) 소장 또는 상소장에 관한 재판장의 인지보정명령은 민소법에서 일반적으로 항고의 대상으로 삼고 있는 같은 법 제409조 소정의 "소송절차에 관한 신청을 기각하는 결정이나 명령"에 해당하지 아니하고 또 이에 대하여 불복할 수 있는 특별규정도 없으므로, 인지보정명령에 대하여는 독립하여 이의신청이나 항고를 할 수 없고 다만 보정명령에 따른 인지를 보정하지 아니하여 소장이나 상소장이 각하되면 그 각하명령에 대하여 즉시항고로 다툴 수밖에 없다(대법원 1995.06.30. 자 94다39086 결정).
⑤ (×) 민사소송 등 인지법, 민사소송 등 인지규칙, 송달료 규칙, 법원의 송무예규인 인지의 보정명령 및 그 현금 납부에 따른 유의사항(재일 92-4), 재판예규인 송달료규칙의 시행에 따른 업무처리요령(재일 87-4) 등 인지 첨부와 송달료의 예납 및 그에 갈음하는 현금 납부의 절차에 관한 관계 법규와 규정들을 종합하면, 인지 등 보정명령에 따른 인지 등 상당액의 현금 납부에 관하여는 송달료 규칙 제3조에 정한 송달료 수납은행에 현금을 납부한 때에 인지 등 보정의 효과가 발생되는 것이고, 이 납부에 따라 발부받은 영수필확인서 등을 보정서 등 소송서류에 첨부하여 접수 담당 법원사무관 등에게 제출하고 또 그 접수 담당 법원사무관 등이 이를 소장 등 소송서류에 첨부하여 소인하는 등의 행위는 소송기록상 그 납부 사실을 확인케 하기 위한 절차에 불과하다. 그렇다면 앞서 본 바와 같이 재항고인이 원심재판장의 인지 보정명령에 따라 그 보정기간 안에 수납은행 중의 하나인 신한은행 법조타운 법원지점에 부족한 인지액을 납부한 이상 이로써 인지 보정의 효과가 발생하여 위 명령에 따른 보정이 제대로 이행되었다고 할 것이고, 재항고인이 위 납부서를 원심법원에 제출하지 아니하였다고 하여 그 보정의 효과를 부정할 수 없다(대법원 2008.08.28. 자 2008마1073 결정). **정답** ⑤

제3절 소제기의 효과

제1항 절차법상의 효과(중복소제기의 금지, 일부청구, 상계항변)

1. 다음 설명 중 옳지 않은 것은? (다툼이 있는 경우 판례에 의함) [2019년 10월 모의]

ㄱ. 당사자는 법원에 계속되어 있는 사건과 동일한 사건에 대하여 다시 소를 제기하지 못하는데 당사자와 소송상 청구가 동일하면 동일한 사건에 해당한다.
ㄴ. 전소와 후소는 소송계속의 발생시점의 선후에 의하여 정해지는데 소제기에 앞서 보전절차가 선행되어 있는 때에는 이를 고려하여 전·후소를 정하게 된다.
ㄷ. 채권자대위소송의 계속 중에 같은 채무자의 다른 채권자가 동일한 소송물에 대하여 채권자대위권에 기한 소를 제기한 경우 채무자가 전소의 소송계속사실을 알지 못한 때에는 나중에 계속하게 된 소송은 중복제소에 해당하지 아니한다.
ㄹ. 불법행위를 원인으로 치료비의 지급을 청구하면서 일부만을 특정하여 청구하고 그 외의 부분은 별도소송으로 청구하겠다는 취지를 명시적으로 유보한 때에는 소송물은 그 청구한 일부의 치료비에 한정되는 것이므로, 전 소송의 계속 중에 별소로 유보한 나머지 치료비의 지급을 청구하더라도 중복제소에 해당되지 아니한다.
ㅁ. 전소에 관한 판결절차가 현존하기만 하면 소송요건을 흠결하더라도 소송계속의 효과가 발생하므로 채권자대위소송 계속 중에 같은 채무자의 다른 채권자가 채권자대위권에 기한 소를 제기한 때에는 전소인 채권자대위소송이 각하된 경우에도 후소는 중복제소에 해당한다.

① ㄱ, ㄴ, ㄷ   ② ㄴ, ㄷ, ㄹ   ③ ㄷ, ㄹ, ㅁ
④ ㄱ, ㄹ, ㅁ   ⑤ ㄴ, ㄷ, ㅁ

해설

ㄱ. (○) 법원에 계속되어 있는 사건에 대하여 당사자는 다시 소를 제기하지 못한다(민소법 제259조).

ㄴ. (×) 채권자대위소송이 이미 법원에 계속중에 있을 때 같은 채무자의 다른 채권자가 동일한 소송물에 대하여 채권자대위권에 기한 소를 제기한 경우 시간적으로 나중에 계속하게 된 소송은 중복제소금지의 원칙에 위배하여 제기된 부적법한 소송이 된다. 위와 같은 경우 전소, 후소의 판별기준은 소송계속의 발생시기 즉 소장이 피고에게 송달된 때의 선후에 의할 것이며, 비록 소제기에 앞서 가압류, 가처분 등의 보전절차가 경료되어 있다 하더라도 이를 기준으로 전소, 후소여부를 결정할 것은 아니다(대법원 1990.04.27. 선고 88다카25274 판결).

ㄷ. (×) 채권자대위소송의 계속 중 다른 채권자가 같은 채무자를 대위하여 같은 제3채무자를 상대로 법원에 제소한 경우 두 개 소송의 소송물이 같다면 후소는 중복제소금지의 원칙에 위배하여 제기된 부적법한 소송으로서 각하를 면할 수 없다(대법원 1989.04.11. 선고 87다카3155 판결).

ㄹ. (○) 전 소송에서 불법행위를 원인으로 치료비청구를 하면서 일부만을 특정하여 청구하고 그 외의 부분은 별도소송으로 청구하겠다는 취지를 명시적으로 유보한 때에는 그 전소송의 소송물은 그 청구한 일부의 치료비에 한정되는 것이고 전 소송에서 한 판결의 기판력은 유보한 나머지 부분의 치료비에까지는 미치지 않는다 할 것이므로 전 소송의 계속중에 동일한 불법행위를 원인으로 유보한 나머지 치료비청구를 별도소송으로 제기하였다 하더라도 중복제소에 해당하지 않는다(대법원 1985.04.09. 선고 84다552 판결).

ㅁ. (×) 중복제소금지는 소송계속으로 인하여 당연히 발생하는 소송요건의 하나로서, 이미 동일한 사건에 관하여 전소가 제기되었다면 설령 그 전소가 소송요건을 흠결하여 부적법하다고 할지라도 후소의 변론종결 시까지 취하·각하 등에 의하여 소송계속이 소멸되지 않는 한 후소는 중복제소금지에 위배하여 각하를 면치 못하게 된다(대법원 1998.02.27. 선고 97다45532 판결).   **정답** ⑤

2. 상계항변에 관한 설명 중 옳지 않은 것은? (다툼이 있는 경우에는 판례에 의함) [2021년 10월 모의]

① 소송상 상계항변에 대하여 원고가 소송상 상계의 재항변을 하는 것은 다른 특별한 사정이 없는 한 허용되지 않는다.
② 상계 주장의 대상이 된 수동채권이 소송물로서 심판되는 소구채권이거나 그와 실질적으로 동일하다고 보이는 경우에는 상계 주장에 관한 판단에 기판력이 인정된다.
③ 소송상 방어방법으로서 상계항변이 있었는데 소송절차 진행 중 조정이 성립되어 수동채권의 존재에 관한 법원의 실질적인 판단이 이루어지지 아니한 경우에도 그 소송절차에서 행하여진 소송상 상계항변의 사법상 효과는 발생한다.
④ 채권이 압류하지 못할 것인 때에는 그 채무자는 상계로 채권자에게 대항하지 못한다.
⑤ 수동채권이 전부된 후에는 자동채권자는 전부채권자에 대하여 상계항변을 할 수 있다.

해설

① (○) 피고가 상계항변으로 2개 이상의 반대채권(또는 자동채권, 이하 '반대채권'이라고만 한다)을 주장하였는데 법원이 그중 어느 하나의 반대채권의 존재를 인정하여 수동채권의 일부와 대등액에서 상계하는 판단을 하고, 나머지 반대채권들은 모두 부존재한다고 판단하여 그 부분 상계항변은 배척한 경우에, 수동채권 중 위와 같이 상계로 소멸하는 것으로 판단된 부분은 피고가 주장하는 반대채권들 중 그 존재가 인정되지 않은 채권들에 관한 분쟁이나 그에 관한 법원의 판단과는 관련이 없어 기판력의 관점에서 동일하

게 취급할 수 없으므로, 그와 같이 반대채권들이 부존재한다는 판단에 대하여 기판력이 발생하는 전체 범위는 위와 같이 상계를 마친 후의 수동채권의 잔액을 초과할 수 없다고 보아야 한다. 그리고 이러한 법리는 피고가 주장하는 2개 이상의 반대채권의 원리금 액수의 합계가 법원이 인정하는 수동채권의 원리금 액수를 초과하는 경우에도 마찬가지로 적용된다. 이때 '부존재한다고 판단된 반대채권'에 관하여 법원이 그 존재를 인정하여 수동채권 중 일부와 상계하는 것으로 판단하였을 경우를 가정하더라도, 그러한 상계에 의한 수동채권과 당해 반대채권의 차액 계산 또는 상계충당은 수동채권과 당해 반대채권의 상계적상의 시점을 기준으로 하였을 것이고, 그 이후에 발생하는 이자, 지연손해금 채권은 어차피 그 상계의 대상이 되지 않았을 것이므로, 위와 같은 가정적인 상계적상 시점이 '실제 법원이 상계항변을 받아들인 반대채권'에 관한 상계적상 시점보다 더 뒤라는 등의 특별한 사정이 없는 한, 앞에서 본 기판력의 범위의 상한이 되는 '상계를 마친 후의 수동채권의 잔액'은 수동채권의 '원금'의 잔액만을 의미한다고 보아야 한다(대법원 2015.03.20. 선고 2012다107662 판결).

② (O) 상계 주장에 관한 판단에 기판력이 인정되는 경우는, 상계 주장의 대상이 된 수동채권이 소송물로서 심판되는 소구채권이거나 그와 실질적으로 동일하다고 보이는 경우(가령 원고가 상계를 주장하면서 청구이의의 소를 제기하는 경우 등)로서 상계를 주장한 반대채권(자동채권)과 그 수동채권을 기판력의 관점에서 동일하게 취급하여야 할 필요성이 인정되는 경우를 말한다(대법원 2018.08.30. 선고 2016다46338 판결).

③ (X) 소송상 방어방법으로서의 상계항변은 수동채권의 존재가 확정되는 것을 전제로 하여 행하여지는 일종의 예비적 항변으로서 당사자가 소송상 상계항변으로 달성하려는 목적, 상호양해에 의한 자주적 분쟁해결 수단인 조정의 성격 등에 비추어 볼 때, 당해 소송절차 진행 중 당사자 사이에 조정이 성립됨으로써 수동채권의 존재에 관한 법원의 실질적인 판단이 이루어지지 아니한 경우에는 그 소송절차에서 행하여진 소송상 상계항변의 사법상 효과도 발생하지 않는다(대법원 2013.03.28. 선고 2011다3329 판결).

④ (O) 채권이 압류하지 못할 것인 때에는 그 채무자는 상계로 채권자에게 대항하지 못한다(민법 제497조).

⑤ (O)
1) 수동채권이 전부된 후에는 자동채권자는 전부채권자에 대하여 상계항변을 할 수 있다(대법원 1980.07.08. 선고 80다118 판결). 위 판례는 상계적상이 있는 상태에서 수동채권이 전부된 상황을 전제한 판단이다. 따라서 변제기 선도래설 검토는 쟁점이 아니다.
2) 참고: 가분적인 금전채권의 일부에 대한 전부명령이 확정되면 특별한 사정이 없는 한 전부명령이 제3채무자에 송달된 때에 소급하여 전부된 채권 부분과 전부되지 않은 채권 부분에 대하여 각기 독립한 분할채권이 성립하게 되므로, 그 채권에 대하여 압류채무자에 대한 반대채권으로 상계하고자 하는 제3채무자로서는 전부채권자 혹은 압류채무자 중 어느 누구도 상계의 상대방으로 지정하여 상계하거나 상계로 대항할 수 있고, 그러한 제3채무자의 상계 의사표시를 수령한 전부채권자는 압류채무자에 잔존한 채권 부분이 먼저 상계되어야 한다거나 각 분할채권액의 채권 총액에 대한 비율에 따라 상계되어야 한다는 이의를 할 수 없다(대법원 2010.03.25. 선고 2007다35152 판결). **정답 ③**

3. 일부청구에 관한 설명 중 옳지 않은 것은? (다툼이 있는 경우 판례에 의함) [2023년 10월 모의]

① 청구의 대상으로 삼은 채권 중 일부만을 청구한 경우에도 그 취지로 보아 채권 전부에 관하여 판결을 구하는 것으로 해석되는 경우에는 그 동일성의 범위 내에서 그 전부에 관하여 시효중단의 효력이 발생한다.

② 소장에서 청구의 대상으로 삼은 채권 중 일부만을 청구하면서 소송의 진행경과에 따라 장차 청구금액을 확장할 뜻을 표시하였으나 당해 소송이 종료될 때까지 실제로 청구금액을 확장하지 않은 경우에는 나머지 부분에 대하여는 재판상 청구로 인한 시효중단의 효력이 발생하지 아니한다.

③ 소장에서 청구의 대상으로 삼은 채권 중 일부만을 청구하면서 소송의 진행경과에 따라 장차 청구금액을 확장할 뜻을 표시하였더라도 그 후 채권의 특정 부분을 청구범위에서 명시적으로 제외하였다면, 그 부분에 대하여는 재판상 청구로 인한 시효중단의 효력이 발생하지 않는다.

④ 전 소송에서 불법행위를 원인으로 치료비청구를 하면서 일부만을 특정하여 청구하고 그 이외의 부분은 별도소송으로 청구하겠다는 취지를 명시적으로 유보한 경우, 전 소송의 계속 중에 동일한 불법행위를 원인으로 유보한 나머지 치료비청구를 별도소송으로 제기하면 중복제소에 해당한다.
⑤ 일부청구임을 명시하는 방법으로는 일부청구하는 채권의 범위를 잔부청구와 구별하여 심리의 범위를 특정할 수 있는 정도의 표시를 하여 전체 채권의 일부로서 우선 청구하고 있는 것임을 밝히는 것으로 충분하고, 일부청구임을 명시하였는지 판단할 때에는 소장, 준비서면 등의 기재뿐만 아니라 소송의 경과 등도 함께 살펴보아야 한다.

해설

① (○) 청구의 대상으로 삼은 채권 중 일부만을 청구한 경우에도 그 취지로 보아 채권 전부에 관하여 판결을 구하는 것으로 해석되는 경우에는 그 동일성의 범위 내에서 그 전부에 관하여 시효중단의 효력이 발생하고, 이러한 법리는 특정 불법행위로 인한 손해배상채권에 대한 지연손해금청구의 경우에도 마찬가지로 적용된다(대법원 2001.09.28. 선고 99다72521 판결).

② (○) 소송에서 청구의 대상으로 삼은 채권 중 일부만을 청구하면서 소송의 진행경과에 따라 장차 청구금액을 확장할 뜻을 표시하였으나 당해 소송이 종료될 때까지 실제로 청구금액을 확장하지 않은 경우에는 소송의 경과에 비추어 볼 때 채권 전부에 관하여 판결을 구한 것으로 볼 수 없으므로 나머지 부분에 대해서는 재판상 청구로 인한 시효중단의 효력이 발생하지 않는다(대법원 2020.02.06. 선고 2019다223723 판결).

③ (○) 하나의 채권 중 일부에 관하여만 판결을 구한다는 취지를 명백히 하여 소송을 제기한 경우에는 소 제기에 의한 소멸시효중단의 효력이 그 일부에 관하여만 발생하고, 나머지 부분에는 발생하지 않는다. 다만 소장에서 청구의 대상으로 삼은 채권 중 일부만을 청구하면서 소송의 진행경과에 따라 장차 청구금액을 확장할 뜻을 표시하고 해당 소송이 종료될 때까지 실제로 청구금액을 확장한 경우에는 소 제기 당시부터 채권 전부에 관하여 재판상 청구로 인한 시효중단의 효력이 발생하나, 소장에서 청구의 대상으로 삼은 채권 중 일부만을 청구하면서 소송의 진행경과에 따라 장차 청구금액을 확장할 뜻을 표시하였더라도 그 후 채권의 특정 부분을 청구범위에서 명시적으로 제외하였다면, 그 부분에 대하여는 애초부터 소의 제기가 없었던 것과 마찬가지이므로 재판상 청구로 인한 시효중단의 효력이 발생하지 않는다. 한편 이와 같은 경우에도 소를 제기하면서 장차 청구금액을 확장할 뜻을 표시한 채권자는 장래에 나머지 부분을 청구할 의사를 가지고 있는 것이 일반적이라고 할 것이므로, 다른 특별한 사정이 없는 한 당해 소송이 계속 중인 동안에는 나머지 부분에 대하여 권리를 행사하겠다는 의사가 표명되어 최고에 의해 권리를 행사하고 있는 상태가 지속되고 있는 것으로 보아야 하고, 채권자는 당해 소송이 종료된 때부터 6월 내에 민법 제174조에서 정한 조치를 취함으로써 나머지 부분에 대한 소멸시효를 중단시킬 수 있다(대법원 2022.05.26. 선고 2020다206625 판결).

④ (×) 전 소송에서 불법행위를 원인으로 치료비청구를 하면서 일부만을 특정하여 청구하고 그 외의 부분은 별도소송으로 청구하겠다는 취지를 명시적으로 유보한 때에는 그 전소송의 소송물은 그 청구한 일부의 치료비에 한정되는 것이고 전 소송에서 한 판결의 기판력은 유보한 나머지 부분의 치료비에까지는 미치지 않는다 할 것이므로 전 소송의 계속 중에 동일한 불법행위를 원인으로 유보한 나머지 치료비청구를 별도소송으로 제기하였다 하더라도 중복제소에 해당하지 않는다(대법원 1985.04.09. 선고 84다552 판결).

⑤ (○) 일부청구임을 명시한 경우에는 일부청구에 대한 확정판결의 기판력은 잔부청구에 미치지 않고, 이 경우 일부청구임을 명시하는 방법으로는 반드시 전체 채권액을 특정하여 그 중 일부만을 청구하고 나머지에 대한 청구를 유보하는 취지임을 밝혀야 할 필요는 없으며, 일부청구하는 채권의 범위를 잔여청구와 구별하여 심리의 범위를 특정할 수 있는 정도의 표시를 하여 전체 채권 중 일부만을 청구하고 있는 것임을 밝히는 것으로 충분하다. 그리고 일부청구임을 명시하였는지 판단할 때에는 소장, 준비서면 등의 기재뿐만 아니라 소송의 경과 등도 함께 살펴본다(대법원 2016.07.27. 선고 2013다96165 판결).

정답 ④

4. 중복된 소제기의 금지에 관한 설명 중 옳지 않은 것은? (다툼이 있는 경우에는 판례에 의함)

[2023년 08월 모의]

① X부동산에 관하여 甲이 乙을 상대로 소유권존재확인의 소를 제기한 뒤 乙이 동일한 부동산에 관하여 甲을 상대로 소유권존재확인의 소를 제기한 경우, 후소는 중복된 소제기에 해당하지 않는다.
② 채권자 甲이 채무자 乙을 대위하여 제3채무자 丙을 상대로 대여금청구의 소를 제기하였는데, 채무자 乙이 甲의 대위소송이 계속 중임을 알지 못한 상태에서 乙의 다른 채권자 丁이 乙을 대위하여 丙을 상대로 동일한 대여금의 지급을 구하는 소를 제기한 경우, 후소는 중복된 소제기에 해당하지 않는다.
③ 채무자가 자신의 권리에 관하여 제기한 이행의 소 계속 중에 그 권리의 압류채권자가 추심금청구의 소를 제기하여도 중복된 소제기에 해당하지 않는다.
④ 원고의 대여금반환청구소송에서 상계 항변을 제출한 피고가 그 소송계속 중에 자동채권과 동일한 채권에 기하여 반소나 별도의 소를 제기하여도 중복된 소제기에 해당하지 않는다.
⑤ 일부청구임을 명시하지 않은 채 제기된 소의 계속 중에 나머지 청구를 별도의 소로 제기하는 경우, 후소는 중복된 소제기에 해당한다.

해설

① (O) 甲이 乙을 상대로 X 부동산의 소유권이 甲에게 있다는 소유권존재확인의 소와, 乙이 甲을 상대로 X 부동산의 소유권이 乙에게 있다는 소유권존재확인의 소는 소송물이 서로 자신에게 있다는 것을 주장하는 것으로 동일한 소송물이 아니다. 따라서 중복된 소제기에 해당하지 않는다.
② (×) 채권자대위소송의 계속 중 다른 채권자가 같은 채무자를 대위하여 같은 제3채무자를 상대로 법원에 제소한 경우 두 개 소송의 소송물이 같다면 나중에 계속된 소는 중복제소금지의 원칙에 위배하여 제기된 부적법한 소가 된다 할 것이고, 이 경우 전소와 후소의 판별기준은 소송계속의 발생시기 즉 소장이 피고에게 송달된 때의 선후에 의할 것이며, 비록 소제기에 앞서 가압류, 가처분 등의 보전절차가 선행되어 있다 하더라도 이를 기준으로 가릴 것은 아니다(대법원 1994.11.25. 선고 94다12517 판결).
③ (O) 채무자가 제3채무자를 상대로 제기한 이행의 소가 이미 법원에 계속되어 있는 상태에서 압류채권자가 제3채무자를 상대로 제기한 추심의 소의 본안에 관하여 심리·판단한다고 하여, 제3채무자에게 불합리하게 과도한 이중 응소의 부담을 지우고 본안 심리가 중복되어 당사자와 법원의 소송경제에 반한다거나 판결의 모순·저촉의 위험이 크다고 볼 수 없다. 채무자가 제3채무자를 상대로 제기한 이행의 소가 법원에 계속되어 있는 경우에도 압류채권자는 제3채무자를 상대로 압류된 채권의 이행을 청구하는 추심의 소를 제기할 수 있고, 제3채무자를 상대로 압류채권자가 제기한 추심의 소는 채무자가 제기한 이행의 소에 대한 관계에서 민소법 제259조가 금지하는 중복된 소제기에 해당하지 않는다고 봄이 타당하다(대법원 2013.12.18. 선고 2013다202120 전합 판결).
④ (O) 상계의 항변을 제출할 당시 이미 동일 채권과 동일한 채권에 기한 소송을 별도로 제기하여 계속 중인 경우, 사실심의 담당재판부로서는 전소와 후소를 같은 기회에 심리·판단하기 위하여 이부, 이송 또는 변론 병합 등을 시도함으로써 기판력의 저촉·모순을 방지함과 아울러 소송경제를 도모함이 바람직하나, 그렇다고 하여 특별한 사정이 없는 한 별소로 계속 중인 채권을 자동채권으로 하는 소송상 상계의 주장이 허용되지 않는다고 볼 수는 없다. 마찬가지로 먼저 제기된 소송에서 상계 항변을 제출한 다음 그 소송 계속 중에 자동채권과 동일한 채권에 기한 소송을 별도의 소나 반소로 제기하는 것도 가능하다(대법원 2022.02.17. 선고 2021다275741 판결).
⑤ (O) 전 소송에서 불법행위를 원인으로 치료비청구를 하면서 일부만을 특정하여 청구하고 그 외의 부분은 별도소송으로 청구하겠다는 취지를 명시적으로 유보한 때에는 그 전소송의 소송물은 그 청구한 일부의 치료비에 한정되는 것이고 전 소송에서 한 판결의 기판력은 유보한 나머지 부분의 치료비에까지는

미치지 않는다 할 것이므로 전 소송의 계속 중에 동일한 불법행위를 원인으로 유보한 나머지 치료비청구를 별도 소송으로 제기하였다 하더라도 중복제소에 해당하지 않는다(대법원 1985.04.09. 선고 84다552 판결).

정답 ②

5. 중복된 소제기의 금지에 관한 설명 중 옳은 것(○)과 옳지 않은 것(×)을 바르게 표시한 것은? (다툼이 있는 경우 판례에 의함) [2024년 06월 모의]

ㄱ. 甲이 乙을 상대로 제기한 대여금 반환청구소송 계속 중에 위 대여금 채권에 대하여 압류 및 추심명령을 받은 丙이 乙을 상대로 제기한 추심금청구의 소는 중복된 소제기에 해당하지 않는다.

ㄴ. 甲의 乙에 대한 취득시효완성을 원인으로 한 X 토지에 관한 소유권 확인청구소송 계속 중에 甲이 다시 매매에 의한 소유권 취득을 주장하면서 乙을 상대로 X 토지의 소유권확인의 소를 제기한 경우 후소는 중복된 소제기이다.

ㄷ. 채권자 甲이 채무자 乙과 수익자 丙 사이의 법률행위의 취소를 구하는 채권자취소소송의 계속 중 乙의 다른 채권자 丁이 乙과 丙 사이의 동일한 법률행위의 취소를 구하는 채권자취소의 소를 제기한 경우 후소는 중복된 소제기가 아니다.

ㄹ. 채권자가 채무자를 대위하여 제3채무자를 상대로 제기한 채권자대위소송이 법원에 계속 중 채무자가 제3채무자를 상대로 채권자대위소송과 소송물을 같이하는 소를 제기한 경우, 후소는 중복된 소제기에 해당하고, 이 경우 전소와 후소의 판별기준은 법원에 소장이 접수된 선후에 의한다.

ㅁ. 법원이 후소에 대하여 중복된 소제기임을 간과하여 본안판결을 하였을 경우 당사자는 상소로 다툴 수 있으나 판결이 확정되었다면 당연 무효의 판결이라고 할 수는 없다.

① ㄱ(○), ㄴ(○), ㄷ(○), ㄹ(×), ㅁ(○)
② ㄱ(○), ㄴ(×), ㄷ(○), ㄹ(×), ㅁ(○)
③ ㄱ(×), ㄴ(○), ㄷ(×), ㄹ(○), ㅁ(○)
④ ㄱ(×), ㄴ(×), ㄷ(×), ㄹ(○), ㅁ(×)
⑤ ㄱ(○), ㄴ(×), ㄷ(○), ㄹ(○), ㅁ(×)

해 설

㉠ (○) 채무자가 제3채무자를 상대로 제기한 이행의 소가 이미 법원에 계속되어 있는 상태에서 압류채권자가 제3채무자를 상대로 제기한 추심의 소의 본안에 관하여 심리·판단한다고 하여, 제3채무자에게 불합리하게 과도한 이중 응소의 부담을 지우고 본안 심리가 중복되어 당사자와 법원의 소송경제에 반한다거나 판결의 모순·저촉의 위험이 크다고 볼 수 없다. 따라서, 채무자가 제3채무자를 상대로 제기한 이행의 소가 법원에 계속되어 있는 경우에도 압류채권자는 제3채무자를 상대로 압류된 채권의 이행을 청구하는 추심의 소를 제기할 수 있고, 제3채무자를 상대로 압류채권자가 제기한 추심의 소는 채무자가 제기한 이행의 소에 대한 관계에서 민소법 제259조가 금지하는 중복된 소제기에 해당하지 않는다(대법원 2013.12.18. 선고 2013다202120 전합 판결).

㉡ (○)
1) 확인의 소의 소송물은 청구취지에 의하여 특정된다. 소유권 확인의 소에서 소송물은 '소유권 자체의 존부'이다. 소유권 확인의 청구원인으로 매매, 시효취득, 상속 등을 주장하는 경우 공격방법에 불과하다. 사안의 경우 ⓐ 당사자가 동일하고 ⓑ 소송물도 '소유권 자체의 존부'로서 동일하며 ⓒ 전소 계속 중이므로 후소는 중복된 소제기이다.

2) 참고 :
ⓐ 채권자가 채무자의 어떤 금원지급행위가 사해행위에 해당된다고 하여 그 취소를 청구하면서 다만 그 금원지급행위의 법률적 평가와 관련하여 증여 또는 변제로 달리 주장하는 것은 그 사해행위취소권을 이유 있게 하는 공격방법에 관한 주장을 달리하는 것일 뿐이지 소송물 또는 청구 자체를 달리하는 것으로 볼 수 없다(대법원 2005.03.25. 선고 2004다10985 판결). 채권자가 사해행위의 취소를 청구하면서 그 보전하고자 하는 채권을 추가하거나 교환하는 것은 그 사해행위취소권을 이유 있게 하는 공격방법에 관한 주장을 변경하는 것일 뿐이지 소송물 또는 청구 자체를 변경하는 것이 아니므로 소의 변경이라 할 수 없다(대법원 2003.05.27. 선고 2001다13532 판결). 따라서 피보전채권을 추가하거나 변경하는 것은 소의 변경(민소법 제262조)에 해당하지 않으므로 사해행위취소의 소의 제척기간 준수여부를 판단하는 데 영향이 없다고 본 판례이다.
ⓑ 말소등기청구사건의 소송물은 당해 등기의 말소등기청구권이고 그 동일성 식별의 표준이 되는 청구원인, 즉 말소등기청구권의 발생원인은 당해 등기원인의 무효라 할 것으로서 등기원인의 무효를 뒷받침하는 개개의 사유는 독립된 공격방어방법에 불과하여 별개의 청구원인을 구성하는 것이 아니라 할 것이므로 전소에서 원고가 주장한 사유나 후소에서 주장하는 사유들은 모두 등기의 원인무효를 뒷받침하는 공격방법에 불과할 것일 뿐 그 주장들이 자체로서 별개의 청구원인을 구성한다고 볼 수 없고 모두 전소의 변론종결 전에 발생한 사유라면 전소와 후소는 그 소송물이 동일하여 후소에서의 주장사유들은 전소의 확정판결의 기판력에 저촉되어 허용될 수 없는 것이다(대법원 1993.06.29. 선고 93다11050 판결).
ⓒ 부당이득반환청구에서 (소송물은 민법 제741조 부당이득반환청구권 그 자체이므로) 법률상의 원인 없는 사유를 계약의 불성립, 취소, 무효, 해제 등으로 주장하는 것은 공격방법에 지나지 않으므로, 그중 어느 사유를 주장하여 패소한 경우에 다른 사유를 주장하여 청구하는 것은 기판력에 저촉되어 허용할 수 없다. 또한 판결의 기판력은 그 소송의 변론종결 전에 주장할 수 있었던 모든 공격방어방법에 미치는 것이므로, 그 당시 당사자가 알 수 있었거나 또는 알고서 이를 주장하지 않았던 사항에 한해서만 기판력이 미친다고 볼 수 없다(대법원 2022.07.28. 선고 2020다231928 판결).

ⓒ (○)
ⓐ 채권자취소권의 요건을 갖춘 각 채권자는 고유의 권리로서 채무자의 재산처분 행위를 취소하고 그 원상회복을 구할 수 있는 것이므로 여러 명의 채권자가 동시에 또는 시기를 달리하여 사해행위취소 및 원상회복청구의 소를 제기한 경우 이들 소가 중복제소에 해당하지 않는다. ⓑ 나아가 어느 한 채권자가 동일한 사해행위에 관하여 사해행위취소 및 원상회복청구를 하여 승소판결을 받아 그 판결이 확정되었다는 것만으로는 그 후에 제기된 다른 채권자의 동일한 청구가 권리보호의 이익이 없게 되는 것은 아니다. ⓒ 그러나 확정된 판결에 기하여 재산이나 가액의 회복을 마친 경우에는 다른 채권자의 사해행위취소 및 원상회복청구는 그와 중첩되는 범위 내에서 권리보호의 이익이 없게 된다(대법원 2014.08.20. 선고 2014다28114 판결).

ⓔ (×)
1) 채권자가 채무자를 대위하여 제3채무자를 상대로 제기한 채권자대위소송이 법원에 계속중 채무자와 제3채무자 사이에 채권자대위소송과 소송물을 같이하는 내용의 소송이 제기된 경우, 양 소송은 동일소송이므로 후소는 중복제소금지원칙에 위배되어 제기된 부적법한 소송이라 할 것이나, 이 경우 전소, 후소의 판별기준은 소송계속의 발생시기(즉 소장부본이나 청구변경신청서부본이 피고에게 송달된 때)의 선후에 의할 것이다(대법원 1992.05.22. 선고 91다41187 판결).
2) 참고 : 채권자대위소송의 계속 중 다른 채권자가 같은 채무자를 대위하여 같은 제3채무자를 상대로 법원에 출소한 경우 두 개 소송의 소송물이 같다면 나중에 계속된 소는 중복제소금지의 원칙에 위배하여 제기된 부적법한 소가 된다 할 것이고, 이 경우 전소와 후소의 판별기준은 소송계속의 발생시기 즉 소장이 피고에게 송달된 때의 선후에 의할 것이며, 비록 소 제기에 앞서 가압류, 가처분 등의 보전절차가 선행되어 있다 하더라도 이를 기준으로 가릴 것은 아니다(대법원 1994.11.25. 선고 94다12517 판결).

ⓜ (○)
1) 중복제소금지의 원칙에 위배되어 제기된 소에 대한 판결이나 그 소송절차에서 이루어진 화해라도 확정된 경우에는 당연무효라고 할 수는 없다(대법원 1995.12.05. 선고 94다59028 판결).
2) 참고 : 이 경우 중복소송이라는 이유만으로 재심사유가 되는 것은 아니다. 중복소송임을 간과한 판결이 확정되어 서로 모순·저촉되는 경우에 한하여, 어느 것이 먼저 확정되었는지 여부에 관계없이 뒤에 확정된 판결이 재심사유가 된다(민소법 제451조 제10호 : 재심을 제기할 판결이 전에 선고한 확정판결에 어긋나는 때).

정답 ①

제2항 실체법상의 효과(시효중단·기간준수)

1. 소 제기에 따른 시효중단에 관한 설명 중 옳은 것은? (다툼이 있는 경우에는 판례에 의함)
[2020년 06월 모의]

① 소 제기에 따른 시효중단의 효력은 소를 제기한 때에 발생하므로 원고가 소를 취하하더라도 일단 발생한 시효중단의 효력은 소멸하지 아니한다.
② 과세처분으로 납부한 조세에 대한 환급청구권에 기한 이행청구와 해당 과세처분의 취소청구는 소송물을 달리하므로 과세처분취소를 구하는 소제기에 의해 조세환급청구권의 소멸시효가 중단되는 것은 아니다.
③ 소멸시효 중단사유로서의 재판상 청구는 종국판결을 받기 위한 소의 제기에 한정되지 않으므로 권리자가 이행의 소를 대신하여 지급명령을 신청하는 경우도 포함되는데, 지급명령사건이 채무자의 이의신청으로 소송으로 이행된 경우 지급명령에 의한 시효중단의 효력은 채무자의 이의신청으로 소송으로 이행된 때에 발생한다.
④ 파면처분무효확인의 소를 제기한 경우 공무원 신분관계에서 파생되는 보수채권의 소멸시효는 중단되지만 퇴직급여청구권의 소멸시효는 중단되지 아니한다.
⑤ 채권자대위소송 계속 중에 채권자가 그 피대위채권을 양수하여 양수금청구의 소로 청구를 교환적으로 변경한 때에는 채권자대위권에 기한 구청구는 취하된 것으로 처리되므로 당초의 채권자대위권에 기한 소제기로 인한 시효중단의 효력은 소멸한다.

해설

① (×) 재판상의 청구는 소송의 각하, 기각 또는 취하의 경우에는 시효중단의 효력이 없다(민소법 제170조 제1항).
② (×) 과세처분의 유효 여부는 그 과세처분으로 납부한 조세에 대한 환급청구권의 존부와 표리관계에 있어 실질적으로 동일 당사자인 조세부과권자와 납세의무자 사이의 양면적 법률관계라고 볼 수 있으므로, 위와 같은 경우에는 과세 처분의 취소 또는 무효확인청구의 소가 비록 행정소송이라고 할지라도 조세환급을 구하는 부당이득반환청구권의 소멸시효중단사유인 재판상 청구에 해당한다(대법원 1992.03.31. 선고 91다32053 판결).
③ (×) 지급명령에 의한 시효중단의 효과는 소송으로 이행된 때가 아니라 지급명령을 신청한 때에 발생한다(대법원 2015.02.12. 선고 2014다228440 판결).
④ (○) 파면처분무효확인청구의 소는 퇴직급여금청구권의 전제가 되는 공무원신분의 소멸과는 정반대로 그 신분의 존속을 주장하는 것으로서 퇴직급여청구권을 행사하기 위한 전제가 되거나 이를 실현하는 수

단이 될 수는 없는 것이므로, 파면처분을 받은 자가 그 파면처분에 대하여 무효확인청구의 소를 제기하였다 하더라도 이는 위 퇴직급여청구권에 대한 소멸시효 중단사유에 해당하지 않는다(대법원 1990.08.14. 선고 90누2024 판결).

⑤ (✗) 원고가 채권자대위권에 기해 청구를 하다가 당해 피대위채권 자체를 양수하여 양수금청구로 소를 변경한 사안에서, 이는 청구원인의 교환적 변경으로서 채권자대위권에 기한 구 청구는 취하된 것으로 보아야 하나, 그 채권자대위소송의 소송물은 채무자의 제3채무자에 대한 계약금반환청구권인데 위 양수금청구는 원고가 위 계약금반환청구권 자체를 양수하였다는 것이어서 양 청구는 동일한 소송물에 관한 권리의무의 특정승계가 있을 뿐 그 소송물은 동일한 점, 시효중단의 효력은 특정승계인에게도 미치는 점, 계속 중인 소송에 소송목적인 권리 또는 의무의 전부나 일부를 승계한 특정승계인이 소송참가하거나 소송인수한 경우에는 소송이 법원에 처음 계속된 때에 소급하여 시효중단의 효력이 생기는 점, 원고는 위 계약금반환채권을 채권자대위권에 기해 행사하다 다시 이를 양수받아 직접 행사한 것이어서 위 계약금반환채권과 관련하여 원고를 '권리 위에 잠자는 자'로 볼 수 없는 점 등에 비추어 볼 때, 당초의 채권자대위소송으로 인한 시효중단의 효력이 소멸하지 않는다(대법원 2010.06.24. 선고 2010다17284 판결).   정답 ④

2. 소 제기 등 시효중단사유에 관한 설명 중 옳지 않은 것은? (다툼이 있는 경우에는 판례에 의함)
[2020년 10월 모의]

① 토지 소유권을 기초로 하는 차임 상당 부당이득반환청구소송은 점유취득시효의 중단사유인 재판상 청구에 해당한다.
② 토지에 대한 압류 또는 가압류는 당해 토지에 대한 점유취득시효의 중단사유가 될 수 없다.
③ 임차권등기명령에 따른 임차권등기에는 임차보증금반환채권의 소멸시효 중단사유인 압류 또는 가압류, 가처분에 준하는 효력이 인정되지 않는다.
④ 채권자가 확정판결에 기한 채권의 실현을 위하여 채무자에 대하여 민사집행법상 재산명시신청을 하고 그 결정이 채무자에게 송달되었다면 거기에는 소멸시효 중단사유인 '최고'로서의 효력만이 인정된다.
⑤ 소송고지에는 최고로서의 효력만이 인정되므로, 소송고지신청일로부터 6월내에 재판상의 청구, 압류 또는 가압류, 가처분 등 다른 시효중단 조치를 취하지 않으면 시효중단의 효력이 없다.

해설

① (O) 소유권의 시효취득에 준용되는 시효중단 사유인 민법 제168조, 제170조에 규정된 재판상의 청구라 함은, 시효취득의 대상인 목적물의 인도 내지는 소유권존부 확인이나 소유권에 관한 등기청구 소송은 말할 것도 없고, 소유권 침해의 경우에 그 소유권을 기초로 하는 방해배제 및 손해배상 혹은 부당이득반환 청구 소송도 이에 포함된다(대법원 1995.10.13. 선고 95다33047 판결).
② (O) 민법 제168조 제2호에서 정하는 '압류 또는 가압류'는 금전채권의 강제집행을 위한 수단이거나 그 보전수단에 불과하여 취득시효기간의 완성 전에 부동산에 압류 또는 가압류 조치가 이루어졌다고 하더라도 이로써 종래의 점유상태의 계속이 파괴되었다고는 할 수 없으므로 이는 취득시효의 중단사유가 될 수 없다(대법원 2019.04.03. 선고 2018다296878 판결).
③ (O) 주택임대차보호법이 임차권등기명령의 신청에 대한 재판절차와 임차권등기명령의 집행 등에 관하여 민집법상 가압류에 관한 절차규정을 일부 준용하고 있지만, 이는 일방 당사자의 신청에 따라 법원이 심리·결정한 다음 등기를 촉탁하는 일련의 절차가 서로 비슷한 데서 비롯된 것일 뿐 이를 이유로 임차권등기명령에 따른 임차권등기가 본래의 담보적 기능을 넘어서 채무자의 일반재산에 대한 강제집행을 보전하기 위한 처분의 성질을 가진다고 볼 수는 없다. 그렇다면 임차권등기명령에 따른 임차권등기에는 민법 제168조 제2호에서 정하는 소멸시효 중단사유인 압류 또는 가압류, 가처분에 준하는 효력이 있다고

볼 수 없다(대법원 2019.05.16. 선고 2017다226629 판결).

④ (○) 채권자가 확정판결에 기한 채권의 실현을 위하여 채무자에 대하여 민집법상 재산명시신청을 하고 그 결정이 채무자에게 송달되었다면 거기에 소멸시효 중단사유인 '최고'로서의 효력만이 인정되므로, 재산명시결정에 의한 소멸시효 중단의 효력은, 그로부터 6월 내에 다시 소를 제기하거나 압류 또는 가압류, 가처분을 하는 등 민법 제174조에 규정된 절차를 속행하지 않는 한, 상실된다(대법원 2012.01.12. 선고 2011다78606 판결).

⑤ (×) 소송고지의 요건이 갖추어진 경우에 그 소송고지서에 고지자가 피고지자에 대하여 채무의 이행을 청구하는 의사가 표명되어 있으면 민법 제174조에 정한 시효중단사유로서의 최고의 효력이 인정된다. 소송고지로 인한 최고의 경우 보통의 최고와는 달리 법원의 행위를 통하여 이루어지는 것으로서, 고지자로서는 소송고지를 통하여 당해 소송의 결과에 따라 피고지자에게 권리를 행사하겠다는 취지의 의사를 표명한 것으로 볼 것이므로, 당해 소송이 계속 중인 동안은 최고에 의하여 권리를 행사하고 있는 상태가 지속되는 것으로 보아 민법 제174조에 규정된 6월의 기간은 당해 소송이 종료된 때로부터 기산되는 것으로 해석한다(대법원 2009.07.09. 선고 2009다14340 판결). **정답 ⑤**

3. 甲은 乙로부터 건물공사를 도급받아 2011. 6. 10. 완공하였으나, 乙이 공사비용 3억 원을 지급하지 않아서 수 차례 독촉하였으나 乙은 곧 주겠다고만 하고 차일피일 미루고 있는 실정이다. 이에 甲은 2014. 4. 22. 우선 급하게 2억 원 부분을 청구하면서 3억 원의 총 채권 중 일부라고 명시하였다. 이 소의 제기 등과 관련한 소멸시효 중단의 문제에 관한 설명으로 옳은 것을 모두 고른 것은? (다툼이 있는 경우 판례에 의함) [2021년 10월 모의]

ㄱ. 甲이 청구한 부분을 제외한 나머지 1억 원 부분은 2016. 6. 10. 시효가 완성된다.
ㄴ. 위 일부청구소송의 계속 중 2015. 5. 20. 甲이 나머지 1억 원 부분에 대해 청구를 확장하였다면 나머지 부분에 대해서도 시효가 중단된다.
ㄷ. 甲이 소장에 소송 종료 전까지 나머지 1억 원 부분에 대해 청구를 확장할 의사를 밝히고 당해 소송이 종료될 때까지 실제로 청구금액을 확장한 경우에는 위 2억 원의 일부청구시에 나머지 부분도 함께 시효가 중단된다.
ㄹ. 甲이 소송 계속 중 나머지 부분에 대해 청구확장의 의사를 밝히고도 실제 청구를 확장하지 않은 채 판결이 확정된 경우, 6월 이내에 나머지 부분에 대해 이행의 소를 제기 함으로써 시효를 중단시킬 수 있다.

① ㄱ, ㄴ ② ㄱ, ㄷ ③ ㄴ, ㄷ
④ ㄴ, ㄹ ⑤ ㄷ, ㄹ

해설

(1) 하나의 채권 중 일부에 관하여만 판결을 구한다는 취지를 명백히 하여 소송을 제기한 경우에는 소제기에 의한 소멸시효중단의 효력이 그 일부에 관하여만 발생하고, 나머지 부분에는 발생하지 아니하나, 소장에서 청구의 대상으로 삼은 채권 중 일부만을 청구하면서 소송의 진행경과에 따라 장차 청구금액을 확장할 뜻을 표시하고 당해 소송이 종료될 때까지 실제로 청구금액을 확장한 경우에는 소제기 당시부터 채권 전부에 관하여 판결을 구한 것으로 해석되므로, 이러한 경우에는 소제기 당시부터 채권 전부에 관하여 재판상 청구로 인한 시효중단의 효력이 발생한다.

(2) 소장에서 청구의 대상으로 삼은 채권 중 일부만을 청구하면서 소송의 진행경과에 따라 장차 청구금액을

확장할 뜻을 표시하였으나 당해 소송이 종료될 때까지 실제로 청구금액을 확장하지 않은 경우에는 소송의 경과에 비추어 볼 때 채권 전부에 관하여 판결을 구한 것으로 볼 수 없으므로, 나머지 부분에 대하여는 재판상 청구로 인한 시효중단의 효력이 발생하지 아니한다. 그러나 이와 같은 경우에도 소를 제기하면서 장차 청구금액을 확장할 뜻을 표시한 채권자로서는 장래에 나머지 부분을 청구할 의사를 가지고 있는 것이 일반적이라고 할 것이므로, 다른 특별한 사정이 없는 한 당해 소송이 계속 중인 동안에는 나머지 부분에 대하여 권리를 행사하겠다는 의사가 표명되어 최고에 의해 권리를 행사하고 있는 상태가 지속되고 있는 것으로 보아야 하고, 채권자는 당해 소송이 종료된 때부터 6월 내에 민법 제174조에서 정한 조치를 취함으로써 나머지 부분에 대한 소멸시효를 중단시킬 수 있다(대법원 2020.02.06. 선고 2019다223723 판결).

ㄱ. (×) 수급인 甲의 乙에 대한 공사대금채권의 소멸시효기간은 3년(민법 제163조 제3호)으로, 2014. 6. 10.이 소멸시효완성 시점이 된다. 따라서, 명시적 일부 청구에서 제외된 1억 원 부분의 소멸시효완성 시점은 2014. 6. 10.이 된다.

ㄴ. (×) 甲이 2014. 4. 22. 소를 제기할 당시에 확장을 예정한 명시적 일부 청구를 하지 않았기 때문에 1억 원 부분에 대해서는 최고의 효과가 발생하지 않아 2014. 6. 10. 소멸시효가 완성되는바, 이후인 2015. 5. 20. 확장을 하였더라도 시효완성의 효과를 번복할 수는 없다.

ㄷ. (○) 甲이 2014. 4. 22. 소를 제기할 당시에 확장을 예정한 명시적 일부 청구를 하고 실제로 청구 금액을 확장한 경우에는, 소 제기 당시부터 채권 전부에 관하여 판결을 구한 것으로 해석하므로, 2억 원의 일부 청구 시에 1억 원 부분도 함께 시효가 중단된다.

ㄹ. (○) 甲이 소송 계속 중 나머지 부분에 대해 청구확장의 의사를 밝히고도 실제 청구를 확장하지 않은 채 판결이 확정된 경우, 2014. 4. 22. 소를 제기할 당시부터 판결이 확정될 때까지 1억 원 부분에 대하여 최고의 효력이 지속되고 있는 것으로 해석된다. 따라서, 판결 확정 이후 6월 이내에 이행의 소를 제기한다면 민법 제174조에 따라 최초로 소를 제기한 2014. 4. 22. 시효중단의 효과가 발생된 것으로 해석한다.

정답 ⑤

제2장 변론(심리(審理))

제1절 심리

1. 임대차에 관한 설명 중 옳지 않은 것은? (다툼이 있는 경우에는 판례에 의함)　　　[2019년 08월 모의]

① 임대차계약이 종료된 후 임대인이 임차인을 상대로 임대차계약의 목적물인 토지의 인도와 지상 건물의 철거를 청구함에 대하여 임차인이 적법하게 건물매수청구권을 행사한 경우, 청구취지의 변경이 없더라도 법원은 건물 매매대금 지급과 상환으로 건물 인도를 명하는 판결을 선고할 수 있다.
② 토지 임대차가 종료함에 따라 임차인이 임대인에 대하여 건물매수청구권을 행사할 수 있었지만 이를 행사하지 아니한 채 토지의 임대인이 임차인에 대하여 제기한 토지인도 및 건물철거청구 소송에서 청구인용의 확정판결을 선고받은 경우, 그 판결에 의하여 건물철거가 집행되지 아니한 이상 임차인은 별소로 건물매수청구권을 행사하여 임대인에 대하여 건물 매매대금의 지급을 구할 수 있다.
③ 임대차계약의 종료 전에는 공제 등의 별도의 의사표시 없이 연체차임이 임대차보증금에서 당연히 공제되는 것은 아니고, 임차인은 임대차보증금의 존재를 이유로 차임의 지급을 거절할 수 없다.
④ 주택인도 및 주민등록과 임대차계약증서상의 확정일자를 갖춘 주택임차인은 위 확정일자 이전에 주택에 가압류를 한 임대인의 채권자와 평등배당의 관계에 있다.
⑤ 주택임차인이 임대차계약증서상의 확정일자를 입주 및 주민등록일 이전에 갖춘 경우, 우선변제적 효력은 인도와 주민등록을 마친 다음날을 기준으로 발생한다.

해설

① (×) 토지임대인이 그 임차인에 대하여 지상물철거 및 그 부지의 인도를 청구한 데 대하여 임차인이 적법한 지상물매수청구권을 행사하게 되면 임대인과 임차인 사이에는 그 지상물에 관한 매매가 성립하게 되므로 임대인의 청구는 이를 그대로 받아들일 수 없게 된다. 이 경우에 법원으로서는 임대인이 종전의 청구를 계속 유지할 것인지, 아니면 대금지급과 상환으로 지상물의 명도를 청구할 의사가 있는 것인지(예비적으로라도)를 석명하고 임대인이 그 석명에 응하여 소를 변경한 때에는 지상물명도의 판결을 함으로써 분쟁의 1회적 해결을 꾀하여야 한다(대법원 1995.07.11. 선고 94다34265 전합 판결).
② (○) 건물의 소유를 목적으로 하는 토지 임대차에 있어서, 임대차가 종료함에 따라 토지의 임차인이 임대인에 대하여 건물매수청구권을 행사할 수 있음에도 불구하고 이를 행사하지 아니한 채, 토지의 임대인이 임차인에 대하여 제기한 토지인도 및 건물철거청구 소송에서 패소하여 그 패소판결이 확정되었다고 하더라도, 그 확정판결에 의하여 건물철거가 집행되지 아니한 이상 토지의 임차인으로서는 건물매수청구권을 행사하여 별소로써 임대인에 대하여 건물매매대금의 지급을 구할 수 있다(대법원 1995.12.26. 선고 95다42195 판결).
③ (○) 임대인에게 임대차보증금이 교부되어 있더라도 임대인은 임대차관계가 계속되고 있는 동안에는 임대차보증금에서 연체차임을 충당할 것인지를 자유로이 선택할 수 있다. 따라서 임대차계약 종료 전에는 공제 등 별도의 의사표시 없이 연체차임이 임대차보증금에서 당연히 공제되는 것은 아니고, 임차인도 임대차보증금의 존재를 이유로 차임의 지급을 거절할 수 없다(대법원 2016.11.25. 선고 2016다211309 판결).

④ (O) 주택임대차보호법 제3조의2 제1항은 대항요건(소유권이전등기 및 주민등록전입신고)과 임대차계약증서상의 확정일자를 갖춘 주택임차인은 후순위권리자 기타 일반채권자보다 우선하여 보증금을 변제받을 권리가 있음을 규정하고 있는바, 이는 임대차계약증서에 확정일자를 갖춘 경우에는 부동산 담보권에 유사한 권리를 인정한다는 취지이므로, 부동산 담보권자보다 선순위의 가압류채권자가 있는 경우에 그 담보권자가 선순위의 가압류채권자와 채권액에 비례한 평등배당을 받을 수 있는 것과 마찬가지로 위 규정에 의하여 우선변제권을 갖게 되는 임차보증금채권자도 선순위의 가압류채권자와는 평등배당의 관계에 있게 된다(대법원 1992.10.13. 선고 92다30597 판결).

⑤ (O) 주택의 임차인이 주택의 인도와 주민등록을 마친 당일 또는 그 이전에 임대차계약증서상에 확정일자를 갖춘 경우 같은 법 제3조의2 제1항에 의한 우선변제권은 같은 법 제3조 제1항에 의한 대항력과 마찬가지로 주택의 인도와 주민등록을 마친 다음날을 기준으로 발생한다(대법원 1998.09.08. 선고 98다26002 판결).

정답 ①

2. 법원의 석명에 관한 설명 중 옳은 것은? (다툼이 있는 경우에는 판례에 의함) [2020년 06월 모의]

① 주위적 청구와 예비적 청구가 병합된 사건에서 당사자가 종전의 주위적 청구에 관련된 청구취지와 청구원인만을 일부 변경함으로서 예비적 청구의 취하 여부가 불분명하더라도 사실심법원은 예비적 청구의 취하 여부에 대하여 석명할 의무가 없다.

② 법원은 등기부취득시효의 주장임이 분명한 당사자의 주장 속에 점유취득시효의 주장이 함께 포함되어 있는 것인지의 여부를 석명할 의무가 있다.

③ 원고가 피고를 상대로 토지에 대한 점유·사용으로 인한 부당이득금 및 그 지연손해금의 지급만을 구하고 있는 경우 법원은 피고가 악의의 수익자로서 민법 제748조 제2항에 따라 그 받은 이익에 이자를 붙여 원고에게 반환하여야 한다는 주장을 하는지에 관하여 석명하여야 한다.

④ 피고는 차용증에 보증인으로 기재되어 있을 뿐 제3자가 차용인으로 기재되어 있는 한편, 원고는 피고에 대하여 보증채무의 이행을 구하지 않고 주채무의 이행을 구하고 있는 때에는 법원은 석명권을 행사하여 당사자의 주장과 그 제출증거 간에 모순이 있음을 지적하여 시정할 기회를 주어야 한다.

⑤ 당사자가 변론종결 후 주장·증명을 제출하기 위하여 변론재개신청을 한 경우 법원은 당사자의 변론재개신청을 받아들여야 한다.

해 설

① (✗) 주위적 청구와 예비적 청구가 병합된 사건에서 당사자가 종전의 주위적 청구에 관련된 청구취지와 청구원인만을 일부 변경함으로써 예비적 청구의 취하 여부가 불분명하게 된 경우, 사실심 법원으로서는 예비적 청구의 취하 여부에 대하여 석명할 의무가 있다(대법원 2004.03.26. 선고 2003다21834 판결).

② (✗) 석명권 행사는 법원이 심리를 함에 있어서 당사자의 주장에 모순, 흠결이 있거나 애매하여 불명료한 경우에 이를 명백히 하기 위한 것이므로, 등기부취득시효의 주장임이 분명한 경우, 법원이 점유취득시효의 주장이 함께 포함되어 있는 것인지 여부를 석명할 의무까지 있다고는 할 수 없다(대법원 1997.03.11. 선고 96다49902 판결).

③ (✗) 원고가 피고 서초구의 이 사건 토지에 대한 점유·사용으로 인하여 이미 발생한 부당이득과 이에 관한 지연손해금을 청구한 것 이외에 피고 서초구가 불법행위자로서 원고에게 손해배상을 하여야 한다거나 혹은 악의의 수익자로서 민법 제748조 제2항에 따라서 그 받은 이익에 이자를 붙여서 원고에게 반환하여야 한다는 주장을 한 흔적을 찾아볼 수 없으므로, 원심이 위와 같은 사항들에 대하여 심리·판단하지 아니한 것은 정당하고, 거기에 심리미진 또는 석명의무 불이행 등의 위법이 있다고 할 수 없다(대법원 2008.02.01. 선고 2007다8914 판결).

④ (O) 처분문서인 차용증에 피고는 보증인으로 기재되어 있을 뿐이고 제3자가 차용인으로 기재되어 있는 한편, 원고는 피고에 대하여 보증채무의 이행을 구하지 아니하고 주채무의 이행을 구하고 있는 경우, 이는 당사자의 주장과 그 제출증거 사이에 모순이 있는 경우에 해당한다 할 것이므로, 법원이 석명권의 행사를 통하여 이를 밝혀 보지 아니하고 원고의 주장사실을 인정하였다면 석명권 불행사로 인한 심리미진의 위법이 있다(대법원 1994.09.30. 선고 94다16700 판결).

⑤ (×) 당사자가 변론종결 후 주장·증명을 제출하기 위하여 변론재개신청을 한 경우 당사자의 변론재개신청을 받아들일지는 원칙적으로 법원의 재량에 속한다(대법원 2019.09.10. 선고 2017다258237 판결). 정답 ④

3. 변론, 변론기일, 변론조서에 관한 설명 중 옳은 것은? [2020년 08월 모의]

① 첫 변론기일 또는 첫 변론준비기일을 바꾸는 것은 현저한 사유가 있고 당사자들이 합의한 경우에만 이를 허가한다.
② 당사자와 그 소송대리인의 변론기일 출석 여부는 변론조서의 기재에 의하여만 증명할 수 있는 것은 아니나, 그 출석 여부에 관한 변론조서의 기재는 다른 특별한 사정이 없는 한 그 내용이 진실한 것이라는 점에 관한 강한 증명력을 갖는다.
③ 당사자가 교부송달, 보충송달, 공시송달 등 적법한 송달을 받고도 변론기일에 출석하지 않고 아무런 답변서도 제출하지 않은 경우 그 사실을 자백한 것으로 본다.
④ 당사자의 변론재개신청에 대하여 법원이 불허가결정을 내린 경우 특별항고로 다툴 수 있다.
⑤ 배당기일에 이의한 사람이 배당이의의 소의 첫 변론기일에 출석하지 아니한 때에는 그 변론기일에 바로 소를 취하한 것으로 본다.

해설

① (×) 첫 변론기일 또는 첫 변론준비기일을 바꾸는 것은 현저한 사유가 없는 경우라도 당사자들이 합의하면 이를 허용한다(민소법 제165조 제2항).
② (×) 변론의 방식에 관한 규정의 준수는 조서에 의해서만 증명할 수 있다(대법원 1965.03.23. 선고 65다24 판결).
③ (×) 당사자가 변론에서 상대방이 주장하는 사실을 명백히 다투지 않은 때에는 그 사실을 자백한 것으로 본다. 다만, 공시송달의 방법으로 기일통지서를 송달받은 당사자가 출석하지 않은 경우에는 그러하지 않다(민소법 제150조 제1, 3항).
④ (×) 변론의 재개신청은 법원의 직권 발동을 촉구하는 의미밖에 없으며, 변론의 재개 여부는 법원의 직권사항이고 당사자에게 신청권이 없으므로 이에 대한 허부의 결정을 할 필요가 없으며, 또한 변론재개신청이 있다 하여 법원에 재개의무가 있는 것도 아니다(대법원 1994.10.28. 선고 94다39253 판결).
⑤ (O) 이의한 사람이 배당이의의 소의 첫 변론기일에 출석하지 아니한 때에는 소를 취하한 것으로 본다(민집법 제158조). 정답 ⑤

4. 계약의 해제 및 소송절차에 관한 설명 중 옳지 않은 것은? (다툼이 있는 경우 판례에 의함)

[2020년 10월 모의]

① 특정 소송물에 관하여 당사자 쌍방이 제1심 판결선고 전에 불항소의 합의를 한 경우라도, 쌍방이 그 판결선고 후에 새로운 합의로써 불항소합의를 해제하고 소송계속을 부활시킬 수 있다.
② 민법상의 계약해제권을 행사하면, 굳이 소제기 없이도 당사자의 일방적 의사표시로써 법률관계를 변동시킬 수 있다.
③ 형성권의 행사를 소로써 하도록 정해진 경우를 제외하고, 해제권·취소권 등의 통상적인 형성권은, 이를 행사한다는 의사표시를 하고 나면 그 형성권에 따른 법률관계는 이미 만들어진 것이므로, 그 형성권을 행사하는 소를 다시 제기할 수는 없다.
④ 원고가 피고에 대한 계약해제의 의사표시를 소장·준비서면에 기재하여 행사한 후에, 소가 취하·각하되더라도 그 효과가 소급적으로 소멸하지는 않는다.
⑤ 원고가 소로써 계약상의 청구를 하는 데 대하여, 피고가 그 계약의 해제권을 행사하는 것은 피고의 항변 중에서 권리소멸항변에 속한다.

> **해설**

① (✗) 구체적인 어느 특정 법률관계에 관하여 당사자 쌍방이 제1심 판결선고 전에 미리 항소하지 아니하기로 합의하였다면, 제1심 판결은 선고와 동시에 확정되는 것이므로 그 판결선고 후에는 당사자의 합의에 의한 것이더라도 그 불항소합의를 해제하고 소송계속을 부활시킬 수 없다(대법원 1987.06.23. 선고 86다카2728 판결).
② (○) 계약의 해제권은 일종의 형성권으로서 당사자의 일방에 의한 계약해제의 의사표시가 있으면 그 효과로서 새로운 법률관계가 발생하고 각 당사자는 그에 구속되는 것이므로, 일방 당사자의 계약위반을 이유로 한 상대방의 계약해제 의사표시에 의하여 계약이 해제되었음에도 상대방이 계약이 존속함을 전제로 계약상 의무의 이행을 구하는 경우 계약을 위반한 당사자도 당해 계약이 상대방의 해제로 소멸되었음을 들어 그 이행을 거절할 수 있다(대법원 2001.06.29. 선고 2001다21441 판결).
③ (○)
  1) 형성권은 권리자의 의사표시만으로 일방적으로 권리의 변동을 가져오는 권리이다. 따라서 조건이나 기한을 붙일 수 없고, 원칙적으로 철회하지도 못한다. 따라서 형성권의 의사표시에 의한 그 행사로써 바로 법률효과가 발생하므로, 형성권을 행사하는 소를 다시 제기하는 것은 권리보호의 이익을 흠결한 것으로 불허된다.
  2) 예외 : 소송상 방어방법으로서의 상계항변은 통상 수동채권의 존재가 확정되는 것을 전제로 하여 행하여지는 일종의 예비적 항변으로서, 소송상 상계의 의사표시에 의해 확정적으로 그 효과가 발생하는 것이 아니라 당해 소송에서 수동채권의 존재 등 상계에 관한 법원의 실질적 판단이 이루어지는 경우에 비로소 실체법상 상계의 효과가 발생한다(대법원 2018.08.30. 선고 2016다46338 판결).
  3) 정리하자면, 통상의 형성권은 그것이 소송상 행사되고 나서 소가 각하·취하되더라도 사법(私法)상의 효과가 유효하게 남지만, '상계권 행사' 후 수동채권의 존재 등 상계에 관한 법원의 실질적 판단이 이루어지지 않았다면 실체법상의 상계의 효과가 발생하지 않는다.
④ (○) 소 제기로써 계약해제권을 행사한 후 그 뒤 그 소송을 취하하였다 하여도 해제권은 형성권이므로 그 행사의 효력에는 아무런 영향을 미치지 아니한다(대법원 1982.05.11. 선고 80다916 판결).
⑤ (○) 피고의 항변 중 권리소멸 항변에 속하는 것으로는 변제, 공탁, 상계, 소멸시효완성, 제척기간 도과, 사기·강박에 의한 취소, 계약의 해제, 해지, 권리의 포기가 있다. 계약의 해제로서 계약은 소급적으로 소멸하게 된다(권리의 소멸). 그 이후에는 계약의 이행(계약상 권리청구)이 문제될 여지가 없고 원상회복의 문제만이 남을 뿐이다.

정답 ①

5. 처분권주의에 관한 판례의 태도로 옳은 것은? [2021년 06월 모의]

① 원고가 대여금 1억 원 및 이에 대한 이 사건 소장송달 다음날부터 완제일까지 연 12%의 비율에 의한 지연손해금을 지급하라는 청구를 하였는데, 법원이 이를 인용하면서 대여일부터 완제일까지 연 12%의 약정이자 및 지연손해금을 지급하라고 판시한 것은 처분권주의 위반이 아니다.
② 매수인이 단순히 소유권이전등기청구만을 하고 매도인이 동시이행의 항변을 한 경우 매수인의 청구가 반대급부 의무가 없다는 취지임이 분명한 경우에는 청구를 기각하여야 한다.
③ 원고의 금전청구에 대하여 피고가 원고에 대한 반대채권으로 상계한다고 주장하였다가 이를 철회한 경우에 법원이 피고가 주장하는 반대채권이 성립하지 않는다고 판단하여 상계항변을 배척하여도 처분권주의 위반이 아니다.
④ 재판상 이혼의 판결을 할 때 미성년자인 자녀의 친권이나 양육권에 대한 청구가 없으면 법원은 친권자 및 양육자를 결정하는 재판을 할 수 없다.
⑤ 사해행위를 전부 취소하고 원상회복을 구하는 채권자의 주장 속에는 사해행위를 일부 취소하고 가액의 배상을 구하는 취지가 포함되어 있다고 볼 수 없어 채권자가 원상회복만을 구하는 경우 법원은 가액의 배상을 명할 수 없다.

해 설

① (×) ㉠ 원금청구, ㉡ 이자청구, ㉢ 지연손해금청구는 각 별개의 소송물이다. 원고가 ㉠ 원금청구와 ㉢ 지연손해금청구만을 하였음에도 ㉠ 원금청구, ㉡ 이자청구, ㉢ 지연손해금청구 전부의 지급을 명한 것은 처분권주의 위반(㉡ 이자청구 인용부분)이다.
② (○) 매수인이 단순히 소유권이전등기청구만을 하고 매도인이 동시이행의 항변을 한 경우 법원이 대금수령과 상환으로 소유권이전등기절차를 이행할 것을 명하는 것은 그 청구 중에 대금지급과 상환으로 소유권이전등기를 받겠다는 취지가 포함된 경우에 한하므로 그 청구가 반대급부 의무가 없다는 취지임이 분명한 경우에는 청구를 기각하여야 한다(대법원 1980.02.26. 선고 80다56 판결).
③ (×) 제1심법원에서 피고가 원고에 대한 불법행위 손해배상채권과 원고가 소로써 구하고 있는 채권을 상계한다고 주장하였다가 원심 제1변론기일에 피고 소송대리인이 그 상계 항변을 철회한다고 진술하였는데, 원심법원이 피고의 원고에 대한 손해배상채권은 성립하지 않는다고 판단하여 상계 항변을 배척한 사안에서, 상계 항변이 철회되었음에도 이에 관하여 판단한 것은 당사자가 주장하지 않은 사항에 관하여 심판한 것으로 처분권주의에 위배된다(대법원 2011.07.14. 선고 2011다23323 판결).
④ (×) 재판상 이혼의 경우에 당사자의 청구가 없다 하더라도 법원은 직권으로 미성년자인 자녀에 대한 친권자 및 양육자를 정하여야 하며, 따라서 법원이 이혼 판결을 선고하면서 미성년자인 자녀에 대한 친권자 및 양육자를 정하지 아니하였다면 재판의 누락이 있다(대법원 2015.06.23. 선고 2013므2397 판결).
⑤ (×) 사해행위를 전부 취소하고 원상회복을 구하는 채권자의 주장 속에는 사해행위를 일부 취소하고 가액의 배상을 구하는 취지도 포함되어 있으므로, 채권자가 원상회복만을 구하는 경우에도 법원은 가액의 배상을 명할 수 있다(대법원 2001.09.04. 선고 2000다66416 판결).

정답 ②

6. 변론주의에 관한 설명 중 옳지 않은 것은? (다툼이 있는 경우 판례에 의함) [2021년 08월 모의]

① 당사자가 민법에 따른 소멸시효기간을 주장한 경우에 법원은 직권으로 상법에 따른 소멸시효기간을 적용할 수 없다.
② 당사자의 주요사실에 대한 주장은 직접적으로 명백히 한 경우뿐만 아니라 당사자가 법원에 서증을 제출하며 그 증명취지를 진술함으로써 서증에 기재된 사실을 주장하거나 그 밖에 당사자의 변

론을 전체적으로 관찰하여 간접적으로 주장한 것으로 볼 수 있는 경우에도 주요사실의 주장이 있는 것으로 보아야 한다.
③ 당사자의 주요사실에 관한 주장은 반드시 주장책임을 지는 당사자가 진술하여야 하는 것은 아니고 소송에서 쌍방 당사자 간에 제출된 소송자료를 통하여 심리가 됨으로써 그 주장의 존재를 인정하더라도 상대방에게 불의의 타격을 줄 우려가 없는 경우에는 그 주장이 있는 것으로 보아 이를 재판의 기초로 삼을 수 있다.
④ 법원은 당사자가 주장할 책임이 있는 사항 자체에 대하여 이를 주장하는지 여부를 그 당사자에게 석명하여야 할 의무는 없다.
⑤ 무권대리인으로 계약을 체결하였으나 본인의 추인을 받지 못한 경우, 그 무권대리인은 계약 상대방에 대한 계약이행책임을 면하기 위해서 상대방이 계약체결 당시 대리권이 없음을 알았다는 사실 또는 알 수 있었는데도 알지 못하였다는 사실에 관한 주장·증명책임을 부담한다.

해설

① (✕) 민사소송절차에서 변론주의 원칙은 권리의 발생·변경·소멸이라는 법률효과 판단의 요건이 되는 주요사실에 관한 주장·증명에 적용된다. 따라서 권리를 소멸시키는 소멸시효 항변은 변론주의 원칙에 따라 당사자의 주장이 있어야만 법원의 판단대상이 된다. 그러나 이 경우 어떤 시효기간이 적용되는지에 관한 주장은 권리의 소멸이라는 법률효과를 발생시키는 요건을 구성하는 사실에 관한 주장이 아니라 단순히 법률의 해석이나 적용에 관한 의견을 표명한 것이다. 이러한 주장에는 변론주의가 적용되지 않으므로 법원이 당사자의 주장에 구속되지 않고 직권으로 판단할 수 있다. 당사자가 민법에 따른 소멸시효기간을 주장한 경우에도 법원은 직권으로 상법에 따른 소멸시효기간을 적용할 수 있다(대법원 2017.03.22. 선고 2016다258124 판결).
② (○) 법률상의 요건사실에 해당하는 주요사실에 대하여 당사자가 주장하지도 아니한 사실을 인정하여 판단하는 것은 변론주의에 위배된다고 할 것이나, 당사자의 주요사실에 대한 주장은 직접적으로 명백히 한 경우뿐만 아니라 당사자가 법원에 서증을 제출하며 그 입증취지를 진술함으로써 서증에 기재된 사실을 주장하거나 그 밖에 당사자의 변론을 전체적으로 관찰하여 간접적으로 주장한 것으로 볼 수 있는 경우에도 주요사실의 주장이 있는 것으로 보아야 한다(대법원 2002.06.28. 선고 2000다62254 판결).
③ (○) 대리인에 의한 계약체결의 사실은 법률효과를 발생시키는 실체법상의 구성요건에 해당하는 사실에 속하므로 법원은 변론에서 당사자의 주장이 없으면 그 사실을 인정할 수 없는 것이나, 그 주장은 반드시 명시적인 것이어야 하는 것은 아니며 반드시 주장책임을 지는 당사자가 진술하여야 하는 것은 아니고 소송에서 쌍방 당사자 간에 제출된 소송자료를 통하여 심리가 됨으로써 그 주장의 존재를 인정하더라도 상대방에게 불의의 타격을 줄 우려가 없는 경우에는 그 대리행위의 주장은 있는 것으로 보아 이를 재판의 기초로 삼을 수 있다(대법원 1990.06.26. 선고 89다카15359 판결).
④ (○)
   1) 법원은 당사자가 주장할 책임이 있는 사항 자체에 대하여 이를 주장하는 가의 여부를 석명하여야 할 의무는 없다(대법원 1988.09.27. 선고 88다카1797 판결).
   2) 원고가 피고에 대해 ⓐ 부당이득반환 또는 채무불이행 손해배상 법리에 따른 책임만을 청구원인으로 주장하였을 뿐 ⓑ 계약상의 책임에 관하여는 아무런 주장을 하지 않은 사안에서, 원심법원으로서는 원고가 계약상의 책임을 주장하는가의 여부를 석명하여야 할 의무가 없고, 이를 별도로 판단하지 않은 점에 판단유탈 또는 석명의무를 게을리한 위법이 없다고 한 사례이다.
⑤ (○) 민법 제135조 제2항은 '대리인으로서 계약을 맺은 자에게 대리권이 없음을 상대방이 알았거나 알 수 있었을 때에는 제1항을 적용하지 아니한다.'고 정하고 있다. 이는 무권대리인의 무과실책임에 관한 원칙규정인 제1항에 대한 예외 규정이므로 상대방이 대리권이 없음을 알았다는 사실 또는 알 수 있었는데도 알지 못하였다는 사실에 관한 증명책임은 무권대리인에게 있다(대법원 2018.06.28. 선고 2018다210775 판결). **정답** ①

7. 실기한 공격방어방법의 각하와 관련된 설명으로 옳은 것은? (다툼이 있는 경우에는 판례에 의함)
[2021년 10월 모의]

① 환송 전 원심절차에서 제출할 수 있었던 상계항변을 환송 후 새로이 주장하는 것은 실기한 것으로 본다.
② 공격방어방법의 제출시기는 시간적 문제이기 때문에 상대방과 법원에 공격방어방법을 제출하지 않을 것이라는 신뢰를 부여했는지 여부는 고려할 필요가 없다.
③ 실기한 공격방어방법은 시기에 늦었는가의 문제이기 때문에 당사자의 법률지식이나 해당 행위의 성격과는 무관하다.
④ 법원이 당사자의 공격방어방법에 대하여 각하결정을 하지 아니한 채 증거조사까지 마친 경우에도 판결이유에서 당사자의 공격방어방법을 각하하는 판단을 할 수 있다.
⑤ 당사자가 제출한 공격 또는 방어방법의 취지가 분명하지 아니한 경우에, 당사자가 필요한 설명을 하지 아니하거나 설명할 기일에 출석하지 아니한 경우라고 하더라도 법원은 상대방의 신청이 없으면 이를 각하할 수 없다.

해설

① (O) 환송 전 원심 소송절차에서 상계항변을 할 기회가 있었음에도 불구하고 환송 후 원심 소송절차에서 비로소 주장하는 상계항변은 실기한 공격방법에 해당한다(대법원 2005.10.07. 선고 2003다44387 판결).
② (X), ③ (X) 민소법 제149조에 정한 실기한 공격·방어방법이란 당사자가 고의 또는 중대한 과실로 소송의 정도에 따른 적절한 시기를 넘겨 뒤늦게 제출하여 소송의 완결을 지연시키는 공격 또는 방어의 방법을 말한다. 여기에서 적절한 시기를 넘겨 뒤늦게 제출하였는지를 판단함에는 새로운 공격·방어방법이 구체적인 소송의 진행정도에 비추어 당사자가 과거에 제출을 기대할 수 있었던 객관적 사정이 있었는데도 이를 하지 않은 것인지, 상대방과 법원에 새로운 공격·방어방법을 제출하지 않을 것이라는 신뢰를 부여하였는지 여부 등을 고려해야 한다. 항소심에서 새로운 공격·방어방법이 제출된 경우에는 특별한 사정이 없는 한 항소심뿐만 아니라 제1심까지 통틀어 시기에 늦었는지를 판단해야 한다. 나아가 당사자의 고의 또는 중대한 과실이 있는지를 판단함에는 당사자의 법률지식과 함께 새로운 공격·방어방법의 종류, 내용과 법률구성의 난이도, 기존의 공격·방어방법과의 관계, 소송의 진행경과 등을 종합적으로 고려해야 한다(대법원 2017.05.17. 선고 2017다1097 판결).
④ (X) 법원이 당사자의 공격방어방법에 대하여 각하결정을 하지 아니한 채 그 공격방어방법에 관한 증거조사까지 마친 경우에 있어서는 더 이상 소송의 완결을 지연할 염려는 없어졌다고 할 것이므로, 그러한 상황에서 새삼스럽게 판결이유에서 당사자의 공격방어방법을 각하하는 판단은 할 수 없다(대법원 1994.05.10. 선고 93다47615 판결).
⑤ (X) 당사자가 제출한 공격 또는 방어방법의 취지가 분명하지 않은 경우에, 당사자가 필요한 설명을 하지 않거나 설명할 기일에 출석하지 않은 때에는 법원은 직권으로 또는 상대방의 신청에 따라 결정으로 이를 각하할 수 있다(민소법 제149조 제2항).

정답 ①

8. 변론주의에 관한 설명 중 옳지 않은 것은? (다툼이 있는 경우 판례에 의함) [2022년 06월 모의]

① 당사자가 민법에 따른 소멸시효기간을 주장한 경우에도 법원은 당사자의 주장에 구속되지 않고 직권으로 상법에 따른 소멸시효기간을 적용할 수 있다.
② 부동산의 시효취득에 있어 점유기간의 산정기준이 되는 점유개시의 시기는 취득시효의 요건사실인 점유기간을 판단하는 데 직접적인 역할을 하므로 이에 대한 자백은 법원이나 당사자를 구속한다.
③ 유권대리에 관한 주장 가운데 표현대리의 주장이 포함되어 있다고 볼 수 없어 따로 표현대리에 관한 주장이 없는 한 법원은 표현대리의 성립 여부를 심리 판단할 필요가 없다.
④ 손해가 발생한 사실은 인정되나 구체적인 손해의 액수를 증명하는 것이 사안의 성질상 매우 어려운 경우에 법원은 변론 전체의 취지와 증거조사의 결과에 의하여 인정되는 모든 사정을 종합하여 상당하다고 인정되는 금액을 손해배상 액수로 정할 수 있다.
⑤ 배상의무자가 피해자의 과실에 관하여 주장하지 않는 경우에도 소송자료에 의하여 과실이 인정되는 경우에는 이를 법원이 직권으로 심리·판단하여 과실상계할 수 있다.

해설

① **(○)** 당사자가 민법에 따른 소멸시효기간을 주장한 경우에도 법원은 직권으로 상법에 따른 소멸시효기간을 적용할 수 있다(대법원 2017.03.22. 선고 2016다258124 판결).

② **(×)**
1) 재판상 자백의 요건 : ㉠ 상대방의 주장과 일치하고 ㉡ 자신에게 불리한 ㉢ 요증사실에 대한 진술로서 ㉣ 변론기일 또는 변론준비기일에서 진술된 것이어야 한다.
2) 변론주의에서 일컫는 사실이라 함은, 권리의 발생소멸이라는 법률효과의 판단에 직접 필요한 주요사실만을 가리키는 것이고 그 존부를 확인하는 데 있어 도움이 됨에 그치는 간접사실은 포함하지 않는 것이다. 부동산의 시효취득에 있어서 점유기간의 산정기준이 되는 점유개시의 시기는 취득시효의 요건사실인 점유기간을 판단하는 데 간접적이고 수단적인 구실을 하는 간접사실에 불과하므로 이에 대한 자백은 법원이나 당사자를 구속하지 않는 것이다(대법원 1994.11.04. 선고 94다37868 판결).

③ **(○)**
1) 유권대리에 있어서는 본인이 대리인에게 수여한 대리권의 효력에 의하여 법률효과가 발생하는 반면 표현대리에 있어서는 대리권이 없음에도 불구하고 법률이 특히 거래상대방 보호와 거래안전유지를 위하여 본래 무효인 무권대리행위의 효과를 본인에게 미치게 한 것으로서 표현대리가 성립된다고 하여 무권대리의 성질이 유권대리로 전환되는 것은 아니므로, 양자의 구성요건 해당사실 즉 주요사실은 다르다고 볼 수 밖에 없으니 유권대리에 관한 주장 속에 무권대리에 속하는 표현대리의 주장이 포함되어 있다고 볼 수 없다(대법원 1983.12.13. 선고 83다카1489 전합 판결).
2) 대리권이 있다는 것과 표현대리가 성립한다는 것은 그 요건사실이 다르므로 유권대리의 주장이 있으면 표현대리의 주장이 당연히 포함되는 것은 아니고 이 경우 법원이 표현대리의 성립 여부까지 판단해야 하는 것은 아니다(대법원 1990.03.27. 선고 88다카181 판결).

④ **(○)** 손해가 발생한 사실은 인정되나 구체적인 손해의 액수를 증명하는 것이 사안의 성질상 매우 어려운 경우에 법원은 변론 전체의 취지와 증거조사의 결과에 의하여 인정되는 모든 사정을 종합하여 상당하다고 인정되는 금액을 손해배상액으로 정할 수 있다(민소법 제202조의2).

⑤ **(○)** 불법행위로 인한 손해의 발생 또는 확대에 관하여 피해자에게도 과실이 있는 때에는 가해자의 손해배상의 범위를 정할 때 당연히 이를 참작하여야 하고, 배상의무자가 피해자의 과실에 관하여 주장을 하지 않은 경우에도 소송자료에 따라 과실이 인정되는 경우에는 이를 법원이 직권으로 심리·판단하여야 한다(대법원 2016.04.12. 선고 2013다31137 판결).

정답 ②

9. 기일의 해태(불출석)에 관한 다음의 설명 중 옳은 것은? (다툼이 있는 경우에는 판례에 의함)

[2022년 08월 모의]

① 변론기일 불출석에 따른 불이익을 그 당사자에게 귀속시키려면 그 당사자 본인과 소송대리인 모두가 출석하지 아니하여야 하고, 그 출석 여부는 변론조서의 기재에 의하여 증명되어야 한다.
② 변론준비기일은 변론이 효율적이고 집중적으로 실시될 수 있도록 당사자의 주장과 증거를 정리하기 위한 것으로서 그 이후에 진행되는 변론기일과 일체성이 있으므로, 변론준비기일에서의 양쪽 당사자 불출석의 효과는 변론기일에 승계된다.
③ 원고와 피고가 제2회 변론기일에 모두 출석하지 아니하였지만 제3회 변론기일에는 모두 출석한 다음 제4회 변론기일에는 피고만이 출석하였으나 변론을 하지 아니한 경우, 당사자의 기일지정신청이 없는 상태에서 재판장이 직권으로 제5회 변론기일을 지정하였는데 원고와 피고가 모두 출석하지 아니하였다면, 소의 취하가 있는 것으로 볼 수 없다.
④ 제1회 변론기일에 원고만이 출석하여 변론하고 피고는 '원고의 청구는 이유 없다'는 취지의 답변서를 제출하였으나 출석하지 아니하여 위 답변서 기재 내용이 진술간주된 경우, 변론관할이 발생한다.
⑤ 양쪽 당사자가 변론기일에 2회 불출석한 때에는 1월 이내에 기일지정신청을 하지 않으면 소를 취하한 것으로 간주하는데, 위 기간은 불변기간이므로 당사자가 책임질 수 없는 사유로 말미암아 위 기간 내에 기일지정신청을 하지 못한 경우 그 당사자는 그 사유가 없어진 날부터 2주 이내에 그 신청을 보완할 수 있다.

해 설

① (O) 민소법 제268조에 의하여 당사자의 변론기일 불출석으로 인한 불이익을 그 당사자에게 귀속시키려면, 그 당사자 본인과 소송대리인 모두가 출석하지 아니함을 요건으로 하고 그 출석여부는 변론조서의 기재에 의하여서 증명하여야 하므로, 변론조서에서 소송대리인 불출석이라고만 기재되어 있고 당사자 본인의 출석여부에 대하여 아무런 기재가 없으면, 이른바 당사자 쌍방의 변론기일에의 불출석은 증명되지 아니한다(대법원 1979.09.25. 선고 78다153 판결).
② (X) 변론준비절차는 원칙적으로 변론기일에 앞서 주장과 증거를 정리하기 위하여 진행되는 변론 전 절차에 불과할 뿐이어서, 변론준비기일에서 양쪽 당사자 불출석의 효과는 변론기일에 승계되지 않는다. 양쪽 당사자가 변론준비기일에 한 번 변론기일에 두 번 불출석하였다고 하더라도 변론준비기일에서 불출석의 효과가 변론기일에 승계되지 아니하므로 소를 취하한 것으로 볼 수 없다(대법원 2006.10.27. 선고 2004다69581 판결).
③ (X) 민소법 제268조 제2항의 규정에 의하면, 당사자 쌍방이 2회에 걸쳐 변론기일에 출석하지 아니한 때에는 당사자의 기일지정신청에 의하여 기일을 지정하여야 할 것이나, 법원이 직권으로 신기일을 지정한 때에는 당사자의 기일지정신청에 의한 기일지정이 있는 경우와 마찬가지로 보아야 할 것이고, 그와 같이 직권으로 정한 기일 또는 그 후의 기일에 당사자 쌍방이 출석하지 아니하거나 출석하더라도 변론하지 아니한 때에는 소의 취하가 있다(대법원 2002.07.26. 선고 2001다60491 판결).
④ (X) 응소관할(현재 변론관할)이 생기려면 피고의 본안에 관한 변론이나 준비 절차에서의 진술은 현실적인 것이어야 하므로 피고의 불출석에 의하여 답변서 등이 법률상 진술 간주되는 경우는 이에 포함되지 아니한다(대법원 1980.09.26. 자 80마403 결정).
⑤ (X) 민소법 제268조 제2항 및 제4항에 의하여 소 또는 상소의 취하가 있는 것으로 보는 경우 같은 조 제2항 소정의 1월의 기일지정신청기간은 불변기간이 아니어서 그 추완이 허용되지 않는 점을 고려한다면, 같은 조 제1,2항에서 '변론의 기일에 당사자 쌍방이 출석하지 아니한 때'란 당사자 쌍방이 적법한 절

차에 의한 송달을 받고도 변론기일에 출석하지 않는 것을 가리키는 것이고, 변론기일의 송달절차가 적법하지 아니한 이상 비록 그 송달이 유효하고 그 변론기일에 당사자 쌍방이 출석하지 아니하였다고 하더라도 쌍방 불출석의 효과는 발생하지 않는다(대법원 1997.07.11. 선고 96므1380 판결).   정답 ①

10. 변론주의와 관련된 설명 중 옳지 않은 것은? (다툼이 있는 경우에는 판례에 의함) [2023년 06월 모의]

① 문서의 진정성립에 관한 자백은 보조사실에 관한 자백이지만 재판상 자백에 준하는 것이므로 자백한 당사자는 자유롭게 이를 철회할 수 없다.
② 피담보채무의 부존재를 이유로 하는 근저당권말소등기청구의 소에서 피담보채무가 소멸하였다는 사실은 원고가 주장·증명하여야 한다.
③ 법률행위가 신의성실 원칙에 반하여 강행규정 위반이라는 것은 당사자의 주장이 없어도 법원이 직권으로 판단할 수 있다.
④ 등기원인인 매매가 무권대리를 통해 이루어졌음을 이유로 소유권이전등기의 말소를 청구하는 소에서 그 매매가 적법한 대리권자에 의하여 이루어진 사실은 피고가 항변으로 주장·증명하여야 한다.
⑤ 당사자가 유권대리의 주장을 하였을 뿐 표현대리의 주장을 하지 않았다면 법원은 표현대리에 관하여 판단하여서는 안 된다.

해설

① (O) 문서의 성립에 관한 자백은 보조사실에 관한 자백이기는 하나 그 취소에 관하여는 다른 간접사실에 관한 자백취소와는 달리 주요사실의 자백취소와 동일하게 처리하여야 할 것이므로 문서의 진정성립을 인정한 당사자는 자유롭게 이를 철회할 수 없다고 할 것이고, 이는 문서에 찍힌 인영의 진정함을 인정하였다가 나중에 이를 철회하는 경우에도 마찬가지이다(대법원 2001.04.24. 선고 2001다5654 판결).

② (O)
 1) 근저당권에는 등기원인이 근저당권설정계약이라는 뜻과 채권최고액 및 채무자만이 필요적 등기사항이다(부동산등기법 제75조 제2항). 따라서 근저당권의 피담보채권을 성립시키는 기본계약의 존재는 등기사항이 아니므로, 이것은 추정되지 않고, 근저당권의 성립 당시 그러한 기본계약이 있었는지에 대한 입증책임은 그 존재를 주장하는 측에 있다(대법원 2009.12.24. 선고 2009다72070 판결).
 2) 근저당권말소청구의 피고가 되는 근저당권자가 일단 피담보채권을 성립시키는 기본계약의 존재를 입증하였다면, 그러한 피담채무의 존재를 전제로 하여 이후 변제, 시효소멸 등의 이유로 피담보채무가 소멸하였다는 사실은 근저당권말소청구의 원고가 주장증명 해야한다.

③ (O) 신의성실의 원칙에 반하는것 또는 권리남용은 강행규정에 위배되는 것이므로 당사자의 주장이 없다 하더라도 법원은 직권으로 판단할 수 있는 것이니 원심이 이에 관하여 판단하였다고 해서 변론주의에 위반된다고 할 수 없다(대법원 1989.09.29. 선고 88다카17181 판결).

④ (×) 소유권이전등기가 전 등기명의인의 직접적인 처분행위에 의한 것이 아니라 제3자가 그 처분행위에 개입된 경우 현 등기명의인이고 제3자가 전 등기명의인의 대리인이라고 주장하더라도 현 소유명의인의 등기가 적법히 이루어진 것으로 추정되므로, 그 등기가 원인무효임을 이유로 그 말소를 청구하는 전 소유명의인으로서는 반대사실, 즉 그 제3자에게 전 소유명의인을 대리할 권한이 없었다든가 또는 제3자가 전 소유명의인의 등기서류를 위조하는 등 등기절차가 적법하게 진행되지 아니한 것으로 의심할 만한 사정이 있다는 등의 무효사실에 대한 증명책임을 진다(대법원 2009.09.24. 선고 2009다37831 판결).

⑤ (O)
 1) 유권대리에 있어서는 본인이 대리인에게 수여한 대리권의 효력에 의하여 법률효과가 발생하는 반면 표현대리에 있어서는 대리권이 없음에도 불구하고 법률이 특히 거래상대방 보호와 거래안전유지를 위하여 본래 무효인 무권대리행위의 효과를 본인에게 미치게 한 것으로서 표현대리가 성립된다고 하

여 무권대리의 성질이 유권대리로 전환되는 것은 아니므로, 양자의 구성요건 해당사실 즉 주요사실은 다르다고 볼 수 밖에 없으니 유권대리에 관한 주장 속에 무권대리에 속하는 표현대리의 주장이 포함되어 있다고 볼 수 없다(대법원 1983.12.13. 선고 83다카1489 전합 판결).

2) 대리권이 있다는 것과 표현대리가 성립한다는 것은 그 요건사실이 다르므로 유권대리의 주장이 있으면 표현대리의 주장이 당연히 포함되는 것은 아니고 이 경우 법원이 표현대리의 성립 여부까지 판단해야 하는 것은 아니다(대법원 1990.03.27. 선고 88다카181 판결). **정답 ④**

11. 석명 또는 지적의무에 관한 설명 중 옳지 않은 것은? (다툼이 있는 경우에는 판례에 의함)
[2023년 08월 모의]

① 사해행위 취소소송에서 그 소의 제척기간 도과 여부는 직권조사사항이므로 당사자 사이에 쟁점이 되지 않았더라도 법원은 당사자에게 의견진술의 기회를 부여하거나 석명권을 행사함이 없이 제척기간의 도과를 이유로 사해행위 취소의 소를 각하할 수 있다.

② 당사자가 어떠한 법률효과를 주장하면서 미처 깨닫지 못하고 그 요건사실 일부를 빠뜨린 경우에는 법원은 그 누락사실을 지적하고 당사자가 이 점에 관하여 변론을 하지 아니하는 취지가 무엇인지를 밝혀 당사자에게 그에 대한 변론을 할 기회를 주어야 할 의무가 있다.

③ 부동산에 관한 매매계약의 해제로 인한 원상회복의무가 이행불능이 되어 이행불능 당시 가액의 반환채권이 인정되는 경우, 이행불능 당시의 당해 부동산의 가액에 관한 원고의 주장·증명이 미흡하다면 법원은 적극적으로 석명권을 행사하여 증명을 촉구하여야 한다.

④ 원고가 토지 소유권에 기한 물권적 청구로서 그 지상 건물의 철거를 청구하자 피고가 적법한 토지임차인이라고 주장한 경우, 법원은 원고가 주장하지 않은 토지 임대차계약의 해지 여부에 관하여 석명할 필요는 없다.

⑤ 당사자가 구 청구를 취하한다는 명백한 표시 없이 새로운 청구로 변경하는 등으로 그 청구변경의 형태가 불분명한 경우, 법원은 청구변경의 취지가 교환적인지 추가적인지 또는 선택적인지에 관하여 석명할 의무가 있다.

해설

① (×) 사해행위 취소소송에서 그 소의 제척기간의 도과 여부가 당사자 사이에 쟁점이 된 바가 없음에도 당사자에게 의견진술의 기회를 부여하거나 석명권을 행사함이 없이 제척기간의 도과를 이유로 사해행위 취소의 소를 각하한 것은 위법하다(대법원 2006.01.26. 선고 2005다37185 판결).

② (O) 법원의 석명권 행사는 당사자의 주장에 모순된 점이 있거나 불완전, 불명료한 점이 있을 때 이를 지적하여 정정·보충할 수 있는 기회를 주고, 쟁점 사실에 대한 증거의 제출을 촉구하는 것을 그 내용으로 한다. 당사자가 주장하지도 않은 법률효과에 관한 요건사실이나 독립된 공격방어 방법을 시사하여 그 제출을 권유함과 같은 행위를 하는 것은 변론주의의 원칙에 위배되는 것으로서 석명권 행사의 한계를 일탈하는 것이지만, 당사자가 어떠한 법률효과를 주장하면서 미처 깨닫지 못하고 그 요건사실 일부를 빠뜨린 경우에는 법원은 그 누락사실을 지적하고, 당사자가 이 점에 관하여 변론을 하지 않는 취지가 무엇인지를 밝혀 당사자에게 그에 대한 변론을 할 기회를 주어야 할 의무가 있다(대법원 2005.03.11. 선고 2002다60207 판결).

③ (O) 부동산에 관한 매매계약의 해제로 인한 원상회복의무가 이행불능이 되어 이행불능 당시 가액의 반환 채권이 인정되는 경우, 법원으로서는 이행불능 당시의 당해 부동산의 가액에 관한 원고의 주장·입증이 미흡하더라도 적극적으로 석명권을 행사하여 주장을 정리함과 함께 입증을 촉구하여야 하고, 경우에 따라서는 직권으로라도 그 가액을 심리·판단하여야 한다(대법원 1998.05.12. 선고 96다47913 판결).

④ (O) 사실심 변론종결때까지 원고가 본소청구의 원인으로 주장해 온 것은 오로지 소유권에 기한 물권적 청구권의 행사이었으므로 본소제기를 임대차계약의 해지통고로 보지 아니한 원판결에 잘못이 있다할 수 없으며, 법원은 석명권의 행사로써 사안을 밝히기 위하여 당사자의 주장가운데 모순이나 불명료한 점 따위를 지적하여 그 정정보완의 기회를 주고 그 주장자체에 의하여 법률상 또는 논리상 예기되는 주장을 촉구할 수는 있어도 그 정도를 넘어 당사자가 주장도 하지 않은 전혀 새로운 공격방법이나 사실에 관한 주장을 권유할 수는 없는 것이므로 원심이 원고에게 본소의 제기를 위에서 본 해지통고로 주장할 것을 권유하지 않은 것은 위법하지 않다(대법원 1987.07.07. 선고 86다카2521 판결).

⑤ (O) 당사자가 구 청구를 취하한다는 명백한 의사표시 없이 새로운 청구로 변경하는 등으로 그 변경 형태가 불명할 경우에는 사실심 법원으로서는 과연 청구 변경의 취지가 무엇인가 즉 교환적인가 또는 추가적인가의 점에 대하여 석명으로 밝혀볼 의무가 있다(대법원 2003.01.10. 선고 2002다41435 판결). **정답** ①

12. 甲은 乙에게 甲 소유의 X 토지를 임대하였고, 乙은 X 토지 위에 Y 건물을 소유하고 있다. 甲은 乙을 상대로 임대차계약기간이 만료하였음을 이유로 Y 건물의 철거 및 X 토지의 인도를 구하는 소를 제기하였다. 이에 관한 설명 중 옳은 것은? (다툼이 있는 경우에는 판례에 의함)   [2019년 10월 모의]

① 乙이 甲의 청구원인사실을 다투는 취지의 답변서를 제출하면서 이 사건 임대차계약기간을 연장한 계약서를 첨부한 경우 乙이 변론기일에 출석하지 않더라도 甲이 출석하여 변론한 때에는 법원은 위 계약서의 내용을 판단의 기초로 삼을 수 있다.
② 이 사건 소송에서 乙이 건물매수청구권을 행사하지 아니한 채 패소 확정된 후에는 乙은 건물매수청구권을 행사하여 별소로 매매대금청구를 할 수 없다.
③ 甲만이 변론기일에 출석하여 법원의 명에 따라 변론하였으나 乙이 甲의 청구에 대한 인낙의 의사표시를 적은 답변서를 공증사무소의 인증을 받아 제출한 때에는 청구의 인낙이 성립한 것으로 본다.
④ 乙이 甲의 청구원인사실을 다투는 취지의 답변서를 제출하고 변론기일에 출석하지 아니한 경우 법원은 변론기일에 출석한 甲에게 변론을 명하여야 한다.
⑤ 乙이 甲에 대하여 Y 건물매수청구권을 행사한 사실을 변론기일에서 주장하였고 乙의 그 주장이 이유 있는 것으로 인정된 때에는 법원은 바로 甲의 청구를 기각하여야 한다.

해설

① (X) 서증은 법원 외에서 조사하는 경우(민소법 제269조) 이외에는 당사자가 변론기일 또는 준비절차기일에 출석하여 현실적으로 제출하여야 하고, 서증이 첨부된 소장 또는 준비서면 등이 진술되는 경우에도 마찬가지이다(대법원 1991.11.08. 선고 91다15775 판결).
② (X) 토지인도청구소송의 승소판결이 확정된 후 그 지상건물에 관한 철거청구소송이 제기된 경우, 후소에서 전소의 변론종결일 전부터 존재하던 건물소유 목적의 토지임차권에 기하여 건물매수청구권을 행사하는 것이 전소 확정판결의 기판력에 저촉되지 않는다(대법원 1994.09.23. 선고 93다37267 판결).
③ (O), ④ (X) 원고 또는 피고가 변론기일에 출석하지 않거나, 출석하고서도 본안에 관하여 변론하지 않은 때에는 그가 제출한 소장·답변서, 그 밖의 준비서면에 적혀 있는 사항을 진술한 것으로 보고 출석한 상대방에게 변론을 명할 수 있다(민소법 제148조 제1항). 제1항의 규정에 따라 당사자가 진술한 것으로 보는 답변서, 그 밖의 준비서면에 청구의 포기 또는 인낙의 의사 표시가 적혀 있고 공증사무소의 인증을 받은 때에는 그 취지에 따라 청구의 포기 또는 인낙이 성립된 것으로 본다(민소법 제148조 제2항).
⑤ (X) 토지임대인이 그 임차인에 대하여 지상물철거 및 그 부지의 인도를 청구한 데 대하여 임차인이 적법한 지상물매수청구권을 행사하게 되면 임대인과 임차인 사이에는 그 지상물에 관한 매매가 성립하게 되므로 임대인의 청구는 이를 그대로 받아들일 수 없게 된다. 이 경우에 법원으로서는 임대인이 종전의

청구를 계속 유지할 것인지, 아니면 대금지급과 상환으로 지상물의 명도를 청구할 의사가 있는 것인지(예비적으로라도)를 석명하고 임대인이 그 석명에 응하여 소를 변경한 때에는 지상물명도의 판결을 함으로써 분쟁의 1회적 해결을 꾀하여야 한다(대법원 1995.07.11. 선고 94다34265 전합 판결).　　　정답 ③

13. 변론주의에 관한 설명 중 옳은 것은? (다툼이 있는 경우 판례에 의함)　　[2020년 10월 모의]

① 원고 甲이 乙의 유권대리인 丙과 계약을 체결하였다고 주장하면서 피고 乙을 상대로 계약당사자로서의 계약이행 책임만을 주장하였는데, 법원이 표현대리 책임에 관하여 지적하지 않은 채 甲의 청구를 기각하였다면, 법원은 법적 관점 지적의무를 위반한 것이다.

② 원고가 피고를 상대로 대여원리금 지급청구의 소를 하였는데 심리 결과 청구원인 사실이 인정되고, 한편 피고가 대여원리금에 상응하는 액수의 변제공탁서를 증거로 제출하였을 뿐 변제항변은 하지 않았다면, 법원은 변제 사실은 고려하지 말고 원고의 청구를 전부 인용하여야 한다.

③ 원고의 대여금 청구에 대하여 피고가 2013. 8. 5.을 소멸시효 기산일로 주장하면서 그로부터 5년의 상사소멸시효가 도과하였다고 소멸시효 항변을 하는 경우, 법원이 피고 주장의 기산일보다 더 앞선 2013. 3. 5.을 기산일로 인정하는 것은 변론주의에 위배되나, 피고 주장보다 더 나중인 2013. 10. 5.을 기산일로 인정하는 것은 변론주의에 위배되지 않는다.

④ 인신사고로 인한 손해배상 사건에서 손해배상액을 산정하는 기초가 되는 피해자의 기대여명에 대하여 원고와 피고 간에 다툼이 없을 경우, 법원은 피해자의 기대여명에 관하여 감정인의 감정결과가 다르게 제출되었다 하더라도 쌍방이 다투지 않는 기대여명에 기하여 손해배상액을 판단하여야 한다.

⑤ 부제소 합의가 있었다는 사실은 변론주의가 적용되는 주요사실이므로 피고가 본안전 항변을 하여야만 법원이 심리, 판단할 수 있다.

해설

① (×)
1) 유권대리에 있어서는 본인이 대리인에게 수여한 대리권의 효력에 의하여 법률효과가 발생하는 반면 표현대리에 있어서는 대리권이 없음에도 불구하고 법률이 특히 거래상대방 보호와 거래안전유지를 위하여 본래 무효인 무권대리행위의 효과를 본인에게 미치게 한 것으로서 표현대리가 성립된다고 하여 무권대리의 성질이 유권대리로 전환되는 것은 아니므로, 양자의 구성요건 해당사실 즉 주요사실은 다르다고 볼 수 밖에 없으니 유권대리에 관한 주장 속에 무권대리에 속하는 표현대리의 주장이 포함되어 있다고 볼 수 없다(대법원 1983.12.13. 선고 83다카1489 전합 판결).
2) 대리권이 있다는 것과 표현대리가 성립한다는 것은 그 요건사실이 다르므로 유권대리의 주장이 있으면 표현대리의 주장이 당연히 포함되는 것은 아니고 이 경우 법원이 표현대리의 성립 여부까지 판단해야 하는 것은 아니다(대법원 1990.03.27. 선고 88다카181 판결).

② (×) 원고가 반소 제기 전의 변론기일에 진술된 준비서면에서 변제공탁사실을 주장하고 공탁서를 증거로 제출하였다면 반소가 제기된 후 위 주장을 반소에 관한 항변으로 원용하거나 반소에서 변제공탁의 항변을 한 일이 없다 할지라도 법원으로서는 석명권 행사를 통하여 본소에서 한 변제공탁 주장을 반소에 관한 항변으로 원용하는지 여부를 알아보고 이 점에 관하여 심리하여야 한다(대법원 1993.03.26. 선고 92다38065 판결).

③ (×) 소멸시효의 기산일은 채무의 소멸이라고 하는 법률효과 발생의 요건에 해당하는 소멸시효 기간 계산의 시발점으로서 소멸시효 항변의 법률요건을 구성하는 구체적인 사실에 해당하므로 이는 변론주의의 적용 대상이고, 따라서 본래의 소멸시효 기산일과 당사자가 주장하는 기산일이 서로 다른 경우에는 변

론주의의 원칙상 법원은 당사자가 주장하는 기산일을 기준으로 소멸시효를 계산하여야 하는데, 이는 당사자가 본래의 기산일보다 뒤의 날짜를 기산일로 하여 주장하는 경우는 물론이고 특별한 사정이 없는 한 그 반대의 경우에 있어서도 마찬가지이다(대법원 1995.08.25. 선고 94다35886 판결).

④ (O) 인신사고로 인한 손해배상 사건에서 손해배상액을 산정하는 기초가 되는 피해자의 기대여명은 변론주의가 적용되는 주요사실로서 재판상 자백의 대상이 된다. 그리고 일단 재판상 자백이 성립하면 그것이 적법하게 취소되지 않는 한 법원도 이에 구속되므로, 법원은 당사자 사이에 다툼이 없는 사실에 관하여 성립된 자백과 배치되는 사실을 증거에 의하여 인정할 수 없다(대법원 2018.10.04. 선고 2016다41869 판결).

⑤ (×) 특정한 권리나 법률관계에 관하여 분쟁이 있어도 제소하지 아니하기로 합의한 경우 이에 위배되어 제기된 소는 권리보호의 이익이 없고, 또한 당사자와 소송관계인은 신의에 따라 성실하게 소송을 수행하여야 한다는 신의성실의 원칙에도 어긋나는 것이므로, 소가 부제소 합의에 위배되어 제기된 경우 법원은 직권으로 소의 적법 여부를 판단할 수 있다(대법원 2013.11.28. 선고 2011다80449 판결). **정답 ④**

14. 다음의 설명 중 옳은 것을 모두 고른 것은? (다툼이 있는 경우 판례에 의함) [2022년 10월 모의]

> ㄱ. '5,000만 원을 초과하는 채무는 존재하지 않는다'는 확인을 구하는 채무부존재확인의 소에서 '7,000만 원을 초과하는 채무는 존재 하지 않는다'는 판결을 선고하는 것은 위법하다.
> ㄴ. '부동산을 단독으로 상속하기로 분할협의를 하였다'는 이유로 부동산 전부가 자기 소유임의 확인을 구하는 청구에는 지분에 대한 소유권의 확인을 구하는 취지가 포함되어 있다고 보아야 하므로, 심리 결과 지분이 인정되면 청구를 전부 기각할 것이 아니라 지분에 관하여 청구를 인용하는 일부 승소판결을 하여야 한다.
> ㄷ. 원고가 매매를 원인으로 한 소유권이전등기청구를 하였는데, 법원이 양도담보약정을 원인으로 소유권이전등기를 명하는 판결을 한 경우, 판결주문상 원고가 전부승소판결을 선고받았으므로 상소의 이익이 인정되지 않는다.
> ㄹ. 소송상 상계 항변은 상대방의 동의 없이 이를 철회할 수 있고, 그 경우 법원은 이에 대하여 심판할 수 없다.
> ㅁ. 원고가 피담보채무 1,000만 원 전액을 변제하였다고 주장하면서 피고를 상대로 근저당권설정등기에 대한 말소등기절차의 이행을 청구하였으나 심리 결과 300만 원의 잔존 채무가 있는 것으로 밝혀진 경우, 법원은 청구변경이 없더라도 '피고는 원고로부터 300만 원을 지급받은 다음 원고에게 위 근저당권설정등기의 말소 등기절차를 이행하라'는 취지의 판결을 선고할 수 있다.

① ㄱ, ㄴ, ㄹ ② ㄱ, ㄴ, ㅁ ③ ㄴ, ㄷ, ㅁ
④ ㄴ, ㄹ, ㅁ ⑤ ㄷ, ㄹ, ㅁ

해설

ㄱ. (×)
1) 채무자의 채무부존재 확인청구가 채무자가 자인하는 금액을 제외하는 나머지 채무의 부존재 확인을 구하는 것이라면, 이 같은 소극적 확인소송에 있어서 그 부존재 확인을 구하는 목적인 법률관계가 가분하고 또 분량적으로 그 일부만이 존재하는 경우에는 그 청구 전부를 기각할 것이 아니고 그 존재하는 법률관계의 부분에 대하여 일부 패소의 판결을 하여야 한다(대법원 1983.06.14. 선고 83다카37 판결).
2) 아래와 같이 일정액을 초과하여 부존재를 다투는 부분(회색 음영부분)이 소송물이 되는 것으로 이해하면 편하다.

청구내용		판결주문
5,000만 원을 초과하는 부분 채무 부존재 확인청구	회색 음영부분인 '금전채무의 부존재 범위'를 소송물이라고 생각하면, 법원은 가분적인 소송물의 일부만을 인용 가능	7,000만 원 초과 부분 채무 부존재 판결주문
5,000만 원의 채무는 인정		7,000만 원의 채무 인정
청구취지	원고와 피고 사이의 2024. 1. 1. 자 금전소비대차계약에 기한 채무는 5,000만 원을 초과하여서는 존재하지 아니함을 확인한다.	
일부인용 판결주문	원고와 피고 사이의 2024. 1. 1. 자 금전소비대차계약에 기한 채무는 7,000만 원을 초과하여서는 존재하지 아니함을 확인한다. 원고의 나머지 청구를 기각한다.	

ㄴ. (○) 부동산을 단독으로 상속하기로 분할 협의하였다는 이유로 그 부동산 전부가 자기 소유임을 구하는 청구에는 그와 같은 사실이 인정되지 않는 경우 자신의 상속받은 지분에 대한 소유권의 확인을 구하는 취지가 포함되어 있다고 보아야 하므로, 이러한 경우 법원은 특단의 사정이 없는 한 그 청구의 전부를 기각할 것이 아니라 그 소유로 인정되는 지분에 관하여 일부 승소의 판결을 하여야 한다(대법원 1995.09.29. 선고 95다22849 판결).

ㄷ. (×) 원고가 매매를 원인으로 한 소유권이전등기를 청구한 데 대하여 원심이 양도담보약정을 원인으로 한 소유권이전등기를 명한 경우 원심판결에 처분권주의를 위반한 위법이 있고 그에 대한 원고의 상소의 이익이 인정된다(대법원 1992.03.27. 선고 91다40696 판결).

ㄹ. (○) 제1심법원에서 피고가 원고에 대한 불법행위 손해배상채권과 원고가 소로써 구하고 있는 채권을 상계한다고 주장하였다가 원심 제1변론기일에 피고 소송대리인이 그 상계 항변을 철회한다고 진술하였는데, 원심법원이 피고의 원고에 대한 손해배상채권은 성립하지 않는다고 판단하여 상계항변을 배척한 경우, 상계항변이 철회되었음에도 이에 관하여 판단한 것은 당사자가 주장하지 않은 사항에 관하여 심판한 것으로 처분권주의에 위배된다(대법원 2011.07.14. 선고 2011다23323 판결).

ㅁ. (○) 원고가 피담보채무 전액을 변제하였다고 주장하면서 근저당권설정등기에 대한 말소등기절차의 이행을 청구하였으나 그 원리금의 계산 등에 관한 다툼 등으로 인하여 변제액이 채무 전액을 소멸시키는 데 미치지 못하고 잔존채무가 있는 것으로 밝혀진 경우에는 특별한 사정이 없는 한 원고의 청구 중에는 확정된 잔존채무를 변제하고 그 다음에 위 등기의 말소를 구한다는 취지도 포함되어 있는 것으로 해석함이 상당하고, 이는 장래 이행의 소로서 미리 청구할 이익도 인정된다고 할 것이다. 따라서 원심으로서는 이 사건 근저당권설정등기의 피담보채무 중 잔존원금 및 지연손해금의 액수를 심리·확정한 다음, 그 변제를 조건으로 이 사건 근저당권설정등기의 말소를 명하였어야 할 것이다(대법원 2008.04.10. 선고 2007다83694 판결).

정답 ④

15. 처분권주의에 관한 설명 중 옳은 것은? (다툼이 있는 경우에는 판례에 의함) [2023년 08월 모의]

① 원고가 수인의 피고를 상대로 연대하여 금전을 지급할 것을 청구한 경우, 법원이 각 피고의 개별적 지급책임을 인정하여도 처분권주의 위반이라고 할 수 없다.
② 이자금 청구에서 법원이 원고가 특정한 기간을 넘는 기간을 인정하여 이자를 산정하여 인정하더라도 원고가 청구한 이자금액을 초과하지 않는 한 처분권주의에 위반한 판결로 볼 수 없다.
③ 공유물분할청구의 소는 형식적 형성의 소로서 처분권주의가 적용되지 않으므로 법원은 분할을 구하는 공유자에게 지분비율을 조정하는 방법으로 공유관계를 유지하도록 판결할 수 있다.
④ 원고가 민법 제750조에 근거하여 손해배상청구를 한 경우, 법원이 자동차손해배상보장법에 근거하여 손해배상책임을 인정하는 것은 처분권주의에 위반된다.
⑤ 원고가 대여금채무로서 금 5천만 원을 초과하는 채무의 부존재 확인을 청구하였는데, 법원이 심

리한 결과 금 1억 원의 대여금 채무가 인정된다면, 금 1억 원을 초과하여서는 채무가 존재하지 아니함을 확인한다는 판결을 하여야 한다.

해설

① (×)
1) 판례는, 원고가 청구취지로 피고들의 각 채무가 부진정연대채무 관계에 있음을 전제로 연대하여 지급할 것을 구하였는데도 피고들에게 개별적 지급책임을 인정한 것은 원고가 청구한 범위를 넘는 것으로서 처분권주의에 위반한 것으로 본다(대법원 2014.07.10. 선고 2012다89832 판결).
2) 참고 : 반대로, 원고가 청구취지로 피고들에 대하여 개별적으로 그 지급을 구하고 있음에도 불구하고, 피고들에게 피고들의 손해배상청구가 부진정연대채무관계에 해당함을 전제로 연대하여 지급책임을 인정한 것 역시 처분권주의에 위반한 것으로 본다(대법원 2013.05.09. 선고 2011다61646 판결).

② (×) 이자지급청구의 소송물은 원금, 이율, 기간 3가지 요소로 구성되는데, 원고의 이자청구액을 초과하지 않았다고 하더라도 3개의 요소 중 어느 것에서나 원고의 주장 범위를 넘는 경우 처분권주의 위반에 해당한다.

③ (×) 공유물분할청구의 소는 형성의 소로서 법원은 공유물분할을 청구하는 원고가 구하는 방법에 구애받지 않고 재량에 따라 합리적 방법으로 분할을 명할 수 있으므로, 여러 사람이 공유하는 물건을 현물분할하는 경우에는 분할청구자의 지분 한도 안에서 현물분할을 하고 분할을 원하지 않는 나머지 공유자는 공유로 남게 하는 방법도 허용되나, 그렇다고 하더라도 공유물분할을 청구한 공유자의 지분 한도 안에서는 공유물을 현물 또는 경매·분할함으로써 공유관계를 해소하고 단독소유권을 인정하여야지, 분할청구자들이 그들 사이의 공유관계의 유지를 원하고 있지 아니한데도 분할청구자들과 상대방 사이의 공유관계만 해소한 채 분할청구자들을 여전히 공유로 남기는 방식으로 현물분할을 하는 것은 허용될 수 없다(대법원 2015.07.23. 선고 2014다88888 판결).

④ (×) 자동차 손해배상 보장법의 제정목적은 민법 제750조의 특별규정이라고 보아야 할 것이므로 자동차 사고로 인하여 손해를 입은 자는 같은 법의 적용을 구하는 주장을 하지 않았다고 하여도 민법 손해배상의 규정에 우선하여 자동차 손해배상 보장법을 적용하여야 한다(대법원 1967.09.26. 선고 67다1695 판결).

⑤ (○)
1) 채무자의 채무부존재 확인청구가 채무자가 자인하는 금액을 제외하는 나머지 채무의 부존재 확인을 구하는 것이라면, 이 같은 소극적 확인소송에 있어서 그 부존재 확인을 구하는 목적인 법률관계가 가분하고 또 분량적으로 그 일부만이 존재하는 경우에는 그 청구 전부를 기각할 것이 아니고 그 존재하는 법률관계의 부분에 대하여 일부 패소의 판결을 하여야 한다(대법원 1983.06.14. 선고 83다카37 판결).
2) 아래와 같이 일정액을 초과하여 부존재를 다투는 부분(회색 음영부분)이 소송물이 되는 것으로 이해하면 편하다.

청구내용	→	판결주문
5,000만 원을 초과하는 부분 채무 부존재 확인청구	회색 음영부분인 '금전채무의 부존재 범위'를 소송물이라고 생각하면, 법원은 가분적인 소송물의 일부만을 인용 가능	1억 원 초과 부분 채무 부존재 판결주문
5,000만 원의 채무는 인정		1억 원의 채무 인정

청구취지	원고와 피고 사이의 2024. 1. 1. 자 금전소비대차계약에 기한 채무는 5,000만 원을 초과하여서는 존재하지 아니함을 확인한다.
일부인용 판결주문	원고와 피고 사이의 2024. 1. 1. 자 금전소비대차계약에 기한 채무는 1억 원을 초과하여서는 존재하지 아니함을 확인한다. 원고의 나머지 청구를 기각한다.

정답 ⑤

16. 변론주의에 관한 설명 중 옳지 않은 것은? (다툼이 있는 경우에는 판례에 의함) [2023년 10월 모의]

① 甲이 취득시효를 주장하며 乙을 상대로 소를 제기한 경우, 乙이 응소행위를 하였다고 하여 바로 시효중단의 효과가 발생하는 것은 아니고, 乙이 응소행위로서 시효가 중단되었다고 주장을 하여야 한다.
② 채무가 이행불능인 사실은 법률상 사항이므로 피고가 이행불능 사실을 주장하지 않더라도 법원은 이행불능을 이유로 원고의 청구를 배척할 수 있다.
③ 甲이 소장에서 X 토지를 乙로부터 매수하였다고 주장하였으나, 증인신문을 신청하여 丙이 甲을 대리하여 乙로부터 위 토지를 매수한 사실을 증명하였다면, 甲이 대리행위에 관한 명백한 진술을 하지 않았더라도 위 증인신청으로써 위 대리행위에 관한 간접적인 진술은 있었다고 보아야 한다.
④ 인신사고로 인한 손해배상 사건에서 손해배상액을 산정하는 기초가 되는 피해자의 기대여명은 변론주의가 적용되는 주요사실이다.
⑤ 부동산의 시효취득에 있어서 자주점유인지의 여부를 가리는 기준이 되는 점유의 권원은 간접사실이므로, 법원은 당사자의 주장에 구애됨이 없이 소송자료에 의하여 인정되는 바에 따라 진정한 점유의 권원을 심리하여 취득시효의 완성 여부를 판단할 수 있다.

해설

① (O) 시효를 주장하는 자가 원고가 되어 소를 제기한 경우에 있어서, 피고가 응소행위를 하였다고 하여 바로 시효중단의 효과가 발생하는 것은 아니고, 변론주의 원칙상 시효중단의 효과를 원하는 피고로서는 당해 소송 또는 다른 소송에서의 응소행위로서 시효가 중단되었다고 주장하지 않으면 아니 되고, 응소행위로 인한 시효중단의 주장은 취득시효가 완성된 후라도 사실심 변론종결 전에는 언제든지 할 수 있다(대법원 2003.06.13. 선고 2003다17927 판결).
② (×) 채무가 이행불능인 사실은 당사자의 항변사실에 불과하므로, 설사 당사자 일방의 소유권이전등기채무가 이행불능이라 하더라도 원심 변론종결시까지 이행불능의 항변을 하지 아니한 이상 변론주의의 원칙상 법원이 이행불능이라는 이유로 상대방의 청구를 배척할 수 없다(대법원 1996.02.27. 선고 95다43044 판결).
③ (O) 갑이 소장에서 토지를 을로부터 매수하였다고 주장하고 있으나 갑이 위 매매당시 불과 10세 남짓한 미성년이었고 증인신문을 신청하여 갑의 조부인 병이 갑을 대리하여 위 토지를 매수한 사실을 입증하고 있다면 갑이 그 변론에서 위 대리행위에 관한 명백한 진술을 한 흔적은 없다 하더라도 위 증인신청으로서 위 대리행위에 관한 간접적인 진술은 있었다고 보아야 할 것이므로 원심이 위 토지를 갑의 대리인이 매수한 것으로 인정하였다 하여 이를 변론주의에 반하는 것이라고는 할 수 없다(대법원 1987.09.08. 선고 87다카982 판결).
④ (O) 인신사고로 인한 손해배상 사건에서 손해배상액을 산정하는 기초가 되는 피해자의 기대여명은 변론주의가 적용되는 주요사실로서 재판상 자백의 대상이 된다. 그리고 일단 재판상 자백이 성립하면 그것이 적법하게 취소되지 않는 한 법원도 이에 구속되므로, 법원은 당사자 사이에 다툼이 없는 사실에 관하여 성립된 자백과 배치되는 사실을 증거에 의하여 인정할 수 없다(대법원 2018.10.04. 선고 2016다41869 판결).
⑤ (O) 부동산의 소유권 취득에 있어서 그 점유가 자주점유인지의 여부를 가리는 기준이 되는 점유의 권원은 간접사실에 지나지 않는 것이므로 법원은 당사자의 주장에 구애됨이 없이 소송자료에 의하여 인정되는 바에 따라 진정한 점유의 권원을 심리하여 취득시효의 완성 여부를 판단할 수 있다(대법원 1997.02.28. 선고 96다53789 판결).

정답 ②

17. 甲이 乙을 상대로 2억 원의 지급을 구하는 대여금 청구의 소를 제기하였다. 이에 관한 설명 중 옳지 않은 것은? (다툼이 있는 경우 판례에 의함) [2024년 06월 모의]

① 甲이 납부한 인지액이 「민사소송 등 인지법」에서 정한 금액에 미달하는 경우 법원은 소장의 접수를 보류할 수 있다.
② 甲이 제출한 소장이 법원에 접수되면 소장이 제출된 때에 소가 제기된 것으로 본다.
③ 乙이 청구의 원인이 된 사실을 모두 자백하는 취지의 답변서를 제출하고 따로 항변을 하지 아니한 때에는 법원은 무변론 판결을 할 수 있다.
④ 乙이 변론준비기일에서 甲이 주장하는 사실을 명백히 다투지 아니한 때에는 그 사실을 자백한 것으로 본다.
⑤ 乙은 자신이 준비서면에 적지 아니한 사실을 甲이 변론기일에 출석한 경우에도 주장하지 못한다.

> **해설**

① (O), ② (O) 소를 제기하려는 자는 법원에 소장을 제출하여야 한다. 법원은 소장에 붙이거나 납부한 인지액이 「민사소송 등 인지법」 제13조제2항 각 호에서 정한 금액에 미달하는 경우 소장의 접수를 보류할 수 있다. 법원에 제출한 소장이 접수되면 소장이 제출된 때에 소가 제기된 것으로 본다(민소법 제248조 제1, 2, 3항).
③ (O) 법원은 피고가 제256조 제1항의 답변서를 제출하지 아니한 때에는 청구의 원인이 된 사실을 자백한 것으로 보고 변론 없이 판결할 수 있다. 다만, 직권으로 조사할 사항이 있거나 판결이 선고되기까지 피고가 원고의 청구를 다투는 취지의 답변서를 제출한 경우에는 그러하지 아니하다(민소법 제257조 제1항). 피고가 청구의 원인이 된 사실을 모두 자백하는 취지의 답변서를 제출하고 따로 항변을 하지 아니한 때에는 제1항의 규정을 준용한다(민소법 제257조 제2항).
④ (O)
  1) 변론준비절차에는 제135조 내지 제138조, 제140조, 제142조 내지 제151조, 제225조 내지 제232조, 제268조 및 제278조의 규정을 준용한다(민소법 제286조).
  2) 당사자가 변론에서 상대방이 주장하는 사실을 명백히 다투지 아니한 때에는 그 사실을 자백한 것으로 본다. 다만, 변론 전체의 취지로 보아 그 사실에 대하여 다툰 것으로 인정되는 경우에는 그러하지 아니하다(민소법 제150조).
⑤ (X) 준비서면에 적지 아니한 사실은 상대방이 출석하지 아니한 때에는 변론에서 주장하지 못한다. 다만, 제272조 제2항 본문의 규정에 따라 준비서면을 필요로 하지 아니하는 경우에는 그러하지 아니하다(민소법 제276조). 단독사건의 변론은 서면으로 준비하지 아니할 수 있다. 다만, 상대방이 준비하지 아니하면 진술할 수 없는 사항은 그러하지 아니하다(민소법 제272조 제2항).   **정답 ⑤**

18. 처분권주의에 관한 설명으로 옳지 않은 것을 모두 고른 것은? (다툼이 있는 경우 판례에 의함) [2024년 06월 모의]

ㄱ. 甲이 乙을 상대로 상해를 입었음을 원인으로 손해배상금 8,000만 원(적극적 손해 3,000만 원, 소극적 손해 3,000만 원, 위자료 2,000만 원)을 청구한 경우, 법원이 손해배상금 6,000만원(적극적 손해 4,000만 원, 소극적 손해 1,000만 원, 위자료 1,000만 원)을 인용하는 것은 허용된다.
ㄴ. 채권자 甲이 채무자 乙 및 제3채무자 丙을 상대로 이들의 채무가 부진정연대채무의 관계에 있음을 전제로 공동하여 1억 원을 지급할 것을 청구하였는데, 법원이 피고 乙은 3,000만 원, 피고

丙은 2,000만 원의 개별적인 지급책임을 인정한 것은 처분권주의를 위배한 것이다.
ㄷ. 토지 임대인 甲이 임차인 乙을 상대로 임대차 종료를 원인으로 건물철거 및 토지인도를 구하는 소를 제기하였는데 乙이 건물매수청구권을 행사한 경우 甲이 청구취지를 변경하지 않는다면 법원은 건물의 매매대금지급과 동시에 건물인도를 명하는 판결을 할 수 없다.
ㄹ. 사해행위를 전부 취소하고 원물반환을 구하는 채권자의 주장 속에는 사해행위를 일부 취소하고 가액의 배상을 구하는 취지도 포함되어 있으므로 채권자가 원물반환만을 구하는 경우에도 법원은 가액의 배상을 명할 수 있다.
ㅁ. 甲이 乙을 상대로 대여금 청구의 소를 제기하자 乙이 상계항변을 하였다가 철회한 경우, 법원이 乙의 상계항변에 제공된 자동채권이 성립하지 않는다는 이유로 그 항변을 배척하면서 甲의 청구를 전부 인용하는 것은 위법하지 아니하다.

① ㄱ, ㄴ ② ㄱ, ㅁ ③ ㄱ, ㄴ, ㅁ
④ ㄴ, ㄷ, ㄹ ⑤ ㄷ, ㄹ, ㅁ

해설

㉠ (×)
1) 생명 또는 신체에 대한 불법행위로 인하여 입게 된 적극적 손해와 소극적 손해 및 정신적 손해는 서로 소송물을 달리한다(대법원 2022.04.28. 선고 2022다200768 판결).
2) 판례는 손해 3분설의 입장인 바, 각 별개의 소송물을 구성하는 각 손해(적극적·소극적·정신적 손해)의 청구액에 구속된다. 따라서 전체 손해의 청구총액을 초과하지 않는다고 하더라도 어느 손해의 청구액이라도 초과해서 인용하면 처분권주의 위반이다. 선지는 단일손해설의 입장이므로 판례에 의할 때 틀린 지문이다.

㉡ (○)
1) 판례는, 원고가 청구취지로 피고들의 각 채무가 부진정연대채무 관계에 있음을 전제로 연대하여 지급할 것을 구하였는데도 피고들에게 개별적 지급책임을 인정한 것은 원고가 청구한 범위를 넘는 것으로서 처분권주의에 위반한 것으로 본다(대법원 2014.07.10. 선고 2012다89832 판결).
2) 참고 : 반대로, 원고가 청구취지로 피고들에 대하여 개별적으로 그 지급을 구하고 있음에도 불구하고, 피고들에게 피고들의 손해배상청구가 부진정연대채무관계에 해당함을 전제로 연대하여 지급책임을 인정한 것 역시 처분권주의에 위반한 것으로 본다(대법원 2013.05.09. 선고 2011다61646 판결).

㉢ (○) 토지임대차 종료시 임대인의 건물철거와 그 부지인도 청구에는 건물매수대금 지급과 동시에 건물명도를 구하는 청구가 포함되어 있다고 볼 수 없다. 이와 같은 경우에 법원으로서는 임대인이 종전의 청구를 계속 유지할 것인지, 아니면 대금지급과 상환으로 지상물의 명도를 청구할 의사가 있는 것인지(예비적으로라도)를 석명하고 임대인이 그 석명에 응하여 소를 변경한 때에는 지상물 명도의 판결을 함으로써 분쟁의 1회적 해결을 꾀하여야 한다(대법원 1995.07.11. 선고 94다34265 전합 판결).

㉣ (○) 사해행위인 계약 전부의 취소와 부동산 자체의 반환을 구하는 청구취지 속에는 위와 같이 일부취소를 하여야 할 경우 그 일부취소와 가액배상을 구하는 취지도 포함되어 있다고 볼 수 있으므로 청구취지의 변경이 없더라도 바로 가액반환을 명할 수 있다(대법원 2001.06.12. 선고 99다20612 판결).

㉤ (×) 제1심법원에서 피고가 원고에 대한 불법행위 손해배상채권과 원고가 소로써 구하고 있는 채권을 상계한다고 주장하였다가 원심 제1변론기일에 피고 소송대리인이 그 상계 항변을 철회한다고 진술하였는데, 원심법원이 피고의 원고에 대한 손해배상채권은 성립하지 않는다고 판단하여 상계 항변을 배척한 사안에서, 상계항변이 철회되었음에도 이에 관하여 판단한 것은 당사자가 주장하지 않은 사항에 관하여 심판한 것으로 처분권주의에 위배된다(대법원 2011.07.14. 선고 2011다23323 판결).

정답 ②

제2절 송달

1. 송달에 관한 설명 중 옳지 않은 것은? [2020년 10월 모의]

① 당사자에게 여러 명의 소송대리인이 선임되어 있는 경우, 법원은 여러 소송대리인들에게 각각 판결정본을 송달하여야 하고, 그 경우 상소기간은 그 중 1인에게 최초로 판결정본이 송달된 때부터 기산된다.
② 피고의 주소·거소·영업소 또는 사무소의 장소를 알지 못하거나 그 장소에서 송달할 수 없는 때에는 소장 부본을 피고가 직원으로 고용되어 근무하는 회사로 송달할 수 있으나, 소장에 기재된 피고의 위 주소 등에 대한 송달을 시도하지 않은 채 바로 근무장소로 한 송달은 위법하다.
③ 교부송달에 의하여 소장 기재 피고 주소로 소장 부본이 적법하게 송달된 후 제1회 변론기일통지서가 폐문부재로 송달불능되어 등기우편에 의하여 우편송달하였다면, 그 후 새로 송달할 서류는 더 이상 교부송달 등을 거치지 않고 바로 우편송달할 수 있다.
④ 채무자가 그 고용주인 제3채무자 회사에 대하여 가지는 급여채권을 피압류채권으로 하는 채권가압류결정 정본이 제3채무자 회사로 송달되어 채무자가 제3채무자의 사무원으로서 이를 보충송달 받은 경우, 위 보충송달은 이해가 대립하는 자에 대한 송달로 무효이다.
⑤ 원고가 피고의 주소를 허위로 기재하여 제소하였고, 위 주소로 송달을 시도하였으나 송달불능되어 법원이 공시송달명령을 하고 소장 및 소송서류와 판결정본을 모두 공시송달의 방법에 의하여 송달한 경우, 그 판결에 대하여 항소기간 내에 항소하지 않으면 판결은 형식적으로 확정된다.

해설

① (O) 당사자에게 여러 소송대리인이 있는 때에는 소송대리인 모두 당사자 본인을 위하여 소송서류를 송달받을 지위에 있으므로 당사자에 대한 판결정본 송달의 효력은 결국 소송대리인 중 1인에게 최초로 판결정본이 송달되었을 때 발생한다. 당사자에게 여러 소송대리인이 있는 경우 항소기간은 소송대리인 중 1인에게 최초로 판결정본이 송달되었을 때부터 기산된다(대법원 2011.09.29. 자 2011마1335 결정).

② (O)
 1) 송달은 받을 사람의 주소·거소·영업소 또는 사무소(이하 "주소등"이라 한다)에서 한다. 다만, 법정대리인에게 할 송달은 본인의 영업소나 사무소에서도 할 수 있다(민소법 제183조 제1항). 제1항의 장소를 알지 못하거나 그 장소에서 송달할 수 없는 때에는 송달받을 사람이 고용·위임 그 밖에 법률상 행위로 취업하고 있는 다른 사람의 주소등(이하 "근무장소"라 한다)에서 송달할 수 있다(민소법 제183조 제2항).
 2) 근무장소에서의 송달을 규정한 민소법 제183조 제2항에 의하면, 근무장소에서의 송달은 송달받을 자의 주소 등의 장소를 알지 못하거나 그 장소에서 송달할 수 없는 때에 한하여 할 수 있는 것이므로 소장, 지급명령신청서 등에 기재된 주소 등의 장소에 대한 송달을 시도하지 않은 채 근무장소로 한 송달은 위법하다(대법원 2004.07.21. 자 2004마535 결정).

③ (X) 등기우편에 의한 발송송달은 당해 서류에 관하여 교부송달, 또는 보충·유치송달 등이 불가능한 것임을 그 요건으로 하는 것이므로 당해 서류의 송달에 한하여 할 수 있는 것이지 그에 이은 별개의 서류의 송달은 이 요건이 따로 구비되지 않는 한 당연히 이 방법에 의한 우편송달을 할 수 있는 것이 아니다 (대법원 1994.11.11. 선고 94다36278 판결).

④ (O)
 1) 보충송달제도는 본인 아닌 그의 사무원, 피용자 또는 동거인, 즉 수령대행인이 서류를 수령하여도 그의 지능과 객관적인 지위, 본인과의 관계 등에 비추어 사회통념상 본인에게 서류를 전달할 것이라는

합리적인 기대를 전제로 한다. 그런데 본인과 수령대행인 사이에 당해 소송에 관하여 이해의 대립 내지 상반된 이해관계가 있는 때에는 수령대행인이 소송서류를 본인에게 전달할 것이라고 합리적으로 기대하기 어렵고, 이해가 대립하는 수령대행인이 본인을 대신하여 소송서류를 송달받는 것은 쌍방대리금지의 원칙에도 반하므로, 본인과 당해 소송에 관하여 이해의 대립 내지 상반된 이해관계가 있는 수령대행인에 대하여는 보충송달을 할 수 없다(대법원 2016.11.10. 선고 2014다54366 판결).

2) 압류 및 추심명령의 수령대행인인 채무자와 송달수령자 본인인 제3채무자 회사 사이에는 상반된 이해관계가 있기 때문에 이 사건 이 사건 보충송달은 적법하지 않다.

⑤ (○)
1) 판결정본이 공시송달의 방법에 의하여 피고에게 송달되었다면 비록 피고의 주소가 허위이거나 그 요건에 미비가 있다 할지라도 그 송달은 유효한 것이므로 항소기간이 지남으로써 위 판결은 확정되어 기판력이 발생한다(대법원 1990.11.27. 선고 90다카28559 판결).

2) 참고
㉠ 따라서 위 1)과 같은 경우 피고는 추후보완항소(민소법 제173조)나 재심(민소법 제451조 제1항 제11호)으로 구제받을 수 있다. 그리고 공시송달에 의하여 판결이 선고되고 판결정본이 송달되어 확정된 이후에 추완항소의 방법이 아닌 재심의 방법을 택한 경우에는 추완상소기간이 도과하였다 하더라도 재심기간 내에 재심의 소를 제기할 수 있다(대법원 2011.12.22. 선고 2011다73540 판결).
㉡ 당사자가 상대방의 주소 또는 거소를 알고 있었음에도 있는 곳을 잘 모른다고 하거나 주소나 거소를 거짓으로 하여 소를 제기한 때(민소법 제451조 제1항 제11호)에 해당하면 확정된 종국판결에 대하여 재심의 소를 제기할 수 있다고 정하고 있다. 즉, 재심사유는 제11호 사유이다.
㉢ 재심 또는 추후보완신청이 있다고 하더라도 확정판결의 집행력에는 아무런 영향이 없으므로 확정판결에 대한집행을 정지시키려면 별도의 집행정지결정을 받아야 한다.
㉣ 재심 또는 제173조에 따른 상소의 추후보완신청이 있는 경우에 불복하는 이유로 내세운 사유가 법률상 정당한 이유가 있다고 인정되고, 사실에 대한 소명이 있는 때에는 법원은 당사자의 신청에 따라 담보를 제공하게 하거나 담보를 제공하지 아니하게 하고 강제집행을 일시정지하도록 명할 수 있으며, 담보를 제공하게 하고 강제집행을 실시하도록 명하거나 실시한 강제처분을 취소하도록 명할 수 있다. (민소법 제500조 제1항).

3) 비교 : 허위주소이지만 공시송달이 아니라 '송달'인 경우
㉠ 제소자가 상대방의 주소를 허위로 기재함으로써 그 허위주소로 소송서류가 송달되어 그로 인하여 상대방 아닌 다른 사람이 그 서류를 받아 의제자백의 형식으로 제소자 승소의 판결이 선고되고 그 판결정본 역시 허위의 주소로 보내어져 송달된 것으로 처리된 경우에는 상대방에 대한 판결의 송달은 부적법하여 무효이므로 상대방은 아직도 판결정본의 송달을 받지 않은 상태에 있어 이에 대하여 상소를 제기할 수 있을 뿐만 아니라, 위 사위판결에 기하여 부동산에 관한 소유권이전등기나 말소등기가 경료된 경우에는 별소로서 그 등기의 말소를 구할 수도 있다(대법원 1995.05.09. 선고 94다41010 판결). 즉, 판결이 확정되지 않았으므로 기판력이 발생하지 않는다.
㉡ 허위의 주소지에 결정이 송달되었다면 아직 적법한 송달이 있었다고 할 수 없으므로 그 판결은 확정되지 않았고 따라서 그 판결에 대하여는 항소를 제기할 수 있을 뿐 재심의 청구를 할 수는 없다 (대법원 1970.06.09. 선고 70마676 판결).

정답 ③

2. 송달에 관한 설명 중 옳은 것은? (다툼이 있는 경우에는 판례에 의함) [2021년 08월 모의]

① 소송당사자나 대리인이 정당한 사유 없이 송달장소에서 소송서류의 수령을 거부하는 경우, 법원은 바로 우편송달을 실시할 수 있다.
② 같은 소송절차에서 같은 당사자에 대하여 계속적으로 이루어지는 공시송달은 실시한 날로부터 2주가 지나야 효력이 생긴다.
③ 조정을 갈음하는 결정 정본의 송달은 공시송달로 할 수 있다.
④ 송달받을 당사자가 소송을 위임한 경우 송달수령권도 소송대리인에게 있게 되므로 당사자 본인이 소송서류를 송달받았다면 이는 송달로서 유효하지 않은 것이다.
⑤ 재판장은 소송의 지연을 피하기 위하여 필요하다고 인정하는 때에 공시송달을 명할 수 있고 직권 또는 신청에 따라 법원사무관 등의 공시송달처분을 취소할 수도 있다.

해설

① (×) 교부송달, 보충송달, 유치송달이 불가능한 때에는 법원사무관등은 서류를 등기우편 등 대법원규칙이 정하는 방법으로 발송할 수 있다(민소법 제187조).
② (×) 첫 공시송달은 제195조의 규정에 따라 실시한 날부터 2주가 지나야 효력이 생긴다. 다만, 같은 당사자에게 하는 그 뒤의 공시송달은 실시한 다음 날부터 효력이 생긴다(민소법 제196조 제1항).
③ (×)
  1) 조정을 갈음하는 결정·화해권고결정·이행권고결정·지급명령의 송달은 공시송달에 의할 수 없다.
  2) 민사조정법에 따른 기일, 기간 및 서류의 송달에 관하여는 「민소법」을 준용한다. 다만, 「민소법」 제185조 제2항(송달장소변경의 신고의무 해태에 따른 종전 송달장소에 관한 발송), 제187조(우편송달), 제194조부터 제196조까지(공시송달)의 규정은 제28조에 따라 작성된 조서(조정성립조서)를 송달하는 경우를 제외하고는 준용하지 아니한다(민사조정법 제38조).
④ (×) 소송대리인이 있는 경우에도 당사자 본인에게 한 서류의 송달은 유효하다(대법원 1970.06.05. 자 70마325 결정).
⑤ (O) 재판장은 소송의 지연을 피하기 위하여 필요하다고 인정하는 때에는 공시송달을 명할 수 있고, 재판장은 직권으로 또는 신청에 따라 법원사무관등의 공시송달처분을 취소할 수 있다(민소법 제194조 제3,4항).

정답 ⑤

3. 송달에 관한 설명 중 옳은 것(O)과 옳지 않은 것(×)을 바르게 표시한 것은? (다툼이 있는 경우 판례에 의함) [2023년 10월 모의]

ㄱ. 당사자가 다른 소송의 재판절차에서 송달받은 준비서면 등에 당해 사건의 제1심 판결문과 확정증명원 등이 첨부된 경우에는 그 시점에 제1심 판결의 존재 및 공시송달의 방법으로 송달된 사실까지 알았다고 볼 것이지만, 다른 소송에서 선임된 소송대리인이 그 재판절차에서 위와 같은 준비서면 등을 송달받았다는 사정만으로 이를 당사자가 직접 송달받은 경우와 동일하게 볼 수는 없다.
ㄴ. 같은 소송절차에서 같은 당사자에 대해서 계속적으로 이루어지는 공시송달은 실시한 날로부터 각 2주가 지나야 효력이 생긴다.
ㄷ. 당사자가 송달받을 장소를 바꿨음에도 그 취지를 법원에 신고하지 않아서 법원이 달리 송달할 장소를 알 수 없는 경우 종전에 송달받던 장소에 등기우편으로 발송할 수 있고, 이 경우 발송

한 때에 송달된 것으로 본다.
ㄹ. 피고에 대한 교부송달, 보충송달, 유치송달이 불가능하다는 요건을 구비하여 일단 한 번 피고에게 우편송달을 하였다면 그에 이은 피고에 대한 별개의 서류의 송달은 위 요건이 구비되지 않아도 우편송달에 의한 방법으로 할 수 있다.
ㅁ. 원고가 소권을 남용하여 청구가 이유 없음이 명백한 소를 반복적으로 제기한 것에 대하여 법원이 변론 없이 판결로 소를 각하하는 경우에는 재판장은 직권으로 피고에 대하여 공시송달을 명할 수 있다.

① ㄱ(○), ㄴ(×), ㄷ(○), ㄹ(×), ㅁ(○)
② ㄱ(○), ㄴ(×), ㄷ(○), ㄹ(×), ㅁ(×)
③ ㄱ(×), ㄴ(○), ㄷ(×), ㄹ(○), ㅁ(×)
④ ㄱ(×), ㄴ(×), ㄷ(×), ㄹ(×), ㅁ(○)
⑤ ㄱ(○), ㄴ(×), ㄷ(○), ㄹ(○), ㅁ(×)

해설

ㄱ. (○) 당사자가 다른 소송의 재판절차에서 송달받은 준비서면 등에 당해 사건의 제1심 판결문과 확정증명원 등이 첨부된 경우에는 그 시점에 제1심 판결의 존재 및 공시송달의 방법으로 송달된 사실까지 알았다고 볼 것이지만, 다른 소송에서 선임된 소송대리인이 그 재판절차에서 위와 같은 준비서면 등을 송달받았다는 사정만으로 이를 당사자가 직접 송달받은 경우와 동일하게 볼 수는 없다(대법원 2022.04.14. 선고 2021다305796 판결).

ㄴ. (×) 첫 공시송달은 제195조의 규정에 따라 실시한 날부터 2주가 지나야 효력이 생긴다. 다만, 같은 당사자에게 하는 그 뒤의 공시송달은 실시한 다음 날부터 효력이 생긴다(민소법 제196조 제1항).

ㄷ. (○) 당사자·법정대리인 또는 소송대리인이 송달받을 장소를 바꿀 때에는 바로 그 취지를 법원에 신고하여야 하고, 신고를 하지 아니한 사람에게 송달할 서류는 달리 송달할 장소를 알 수 없는 경우 종전에 송달받던 장소에 대법원규칙이 정하는 방법으로 발송할 수 있다(민소법 제185조 제1,2항). 민소법 제185조 제2항에 따른 서류의 발송은 등기우편으로 한다(민사소송규칙 제51조). 제185조 제2항에 따라 서류를 발송한 경우에는 발송한 때에 송달된 것으로 본다(민소법 제189조).

ㄹ. (×) 등기우편에 의한 발송송달은 해당 서류에 관하여 교부송달, 또는 보충·유치송달 등이 불가능한 것임을 그 요건으로 하는 것이므로 당해 서류의 송달에 한하여 할 수 있는 것이지 그에 이은 별개의 서류의 송달은 이 요건이 따로 구비되지 않는 한 당연히 이 방법에 의한 우편송달을 할 수 있는 것이 아니다 (대법원 1994.11.11. 선고 94다36278 판결).

ㅁ. (○) 원고가 소권(항소권을 포함한다)을 남용하여 청구가 이유 없음이 명백한 소를 반복적으로 제기한 것에 대하여 법원이 변론 없이 판결로 소를 각하하는 경우에는 재판장은 직권으로 피고에 대하여 공시송달을 명할 수 있다(민소법 제194조 제4항). **정답 ①**

4. 송달에 관한 설명으로 옳은 것을 모두 고른 것은? (다툼이 있는 경우 판례에 의함) [2024년 08월 모의]

ㄱ. 여러 사람이 공동으로 대리권을 행사하는 경우의 송달은 그 가운데 한 사람에게 하면 되므로, 당사자에게 여러 소송대리인이 있는 때에는 법원은 판결정본을 송달함에 있어 그 중 1명의 소송대리인에게 송달하면 된다.
ㄴ. 소송당사자가 법인인 경우 그 대표자에게 소장 등을 송달하여야 하고, 그 송달은 법인 대표자의 주소, 거소, 영업소 또는 사무소에서 함이 원칙인데, 여기에서 '영업소 또는 사무소'라 함은 당해 법인의 영업소 또는 사무소를 말하므로, 그 대표자가 겸임하고 있는 별도의 법인격을 가진 다른 법인의 영업소 또는 사무소는 이에 해당하지 않는다.

ㄷ. 원고가 소권을 남용하여 청구가 이유 없음이 명백한 소를 반복적으로 제기한 것에 대하여 법원이 변론 없이 판결로 소를 각하하는 경우라 하더라도 재판장은 직권으로 피고에 대하여 공시송달을 명할 수는 없다.

ㄹ. 교도소에 수감된 사람에게 할 송달을 교도소장에게 하지 아니하고 수감되기 전의 종전 주·거소에 하였다면 부적법하여 무효이고, 법원이 당사자의 수감 사실을 모른 채 종전 주·거소에 송달하였다고 하여도 마찬가지로 송달의 효력은 발생하지 않는다.

ㅁ. 당사자·법정대리인 또는 소송대리인이 송달받을 장소를 바꿀 때에는 바로 그 취지를 법원에 신고하여야 하는데, 이러한 신고를 하지 아니하여 기록에 현출되어 있는 자료로 달리 송달할 장소를 알 수 없는 경우에는 종전의 송달장소로 등기우편으로 발송할 수 있다.

① ㄱ, ㄷ, ㄹ
② ㄴ, ㄷ, ㄹ
③ ㄱ, ㄹ, ㅁ
④ ㄴ, ㄷ, ㅁ
⑤ ㄴ, ㄹ, ㅁ

해설

㉠ (×)
1) 여러 사람이 공동으로 대리권을 행사하는 경우의 송달은 그 가운데 한 사람에게 하면 된다(민소법 제180조). 여러 소송대리인이 있는 때에는 각자가 당사자를 대리한다(민소법 제93조 제1항).
2) 민사소송의 당사자는 민소법 제396조 제1항에 의하여 판결정본이 송달된 날부터 2주 이내에 항소를 제기하여야 한다. 한편 당사자에게 여러 소송대리인이 있는 때에는 민소법 제93조에 의하여 각자가 당사자를 대리하게 되므로, 여러 사람이 공동으로 대리권을 행사하는 경우 그 중 한 사람에게 송달을 하도록 한 민소법 제180조가 적용될 여지가 없어 법원으로서는 판결정본을 송달함에 있어 여러 소송대리인에게 각각 송달을 하여야 하지만, 그와 같은 경우에도 소송대리인 모두 당사자 본인을 위하여 소송서류를 송달받을 지위에 있으므로 당사자에 대한 판결정본 송달의 효력은 결국 소송대리인 중 1인에게 최초로 판결정본이 송달되었을 때 발생한다. 따라서 당사자에게 여러 소송대리인이 있는 경우 항소기간은 소송대리인 중 1인에게 최초로 판결정본이 송달되었을 때부터 기산된다.

㉡ (○) 법인인 소송당사자에게 법적효과가 발생할 소송행위는 그 법인을 대표하는 자연인의 행위이거나 그 자연인에 대한 행위이어야 할 것이므로 동 법인에게로 소장, 기일소환장 및 판결 등 서류는 그 대표자에게 송달하여야 하고, 그 송달은 법인 대표자의 주소, 거소, 영업소 또는 사무소에서 함이 원칙인데(구 민소법(2002. 1. 26. 법률 제6626호로 전문 개정되기 전의 것) 제170조 제1항), 여기에서 '영업소 또는 사무소'라 함은 당해 법인의 영업소 또는 사무소를 말한다고 보아야 하므로, 그 대표자가 겸임하고 있는 별도의 법인격을 가진 다른 법인의 영업소 또는 사무소는 그 대표자의 근무처에 불과하다(대법원 2003.04.25. 선고 2000다60197 판결).

㉢ (×)
1) 원고가 소권(항소권을 포함한다)을 남용하여 청구가 이유 없음이 명백한 소를 반복적으로 제기한 것에 대하여 법원이 변론 없이 판결로 소를 각하하는 경우에는 재판장은 직권으로 피고에 대하여 공시송달을 명할 수 있다(민소법 제194조 제4항). 동조 제4항은 2023. 4. 18.에 신설되었다.
2) 참고 : 동조 제5항도 마찬가지이다. 재판장은 직권으로 또는 신청에 따라 법원사무관등의 공시송달처분을 취소할 수 있다(민소법 제194조 제5항).

㉣ (○) 민소법 제182조에 의하면 교도소·구치소 또는 국가경찰관서의 유치장에 수감된 사람에게 할 송달을 교도소·구치소 또는 국가경찰관서의 장에게 하지 아니하고 수감되기 전의 종전 주·거소에 하였다면 부적법하여 무효이고, 법원이 피고인의 수감 사실을 모른 채 종전 주·거소에 송달하였다고 하여도 마찬가지로 송달의 효력은 발생하지 않는다. 그리고 송달명의인이 체포 또는 구속된 날 소송기록접수통지서 등의 송달서류가 송달명의인의 종전 주·거소에 송달되었다면 송달의 효력 발생 여부는 체포 또는

구속된 시각과 송달된 시각의 선후에 의하여 결정하되, 선후관계가 명백하지 않다면 송달의 효력은 발생하지 않는 것으로 보아야 한다(대법원 2017.11.07. 자 2017모2162 결정).

ⓜ (O) 민소법 제185조 제2항에서 말하는 '달리 송달할 장소를 알 수 없는 경우'라 함은 상대방에게 주소보정을 명하거나 직권으로 주민등록표 등을 조사할 필요까지는 없지만, 적어도 기록에 현출되어 있는 자료로 송달할 장소를 알 수 없는 경우에 한하여 등기우편에 의한 발송송달을 할 수 있음을 뜻한다(대법원 2022.03.17. 선고 2020다216462 판결).   정답 ⑤

5. 기일, 기간에 관한 설명 중 옳지 않은 것은? (다툼이 있는 경우 판례에 의함) [2024년 10월 모의]

① 불변기간에 대하여, 법원은 그 기간을 늘이거나 줄일 수는 없으나, 주소 또는 거소가 멀리 떨어진 곳에 있는 사람을 위하여 부가기간을 정할 수는 있다.
② 상고이유서 제출기간은 불변기간이 아니어서 소송행위의 추후보완의 대상이 될 수 없다.
③ 기일은 재판장이 지정하는데, 첫 변론기일 또는 첫 변론준비기일을 바꾸는 것은 현저한 사유가 없는 경우라도 당사자들이 합의하면 이를 허가한다.
④ 기일은 기일통지서 또는 출석요구서를 송달하여 통지하는데, 다만 그 사건으로 출석한 사람에게는 기일을 직접 고지하면 된다.
⑤ 당사자가 변론기일 통지서를 송달받은 바 없는 경우 그 당사자가 변론기일에 임의출석하여 그 변론기일을 통지받지 못한 것에 대해 즉시 이의를 제기하지 않고 변론을 하였다 하더라도 법원의 기일통지는 헌법상 재판청구권과 관련된 것으로서 임의로 처분할 수 없으므로 그 흠이 치유되지 않는다.

해설

① (O) 법원은 법정기간 또는 법원이 정한 기간을 늘이거나 줄일 수 있다. 다만, 불변기간은 그러하지 아니하다. 법원은 불변기간에 대하여 주소 또는 거소가 멀리 떨어진 곳에 있는 사람을 위하여 부가기간(附加期間)을 정할 수 있다(민소법 제172조 제1,2항).
② (O)
 1) 불변기간은 대체로 재판에 대한 불복신청기간으로서 이를 늘리고 줄일 수 없다. 민소법 제396조 제2항의 항소기간처럼 법률상 명문으로 "불변기간으로 한다"라고 정해놓고 있는 기간을 불변기간이라 한다.
 2) 상고장에 상고이유를 적지 아니한 때에 상고인은 제426조의 통지(소송기록접수통지)를 받은 날부터 20일 이내에 상고이유서를 제출하여야 한다(민소법 제427조).
 3) 상고이유서 제출기간은 불변기간이 아니므로 민소법 제160조(현행 제173조)의 적용이 없다(대법원 1970.01.27. 선고 67다774 판결). 법률상 명문으로 "불변기간으로 한다"라는 문구가 없으므로 불변기간이 아니라고 본 판례이다.
③ (O) 첫 변론기일 또는 첫 변론준비기일을 바꾸는 것은 현저한 사유가 없는 경우라도 당사자들이 합의하면 이를 허가한다(민소법 제165조 제2항).
④ (O) 기일은 기일통지서 또는 출석요구서를 송달하여 통지한다. 다만, 그 사건으로 출석한 사람에게는 기일을 직접 고지하면 된다(민소법 제167조 제1항).
⑤ (✗) 당사자가 변론기일 소환장의 송달을 받은 바 없다 하더라도 변론기일에 임의출석하여 변론을 하면서 그 변론기일의 불소환을 책문하지 아니하면 책문권의 상실로 그 하자는 치유된다(대법원 1984.04.24. 선고 82므14 판결).   정답 ⑤

6. **소송행위의 추후보완에 관한 설명 중 옳지 않은 것은? (다툼이 있는 경우 판례에 의함)** [2024년 10월 모의]

① 양 당사자가 조정기일에 출석하였으나 조정이 불성립으로 종결된 후, 피신청인이 주소가 변경되었음에도 주소변경신고를 하지 않은 상태에서 조정이 소송으로 이행되어 공시송달로 소송이 진행된 경우, 피신청인에게 소송의 진행상황을 조사할 의무가 있으므로, 피신청인이 상소제기의 불변기간을 지키지 못하였다면 이는 당사자가 책임을 질 수 없는 사유로 말미암은 것에 해당하지 않는다.

② 피고가 소송계속 중 교도소에 수감되었음에도 법원이 판결정본을 교도소장에게 송달하지 않고 피고 주소지로 공시송달을 한 것은 공시송달의 요건을 갖추지 못한 하자가 있으나 재판장의 명령에 따라 공시송달을 한 이상 송달의 효력은 있고, 다만 피고는 과실 없이 제1심판결의 송달을 알지 못하여 책임을 질 수 없는 사유로 항소기간을 준수할 수 없었던 때에 해당하므로 그 사유가 없어진 후 2주일 내에 추완항소를 할 수 있다.

③ 처음부터 공시송달의 방법에 의한 경우와 달리 소송의 진행 도중 소송서류의 송달이 불능하게 된 결과 부득이 공시송달의 방법에 의하게 된 경우에는 당사자에게 소송의 진행상황을 조사할 의무가 있는 것이므로, 당사자가 법원에 소송의 진행상황을 알아보지 않았다면 과실이 없다고 할 수 없어서 소송행위의 추후보완이 인정되지 않는다.

④ 소장부본과 판결정본 등이 공시송달의 방법에 의하여 송달된 경우, 당사자는 책임질 수 없는 사유가 없어진 날부터 2주 이내에 게을리 한 소송행위를 보완할 수 있는데, 여기서 사유가 없어진 날이라고 함은 당사자나 소송대리인이 단순히 판결이 있었던 사실을 안 때가 아니고 나아가 그 판결이 공시송달의 방법으로 송달된 사실을 안 때를 가리키는 것으로서, 당사자나 소송대리인이 사건기록의 열람을 하거나 또는 새로이 판결정본을 영수한 때에 비로소 판결이 공시송달의 방법으로 송달된 사실을 알게 되었다고 보아야 한다.

⑤ 판결의 선고 및 송달 사실을 알지 못하여 자신이 책임질 수 없는 사유로 말미암아 불변기간인 상소기간을 지키지 못하게 되었다는 사정은 상소를 추후보완하고자 하는 당사자 측에서 주장·증명하여야 한다.

> 해설

① (✕) 조정이 성립되지 아니한 것으로 사건이 종결된 후 피신청인의 주소가 변경되었음에도 피신청인이 조정법원에 주소변경신고를 하지 않은 상태에서 민사조정법 제36조 제1항 제2호에 따라 조정이 소송으로 이행되었는데, 통상의 방법으로 변론기일통지서 등 소송서류를 송달할 수 없게 되어 발송송달이나 공시송달의 방법으로 송달한 경우에는 처음부터 소장 부본이 적법하게 송달된 경우와 달라서 피신청인에게 소송의 진행상황을 조사할 의무가 있다고 할 수 없다. 따라서 피신청인이 이러한 소송의 진행상황을 조사하지 않아 상소제기의 불변기간을 지키지 못하였다면 이는 당사자가 책임질 수 없는 사유로 말미암은 것에 해당한다(대법원 2015.08.13. 선고 2015다213322 판결).

② (○), ④ (○)
당사자가 소송 계속 중에 수감된 경우 법원이 판결정본을 민소법 제182조에 따라 교도소장 등에게 송달하지 않고 당사자 주소 등에 공시송달 방법으로 송달하였다면, 공시송달의 요건을 갖추지 못한 하자가 있다고 하더라도 재판장의 명령에 따라 공시송달을 한 이상 송달의 효력은 있다. 수감된 당사자는 민소법 제185조에서 정한 송달장소 변경의 신고의무를 부담하지 않고 요건을 갖추지 못한 공시송달로 상소기간을 지키지 못하게 되었으므로 특별한 사정이 없는 한 과실 없이 판결의 송달을 알지 못한 것이고, 이러한 경우 책임을 질 수 없는 사유로 불변기간을 준수할 수 없었던 때에 해당하여 그 사유가 없어진 후 2주일 내에 추완 상소를 할 수 있다. 여기에서 '사유가 없어진 때'란 당사자나 소송대리인이 판결이 있었고 판결이 공시송달 방법으로 송달된 사실을 안 때를 가리킨다. 통상의 경우에는 당사자나 소송대

리인이 사건 기록을 열람하거나 새로 판결정본을 영수한 때에 비로소 판결이 공시송달 방법으로 송달된 사실을 알게 되었다고 보아야 한다(대법원 2022.01.13. 선고 2019다220618 판결).

③ (O) 민소법 제160조 제1항의 '당사자가 그 책임을 질 수 없는 사유'라고 함은 당사자가 그 소송행위를 하기 위하여 일반적으로 하여야 할 주의를 다하였음에도 불구하고 그 기간을 준수할 수 없었던 사유를 가리키므로, 소송의 진행 도중 소송서류의 송달이 불능하게 된 결과 부득이 공시송달의 방법에 의하게 된 경우에는 처음부터 공시송달의 방법에 의한 경우와는 달라서 당사자에게 소송의 진행 상황을 조사할 의무가 있는 것이므로, 당사자가 법원에 소송의 진행 상황을 알아보지 않았다면 과실이 없다고 할 수 없으며, 또한 이러한 의무는 당사자가 변론기일에서 출석하여 변론을 하였는지 여부, 출석한 변론기일에서 다음 변론기일의 고지를 받았는지 여부나, 소송대리인을 선임한 바 있는지 여부를 불문하고 부담하는 것이다(대법원 1998.10.02. 선고 97다50152 판결).

⑤ (O) 판결의 선고 및 송달 사실을 알지 못하여 자신이 책임질 수 없는 사유로 말미암아 불변기간인 상소기간을 지키지 못하게 되었다는 사정은 상소를 추후보완하고자 하는 당사자 측에서 주장·증명하여야 한다(대법원 2021.04.15. 선고 2019다244980 판결).

정답 ①

7. 甲은 乙을 채무자, 丙 주식회사를 제3채무자로 하여 乙의 丙에 대한 임금채권에 대하여 채권압류 및 추심명령을 받은 후 이를 근거로 丙을 상대로 추심금청구의 소를 제기하였다. 제1심법원은 소장부본을 비롯한 소송서류를 丙의 본점 소재지로 송달하였고, 乙이 丙의 사무원으로서 위 소송서류를 수령한 후 丙의 대표이사에게 전달하지 아니하였다. 丙이 소장부본 송달일로부터 30일 이내에 답변서를 제출하지 아니하자, 제1심법원은 변론 없이 원고 승소 판결을 선고하고, 丙의 본점 소재지로 제1심 판결정본을 송달하였으며, 위 판결정본도 乙이 丙의 사무원으로서 이를 수령한 후 丙의 대표이사에게 전달하지 아니하였다. 이에 관한 설명으로 옳은 것을 모두 고른 것은? (다툼이 있는 경우 판례에 의함) [2022년 10월 모의]

ㄱ. 위 사건의 소송서류 송달은 보충송달로서 적법하다.
ㄴ. 제1심법원의 무변론판결은 적법하다.
ㄷ. 丙의 대표이사가 위 제1심판결정본 송달일로부터 한 달이 지난 시점에 이 사건 제1심 기록을 열람하고 그로부터 2주 이내에 추완항소를 제기하였다면, 그 추완항소는 적법하다.
ㄹ. 추심명령은 제3채무자에게 송달됨으로써 효력이 발생하므로, 위 채권압류 및 추심명령이 丙의 본점 소재지로 송달되고, 乙이 위 장소에서 이를 수령한 후 丙의 대표이사에게 전달하지 않았다면, 위 채권압류 및 추심명령은 무효이다.
ㅁ. 위 사건의 항소심의 심리 결과 위 채권압류 및 추심명령이 무효라고 인정된다면, 항소심법원은 제1심판결을 취소하고 원고 청구를 기각하는 판결을 선고하여야 한다.

① ㄱ, ㄴ ② ㄱ, ㄴ, ㄷ ③ ㄷ, ㄹ
④ ㄷ, ㅁ ⑤ ㄹ, ㅁ

해설

ㄱ. (×)
1) 보충송달제도는 본인 아닌 그의 사무원, 피용자 또는 동거인, 즉 수령대행인이 서류를 수령하여도 그의 지능과 객관적인 지위, 본인과의 관계 등에 비추어 사회통념상 본인에게 서류를 전달할 것이라는 합리적인 기대를 전제로 한다. 그런데 본인과 수령대행인 사이에 당해 소송에 관하여 이해의 대립 내지 상반된 이해관계가 있는 때에는 수령대행인이 소송서류를 본인에게 전달할 것이라고 합리적으로 기대하기 어렵고, 이해가 대립하는 수령대행인이 본인을 대신하여 소송서류를 송달받는 것은 쌍방대

리금지의 원칙에도 반하므로, 본인과 당해 소송에 관하여 이해의 대립 내지 상반된 이해관계가 있는 수령대행인에 대하여는 보충송달을 할 수 없다(대법원 2016.11.10. 선고 2014다54366 판결).
2) 압류 및 추심명령의 수령대행인인 채무자 乙과 송달수령자 본인인 제3채무자 주식회사 丙 사이에는 상반된 이해관계가 있기 때문에 이 사건 이 사건 보충송달은 적법하지 않다.

ㄴ. (×) 위 ㄱ.의 송달이 유효하지 않으므로, 송달의 유효함을 전제로 한 무변론판결도 적법하지 않다.
ㄷ. (○) 위 ㄱ.의 송달이 유효하지 않으므로, 판결은 확정되지 않았고 소송상 구제수단은 단순항소로 된다. 다만, 추완항소장을 제출하였더라도 선해하여 단순항소로 해석되므로 추완항소기간 준수 및 사유에 대한 충족이 없어도 항소는 적법한 것이 된다.
ㄹ. (○)
1) 압류명령이 제3채무자에게 송달되면 압류의 효력이 생긴다(민집법 제227조 제3항). 추심명령도 제3채무자에게 송달되면 압류의 효력이 생긴다(민집법 제229조 제4항).
2) 위 ㄱ.의 송달이 유효하지 않으므로, 압류 및 추심명령은 무효이다.
ㅁ. (×)
1) 유효한 추심명령이 있으면 갈음형 당사자적격에 해당하여, 추심채권자가 당사자적격을 가지게 된다. 따라서 무효인 압류 및 추심명령을 근거로 한 추심금 청구는 당사자적격이 없는 자에 의한 청구이므로 각하되어야 한다.
2) 비교 : 전부명령의 경우에는 당사자적격의 발생 또는 상실이 아니라 피전부채권 자체의 이전이 있는 경우이므로, 전부명령이 무효인 경우 당사자적격의 원칙으로 돌아가 전부채권의 존재를 주장하는 전부채권자에게 당사자적격이 인정된다. 다만, 피전부채권의 이전이 인정되지 않아 원고 전부채권자의 청구권이 없으므로 전부금청구가 기각될 뿐이다.

정답 ③

제3절 증거

1. 민사소송법상 변론의 전취지에 관한 설명 중 옳지 않은 것은? (다툼이 있는 경우에는 판례에 의함)
[2019년 06월 모의]

① 증거원인으로서의 변론의 전취지는 증거조사의 결과를 제외한 소송자료의 전부를 말하는 것으로서 당사자의 주장내용이나 태도, 증거신청의 시기 등 법관의 심증형성에 참작될 변론에 나타난 일체의 자료를 뜻한다.
② 당사자가 변론과정에서 법원이 납득할 만한 충분한 증거를 제출하지 못한 경우, 법원은 변론의 전취지만으로 청구원인사실을 인정할 수 없다.
③ 당사자가 제출한 문서의 사본에 대해 상대방이 그 원본의 존재와 진정성립을 다투고 있더라도 법원은 변론의 전취지에 의하여 그 문서의 원본의 존재와 진정성립을 인정하여 증거로 채택할 수 있다.
④ 재판상 자백을 취소함에 있어 상대방의 동의를 얻지 못한 경우, 자백이 진실에 반한다는 증명이 있더라도 그 자백이 착오로 인한 것이라고 추정되는 것은 아니지만 법원은 변론의 전취지에 의하여 자백이 착오로 인한 것이라는 점을 인정할 수 있다.
⑤ 사문서의 진정성립에 관하여 상대방이 부지로 다투는 서증에 관하여 신청인이 성립을 증명하지 아니한 경우라 할지라도 법원은 다른 증거에 의하지 아니하고 변론의 전취지를 참작하여 그 성립을 인정할 수 있다.

해설

① (○) 증거원인으로서의 변론의 전 취지란 증거조사의 결과를 제외한 소송자료의 전부를 말하는 것으로서 당사자의 주장내용 주장태도 사실주장이나 증거신청의 시기 당사자의 인간관계등 법관의 심증형성에 참작될 변론에 나타난 일체의 자료를 뜻한다(대법원 1962.04.12. 선고 4294민상1078 판결).

② (○) 변론의 취지는 변론의 과정에 현출된 모든 상황과 자료를 말하여 증거원인이 되는 것이기는 하나 그것만으로는 사실인정의 자료로 할 수 없다(대법원 1983.09.13. 선고 83다카971 판결).

③ (×), ⑤ (○)
 1) 사문서는 그 진정성립이 증명되어야만 이를 증거로 할 수 있으나 그 증명의 방법에 관하여 특별한 제한이 없고, 당사자가 부지라고 다투는 서증에 관하여 거증자가 특히 그 성립을 증명하지 아니한 경우라 할지라도 법원은 다른 증거에 의하지 아니하고 변론 전체의 취지를 참작하여 자유심증으로 그 성립을 인정할 수 있다(대법원 2010.02.25. 선고 2007다85980 판결).
 2) 다만, 법원이 서증조사를 할 때에 '사본을 증거로 제출받으면서도', 그 사본이 원본과 일치하는지 여부에 대하여 심리조차 하지 아니하였으며, 나아가 석명권을 행사하여 원본의 작성자, 작성 경위 및 내용 등을 밝히도록 문서제출자에게 입증을 촉구하여 사실관계를 명백히 하지 아니한 채 만연히 변론의 전취지에 의하여 원본의 존재와 그 진정성립을 인정하여 증거로 채용하였다면 위법하다는 것이 판례이다(대법원 1996.03.08. 선고 95다48667 판결).
 3) 따라서 문서의 제출은 원본으로 하여야 하는 것이고, 원본이 아니고 단순한 사본만에 의한 증거의 제출은 정확성의 보증이 없어 원칙적으로 부적법하므로, 원본의 존재 및 원본의 성립의 진정에 관하여 다툼이 있고 사본을 원본의 대용으로 하는 것에 대하여 상대방으로부터 이의가 있는 경우에는 사본으로써 원본을 대신할 수 없으며, 반면에 사본을 원본으로서 제출하는 경우에는 그 사본이 독립한 서증이 되는 것이나 그 대신 이에 의하여 원본이 제출된 것으로 되지는 아니하고, 이 때에는 증거에 의하여 사본과 같은 원본이 존재하고 또 그 원본이 진정하게 성립하였음이 인정되지 않는 한 그와 같은 내용의 사본이 존재한다는 것 이상의 증거가치는 없다. 다만, 서증사본의 신청 당사자가 문서 원본을 분실하였다든가, 선의로 이를 훼손한 경우, 또는 문서제출명령에 응할 의무가 없는 제3자가 해당 문서의 원본을 소지하고 있는 경우, 원본이 방대한 양의 문서인 경우 등 원본 문서의 제출이 불가능하거나 비실제적인 상황에서는 원본의 제출이 요구되지 아니한다고 할 것이지만, 그와 같은 경우라면 해당 서증의 신청당사자가 원본 부제출에 대한 정당성이 되는 구체적 사유를 주장·입증하여야 한다(대법원 2010.02.25. 선고 2009다96403 판결).

④ (○) 자백이 진실에 반한다는 증명이 있다고 하여 그 자백이 착오로 인한 것이라고 추정되는 것은 아니지만 그 자백이 진실과 부합되지 않는 사실이 증명된 경우라면 변론의 전취지에 의하여 그 자백이 착오로 인한 것이라는 점을 인정할 수 있다(대법원 2004.06.11. 선고 2004다13533 판결).

정답 ③

---

2. 진정성립이 인정된 문서의 실질적 증거력에 관한 설명으로 옳지 <u>않은</u> 것은? (다툼이 있는 경우에는 판례에 의함) [2019년 08월 모의]

① 처분문서의 실질적 증거력은 진정성립이 인정되는 것을 전제로 한다.
② 처분문서의 기재 내용이 부동문자로 인쇄되어 있다면 인쇄된 예문에 지나지 아니하여 그 기재를 합의의 내용이라고 볼 수 없는 경우도 있으므로 처분문서라 하여 곧바로 당사자의 합의 내용이라고 단정할 수는 없다.
③ 은행과 근저당권설정자 사이의 부동문자로 인쇄된 근저당권설정계약서에 이른바 포괄근저당권을 설정한다는 문언이 기재된 경우, 은행의 담보취득행위가 은행대차관계에서 이례에 속하여 관례를 벗어나는 것으로 보이거나 피담보채무를 제한하는 개별 약정이 있었다는 등의 특별한 사정이 없

는 한, 실질적 증거력이 인정된다.
④ 처분문서의 실질적 증거력은 반증이 없는 한, 처분문서에 기재되어 있는 문언대로 의사표시의 존재와 내용이 인정되는 것을 의미한다.
⑤ 보고문서의 경우 그것이 공문서라고 하더라도 실질적 증거력이 인정될 수 없다.

해설

① (O) 서증은 형식적 증거력이 인정된 다음 비로소 작성자의 의사가 요구하는 사실의 증거로서 얼마나 유용하느냐에 관한 실질적 증명력을 판단하여야 한다(대법원 1997.04.11. 선고 96다50520 판결).
② (O) 처분문서의 기재 내용이 부동문자로 인쇄되어 있다면 인쇄된 예문에 지나지 아니하여 그 기재를 합의의 내용이라고 볼 수 없는 경우도 있으므로 처분문서라 하여 곧바로 당사자의 합의의 내용이라고 단정할 수는 없다(대법원 1997.11.28. 선고 97다36231 판결).
③ (O) 은행과 근저당권설정자 사이의 부동문자로 인쇄된 근저당권설정계약서에 이른바 포괄근저당권을 설정한다는 문언이 기재된 경우, 은행의 담보취득행위가 은행대차관계에 있어서 이례에 속하고 관례를 벗어나는 것이라고 보여지거나 피담보채무를 제한하는 개별 약정이 있었다는 등의 특별한 사정이 없는 한, 그 문언대로 의사표시의 존재와 내용을 인정된다(대법원 1997.06.24. 선고 95다43327 판결).
④ (O) 처분문서는 진정성립이 인정되면 기재 내용을 부정할 만한 분명하고도 수긍할 수 있는 반증이 없는 이상 문서의 기재 내용에 따른 의사표시의 존재와 내용을 인정하여야 한다(대법원 2014.09.26. 선고 2014다29667 판결).
⑤ (X) 진정성립이 추정되는 공문서는 진실에 반한다는 등의 특별한 사정이 없는 한 그 내용의 증명력을 쉽게 배척할 수 없으므로, 내용의 신빙성을 의심할 만한 특별한 사정을 증명할 만한 다른 증거자료가 없는 상황이라면 기재 내용대로 증명력을 가진다(대법원 2015.07.09. 선고 2013두3658 판결). **정답 ⑤**

3. 다음 중 재판상 자백에 관한 설명으로 옳지 않은 것은? (다툼이 있는 경우에는 판례에 의함)
[2019년 10월 모의]

① 부동산의 시효취득에 있어서 점유기간의 산정기준이 되는 점유개시의 시기(始期)에 대한 자백은 법원이나 당사자를 구속하지 않는다.
② 종중의 대표자에게 적법한 대표권이 있는지 여부에 관한 사항은 자백의 대상이 될 수 없다.
③ 당사자 일방이 한 진술에 잘못된 계산이나 기재가 있어 잘못이 분명한 경우에는 비록 상대방이 이를 원용하였다고 하더라도 자백이 성립할 수 없다.
④ 법률심인 상고심에서는 항소심에서 한 자백을 취소할 수 없다.
⑤ 재판상 자백의 취소는 절차의 안정을 위해 명시적으로 해야만 하며, 종전의 자백과 배치되는 사실을 주장하는 방법으로 묵시적으로 할 수는 없다.

해설

① (O)
1) 재판상 자백의 요건 : ㉠ 상대방의 주장과 일치하고 ㉡ 자신에게 불리한 ㉢ 요증사실에 대한 진술로서 ㉣ 변론기일 또는 변론준비기일에서 진술된 것이어야 한다.
2) 변론주의에서 일컫는 사실이라 함은, 권리의 발생소멸이라는 법률효과의 판단에 직접 필요한 주요사실만을 가리키는 것이고 그 존부를 확인하는 데 있어 도움이 됨에 그치는 간접사실은 포함하지 않는 것이다. 부동산의 시효취득에 있어서 점유기간의 산정기준이 되는 점유개시의 시기는 취득시효의 요

건사실인 점유기간을 판단하는 데 간접적이고 수단적인 구실을 하는 간접사실에 불과하므로 이에 대한 자백은 법원이나 당사자를 구속하지 않는 것이다(대법원 1994.11.04. 선고 94다37868 판결).

② (O) 종중이 당사자인 사건에 있어서 그 종중의 대표자에게 적법한 대표권이 있는지의 여부는 소송요건에 관한 것으로서 법원의 직권조사사항이고, 이러한 직권조사사항이 자백의 대상이 될 수가 없다(대법원 2002.05.14. 선고 2000다42908 판결).

③ (O) 당사자 일방이 한 진술에 잘못된 계산이나 기재, 기타 이와 비슷한 표현상의 잘못이 있고, 잘못이 분명한 경우에는 비록 상대방이 이를 원용하였다고 하더라도 당사자 쌍방의 주장이 일치한다고 할 수 없으므로 자백(선행자백)이 성립할 수 없다(대법원 2018.08.01. 선고 2018다229564 판결).

④ (O) 법률심인 상고심에 이르러서는 원심에서 한 자백을 취소할 수 없다(대법원 1998.01.23. 선고 97다38305 판결).

⑤ (×) 재판상 자백의 취소는 반드시 명시적으로 하여야만 하는 것은 아니고 종전의 자백과 배치되는 사실을 주장함으로써 묵시적으로도 할 수 있는 것이나, 다만 이 경우에도 자백을 취소하는 당사자는 그 자백이 진실에 반한다는 것 외에 착오에 인한 것임을 이울러 증명하여야 하며 진실에 반하는 것임이 증명되었다고 하여 착오에 인한 자백으로 추정되지는 않는다(대법원 1994.06.14. 선고 94다14797 판결). **정답 ⑤**

4. **아래 각 괄호에 들어갈 용어를 올바르게 나열한 것은? (다툼이 있는 경우 판례에 의함)** [2019년 10월 모의]

○ 법원에 문서를 제출하거나 보낼 때에는 원본, (A) 또는 인증이 있는 등본으로 하여야 한다.
○ 문서의 진정성립을 인정한 당사자는 특별한 요건의 충족 없이 이를 철회할 수 (B).
○ 인영의 동일성이 인정되면 날인행위가 작성명의인의 의사에 따른 것이라고 추정되는데 이러한 추정은 (C)이다.
○ 사문서가 완성문서로서의 진정성립의 추정이 번복되어 문서의 미완성 부분을 작성명의자가 아닌 자가 보충하였다는 등의 사정이 밝혀진 경우라면, 그 미완성 부분이 정당한 권한에 기하여 보충되었는지 여부에 관하여는 (D)에게 그 증명책임이 있다.
○ 피고가 제출한 서증에 대한 인부로서 원고가 부지라 하면서 원고 자신의 인장이 도용 위조된 것이라고 항변하는 경우에는 원칙적으로 (E) 측에서 그것이 도용된 것이라는 점에 관하여 증명하여야 한다.

	A	B	C	D	E
①	정본	없다	사실상의 추정	문서제출자	원고
②	정본	있다	법률상의 추정	문서제출자의 상대방	피고
③	사본	없다	사실상의 추정	문서제출자의 상대방	피고
④	사본	없다	법률상의 추정	문서제출자	원고
⑤	정본	있다	사실상의 추정	문서제출자의 상대방	원고

해설

A. **(정본)** 법원에 문서를 제출하거나 보낼 때에는 원본, 정본 또는 인증이 있는 등본으로 하여야 한다(민소법 제355조 제1항).

B. **(없다)** 문서의 성립에 관한 자백은 보조사실에 관한 자백이기는 하나 그 취소에 관하여는 다른 간접사실에 관한 자백취소와는 달리 주요사실의 자백취소와 동일하게 처리하여야 할 것이므로 문서의 진정성립

을 인정한 당사자는 자유롭게 이를 철회할 수 없다(대법원 2001.04.24. 선고 2001다5654 판결).
C. **(사실상의 추정)**
   1) 인영의 진정성립, 즉 날인행위가 작성 명의인의 의사에 기한 것이라는 추정은 사실상의 추정이므로, 인영의 진정성립을 다투는 자가 반증을 들어 인영의 진정성립, 즉 날인행위가 작성 명의인의 의사에 기한 것임에 관하여 법원으로 하여금 의심을 품게 할 수 있는 사정을 입증하면 그 진정성립의 추정은 깨어진다(대법원 1997.06.13. 선고 96재다462 판결).
   2) 자기가 증명책임을 지는 사실을 증명하기 위한 증거를 본증이라 하고, 법관에게 의심의 여지가 없을 정도의 확신을 주는 증명도에 의한다. 반증은 상대방이 증명책임을 지는 사실을 부정하기 위해 제출하는 증거를 말하고, 법관에게 사실의 존재에 대해서 의심을 품게 할 정도의 증명도에 의한다.
   3) 추정이란 일반적으로 어느 사실(전제사실)로부터 다른 사실(추정사실)을 추인하는 것을 말한다. ㉠ 사실상의 추정은 법관이 경험칙을 적용하여 행하는 추정이고, 추정사실은 법관으로 하여금 의심을 품게 할 반증으로 깨트려진다. ㉡ 법률상의 추정은 법규화되어 있는 추정규정을 적용하여 행하는 추정이고, 당사자의 입증곤란을 경감하기 위하여 법규문언으로 성문화되어 있다. 법률상의 추정이 있으면 증명책임의 전환이 있다. 따라서 추정사실은 추정사실을 다투는 자에 의하여 적극적인 반대사실의 증명(본증)이 있어야 깨트려진다.
D. **(문서제출자)** 완성문서로서의 진정성립의 추정이 번복되어 백지문서 또는 미완성 부분을 작성명의자가 아닌 자가 보충하였다는 등의 사정이 밝혀진 경우라면, 다시 그 백지문서 또는 미완성 부분이 정당한 권한에 기하여 보충되었다는 점에 관하여는 그 문서의 진정성립을 주장하는 자 또는 문서제출자에게 그 입증책임이 있다(대법원 2003.04.11. 선고 2001다11406 판결).
E. **(원고)** 서증에 대한 인부로서 원고는 부인하고 원고의 날인이 도용 위조된 것이라고 항변하는 경우에는 다른 특별한 사정이 없는 한 그 날인행위도 원고가 한 것으로 추정되는 것이라 할 것이므로 원고측에서 그것이 도용된 것이라는 점에 관하여 입증하여야 하고 이러한 입증이 없을 때에는 위 서증의 진정성립이 추정된다(대법원 1976.07.27. 선고 76다1394 판결).

정답 ①

5. 증인신문에 관한 다음의 설명 중 옳지 않은 것을 모두 고른 것은? (다툼이 있는 경우 판례에 의함)
[2020년 06월 모의]

ㄱ. 법정대리인 및 법인 등의 대표자는 증인능력이 있다.
ㄴ. 증인신문과 당사자신문은 당사자의 주장과 증거를 정리한 뒤 집중적으로 하여야 한다.
ㄷ. 증인이 정당한 사유 없이 출석하지 아니한 때에는 법원은 결정에 의하여 바로 7일 이내의 감치에 처할 수 있다.
ㄹ. 감치의 재판을 받은 증인이 감치의 집행 중에 증언을 한 때에는 법원은 바로 감치결정을 취소하고 그 증인을 석방하도록 명하여야 한다.
ㅁ. 증인은 재판장의 허가가 없으면 서류에 의하여 진술하지 못한다.

① ㄱ, ㄴ, ㅁ   ② ㄱ, ㄷ   ③ ㄴ, ㄷ, ㄹ
④ ㄴ, ㄹ   ⑤ ㄷ, ㄹ, ㅁ

해설

ㄱ. **(×)** 제3자라야 증인이 될 수 있고 당사자, 법정대리인 및 당사자인 법인·비법인 사단의 대표자는 증인이 될 수 없고, 당사자신문의 대상이 된다.
ㄴ. **(○)** 증인신문과 당사자신문은 당사자의 주장과 증거를 정리한 뒤 집중적으로 하여야 한다(민소법 제293조).

ㄷ. (✕) 증인이 정당한 사유 없이 출석하지 아니한 때에 법원은 결정으로 증인에게 500만 원 이하의 과태료에 처하고, 과태료의 재판을 받고도 정당한 사유 없이 다시 출석하지 아니한 때에는 결정으로 증인을 7일 이내의 감치에 처한다(민소법 제311조 제1,2항).

ㄹ. (○) 감치의 재판을 받은 증인이 감치의 집행 중에 증언을 한 때에는 법원은 바로 감치결정을 취소하고 그 증인을 석방하도록 명하여야 한다(민소법 제311조 제7항).

ㅁ. (○) 증인은 서류에 의하여 진술하지 못한다. 다만, 재판장이 허가하면 그러하지 아니하다(민소법 제331조).

정답 ②

6. 자백의 대상에 관한 설명 중 옳지 않은 것은? (다툼이 있는 경우 판례에 의함) [2020년 08월 모의]

① 법정변제충당의 순서에 관한 진술은 비록 그 진술자에게 불리하더라도 이를 자백이라고 볼 수 없다.
② 소송물의 전제문제가 되는 권리관계나 법률효과를 인정하는 진술은 권리자백으로서 법원을 기속하는 것이 아니어서 상대방의 동의 없이 자유로이 철회할 수 있다.
③ 소유권에 기한 이전등기말소청구소송에 있어서 피고가 원고 주장의 소유권을 인정하는 진술은 그 소전제가 되는 소유권의 내용을 이루는 사실에 대한 진술로 볼 수 있으므로 이는 재판상 자백에 해당한다.
④ 노동능력상실비율은 피해자의 여러 요건과 경험법칙에 비추어 법관이 규범적으로 결정하여야 하므로 자백의 대상이 아니다.
⑤ 재심사유에 대하여는 당사자의 자백이 허용되지 아니하므로 자백간주도 인정되지 않는다.

해설

① (○) 법정변제충당의 순서 자체는 법률 규정의 적용에 의하여 정하여지는 법률상의 효과여서 그에 관한 진술이 비록 그 진술자에게 불리하더라도 이를 자백이라고 볼 수는 없다(대법원 1998.07.10. 선고 98다6763 판결).

② (○), ③ (○)
  1) 소송물의 전제가 되는 권리관계나 법률효과를 인정하는 진술은 권리자백으로서 법원을 기속하는 것이 아니고 상대방의 동의없이 자유로이 철회할 수 있다(대법원 1982.04.27. 선고 80다851 판결).
  2) 재판상 자백의 요건 : ㉠ 상대방의 주장과 일치하고 ㉡ 자신에게 불리한 ㉢ 요증사실에 대한 진술로서 ㉣ 변론기일 또는 변론준비기일에서 진술된 것이어야 한다. 이는 선행자백(권리자백)의 경우에도 상대방의 주장이 있기 전 자백한다는 점에서 ㉠ 요건의 차이가 있을 뿐 나머지 요건은 같다. 선지의 경우 요증'사실'에 대한 진술이 아니라 법률상의 진술(법적평가에 대한 독자적인 의견표명)을 한 것에 불과하므로 선행자백이 성립하지 않는다는 것이 위 1)의 판례가 가지는 의미이다. 따라서 민소법 제288조에 따른 구속력이 발생하지 않으므로 법원을 기속하는 것도 아니고 상대방의 동의없이 자유로이 철회할 수 있다.
  3) 다만, 소유권에 기한 이전등기말소청구소송에 있어서 피고가 원고 주장의 소유권을 인정하는 진술은 그 소 전제가 되는 소유권의 내용을 이루는 사실에 대한 진술로 볼 수 있으므로 이는 재판상 자백에 해당한다고 보았다(대법원 1989.05.09. 선고 87다카749 판결).

④ (✕)
  1) 인신사고로 인한 손해배상청구사건에 있어서 ㉠ 노동능력상실율도 자백의 대상이 된다(대법원 1988.04.25. 선고 87다카2285 판결). ㉡ 피해자의 사고 당시 수입도 자백의 대상이 된다(대법원 1998.05.15. 선고 96다24668 판결).
  2) 비교 : 인신사고로 인한 손해배상액을 산정함에 있어 ㉢ 직종별임금실태조사보고서 ㉣ 한국직업사전의

기재 내용은 법관이 직무상 경험으로 알고 있는 사실로서 그 사실의 존재에 관하여 명확한 기억을 하고 있거나 또는 기록 등을 조사하여 곧바로 그 내용을 알 수 있는 사실로서 민소법 제288조 소정의 '법원에 현저한 사실'에 해당한다. 따라서 자백의 대상이 아니고 동시에 불요증사실로서 법원을 구속하며, 법원은 이를 기초로 피해자의 일실수입을 산정할 수 있다(대법원 1996.07.18. 선고 94다20051 전합 판결).

⑤ (O) 재심의 소는 확정판결에 대하여 그 판결의 효력을 인정할 수 없는 흠결이 있는 경우에 구체적 정의를 위하여 법적 안정성을 희생시키면서 확정판결의 취소를 허용하는 비상수단으로서, 재심사유에 대하여는 당사자의 자백이 허용되지 아니하며, 의제자백에 관한 민소법 제139조 제1항은 적용되지 않는다(대법원 1992.07.24. 선고 91다45691 판결).

정답 ④

7. 증거조사에 관한 설명 중 옳지 <u>않은</u> 것을 모두 고른 것은? (다툼이 있는 경우 판례에 의함)

[2020년 08월 모의]

ㄱ. 감정에는 증인신문에 관한 규정이 준용되므로 당사자의 신청이 없는 경우 법원이 직권으로 감정을 명할 수는 없다.

ㄴ. 법원의 개인에 대한 감정촉탁에 의한 감정결과는 선서를 하지 아니한 경우에는 증거능력이 없지만, 당사자가 감정 또는 감정촉탁방법에 의하지 않고 서증으로 제출한 소송 외에서의 감정의견도 법원이 합리적이라고 인정하면 사실인정의 자료로 할 수 있다.

ㄷ. 변호사 등 비밀을 지킬 의무가 있는 사람의 직무상 비밀에 속하는 사항 및 기술 또는 직업의 비밀에 속하는 사항이 적혀 있는 문서에 대하여는 신청자의 이익을 위하여 작성된 것이라고 하더라도 문서제출명령을 거부할 수 있다.

ㄹ. 문서의 성립에 관한 자백은 보조사실에 관한 자백이므로 당사자는 문서의 진정성립을 인정한 후에도 자유롭게 이를 철회할 수 있다.

① ㄱ
② ㄱ, ㄷ
③ ㄱ, ㄹ
④ ㄴ, ㄹ
⑤ ㄱ, ㄷ, ㄹ

해설

ㄱ. (×)
1) 감정에는 제2절(증인신문)의 규정을 준용한다(민소법 제333조 본문). 법원은 당사자가 신청한 증거에 의하여 심증을 얻을 수 없거나, 그 밖에 필요하다고 인정한 때에는 직권으로 증거조사를 할 수 있다(민소법 제292조).
2) 감정의 절차는 증인신문에 준하며(민소법 제333조 본문), 당사자의 신청에 의하는 것이 원칙이지만, 직권으로 감정을 명할 수 있다(민소법 제292조).

ㄴ. (O)
1) 감정인은 수소법원·수명법관 또는 수탁판사가 지정하고, 증거조사방법으로서의 감정인신문이란 ㉠ 감정인에게 최초로 출석을 요구하여 선서를 시킨 후 감정사항을 알리고 감정을 명하는 것(민소법 제335조, 제338조) ㉡ 감정인이 감정의견을 서면으로 제출한 후 법원이 감정인에 대하여 보충진술을 하게 하는 것을 말한다.
2) 민소법 제341조 제1항 전문의 감정촉탁은 법원이 필요하다고 인정하는 경우에 공공기관·학교, 그 밖에 상당한 설비가 있는 단체 또는 외국의 공공기관에 감정을 촉탁하는 것이다. 공정성과 전문성이 담보된 권위있는 기관에 감정을 촉탁하는 것이므로 선서나 진술의무가 면제된다(민소법 제341조 제1항 후문).

3) 감정의견은 반드시 소송법상 감정인신문, 관공서 기타 기관에 촉탁하는 방법에 의하여서만 소송에 현출되어야 하는 것이 아니고 소송 외에서 전문적인 학식경험이 있는 자가 작성한 감정의견을 기록한 서면이라 하더라도 그것이 서증으로 제출되었을 때 법원이 이를 합리적이고 믿을 만한 것이라고 인정하여 사실확정의 자료로 삼아도 위법하다 할 수 없다(대법원 1965.10.26. 선고 65다1660 판결).

4) 3) 판례에서 말하는 '소송 외에서 전문적인 학식경험이 있는 자가 작성한 감정의견을 기록한 서면'은 위 1), 2)의 소송상 증거조사절차로서의 감정과 감정촉탁을 의미하는 것이 아니다. 위 서면은 당사자가 자신이 주장하는 사실증명을 위하여 소송 외에서 제3자인 감정평가사 등에게 사적으로 의뢰하여 감정의견서를 받아 법원에 자료로 제출하는 것이다. 이를 사감정(私鑑定)이라 한다. 사감정에 의한 감정의견서면이라 하더라도 합리성이 있는 경우에는 재판에서 사실인정의 자료로 할 수 있다는 의미이다.

ㄷ. (O) 변호사 등 비밀을 지킬 의무가 있는 사람의 직무상 비밀에 속하는 사항 및 기술 또는 직업의 비밀에 속하는 사항이 적혀 있는 문서에 대하여는 신청자의 이익을 위하여 작성된 것이라고 하더라도 문서제출명령을 거부할 수 있다(민소법 제344조 제1항 제3호 다목).

ㄹ. (X) 문서의 성립에 관한 자백은 보조사실에 관한 자백이기는 하나 그 취소에 관하여는 다른 간접사실에 관한 자백취소와는 달리 주요사실의 자백취소와 동일하게 처리하여야 할 것이므로 문서의 진정성립을 인정한 당사자는 자유롭게 이를 철회할 수 없다(대법원 2001.04.24. 선고 2001다5654 판결). **정답 ③**

8. 증명에 관한 설명 중 옳지 않은 것은? [2020년 10월 모의]

① 관습법은 당사자의 주장·증명을 기다림이 없이 법원이 직권으로 이를 확정하여야 한다.
② 법원이 다른 사건의 판결에서 인정한 사실관계를 법원에 현저한 사실로 그대로 인정하는 것은 변론주의 위반이다.
③ 간접사실에 대한 자백은 법원이나 당사자를 구속하지 않는다.
④ 정지조건부 법률행위에 해당한다는 사실은 그 법률행위로 인한 법률효과의 발생을 다투려는 자가 증명하여야 한다.
⑤ 판례에 의하면, 의료과오소송에서 피고(의사)가 제출한 진료기록의 기재 중 원고(환자)에 대한 진단명의 일부가 흑색볼펜으로 가필되어 원래의 진단명을 식별할 수 없도록 변조되어 있는 경우, 피고가 자기에게 과실 없음을 증명하여야 한다.

해설

① (O) 법령과 같은 효력을 갖는 관습법은 당사자의 주장 입증을 기다림이 없이 법원이 직권으로 이를 확정하여야 하고 사실인 관습은 그 존재를 당사자가 주장 입증하여야 하나, 관습은 그 존부자체도 명확하지 않을 뿐만 아니라 그 관습이 사회의 법적 확신이나 법적 인식에 의하여 법적 규범으로까지 승인되었는지의 여부를 가리기는 더욱 어려운 일이므로, 법원이 이를 알 수 없는 경우 결국은 당사자가 이를 주장 입증할 필요가 있다(대법원 1983.06.14. 선고 80다3231 판결).

② (O)
1) 당사자가 주장하지 않았음에도 원심법원의 다른 판결에서 인정한 사실관계를 원심에 현저한 사실로 인정한 것은 변론주의를 위반한 것이다(대법원 2010.01.14. 선고 2009다69531 판결). 피고와 제3자 사이에 있었던 민사소송의 확정판결의 존재를 넘어서 그 판결의 이유를 구성하는 사실관계들까지 법원에 현저한 사실로 볼 수는 없다(대법원 2019.08.09. 선고 2019다222140 판결).
2) 참고
㉠ 법원에서 당사자가 자백한 사실과 현저한 사실은 증명을 필요로 하지 아니한다. 다만, 진실에 어긋나는 자백은 그것이 착오로 말미암은 것임을 증명한 때에는 취소할 수 있다(민소법 제288조).

ⓒ 민소법 제261조(현행 제288조) 소정의 '법원에 현저한 사실'이라 함은 법관이 직무상 경험으로 알고 있는 사실로서 그 사실의 존재에 관하여 명확한 기억을 하고 있거나 또는 기록 등을 조사하여 곧바로 그 내용을 알 수 있는 사실을 말한다(대법원 1996.07.18. 선고 94다20051 전합 판결).

ⓒ 판결이유에는 기판력이 미치지 않는다. 그리고 위 ⓒ과 같이 확정판결의 판결이유는 불요증사실인 '법원에 현저한 사실'도 아니다. 따라서 불요증사실이 가지는 구속력이 없으므로 법원으로서는 합리적인 논증에 따라 다른 확정판결에서의 판결이유와 다른 사실인정을 할 수 있다. 다만, 민소법 이론 상 확정판결에서 인정된 사실은 특별한 사정이 없는 한 후소법원도 이를 존중하여 인정해야 한다는 해석을 하고 있고, 이것을 학설에서는 증명력(증명효)설이라고 부른다.

ⓜ 당사자로서도 다른 판결에서 인정한 사실관계에 대하여 변론주의의 원칙 상 주장·증명하여야 한다. 이는 민소법 제288조 소정의 '법원에 현저한 사실'의 경우에도 마찬가지이다. 변론주의하에서는 아무리 법원에 현저한 사실이라 할지라도 당사자가 그 사실에 대한 진술을 하지 않는 한 법원은 그것을 사실인정의 자료로 할 수 없다(대법원 1965.03.02. 선고 64다1761 판결).

③ (O)
1) 재판상 자백의 요건 : ㉠ 상대방의 주장과 일치하고 ㉡ 자신에게 불리한 ㉢ 요증사실에 대한 진술로서 ㉣ 변론기일 또는 변론준비기일에서 진술된 것이어야 한다.
2) 변론주의에서 일컫는 사실이라 함은, 권리의 발생소멸이라는 법률효과의 판단에 직접 필요한 주요사실만을 가리키는 것이고 그 존부를 확인하는 데 있어 도움이 됨에 그치는 간접사실은 포함하지 않는 것이다. 부동산의 시효취득에 있어서 점유기간의 산정기준이 되는 점유개시의 시기는 취득시효의 요건사실인 점유기간을 판단하는 데 간접적이고 수단적인 구실을 하는 간접사실에 불과하므로 이에 대한 자백은 법원이나 당사자를 구속하지 않는 것이다(대법원 1994.11.04. 선고 94다37868 판결).

④ (O) 어떠한 법률행위가 조건의 성취시 법률행위의 효력이 발생하는 소위 정지조건부 법률행위에 해당하는 사실은 그 법률행위로 인한 법률효과의 발생을 저지하는 사유로서 그 법률효과의 발생을 다투려는 자에게 주장입증책임이 있다(대법원 1993.09.28. 선고 93다20832 판결).

⑤ (X) 의료분쟁에 있어서 의사 측이 가지고 있는 진료기록 등의 기재가 사실인정이나 법적 판단을 함에 있어 중요한 역할을 차지하고 있는 점을 고려하여 볼 때, 의사 측이 진료기록을 변조한 행위는 그 변조 이유에 대하여 상당하고도 합리적인 이유를 제시하지 못하는 한, 당사자 간의 공평의 원칙 또는 신의칙에 어긋나는 입증방해행위에 해당한다 할 것이고, 법원으로서는 이를 하나의 자료로 하여 자유로운 심증에 따라 의사 측에게 불리한 평가를 할 수 있다(대법원 2014.11.27. 선고 2012다11389 판결). 즉, 입증방해행위만으로 입증책임이 전환된다고 볼 수 없으므로, 피고(의사)측이 아닌 원고(환자) 여전히 피고(의사)측이 과실이 있음을 입증해야 한다.

정답 ⑤

9. 증명책임을 지는 자에 대한 설명으로 옳지 않은 것은? (다툼이 있는 경우에는 판례에 의함)
[2021년 06월 모의]

① 채무자가 유일한 재산을 처분하여 금전으로 바꾸었다는 이유로 제기한 사해행위취소소송에서 매수인의 선의는 수익자에게 증명책임이 있다.
② 이미 발생한 계약해제권이 소멸되거나 그 행사가 저지되는지 여부에 다툼이 있는 경우에는 해제권자의 상대방이 증명책임을 진다.
③ 지명채권 양도의 대항요건에 대해서는 양수인이 증명책임을 진다.
④ 지명채권에 양도금지특약이 있다고 주장하는 채무자는 양수인이 특약의 존재를 알고 있거나 알지 못한데 대한 악의 내지 중과실이 있음을 증명하여야 한다.
⑤ 사망자 명의로 신청하여 이루어진 이전등기라고 하더라도 등기의 추정력은 인정될 수 있으므로, 등기의 무효를 주장하는 자가 현재의 실체관계와 부합하지 아니함을 증명하여야 한다.

해설

① (O) 사해행위취소소송에 있어서 수익자가 사해행위임을 몰랐다는 사실은 그 수익자에게 입증책임이 있다(대법원 2006.07.04. 선고 2004다61280 판결).
② (O) 계약이 일단 성립한 후 그 해제원인의 존부에 대한 다툼이 있는 경우에는 그 계약해제권을 주장하는 자가 이를 증명하여야 하나, 이미 발생한 계약해제권이 다른 사유로 소멸되었거나 그 행사가 저지되는지 여부에 대한 다툼이 있는 경우에는 이를 주장하는 상대방이 이를 증명하여야 한다(대법원 2009.07.09. 선고 2006다67602 판결).
③ (O) 채권양수인으로서는 양도인이 채무자에게 채권양도통지를 하거나 채무자가 이를 승낙하여야 채무자에게 채권양수를 주장(대항)할 수 있는 것이며, 그 입증은 양수인이 사실심에서 하여야 할 책임이 있다(대법원 1990.11.27. 선고 90다카27662 판결).
④ (O) 채무자는 제3자가 채권자로부터 채권을 양수한 경우 채권양도금지 특약의 존재를 알고 있는 양수인이나 그 특약의 존재를 알지 못함에 중대한 과실이 있는 양수인에게 그 특약으로써 대항할 수 있고, 제3자의 악의 내지 중과실은 채권양도 금지의 특약으로 양수인에게 대항하려는 자(채무자)가 이를 주장·입증하여야 한다(대법원 2003.01.24. 선고 2000다5336 판결).
⑤ (×) 전 소유자가 사망한 이후에 그 명의의 신청에 의하여 이루어진 이전등기는 일단 원인무효라고 볼 것이어서 등기의 추정력을 인정할 여지가 없으므로, 그 등기의 유효를 주장하는 자가 현재의 실체관계와 부합함을 입증할 책임이 있다(대법원 1983.08.23. 선고 83다카597 판결). **정답** ⑤

10. 증명을 요하지 않는 사실에 관한 설명으로 옳은 것은? (다툼이 있는 경우에는 판례에 의함)
[2021년 06월 모의]

① 피고와 제3자 사이에 있었던 다른 법원의 확정 판결에서 인정된 사실은 당사자가 증거로 제출하지 않아도 법원에 현저한 사실이 된다.
② 당사자본인신문 중에 당사자가 상대방의 주장과 일치하여 자기에게 불리한 진술을 하였다면 재판상 자백이 성립한다.
③ 피고의 자백이 성립한 후, 원고가 청구를 교환적으로 변경하면서 자백의 대상인 원래의 주장을 철회하였다고 하여 기존의 자백의 효력이 없어지는 것은 아니다.
④ 당사자가 무명혼합계약을 자기에게 불리한 동산질권설정계약으로 잘못 진술한 경우 이러한 진술은 법원을 구속하지 않는다.
⑤ 자백간주의 요건이 갖추어져서 자백간주의 효과가 발생하였으나 그 이후의 기일통지서가 송달불능으로 되어 공시송달되었다면, 기존의 자백간주의 효과는 유지되지 않는다.

해설

① (×)
1) 피고와 제3자 사이에 있었던 민사소송의 확정판결의 존재를 넘어서 그 판결의 이유를 구성하는 사실관계들까지 법원에 현저한 사실로 볼 수는 없다(대법원 2019.08.09. 선고 2019다222140 판결).
2) 참고
 ㉠ 법원에서 당사자가 자백한 사실과 현저한 사실은 증명을 필요로 하지 아니한다. 다만, 진실에 어긋나는 자백은 그것이 착오로 말미암은 것임을 증명한 때에는 취소할 수 있다(민소법 제288조).
 ㉡ 민소법 제261조(현행 제288조) 소정의 '법원에 현저한 사실'이라 함은 법관이 직무상 경험으로 알고 있는 사실로서 그 사실의 존재에 관하여 명확한 기억을 하고 있거나 또는 기록 등을 조사하여 곧바로

로 그 내용을 알 수 있는 사실을 말한다(대법원 1996.07.18. 선고 94다20051 전합 판결).
ⓒ 판결이유에는 기판력이 미치지 않는다. 그리고 위 ⓒ과 같이 확정판결의 판결이유는 불요증사실인 '법원에 현저한 사실'도 아니다. 따라서 불요증사실이 가지는 구속력이 없으므로 법원으로서는 합리적인 논증에 따라 다른 확정판결에서의 판결이유와 다른 사실인정을 할 수 있다. 다만, 민소법 이론 상 확정판결에서 인정된 사실은 특별한 사정이 없는 한 후소법원도 이를 존중하여 인정해야 한다는 해석을 하고 있고, 이것을 학설에서는 증명력(증명효)설이라고 부른다. 당사자로서도 해당 사실에 대하여 변론주의의 원칙상 주장·증명하여야 한다.

② (×)
1) 민사소송절차에서는 사실주장을 하는 변론과 증거조사와는 엄연히 구별되어 있으므로 증거조사방법 중의 하나인 당사자본인신문의 결과 중에 당사자의 진술로서 상대방의 주장과 일치되는 부분이 나왔다고 하더라도 그것은 재판상 자백이 될 수 없다(대법원 1978.09.12. 선고 78다879 판결).
2) 재판상 자백의 요건 : ㉠ 상대방의 주장과 일치하고 ㉡ 자신에게 불리한 ㉢ 요증사실에 대한 진술로서 ㉣ 변론기일 또는 변론준비기일에서 진술된 것이어야 한다.
3) 증거조사방법 중의 하나인 당사자본인신문의 결과 중에 당사자의 진술로서 상대방의 주장과 일치되는 부분이 나온 경우, 그 진술을 변론기일 또는 변론준비기일에서 진술된 것이 아니라, 증거조사기일(당사자 신문기일)에서 현출된 하나의 증거자료에 불과하다. 법관의 심증형성에는 중대한 영향을 미치겠지만, 민소법 제288조 소정의 재판상 자백에 해당하는 아니므로, 따라서 위 제288조에 따른 구속력도 발생하지 않는다.

③ (×) 피고가 제1심에서 대상 토지의 소유권 일부 이전등기가 아무런 원인 없이 이루어졌다는 원고의 주장사실을 인정함으로써 자백이 성립된 후, 소변경신청서에 의하여 그 등기가 원인 없이 이루어졌다는 기존의 주장사실에 배치되는 명의신탁 사실을 주장하면서 청구취지 및 청구원인을 명의신탁해지를 원인으로 하는 소유권이전등기를 구하는 것으로 교환적으로 변경함으로써 원래의 주장사실을 철회한 경우, 이미 성립되었던 피고의 자백도 그 대상이 없어짐으로써 소멸되었다(대법원 1997.04.22. 선고 95다10204 판결).

④ (O)
1) 당사자의 법률상의 진술은 법원을 구속하는 것이 아니므로 무명혼합계약을 당사자가 동산질권설정계약 등으로 잘못 진술하였다 하더라도 이것은 일종의 권리자백에 해당하여 법원을 구속하지 않는다(대법원 1962.04.26. 선고 4294민상1071 판결).
2) 재판상 자백의 요건 : ㉠ 상대방의 주장과 일치하고 ㉡ 자신에게 불리한 ㉢ 요증사실에 대한 진술로서 ㉣ 변론기일 또는 변론준비기일에서 진술된 것이어야 한다. 이는 선행자백(권리자백)의 경우에도 상대방의 주장이 있기 전 자백한다는 점에서 ㉠ 요건의 차이가 있을 뿐 나머지 요건은 같다. 선지의 경우 요증'사실'에 대한 진술이 아니라 법률상의 진술(법적평가에 대한 독자적인 의견표명)을 한 것에 불과하므로 선행자백이 성립하지 않는다는 것이 위 1)의 판례가 가지는 의미이다. 따라서 민소법 제288조에 따른 구속력이 발생하지 않으므로 법원을 기속하는 것도 아니고 상대방의 동의없이 자유로이 철회할 수 있다.
3) 다만, 소유권에 기한 이전등기말소청구소송에 있어서 피고가 원고 주장의 소유권을 인정하는 진술은 그 소 전제가 되는 소유권의 내용을 이루는 사실에 대한 진술로 볼 수 있으므로 이는 재판상 자백에 해당한다고 보았다(대법원 1989.05.09. 선고 87다카749 판결).

⑤ (×) 민소법 제139조(현행 제150조 자백간주) 소정의 의제자백의 요건이 구비되어 일단 의제자백으로서의 효과가 발생한 때에는 그 이후의 기일에 대한 소환장이 송달불능으로 되어 공시송달하게 되었다고 하더라도 이미 발생한 의제자백의 효과가 상실되는 것이 아니다(대법원 1988.02.23. 선고 87다카961 판결).

정답 ④

11. 증거조사에 관한 설명 중 옳지 않은 것은? (다툼이 있는 경우에는 판례에 의함) [2021년 08월 모의]

① 당사자 본인신문에 있어서의 당사자의 진술은 증거자료에 불과한 것이다.
② 증인신문에 있어서 주신문에서는 특별한 사정이 없는 한 유도신문이 금지되지만, 반대신문에서는 필요한 경우 유도신문이 허용된다.
③ 문서제출명령의 신청자가 문서소지자에 대하여 실체법상 인도나 열람을 요구할 권리가 없는 경우, 문서소지자는 원칙적으로 문서제출명령에 응하여 그 문서를 제출할 의무가 없다.
④ 법원은 다른 증거방법이 있다고 하더라도 직권 또는 당사자의 신청에 의하여 당사자 본인을 신문할 수 있다.
⑤ 서증인부 절차에서 상대방이 부지로 다투는 서증에 관하여 거증자가 진정성립을 증명하지 아니한 경우, 법원은 변론전체의 취지를 참작하여 그 진정성립을 인정할 수 있다.

해설

① (○)
  1) 소송상 주장과 증거자료는 확연히 구별되는 것으로서, 증거자료에 나타난 사실을 소송상 주장사실과 같이 볼 수는 없는 것이므로, 당사자 신문에 있어서의 당사자의 진술도 증거자료에 불과하며 이를 소송상 당사자의 주장과 같이 취급할 수는 없다(대법원 1981.08.11. 선고 81다262 판결).
  2) 위 판례에서 '소송상 당사자의 주장'이란 변론절차에서의 당사자의 주장 진술을 의미한다. '당사자 신문에 있어서의 당사자의 진술'은 증거조사절차의 일종인 당사자신문절차에서 현출된 증거자료이다. 변론절차와 증거조사절차가 구분된 절차적 국면임을 유념하면 위 판례를 이해하기 편하다.
  3) 참고
  ㉠ 민사소송절차에서는 사실주장을 하는 변론과 증거조사와는 엄연히 구별되어 있으므로 증거조사 방법 중의 하나인 당사자본인신문의 결과 중에 당사자의 진술로서 상대방의 주장과 일치되는 부분이 나왔다고 하더라도 그것은 재판상 자백이 될 수 없다(대법원 1978.09.12. 선고 78다879 판결).
  ㉡ 재판상 자백의 요건 : ㉠ 상대방의 주장과 일치하고 ㉡ 자신에게 불리한 ㉢ 요증사실에 대한 진술로서 ㉣ 변론기일 또는 변론준비기일에서 진술된 것이어야 한다.
  ㉢ 증거조사방법 중의 하나인 당사자본인신문의 결과 중에 당사자의 진술로서 상대방의 주장과 일치되는 부분이 나온 경우, 그 진술을 변론기일 또는 변론준비기일에서 진술된 것이 아니라, 증거조사기일(당사자신문기일)에서 현출된 하나의 증거자료에 불과하다. 법관의 심증형성에는 중대한 영향을 미치겠지만, 민소법 제288조 소정의 재판상 자백에 해당하는 아니므로, 따라서 위 제288조에 따른 구속력도 발생하지 않는다.

② (○) 주신문에서는 유도신문을 하여서는 아니되고, 재판장은 유도신문은 제지하여야 하고, 유도신문의 방법이 상당하지 않다고 인정하는 때에는 제한할 수 있다(민사소송규칙 제91조 제2, 3항). 반대신문에서 필요한 때에는 유도신문을 할 수 있다(민사소송규칙 제92조 제2항).

③ (✗) 문서소지자는 원칙적으로 문서제출명령에 응하여 그 문서를 제출할 의무가 있다(민소법 제344조 제1,2항).

④ (○)
  1) 법원은 직권으로 또는 당사자의 신청에 따라 당사자 본인을 신문할 수 있다. 이 경우 당사자에게 선서를 하게 하여야 한다(민소법 제367조).
  2) 과거의 민소법은 위와 같은 당사자본인신문을 보충적 증거방법으로 하여 다른 증거방법에 의하여 법원이 심증을 얻지 못한 경우에 한해서 직권 또는 당사자의 신청에 의해서 허용된다고 규정하고 있었다(당사자신문의 보충성). 이에 따라 대법원은 구법 상 당사자신문의 보충성을 '증거력으로서의 보충성'까지 확장하여 당사자신문 결과만 가지고는 주요사실을 인정할 수 없고 다른 증거와 함께 증명력을

가질 때에만 비로소 주요사실을 인정할 수 있다는 입장이었다(당사자신문의 증거력으로서의 보충성).

3) 2002년 민소법 개정으로 당사자신문의 보충성은 폐지되었다. 따라서 법원은 다른 증거방법이 있는지 여부를 불문하고 당사자신문을 할 수 있다. 이에 따라 당사자신문의 증거력으로서의 보충성도 폐지되었으므로 당사자신문은 증거자료로서 그것만으로도 요증사실을 인정할 수 있게 되었다.

⑤ (O) 사문서는 진정성립이 증명되어야만 증거로 할 수 있지만 증명의 방법에 관하여는 특별한 제한이 없고, 부지로 다투는 서증에 관하여 거증자가 성립을 증명하지 아니한 경우라 할지라도 법원은 다른 증거에 의하지 아니하고 변론의 전취지를 참작하여 성립을 인정할 수도 있다(대법원 1993.04.13. 선고 92다12070 판결).

정답 ③

12. 재판상 자백에 관한 설명 중 옳지 않은 것은? (다툼이 있는 경우에는 판례에 의함) [2021년 10월 모의]

① 일단 자기에게 불리한 사실을 진술한 당사자도 그 후 상대방의 원용이 있기 전에는 자인한 진술을 철회하고 이와 모순되는 진술을 자유롭게 할 수 있으며 이 경우 앞의 자인 사실은 소송자료에서 제거된다.

② 당사자 일방이 한 진술에 잘못된 계산이나 기재, 기타 이와 비슷한 표현상의 잘못이 있는 경우에도 상대방이 이를 원용함으로써 주요사실에 관한 당사자 쌍방의 주장이 일치하게 되면 자백(선행자백)이 성립한다.

③ 상대방의 주장 사실을 자백하는 취지의 진술이 기재된 답변서나 준비서면이 변론기일 또는 변론준비기일에서 진술 간주된 경우에는 그 답변서나 준비서면을 제출한 당사자는 임의로 그 진술을 철회할 수 없다.

④ 제1심에서 자백간주가 있었다고 해도 해당 당사자가 항소심의 변론 종결 시까지 자백 간주된 사실을 다투면 그 간주 효과가 배제된다.

⑤ 제1심에서 피고에 대해 공시송달로 재판이 진행되어 피고에 대한 청구가 기각되었다고 해도, 원고가 항소한 항소심에서 피고가 공시송달이 아닌 방법으로 기일 통지서를 송달받고도 다투지 아니한 경우에는 민소법 제150조의 자백간주가 성립한다.

해설

① (O) 재판상 자백의 일종인 이른바 선행자백은 당사자 일방이 자진하여 자기에게 불리한 사실상의 진술을 한 후 상대방이 이를 원용함으로써 사실에 관하여 당사자 쌍방의 주장이 일치함을 요하므로 일치가 있기 전에는 전자의 진술을 선행자백이라 할 수 없고, 따라서 일단 자기에게 불리한 사실을 진술한 당사자도 그 후 상대방의 원용이 있기 전에는 자인한 진술을 철회하고 이와 모순되는 진술을 자유로이 할 수 있으며 이 경우 앞의 자인사실은 소송자료에서 제거된다(대법원 2016.06.09. 선고 2014다64752 판결).

② (×) 당사자 일방이 한 진술에 잘못된 계산이나 기재, 기타 이와 비슷한 표현상의 잘못이 있고, 잘못이 분명한 경우에는 비록 상대방이 이를 원용하였다고 하더라도 당사자 쌍방의 주장이 일치한다고 할 수 없으므로 자백(선행자백)이 성립할 수 없다(대법원 2018.08.01. 선고 2018다229564 판결).

③ (O)

1) 민소법 제288조의 규정에 의하여 구속력을 갖는 자백은 재판상의 자백에 한하는 것이고, 재판상 자백이란 변론기일 또는 변론준비기일에서 당사자가 하는 상대방의 주장과 일치하는 자기에게 불리한 사실의 진술을 말하는 것으로서, 법원에 제출되어 상대방에게 송달된 답변서나 준비서면에 자백에 해당하는 내용이 기재되어 있는 경우라도 그것이 변론기일이나 변론준비기일에서 진술 또는 진술간주되어야 재판상 자백이 성립한다(대법원 2015.02.12. 선고 2014다229870 판결). 재판상의 자백이 있으면 그것이 적법하게 취소되지 않는 한 법원도 이에 구속되므로, 법원이 자백 사실과 다른 판단을 할 수 없다(대

법원 2018.10.04. 선고 2016다41869 판결).

2) 자백간주는 ㉠ 당사자가 변론에서 상대방이 주장하는 사실을 명백히 다투지 아니한 때(민소법 제150조 제1항) ㉡ 당사자가 공시송달 아닌 방법으로 기일통지서를 송달받은 후 (자백취지의 서면도 제출함이 없이) 변론기일에 출석하지 아니하는 경우(민소법 제150조 제3항) 그 주요사실을 자백한 것으로 보는 것이다.

3) 예컨대 乙이 甲의 주장사실 중 매매계약 체결사실을 인정하는 내용의 답변서를 제출하였고 제1회 변론기일에 불출석하여 위 답변서를 진술한 것으로 간주된 경우를 생각해 볼 수 있다. 이것은 '변론기일 또는 변론준비기일에서 당사자가 하는 상대방의 주장과 일치하는 자기에게 불리한 사실의 진술을 말하는' 경우에 해당하므로 재판상 자백으로 보아야 한다. 자백취지의 서면이 제출되었고, 당사자의 불출석으로 그 서면이 진술간주되었기 때문이다. 자백간주로 볼 것이 아니다.

4) 자백간주는 당사자에 대한 구속력은 없으므로, 당사자는 사실심 변론종결시까지 어느 때라도 상대방의 주장사실을 다투어 이를 번복할 수 있다. 재판상 자백은 당사자에게도 구속력이 있어, 재판상 자백이 일단 성립하면 당사자는 이를 임의로 철회할 수 없다. 여기에 자백간주와 재판상 자백을 구분할 실익이 있는 것이다.

④ (O) 민소법 제150조 제1항은 "당사자가 변론에서 상대방이 주장하는 사실을 명백히 다투지 아니한 때에는 그 사실을 자백한 것으로 본다. 다만, 변론 전체의 취지로 보아 그 사실에 대하여 다툰 것으로 인정되는 경우에는 그러하지 아니하다."고 규정하고 있는바, 당사자는 변론이 종결될 때까지 어느 때라도 상대방의 주장사실을 다툼으로써 자백간주를 배제시킬 수 있다(대법원 2004.09.24. 선고 2004다21305 판결).

⑤ (O) 제1심에서 피고에 대하여 공시송달로 재판이 진행되어 피고에 대한 청구가 기각되었다고 하여도 피고가 원고 청구원인을 다툰 것으로 볼 수 없으므로, 원고가 항소한 항소심에서 피고가 공시송달이 아닌 방법으로 송달받고도 다투지 아니한 경우에는 민소법 제150조의 자백간주가 성립된다(대법원 2018.07.12. 선고 2015다36167 판결).

정답 ②

13. 증거에 관한 설명 중 옳지 않은 것은? (다툼이 있는 경우에는 판례에 의함) [2021년 10월 모의]

① 증거조사의 개시가 있기 전에는 상대방의 동의가 없어도 그 증거신청을 자유롭게 철회할 수 있다.
② 증인에 대한 주신문에서는 원칙적으로 유도신문(誘導訊問)이 금지되고, 재판장은 허용되지 않는 유도신문을 제지해야 하지만, 반대신문에서는 필요한 때에는 유도신문을 할 수 있다.
③ 동일한 사항에 관해 상이한 여러 개의 감정 결과가 있을 때 그 감정 방법 등이 논리와 경험칙에 반하거나 합리성이 없다는 등의 잘못이 없는 한 그중 어느 감정 결과를 채택할 것인지는 원칙적으로 사실심 법원의 전권에 속한다.
④ 백지 문서 또는 미완성 부분을 작성명의자 아닌 자가 보충했다는 사정이 밝혀진 경우에 그 백지 문서 또는 미완성 부분이 정당한 권한에 기하지 않고 보충되었다는 점이 증명되지 않으면 그 문서는 완성문서로서의 진정성립 추정이 번복되지 않는다.
⑤ 당사자신문의 대상인 당사자가 정당한 사유 없이 출석·진술·선서를 거부한 때에는 법원은 신문사항에 관한 상대방의 주장을 진실한 것으로 인정할 수 있지만, 요건사실에 관한 상대방의 주장을 곧바로 인정할 수 있는 것은 아니다.

해설

① (O) 증거조사의 개시가 있기 전에는 상대방의 동의없이 자유로 그 신청을 철회할 수 있다(대법원 1971.03.23. 선고 70다3013 판결).
② (O) 주신문에서는 유도신문을 하여서는 아니되고, 재판장은 유도신문은 제지하여야 하고, 유도신문의 방법이 상당하지 않다고 인정하는 때에는 제한할 수 있다(민사소송규칙 제91조 제2, 3항). 반대신문에서 필

요한 때에는 유도신문을 할 수 있다(민사소송규칙 제92조 제2항).

③ (○) 동일한 사항에 관하여 상이한 여러 개의 감정 결과가 있을 때 감정방법 등이 논리와 경험칙에 반하거나 합리성이 없다는 등의 잘못이 없는 한, 그중 어느 감정 결과를 채택할 것인지는 원칙적으로 사실심 법원의 전권에 속한다(대법원 2018.10.12. 선고 2016다243115 판결).

④ (×) 백지문서 또는 미완성 부분을 작성 명의자가 아닌 자가 보충하였다는 등의 사정이 밝혀진 경우라면, 다시 그 백지문서 또는 미완성 부분이 정당한 권한에 기하여 보충되었다는 점에 관하여는 그 문서의 진정성립을 주장하는 자 또는 문서제출자에게 그 입증책임이 있다(대법원 2003.04.11. 선고 2001다11406 판결).

⑤ (○)

1) 당사자본인신문절차에서 당사자본인이 출석, 선서, 진술의 의무를 불이행한 경우에 민소법 제341조의 규정(현행 제369조)에 의하여 법원이 진실한 것으로 인정할 수 있는 것은 "신문사항에 관한 상대방의 주장", 즉 신문사항에 포함된 내용에 관한 것이므로 법원이 이를 적용함에 있어서는 상대방 당사자의 요건사실에 관한 주장사실을 진실한 것으로 인정할 것이라고 설시할 것이 아니라 당사자 본인신문사항 가운데 어느 항을 진실한 것으로 인정한 연후에 그에 의하면 상대방 당사자의 요건사실에 관한 주장사실을 인정할 수 있다(대법원 1990.04.13. 선고 89다카1084 판결).

2) 당사자본인신문절차는 증거조사절차이다. 따라서 당사자본인신문절차에서 당사자본인이 출석, 선서, 진술의 의무를 불이행한 경우에 민소법 제341조의 규정에 의하여 법원은 '신문사항에 관한 상대방의 주장'을 진실한 것으로서 인정할 수 있고 이는 '증거조사 결과 진실로 인정된 증거자료'가 된다. 이를 포함한 증거자료 전체에 기하여 법관은 자유심증에 의하여 '요건사실에 관한 상대방의 주장'을 인정할 수 있는 것이다.

3) 이에 비추어 보면 위 1)의 판례는 ㉠ 증거조사절차에서 증거의 증명력 판단과 법관의 사실인정은 구분되는 절차국면인 점 ㉡ 따라서 증거조사절차에서 어느 한 증거자료의 진실성만으로 바로 요증사실에 대한 사실인정이 발생하는 것은 아니고, 변론의 전 취지와 증거조사의 전 결과를 고찰한 다음에 요증사실에 대한 사실인정이 있게 된다는 점의 논리순서를 함축하고 있다. 그런 의미에서 당사자본인신문절차에서 당사자 본인이 의무를 불이행한 경우 신문사항 가운데 어느 항을 진실한 것으로 인정한 연후에(증거의 증명력 판단), 그에 의하여 상대방 당사자의 요건사실에 관한 주장사실을 인정할 수 있는 것(법관의 요증사실에 대한 사실인정)이라고 판시하고 있는 것이다.

정답 ④

14. 증명의 대상 및 불요증 사실에 관한 설명 중 옳지 않은 것은? (다툼이 있는 경우에는 판례에 의함)
[2022년 06월 모의]

① 법정변제충당의 순서를 정함에 있어 기준이 되는 이행기나 변제이익에 관한 사항은 물론 법정변제충당의 순서 자체도 구체적 사실로서 그에 관한 진술이 진술자에게 불리하면 자백의 대상이 될 수 있다.

② 이행불능에 관한 주장은 법률적 효과에 관한 진술을 한 것에 불과하고 사실에 관한 진술을 한 것이라고는 볼 수 없으므로 그 진술은 자유로이 철회할 수 있고 법원도 이에 구속되지 않는다.

③ 소유권에 기한 이전등기말소청구소송에 있어서 피고가 원고 주장의 소유권을 인정하는 진술은 소유권의 내용을 이루는 사실에 관한 재판상 자백에 해당한다.

④ '법원에 현저한 사실'은 법관이 직무상 경험으로 알고 있는 사실로서, 이는 기록 등을 조사하여 곧바로 그 내용을 알 수 있는 사실을 포함한다.

⑤ 자기에게 불리한 사실을 진술한 당사자라도 상대방의 원용이 있기 전에는 그가 자인한 진술을 철회하고 이와 모순되는 진술을 자유로이 할 수 있다.

해설

① (×) 법정변제충당의 순서 자체는 법률 규정의 적용에 의하여 정하여지는 법률상의 효과여서 그에 관한 진술이 비록 그 진술자에게 불리하더라도 이를 자백이라고 볼 수는 없다(대법원 1998.07.10. 선고 98다6763 판결).

② (O) 이행불능에 관한 주장은 법률적 효과에 관한 진술을 한 것에 불과하고 사실에 관한 진술이라고는 볼 수 없으므로 그 진술은 자유로이 철회할 수 있고 법원도 이에 구속되지 않는다(대법원 1990.12.11. 선고 90다7104 판결).

③ (O)
1) 재판상 자백의 요건 : ㉠ 상대방의 주장과 일치하고 ㉡ 자신에게 불리한 ㉢ 요증사실에 대한 진술로서 ㉣ 변론기일 또는 변론준비기일에서 진술된 것이어야 한다. 이는 선행자백(권리자백)의 경우에도 상대방의 주장이 있기 전 자백한다는 점에서 ㉠ 요건의 차이가 있을 뿐 나머지 요건은 같다. 요증‘사실’에 대한 진술이 아니라 법률상의 진술(법적평가에 대한 독자적인 의견표명)을 한 것에 불과한 경우에는 (선행)자백이 성립하지 않는다는 것이 판례의 태도이다. 따라서 민소법 제288조에 따른 구속력이 발생하지 않으므로 법원을 기속하는 것도 아니고 상대방의 동의없이 자유로이 철회할 수 있다
2) 다만, 소유권에 기한 이전등기말소청구소송에 있어서 피고가 원고 주장의 소유권을 인정하는 진술은 그 소 전제가 되는 소유권의 내용을 이루는 사실에 대한 진술로 볼 수 있으므로 이는 재판상 자백에 해당한다고 보았다(대법원 1989.05.09. 선고 87다카749 판결).

④ (O) 민소법 제261조 소정의 '법원에 현저한 사실'이라 함은 법관이 직무상 경험으로 알고 있는 사실로서 그 사실의 존재에 관하여 명확한 기억을 하고 있거나 또는 기록 등을 조사하여 곧바로 그 내용을 알 수 있는 사실을 말한다(대법원 1996.07.18. 선고 94다20051 전합 판결).

⑤ (O) 재판상 자백의 일종인 이른바 선행자백은 당사자 일방이 자진하여 자기에게 불리한 사실상의 진술을 한 후 상대방이 이를 원용함으로써 사실에 관하여 당사자 쌍방의 주장이 일치함을 요하므로 일치가 있기 전에는 전자의 진술을 선행자백이라 할 수 없고, 따라서 일단 자기에게 불리한 사실을 진술한 당사자도 그 후 상대방의 원용이 있기 전에는 자인한 진술을 철회하고 이와 모순되는 진술을 자유로이 할 수 있으며 이 경우 앞의 자인사실은 소송자료에서 제거된다(대법원 2016.06.09. 선고 2014다64752 판결).

정답 ①

15. 서증에 관한 설명 중 옳지 않은 것을 모두 고른 것은? (다툼이 있는 경우 판례에 의함) [2022년 06월 모의]

ㄱ. 서증의 경우에는 그 문서의 형식적 증거력이 인정된 다음 비로소 실질적 증명력을 판단하여야 한다.
ㄴ. 문서의 제출 또는 송부는 원본, 정본 또는 인증등본으로 하여야 하므로, 상대방의 이의와 상관없이 사본만의 제출에 의한 증거의 신청은 허용되지 아니한다.
ㄷ. 문서에 날인된 작성명의인의 인영이 그의 인장에 의하여 현출된 것이라면 특별한 사정이 없는 한 그 날인행위가 작성명의인의 의사에 기한 것임이 사실상 추정된다.
ㄹ. 인영 부분 등의 진정성립이 인정된다고 하여 당해 문서의 전체가 완성되어 있는 상태에서 작성명의인이 그러한 서명·날인·무인을 하였다고 추정되지는 않는다.
ㅁ. 공문서가 진정한지 의심스러운 경우에도 당사자의 신청이 없으면 법원은 직권으로 해당 공공기관에 조회할 수 없다.

① ㄱ, ㄴ, ㄷ   ② ㄴ, ㄹ   ③ ㄱ, ㄴ, ㅁ
④ ㄷ, ㅁ   ⑤ ㄴ, ㄹ, ㅁ

해설

ㄱ. (O) 서증은 문서에 표현된 작성자의 의사를 증거자료로 하여 요증사실을 증명하려는 증거방법이므로 우선 그 문서가 거증자에 의하여 작성자로 주장되는 자의 의사에 의하여 작성된 것임이 밝혀져야 하고, 이러한 형식적 증거력이 인정된 다음 비로소 작성자의 의사가 요증사실의 증거로서 얼마나 유용하느냐에 관한 실질적 증명력을 판단하여야 한다(대법원 1997.04.11. 선고 96다50520 판결).

ㄴ. (×)
1) 문서의 제출 또는 송부는 원본, 정본 또는 인증등본으로 하여야 하는 것이므로 원본, 정본 또는 인증등본이 아니고 단순한 사본만에 의한 증거의 제출은 정확성의 보증이 없어 원칙적으로 부적법하고, 다만 이러한 사본의 경우에도 원본의 존재와 원본의 성립의 진정에 관하여 다툼이 없고 그 정확성에 문제가 없기 때문에 사본을 원본의 대용으로 하는 데 관하여 상대방으로부터 이의가 없는 경우에는, 민소법 제326조 제1항의 위법에 관한 책문권의 포기 혹은 상실이 있다고 하여 사본만의 제출에 의한 증거의 신청도 허용된다(대법원 1996.03.08. 선고 95다48667 판결). 소송실무에서는 대부분 전자소송으로서 증거의 사본인 PDF파일이 제출되고 있고, PDF파일을 원본의 대용으로 하는 것에 당사자 간 이의도 없는 경우가 많다. 다만 이 경우에는 아래의 법리에 따라 엄격하게 증거 심리가 이루어져야 한다.
2) 문서의 제출은 원본으로 하여야 하는 것이고, 원본이 아니고 단순한 사본만에 의한 증거의 제출은 정확성의 보증이 없어 원칙적으로 부적법하므로, 원본의 존재 및 원본의 성립의 진정에 관하여 다툼이 있고 사본을 원본의 대용으로 하는 것에 대하여 상대방으로부터 이의가 있는 경우에는 사본으로써 원본을 대신할 수 없으며, 반면에 사본을 원본으로서 제출하는 경우에는 그 사본이 독립한 서증이 되는 것이나 그 대신 이에 의하여 원본이 제출된 것으로 되지는 아니하고, 이 때에는 증거에 의하여 사본과 같은 원본이 존재하고 또 그 원본이 진정하게 성립하였음이 인정되지 않는 한 그와 같은 내용의 사본이 존재한다는 것 이상의 증거가치는 없다. 다만, 서증사본의 신청 당사자가 문서 원본을 분실하였다든가, 선의로 이를 훼손한 경우, 또는 문서제출명령에 응할 의무가 없는 제3자가 해당 문서의 원본을 소지하고 있는 경우, 원본이 방대한 양의 문서인 경우 등 원본 문서의 제출이 불가능하거나 비실제적인 상황에서는 원본의 제출이 요구되지 아니한다고 할 것이지만, 그와 같은 경우라면 해당 서증의 신청당사자가 원본 부제출에 대한 정당성이 되는 구체적 사유를 주장·입증하여야 한다(대법원 2010.02.25. 선고 2009다96403 판결).

ㄷ. (O) 문서에 날인된 작성명의인의 인영이 그의 인장에 의하여 현출된 것이라면 특단의 사정이 없는 한 그 인영의 진정성립, 즉 날인행위가 작성명의인의 의사에 기한 것임이 추정되고, 일단 인영의 진정성립이 추정되면 민소법 제329조에 의하여 그 문서 전체의 진정성립이 추정되는 것이며, 다만 이와 같은 추정은 그 날인행위가 작성명의인 이외의 자에 의하여 작성명의인의 의사에 기하지 않고 이루어진 것이 따로 밝혀진 경우에 더 이상 유지될 수 없다(대법원 1995.03.10. 선고 94다24770 판결).

ㄹ. (×) 인영 부분 등의 성립을 인정하는 경우에는 반증으로 그러한 추정이 번복되는 등의 다른 특별한 사정이 없는 한 그 문서 전체에 관한 진정성립이 추정된다(대법원 2008.01.10. 선고 2006다41204 판결).

ㅁ. (×) 공문서가 진정한지 의심스러운 때에는 법원은 직권으로 해당 공공기관에 조회할 수 있다(민소법 제356조 제2항).

정답 ⑤

16. 증명과 관련된 다음 설명 중 옳지 않은 것은? (다툼이 있는 경우에는 판례에 의함) [2022년 08월 모의]

① 법정변제충당의 순서에 관한 진술이 비록 그 진술자에게 불리하더라도 이를 자백이라고 볼 수는 없다.
② 사문서의 진정성립은 다른 증거에 의하지 않고 변론 전체의 취지만으로 인정할 수 있다.
③ 법원은 다른 증거방법이 없는 경우에도 당사자신문만으로 요증사실을 인정할 수 있다.

④ 원고가 제출한 증거에 대하여 피고가 자신의 이익으로 원용한다는 진술을 하여야만 피고에게 유리한 사실인정의 자료로 사용될 수 있다.
⑤ 변론의 방식에 관한 규정이 지켜졌다는 것은 오로지 조서의 기재에 의해서만 증명할 수 있다.

> **해설**

① (O) 법정변제충당의 순서 자체는 법률 규정의 적용에 의하여 정하여지는 법률상의 효과여서 그에 관한 진술이 비록 그 진술자에게 불리하더라도 이를 자백이라고 볼 수는 없다(대법원 1998.07.10. 선고 98다6763 판결).
② (O) 사문서는 진정성립이 증명되어야만 증거로 할 수 있지만 증명의 방법에 관하여는 특별한 제한이 없고, 부지로 다투는 서증에 관하여 거증자가 성립을 증명하지 아니한 경우라 할지라도 법원은 다른 증거에 의하지 아니하고 변론의 전취지를 참작하여 성립을 인정할 수도 있다(대법원 1993.04.13. 선고 92다12070 판결).
③ (O)
  1) 법원은 직권으로 또는 당사자의 신청에 따라 당사자 본인을 신문할 수 있다. 이 경우 당사자에게 선서를 하게 하여야 한다(민소법 제367조).
  2) 과거의 민소법은 위와 같은 당사자본인신문을 보충적 증거방법으로 하여 다른 증거방법에 의하여 법원이 심증을 얻지 못한 경우에 한해서 직권 또는 당사자의 신청에 의해서 허용된다고 규정하고 있었다(당사자신문의 보충성). 이에 따라 대법원은 구법 상 당사자신문의 보충성을 '증거력으로서의 보충성'까지 확장하여 당사자신문 결과만 가지고는 주요사실을 인정할 수 없고 다른 증거와 함께 증명력을 가질 때에만 비로소 주요사실을 인정할 수 있다는 입장이었다(당사자신문의 증거력으로서의 보충성).
  3) 2002년 민소법 개정으로 당사자신문의 보충성은 폐지되었다. 따라서 법원은 다른 증거방법이 있는지 여부를 불문하고 당사자신문을 할 수 있다. 이에 따라 당사자신문의 증거력으로서의 보충성도 폐지되었으므로 당사자신문은 증거자료로서 그것만으로도 요증사실을 인정할 수 있게 되었다.
④ (✕) 당사자의 일방으로부터 제출된 증거를 상대방이 원용한 여부에 관계없이 상대방의 이익되는 자료로 채증할 수 있음은 증거공통의 원칙상 법원이 당사자 쌍방의 증거에 대하여 자유로이 이를 판단의 자료로 할 수 있다(대법원 1974.10.08. 선고 73다1879 판결).
⑤ (O) 변론방식에 관한 규정이 지켜졌다는 것은 조서로만 증명할 수 있다(민소법 제158조). **정답 ④**

17. 증거조사에 관한 다음 설명 중 옳지 않은 것은? (다툼이 있는 경우에는 판례에 의함) [2022년 10월 모의]

① 선서하지 아니한 감정인에 의한 감정결과는 증거능력이 없으므로, 이를 사실인정의 자료로 삼을 수 없다.
② 감정결과의 증거채용여부는 법관의 자유심증에 의할 것이나, 법관은 감정방법이나 감정결과가 경험칙에 반하거나 합리성에 반하는 등 현저한 잘못이 없는 한 이를 존중하여야 한다.
③ 증인진술서는 서증에 불과하나 서면증언은 증언이다.
④ 당사자가 문서의 표시 및 문서의 취지 등을 정확히 알지 못하여 문서제출신청을 할 수 없는 경우에도, 당사자는 신청 대상인 문서의 취지나 증명할 사실을 개괄적으로 표시하여 상대방이 문서의 표시와 취지를 적어내도록 신청할 수 있다.
⑤ 문서소지인인 제3자가 정당한 사유없이 문서제출명령에 응하지 아니한 때, 법원은 문서의 기재에 대한 상대방의 주장을 진실한 것으로 인정할 수 있다.

해설

① (O)
1) 선서하지 아니한 감정인에 의한 감정결과는 증거능력이 없으므로, 이를 사실인정의 자료로 삼을 수 없다(대법원 2006.05.25. 선고 2005다77848 판결).
2) 비교 : 감정인에게는 선서의무가 있다(민소법 제338조). 그러나 감정촉탁의 경우에는 그러하지 아니하다. 민소법 제341조 제1항 전문의 감정촉탁은 법원이 필요하다고 인정하는 경우에 공공기관·학교, 그 밖에 상당한 설비가 있는 단체 또는 외국의 공공기관에 감정을 촉탁하는 것이다. 공정성과 전문성이 담보된 권위있는 기관에 감정을 촉탁하는 것이므로 선서나 진술의무가 면제된다(민소법 제341조 제1항 후문).

② (O) 감정인의 감정 결과는 감정 방법 등이 경험칙에 반하거나 합리성이 없는 등 현저한 잘못이 없는 한 이를 존중하여야 한다(대법원 2020.06.25. 선고 2019다292026 판결).

③ (O)
1) <u>증인진술서란 법원이 효율적인 증인신문을 위하여 필요하다고 인정하는 때에는 증인을 신청한 당사자에게 증인진술서를 제출하게 할 수 있다</u>(민소 규칙 제79조 제1항). <u>서면 증언이란 법원이 증인과 증명할 사항의 내용 등을 고려하여 서면에 의한 진술로 충분하다고 인정한 때에는 증인으로 하여금 출석·증언을 갈음하여 증언할 사항을 적은 서면을 제출하게 할 수 있다</u>(민소법 제310조 제1항).
2) 증인진술서는 서증이고, 서면 증언은 증인이다. 전자는 당사자가 하고 증인 출석과 증언이 이어지지만, 후자는 증인 자신이 제출하는 것이고, 서면 제출과 법원의 현출로 절차가 종료된다.

④ (O) 문서제출신청을 위하여 필요하다고 인정하는 경우에는, 법원은 신청 대상이 되는 문서의 취지나 그 문서로 증명할 사실을 개괄적으로 표시한 당사자의 신청에 따라, 상대방 당사자에게 신청 내용과 관련하여 가지고 있는 문서 또는 신청 내용과 관련하여 증거로 제출할 문서에 관하여 그 표시와 취지 등을 적어내도록 명할 수 있다(민소법 제346조).

⑤ (×)
1) 문서소지인인 '제3자'가 정당한 사유없이 문서제출명령에 응하지 아니한 때, 500만 원 이하의 과태료 부과대상이 될 수 있을 뿐이지, 법원은 문서의 기재에 대한 상대방의 주장을 진실한 것으로 인정할 수는 없다(민소법 제311조, 제318조, 제351조).
2) 비교 : 문서소지인인 '당사자'가 제347조제1항·제2항(문서제출명령, 일부제출명령) 및 제4항(비밀심리를 위한 문서제시명령)의 규정에 의한 명령에 따르지 아니한 때에는 법원은 문서의 기재에 대한 상대방의 주장을 진실한 것으로 인정할 수 있다(민소법 제349조). 문서소지인인 '당사자'가 상대방의 사용을 방해할 목적으로 제출의무가 있는 문서를 훼손하여 버리거나 이를 사용할 수 없게 한 때에는, 법원은 그 문서의 기재에 대한 상대방의 주장을 진실한 것으로 인정할 수 있다(민소법 제350조). **정답** ⑤

18. 다음 중 문서제출의무가 인정되는 경우를 모두 고른 것은? (다툼이 있는 경우 판례에 의함)

[2022년 10월 모의]

ㄱ. 공무원 또는 공무원이었던 사람이 그 직무와 관련하여 보관하거나 가지고 있던 문서에 해당하지 않는 문서로서 오로지 문서를 가진 사람이 이용하기 위한 문서
ㄴ. 당사자가 소송에서 인용한 문서이며, 공무원이 직무와 관련하여 보관하거나 가지고 있는 문서로서 '공공기관의 정보공개에 관한 법률' 제9조에서 정하고 있는 비공개대상정보에 해당하는 경우
ㄷ. 신청자의 이익을 위하여 작성된 문서이며, 공무원의 직무상 비밀에 관한 사항이 기재되어 있

는 문서로서 소속 관청 또는 감독관청의 동의를 받지 않은 경우
ㄹ. 공무원 또는 공무원이었던 사람이 그 직무와 관련하여 보관하거나 가지고 있던 문서에 해당하지 않는 문서로서 변호사의 직무상 비밀에 속하는 사항이 기재되어 있는 문서
ㅁ. 신청자가 문서를 가지고 있는 사람에게 그것을 넘겨 달라고 하거나 보겠다고 요구할 수 있는 사법상의 권리를 가지고 있는 문서

① ㄴ, ㄷ   ② ㄴ, ㅁ   ③ ㄱ, ㄹ
④ ㄱ, ㄴ, ㄷ   ⑤ ㄴ, ㄷ, ㅁ

해설

ㄱ. (×), ㄷ. (×), ㄹ. (×), ㅁ. (○)

민소법 제344조(문서의 제출의무) ① 다음 각호의 경우에 문서를 가지고 있는 사람은 그 제출을 거부하지 못한다.
1. 당사자가 소송에서 인용한 문서를 가지고 있는 때
2. 신청자가 문서를 가지고 있는 사람에게 그것을 넘겨 달라고 하거나 보겠다고 요구할 수 있는 사법상의 권리를 가지고 있는 때 [ㅁ. (○)]
3. 문서가 신청자의 이익을 위하여 작성되었거나, 신청자와 문서를 가지고 있는 사람 사이의 법률관계에 관하여 작성된 것인 때. 다만, 다음 각목의 사유 가운데 어느 하나에 해당하는 경우에는 그러하지 아니하다.
　가. 제304조 내지 제306조에 규정된 사항이 적혀있는 문서로서 같은 조문들에 규정된 동의를 받지 아니한 문서
　다. 제315조 제1항 각호에 규정된 사항 중 어느 하나에 규정된 사항이 적혀 있고 비밀을 지킬 의무가 면제되지 않은 문서
② 제1항의 경우 외에도 문서(공무원 또는 공무원이었던 사람이 그 직무와 관련하여 보관하거나 가지고 있는 문서를 제외한다)가 다음 각호의 어느 하나에도 해당하지 않는 경우에는 문서를 가지고 있는 사람은 그 제출을 거부하지 못한다.
　2. 오로지 문서를 가진 사람이 이용하기 위한 문서 [ㄱ. (×)]

민소법 제306조(공무원의 신문) 제304조와 제305조에 규정한 사람 외의 공무원 또는 공무원이었던 사람을 증인으로 하여 직무상 비밀에 관한 사항을 신문할 경우에 법원은 그 소속 관청 또는 감독 관청의 동의를 받아야 한다. [ㄷ. (×)]

민소법 제315조(증언거부권) 증인은 다음 각호 가운데 어느 하나에 해당하면 증언을 거부할 수 있다.
1. 변호사·변리사·공증인·공인회계사·세무사·의료인·약사, 그 밖에 법령에 따라 비밀을 지킬 의무가 있는 직책 또는 종교의 직책에 있거나 이러한 직책에 있었던 사람이 직무상 비밀에 속하는 사항에 대하여 신문을 받을 때 [ㄹ. (×)]

ㄴ. (○) 민소법 제344조 제1항 제1호의 인용문서에 해당하는 이상, 같은 조 제2항에서 규정하는 바와는 달리, 그것이 '공무원이 그 직무와 관련하여 보관하거나 가지고 있는 문서'라도 특별한 사정이 없는 한 문서 제출의무를 면할 수 없다(대법원 2008.06.12. 자 2006무82 결정).

정답 ②

19. 재판상 자백에 관한 설명 중 옳지 않은 것은? (다툼이 있는 경우에는 판례에 의함) [2023년 08월 모의]

① 부동산 취득시효의 완성을 원인으로 하는 소유권이전등기청구의 소에서 점유개시시기는 간접사실에 불과하므로 재판상 자백의 대상이 되지 않는다.
② 문서의 진정성립에 관한 자백은 보조사실을 대상으로 한 것이지만 재판상의 자백과 마찬가지로 취급한다.
③ 계약을 원인으로 하는 이행청구의 소에서 이행불능이라는 진술은 법률적 효과에 관한 진술에 불과하므로 재판상 자백의 취소에 관한 규정이 적용되지 않는다.
④ 소유권에 기한 물권적 청구의 소에서 원고 주장의 소유권을 인정하는 피고의 진술은 소유권의 내용을 이루는 사실에 대한 진술로 보아 재판상 자백의 대상이 된다.
⑤ 법정변제충당의 순서에 관한 상대방의 주장을 인정하는 불리한 진술은 채무변제의 효력에 관한 구체적 사실에 관한 것으로서 재판상 자백의 대상이 된다.

해설

① (O)
　1) 재판상 자백의 요건 : ㉠ 상대방의 주장과 일치하고 ㉡ 자신에게 불리한 ㉢ 요증사실에 대한 진술로서 ㉣ 변론기일 또는 변론준비기일에서 진술된 것이어야 한다.
　2) 변론주의에서 일컫는 사실이라 함은, 권리의 발생소멸이라는 법률효과의 판단에 직접 필요한 주요사실만을 가리키는 것이고 그 존부를 확인하는 데 있어 도움이 됨에 그치는 간접사실은 포함하지 않는 것이다. 부동산의 시효취득에 있어서 점유기간의 산정기준이 되는 점유개시의 시기는 취득시효의 요건사실인 점유기간을 판단하는 데 간접적이고 수단적인 구실을 하는 간접사실에 불과하므로 이에 대한 자백은 법원이나 당사자를 구속하지 않는 것이다(대법원 1994.11.04. 선고 94다37868 판결).
② (O) 문서의 성립에 관한 자백은 보조사실에 관한 자백이기는 하나 그 취소에 관하여는 다른 간접사실에 관한 자백취소와는 달리 주요사실의 자백취소와 동일하게 처리하여야 할 것이므로 문서의 진정성립을 인정한 당사자는 자유롭게 이를 철회할 수 없고, 이는 문서에 찍힌 인영의 진정함을 인정하였다가 나중에 이를 철회하는 경우에도 같다(대법원 2001.04.24. 선고 2001다5654 판결).
③ (O) 이행불능에 관한 주장은 법률적 효과에 관한 진술을 한 것에 불과하고 사실에 관한 진술이라고는 볼 수 없으므로 그 진술은 자유로이 철회할 수 있고 법원도 이에 구속되지 않는다(대법원 1990.12.11. 선고 90다7104 판결).
④ (O)
　1) 재판상 자백의 요건 : ㉠ 상대방의 주장과 일치하고 ㉡ 자신에게 불리한 ㉢ 요증사실에 대한 진술로서 ㉣ 변론기일 또는 변론준비기일에서 진술된 것이어야 한다. 이는 선행자백(권리자백)의 경우에도 상대방의 주장이 있기 전 자백한다는 점에서 ㉠ 요건의 차이가 있을 뿐 나머지 요건은 같다. 요증'사실'에 대한 진술이 아니라 법률상의 진술(법적평가에 대한 독자적인 의견표명)을 한 것에 불과한 경우에는 (선행)자백이 성립하지 않는다는 것이 판례의 태도이다. 따라서 민소법 제288조에 따른 구속력이 발생하지 않으므로 법원을 기속하는 것도 아니고 상대방의 동의없이 자유로이 철회할 수 있다
　2) 다만, 소유권에 기한 이전등기말소청구소송에 있어서 피고가 원고 주장의 소유권을 인정하는 진술은 그 소전제가 되는 소유권의 내용을 이루는 사실에 대한 진술로 볼 수 있으므로 이는 재판상 자백에 해당한다고 보았다(대법원 1989.05.09. 선고 87다카749 판결).
⑤ (X) 법정변제충당의 순서 자체는 법률 규정의 적용에 의하여 정하여지는 법률상의 효과여서 그에 관한 진술이 비록 그 진술자에게 불리하더라도 이를 자백이라고 볼 수는 없다(대법원 1998.07.10. 선고 98다6763 판결).

정답 ⑤

20. 증인신문과 당사자신문에 관한 설명 중 옳은 것을 모두 고른 것은? (다툼이 있는 경우 판례에 의함)
[2023년 10월 모의]

> ㄱ. 증인이 법정에서 당사자와 대면하여 진술하면 심리적 부담으로 정신의 평온을 현저하게 잃을 우려가 있는 경우, 법원은 당사자의 의견을 들을 필요 없이 직권으로 비디오 등 중계장치에 의한 증인신문 실시 여부를 결정한다.
> ㄴ. 당사자신문은 보충적 증거방법에 불과하므로 다른 증거 없이 당사자신문결과만으로 주요사실을 인정할 수는 없다.
> ㄷ. 선서한 당사자가 거짓 진술을 한 경우 과태료를 부과할 수는 있으나, 위증죄로는 처벌받지 아니한다.
> ㄹ. 당사자로서 신문할 사람을 증인으로 신문한 경우 그 위반에 대하여 상대방이 지체없이 이의하지 않으면 이의권의 상실로 흠이 치유된다.
> ㅁ. 재판장이 알맞다고 인정하는 때에는 당사자의 의견을 들어 주신문, 반대신문, 재판장신문의 순서를 바꿀 수 있다.

① ㄱ, ㄴ
② ㄱ, ㄷ, ㄹ
③ ㄷ, ㄹ, ㅁ
④ ㄱ, ㄷ, ㄹ, ㅁ
⑤ ㄴ, ㄷ, ㄹ, ㅁ

해설

ㄱ. (✕) 법원은 법정에서 당사자 등과 대면하여 진술하면 심리적인 부담으로 정신의 평온을 현저하게 잃을 우려가 있는 사람을 증인으로 신문하는 경우 당사자의 의견을 들어 비디오 등 중계장치에 의한 중계시설을 통하거나 인터넷 화상장치를 이용하여 신문할 수 있다(민소법 제327조의2 제1항 제2호).

ㄴ. (✕)
1) 법원은 직권으로 또는 당사자의 신청에 따라 당사자 본인을 신문할 수 있다. 이 경우 당사자에게 선서를 하게 하여야 한다(민소법 제367조).
2) 과거의 민소법은 위와 같은 당사자본인신문을 보충적 증거방법으로 하여 다른 증거방법에 의하여 법원이 심증을 얻지 못한 경우에 한해서 직권 또는 당사자의 신청에 의해서 허용된다고 규정하고 있었다(당사자신문의 보충성). 이에 따라 대법원은 구법 상 당사자신문의 보충성을 '증거력으로서의 보충성'까지 확장하여 당사자신문 결과만 가지고는 주요사실을 인정할 수 없고 다른 증거와 함께 증명력을 가질 때에만 비로소 주요사실을 인정할 수 있다는 입장이었다(당사자신문의 증거력으로서의 보충성).
3) 2002년 민소법 개정으로 당사자신문의 보충성은 폐지되었다. 따라서 법원은 다른 증거방법이 있는지 여부를 불문하고 당사자신문을 할 수 있다. 이에 따라 당사자신문의 증거력으로서의 보충성도 폐지되었으므로 당사자신문은 증거자료로서 그것만으로도 요증사실을 인정할 수 있게 되었다.

ㄷ. (○) 선서한 당사자가 거짓 진술을 한 때에는 법원은 결정으로 500만 원 이하의 과태료에 처한다(민소법 제370조 제1항). 당사자가 증인은 아니기 때문에 위증죄 처벌 대상에 해당하지 않는다.

ㄹ. (○) 당사자본인으로 신문해야 함에도 증인으로 신문하였다 하더라도 상대방이 이를 지체 없이 이의하지 아니하면 책문권 포기, 상실로 안하고 그 하자가 치유된다(대법원 1992.10.27. 선고 92다32463 판결).

ㅁ. (○) 재판장이 알맞다고 인정하는 때에는 당사자의 의견을 들어 신문의 순서를 바꿀 수 있다(민소법 제327조 제4항).

정답 ③

21. 서증에 관한 설명 중 옳지 않은 것은? (다툼이 있는 경우 판례에 의함) [2024년 06월 모의]

① 소제기 이후에 작성된 사문서라도 증거능력이 인정될 수 있다.
② 문서의 진정성립에 대해 법원이 증거자료에 의하지 않고 변론전체의 취지를 참작하여 자유심증으로 인정할 수는 없다.
③ 공증인이 작성한 공증문서는 공문서이므로 그 진정성립이 추정된다.
④ 법원의 문서제출명령이 있었다 하여도 그 문서가 법원에 제출되기 전에는 상대방의 동의 없이 그 증거신청을 철회할 수 있다.
⑤ 문서제출명령신청에 대해서 별다른 판단을 하지 아니한 채 변론을 종결하고 판결을 선고한 것은 문서제출명령신청을 묵시적으로 기각한 취지로 볼 수 있다.

해설

① (O) 소제기 후에 제3자가 계쟁사실에 관하여 작성한 문서라 할지라도 증거능력이 있다(대법원 1969.01.21. 선고 68다2167 판결).
② (X) 상대방이 부지로 답변하여 사문서의 형식적 증거력을 다툰 경우 법원은 다른 증거에 의하지 아니하고 변론의 전취지를 참작하여 자유심증으로 문서가 진정한 것임을 인정할 수 있다(대법원 1993.04.27. 선고 92누16560 판결).
③ (O) 공증인이나 공증사무취급이 인가된 합동법률사무소의 구성원인 변호사가 촉탁인 또는 대리촉탁인의 신청에 의하여 자신이 직접 청취한 진술, 그 목도한 사실, 기타 실험한 사실을 기재한 공증에 관한 문서는 보고문서로서 공문서이므로, 민소법 제327조 제1항에 의하여 그 진정성립이 추정된다고 볼 것이고, 신빙성 있는 반대 자료가 없는 한 함부로 그 증명력을 부정하고 그 기재와 어긋나는 사실인정을 할 수 없다(대법원 1994.06.28. 선고 94누2046 판결).
④ (O) 증거조사의 개시가 있기 전에는 그 증거신청을 자유로 철회할 수 있는 법리라 할 수 있을 것이므로 소론 문서제출명령의 신청이 있고 그에 따른 제출명령이 있었다 하여도 그 문서가 법원에 제출되기 전에는 그 신청을 철회함에는 상대방의 동의를 필요로 하지 않는다(대법원 1971.03.23. 선고 70다3013 판결).
⑤ (O) 문서제출명령신청에 대해서, 별다른 판단을 하지 아니한 채 변론을 종결하고 판결을 선고한 것은 문서제출명령신청을 묵시적으로 기각한 취지라고 할 것이니 이를 가리켜 판단유탈에 해당한다고는 볼 수 없다(대법원 2001.05.08. 선고 2000다35955 판결).

정답 ②

22. 증인신문이나 당사자신문에 관한 설명 중 옳은 것을 모두 고른 것은? (다툼이 있는 경우 판례에 의함) [2024년 08월 모의]

ㄱ. 증언을 거부하는 이유는 소명하여야 한다.
ㄴ. 당사자가 정당한 사유 없이 출석하지 아니하거나 선서 또는 진술을 거부한 때에는 법원은 신문사항에 관한 상대방의 주장을 진실한 것으로 인정할 수 있다.
ㄷ. 증인은 따로따로 신문하여야 하므로 신문하지 아니한 증인이 법정안에 있을 때에는 법정에서 나가도록 반드시 명하여야 한다.
ㄹ. 재판장은 필요하다고 인정한 때에 증인 서로의 대질이나 당사자와 증인의 대질을 명할 수 있으나, 당사자 서로의 대질은 명할 수 없다.
ㅁ. 재판장은 증인으로 하여금 선서서를 소리내어 읽고 기명날인 또는 서명하게 하며, 증인이 선

서서를 읽지 못하거나 기명날인 또는 서명하지 못하는 경우에는 참여한 법원사무관등이나 그 밖의 법원공무원으로 하여금 이를 대신하게 한다.
ㅂ. 재판장은 언제든지 신문할 수 있으나, 합의부원은 신문할 수 없다.

① ㄱ, ㄴ, ㄷ ② ㄱ, ㄴ, ㅁ ③ ㅁ, ㅂ
④ ㄷ, ㄹ, ㅂ ⑤ ㄱ, ㄹ, ㅁ

해설

㉠ (O) 증언을 거부하는 이유는 소명하여야 한다(민소법 제316조).
㉡ (O) 당사자가 정당한 사유 없이 출석하지 아니하거나 선서 또는 진술을 거부한 때에는 법원은 신문사항에 관한 상대방의 주장을 진실한 것으로 인정할 수 있다(민소법 제369조).
㉢ (X) 증인은 따로따로 신문하여야 한다. 신문하지 아니한 증인이 법정 안에 있을 때에는 법정에서 나가도록 명하여야 한다. 다만, 필요하다고 인정한 때에는 신문할 증인을 법정 안에 머무르게 할 수 있다(민소법 제328조 제1,2항).
㉣ (X) 재판장은 필요하다고 인정한 때에는 증인 서로의 대질을 명할 수 있다(민소법 제329조).
㉤ (O) 재판장은 증인으로 하여금 선서서를 소리내어 읽고 기명날인 또는 서명하게 하며, 증인이 선서서를 읽지 못하거나 기명날인 또는 서명하지 못하는 경우에는 참여한 법원사무관등이나 그 밖의 법원공무원으로 하여금 이를 대신하게 한다(민소법 제321조 제3항).
㉥ (X) 합의부원은 재판장에게 알리고 신문할 수 있다(민소법 제327조 제6항).   **정답** ②

23. 문서제출명령에 관한 설명 중 옳은 것을 모두 고른 것은? (다툼이 있는 경우 판례에 의함)
[2024년 08월 모의]

ㄱ. 당사자가 서증을 신청하고자 하는 때에는 문서를 가진 사람에게 그것을 제출할 것을 명하는 방식으로만 할 수 있다.
ㄴ. 제3자에 대하여 문서의 제출을 명하는 경우에는 제3자 또는 그가 지정하는 자를 심문하여야 한다.
ㄷ. 전기통신사업자는 특별한 사정이 없는 한 법원의 문서제출명령에 응할 의무가 있으나, 통신비밀보호법 제3조 제1항 본문에 따라서 통신사실확인자료의 제출을 거부하는 것은 정당하다.
ㄹ. 당사자가 문서제출명령에 따르지 아니한 경우에는 법원은 그 문서에 의하여 입증하고자 하는 상대방의 주장사실까지 반드시 증명되었다고 인정하여야 하는 것은 아니다.
ㅁ. 민사소송에 있어 당사자 일방이 일부가 훼손된 문서를 증거로 제출하였는데 상대방이 훼손된 부분에 잔존 부분의 기재와 상반된 내용이 기재되어 있다고 주장하는 경우, 문서제출자가 상대방의 사용을 방해할 목적으로 그 문서를 훼손하였다면 법원은 훼손된 문서 부분의 기재에 대한 상대방의 주장을 진실한 것으로 인정할 수 있다.

① ㄱ, ㄷ ② ㄱ, ㄹ ③ ㄴ, ㄷ
④ ㄴ, ㄹ, ㅁ ⑤ ㄷ, ㅁ

해설

㉠ (X) 당사자가 서증을 신청하고자 하는 때에는 문서를 제출하는 방식 또는 문서를 가진 사람에게 그것을

제출하도록 명할 것을 <u>신청하는 방식으로 한다</u>(민소법 제343조).
ⓒ (O) 제3자에 대하여 문서의 제출을 명하는 경우에는 제3자 또는 그가 지정하는 자를 <u>심문하여야 한다</u>(민소법 제347조 제3항).
ⓒ (X) 법원은 민소법 제344조 이하의 규정을 근거로 통신사실확인자료에 대한 문서제출명령을 할 수 있고 전기통신사업자는 특별한 사정이 없는 한 이에 응할 의무가 있으며, <u>전기통신사업자가 통신비밀보호법 제3조 제1항 본문을 들어 문서제출명령의 대상이 된 통신사실확인자료의 제출을 거부하는 것에는 정당한 사유가 있다고 볼 수 없다</u>(대법원 2023.07.17. 자 2018스34 전합 결정).
ⓔ (O) 당사자가 문서제출명령에 따르지 아니한 경우에는 법원은 상대방의 그 문서에 관한 주장 즉, 문서의 성질, 내용, 성립의 진정 등에 관한 주장을 진실한 것으로 인정하여야 한다는 것이지 그 문서에 의하여 입증하고자 하는 상대방의 주장사실까지 반드시 증명되었다고 인정하여야 한다는 취지는 아니다(대법원 1993.06.25. 선고 93다15991 판결).
ⓜ (O) 민사소송에서 당사자 일방이 일부가 훼손된 문서를 증거로 제출하였는데 상대방이 훼손된 부분에 잔존 부분의 기재와 상반된 내용이 기재되어 있다고 주장하는 경우, 문서제출자가 상대방의 사용을 방해할 목적으로 문서를 훼손하였다면 법원은 훼손된 문서 부분의 기재에 대한 상대방의 주장을 진실한 것으로 인정할 수 있을 것이나(민소법 제350조), 그러한 목적 없이 문서가 훼손되었다고 하더라도 문서의 훼손된 부분에 잔존 부분과 상반되는 내용의 기재가 있을 가능성이 인정되어 <u>문서 전체의 취지가 문서를 제출한 당사자의 주장에 부합한다는 확신을 할 수 없게 된다면 이로 인한 불이익은 훼손된 문서를 제출한 당사자에게 돌아가야 한다</u>(대법원 2015.11.17. 선고 2014다81542 판결).

정답 ④

24. 재판상 자백에 관한 설명 중 옳지 않은 것은? (다툼이 있는 경우 판례에 의함) [2024년 10월 모의]

① 자백이 진실에 반한다는 증명이 있다고 하여 그 자백이 착오로 인한 것이라고 추정되는 것은 아니지만, 그 자백이 진실에 반한다는 사실이 증명된 경우라면 변론 전체의 취지에 의하여 그 자백이 착오로 인한 것이라는 점을 인정할 수 있다.
② 법정변제충당의 순서 자체는 법률 규정의 적용에 의하여 정하여지는 법률상의 효과여서 그에 관한 진술이 비록 그 진술자에게 불리하더라도 이를 자백이라고 볼 수 없다.
③ 이행불능에 관한 주장은 법률적 효과에 관한 진술을 한 것에 불과하고 사실에 관한 진술을 한 것이라고 볼 수 없으므로 그 진술은 자유로이 철회할 수 있다.
④ 일단 자기에게 불리한 사실을 진술한 당사자는 상대방이 이를 원용하기 전이라도 그 자인한 진술을 철회할 수 없다.
⑤ 소유권에 기한 이전등기말소청구소송에 있어서 피고가 원고 주장의 소유권을 인정하는 진술은 그 소전제가 되는 소유권의 내용을 이루는 사실에 대한 진술로 볼 수 있으므로 이는 재판상 자백이라 할 것이다.

해설

① (O) 재판상의 자백에 대하여 상대방의 동의가 없는 경우에는 자백을 한 당사자가 그 자백이 진실에 부합되지 않는다는 것과 자백이 착오에 기인한다는 사실을 증명한 경우에 이를 취소할 수 있는바, 이때 진실에 부합하지 않는다는 사실에 대한 증명은 그 반대되는 사실을 직접증거에 의하여 증명함으로써 할 수 있지만, 자백사실이 진실에 부합하지 않음을 추인할 수 있는 간접사실의 증명에 의하여도 가능하다고 할 것이고, 또 자백이 진실에 반한다는 증명이 있다고 하여 그 자백이 착오로 인한 것이라고 추정되는 것은 아니지만 그 자백이 진실과 부합되지 않는 사실이 증명된 경우라면 변론의 전취지에 의하여 그 자백이 착오로 인한 것이라는 점을 인정할 수 있다(대법원 2000.09.08. 선고 2000다23013 판결).

② (○)
　1) 법정변제충당의 순서를 정함에 있어 기준이 되는 이행기나 변제이익에 관한 사항 등은 구체적 사실로서 자백의 대상이 될 수 있으나, 법정변제충당의 순서 자체는 법률 규정의 적용에 의하여 정하여지는 법률상의 효과여서 그에 관한 진술이 비록 그 진술자에게 불리하더라도 이를 자백이라고 볼 수는 없다(대법원 1998.07.10. 선고 98다6763 판결).
　2) 자백의 대상은 '구체적인 사실'이다. 따라서 '사실'이 아닌 '사실에 대한 법적 판단이나 평가에 관한 법률상 주장'은 자백의 대상이 아니다.

③ (○)
　1) 법원에서 당사자가 자백한 사실과 현저한 사실은 증명을 필요로 하지 아니한다. 다만, 진실에 어긋나는 자백은 그것이 착오로 말미암은 것임을 증명한 때에는 취소할 수 있다(민소법 제288조).
　2) 이행불능에 관한 주장은 법률적 효과에 관한 진술을 한 것에 불과하고 사실에 관한 진술을 한 것이라고는 볼 수 없으므로 그 진술은 자유로이 철회할 수 있고 법원도 이에 구속되지 않는다고 할 것인바, 따라서 자백의 취소에 관한 규정이 적용될 여지가 없다(대법원 1990.12.11. 선고 90다7104 판결).

④ (✕) 재판상 자백의 일종인 소위 선행자백은 당사자 일방이 자기에게 불리한 사실상의 진술을 자진하여 한 후 그 상대방이 이를 원용함으로써 그 사실에 관하여 당사자 쌍방의 주장이 일치함을 요하므로 그 일치가 있기 전에는 전자의 진술을 선행자백이라 할 수 없고 따라서 일단 자기에게 불리한 사실을 진술한 당사자도 그 후 그 상대방의 원용이 있기 전에는 그 자인한 진술을 철회하고 이와 모순되는 진술을 자유로이 할 수 있으며 이 경우 앞의 자인진술은 소송자료로부터 제거된다(대법원 1986.07.22. 선고 85다카944 판결).

⑤ (○) 소유권에 기한 이전등기말소청구소송에 있어서 피고가 원고 주장의 소유권을 인정하는 진술은 그 소전제가 되는 소유권의 내용을 이루는 사실에 대한 진술로 볼 수 있으므로 이는 재판상 자백이다(대법원 1989.05.09. 선고 87다카749 판결).

정답 ④

25. 증거에 관한 설명 중 옳은 것을 모두 고른 것은? (다툼이 있는 경우 판례에 의함) [2024년 10월 모의]

ㄱ. 일반육체노동을 하는 사람 또는 육체노동을 주로 생계활동으로 하는 사람의 가동연한은 경험칙상 만 60세로 보아야 한다.
ㄴ. 피고와 제3자 사이에 있었던 민사소송의 확정판결의 존재를 넘어서 그 판결의 이유를 구성하는 사실관계들까지 법원에 현저한 사실로 볼 수는 없다.
ㄷ. 법원에 현저한 사실이라 함은 법관이 개인적 경험으로 알고 있는 사실로서 그 사실의 존재에 관하여 명확한 기억을 하고 있거나 또는 기록 등을 조사하여 곧바로 그 내용을 알 수 있는 사실을 말한다.
ㄹ. 선서하지 아니한 감정인에 의한 감정 결과는 증거능력이 없다.
ㅁ. 당사자 일방이 증명을 방해하는 행위를 하였더라도 법원은 이를 하나의 자료로 삼아 자유로운 심증에 따라 방해자 측에게 불리한 평가를 할 수 있을 뿐이며, 증명책임이 전환되거나 곧바로 상대방의 주장 사실이 증명되었다고 보아야 하는 것은 아니다.
ㅂ. 음성·영상자료에 해당하는 동영상 파일은 문서제출명령의 대상이다.

① ㄱ, ㄴ, ㅁ　　② ㄴ, ㄷ, ㅁ　　③ ㄴ, ㄹ, ㅁ
④ ㄴ, ㅁ, ㅂ　　⑤ ㄷ, ㄹ, ㅂ

해설

㉠ (×) 우리나라의 사회적·경제적 구조와 생활여건이 급속하게 향상·발전하고 법제도가 정비·개선됨에 따라 종전 전합 판결 당시 위 경험칙의 기초가 되었던 제반 사정들이 현저히 변하였기 때문에 위와 같은 견해(육체노동의 가동연한을 경험칙상 만 60세로 보아야 한다는 견해)는 더 이상 유지하기 어렵게 되었다. 이제는 특별한 사정이 없는 한 만 60세를 넘어 만 65세까지도 가동할 수 있다고 보는 것이 경험칙에 합당하다(대법원 2019.02.21. 선고 2018다248909 전합 판결).

㉡ (○) 피고와 제3자 사이에 있었던 민사소송의 확정판결의 존재를 넘어서 그 판결의 이유를 구성하는 사실관계들까지 법원에 현저한 사실로 볼 수는 없다. 민사재판에 있어서 이미 확정된 관련 민사사건의 판결에서 인정된 사실은 특별한 사정이 없는 한 유력한 증거가 되지만, 당해 민사재판에서 제출된 다른 증거 내용에 비추어 확정된 관련 민사사건 판결의 사실인정을 그대로 채용하기 어려운 경우에는 합리적인 이유를 설시하여 이를 배척할 수 있다는 법리도 그와 같이 확정된 민사판결 이유 중의 사실관계가 현저한 사실에 해당하지 않음을 전제로 한 것이다(대법원 2019.08.09. 선고 2019다222140 판결).

㉢ (×)
1) 법원에서 당사자가 자백한 사실과 현저한 사실은 증명을 필요로 하지 아니한다. 다만, 진실에 어긋나는 자백은 그것이 착오로 말미암은 것임을 증명한 때에는 취소할 수 있다(민소법 제288조).
2) 민소법 제261조 소정의 '법원에 현저한 사실'이라 함은 법관이 직무상 경험으로 알고 있는 사실로서 그 사실의 존재에 관하여 명확한 기억을 하고 있거나 또는 기록 등을 조사하여 곧바로 그 내용을 알 수 있는 사실을 말한다(대법원 1996.07.18. 선고 94다20051 전합 판결).

㉣ (○) 선서하지 아니한 감정인에 의한 신체감정결과는 증거능력이 없다(대법원 1982.08.24. 선고 82다카317 판결).

㉤ (○) 당사자 일방이 입증을 방해하는 행위를 하였더라도 법원으로서는 이를 하나의 자료로 삼아 자유로운 심증에 따라 방해자측에게 불리한 평가를 할 수 있음에 그칠 뿐 입증책임이 전환되거나 곧바로 상대방의 주장 사실이 증명된 것으로 보아야 하는 것은 아니다(대법원 1999.04.13. 선고 98다9915 판결).

㉥ (×) 민소법 제344조 제1항 제1호, 제374조를 신청 근거 규정으로 기재한 동영상 파일 등과 사진의 제출명령신청에 대하여, 제1심법원이 사진에 관한 구체적인 심리 없이 곧바로 문서제출명령을 하고 검증의 대상인 동영상 파일을 문서제출명령에 포함시킨 것이 정당하다고 판단한 원심의 조치에는 문서제출명령의 대상에 관한 법리오해의 잘못이 있다(대법원 2010.07.14. 자 2009마2105 결정). 정답 ③

26. 의사 甲으로부터 진료를 받은 환자 乙이 의료과오가 있음을 주장하여 甲을 상대로 손해배상청구의 소를 제기하였는데, 乙이 甲의 과오를 증명하기 위하여 자신의 진료기록에 대한 문서제출명령을 법원에 신청하였다. 이와 관련하여 옳은 설명은? (다툼이 있는 경우 판례에 따름) [2019년 06월 모의]

① 甲이 진료기록을 사후에 가필·정정하여 제출하였다면, 그 이유에 대하여 상당하고도 합리적인 이유를 제시하더라도 증명방해에 해당한다.
② 甲은 의료에 관한 전문가로서 의료과오의 존부에 대한 증거자료에 용이하게 접근할 수 있으므로 甲이 乙의 증명활동에 협조하지 않는 것만으로도 증명방해에 해당한다.
③ 甲이 일부가 훼손된 진료기록을 증거로 제출하였는데 乙이 훼손된 부분에 잔존 부분의 기재와 상반된 내용이 기재되어 있다고 주장하는 경우, 甲이 상대방의 사용을 방해할 목적으로 문서를 훼손하였다면 증명방해에 해당된다.
④ 甲이 진료기록 제출과 관련하여 증명방해행위를 하였다면 乙의 주장사실이 증명된 것으로 보아야 한다.
⑤ 甲이 진료기록 제출과 관련하여 증명방해행위를 하였다면 甲의 과오여부에 관한 증명책임이 甲에게 전환된다.

해설

① (×) 의사 측이 진료기록을 사후에 가필·정정한 행위는, 그 이유에 대하여 상당하고도 합리적인 이유를 제시하지 못하는 한, 당사자 간의 공평의 원칙 또는 신의칙에 어긋나는 증명방해행위에 해당한다(대법원 2010.07.08. 선고 2007다55866 판결).

② (×) 증거자료에의 접근이 훨씬 용이한 일방 당사자가 상대방의 증명활동에 협력하지 않는다고 하여 상대방의 입증을 방해하는 것이라고 단정할 수 없다(대법원 1996.04.23. 선고 95다23835 판결).

③ (○) 민사소송에서 당사자 일방이 일부가 훼손된 문서를 증거로 제출하였는데 상대방이 훼손된 부분에 잔존 부분의 기재와 상반된 내용이 기재되어 있다고 주장하는 경우, 문서 제출자가 상대방의 사용을 방해할 목적으로 문서를 훼손하였다면 법원은 훼손된 문서 부분의 기재에 대한 상대방의 주장을 진실한 것으로 인정할 수 있을 것이나, 그러한 목적 없이 문서가 훼손되었다고 하더라도 문서의 훼손된 부분에 잔존 부분과 상반되는 내용의 기재가 있을 가능성이 인정되어 문서 전체의 취지가 문서를 제출한 당사자의 주장에 부합하지 않게 확신을 할 수 없게 된다면 이로 인한 불이익은 훼손된 문서를 제출한 당사자에게 돌아가야 한다(대법원 2015.11.17. 선고 2014다81542 판결).

④ (×) 당사자가 상대방의 사용을 방해할 목적으로 제출의무가 있는 문서를 훼손하여 버리거나 이를 사용할 수 없게 한 때에는, 법원은 그 문서의 기재에 대한 상대방의 주장을 진실한 것으로 인정할 수 있다(민소법 제350조).

⑤ (×) 당사자 일방이 증명을 방해하는 행위를 하였더라도 법원으로서는 이를 하나의 자료로 삼아 자유로운 심증에 따라 방해자 측에게 불리한 평가를 할 수 있음에 그칠 뿐 증명책임이 전환되거나 곧바로 상대방의 주장 사실이 증명되었다고 보지 않는다(대법원 2010.05.27. 선고 2007다25971 판결).

정답 ③

27. 증명책임의 소재에 관한 설명 중 옳은 것을 모두 고른 것은? (다툼이 있는 경우 판례에 의함)

[2020년 08월 모의]

ㄱ. 甲이 乙을 상대로 확정된 지급명령에 대한 청구이의의 소를 제기한 경우, 甲이 乙의 채권이 성립하지 아니하였음을 주장하면, 乙은 채권의 발생원인 사실을 증명하여야 한다.

ㄴ. 甲이 채권자 乙로부터 채무자 丙에 대한 채권을 양수할 당시 그 채권에 관한 양도금지특약의 존재를 알고 있거나 그 특약의 존재를 알지 못함에 중대한 과실이 있다면 丙은 甲에 대하여 그 특약으로 대항할 수 있고, 甲의 악의 내지 중과실은 채권양도금지의 특약으로 甲에게 대항하려는 丙이 증명해야 한다.

ㄷ. 甲이 乙을 상대로 피담보채권이 성립되지 아니하였음을 원인으로 하여 X토지에 관하여 乙 명의로 마쳐진 근저당권설정등기의 말소를 구하는 경우, 근저당권의 성립 당시 근저당권의 피담보채권을 성립시키는 법률행위가 없었다는 사실은 근저당권설정등기의 말소를 구하는 甲이 증명하여야 한다.

ㄹ. 상대방과 통정한 허위의 의사표시는 무효이나, 그 의사표시의 무효는 선의의 제3자에게 대항하지 못하는데, 제3자가 선의라는 사실은 그 허위표시의 유효를 주장하는 자가 증명하여야 한다.

ㅁ. 임대인 甲이 임차인 乙을 상대로 임차건물이 화재로 소실되어 목적물 반환의무가 이행불능이 되었음을 원인으로 한 손해배상을 구하는 소를 제기한 경우, 甲은 乙의 귀책사유로 위 목적물 반환의무가 이행불능이 되었음을 증명하여야 한다.

① ㄱ   ② ㄱ, ㄴ   ③ ㄱ, ㄴ, ㄷ
④ ㄴ, ㄷ, ㄹ   ⑤ ㄴ, ㄷ, ㄹ, ㅁ

해설

ㄱ. (O) 확정된 지급명령의 경우 그 지급명령의 청구원인이 된 청구권에 관하여 지급명령 발령 전에 생긴 불성립이나 무효 등의 사유를 그 지급명령에 관한 이의의 소에서 주장할 수 있고, 이러한 청구이의 소에서 청구이의 사유에 관한 증명책임도 일반 민사소송에서의 증명책임 분배의 원칙에 따라야 한다. 따라서 확정된 지급명령에 대한 청구이의 소송에서 원고가 피고의 채권이 성립하지 아니하였음을 주장하는 경우에는 피고에게 채권의 발생원인 사실을 증명할 책임이 있고, 원고가 그 채권이 통정허위표시로서 무효라거나 변제에 의하여 소멸되었다는 등 권리 발생의 장애 또는 소멸사유에 해당하는 사실을 주장하는 경우에는 원고에게 그 사실을 증명할 책임이 있다(대법원 2010.06.24. 선고 2010다12852 판결).

ㄴ. (O) 채무자는 제3자가 채권자로부터 채권을 양수한 경우 채권양도금지 특약의 존재를 알고 있는 양수인이나 그 특약의 존재를 알지 못함에 중대한 과실이 있는 양수인에게 그 특약으로써 대항할 수 있고, 제3자의 악의 내지 중과실은 채권양도 금지의 특약으로 양수인에게 대항하려는 자(채무자)가 이를 주장·입증하여야 한다(대법원 2003.01.24. 선고 2000다5336 판결).

ㄷ. (×)
1) 근저당권에는 등기원인이 근저당권설정계약이라는 뜻과 채권최고액 및 채무자만이 필요적 등기사항이다(부동산등기법 제75조 제2항). 따라서 근저당권의 피담보채권을 성립시키는 기본계약의 존재는 등기사항이 아니므로, 이것은 추정되지 않고, 근저당권의 성립 당시 그러한 기본계약이 있었는지에 대한 입증책임은 그 존재를 주장하는 측에 있다(대법원 2009.12.24. 선고 2009다72070 판결).
2) 근저당권말소청구의 피고가 되는 근저당권자가 일단 피담보채권을 성립시키는 기본계약의 존재를 입증하였다면, 그러한 피담채무의 존재를 전제로 하여 이후 변제, 시효소멸 등의 이유로 피담보채무가 소멸하였다는 사실은 근저당권말소청구의 원고가 주장증명 해야 한다.

ㄹ. (×) 민법 제108조 제2항에 규정된 제3자는 특별한 사정이 없는 한 선의로 추정되고, 제3자가 악의라는 사실에 관한 주장·입증책임은 그 허위표시의 무효를 주장하는 자에게 있다(대법원 2007.11.29. 선고 2007다53013 판결).

ㅁ. (×) 임대차 목적물이 화재 등으로 인하여 소멸됨으로써 임차인의 목적물 반환의무가 이행불능이 된 경우에, 임차인은 그 이행불능이 자기가 책임질 수 없는 사유로 인한 것이라는 증명을 다하지 못하면 그 목적물 반환의무의 이행불능으로 인한 손해를 배상할 책임을 지며, 그 화재 등의 구체적인 발생 원인이 밝혀지지 않았더라도 마찬가지이다(대법원 2018.10.25. 선고 2015다219030 판결).

정답 ②

28. 甲은 乙에게 연대보증금채무의 이행을 구하는 소를 제기하면서 그 증거로 乙이 날인한 것으로 되어 있는 '연대보증계약서'를 제출하였다. 소송에서 乙은 연대보증계약 체결사실을 부인하면서 위 계약서에 관하여 다음과 같이 다투고 있다. 이와 관련한 설명 중 옳지 않은 것은? (다툼이 있는 경우 판례에 의함)

[2020년 10월 모의]

ㄱ. 乙은 인영의 동일성을 인정하였으나, 자기가 날인한 사실은 부인하면서 주채무자 A가 자신의 인장을 도용하여 날인한 것이라고 주장하고 있으며, 甲은 A가 乙의 인장을 가져와 날인한 사실을 인정하였으나, A에게는 乙을 대리할 권한이 있었다고 주장하고 있다.
ㄴ. 乙은 자기가 날인한 사실을 인정하였으나 날인 당시에는 백지문서였다고 주장하고 있다.

① 문서에 날인된 작성명의인의 인영이 작성 명의인의 인장에 의하여 현출된 인영임이 인정되는 경우에는 특단의 사정이 없는 한 그 인영의 성립, 즉 날인행위가 작성명의인의 의사에 기하여 진정하게 이루어진 것으로 추정되고, 일단 인영의 진정성립이 추정되면 민소법 제358조에 의하여 그

문서 전체의 진정성립까지 추정된다.
② 사문서의 작성명의인이 당해 문서에 날인한 인영 부분의 성립을 인정하는 경우에는 반증으로 그러한 추정이 번복되는 등의 다른 특별한 사정이 없는 한 그 문서 전체에 관한 진정성립이 추정된다.
③ ㄱ.의 경우 날인자인 A가 乙의 대리인이라는 점은 서증제출자인 甲이 증명하여야 한다.
④ ㄴ.의 경우 乙이 백지문서에 날인한 것이라는 점에 관하여 법원이 확신을 얻지 못하였다면 연대보증계약서 전체의 진정성립이 인정된다.
⑤ ㄴ.의 경우 甲이 스스로 乙이 백지문서에 날인한 사실을 인정하면서 자신이 乙로부터 권한을 수여받아 내용을 기재하였다고 주장한다면 乙은 그 권한을 수여하지 않았다는 점에 대하여 증명책임이 있다.

해설

① (O), ③ (O) 문서에 날인된 작성명의인의 인영이 그의 인장에 의하여 현출된 것이라면 특단의 사정이 없는 한 그 인영의 진정성립, 즉 날인행위가 작성명의인의 의사에 기한 것임이 추정되고 일단 인영의 진정성립이 추정되면 민소법 제329조에 의하여 그 문서전체의 진정성립이 추정되나, 이와 같은 추정은 날인행위가 작성명의인 이외의 자에 의하여 작성명의인의 의사에 기하지 않고 이루어진 것임이 밝혀진 경우에는 더 이상 유지될 수 없어 깨어지는 것이므로 문서제출자는 그 날인행위가 작성명의인으로부터 위임받은 정당한 권원에 의한 것이라는 사실까지 입증할 책임이 있다(대법원 1989.04.25. 선고 88다카6815 판결).

② (O) 사문서는 본인 또는 대리인의 서명이나 날인 또는 무인이 있는 때에는 진정한 것으로 추정되므로(민소법 제358조), 사문서의 작성명의인이 스스로 당해 사문서에 서명·날인·무인하였음을 인정하는 경우, 즉 인영 부분 등의 성립을 인정하는 경우에는 반증으로 그러한 추정이 번복되는 등의 다른 특별한 사정이 없는 한 그 문서 전체에 관한 진정성립이 추정된다(대법원 2003.04.11. 선고 2001다11406 판결).

④ (O), ⑤ (×) 인영 부분 등의 진정성립이 인정되는 경우, 그 당시 그 문서의 전부 또는 일부가 미완성된 상태에서 서명날인만을 먼저 하였다는 등의 사정은 이례에 속한다고 볼 것이므로 완성문서로서의 진정성립의 추정력을 뒤집으려면 그럴 만한 합리적인 이유와 이를 뒷받침할 간접반증 등의 증거가 필요하다고 할 것이고, 만일 그러한 완성문서로서의 진정성립의 추정이 번복되어 백지문서 또는 미완성 부분을 작성명의자가 아닌 자가 보충하였다는 등의 사정이 밝혀진 경우라면, 다시 그 백지문서 또는 미완성 부분이 정당한 권한에 기하여 보충되었다는 점에 관하여는 그 문서의 진정성립을 주장하는 자 또는 문서제출자에게 그 입증책임이 있다(대법원 2003.04.11. 선고 2001다11406 판결).

정답 ⑤

COMPACT 변시 진도별 민사소송법선택연습(모의편)

제4편
소송의 종료

제1장 당사자의 행위에 의한 종료

1. 화해권고결정에 관한 설명 중 옳은 것은? (다툼이 있는 경우 판례에 의함) [2019년 08월 모의]

① 소장을 접수받은 법원이 피고에게 소장부본을 송달하지 아니한 채 곧바로 화해권고결정을 하더라도 이 결정은 위법하지 않다.
② 당사자는 이의신청기간 내라면 화해권고결정이 송달된 후에 생긴 사유를 들어서도 이의신청을 할 수 있다.
③ 화해권고결정이 송달된 후에는 승계인이 있더라도 승계참가신청이나 이의신청을 할 수 없다.
④ 화해권고결정이 확정되면 그 결정의 송달시에 소급하여 기판력이 발생한다.
⑤ 독립당사자참가소송에서 참가인만이 법원의 화해권고결정에 대해 이의하면 원·피고 사이의 본소는 화해로 종료하고, 원·피고와 참가인 사이의 소송만 잔존한다.

해 설

① (×) 민소법 제225조는 법원·수명법관 또는 수탁판사는 소송에 계속 중인 사건에 대하여 직권으로 당사자의 이익, 그 밖의 모든 사정을 참작하여 청구의 취지에 어긋나지 아니하는 범위 안에서 사건의 공평한 해결을 위한 화해권고결정을 할 수 있다고 규정하고 있고, 한편 소송계속은 소장부본이 피고에게 송달된 때에 비로소 발생한다(대법원 2006.09.22. 자 2005마1014 결정).

② (○), ③ (×), ④ (×) 민소법 제231조는 "화해권고결정은 결정에 대한 이의신청 기간 이내에 이의신청이 없는 때, 이의신청에 대한 각하결정이 확정된 때, 당사자가 이의신청을 취하하거나 이의신청권을 포기한 때에 재판상 화해와 같은 효력을 가진다."라고 정하고 있으므로, 확정된 화해권고결정은 당사자 사이에 기판력을 가진다. 그리고 화해권고결정에 대한 이의신청이 적법한 때에는 소송은 화해권고결정 이전의 상태로 돌아가므로(민소법 제232조 제1항), 당사자는 화해권고결정이 송달된 후에 생긴 사유에 대하여도 이의신청을 하여 새로운 주장을 할 수 있고, 화해권고결정이 송달된 후의 승계인도 이의신청과 동시에 승계참가신청을 할 수 있다고 할 것이다. 이러한 점 등에 비추어 보면, 화해권고결정의 기판력은 그 확정시를 기준으로 하여 발생한다(대법원 2012.05.10. 선고 2010다2558 판결).

⑤ (×) 민소법 제79조에 의한 소송은 동일한 권리관계에 관하여 원고, 피고 및 참가인 상호간의 다툼을 하나의 소송절차로 한꺼번에 모순 없이 해결하려는 소송형태로서 두 당사자 사이의 소송행위는 나머지 1인에게 불이익이 되는 한 두 당사자 간에도 효력이 발생하지 않는다고 할 것이므로, 원·피고 사이에만 재판상 화해를 하는 것은 3자 간의 합일확정의 목적에 반하기 때문에 허용되지 않는다. 독립당사자참가인이 화해권고결정에 대하여 이의한 경우, 이의의 효력이 원·피고 사이에도 미치므로 전부 확정되지 않는다(대법원 2005.05.26. 선고 2004다25901 판결).

정답 ②

2. 재판상 화해 또는 조정과 관련된 설명으로 옳지 않은 것은? (다툼이 있는 경우 판례에 의함)

[2019년 10월 모의]

① 재판상 화해를 변론조서·변론준비기일조서에 적은 때에는 그 조서는 확정판결과 같은 효력을 가진다.
② 조정조서에 확정판결의 당연무효 등의 사유가 없는 한 설령 그 내용이 강행법규에 위반된다 할지라도 조정조서를 무효라고 주장할 수 없다.
③ 공유물분할의 소송절차 또는 조정절차에서 공유자 사이에 공유토지에 관한 현물분할의 협의가 성립하여 그 합의사항을 조서에 기재함으로써 조정이 성립하였다면, 그 조정조서는 공유물분할판결과 동일한 효력을 가지는 것으로서 민법 제187조 소정의 '판결'에 해당하는 것이므로 조정이 성립한 때 물권변동의 효력이 발생한다고 보아야 한다.
④ 재판상 화해가 실효조건의 성취로 실효되는 경우에는 화해가 없었던 상태로 돌아가므로 화해 성립 전의 법률관계를 다시 주장할 수 있다.
⑤ 소유권에 기한 물권적 방해배제청구로서 소유권등기의 말소를 구하는 소송 중에 그 소송물에 대하여 화해권고결정이 확정된다고 해도 그 청구권의 법적 성질이 채권적 청구권으로 바뀌지 아니한다.

해설

① (O) 화해, 청구의 포기 또는 인낙을 조서에 기재한 때에는 그 조서는 확정판결과 동일한 효력이 있다(민소법 제220조).
② (O) 조정은 당사자 사이에 합의된 사항을 조서에 기재함으로써 성립하고 조정조서는 재판상의 화해조서와 같이 확정판결과 동일한 효력이 있다. 따라서 당사자 사이에 기판력이 생기는 것이므로, 거기에 확정판결의 당연무효 등의 사유가 없는 한 설령 그 내용이 강행법규에 위반된다 할지라도 그것은 단지 조정에 하자가 있음에 지나지 아니하여 준재심절차에 의하여 구제받는 것은 별문제로 하고 조정조서를 무효라고 주장할 수 없다(대법원 2014.03.27. 선고 2009다104960 판결).
③ (×) 공유물분할의 소송절차 또는 조정절차에서 공유자 사이에 공유토지에 관한 현물분할의 협의가 성립하여 그 합의사항을 조서에 기재함으로써 조정이 성립하였다고 하더라도, 그와 같은 사정만으로 재판에 의한 공유물분할의 경우와 마찬가지로 그 즉시 공유관계가 소멸하고 각 공유자에게 그 협의에 따른 새로운 법률관계가 창설되는 것은 아니고, 공유자들이 협의한 바에 따라 토지의 분필절차를 마친 후 각 단독소유로 하기로 한 부분에 관하여 다른 공유자의 공유지분을 이전받아 등기를 마침으로써 비로소 그 부분에 대한 대세적 권리로서의 소유권을 취득하게 된다(대법원 2013.11.21. 선고 2011두1917 전합 판결).
④ (O) 재판상 화해가 실효조건의 성취로 실효되거나 준재심에 의하여 취소된 경우에는 화해가 없었던 상태로 돌아가므로 화해 성립 전의 법률관계를 다시 주장할 수 있다(대법원 1996.11.15. 선고 94다35343 판결).
⑤ (O)
1) 소유권이나 기한 물권적 방해배제청구로 소유권등기의 말소를 구하는 소송이나 진정명의 회복을 원인으로 한 소유권이전등기절차의 이행을 구하는 소송 중에 그 소송물에 대하여 화해권고결정이 확정되면 상대방은 여전히 물권적인 방해배제의무를 지는 것이고, 화해권고결정에 창설적 효력이 있다고 하여 그 청구권의 법적 성질이 채권적 청구권으로 바뀌지 않는다(대법원 2012.05.10. 선고 2010다2558 판결).
2) 화해권고결정의 기판력은 그 확정시(민소법 제231조에 따라 "결정에 대한 이의신청 기간 이내에 이의신청이 없는 때, 이의신청에 대한 각하결정이 확정된 때, 당사자가 이의신청을 취하하거나 이의신청권을 포기한 때")를 기준으로 하여 발생하는데, 그 이후에 물권적 방해배제청구권의 소송 중 그 화해의 대상이 된 계쟁물을 승계한 사람은 변론종결 후 승계인에 해당하게 되어 기판력을 받게 된다. 위 판례 사안에서는 ⓐ

원심이 화해권고결정의 창설적 효력으로 인하여 이 사건 화해권고결정에 기한 진정명의 회복을 원인으로 한 소유권이전등기청구권(물권적청구권)은 채권적 청구권으로 바뀌었고, 따라서 원고가 이 사건 화해권고결정이 확정된 후에 소유권등기를 이전받았더라도 채권적 청구권의 계쟁물의 양수인인 원고에게는 이 사건 화해권고결정의 기판력이 미치지 아니한다고 판단한 것에는 잘못이 있지만, ⓑ 사실관계상 원고가 물권적 방해배제청구권(진정명의 회복을 원인으로 한 소유권이전등기청구권)의 변론종결 전 승계인이었던 것이 인정되므로, ⓒ 화해권고결정의 기판력이 미치는 변론종결 후 승계인에 해당하지 않았다고 본 결론은 정당하다고 본 사례이다. 　　　　　　　　　　　　　　　　　　정답 ③

3. **소취하와 관련된 설명으로 옳지 않은 것은?** (다툼이 있는 경우 판례에 의함)　　　[2020년 06월 모의]

① 소취하는 소제기 후 판결이 확정될 때까지 어느 때라도 할 수 있다.
② 채권자대위권에 의한 소송이 제기된 사실을 피대위자가 알게 된 이상, 그 대위소송에 관한 종국판결이 있은 후 그 소가 취하된 때에는 피대위자도 그 대위소송과 동일한 소를 제기하지 못한다.
③ 본소가 취하된 때에는 피고는 원고의 동의 없이 반소를 취하할 수 있다.
④ 소취하의 무효나 부존재의 효력을 다투는 경우에는 기일지정신청을 할 수 있다.
⑤ 독립당사자참가 소송에 있어서 원고가 본소를 취하하는 경우에는 피고의 동의 외에 참가인의 동의는 필요하지 않다.

해설

① (O) 소는 판결이 확정될 때까지 그 전부나 일부를 취하할 수 있다(민소법 제266조 제1항).
② (O) 채권자대위권에 의한 소송이 제기된 사실을 피대위자가 알게 된 이상, 그 대위소송에 관한 종국판결이 있은 후 그 소가 취하된 때에는 피대위자도 민소법 제267 제2항 소정의 재소금지규정의 적용을 받아 그 대위소송과 동일한 소를 제기하지 못한다(대법원 1996.09.20. 선고 93다20177 판결).
③ (O) 본소가 취하된 때에는 피고는 원고의 동의 없이 반소를 취하할 수 있다(민소법 제271조).
④ (O) 소의 취하가 부존재 또는 무효라는 것을 주장하는 당사자는 기일지정신청을 할 수 있다(민사소송규칙 제67조 제1항).
⑤ (×) 독립당사자참가 후에도 원고는 본소를 취하할 수 있으나 당사자참가인은 3당사자 간의 각 청구에 대하여 논리적으로 모순없이 재판을 받아야 할 본소 유지의 이익이 있다할 것이므로, 본소 취하에는 당사자참가인의 동의도 필요하다고 해석함이 민소법 소정의 소송탈퇴에 관한 규정에 비추어 보아 상당하다(대법원 1972.11.30. 자 72마787 결정). 　　　　　　　　　　　　　　　　　　정답 ⑤

4. **기일지정신청 및 소송종료선언에 관한 설명 중 옳지 않은 것은?**　　　[2020년 10월 모의]

① 소취하에 의하여 소송이 종료된 것으로 처리된 후 당사자가 그 소의 취하가 무효라고 다투는 경우 당사자는 기일지정신청을 할 수 있다.
② 소취하의 효력을 다투는 기일지정신청에 대하여 법원은 소송이 유효하게 종료되었음이 명백한 경우에는 변론을 열지 않고 바로 판결로 소송의 종료를 선언할 수 있다.
③ 소취하간주의 경우에도 그 효력을 다투면서 기일지정신청을 할 수 있다.
④ 법원은 기일지정신청에 대한 심리 결과 신청이 이유 있다고 인정하는 경우 취하 당사자의 소송정도에 따라 필요한 절차를 계속하여 진행하고 중간판결 또는 종국판결에서 그 판단을 표시하여야 한다.
⑤ 종국판결이 선고된 후 상소기록을 보내기 전에 이루어진 소의 취하에 관하여 기일지정신청이 있

는 때에는 상소의 이익이 있는 당사자 모두가 상소를 한 경우 상소법원이 기일지정신청에 대하여 재판한다.

해설

① (O), ② (×), ④ (O), ⑤ (O)

> **민사소송규칙 제67조(소취하의 효력을 다투는 절차)**
> ① 소의 취하가 부존재 또는 무효라는 것을 주장하는 당사자는 기일지정신청을 할 수 있다. [① (O)]
> ② 제1항의 신청이 있는 때에는 법원은 변론을 열어 신청사유에 관하여 심리하여야 한다. [② (×)]
> ③ 법원이 제2항의 규정에 따라 심리한 결과 신청이 이유 없다고 인정하는 경우에는 판결로 소송의 종료를 선언하여야 하고, 신청이 이유 있다고 인정하는 경우에는 취하 당시의 소송정도에 따라 필요한 절차를 계속하여 진행하고 중간판결 또는 종국판결에 그 판단을 표시하여야 한다.
> [④ (O)]
> ④ 종국판결이 선고된 후 상소기록을 보내기 전에 이루어진 소의 취하에 관하여 제1항의 신청이 있는 때에는 다음 각호의 절차를 따른다.
>   1. 상소의 이익 있는 당사자 모두가 상소를 한 경우(당사자 일부가 상소하고 나머지 당사자의 상소권이 소멸된 경우를 포함한다)에는 판결법원의 법원사무관등은 소송기록을 상소법원으로 보내야 하고, 상소법원은 제2항과 제3항에 규정된 절차를 취하여야 한다. [⑤ (O)]
>   2. 제1호의 경우가 아니면 판결법원은 제2항에 규정된 절차를 취한 후 신청이 이유 없다고 인정하는 때에는 판결로 소송의 종료를, 신청이 이유 있다고 인정하는 때에는 판결로 소의 취하가 무효임을 각 선언하여야 한다.

③ (O) 민소법 제268조(법 제286조의 규정에 따라 변론준비절차에 준용되는 경우를 포함한다)의 규정에 따른 취하 간주의 효력을 다투는 경우에는 제67조 제1항 내지 제3항의 규정을 준용한다(민사소송규칙 제68조).

정답 ②

---

5. **재판상 화해에 관한 설명 중 옳지 않은 것은? (다툼이 있는 경우 판례에 의함)** [2020년 10월 모의]

① 실재하지 않거나 사망한 사람을 당사자로 하여 화해조서가 작성되었다는 것은 화해조서의 당연무효사유이므로 당사자는 이러한 사유를 주장하면서 기일지정신청을 할 수 있다.
② '실질적 소유자가 이의하면 화해의 효력이 실효된다'는 방식의 실효조건부 화해가 있었고 그 조건이 성취되면 화해가 없었던 상태로 돌아가므로 화해 성립 전의 법률관계를 다시 주장할 수 있다.
③ 재판상 화해는 민법상의 화해계약과는 다르므로 재판장 화해에서는 당사자 일방이 양보한 권리가 소멸되고 상대방이 화해로 인하여 그 권리를 취득하는 효력을 인정할 수 없다.
④ 재판상 화해를 함에 있어 실체법상 무효사유가 있으면 화해의 효력을 다툴 수 있다는 입장에 선다면 이러한 경우에는 화해무효확인소송이 가능하다.
⑤ 재판상 화해가 이루어진 내용에 대하여 상대방이 이를 이행하지 않는 경우에도, 화해조항 불이행을 이유로 화해를 해제할 수 있다는 내용이 화해조항에 포함되어 있지 않은 이상, 이를 이유로 재판상 화해를 해제할 수 없다.

해설

① (O) 재판상의 화해를 조서에 기재한 때에는 그 조서는 확정판결과 동일한 효력이 있고 당사자간에 기판

력이 생기는 것이므로 확정판결의 당연무효 사유와 같은 사유가 없는 한 재심의 소에 의하여만 효력을 다툴 수 있는 것이나, 당사자 일방이 화해조서의 당연무효 사유를 주장하며 기일지정신청을 한 때에는 법원으로서는 그 무효사유의 존재 여부를 가리기 위하여 기일을 지정하여 심리를 한 다음 무효사유가 존재한다고 인정되지 아니한 때에는 판결로써 소송종료선언을 하여야 할 것이다(대법원 2000.03.10. 선고 99다67703 판결).

② (O) 재판상의 화해가 성립되면 그것은 확정판결과 같은 효력이 있는 것이므로 그것을 취소변경하려면 재심의 소에 의해서만 가능하다 할 것이나 재판상의 화해의 내용은 당사자의 합의에 따라 자유로 정할 수 있는 것이므로 화해조항 자체로서 특정한 제3자의 이의가 있을 때에는 화해의 효력을 실효시키기로 한 내용의 재판상의 화해가 성립되었다면 그 조건의 성취로써 화해의 효력은 당연히 소멸된다 할 것이고 그 실효의 효력은 언제라도 주장할 수 있다(대법원 1988.08.09. 선고 88다카2332 판결).

③ (X) 재판상 화해 또는 제소전 화해는 확정판결과 동일한 효력이 있으며 당사자 간의 사법상의 화해계약이 그 내용을 이루는 것이면 화해는 창설적 효력을 가져 화해가 이루어지면 종전의 법률관계를 바탕으로 한 권리의무관계는 소멸하나, 재판상 화해 등의 창설적 효력이 미치는 범위는 당사자가 서로 양보를 하여 확정하기로 합의한 사항에 한하며, 당사자가 다툰 사실이 없었던 사항은 물론 화해의 전제로서 서로 양해하고 있는데 지나지 않은 사항에 관하여는 그러한 효력이 생기지 않는다(대법원 2001.04.27. 선고 99다17319 판결).

④ (O)
1) 제한적 기판력설에 의하면 실체법상 하자가 있는 경우에는 무효임을 전제로 기일지정신청이나 화해무효확인소송청구로 구제가능하다. 통설과 판례는 무제한기판력설을 취하고 있다. 따라서 판례에 의하면 화해무효확인청구는 불허되고, 화해의 효력은 준재심의 소(민소법 제461조)를 통해서만 다툴 수 있다.
2) 조정은 당사자 사이에 합의된 사항을 조서에 기재함으로써 성립하고 조정조서는 재판상의 화해조서와 같이 확정판결과 동일한 효력이 있다. 따라서 당사자 사이에 기판력이 생기는 것이므로, 거기에 확정판결의 당연무효 등의 사유가 없는 한 설령 그 내용이 강행법규에 위반된다 할지라도 그것은 단지 조정에 하자가 있음에 지나지 아니하여 준재심절차에 의하여 구제받는 것은 별문제로 하고 조정조서를 무효라고 주장할 수 없다(대법원 2014.03.27. 선고 2009다104960 판결).

⑤ (O) 재판상의 화해를 조서에 기재한 때에는 그 조서는 확정판결과 동일한 효력이 있고 당사자 간에 기판력이 생기는 것이므로 확정판결의 당연무효 사유와 같은 사유가 없는 한 준재심의 소에 의하여만 효력을 다툴 수 있고, 화해조항에서 정한 의무를 이행하지 아니하였음을 이유로 재판상 화해의 해제를 주장하는 것과 같은 화해조서의 취지에 반하는 주장을 할 수 없으며, 이러한 이치는 재판상 화해와 동일한 효력이 있는 조정조서에 대하여도 같다(대법원 2012.04.12. 선고 2011다109357 판결). **정답 ③**

6. **소취하와 항소취하에 관한 설명 중 옳은 것은? (다툼이 있는 경우에는 판례에 의함)** [2021년 08월 모의]

① 소취하와 항소취하는 모두 종국판결 확정시까지 할 수 있다.
② 소취하와 항소취하가 각기 그 효력이 생기기 위해서는 상대방의 동의가 언제나 필요 없다.
③ 본안에 대한 종국판결 선고 후에 소를 취하한 자는 언제나 동일한 소를 다시 제기할 수 없게 되는 효과가 발생하지만, 항소를 취하하면 원판결은 그대로 확정된다.
④ 소취하와 항소취하는 반드시 서면으로 행해져야 하는 것은 아니지만, 항소취하가 서면으로 행해진 경우 그 서면이 법원에 제출되었을 때가 아니라 상대방에게 송달되었을 때 항소취하의 효력이 생긴다.
⑤ 소취하는 소의 전부나 일부에 대하여 할 수 있지만 항소취하는 항소의 전부에 대하여만 허용되고 항소의 일부취하는 효력이 없다.

해설

① (✗) 소는 판결이 확정될 때까지 그 전부나 일부를 취하할 수 있다(민소법 제266조 제1항). 항소는 항소심의 종국판결이 있기 전에 취하할 수 있다(민소법 제393조 제1항).

② (✗) 소의 취하는 상대방이 본안에 관하여 준비서면을 제출하거나 변론준비기일에서 진술하거나 변론을 한 뒤에는 상대방의 동의를 받아야 효력을 가진다(민소법 제266조 제2항). 항소의 취하에는 제266조 제3항 내지 제5항(서면에 의한 소취하, 소취하 서면의 송달) 및 제267조 제1항(소 취하의 소급효)의 규정을 준용한다(민소법 제393조 제2항). 즉, 항소취하의 경우에는 상대방 당사자의 동의를 받을 필요가 없다.

③ (✗)
  1) 본안에 대한 종국판결이 있은 후 소를 취하한 자라 할지라도 이러한 규정의 취지에 반하지 아니하고 소제기를 필요로 하는 정당한 사정이 있다면 다시 소를 제기할 수 있다(대법원 1998.03.13. 선고 95다48599 판결).
  2) 항소취하는 소의 취하나 항소권 포기와 달리 제1심 종국판결이 유효하게 존재하므로, 항소기간 경과 후에 항소취하가 있는 경우에는 항소기간 만료 시로 소급하여 제1심판결이 확정된다(대법원 2017.09.21. 선고 2017다233931 판결).

④ (✗) 적법한 항소취하서가 제출되면 그때에 취하의 효력이 발생한다(대법원 1980.08.26. 선고 80다76 판결).

⑤ (O) 항소의 취하는 항소의 전부에 대하여 하여야 하고 항소의 일부 취하는 효력이 없다(대법원 2017.01.12. 선고 2016다241249 판결).

정답 ⑤

7. **소의 취하에 관한 설명 중 옳지 않은 것은? (다툼이 있는 경우에는 판례에 의함)** [2021년 10월 모의]

① 수량적으로 가분인 동일 청구권에 기한 청구금액의 감축은 소의 일부 취하에 해당하므로 원고가 착오로 청구금액을 감축했다 하더라도 이를 무효로 볼 수 없다.

② 소 취하 계약은 소송상 합의의 일종이고, 그 계약 사실이 주장·증명되면 당해 소는 각하되어야 하는 것이므로 당사자 사이의 합의로 이를 해제할 수 없다.

③ 원고는 대법원의 파기환송 판결 후 환송심에서도 소를 취하할 수 있다.

④ 피고가 본안에 대한 준비서면을 제출한 경우에는 그 준비서면이 진술되거나 진술 간주되지 않았더라도 소의 취하는 피고의 동의를 받아야 효력을 가진다.

⑤ 본안에 관한 제1심 판결 선고 후 소를 취하한 원고가 그 소 취하가 무효라고 주장하면서 다시 같은 소(후소)를 제기한 경우, 심리한 결과 그 소 취하가 유효한 것으로 밝혀진 때는 법원은 후소에 대하여 소송종료선언을 할 것이 아니라 소 각하 판결을 하여야 한다.

해설

① (O) 수량적으로 가분인 동일 청구권에 기한 청구금액의 감축은 소의 일부 취하로 해석되고, 소의 취하는 원고가 제기한 소를 철회하여 소송계속을 소멸시키는 원고의 법원에 대한 소송행위이며, 소송행위는 일반 사법상의 행위와 달리 내심의 의사보다 그 표시를 기준으로 하여 그 효력 유무를 판정할 수밖에 없는 것이므로 원고가 착오로 소의 일부를 취하하였다 하더라도 이를 무효라고 볼 수는 없다(대법원 2004.07.09. 선고 2003다46758 판결).

② (✗) 취소소송을 제기한 이후에 당사자 사이에 소를 취하하기로 하는 합의가 이루어졌다면 특별한 사정이 없는 한 소송을 계속 유지할 법률상의 이익이 소멸되어 당해 소는 각하되어야 하는 것이지만, 소취하 계약도 당사자 사이의 합의에 의하여 해제할 수 있다(대법원 2007.05.11. 선고 2005후1202 판결).

③ (O) 소는 판결이 확정될 때까지 그 전부나 일부를 취하할 수 있다(민소법 제266조 제1항).

④ (O) 소의 취하는 상대방이 본안에 관하여 준비서면을 제출하거나 변론준비기일에서 진술하거나 변론을 한 뒤에는 상대방의 동의를 받아야 효력을 가진다(민소법 제266조 제2항).
⑤ (O) 취하된 부분에 대하여는 소가 처음부터 계속되지 아니한 것으로 보고, 본안에 대한 종국판결이 있은 뒤에 소를 취하한 사람은 같은 소를 제기하지 못한다(민소법 제267조 제1,2항). 정답 ②

8. 소 취하에 관한 설명 중 옳지 않은 것은? (다툼이 있는 경우 판례에 의함) [2022년 06월 모의]

① 소 취하의 서면이 법원에 적법하게 제출되었다면 그 서면이 상대방에게 송달되기 전·후를 묻지 않고 원고는 이를 임의로 철회할 수 없다.
② 피고가 본안전 항변으로 소각하를 구하고 예비적으로 원고의 청구기각을 구한 경우에는 원고는 피고의 동의 없이 소를 취하할 수 있다.
③ 원고의 본소가 부적법하여 각하됨으로써 종료된 경우, 피고는 원고의 동의 없이 반소를 취하할 수 있다.
④ 소장부본이 송달된 후에 원고가 소 취하서를 법원에 제출한 경우, 법원은 소 취하의 서면을 피고에게 송달하여야 한다.
⑤ 독립당사자참가 소송 계속 중 원고가 본소를 취하하기 위해서는 피고뿐만 아니라 당사자참가인의 동의도 얻어야 한다.

해설

① (O) 적법한 소 취하의 서면이 제출된 이상 그 서면이 상대방에게 송달되기 전·후를 묻지 않고 원고는 이를 임의로 철회할 수 없다(대법원 1997.06.27. 선고 97다6124 판결).
② (O) 피고가 본안전 항변으로 소송을 본안에 관하여 청구기각을 각 구한 경우에는 본안에 관한 것은 예비적으로 청구한 것이므로 원고는 피고의 동의 없이 소취하를 할 수 있다(대법원 1968.04.23. 선고 68다217 판결).
③ (×) 민소법 제271조의 규정은 원고가 반소의 제기를 유발한 본소를 스스로 취하해 놓고 그로 인하여 유발된 반소만의 유지를 상대방에게 강요한다는 것은 공평치 못하다는 이유에서 원고가 본소를 취하한 때에는 피고도 원고의 동의 없이 반소를 취하할 수 있도록 한 규정이므로, 본소가 원고의 의사와 관계 없이 부적법하다 하여 각하됨으로써 종료된 경우에까지 유추적용할 수 없고, 원고의 동의가 있어야만 반소취하의 효력이 발생한다(대법원 1984.07.10. 선고 84다카298 판결).
④ (O) 소의 취하는 서면으로 하여야 하고, 소장을 송달한 뒤에는 취하의 서면을 상대방에게 송달하여야 한다(민소법 제226조 제3,4항).
⑤ (O) 독립당사자참가 후에도 원고는 본소를 취하할 수 있으나 당사자참가인은 3당사자 간의 각 청구에 대하여 논리적으로 모순없이 재판을 받아야 할 본소 유지의 이익이 있다할 것이므로, 본소 취하에는 당사자참가인의 동의도 필요하다고 해석함이 민소법 소정의 소송탈퇴에 관한 규정에 비추어 보아 상당하다(대법원 1972.11.30. 자 72마787 결정). 정답 ③

9. 소송종료선언에 대한 다음 설명 중 옳지 않은 것은? (다툼이 있는 경우 판례에 의함) [2022년 08월 모의]

① 소취하의 부존재 또는 무효를 주장하는 당사자는 기일지정신청을 할 수 있으며, 그 신청이 이유 없는 경우 법원이 판결로 소송종료를 선언한다.
② 청구의 인낙이 변론조서에 기재되었음에도 불구하고 법원이 소송종료를 간과하고 심리를 진행한 경우, 법원은 직권으로 소송종료선언을 할 수 있다.

③ 이혼소송의 계속 중 당사자 일방의 사망으로 당사자대립구조가 소멸한 경우 상대방 당사자의 기일지정신청에 대하여 법원은 소송종료선언을 하여야 한다.
④ 청구의 인낙으로 소송이 종료된 경우 기판력이 생기므로 당사자 일방은 기일지정신청을 할 수 없고 준재심의 소로만 그 효력을 다툴 수 있을 뿐이며, 당연무효사유가 있다고 하여 달리 볼 것은 아니다.
⑤ 종국판결이 선고된 후 상소기록이 상소심법원에 보내지기 전에 이루어진 소의 취하가 부존재 또는 무효라는 이유로 기일지정신청이 있는 때에, 상소의 이익이 있는 당사자 모두가 상소한 경우 상소심법원이 기일지정신청에 대하여 재판한다.

> 해설

① (O) 소의 취하가 부존재 또는 무효라는 것을 주장하는 당사자는 기일지정신청을 할 수 있고, 법원이 심리한 결과 신청이 이유 없다고 인정하는 경우에는 판결로 소송의 종료를 선언하여야 한다(민소규칙 제67조 제1,3항).
② (O) 청구의 인낙이 변론조서에 기재가 되면 따로 인낙조서의 작성이 없는 경우라도 인정판결과 같은 효력이 생기고 그것으로써 소송은 종료되며 만약 청구의 인낙이 변론조서에 기재되었음에도 불구하고 소송이 진행된 경우 법원은 인낙으로 인한 소송종료를 판결로 선고하여야 한다(대법원 1962.06.14. 선고 62마6 판결).
③ (O) 재판상의 이혼청구권은 부부의 일신전속의 권리이므로 이혼소송계속 중 부부의 일방이 사망한 경우에는 상속인이 그 소송절차를 수계할 수 없음은 물론이며 그런 경우에 검사가 이를 수계할 수 있는 특별한 규정이 없으므로 이 사건은 청구인이 사망함과 동시에 당연히 소송이 종료되었다고 할 것이다. 그러므로 소송종료를 선언하기로 관여 법관의 의견이 일치되어 주문과 같이 판결한다(대법원 1985.09.10. 선고 85므27 판결).
④ (✕) 재판상의 화해를 조서에 기재한 때에는 그 조서는 확정판결과 동일한 효력이 있고 당사자 간에 기판력이 생기는 것이므로, 확정판결의 당연무효 사유와 같은 사유가 없는 한 재심의 소에 의하여만 효력을 다툴 수 있는 것이나, 당사자 일방이 화해조서의 당연무효 사유를 주장하며 기일지정신청을 한 때에는 법원으로서는 그 무효사유의 존재 여부를 가리기 위하여 기일을 지정하여 심리를 한 다음 무효사유가 존재 한다고 인정되지 아니한 때에는 판결로써 소송종료선언을 하여야 하고, 이러한 이치는 재판상 화해와 동일한 효력이 있는 조정조서에 대하여도 같다(대법원 2001.03.09. 선고 2000다58668 판결).
⑤ (O) 종국 판결이 선고된 후 상소 기록을 보내기 전에 이루어진 소의 취하에 관하여 부존재 또는 무효라는 이유로 기일지정신청이 있는 때에는 상소의 이익 있는 당사자 모두가 상소를 한 경우에는 판결법원의 법원사무관등은 소송기록을 상소법원으로 보내야 하고, 기일지정신청에 대하여 재판한다(민소 규칙 제67조 제4항 제1호). 즉, 소송기록이 상소법원으로 보내진 이상 상소법원이 소송기록을 기초로 심리하여 소의 취하에 부존재 또는 무효사유가 있는지를 살펴서 기일지정신청이 이유있는지 판단한다. 기일기정신청이 이유없다고 판단될 경우에는 소송종료선언(민사소송규칙 제67조)을 한다. **정답 ④**

10. 청구의 포기·인낙에 관한 설명 중 옳지 않은 것은? (다툼이 있는 경우 판례에 의함) [2023년 10월 모의]

① 청구의 인낙은 이를 조서에 기재한 때에는 확정판결과 동일한 효력이 발생되어 그로써 소송을 종료시키는 효력이 있을 뿐이고, 실체법상 채권·채무의 발생 또는 소멸의 원인이 되는 법률행위라 볼 수 없다.
② 증권관련집단소송에서 청구의 포기는 법원의 허가를 받지 아니하면 그 효력이 없다.
③ 주주총회결의의 하자를 다투는 소에 있어서 청구인낙이 이루어졌다 하여도 그 인낙조서는 효력이 없다.

④ 청구의 인낙이 조서에 기재되면 소송은 그 범위 안에서 당연히 소멸하므로 예비적 병합에서 피고는 원고의 예비적 청구를 인낙하여 소송을 종료시킬 수 있다.
⑤ 변론기일에 원고가 불출석한 경우 진술간주되는 준비서면에 청구 포기의 의사표시가 적혀 있고 공증사무소의 인증을 받은 때에는 그 취지에 따라 청구의 포기가 성립된 것으로 본다.

해설

① (O) 청구의 인낙은 피고가 원고의 주장을 승인하는 소위 관념의 표시에 불과한 소송상 행위로서 이를 조서에 기재한 때에는 확정판결과 동일한 효력이 발생되어 그로써 소송을 종료시키는 효력이 있을 뿐이고, 실체법상 권리·채무의 발생 또는 소멸의 원인이 되는 법률행위라 볼 수 없다(대법원 2022.03.31. 선고 2020다271919 판결).

② (O) 증권관련집단소송의 경우 소의 취하, 소송상의 화해 또는 청구의 포기는 법원의 허가를 받지 아니하면 그 효력이 없다(증권관련 집단소송법 제35조 제1항).

③ (O) 주주총회결의의 부존재·무효를 확인하거나 결의를 취소하는 판결이 확정되면 당사자 이외의 제3자에게도 그 효력이 미쳐 제3자도 이를 다툴 수 없게 되므로, 주주총회결의의 하자를 다투는 소에 있어서 청구의 인낙이나 그 결의의 부존재·무효를 확인하는 내용의 화해·조정은 할 수 없고, 가사 이러한 내용의 청구인낙 또는 화해조정이 이루어졌다 하여도 그 인낙조서나 화해·조정조서는 효력이 없다(대법원 2004.09.24. 선고 2004다28047 판결).

④ (X) 원심에서 추가된 청구가 종전의 주위적 청구가 인용될 것을 해제조건으로 하여 청구된 것임이 분명하다면, 원심으로서는 종전의 주위적 청구의 당부를 먼저 판단하여 그 이유가 없을 때에만 원심에서 추가된 예비적 청구에 관하여 심리판단할 수 있고, 위 추가된 예비적 청구만을 분리하여 심리하거나 일부 판결을 할 수 없으며, 피고로서도 위 추가된 예비적 청구에 관하여만 인낙을 할 수도 없고, 가사 인낙을 한 취지가 조서에 기재되었다 하더라도 그 인낙의 효력이 발생하지 않는다(대법원 1995.07.25. 선고 94다62017 판결).

⑤ (O) 원고 또는 피고가 변론기일에 출석하지 아니하거나, 출석하고서도 본안에 관하여 변론하지 아니한 때에는 그가 제출한 소장·답변서, 그 밖의 준비서면에 적혀 있는 사항을 진술한 것으로 보고 출석한 상대방에게 변론을 명할 수 있고, 그 준비서면에 청구의 포기 또는 인낙의 의사표시가 적혀 있고 공증사무소의 인증을 받은 때에는 그 취지에 따라 청구의 포기 또는 인낙이 성립된 것으로 본다(민소법 제148조 제1,2항).

정답 ④

11. 화해나 화해권고결정에 관한 설명 중 옳은 것을 모두 고른 것은? (다툼이 있는 경우 판례에 의함)
[2024년 08월 모의]

ㄱ. 재판상의 화해를 조서에 기재한 때에는 확정판결의 당연무효사유와 같은 사유가 없는 한 그 효력을 다투기 위하여 기일지정신청을 할 수 있다.

ㄴ. 재판상 화해는 확정판결과 동일한 효력이 있고 창설적 효력을 가지는 것이어서 화해가 이루어지면 당사자가 다툰 사실이 없었던 사항은 물론 화해의 전제로서 서로 양해하고 있는 사항에 관하여도 그러한 효력이 생긴다.

ㄷ. 조정이나 재판상 화해의 대상인 권리관계는 사적 이익에 관한 것으로서, 당사자가 자유롭게 처분할 수 있는 것이어야 하므로, 성질상 당사자가 임의로 처분할 수 없는 사항을 대상으로 한 조정이나 재판상 화해는 허용될 수 없다.

ㄹ. 소송상의 화해는 소송행위로서 사기나 착오를 이유로 취소할 수 없다.

ㅁ. 화해권고결정은 그 심급에서 판결이 선고되어도 효력이 유지된다.

ㅂ. 화해권고결정에 대한 이의신청권은 그 신청전까지 포기할 수 있다.

① ㄱ, ㄷ　　　　　　　② ㄷ, ㄹ, ㅁ　　　　　　③ ㄴ, ㄹ, ㅂ
④ ㄱ, ㅁ, ㅂ　　　　　⑤ ㄷ, ㄹ, ㅂ

> **해설**

㉠ (✗) 재판상의 화해를 조서에 기재한 때에는 그 조서는 확정판결과 동일한 효력이 있고 당사자간에 기판력이 생기는 것이므로 확정판결의 당연무효 사유와 같은 사유가 없는 한 재심의 소에 의하여만 효력을 다툴 수 있는 것이나, 당사자 일방이 화해조서의 당연무효 사유를 주장하며 기일지정신청을 한 때에는 법원으로서는 그 무효사유의 존재 여부를 가리기 위하여 기일을 지정하여 심리를 한 다음 무효사유가 존재한다고 인정되지 아니한 때에는 판결로써 소송종료선언을 하여야 한다(대법원 2000.03.10. 선고 99다67703 판결).

㉡ (✗) 재판상 화해는 확정판결과 동일한 효력이 있고 창설적 효력을 가지는 것이어서 화해가 이루어지면 종전의 법률관계를 바탕으로 한 권리·의무관계는 소멸하나, 재판상 화해 등의 창설적 효력이 미치는 범위는 당사자가 서로 양보를 하여 확정하기로 합의한 사항에 한하며, 당사자가 다툰 사실이 없었던 사항은 물론 화해의 전제로서 서로 양해하고 있는 데 지나지 않은 사항에 관하여는 그러한 효력이 생기지 아니한다(대법원 2001.04.27. 선고 99다17319 판결).

㉢ (O) 조정이나 재판상 화해의 대상인 권리관계는 사적 이익에 관한 것으로서, 당사자가 자유롭게 처분할 수 있는 것이어야 하므로, 성질상 당사자가 임의로 처분할 수 없는 사항을 대상으로 한 조정이나 재판상 화해는 허용될 수 없고, 설령 그에 관하여 조정이나 재판상 화해가 성립하였더라도 효력이 없어 당연무효이다(대법원 2012.09.13. 선고 2010다97846 판결).

㉣ (O)
1) 재판상 화해에 강행법규 위반, 사회질서 위반, 의사표시의 하자가 있는 경우에도 준재심의 소에 의해서 화해가 취소되지 않는 한 유효하다.
2) 관련 판례군(#)
ⓐ 민소법 제206조 소정의 화해조서는 확정판결과 동일한 효력이 있으므로 한번 재판상의 화해가 성립한 경우에는 가령 그 내용이 강행법규에 위배된 경우라도 그것은 단지 재판상 화해에 하자가 있음에 불과하고 재심절차에 의한 구제를 받는 것은 별문제로 하고 그 화해조서의 무효를 주장할 수 없으며 이 법리는 제소전 화해(민소법 제355조)에 관하여도 같다(대법원 1975.11.11. 선고 74다634 판결).
ⓑ 재판상화해조서는 확정판결과 같은 효력이 있어 기판력이 생기는 것이므로 그 내용이 강행법규에 위반된다 할지라도, 화해조서가 준재심절차에 의하여 취소되지 아니하는 한, 그 당사자 사이에서는 그 화해가 무효라는 주장을 할 수 없으나, 기판력은 재판상화해의 당사자가 아닌 제3자에 대하여까지 미친다고 할 수 없다(대법원 1999.10.08. 선고 98다38760 판결).
ⓒ 소송상의 화해는 소송행위로서 사법상의 화해와 달리 사기나 착오를 이유로 취소할 수는 없다(대법원 1979.05.15. 선고 78다1094 판결).
ⓓ 제소전화해조서는 확정판결과 같은 효력이 있어 당사자 사이에 기판력이 생기는 것이므로 그 내용이 강행법규에 위반된다 할지라도 준재심절차에 의하여 취소되지 아니하는 한 그 화해가 통정한 허위표시로서 무효라는 취지의 주장은 할 수 없다(대법원 1992.10.27. 선고 92다19033 판결).

㉤ (✗) 화해권고결정은 그 심급에서 판결이 선고된 때에는 그 효력을 잃는다(민소법 제232조 제2항).
㉥ (O) 이의신청권은 그 신청전까지 포기할 수 있다(민소법 제229조 제1항).　　**정답** ⑤

12. 소취하, 소취하 간주, 반소취하에 관한 설명 중 옳은 것을 모두 고른 것은? (다툼이 있는 경우 판례에 의함)
[2024년 10월 모의]

ㄱ. 소의 취하를 서면이 아닌 말로 하는 경우 상대방이 출석한 변론기일에서만 할 수 있다.
ㄴ. 소취하의 서면이 송달된 날부터 2주 이내에 상대방이 이의를 제기하지 아니한 경우에는 소취하

에 동의하지 않은 것으로 본다.
ㄷ. 당사자 쌍방이 2회에 걸쳐 변론기일에 출석하지 아니하고 법원이 직권으로 신기일을 지정한 때에는 그와 같이 직권으로 정한 기일 또는 그 후의 기일에 당사자 쌍방이 출석하지 아니하거나 출석하더라도 변론하지 아니한 때에는 소의 취하가 있는 것으로 보아야 한다.
ㄹ. 적법한 소취하의 서면이 제출된 이상 그 서면이 상대방에게 송달되기 전·후를 묻지 않고 원고는 이를 임의로 철회할 수 없다.
ㅁ. 본소가 원고의 의사와 관계없이 부적법하다 하여 각하됨으로써 종료된 경우에는 원고의 동의가 있어야만 반소취하의 효력이 발생한다.

① ㄱ, ㄴ, ㄷ
② ㄱ, ㄴ, ㅁ
③ ㄴ, ㄷ, ㄹ
④ ㄴ, ㄹ, ㅁ
⑤ ㄷ, ㄹ, ㅁ

해설

㉠ (✗) 소는 판결이 확정될 때까지 그 전부나 일부를 취하할 수 있다(민소법 제266조 제1항). 소의 취하는 상대방이 본안에 관하여 준비서면을 제출하거나 변론준비기일에서 진술하거나 변론을 한 뒤에는 상대방의 동의를 받아야 효력을 가진다(민소법 제266조 제2항). 소의 취하는 서면으로 하여야 한다. 다만, 변론 또는 변론준비기일에서 말로 할 수 있다(민소법 제266조 제3항). 소장을 송달한 뒤에는 취하의 서면을 상대방에게 송달하여야 한다(민소법 제266조 제4항). 제3항 단서의 경우에 상대방이 변론 또는 변론준비기일에 출석하지 아니한 때에는 그 기일의 조서등본을 송달하여야 한다(민소법 제266조 제5항).

㉡ (✗) 소취하의 서면이 송달된 날부터 2주 이내에 상대방이 이의를 제기하지 아니한 경우에는 소취하에 동의한 것으로 본다. 제3항 단서의 경우에 있어서, 상대방이 기일에 출석한 경우에는 소를 취하한 날부터, 상대방이 기일에 출석하지 아니한 경우에는 제5항의 등본이 송달된 날부터 2주 이내에 상대방이 이의를 제기하지 아니하는 때에도 또한 같다(민소법 제266조 제6항).

㉢ (O) 양 쪽 당사자가 변론기일에 출석하지 아니하거나 출석하였다 하더라도 변론하지 아니한 때에는 재판장은 다시 변론기일을 정하여 양 쪽 당사자에게 통지하여야 한다(민소법 제268조 제1항). 제1항의 새 변론기일 또는 그 뒤에 열린 변론기일에 양 쪽 당사자가 출석하지 아니하거나 출석하였다 하더라도 변론하지 아니한 때에는 1월 이내에 기일지정신청을 하지 아니하면 소를 취하한 것으로 본다(민소법 제268조 제2항). 제2항의 기일지정신청에 따라 정한 변론기일 또는 그 뒤의 변론기일에 양쪽 당사자가 출석하지 아니하거나 출석하였다 하더라도 변론하지 아니한 때에는 소를 취하한 것으로 본다(민소법 제268조 제3항).

㉣ (O) 소의 취하는 원고가 제기한 소를 철회하여 소송계속을 소멸시키는 원고의 법원에 대한 소송행위이고 소송행위는 일반 사법상의 행위와는 달리 내심의 의사보다 그 표시를 기준으로 하여 그 효력 유무를 판정할 수밖에 없는 것인바, 원고들 소송대리인으로부터 원고 중 1인에 대한 소 취하를 지시받은 사무원은 원고들 소송대리인의 표시기관에 해당되어 그의 착오는 원고들 소송대리인의 착오로 보아야 하므로, 그 사무원의 착오로 원고들 소송대리인의 의사에 반하여 원고들 전원의 소를 취하하였다 하더라도 이를 무효라 볼 수는 없고, 적법한 소 취하의 서면이 제출된 이상 그 서면이 상대방에게 송달되기 전·후를 묻지 않고 원고는 이를 임의로 철회할 수 없다(대법원 1997.06.27. 선고 97다6124 판결).

㉤ (O) 민소법 제244조(현행 제271조)의 규정은 원고가 반소의 제기를 유발한 본소는 스스로 취하해 놓고 그로 인하여 유발된 반소만의 유지를 상대방에게 강요한다는 것은 공평치 못하다는 이유에서 원고가 본소를 취하한 때에는 피고도 원고의 동의없이 반소를 취하할 수 있도록 한 규정이므로 본소가 원고의 의사와 관계없이 부적법하다 하여 각하됨으로써 종료된 경우에까지 유추적용 할 수 없고, 원고의 동의가 있어야만 반소취하의 효력이 발생한다 할 것이다(대법원 1984.07.10. 선고 84다카298 판결).

정답 ⑤

13. 甲이 乙을 상대로 S 토지에 관한 소유권존재확인의 소를 제기하였다. 이와 관련하여 소취하의 동의에 관한 설명 중 옳은 것은? (다툼이 있는 경우 판례에 의함) [2019년 08월 모의]

① 乙이 甲의 소에 대해 주위적으로 소 각하, 예비적으로 청구기각을 구한 경우에도 본소의 취하에는 乙의 동의가 필요하다.
② 乙이 甲의 소에 대해 반소를 제기한 후 甲의 본소가 각하된 경우, 乙의 반소의 취하에 甲의 동의가 필요하다.
③ 甲의 본소에 대해 S 토지의 소유자임을 주장하는 丙이 독립당사자참가를 하였는데, 甲이 소송계속 후 본소를 취하하는 경우에는 乙의 동의만 있으면 되고, 丙의 동의는 필요 없다.
④ 甲의 본소에 대해 S 토지의 소유자임을 주장하는 丙이 甲과 乙을 상대로 하여 독립당사자참가를 하였는데, 丙이 참가신청을 취하하는 경우 甲이나 乙의 동의는 필요 없다.
⑤ 甲의 소취하에 대해 乙이 동의를 거절하면 소취하의 효력이 생기지 않으나, 곧 마음을 바꾸어 동의의 의사표시를 하면 소취하의 효력이 생긴다.

해설

① (✗) 피고가 본안전 항변으로 소송을 본안에 관하여 청구기각을 각 구한 경우에는 본안에 관한 것은 예비적으로 청구한 것이므로 원고는 피고의 동의 없이 소취하를 할 수 있다(대법원 1968.04.23. 선고 68다217 판결).
② (O) 민소법 제271조의 규정은 원고가 반소의 제기를 유발한 본소를 스스로 취하해 놓고 그로 인하여 유발된 반소만의 유지를 상대방에게 강요한다는 것은 공평치 못하다는 이유에서 원고가 본소를 취하한 때에는 피고도 원고의 동의 없이 반소를 취하할 수 있도록 한 규정이므로, 본소가 원고의 의사와 관계 없이 부적법하다 하여 각하됨으로써 종료된 경우에까지 유추적용할 수 없고, 원고의 동의가 있어야만 반소취하의 효력이 발생한다(대법원 1984.07.10. 선고 84다카298 판결).
③ (✗) 독립당사자참가 후에도 원고는 본소를 취하할 수 있으나 당사자참가인은 3당사자 간의 각 청구에 대하여 논리적으로 모순없이 재판을 받아야 본소 유지의 이익이 있다할 것이므로, 본소 취하에는 당사자참가인의 동의도 필요하다고 해석함이 민소법 소정의 소송탈퇴에 관한 규정에 비추어 보아 상당하다(대법원 1972.11.30. 자 72마787 결정).
④ (✗) 독립당사자 참가신청의 성질은 소이므로 그 취하에는 민소법 제266조 제2항이 적용되어 상대방인 원피고 쌍방의 동의를 요한다(대법원 1981.12.08. 선고 80다577 판결).
⑤ (✗) 소 취하에 대하여 피고가 이의하여 동의를 거절하면 소 취하 효력을 발생할 수 없고 후에 동의하더라도 취하의 효력이 없다(대법원 1969.05.27. 선고 69다130 판결).   **정답 ②**

14. 다음 〈사례〉에 관한 설명 중 옳은 것으로 묶인 것은? (다툼이 있는 경우에는 판례에 의함) [2019년 10월 모의]

〈사례〉
乙은 전처 丙과 사별한 후 甲과 재혼하였다. 甲은 乙을 상대로 이혼 및 재산분할청구의 소를 제기하였다. 서울가정법원은 甲과 乙은 이혼하되, 재산분할청구는 기각한다는 판결을 선고하였다. 甲이 재산분할청구부분에 대하여 불복하여 항소를 제기하여 항소심 계속 중 乙이 교통사고로 사망하자 甲은 위 소를 취하하였다. 乙·丙의 아들 A는 甲이 乙의 재산을 상속하는 것을 인정할 수 없다고 주장하면서 甲을 상대로 상속권부존재확인의 소를 제기하였다.

ㄱ. 甲은 이혼청구소송 제1심에서 승소하였고, 재산분할청구 부분만 항소한 것이므로 이혼청구부분은 확정되었고, 이혼한 甲에게 乙의 사망으로 인한 甲의 상속권은 존재하지 않는다.
ㄴ. 甲이 항소한 재산분할청구부분의 경우에도 甲은 망인의 상속인을 상대로 소송수계절차를 거쳐 수계인의 동의를 받아야 하므로 수계인의 동의 없이 한 소취하는 효력이 없다.
ㄷ. 항소심에서 이심된 이혼청구 부분이 확정되기 전에 乙이 사망하였으므로 소송은 종료하고 甲은 여전히 乙의 배우자로서 상속권을 갖게 된다.
ㄹ. 甲은 乙이 사망하지 않았다면 乙과 혼인관계를 유지할 의사는 전혀 없었으므로 甲이 乙의 재산을 상속하는 것은 신의칙 및 금반언의 원칙에 위배된다.
ㅁ. A가 甲을 상대로 제기한 상속권부존재확인의 소의 관할은 서울가정법원이다.

① ㄱ, ㄴ ② ㄱ, ㅁ ③ ㄴ, ㄹ
④ ㄷ ⑤ ㄷ, ㄹ, ㅁ

해설

ㄱ. (×)
1) 여러 개의 가사소송사건 또는 가사소송사건과 가사비송사건의 청구의 원인이 동일한 사실관계에 기초하거나 1개의 청구의 당부가 다른 청구의 당부의 전제가 되는 경우에는 이를 1개의 소로 제기할 수 있다(가사소송법 제14조 제1항). 이혼소송(나류 가사사건)과 재산분할청구(마류 가사비송사건)이므로 1개의 소로 제기되었으므로, 재산분할청구 항소시에 이혼청구부분은 분리 확정되지 아니하고, 상소불가분의 원칙에 따라 두 청구 모두 항소심으로 이심된다.
2) 이혼소송과 재산분할청구가 병합된 경우, 배우자 일방이 사망하면 이혼의 성립을 전제로 하여 이혼소송에 부대한 재산분할청구 역시 이를 유지할 이익이 상실되어 이혼소송의 종료와 동시에 종료된다(대법원 1994.10.28. 선고 94므246 판결).
3) 설문의 경우, 乙의 사망으로 인해 이혼청구는 분리확정되지 않고 종료된다. 상속이 일어나므로 공동상속인은 甲(3/5지분)과 A(2/5지분)가 된다.

ㄴ. (×), ㄷ. (○) 재판상의 이혼청구권은 부부의 일신전속의 권리이므로 이혼소송 계속중 배우자의 일방이 사망한 때에는 상속인이 그 절차를 수계할 수 없음은 물론이고, 또 그러한 경우에 검사가 이를 수계할 수 있는 특별한 규정도 없으므로 이혼소송은 종료되고, 이에 따라 이혼의 성립을 전제로 하여 이혼소송에 부대한 재산분할청구 역시 이를 유지할 이익이 상실되어 이혼소송의 종료와 동시에 종료한다(대법원 1994.10.28. 선고 94므246 판결).

ㄹ. (×) 망인이 사망하지 않았다면 망인과 혼인관계를 유지할 의사가 없었다는 사정만으로 법률혼 관계에 있는 배우자가 망인의 사망으로 인한 상속권을 주장하는 것이 신의성실의 원칙이나 금반언의 원칙에 반한다고 해석하지 않는다.

ㅁ. (×) 상속권 부존재 확인의 소의 관할 법원은 민사법원이다(대법원 1998.07.24. 선고 98다9021 판결).

정답 ④

15. 甲이 乙에 대하여 대여금의 반환을 구하는 소를 제기하였다. 다음 각 기술된 내용으로 소취하 또는 청구의 인낙이 되었다고 할 때 그 효력이 생기는 경우를 모두 고른 것은? (다툼이 있는 경우 판례에 의함)

[2021년 06월 모의]

ㄱ. 甲이 소취하를 할 생각이 없었으나, 다른 서류와 혼동하여 소취하서를 작성하여 법원에 제출한 경우
ㄴ. 甲이 乙에게 빌려준 도박자금을 반환하라는 청구를 하였는데 乙이 甲의 청구를 인낙한 경우
ㄷ. 甲의 소송대리인 A가 丙의 소를 취하하라고 그 사무원에게 지시하였는데, 그 사무원이 A의 지시를 오해하여 甲의 소취하서를 작성하여 법원에 제출한 경우
ㄹ. 甲이 소를 취하해주지 않자 乙이 폭력배를 동원하여 甲을 폭행·협박하였는데, 이에 생명에 위협을 느낀 甲이 자신의 의사에 반하여 작성한 소취하서를 乙이 법원에 제출하였고, 乙이 위 폭행·협박을 원인으로 유죄판결을 받은 경우
ㅁ. 위 소송계속 중 소비대차 계약이 무효라는 乙의 주장이 받아들여질 경우에 대비하여 甲이 예비적으로 부당이득반환청구를 추가하였는데, 乙이 예비적청구를 인낙한 경우

① ㄱ, ㄴ, ㄷ   ② ㄱ, ㄷ, ㅁ   ③ ㄴ, ㄷ, ㄹ
④ ㄴ, ㄹ, ㅁ   ⑤ ㄷ, ㄹ, ㅁ

해설

ㄱ. (○), ㄷ. (○) 적법한 소 취하의 서면이 제출된 이상 그 서면이 상대방에게 송달되기 전·후를 묻지 않고 원고는 이를 임의로 철회할 수 없다(대법원 1997.06.27. 선고 97다6124 판결).

ㄴ. (○)
1) 청구 자체가 아니라, 청구의 원인이 공서양속에 반하거나 강행법규에 반하는 경우에 청구 인낙 제도의 취지가 법원의 판단권 배제에 있고, 법원이 인낙의 효력을 인정해도 제3자의 지위에 영향을 줄 수 없는 점을 고려하면, 이러한 청구는 인낙의 대상이 된다.
2) 甲이 乙에게 구하는 대여금 청구 자체는 문제가 없고, 청구의 원인이 도박자금에 해당하여 반사회질서 법률행위에 해당한다. 인낙제도의 취지와 제3자에게 주는 영향을 고려할 때 이러한 청구는 인낙의 대상이 되는바, 유효하다.

ㄹ. (×) 형사책임이 수반되는 타인의 강요와 폭행에 의하여 이루어진 소취하의 약정과 소취하서의 제출은 무효이다(대법원 1985.09.24. 선고 82다카312 판결).

ㅁ. (×) 원심에서 추가된 청구가 종전의 주위적 청구가 인용될 것을 해제조건으로 하여 청구된 것임이 분명하다면, 원심으로서는 종전의 주위적 청구의 당부를 먼저 판단하여 그 이유가 없을 때에만 원심에서 추가된 예비적 청구에 관하여 심리판단할 수 있고, 위 추가된 예비적 청구만을 분리하여 심리하거나 일부 판결을 할 수 없으며, 피고로서도 위 추가된 예비적 청구에 관하여만 인낙을 할 수도 없고, 가사 인낙을 한 취지가 조서에 기재되었다 하더라도 그 인낙의 효력이 발생하지 않는다(대법원 1995.07.25. 선고 94다62017 판결).

정답 ①

16. 소취하와 관련된 설명으로 옳지 않은 것은? (다툼이 있는 경우에는 판례에 의함)   [2022년 08월 모의]

① 원고 甲, 乙, 丙의 소송대리인 丁이 자신의 사무원에게 甲만의 소 취하를 지시하였으나, 그 사무원의 착오로 甲, 乙, 丙 모두의 소를 취하한 경우에도 그 취하는 유효하며 착오를 이유로 취소할 수 없다.

② 채권자 甲이 채무자 乙을 상대로 원본채권의 지급을 청구하는 소를 제기하였다가 패소한 뒤 항소심에서 소를 취하하였다가, 다시 이자채권의 지급을 청구하는 소를 제기하는 경우, 甲의 이자채권의 지급을 구하는 소는 재소금지에 해당되어 각하되어야 한다.

③ 원고 甲은 피고 乙에게 지상권설정등기말소청구의 소를 제기하여 승소하였으나 乙과의 별도의 약정에 따라 항소심에서 소를 취하하였는데, 乙이 그 약정을 위반하자 다시 지상권설정등기말소청구의 소를 제기한 경우 재소금지에 해당되지 않는다.

④ 채권자 甲이 채무자 乙을 대위하여 제3채무자 丙에게 소유권이전등기청구의 소를 제기하였다가 항소심에서 소를 취하하였는데, 소송고지를 통해 대위소송의 제기사실을 알고 있는 乙이 丙을 상대로 동일한 소를 제기한 경우, 乙의 소유권이전등기청구의 소는 재소금지에 해당되어 각하되어야 한다.

⑤ 채권자 甲이 채무자 乙의 제3채무자 丙에 대한 채권에 대하여 압류 및 추심명령을 받은 뒤 甲이 제3채무자 丙을 상대로 추심소송을 제기하였다가 항소심에서 소를 취하하였는데, 그 후 乙의 다른 채권자인 丁이 乙의 동일한 채권에 대하여 압류 및 추심명령을 받은 뒤에 丙을 상대로 추심소송을 제기한 경우, 丁의 추심소송은 재소금지에 해당되어 각하되어야 한다.

해설

① (O) 소의 취하는 원고가 제기한 소를 철회하여 소송계속을 소멸시키는 원고의 법원에 대한 소송행위이고 소송행위는 일반 사법상의 행위와는 달리 내심의 의사보다 그 표시를 기준으로 하여 그 효력 유무를 판정할 수밖에 없는 것인바, 원고들 소송대리인으로부터 원고 중 1인에 대한 소 취하를 지시받은 사무원은 원고들 소송대리인의 표시기관에 해당되어 그의 착오는 원고들 소송대리인의 착오로 보아야 하므로, 그 사무원의 착오로 원고들 소송대리인의 의사에 반하여 원고들 전원의 소를 취하하였다 하더라도 이를 무효라 볼 수는 없다(대법원 1997.06.27. 선고 97다6124 판결).

② (O) 후소가 전소의 소송물을 선결적 법률관계 내지 전제로 하는 것일 때에는 비록 소송물은 다르지만 본안의 종국판결 후에 전소를 취하한 자는 전소의 목적이었던 권리 내지 법률관계의 존부에 대하여는 다시 법원의 판단을 구할 수 없는 관계상 위 제도의 취지와 목적에 비추어 후소에 대하여도 동일한 소로서 판결을 구할 수 없다(대법원 1989.10.10. 선고 88다카18023 판결).

③ (O) 재소금지원칙이 적용되기 위하여는 소송물이 동일한 외에 권리보호의 이익도 동일하여야 할 것인데, 피고가 전소 취하의 전제조건인 약정사항을 지키지 아니함으로써 위약정이 해제 또는 실효되는 사정변경이 발생하였다면, 이 사건 지상권이전등기 말소등기청구와 전소가 소송물이 서로 동일하다 하더라도, 소제기를 필요로 하는 사정이 같지 아니하여 권리보호의 이익이 다르므로, 이 사건 청구는 위 재소금지원칙에 위배되지 아니한다(대법원 1993.08.24. 선고 93다22074 판결).

④ (O) 채권자대위권에 의한 소송이 제기된 사실을 피대위자가 알게 된 이상, 그 대위소송에 관한 종국판결이 있은 후 그 소가 취하된 때에는 피대위자도 재소금지규정의 적용을 받아 그 대위소송과 동일한 소를 제기하지 못한다(대법원 1996.09.20. 선고 93다20177 판결).

⑤ (X) 갑 주식회사가 을 등에 대하여 가지는 정산금 채권에 대하여 갑 회사의 채권자 병이 채권압류 및 추심명령을 받아 을 등을 상대로 추심금 청구의 소를 제기하였다가 항소심에서 소를 취하하였는데, 그 후 갑 회사의 다른 채권자 정 등이 위 정산금 채권에 대하여 다시 채권압류 및 추심명령을 받아 을 등을 상대로 추심금 청구의 소를 제기한 사안에서, 병이 선행 추심소송에서 패소판결을 회피할 목적 등으로 종국판결 후 소를 취하하였다거나 정 등이 소송제도를 남용할 의도로 소를 제기하였다고 보기 어려운 사정 등을 감안할 때, 정 등은 선행 추심소송과 별도로 자신의 갑 회사에 대한 채권의 집행을 위하여 위 소를 제기한 것이므로 새로운 권리보호이익이 발생한 것으로 볼 수 있어 재소금지 규정에 반하지 않는다고 보았다(대법원 2021.05.07. 선고 2018다259213 판결).

정답 ⑤

17. 甲은 乙에 대해 계약상 의무의 불이행으로 인한 손해배상을 청구하는 소를 제기하였으나 후에 위 소를 취하하는 내용의 서면이 법원에 제출되었다. 이와 관련한 설명 중 옳은 것은? (다툼이 있는 경우 판례에 의함) [2023년 06월 모의]

① 甲은 소취하서 제출 후 그 서면이 乙에게 송달되기 전에는 임의로 철회할 수 있다.
② 乙이 소장 부본의 송달을 받은 후 주위적으로 소 각하, 예비적으로 청구기각을 구하는 취지의 답변서를 제출한 상태에서 위 소취하서가 제출되었다면 乙의 동의가 있어야 소취하의 효력이 발생한다.
③ 乙이 법원에 甲의 소취하에 대해 동의하지 않는다는 의사를 표시하였더라도 乙이 그 의사를 번복하여 동의하면 소취하의 효력이 발생한다.
④ 甲의 소송대리인 A변호사가 그 사무원 B에게 다른 사건의 소취하를 지시하였는데 B가 착오로 위 손해배상청구의 소 취하서를 제출한 경우, 착오를 이유로 한 소취하의 철회는 인정되지 않는다.
⑤ 甲이 甲·乙간의 계약을 해제한다는 의사가 기재된 소장부본이 乙에게 송달된 후 소취하가 이루어지면 계약해제의 효과도 소급적으로 소멸한다.

해설

① (✗) 적법한 소 취하의 서면이 제출된 이상 그 서면이 상대방에게 송달되기 전·후를 묻지 않고 원고는 이를 임의로 철회할 수 없다(대법원 1997.06.27. 선고 97다6124 판결).

② (✗) 피고가 본안전 항변으로 소송을 본안에 관하여 청구기각을 각 구한 경우에는 본안에 관한 것은 예비적으로 청구한 것이므로 원고는 피고의 동의 없이 소취하를 할 수 있다(대법원 1968.04.23. 선고 68다217 판결).

③ (✗) 소 취하에 대하여 피고가 이의하여 동의를 거절하면 소 취하 효력을 발생할 수 없고 후에 동의하더라도 취하의 효력이 없다(대법원 1969.05.27. 선고 69다130 판결).

④ (O) 소의 취하는 원고가 제기한 소를 철회하여 소송계속을 소멸시키는 원고의 법원에 대한 소송행위이고 소송행위는 일반 사법상의 행위와는 달리 내심의 의사보다 그 표시를 기준으로 하여 그 효력 유무를 판정할 수밖에 없는 것인바, 원고들 소송대리인으로부터 원고 중 1인에 대한 소 취하를 지시받은 사무원은 원고들 소송대리인의 표시기관에 해당되어 그의 착오는 원고들 소송대리인의 착오로 보아야 하므로, 그 사무원의 착오로 원고들 소송대리인의 의사에 반하여 원고들 전원의 소를 취하하였다 하더라도 이를 무효라 볼 수는 없다(대법원 1997.06.27. 선고 97다6124 판결).

⑤ (✗)
1) 소제기로써 계약해제권을 행사한 후 그 뒤 그 소송을 취하하였다 하여도 해제권은 형성권이므로 그 행사의 효력에는 아무런 영향을 미치지 않는다(대법원 1982.05.11. 선고 80다916 판결).
2) 참고 : 형성권은 권리자의 의사표시만으로 일방적으로 권리의 변동을 가져오는 권리이다. 따라서 조건이나 기한을 붙일 수 없고, 원칙적으로 철회하지도 못한다. 형성권의 의사표시에 의한 그 행사로써 바로 법률효과가 발생하므로, 형성권을 행사하는 소를 다시 제기하는 것은 권리보호의 이익을 흠결한 것으로 불허된다.
3) 예외 : 소송상 방어방법으로서의 상계항변은 통상 수동채권의 존재가 확정되는 것을 전제로 하여 행하여지는 일종의 예비적 항변으로서, 소송상 상계의 의사표시에 의해 확정적으로 그 효과가 발생하는 것이 아니라 당해 소송에서 수동채권의 존재 등 상계에 관한 법원의 실질적 판단이 이루어지는 경우에 비로소 실체법상 상계의 효과가 발생한다(대법원 2018.08.30. 선고 2016다46338 판결).
4) 정리하자면, 통상의 형성권은 그것이 소송상 행사되고 나서 소가 각하·취하되더라도 사법(私法)상의 효과가 유효하게 남지만, '상계권 행사' 후 수동채권의 존재 등 상계에 관한 법원의 실질적 판단이 이루어지지 않았다면 실체법상의 상계의 효과가 발생하지 않는다.

정답 ④

18. 甲은 乙과의 사이에 X토지에 관하여 명의신탁약정을 하고 乙 앞으로 매매를 원인으로 소유권이전등기를 마쳐 주었다. 그 후 甲은 위 등기가 명의신탁약정에 의한 것으로 무효라고 주장하며 乙을 상대로 소유권이전등기말소청구의 소(이하 '전소'라 한다)를 제기하였다. 甲은 전소의 제1심과 항소심에서 모두 승소하였는데, 상고심 계속 중 소를 취하하였다. 이후 甲이 재차 乙을 상대로 X토지에 관한 소유권이전등기의 말소를 구하는 소(이하 '후소'라 한다)를 제기하자, 乙은 甲의 후소가 재소금지 원칙에 위반된다고 항변하였다. 이에 甲은 乙이 X토지를 제3자에게 처분하지는 않았지만 전소 제기시부터 줄곧 X토지의 반환을 거부함으로써 甲의 소유권을 침해했다고 주장하며, X토지 가액 상당의 손해배상을 구하는 것으로 청구를 교환적으로 변경하였다. 이 사안과 관련된 설명 중 옳은 것(○)과 옳지 않은 것(×)을 올바르게 조합한 것은? [2024년 10월 모의]

ㄱ. 甲이 청구를 교환적으로 변경하지 않았다면, 새로운 권리보호의 이익이 없는 甲의 후소는 재소금지 원칙에 위반되어 각하될 운명이었다.
ㄴ. 재소금지의 효과로 인하여 甲이 더 이상 소송을 통해 乙 명의의 소유권이전등기의 말소를 강제할 수 없게 되었더라도 실체법상의 권리인 甲의 소유권이 소멸하는 것은 아니다.
ㄷ. 만일 乙이 X토지를 제3자에게 처분하였다면 甲은 소유권을 상실하게 되고, 이 경우 乙은 형사상 횡령죄로 처벌되지 않더라도 甲의 소유권을 침해한 것이므로 민사상 불법행위책임을 부담한다.
ㄹ. 乙이 X토지를 제3자에게 처분하지 않은 이상, 甲에게 손해가 현실적으로 발생하였다고 볼 수 없으므로 법원은 甲의 손해배상청구를 기각하여야 한다.

① ㄱ(○), ㄴ(○), ㄷ(○), ㄹ(○)
② ㄱ(○), ㄴ(×), ㄷ(○), ㄹ(○)
③ ㄱ(○), ㄴ(○), ㄷ(×), ㄹ(○)
④ ㄱ(○), ㄴ(×), ㄷ(×), ㄹ(○)
⑤ ㄱ(×), ㄴ(○), ㄷ(○), ㄹ(×)

해설

㉠ **(○)** 취하된 부분에 대하여는 소가 처음부터 계속되지 아니한 것으로 본다(민소법 제267조 제1항). 본안에 대한 종국판결이 있은 뒤에 소를 취하한 사람은 같은 소를 제기하지 못한다(민소법 제267조 제2항).

㉡ **(○)**, ㉢ **(○)**, ㉣ **(○)**
甲이 乙 앞으로 마쳐준 부동산 소유권이전등기가 명의신탁에 의한 것으로 무효라고 주장하면서 乙을 상대로 소유권이전등기말소청구의 소를 제기하여 제1심과 항소심 모두 승소하였으나 상고심 계속 중 소를 취하하였는데, 그 후 재차 乙을 상대로 소유권이전등기의 말소를 구하는 소를 제기하였다가 부동산 가액 상당 손해배상을 구하는 것으로 청구를 변경한 사안에서, 불법행위로 인한 재산상 손해는 위법한 가해행위로 생긴 재산상 불이익, 즉 위법행위가 없었더라면 존재하였을 재산상태와 위법행위가 가해진 현재의 재산상태의 차이를 말하므로, 부동산 교환가치 전액이 甲의 손해가 되려면 乙의 행위 때문에 부동산이 멸실되거나 甲이 소유권을 잃는 등의 결과가 사회통념상 현실적으로 발생해야 하는데, 양자 간 등기명의신탁의 경우 부동산 실권리자명의 등기에 관한 법률에 따라 명의신탁 약정과 그에 터 잡은 등기가 무효이므로, ㉡, ㉣ 甲이 부동산 소유권을 여전히 보유하고 있는 이상 乙 앞으로 마친 소유권이전등기로 인하여 어떠한 손해를 입게 되는 것은 아니며, 재소금지의 효과는 동일한 당사자 사이에 같은 소송물에 관하여 다시 소를 제기하지 못하게 하는 것일 뿐 실체상의 권리는 소멸하지 않으므로, ㉠ 甲이 종전 소송을 취하함에 따라 원인무효인 乙 명의 소유권이전등기의 말소를 소송을 통해 강제할 수 없을 뿐 부동산 소유권은 계속 甲에게 남아 있고, ㉢ 乙이 부동산을 제3자에게 처분할 경우에 비로소 甲이 소유권을 상실하게 되는데도, 이와 달리 乙이 원인무효인 소유권이전등기의 말소를 거부하고 있을 뿐인데도 甲의 소유권이 침해되어 부동산 가액 상당 손해가 발생했다고 보아 그 금액의 배상을 명한 원심판단에 법리오해의 잘못이 있다(대법원 2023.01.12. 선고 2022다266874 판결).

정답 ①

제2장 종국판결에 의한 종료

1. 일부판결과 재판의 누락에 관한 설명 중 옳지 <u>않은</u> 것을 모두 고른 것은? (다툼이 있는 경우 판례에 의함)

[2019년 06월 모의]

> ㄱ. 일부판결이 허용되는 사건이라도 법원이 일부판결을 할 의도 없이 사건의 일부분을 누락하였다면 사건의 전부에 대해 상소할 수 있다.
> ㄴ. 선택적 병합사건은 양립할 수 있는 수 개의 청구권에 기한 청구로 별개로 청구하는 것도 가능하므로, 일부의 청구에 대한 재판으로 청구의 목적을 달성할 수 있다고 판단되면 일부판결을 하는 것이 불가능한 것은 아니다.
> ㄷ. 소송계속 후 원고가 금전지급 청구를 감축한 부분보다 더 많이 감축한 것으로 보고 재판한 것은 재판의 누락에 해당하므로 누락된 부분에 대해서는 상소할 수 없다.
> ㄹ. 적법한 일부 당사자표시정정을 법원이 부적법한 당사자변경으로 오인하여 변경 전의 당사자 명의의 판결을 한 경우, 누락된 당사자에 대해서는 재판의 누락이 있다.
> ㅁ. 판결 주문에 일부 누락이 있다고 하더라도 판결이유에 판결내용에 관한 충분한 설명이 있다면 재판누락이라고 볼 수 없다.

① ㄱ, ㄴ, ㄷ   ② ㄱ, ㄴ, ㅁ   ③ ㄱ, ㄷ, ㄹ
④ ㄴ, ㄹ, ㅁ   ⑤ ㄷ, ㄹ, ㅁ

해설

ㄱ. (✕) 법원이 청구의 일부에 대하여 재판을 누락한 경우에 그 청구부분에 대하여는 그 법원이 계속하여 재판한다(민소법 제212조 제1항).

ㄴ. (✕) 청구의 선택적 병합이란 양립할 수 있는 수개의 경합적 청구권에 기하여 동일 취지의 급부를 구하거나 양립할 수 있는 수개의 형성권에 기하여 동일한 형성적 효과를 구하는 경우에 그 어느 한 청구가 인용될 것을 해제조건으로 하여 수개의 청구에 관한 심판을 구하는 병합 형태로서, 이와 같은 선택적 병합의 경우에는 수 개의 청구가 하나의 소송절차에 불가분적으로 결합되어 있기 때문에 선택적 청구 중 하나만을 기각하는 일부판결은 선택적 병합의 성질에 반하는 것으로서 법률상 허용되지 않는다(대법원 1998.07.24. 선고 96다99 판결).

ㄷ. (○) 원고가 실제로 감축한다고 진술한 것보다 더 많은 부분을 감축한 것으로 보아 판결을 선고한 경우, 원고가 감축한 금액을 제외한 나머지 부분에 관한 청구에 관하여는 아무런 판결을 하지 아니한 셈이고, 이는 결국 재판의 탈루에 해당하여 이 부분 청구는 여전히 원심에 계속 중이라 할 것이므로, 원고로서는 원심 법원에 그 부분에 관한 추가 판결을 신청할 수 있음은 별론으로 하고, 그 부분에 관한 아무런 판결도 없는 상태에서 제기한 상고는 상고의 대상이 없어 부적법하다(대법원 1997.10.10. 선고 97다22843 판결).

ㄹ. (○) 제1심에서의 당사자 표시 변경이 당사자 표시정정에 해당하는 것으로서, 제1심이 소송당사자를 제대로 확정하여 판결하였음에도 불구하고, 항소심이 제1심에서의 당사자 표시 변경이 임의적 당사자 변경에 해당하여 허용될 수 없는 것이라고 잘못 판단하여 소송당사자 아닌 자를 소송당사자로 취급하여 변론을 진행시키고 판결을 선고한 경우, 진정한 소송당사자에 대하여는 항소심 판결이 아직 선고되지

않았다(대법원 1996.12.20. 선고 95다26773 판결).
ㅁ. (×) 판결에는 법원의 판단을 분명하게 하기 위하여 결론을 주문에 기재하도록 되어 있으므로 재판의 누락이 있는지 여부는 우선 주문의 기재에 의하여 판정하여야 하고, 판결이유에서 청구가 이유 없다고 설시하고 있더라도 주문에서 설시가 없으면 특별한 사정이 없는 한 재판의 누락이다(대법원 2004.08.30. 선고 2004다24083 판결).

정답 ②

2. 해제에 관한 설명 중 옳은 것을 모두 고른 것은? (다툼이 있는 경우 판례에 의함) [2019년 08월 모의]

ㄱ. 채권자대위권행사의 통지를 받은 후에 채무자의 채무불이행을 이유로 제3채무자가 매매계약을 해제한 경우, 특별한 사정이 없는 한 제3채무자는 계약해제로써 대위권을 행사하는 채권자에게 대항할 수 없다.
ㄴ. 매매계약에 있어서 매수인이 중도금을 약정한 일자에 지급하지 아니하면 그 계약을 무효로 한다고 하는 특약이 있는 경우, 매수인이 약정한 대로 중도금을 지급하지 아니하면 매도인의 해제의 의사표시를 요하지 않고 계약은 위 약정 일자에 자동적으로 해제된다.
ㄷ. 일방 당사자의 계약위반을 이유로 한 상대방의 계약해제 의사표시에 의하여 계약이 해제되었음에도 상대방이 계약이 존속함을 전제로 계약상 의무의 이행을 구하는 경우, 계약을 위반한 당사자도 당해 계약이 상대방의 해제로 소멸되었음을 들어 그 이행을 거절할 수 있다.
ㄹ. 소제기로써 계약해제권을 행사한 후 소를 취하하여도 해제권은 형성권이므로 해제의 효력에는 아무런 영향을 미치지 않는다.
ㅁ. 구체적인 어느 특정 법률관계에 관하여 당사자 쌍방이 제1심 판결 선고 전에 미리 항소하지 아니하기로 합의한 경우, 제1심 판결은 선고와 동시에 확정되지만 그 선고 후에 당사자의 합의에 의해 불항소합의를 해제하고 소송계속을 부활시킬 수 있다.

① ㄱ, ㄴ, ㄷ, ㅁ
② ㄱ, ㄴ
③ ㄱ, ㄷ, ㄹ, ㅁ
④ ㄴ, ㄷ, ㄹ
⑤ ㄹ, ㅁ

해설

ㄱ. (×) 채무자가 채권자대위권행사의 통지를 받은 후에 채무를 불이행함으로써 통지 전에 체결된 약정에 따라 매매계약이 자동적으로 해제되거나, 채권자대위권행사의 통지를 받은 후에 채무자의 채무불이행을 이유로 제3채무자가 매매계약을 해제한 경우 제3채무자는 계약해제로써 대위권을 행사하는 채권자에게 대항할 수 있다(대법원 2012.05.17. 선고 2011다87235 판결).
ㄴ. (O) 매매계약에 있어 매수인이 중도금을 약정한 일자에 지급하지 아니하면 그 계약을 무효로 한다고 하는 특약이 있는 경우 매수인이 약정한 대로 중도금을 지급하지 아니하면 그 불이행 자체로써 계약은 그 일자에 자동적으로 해제된 것이라고 보아야 한다(대법원 1988.12.20. 선고 88다카132 판결).
ㄷ. (O) 계약의 해제권은 일종의 형성권으로서 당사자의 일방에 의한 계약해제의 의사표시가 있으면 그 효과로서 새로운 법률관계가 발생하고 각 당사자는 그에 구속되는 것이므로, 일방 당사자의 계약위반을 이유로 한 상대방의 계약해제 의사표시에 의하여 계약이 해제되었음에도 상대방이 계약이 존속함을 전제로 계약상 의무의 이행을 구하는 경우 계약을 위반한 당사자도 당해 계약이 상대방의 해제로 소멸되었음을 들어 그 이행을 거절할 수 있는 것이고, 다른 특별한 사정이 없는 한 그러한 주장이 신의칙이나 금반언의 원칙에 위배된다고 할 수도 없으며, 또한 쌍무계약에 있어서 상대방이 자신의 채무를 이행할 의사가 없음을 명백히 표시한 경우에는 신의성실의 원칙상 이행기 전이라도 자신의 채무의 이행제공이나 최고 없이도 계약을 해제할 수 있는 것이다(대법원 2008.10.23. 선고 2007다54979 판결).

ㄹ. (○)
1) 소제기로써 계약해제권을 행사한 후 그 뒤 그 소송을 취하하였다 하여도 해제권은 형성권이므로 그 행사의 효력에는 아무런 영향을 미치지 않는다(대법원 1982.05.11. 선고 80다916 판결).
2) 참고 : 형성권은 권리자의 의사표시만으로 일방적으로 권리의 변동을 가져오는 권리이다. 따라서 조건이나 기한을 붙일 수 없고, 원칙적으로 철회하지도 못한다. 형성권의 의사표시에 의한 그 행사로써 바로 법률효과가 발생하므로, 형성권을 행사하는 소를 다시 제기하는 것은 권리보호의 이익을 흠결한 것으로 불허된다.
3) 예외 : 소송상 방어방법으로서의 상계항변은 통상 수동채권의 존재가 확정되는 것을 전제로 하여 행하여지는 일종의 예비적 항변으로서, 소송상 상계의 의사표시에 의해 확정적으로 그 효과가 발생하는 것이 아니라 당해 소송에서 수동채권의 존재 등 상계에 관한 법원의 실질적 판단이 이루어지는 경우에 비로소 실체법상 상계의 효과가 발생한다(대법원 2018.08.30. 선고 2016다46338 판결).
4) 정리하자면, 통상의 형성권은 그것이 소송상 행사되고 나서 소가 각하·취하되더라도 사법(私法)상의 효과가 유효하게 남지만, '상계권 행사' 후 수동채권의 존재 등 상계에 관한 법원의 실질적 판단이 이루어지지 않았다면 실체법상의 상계의 효과가 발생하지 않는다.

ㅁ. (✕) 구체적인 어느 특정 법률관계에 관하여 당사자 쌍방이 제1심 판결선고 전에 미리 항소하지 아니하기로 합의하였다면, 제1심 판결은 선고와 동시에 확정되는 것이므로 그 판결선고 후에는 당사자의 합의에 의한 더라도 그 불항소합의를 해제하고 소송계속을 부활시킬 수 없다(대법원 1987.06.23. 선고 86다카2728 판결).

정답 ④

3. 상계에 관한 설명 중 옳지 않은 것은? (다툼이 있는 경우 판례에 의함) [2019년 08월 모의]

① 특별한 사정이 없는 한 별소로 계속 중인 채권을 자동채권으로 하는 소송상 상계의 주장은 허용된다.
② 피고가 상계항변으로 2개 이상의 반대채권을 주장하였는데 법원이 그 중 어느 하나의 반대채권의 존재를 인정하여 수동채권의 일부와 대등액에서 상계하는 판단을 하고, 나머지 반대채권들은 모두 부존재한다고 판단하여 그 부분 상계항변은 배척한 경우, 반대채권들이 부존재한다는 판단에 대하여 기판력이 발생하는 전체 범위는 위와 같이 상계를 마친 후의 수동채권의 잔액을 초과할 수 없다.
③ 채무자가 집행권원인 확정판결의 변론종결 전에 상대방에 대하여 상계적상에 있는 채권을 가지고 있었지만 위 변론종결 후에 이르러 상계의 의사표시를 한 경우, 채무자가 위 변론종결 전에 자동채권의 존재를 알았는지 여부에 관계없이 적법한 청구이의 사유로 된다.
④ 채무가 고의의 불법행위로 인한 것인 때에는 그 채무자는 상계로 채권자에게 대항하지 못한다는 민법 규정은 고의의 채무불이행으로 인한 손해배상채권에는 적용되지 않으므로, 고의에 의한 행위가 불법행위를 구성함과 동시에 채무불이행을 구성하는 경우, 채무자는 채무불이행으로 인한 손해배상채권을 수동채권으로 하는 상계로 채권자에게 대항할 수 있다.
⑤ 채권의 일부 양도가 이루어지면 특별한 사정이 없는 한 각 분할된 부분에 대하여 독립한 분할채권이 성립하므로 그 채권에 대하여 양도인에 대한 반대채권으로 상계하고자 하는 채무자는 양도인을 비롯한 각 분할채권자 중 어느 누구도 상계의 상대방으로 지정하여 상계할 수 있다.

해설

① (○) 상계의 항변을 제출할 당시 이미 자동채권과 동일한 채권에 기한 소송을 별도로 제기하여 계속 중인 경우, 사실심의 담당재판부로서는 전소와 후소를 같은 기회에 심리·판단하기 위하여 이부, 이송 또

는 변론병합 등을 시도함으로써 기판력의 저촉·모순을 방지함과 아울러 소송경제를 도모함이 바람직하였다고 할 것이나, 그렇다고 하여 특별한 사정이 없는 한 별소로 계속 중인 채권을 자동채권으로 하는 소송상 상계의 주장이 허용되지 않는다고 볼 수는 없다(대법원 2001.04.27. 선고 2000다4050 판결).

② (O) 피고가 상계항변으로 2개 이상의 반대채권(또는 자동채권, 이하 '반대채권'이라고만 한다)을 주장하였는데 법원이 그중 어느 하나의 반대채권의 존재를 인정하여 수동채권의 일부와 대등액에서 상계하는 판단을 하고, 나머지 반대채권들은 모두 부존재한다고 판단하여 그 부분 상계항변은 배척한 경우에, 수동채권 중 위와 같이 상계로 소멸하는 것으로 판단된 부분은 피고가 주장하는 반대채권들 중 그 존재가 인정되지 않은 채권들에 관한 분쟁이나 그에 관한 법원의 판단과는 관련이 없어 기판력의 관점에서 동일하게 취급할 수 없으므로, 그와 같이 반대채권들이 부존재한다는 판단에 대하여 기판력이 발생하는 전체 범위는 위와 같이 상계를 마친 후의 수동채권의 잔액을 초과할 수 없다고 보아야 한다. 그리고 이러한 법리는 피고가 주장하는 2개 이상의 반대채권의 원리금 액수의 합계가 법원이 인정하는 수동채권의 원리금 액수를 초과하는 경우에도 마찬가지로 적용된다. 이때 '부존재한다고 판단된 반대채권'에 관하여 법원이 그 존재를 인정하여 수동채권 중 일부와 상계하는 것으로 판단하였을 경우를 가정하더라도, 그러한 상계에 의한 수동채권과 당해 반대채권의 차액 계산 또는 상계충당은 수동채권과 당해 반대채권의 상계적상의 시점을 기준으로 하였을 것이고, 그 이후에 발생하는 이자, 지연손해금 채권은 어차피 그 상계의 대상이 되지 않았을 것이므로, 위와 같은 가정적인 상계적상 시점이 '실제 법원이 상계항변을 받아들인 반대채권'에 관한 상계적상 시점보다 더 뒤라는 등의 특별한 사정이 없는 한, 앞에서 본 기판력의 범위의 상한이 되는 '상계를 마친 후의 수동채권의 잔액'은 수동채권의 '원금'의 잔액만을 의미한다고 보아야 한다(대법원 2018.08.30. 선고 2016다46338 판결).

③ (O) 채무명의인 확정판결의 변론종결전에 상대방에 대하여 상계적상에 있는 채권을 가지고 있었다 하여도 변론종결 이후에 비로소 상계의사표시를 한 때에는 그 청구이의의 원인이 변론종결 이후에 생긴 때에 해당하는 것으로서 당사자들이 그 변론종결전에 상계적상에 있는 여부를 알았던 몰랐던 간에 적법한 이의의 사유가 된다(대법원 1966.06.28. 선고 66다780 판결).

④ (X) 민법 제496조는 "채무가 고의의 불법행위로 인한 것인 때에는 그 채무자는 상계로 채권자에게 대항하지 못한다."라고 정하고 있다. 고의에 의한 행위가 불법행위를 구성함과 동시에 채무불이행을 구성하여 불법행위로 인한 손해배상채권과 채무불이행으로 인한 손해배상채권이 경합하는 경우에는 이 규정을 유추적용할 필요가 있다. 이러한 경우에 고의의 채무불이행으로 인한 손해배상채권을 수동채권으로 한 상계를 허용하면 이로써 고의의 불법행위로 인한 손해배상채권까지 소멸하게 되어 고의의 불법행위에 의한 손해배상채권은 현실적으로 만족을 받아야 한다는 이 규정의 입법 취지가 몰각될 우려가 있기 때문이다. 따라서 이러한 예외적인 경우에는 민법 제496조를 유추적용하여 고의의 채무불이행으로 인한 손해배상채권을 수동채권으로 하는 상계를 한 경우에도 채무자가 상계로 채권자에게 대항할 수 없다(대법원 2017.02.15. 선고 2014다19776 판결).

⑤ (O) 채권의 일부 양도가 이루어지면 특별한 사정이 없는 한 각 분할된 부분에 대하여 독립한 분할채권이 성립하므로 그 채권에 대하여 양도인에 대한 반대채권으로 상계하고자 하는 채무자로서는 양도인을 비롯한 각 분할채권자 중 어느 누구도 상계의 상대방으로 지정하여 상계할 수 있고, 그러한 채무자의 상계 의사표시를 수령한 분할채권자는 제3자에 대한 대항요건을 갖춘 양수인이라 하더라도 양도인 또는 다른 양수인에 귀속된 부분에 대하여 먼저 상계되어야 한다거나 각 분할채권액의 채권 총액에 대한 비율에 따라 상계되어야 한다는 이의를 할 수 없다(대법원 2002.02.08. 선고 2000다50596 판결).

정답 ④

4. 기판력에 관한 설명 중 옳은 것은? (다툼이 있는 경우 판례에 의함) [2019년 08월 모의]

① 기판력 있는 전소 판결과 저촉되는 후소 판결이 확정되어 기판력이 발생한 경우에는 전소판결은 당연히 실효한다.
② 소송의 목적물이 특정되어 있지 아니하다는 이유로 원고의 청구를 기각한 판결과 같이 그 판결이유에서 소송물인 권리관계의 존부에 관하여 실질적으로 판단하지 아니한 경우라도 그 권리관계의 존부에 관하여 기판력이 생긴다.
③ 위법한 판결을 당연무효로 오인한 당사자가 상소를 제기하지 않아 그 판결이 확정된 후 별소로 이와 모순되는 청구를 하는 것은 기판력에 저촉되어 허용되지 않는다.
④ 확정판결이 있는 전소의 소송물이 후소의 선결문제로 되는 경우 후소 법원은 전소의 소송물인 권리관계의 존부에 관하여 전소 판결과 다른 취지의 판단을 할 수 있다.
⑤ 당사자가 확정된 승소판결이 있는 소송물에 대해 예외적으로 시효중단을 위하여 신소를 제기할 수 있는 경우라면, 후소 법원은 그 확정된 권리를 주장할 수 있는 모든 요건이 구비되어 있는지 여부를 심리할 수 있다.

해설

① (×)
1) 기판력 있는 전소판결과 저촉되는 후소판결이 그대로 확정된 경우에도 전소판결의 기판력이 실효되는 것이 아니고 재심의 소에 의하여 후소판결이 취소될 때까지 전소판결과 후소판결은 저촉되는 상태 그대로 기판력을 갖는다(대법원 1997.01.24. 선고 96다32706 판결).
2) 다음 각호 가운데 어느 하나에 해당하면 확정된 종국판결에 대하여 재심의 소를 제기할 수 있다. 다만, 당사자가 상소에 의하여 그 사유를 주장하였거나, 이를 알고도 주장하지 아니한 때에는 그러하지 아니하다(민소법 제451조 제1항).
제10호 재심을 제기할 판결이 전에 선고한 확정판결에 어긋나는 때

② (×) 소송의 목적물이 특정되어 있지 않다는 이유로 원고의 청구를 기각한 판결과 같이 그 판결이유에서 소송물인 권리관계의 존부에 관하여 실질적으로 판단하지 않은 경우에는 그 권리관계의 존부에 관하여 기판력이 생기지 않는다(대법원 1983.02.22. 선고 82다15 판결).

③ (○) 판결이 확정되었다면 기판력이 발생하고, 이와 모순되는 청구를 하는 것은 기판력에 저촉된다. 즉, 위법한 전소 판결이 확정 전 상소, 확정 후 재심으로 효력이 소멸되지 않는 한 후소 판결은 전소 판결의 기판력에서 자유로울 수 없다.

④ (×) 전소와 후소의 소송물이 동일하지 않아도 전소의 기판력 있는 법률관계가 후소의 선결적 법률관계로 되는 때에는 분쟁의 일회적 해결의 측면에서 전소의 판결의 기판력이 후소에 미쳐 후소의 법원은 전에 한 판단과 모순되는 판단을 할 수 없다(대법원 1994.12.27. 선고 93다34183 판결).

⑤ (×) 시효중단을 위한 후소의 판결은 전소의 승소 확정판결의 내용에 저촉되어서는 아니 되므로, 후소 법원으로서는 그 확정된 권리를 주장할 수 있는 모든 요건이 구비되어 있는지에 관하여 다시 심리할 수 없으나, 위 후소 판결의 기판력은 후소의 변론종결 시를 기준으로 발생하므로, 전소의 변론종결 후에 발생한 변제, 상계, 면제 등과 같은 채권소멸사유는 후소의 심리대상이 된다(대법원 2019.01.17. 선고 2018다24349 판결).

정답 ③

5. 다음 중 상계와 관련된 설명으로 옳지 <u>않은</u> 것은? (다툼이 있는 경우 판례에 의함) [2019년 10월 모의]

① 부진정연대채무자 중 1인이 자신의 채권자에 대한 반대채권으로 상계를 한 경우에는 그 상계로 인한 채무소멸의 효력은 소멸한 채무 전액에 관하여 다른 부진정연대채무자에 대하여도 미친다.
② 반대채권이 부존재한다는 판결이유 중의 판단의 기판력은 특별한 사정이 없는 한 '법원이 반대채권의 존재를 인정하였더라면 상계에 관한 실질적 판단으로 나아가 수동채권의 상계적상일까지의 원리금과 대등액에서 소멸하는 것으로 판단할 수 있었던 반대채권의 원리금 액수'의 범위에서 발생한다.
③ 상계에서 수동채권으로 될 수 있는 채권은 상대방이 상계자에 대하여 가지는 채권이어야 하고, 상대방이 제3자에 대하여 가지는 채권과는 상계할 수 없다.
④ 소송상 상계 주장의 대상이 된 수동채권이 동시이행항변에 행사된 채권일 경우에도 그러한 상계 주장에 대한 판단에는 기판력이 발생한다.
⑤ 피고의 소송상 상계항변에 대하여 원고가 소송상 상계의 재항변을 하는 것은 일반적으로 허용할 이익이 없다.

해설

① (O) 부진정연대채무자 중 1인이 자신의 채권자에 대한 반대채권으로 상계를 한 경우에도 채권은 변제, 대물변제, 또는 공탁이 행하여진 경우와 동일하게 현실적으로 만족을 얻어 그 목적을 달성하는 것이므로, 그 상계로 인한 채무소멸의 효력은 소멸한 채무 전액에 관하여 다른 부진정연대채무자에 대하여도 미친다(대법원 2010.09.16. 선고 2008다97218 판결).

② (O) 확정된 판결의 이유 부분의 논리구조상 법원이 당해 소송의 소송물인 수동채권의 전부 또는 일부의 존재를 인정하는 판단을 한 다음 피고의 상계항변에 대한 판단으로 나아가 피고가 주장한 반대채권(또는 자동채권, 이하 '반대채권'이라고만 한다)의 존재를 인정하지 않고 상계항변을 배척하는 판단을 한 경우에, 그와 같이 반대채권이 부존재한다는 판결이유 중의 판단의 기판력은 특별한 사정이 없는 한 '법원이 반대채권의 존재를 인정하였더라면 상계에 관한 실질적 판단으로 나아가 수동채권의 상계적상일까지의 원리금과 대등액에서 소멸하는 것으로 판단할 수 있었던 반대채권의 원리금 액수'의 범위에서 발생한다고 보아야 한다. 그리고 이러한 법리는 피고가 상계항변으로 주장하는 반대채권의 액수가 소송물로서 심판되는 소구채권의 액수보다 더 큰 경우에도 마찬가지로 적용된다(대법원 2018.08.30. 선고 2016다46338 판결).

③ (O) 상계는 당사자 쌍방이 서로 같은 종류를 목적으로 한 채무를 부담한 경우에 서로 같은 종류의 급부를 현실로 이행하는 대신 어느 일방 당사자의 의사표시로 그 대등액에 관하여 채권과 채무를 동시에 소멸시키는 것이고, 이러한 상계제도의 취지는 서로 대립하는 두 당사자 사이의 채권ㆍ채무를 간이한 방법으로 원활하고 공평하게 처리하려는 데 있으므로, 수동채권으로 될 수 있는 채권은 상대방이 상계자에 대하여 가지는 채권이어야 하고, 상대방이 제3자에 대하여 가지는 채권과는 상계할 수 없다(대법원 2011.04.28. 선고 2010다101394 판결).

④ (X) 상계 주장에 관한 판단에 기판력이 인정되는 경우는, 상계 주장의 대상이 된 수동채권이 소송물로서 심판되는 소구채권이거나 그와 실질적으로 동일하다고 보이는 경우(가령 원고가 상계를 주장하면서 청구이의의 소송을 제기하는 경우 등)로서 상계를 주장한 반대채권과 그 수동채권을 기판력의 관점에서 동일하게 취급하여야 할 필요성이 인정되는 경우를 말한다고 봄이 상당하므로 만일 상계 주장의 대상이 된 수동채권이 동시이행항변에 행사된 채권일 경우에는 그러한 상계 주장에 대한 판단에는 기판력이 발생하지 않는다고 보아야 할 것인바, 위와 같이 해석하지 않을 경우 동시이행항변이 상대방의 상계의 재항변에 의하여 배척된 경우에 그 동시이행항변에 행사된 채권을 나중에 소송상 행사할 수 없게 되어 민소법 제216조가 예정하고 있는 것과 달리 동시이행항변에 행사된 채권의 존부나 범위에 관한 판결 이유 중의 판단에 기판력이 미치는 결과에 이르기 때문이다(대법원 2005.07.22. 선고 2004다17207 판결).

⑤ (○) 피고의 소송상 상계항변에 대하여 원고가 다시 피고의 자동채권을 소멸시키기 위하여 소송상 상계의 재항변을 하는 경우, 법원이 원고의 소송상 상계의 재항변과 무관한 사유로 피고의 소송상 상계항변을 배척하는 경우에는 소송상 상계의 재항변을 판단할 필요가 없고, 피고의 소송상 상계항변이 이유 있다고 판단하는 경우에는 원고의 청구채권인 수동채권과 피고의 자동채권이 상계적상 당시에 대등액에서 소멸한 것으로 보게 될 것이므로 원고가 소송상 상계의 재항변으로써 상계할 대상인 피고의 자동채권이 그 범위에서 존재하지 아니하는 것이 되어 이때에도 역시 원고의 소송상 상계의 재항변에 관하여 판단할 필요가 없게 된다. 또한, 원고가 소송물인 청구채권 외에 피고에 대하여 다른 채권을 가지고 있다면 소의 추가적 변경에 의하여 그 채권을 당해 소송에서 청구하거나 별소를 제기할 수 있다. 그렇다면 원고의 소송상 상계의 재항변은 일반적으로 이를 허용할 이익이 없다. 따라서 피고의 소송상 상계항변에 대하여 원고가 소송상 상계의 재항변을 하는 것은 다른 특별한 사정이 없는 한 허용되지 않는다고 보는 것이 타당하다(대법원 2014.06.12. 선고 2013다95964 판결). **정답** ④

6. 다음 중 전·후소의 당사자가 동일하다는 것을 전제로 하여 전소의 기판력이 후소에 미치는 경우를 모두 고른 것은?(다툼이 있는 경우 판례에 의함) [2020년 06월 모의]

ㄱ. 대여금청구의 소에서 승소확정판결을 받은 원고가 판결 확정 후 10년이 다가오자 소멸시효의 완성을 막기 위해 전소 판결로 확정된 채권의 시효를 중단시키기 위한 재판상의 청구가 있다는 점에 대하여만 확인을 구하는 후소를 제기하는 경우
ㄴ. 소유권확인청구소송에서 패소확정된 원고가 소유권에 기하여 피고 명의의 소유권이전등기의 말소등기청구의 소를 제기하는 경우
ㄷ. 제소전 화해에 의하여 소유권이전등기를 넘겨준 자가 원인무효를 주장하면서 그 말소등기절차의 이행을 구하는 소를 제기하는 경우
ㄹ. 부동산에 관한 소유권이전등기가 원인무효라는 이유로 등기의 말소를 구하는 판결이 확정된 후 피고가 전소의 변론종결 전에 동일 토지를 매수하였음을 원인으로 한 소유권이전등기청구의 소를 제기하는 경우
ㅁ. 매매계약의 무효 또는 해제를 원인으로 한 매매대금반환청구에 대해 인낙조서가 작성된 후 전소의 원고가 동일한 매매계약에 기한 소유권이전등기청구의 소를 제기한 경우

① ㄱ, ㄴ ② ㄴ, ㄷ ③ ㄴ, ㄷ, ㄹ
④ ㄷ, ㄹ, ㅁ ⑤ ㄹ, ㅁ

해설

ㄱ. (✕)
1) 시효중단을 위한 후소로서 이행소송 외에 전소 판결로 확정된 채권의 시효를 중단시키기 위한 조치, 즉 '재판상의 청구'가 있다는 점에 대하여만 확인을 구하는 형태의 '새로운 방식의 확인소송'이 허용되고, 채권자는 두 가지 형태의 소송 중 자신의 상황과 필요에 보다 적합한 것을 선택하여 제기할 수 있다(대법원 2018.10.18. 선고 2015다232316 전합 판결).
2) 사안에서 전소의 기판력은 소송물인 대여금청구권의 존부에 대하여 발생한다. 후소는 확인의 소로써 소송물은 청구취지 그 자체에 의해서 특정된다. 후소의 소송물은 '전소 판결로 확정된 대여금청구권에 관하여 시효중단을 위한 재판상의 청구가 존재함을 확인하는 것'이 된다. 위 판결도 판결이유에서 다음과 같이 설시하였다.
3) 이러한 새로운 방식의 확인소송은 그 소송물이 전소의 소송물과 다르다는 것이 핵심이다. 즉 전소의

소송물이 실체법상 구체적 청구권의 존부임에 반하여, 새로운 방식의 확인소송의 소송물은 청구권의 실체적 존부 및 범위는 배제된 채 판결이 확정된 구체적 청구권에 관하여 시효중단을 위한 재판상의 청구를 통한 시효중단의 법률관계에 한정된다. 그 판결은 전소 판결로 확정된 청구권의 시효중단 외에 다른 실체법상 효력을 가지지 않으므로 그 소송에서는 소멸시효 완성 등을 포함한 청구권의 존부 및 범위와 같은 실체적 법률관계에 관한 심리를 할 필요가 없다. 채권자는 청구원인으로 전소 판결이 확정되었다는 점과 그 청구권의 시효중단을 위해 후소가 제기되었다는 점만 주장하고 전소 판결의 사본과 확정증명서 등으로 이를 증명하면 되며 법원도 이 점만 심리하면 된다. 채무자는 설사 전소 판결의 변론종결 후에 발생한 청구이의사유가 있더라도 이를 주장할 필요가 없고, 법원은 채무자가 이를 주장하더라도 심리할 필요가 없다(대법원 2018.10.18. 선고 2015다232316 전합 판결).

ㄴ. (O) 확정된 전소의 기판력 있는 법률관계가 후소의 소송물 자체가 되지 않아도 후소의 선결문제가 되는 때에는 전소의 확정판결의 판단은 후소의 선결문제로서 기판력이 작용한다고 할 것이므로, 소유권확인청구에 대한 판결이 확정된 후 다시 동일 피고를 상대로 소유권에 기한 물권적 청구권을 청구원인으로 하는 소송을 제기한 경우에는 전소의 확정판결에서의 소유권의 존부에 관한 판단에 구속되어 당사자로서는 이와 다른 주장을 할 수 없을 뿐만 아니라 법원으로서도 이와 다른 판단은 할 수 없다(대법원 2000.06.09. 선고 98다18155 판결).

ㄷ. (O) 제소전 화해조서는 확정판결과 같은 효력이 있어 당사자 사이에 기판력이 생기는 것이므로, 원고가 피고에게 토지에 관하여 신탁해지를 원인으로 한 소유권이전등기절차의 이행을 청구하기로 한 제소전 화해가 준재심(민소법 제461조)에 의하여 취소되지 않은 이상, 그 제소전 화해에 기하여 마쳐진 소유권이전등기가 원인무효라고 주장하며 말소등기절차의 이행을 청구하는 것은 제소전 화해에 의하여 확정된 소유권이전등기청구권을 부인하는 것이어서 그 기판력에 저촉된다(대법원 2002.12.06. 선고 2002다44014 판결).

ㄹ. (×) 확정판결의 기판력은 소송물로 주장된 법률관계의 존부에 관한 판단 그 자체에만 미치는 것이고 전소와 후소가 그 소송물이 동일한 경우에 작용하는 것이므로, 부동산에 관한 소유권이전등기가 원인무효라는 이유로 그 등기의 말소를 명하는 판결이 확정되었다고 하더라도 그 확정판결의 기판력은 그 소송물이었던 말소등기청구권의 존부에만 미치는 것이므로, 그 소송에서 패소한 당사자도 전소에서 문제된 것과는 전혀 다른 청구원인에 기하여 상대방에 대하여 소유권이전등기청구를 할 수 있다(대법원 1995.06.13. 선고 93다43491 판결).

ㅁ. (×) 매매계약의 무효 또는 해제를 원인으로 한 매매대금반환청구에 대한 인낙조서의 기판력은 그 매매대금반환청구권의 존부에 관하여만 발생할 뿐, 그 전제가 되는 선결적 법률관계인 매매계약의 무효 또는 해제에까지 발생하는 것은 아니므로 소유권이전등기청구권의 존부를 소송물로 하는 후소는 전소에서 확정된 법률관계와 정반대의 모순되는 사항을 소송물로 하는 것이라 할 수 없으며, 기판력이 발생하지 않는 전소와 후소의 소송물의 각 전제가 되는 법률관계가 매매계약의 유효 또는 무효로 서로 모순된다고 하여 전소에서의 인낙조서의 기판력이 후소에 미친다고 할 수 없다(대법원 2005.12.23. 선고 2004다55698 판결).

정답 ②

7. 상계와 소송절차에 관한 설명 중 옳지 않은 것은? [2020년 10월 모의]

① 원래 판결이유 중의 판단에는 기판력이 생기지 않지만, 상계항변에 대해서는 그것이 비록 판결이유 중의 판단이더라도 기판력이 인정된다.

② 판례에 의하면, 甲이 乙을 피고로 매매대금 1천만 원의 승소확정판결을 받은 경우 乙은 그 변론종결 전부터 이미 甲에 대하여 가지고 있던 대여금 채권으로 상계할 수 있다.

③ 통상의 형성권은 그것이 소송상 행사되고 나서 소가 각하·취하되더라도 사법(私法)상의 효과가 유효하게 남지만, '상계권 행사' 후 수동채권의 존재 등 상계에 관한 법원의 실질적 판단이 이루어지지 않았다면 실체법상의 상계의 효과가 발생하지 않는다.

④ 토지매도인 甲이 매수인 乙을 상대로 소를 제기하여 매매계약을 해제하고 토지인도를 구함에 대하여 乙이 해제에 따른 중도금 반환채권으로써 동시이행항변을 하였고, 甲이 다시 그간의 토지점유사용에 따른 점용료채권으로써 상계재항변을 한 경우에, 그 상계재항변에 대한 판단에는 기판력이 발생한다.
⑤ 피고의 소송상 상계항변에 대하여 원고가 다시 피고의 자동채권을 소멸시키기 위하여 소송상 상계의 재항변을 할 수는 없다.

해설

① (O) 확정판결은 주문에 포함된 것에 한하여 기판력을 가지나, 상계를 주장한 청구가 성립되는지 아닌지의 판단은 상계하자고 대항한 액수에 한하여 기판력을 가진다(민소법 제216조 제1,2항).

② (O) 당사자 쌍방의 채무가 서로 상계적상에 있다 하더라도 그 자체만으로 상계로 인한 채무소멸의 효력이 생기는 것은 아니고, 상계의 의사표시를 기다려 비로소 상계로 인한 채무소멸의 효력이 생기는 것이므로, 채무자가 채무명의인 확정판결의 변론종결 전에 상대방에 대하여 상계적상에 있는 채권을 가지고 있었다 하더라도 채무명의인 확정판결의 변론종결 후에 이르러 비로소 상계의 의사표시를 한 때에는 구 민소법 제505조 제2항이 규정하는 '이의원인이 변론종결 후에 생긴 때'에 해당하는 것으로서, 당사자가 채무명의인 확정판결의 변론종결 전에 자동채권의 존재를 알았는가 몰랐는가에 관계 없이 적법한 청구이의 사유로 된다(대법원 2005.11.10. 선고 2005다41443 판결).

③ (O) 소송상 방어방법으로서의 상계항변은 통상 수동채권의 존재가 확정되는 것을 전제로 하여 행하여지는 일종의 예비적 항변으로서, 소송상 상계의 의사표시에 의해 확정적으로 그 효과가 발생하는 것이 아니라 당해 소송에서 수동채권의 존재 등 상계에 관한 법원의 실질적 판단이 이루어지는 경우에 비로소 실체법상 상계의 효과가 발생한다(대법원 2018.08.30. 선고 2016다46338 판결).

④ (X) 상계 주장에 관한 판단에 기판력이 인정되는 경우는, 상계 주장의 대상이 된 수동채권이 소송물로서 심판되는 소구채권이거나 그와 실질적으로 동일하다고 보이는 경우(가령 원고가 상계를 주장하면서 청구이의의 소송을 제기하는 경우 등)로서 상계를 주장한 반대채권과 그 수동채권을 기판력의 관점에서 동일하게 취급하여야 할 필요성이 인정되는 경우를 말한다고 봄이 상당하므로 만일 상계 주장의 대상이 된 수동채권이 동시이행항변에 행사된 채권일 경우에는 그러한 상계 주장에 대한 판단에는 기판력이 발생하지 않는다고 보아야 할 것인바, 위와 같이 해석하지 않을 경우 동시이행항변이 상대방의 상계의 재항변에 의하여 배척된 경우에 그 동시이행항변에 행사된 채권을 나중에 소송상 행사할 수 없게 되어 민소법 제216조가 예정하고 있는 것과 달리 동시이행항변에 행사된 채권의 존부나 범위에 관한 판결 이유 중의 판단에 기판력이 미치는 결과에 이르기 때문이다(대법원 2005.07.22. 선고 2004다17207 판결).

⑤ (O) 피고의 소송상 상계항변에 대하여 원고가 다시 피고의 자동채권을 소멸시키기 위하여 소송상 상계의 재항변을 하는 경우, 법원이 원고의 소송상 상계의 재항변과 무관한 사유로 피고의 소송상 상계항변을 배척하는 경우에는 소송상 상계의 재항변을 판단할 필요가 없고, 피고의 소송상 상계항변이 이유 있다고 판단하는 경우에는 원고의 청구채권인 수동채권과 피고의 자동채권이 상계적상 당시에 대등액에서 소멸한 것으로 보게 될 것이므로 원고가 소송상 상계의 재항변으로써 상계할 대상인 피고의 자동채권이 그 범위에서 존재하지 아니하는 것이 되어 이때에도 역시 원고의 소송상 상계의 재항변에 관하여 판단할 필요가 없게 된다. 또한, 원고가 소송물인 청구채권 외에 피고에 대하여 다른 채권을 가지고 있다면 소의 추가적 변경에 의하여 그 채권을 당해 소송에서 청구하거나 별소를 제기할 수 있다. 그렇다면 원고의 소송상 상계의 재항변은 일반적으로 이를 허용할 이익이 없다. 따라서 피고의 소송상 상계항변에 대하여 원고가 소송상 상계의 재항변을 하는 것은 다른 특별한 사정이 없는 한 허용되지 않는다고 보는 것이 타당하다(대법원 2014.06.12. 선고 2013다95964 판결).

정답 ④

8. 다음과 같은 형성권 중 기판력의 표준시 전에 존재하였으나 이를 행사하지 않고 있다가 그 후에 행사하여 기판력을 부정할 수 있는 것을 모두 고른 것은? (다툼이 있는 경우 판례에 의함) [2021년 06월 모의]

ㄱ. 취소권
ㄴ. 상계권
ㄷ. 토지 임대차 종료로 인한 토지반환청구소송에서 원고승소판결이 확정된 후의 임차인의 건물매수청구권
ㄹ. 어음금 청구소송이 확정된 후 당해 어음의 백지보충권

① ㄱ, ㄴ ② ㄱ, ㄹ ③ ㄴ, ㄷ
④ ㄴ, ㄹ ⑤ ㄷ, ㄹ

해설

ㄱ. (×) 확정된 법률관계에 있어 동 확정판결의 변론종결 전에 이미 발생하였던 취소권을 그 당시에 행사하지 않음으로 인하여 취소권자에게 불리하게 확정된 경우 그 확정 후 취소권을 뒤늦게 행사함으로써 동 확정의 효력을 부인할 수 없다(대법원 1979.08.14. 선고 79다1105 판결).

ㄴ. (○) 당사자 쌍방의 채무가 서로 상계적상에 있다 하더라도 그 자체만으로 상계로 인한 채무소멸의 효력이 생기는 것은 아니고, 상계의 의사표시를 기다려 비로소 상계로 인한 채무소멸의 효력이 생기는 것이므로, 채무자가 채무명의인 확정판결의 변론종결 전에 상대방에 대하여 상계적상에 있는 채권을 가지고 있었다 하더라도 채무명의인 확정판결의 변론종결 후에 이르러 비로소 상계의 의사표시를 한 때에는 민소법 제505조 제2항이 규정하는 '이의원인이 변론종결 후에 생긴 때'에 해당하는 것으로서, 당사자가 채무명의인 확정판결의 변론종결 전에 자동채권의 존재를 알았는가 몰랐는가에 관계없이 적법한 청구이의 사유로 된다(대법원 1998.11.24. 선고 98다25344 판결).

ㄷ. (○) 건물의 소유를 목적으로 하는 토지 임대차에 있어서, 임대차가 종료함에 따라 토지의 임차인이 임대인에 대하여 건물매수청구권을 행사할 수 있음에도 불구하고 이를 행사하지 아니한 채, 토지의 임대인이 임차인에 대하여 제기한 토지인도 및 건물철거청구 소송에서 패소하여 그 패소판결이 확정되었다고 하더라도, 그 확정판결에 의하여 건물철거가 집행되지 아니한 이상 토지의 임차인으로서는 건물매수청구권을 행사하여 별소로써 임대인에 대하여 건물매매대금의 지급을 구할 수 있다(대법원 1995.12.26. 선고 95다42195 판결).

ㄹ. (×) 약속어음의 소지인이 전소의 사실심 변론종결일까지 백지보충권을 행사하여 어음금의 지급을 청구할 수 있었음에도 위 변론종결일까지 백지 부분을 보충하지 않아 이를 이유로 패소판결을 받고 그 판결이 확정된 후에 백지보충권을 행사하여 어음이 완성된 것을 이유로 전소 피고를 상대로 다시 동일한 어음금을 청구하는 경우에는, 위 백지보충권 행사의 주장은 특별한 사정이 없는 한 전소판결의 기판력에 의하여 차단되어 적용되지 않는다(대법원 2008.11.27. 선고 2008다59230 판결).

정답 ③

9. 다음 중 기판력이 미치는 경우는? (다툼이 있는 경우 판례에 따름) [2021년 08월 모의]

① 동일한 원인에 기인하여 청구한 부당이득반환청구에 대한 판결과 불법행위로 인한 손해배상청구
② 동일한 불법행위로 인한 손해배상청구에 대한 판결과 미리 예측하지 못한 후유증으로 인한 추가적 배상청구
③ 동일한 토지에 관한 소유권이전등기 말소청구에 대한 판결과 진정명의 회복을 위한 이전등기청구
④ 1필 토지의 특정부분에 관한 소유권이전등기청구에 대한 판결과 그 토지 중 일정 지분에 대한 소

유권이전등기청구
⑤ 일부 청구임을 명시하여 한 이행청구에 대한 판결과 나머지 부분의 이행청구

> 해설

① (✗) 부당이득반환청구권과 불법행위로 인한 손해배상청구권은 서로 실체법상 별개의 청구권으로 존재하고 그 각 청구권에 기초하여 이행을 구하는 소는 소송법적으로도 소송물을 달리하므로, 채권자로서는 어느 하나의 청구권에 관한 소를 제기하여 승소 확정판결을 받았다고 하더라도 아직 채권의 만족을 얻지 못한 경우에는 다른 나머지 청구권에 관한 이행판결을 얻기 위하여 그에 관한 이행의 소를 제기할 수 있다(대법원 2013.09.13. 선고 2013다45457 판결).

② (✗) 불법행위로 인한 적극적 손해의 배상을 명한 전 소송의 변론종결 후에 새로운 적극적 손해가 발생한 경우에 그 소송의 변론종결 당시 그 손해의 발생을 예견할 수 없었고 또 그 부분 청구를 포기하였다고 볼 수 없는 등 특별한 사정이 있다면 전소송에서 그 부분에 관한 청구가 유보되어 있지 않다고 하더라도 이는 전소송의 소송물과는 별개의 소송물이므로 전 소송의 기판력에 저촉되는 것이 아니다(대법원 2007.04.13. 선고 2006다78640 판결).

③ (○) 말소등기에 갈음하여 허용되는 진정명의회복을 원인으로 한 소유권이전등기청구권과 무효등기의 말소청구권은 어느 것이나 진정한 소유자의 등기명의를 회복하기 위한 것으로서 실질적으로 그 목적이 동일하고, 두 청구권 모두 소유권에 기한 방해배제청구권으로서 그 법적 근거와 성질이 동일하므로, 비록 전자는 이전등기, 후자는 말소등기의 형식을 취하고 있다고 하더라도 그 소송물은 실질상 동일한 것으로 보아야 하고, 따라서 소유권이전등기말소청구소송에서 패소확정판결을 받았다면 그 기판력은 그 후 제기된 진정명의회복을 원인으로 한 소유권이전등기청구소송에도 미친다(대법원 2001.09.20. 선고 99다37894 판결).

④ (✗) 갑이 을로부터 1필의 토지의 일부를 특정하여 매수하였다고 주장하면서 을을 상대로 그 부분에 대한 소유권이전등기청구소송을 제기하였으나, 목적물이 갑의 주장과 같은 부분으로 특정되었다고 볼 증거가 없다는 이유로 청구가 기각되었고, 이에 대한 갑의 항소·상고가 모두 기각됨으로써 판결이 확정되자, 다시 을을 상대로 그 전체 토지 중 일정 지분을 매수하였다고 주장하면서 그 지분에 대한 소유권이전등기를 구하는 소를 제기한 경우, 전소와 후소는 그 각 청구취지를 달리하여 소송물이 동일하다고 볼 수 없으므로, 전소의 기판력은 후소에 미칠 수 없다(대법원 1995.04.25. 선고 94다17956 판결).

⑤ (✗) 가분채권의 일부에 대한 이행청구의 소를 제기하면서 나머지를 유보하고 일부만을 청구한다는 취지를 명시하지 아니한 이상 확정판결의 기판력은 청구하고 남은 잔부청구에까지 미치는 것이므로, 나머지 부분을 별도로 다시 청구할 수는 없다(대법원 2016.07.27. 선고 2013다96165 판결). 정답 ③

10. 판결의 경정에 관한 설명 중 옳지 않은 것은? (다툼이 있는 경우 판례에 따름) [2023년 08월 모의]

① 판결상 당사자의 주소가 잘못된 경우라도 주민등록표 등으로 동일인임을 소명할 수 있으면 판결의 경정신청을 기각할 수 있다.
② 판결이유를 토대로 볼 때 판결 내용의 오류 또는 판단누락이 분명하면 판결경정을 할 수 있다.
③ 판결의 경정은 해당 판결을 한 법원이 하는 것이나, 상소 후 기록이 상소심에 있으면 그 상소심에 계속되어 있는 부분에 한하여 상소심이 경정을 할 수 있다.
④ 상소기간 경과 후에 이루어진 경정결정이 경정 전보다 불리하다는 사정만으로는 상소의 추완을 하는 것이 허용되지 않는다.
⑤ 판결의 경정신청을 기각한 결정에 대해서는 불복할 수 없고, 특별항고만 가능하다.

해설

① (O) 판결에 표시된 등기의무자의 주소와 등기부의 주소가 다르다 하더라도 주민등록표등에 의하여 동일인임을 소명하면 등기가 가능한 터이니, 판결에 동인의 등기부상 주소의 표시를 하지 아니하였다 하여 경정을 하지 않으면 안될 이유는 없다(대법원 1987.02.26. 자 87그4 결정).

② (X) 판결의 경정이란 일단 선고된 판결에 위산, 오기 기타 이에 유사한 오류가 있는 것이 명백한 때에 그 잘못을 법원 스스로 결정으로 경정 또는 보충하도록 하여 강제집행이나 호적의 정정 또는 등기의 기재 등 넓은 의미의 집행에 지장이 없도록 하는 데 그 취지가 있는 것으로서, 그 판결의 내용을 실질적으로 변경하지 않는 범위 내에서만 허용된다(대법원 1996.03.12. 자 95마528 결정).

③ (O) 판결경정 결정은 원칙적으로 당해 판결을 한 법원이 하는 것이고, 상소의 제기로 본안 사건이 상소심에 계속된 경우에는 당해 판결의 원본이 상소 기록에 편철되어 상소심 법원으로 송부되므로, 판결 원본과 소송기록이 있는 상소심 법원도 경정 결정을 할 수 있다(대법원 1992.01.29. 자 91마748 결정).

④ (O) 상소기간 경과 후에 이루어진 판결경정 내용이 경정 이전에 비하여 불리하다는 사정만으로는 추완상소가 적법한 것으로 볼 수 없다(대법원 1997.01.24. 선고 95므1413 판결).

⑤ (O)
1) 판결 또는 화해조서경정의 신청을 이유없다 하여 기각한 결정에 대하여는 항고제기의 방법으로 불복신청을 할 수는 없고 특별항고가 허용된다(대법원 1986.11.07. 자 86마895 결정).
2) 불복할 수 없는 결정이나 명령에 대하여는 재판에 영향을 미친 헌법위반이 있거나, 재판의 전제가 된 명령·규칙·처분의 헌법 또는 법률의 위반여부에 대한 판단이 부당하다는 것을 이유로 하는 때에만 대법원에 특별항고를 할 수 있다. 특별항고는 재판이 고지된 날부터 1주 이내에 하여야 한다. 이 기간은 불변기간이다(민소법 제449조).

정답 ②

11. 기판력에 관한 설명 중 옳지 않은 것은? (다툼이 있는 경우 판례에 의함) [2024년 06월 모의]

① 토지 소유권에 기한 물권적 청구권을 원인으로 하는 가등기말소청구소송에서 청구기각된 확정판결로 인하여 토지 소유자가 갖는 토지 소유권의 내용이나 토지 소유권에 기초한 물권적 청구권의 실체적인 내용이 변경, 소멸되는 것은 아니다.

② 물건을 점유하는 자를 상대로 하여 물건의 인도를 명하는 판결이 확정되더라도 그 판결의 기판력이 이들 물건에 대한 불법점유를 원인으로 한 손해배상청구 소송에는 미치지 않는다.

③ 예비적 반소의 원인채권이 별개의 다른 사건에서 상계항변으로 제출되어 그 항변을 인용하는 판결이 이미 확정되었다면, 그 예비적 반소는 소의 이익이 없어 부적법하다.

④ 계쟁 부동산에 관한 피고 명의의 소유권이전등기가 원인무효라는 이유로 그 등기의 말소를 구하는 소를 제기하였다가 패소 확정된 원고는 다시 동일한 피고를 상대로 계쟁 부동산이 원고의 소유라는 확인을 구할 법률상 이익이 있다.

⑤ 매매계약의 무효를 원인으로 한 매매대금반환청구에 대한 인낙조서의 기판력은 매매계약의 유효를 전제로 매수인이 제기하는 소유권이전등기청구에 미친다.

해설

① (O) 토지 소유권에 기한 물권적 청구권을 원인으로 하는 가등기말소청구소송의 소송물은 가등기말소청구권이므로 그 소송에서 청구기각된 확정판결의 기판력은 가등기말소청구권의 부존재 그 자체에만 미치고, 소송물이 되지 않은 토지 소유권의 존부에 관하여는 미치지 않는다. 나아가 위 청구기각된 확정판결

로 인하여 토지 소유자가 갖는 토지 소유권의 내용이나 토지 소유권에 기초한 물권적 청구권의 실체적인 내용이 변경, 소멸되는 것은 아니다. 위 가등기말소청구소송의 사실심 변론종결 후에 토지 소유자로부터 근저당권을 취득한 제3자는 적법하게 취득한 근저당권의 일반적 효력으로서 물권적 청구권을 갖게 되고, 위 가등기말소청구소송의 소송물인 패소자의 가등기말소청구권을 승계하여 갖는 것이 아니며, 자신이 적법하게 취득한 근저당권에 기한 물권적 청구권을 원인으로 소송상 청구를 하는 것이므로, 위 제3자는 민소법 제218조 제1항에서 정한 확정판결의 기판력이 미치는 '변론을 종결한 뒤의 승계인'에 해당하지 않는다. 따라서 토지 소유권에 기한 가등기말소청구소송에서 청구기각된 확정판결의 기판력은 위 소송의 변론종결 후 토지 소유자로부터 근저당권을 취득한 제3자가 근저당권에 기하여 같은 가등기에 대한 말소청구를 하는 경우에는 미치지 않는다(대법원 2020.05.14. 선고 2019다261381 판결).

② (O) 물건 점유자를 상대로 한 물건의 인도판결이 확정되면 점유자는 인도판결 상대방에 대하여 소송에서 더 이상 물건에 대한 인도청구권의 존부를 다툴 수 없고 인도소송의 사실심 변론종결 시까지 주장할 수 있었던 정당한 점유권원을 내세워 물건의 인도를 거절할 수 없다. 그러나 의무 이행을 명하는 판결의 효력이 실체적 법률관계에 영향을 미치는 것은 아니므로, 점유자가 그 인도판결의 효력으로 판결 상대방에게 물건을 인도해야 할 실체적 의무가 생긴다거나 정당한 점유권원이 소멸하여 그때부터 그 물건에 대한 점유가 위법하게 되는 것은 아니다. 나아가 물건을 점유하는 자를 상대로 하여 물건의 인도를 명하는 판결이 확정되더라도 그 판결의 효력은 이들 물건에 대한 인도청구권의 존부에만 미치고, 인도판결의 기판력이 이들 물건에 대한 불법점유를 원인으로 한 손해배상청구 소송에 미치지 않는다(대법원 2019.10.17. 선고 2014다46778 판결).

③ (O)

1) 예비적 반소의 원인채권에 기한 상계항변이 다른 사건에서 인용되어 이미 확정되었으므로 그 예비적 반소는 소의 이익이 없게 되어 부적법하다(대법원 2010.08.26. 선고 2010다30966 판결).

2) '예비적 반소'를 보고 당황할 필요 없이 다음의 논리 흐름을 따라가면 기본적인 법리의 연결로 이해된다는 점을 알 수 있다. ⓐ 반소도 소인 이상 중복소제기금지, 재소금지, 소의이익 구비 등과 같은 일반적인 소송요건을 갖추어야 한다. ⓑ 예비적 반소의 원인채권에 기한 상계항변이 다른 사건에서 인용되어 이미 확정되면 민소법 제216조 제2항에 의하여 '상계를 주장한 청구가 성립되는지 아닌지의 판단은 상계하자고 대항한 액수에 한하여 기판력을 가지'므로, 동일한 원인채권을 청구채권으로 하는 반소의 제기는 승소한 당사자의 기판력에 반하는 소의 제기가 된다. ⓒ 승소 확정판결을 받은 당사자가 전소의 상대방을 상대로 다시 승소 확정판결의 전소와 동일한 청구의 소를 제기하는 경우 후소는 권리보호의 이익이 없어 부적법하다(대법원 2016.09.28. 선고 2016다13482 판결). ⓓ 따라서 그 예비적 반소는 소의 이익이 없게 되어 부적법하다.

④ (O) 확정판결의 기판력은 소송물로 주장된 법률관계의 존부에 관한 판단의 결론에만 미치고 그 전제가 되는 법률관계의 존부에까지 미치는 것은 아니므로, 계쟁 부동산에 관한 피고 명의의 소유권이전등기가 원인무효라는 이유로 원고가 피고를 상대로 그 등기의 말소를 구하는 소송을 제기하였다가 청구기각의 판결을 선고받아 확정되었다고 하더라도, 그 확정판결의 기판력은 소송물로 주장된 말소등기청구권이나 이전등기청구권의 존부에만 미치는 것이지 그 기본이 된 소유권 자체의 존부에는 미치지 아니하고, 따라서 원고가 비록 위 확정판결의 기판력으로 인하여 계쟁 부동산에 관한 등기부상의 소유 명의를 회복할 방법은 없게 되었다고 하더라도 그 소유권이 원고에게 없음이 확정된 것은 아닐 뿐만 아니라, 등기부상 소유자로 등기되어 있지 않다고 하여 소유권을 행사하는 것이 전혀 불가능한 것도 아닌 이상, 원고로서는 그의 소유권을 부인하는 피고에 대하여 계쟁 부동산이 원고의 소유라는 확인을 구할 법률상 이익이 있으며, 이러한 법률상의 이익이 있는 이상에는 특별한 사정이 없는 한 소유권확인 청구의 소제기 자체가 신의칙에 반하는 것이라고 단정할 수 없는 것이다(대법원 2002.09.24. 선고 2002다11847 판결).

⑤ (×)

[1] 전에 제기된 소와 후에 제기된 소의 소송물이 동일하지 않다고 하더라도, 후에 제기된 소의 소송물이

전에 제기된 소에서 확정된 법률관계와 모순되는 정반대의 사항을 소송물로 삼았다면 이러한 경우에는 전번 판결의 기판력이 후에 제기된 소에 미치는 것이지만, 확정판결의 기판력은 소송물로 주장된 법률관계의 존부에 관한 판단의 결론에만 미치고 그 전제가 되는 법률관계의 존부에까지 미치는 것이 아니므로, 전의 소송에서 확정된 법률관계란 확정판결의 기판력이 미치는 법률관계를 의미하는 것이지 그 전제가 되는 법률관계까지 의미하는 것은 아니다.

[2] 매매계약의 무효 또는 해제를 원인으로 한 매매대금반환청구에 대한 인낙조서의 기판력은 그 매매대금반환청구권의 존부에 관하여만 발생할 뿐, 그 전제가 되는 선결적 법률관계인 매매계약의 무효 또는 해제에까지 발생하는 것은 아니므로 소유권이전등기청구권의 존부를 소송물로 하는 후소는 전소에서 확정된 법률관계와 정반대의 모순되는 사항을 소송물로 하는 것이라 할 수 없으며, 기판력이 발생하지 않는 전소와 후소의 소송물의 각 전제가 되는 법률관계가 매매계약의 유효 또는 무효로 서로 모순된다고 하여 전소에서의 인낙조서의 기판력이 후소에 미친다고 할 수 없다(대법원 2005.12.23. 선고 2004다55698 판결).

정답 ⑤

12. 판결의 편취 등과 관련된 설명 중 옳지 않은 것은? (다툼이 있는 경우 판례에 의함) [2019년 06월 모의]

① 甲이 그 배우자인 乙을 상대로 이혼소송을 제기하면서, 乙의 주소를 허위로 표시하여 송달불능으로 되자 재판장이 공시송달을 명하여 이혼판결이 선고되었다면 이는 재심사유에 해당한다.

② 甲이 乙을 상대로 S 토지의 소유권존재확인의 소를 제기하면서, 乙의 주소를 자신의 지인인 丙의 주소로 허위기재하여 丙이 소송서류를 받아 자백간주를 이유로 판결이 선고된 경우, 丙이 판결정본을 수령한 날로부터 2주가 경과되어도 乙은 상소를 제기할 수 있다.

③ 참칭대표자를 대표자로 표시하여 소송을 제기한 결과 그 앞으로 소장부본 및 변론기일소환장이 송달되어 변론기일에 참칭대표자의 불출석으로 의제자백 판결이 선고된 경우, 재심사유에 해당한다.

④ 甲이 丙에게 금전을 대여한 후 일부 변제를 받았음에도 丙이 사망하자 그 유일한 상속인인 乙을 상대로 대여금 전액의 반환청구를 하여 이를 믿은 법원으로부터 전부승소판결을 받아 강제집행을 통하여 변제를 받은 경우, 항상 일부 변제를 받은 액수만큼의 부당이득이 생긴다.

⑤ 甲이 乙을 상대로 S 토지의 소유권이전등기 청구의 소를 제기하면서 乙의 주소를 허위로 기재하여 자백간주를 이유로 甲이 승소판결을 받아 소유권이전등기를 마친 경우, 乙은 별소로 위 판결에 의하여 경료된 소유권이전등기의 말소를 구할 수 있다.

해설

① (O) 이혼심판 청구당시 피청구인이 친정집에 거주하고 있음을 알면서 피청구인이 거주한 바 없는 주소를 피청구인의 최후 주소로 표시하여 송달불능이 되자 소재불명인 것처럼 허위기재하여 공시송달의 방법에 의하여 심판절차가 진행되고 그 판결이 확정되었다면 이는 민소법 제451조 제1항 제11호의 재심사유에 해당한다(대법원 1984.09.25. 선고 84므53 판결).

② (O), ⑤ (O)

1) 제소자가 상대방의 주소를 허위로 기재함으로써 그 허위주소로 소송서류가 송달되어 그로 인하여 상대방 아닌 다른 사람이 그 서류를 받아 의제자백의 형식으로 제소자 승소의 판결이 선고되고 그 판결정본 역시 허위의 주소로 보내어져 송달된 것으로 처리된 경우에는 상대방에 대한 판결의 송달은 부적법하여 무효이므로 상대방은 아직도 판결정본의 송달을 받지 않은 상태에 있어 이에 대하여 상소를 제기할 수 있을 뿐만 아니라, 위 사위판결에 기하여 부동산에 관한 소유권이전등기나 말소등기가 경료된 경우에는 별소로서 그 등기의 말소를 구할 수도 있다(대법원 1995.05.09. 선고 94다41010 판결). 즉, 적법한 송달이 있었다고 할 수 없으므로 그 판결은 확정되지 않았고 따라서 ⓐ 상소의 제기를 할 수

있고, ⓑ 등기를 명하는 판결에는 기판력이 발생하지 않았으므로, 그러한 판결에 기하여 등기가 경료된 경우 별소로서 그 등기의 말소를 구할수도 있다는 의미이다.

2) 참고 : 허위의 주소지에 결정이 송달되었다면 아직 적법한 송달이 있었다고 할 수 없으므로 그 판결은 확정되지 않았고 따라서 그 판결에 대하여는 항소를 제기할 수 있을 뿐 재심의 청구를 할 수는 없다(대법원 1970.06.09. 선고 70마676 판결).

3) 비교 : 허위주소이지만 송달이 아니라 '공시송달'인 경우

㉠ 판결정본이 공시송달의 방법에 의하여 피고에게 송달되었다면 비록 피고의 주소가 허위이거나 그 요건에 미비가 있다 할지라도 그 송달은 유효한 것이므로 항소기간이 지남으로써 위 판결은 확정되어 기판력이 발생한다(대법원 1990.11.27. 선고 90다카28559 판결).

㉡ 따라서 위 ㉠과 같은 경우 피고는 추후보완항소(민소법 제173조)나 재심(민소법 제451조 제1항 제11호)으로 구제받을 수 있다. 그리고 공시송달에 의하여 판결이 선고되고 판결정본이 송달되어 확정된 이후에 추완항소의 방법이 아닌 재심의 방법을 택한 경우에는 추완상소기간이 도과하였다 하더라도 재심기간 내에 재심의 소를 제기할 수 있다(대법원 2011.12.22. 선고 2011다73540 판결).

㉢ 당사자가 상대방의 주소 또는 거소를 알고 있었음에도 있는 곳을 잘 모른다고 하거나 주소나 거소를 거짓으로 하여 소를 제기한 때(민소법 제451조 제1항 제11호)에 해당하면 확정된 종국판결에 대하여 재심의 소를 제기할 수 있다고 정하고 있다. 즉, 재심사유는 제11호 사유이다.

㉣ 재심 또는 추후보완신청이 있다고 하더라도 확정판결의 집행력에는 아무런 영향이 없으므로 확정판결에 대한집행을 정지시키려면 별도의 집행정지결정을 받아야 한다.

㉤ 재심 또는 제173조에 따른 상소의 추후보완신청이 있는 경우에 불복하는 이유로 내세운 사유가 법률상 정당한 이유가 있다고 인정되고, 사실에 대한 소명이 있는 때에는 법원은 당사자의 신청에 따라 담보를 제공하게 하거나 담보를 제공하지 아니하게 하고 강제집행을 일시정지하도록 명할 수 있으며, 담보를 제공하게 하고 강제집행을 실시하도록 명하거나 실시한 강제처분을 취소하도록 명할 수 있다. (민소법 제500조 제1항).

③ (O) 참칭대표자를 대표자로 표시하여 소송을 제기한 결과 그 앞으로 소장부본 및 변론기일소환장이 송달되어 변론기일에 참칭대표자의 불출석으로 의제자백 판결이 선고된 경우, 이는 적법한 대표자가 변론기일 소환장을 송달받지 못하였기 때문에 실질적인 소송행위를 하지 못한 관계로 위 의제자백 판결이 선고된 것이므로, 민소법 제451조 제1항 제3호 소정의 재심사유에 해당한다(대법원 1999.02.26. 선고 98다47290 판결).

④ (×) 대여금 중 일부를 변제받고도 이를 속이고 대여금 전액에 대하여 소송을 제기하여 승소 확정판결을 받은 후 강제집행에 의하여 위 금원을 수령한 채권자에 대하여, 채무자가 그 일부 변제금 상당액은 법률상 원인 없는 이득으로서 반환되어야 한다고 주장하면서 부당이득반환 청구를 하는 경우, 그 변제주장은 대여금반환청구 소송의 확정판결 전의 사유로서 그 판결이 재심의 소 등으로 취소되지 아니하는 한 그 판결의 기판력에 저촉되어 이를 주장할 수 없으므로, 그 확정판결의 강제집행으로 교부받은 금원을 법률상 원인 없는 이득이라고 할 수 없다(대법원 1995.06.29. 선고 94다41430 판결). **정답 ④**

13. 甲은 乙로부터 乙 소유인 X 토지를 대금 10억 원에 매수하는 매매계약(이하 '이 사건 계약'이라고 한다)을 체결하였으나 아직 X 토지에 관한 소유권이전등기는 마치지 않았다. 다음 설명 중 옳지 않은 것은? (다툼이 있는 경우 판례에 의함) [2019년 08월 모의]

① 甲이 乙을 상대로 소유권이전등기를 청구하는 소를 제기하자 乙은 대금 10억 원을 지급받을 때까지는 甲의 청구에 응할 수 없다고 주장하였고 이에 甲이 乙에 대한 7억 원의 대여금채권을 자동채권으로 하여 乙의 위 대금채권과 대등액에서 상계한다고 주장한 경우, 위 상계주장에 대한 판결이유 중의 판단에 기판력이 생기지 않는다.

② 甲이 乙을 상대로 제기한 소유권이전등기청구의 소에서 乙이 대금 10억 원을 지급받을 때까지는

甲의 청구에 응할 수 없다고 주장한 결과, "乙은 甲으로부터 10억 원을 지급받음과 동시에 甲에게 X 토지에 관한 소유권이전등기절차를 이행하라."는 취지의 판결이 확정된 경우, 乙의 甲에 대한 10억 원의 대금채권의 존재에 대하여 기판력이 생기지 않는다.

③ 甲과 乙이 X 토지 위에 건물을 신축할 목적으로 이 사건 계약을 체결한 경우, 이 사건 계약체결 당시 X 토지에 대해 건축허가를 받을 수 없어 건축이 불가능한 상태였고 甲이 이러한 사실을 과실 없이 알지 못하였다면, 乙은 甲에 대하여 하자담보책임을 진다.

④ 이 사건 계약 체결 당시 甲이 과실 없이 X 토지에 하자가 있다는 사실을 알지 못하였고, 이러한 甲의 부지(不知)가 이 사건 계약 내용의 중요부분에 대한 착오에 해당하는 경우, 甲은 하자담보책임을 물을 수 있으므로 착오를 이유로 이 사건 계약을 취소할 수는 없다.

⑤ 이 사건 계약 이후에 乙이 丙에게 X 토지를 매도하는 계약을 체결하였다는 사실만으로 이 사건 계약이 법률상 이행불능이 되지는 않지만, 乙이 丙 앞으로 매매를 원인으로 하는 소유권이전등기를 마쳐 준 후에는 乙의 甲에 대한 소유권이전등기는 이행불능 상태에 있다.

해설

① (O) 상계 주장에 관한 판단에 기판력이 인정되는 경우는, 상계 주장의 대상이 된 수동채권이 소송물로서 심판되는 소구채권이거나 그와 실질적으로 동일하다고 보이는 경우(가령 원고가 상계를 주장하면서 청구이의의 소송을 제기하는 경우 등)로서 상계를 주장한 반대채권과 그 수동채권을 기판력의 관점에서 동일하게 취급하여야 할 필요성이 인정되는 경우를 말한다고 봄이 상당하므로 만일 상계 주장의 대상이 된 수동채권이 동시이행항변에 행사된 채권일 경우에는 그러한 상계 주장에 대한 판단에는 기판력이 발생하지 않는다고 보아야 할 것인바, 위와 같이 해석하지 않을 경우 동시이행항변이 상대방의 상계의 재항변에 의하여 배척된 경우에 그 동시이행항변에 행사된 채권을 나중에 소송상 행사할 수 없게 되어 민소법 제216조가 예정하고 있는 것과 달리 동시이행항변에 행사된 채권의 존부나 범위에 관한 판결 이유 중의 판단에 기판력이 미치는 결과에 이르기 때문이다(대법원 2005.07.22. 선고 2004다17207 판결).

② (O) 제소전화해의 내용이 채권자 등은 대여금 채권의 원본 및 이자의 지급과 상환으로 채무자에게 부동산에 관한 가등기의 말소등기절차를 이행할 것을 명하고, 채무자는 가등기담보에 관한 법률 소정의 청산금 지급과 상환으로 채권자 등에게 가등기에 기한 소유권이전의 본등기절차를 이행할 것과 그 부동산의 인도를 명하고 있는 경우, 그 제소전화해는 가등기말소절차 이행이나 소유권이전의 본등기절차 이행을 대여금 또는 청산금의 지급을 그 조건으로 하고 있는 데 불과하여 그 기판력은 가등기말소나 소유권이전의 본등기절차 이행을 명한 화해내용이 대여금 또는 청산금 지급의 상환이 조건으로 붙어 있다는 점에 미치는 데 불과하고, 상환이행을 명한 반대채권의 존부나 그 액수에 기판력이 미치는 것이 아니다(대법원 1996.07.12. 선고 96다19017 판결).

③ (O) 매매의 목적물이 거래통념상 기대되는 객관적 성질·성능을 결여하거나, 당사자가 예정 또는 보증한 성질을 결여한 경우에 매도인은 매수인에 대하여 그 하자로 인한 담보책임을 부담한다 할 것이고, 한편 건축을 목적으로 매매된 토지에 대하여 건축허가를 받을 수 없어 건축이 불가능한 경우, 위와 같은 법률적 제한 내지 장애 역시 매매목적물의 하자에 해당한다 할 것이나, 다만 위와 같은 하자의 존부는 매매계약 성립시를 기준으로 판단하여야 할 것이다(대법원 2000.01.18. 선고 98다18506 판결).

④ (X) 착오로 인한 취소 제도와 매도인의 하자담보책임 제도는 취지가 서로 다르고, 요건과 효과도 구별된다. 따라서 매매계약 내용의 중요 부분에 착오가 있는 경우 매수인은 매도인의 하자담보책임이 성립하는지와 상관없이 착오를 이유로 매매계약을 취소할 수 있다(대법원 2018.09.13. 선고 2015다78703 판결).

⑤ (O) 매매목적물에 관하여 이중으로 제3자와 매매계약을 체결하였다는 사실만 가지고는 매매계약이 법률상 이행불능이라고 할 수 없다. 그러나 부동산을 이중매도하고 매도인이 그 중 1인에게 먼저 소유권명의를 이전하여 준 경우에는 특별한 사정이 없는 한 다른 1인에 대한 소유권이전등기의무는 이행불능상태에 있다(대법원 1965.07.27. 선고 65다947 판결).

정답 ④

14. 다음 〈사례〉에 관한 설명 중 옳은 것은? (다툼이 있는 경우 판례에 의함) [2020년 06월 모의]

〈사례〉
甲은 A에 대하여 1억 원의 대여금채권이 있다. A의 상속인으로는 아들 乙이 있다. A가 사망한 이후 3개월 이내에 乙은 한정승인신고를 하였다.

① 가정법원은 그 신고가 한정승인의 형식적 요건 이외에 한정승인의 실체적 요건을 구비하였는지를 함께 심리하여 수리여부를 심판하여야 한다.
② 甲은 다른 소송의 선결문제로서 가정법원의 한정승인수리심판의 효력을 다툴 수 없다.
③ 상속채무의 이행을 구하는 소송에서 乙의 한정승인 항변이 받아들여져서 원고 승소판결인 집행권원 자체에 '상속재산의 범위 내에서만' 금전채무를 이행할 것을 명하는 이른바 유한책임의 취지가 명시되어 있음에도 불구하고, 乙의 고유재산임이 명백한 임금채권 등에 대하여 위 집행권원에 기한 압류 및 전부명령이 발령되었을 경우에, 상속인 乙로서는 청구에 관한 이의의 소에 의하여 불복할 수 있다.
④ 甲이 乙을 상대로 A의 상속채무의 이행을 구하는 소를 제기하자 乙이 한정승인심판을 받았음에도 불구하고 소송절차에서 한정승인의 항변을 하지 아니하여 유보 없는 판결이 선고되고 확정되었다. 甲이 乙의 고유재산에 대하여 집행을 한 경우 乙은 변론종결 전의 한정승인을 강제집행단계에서 뒤늦게 주장하여 청구이의의 방법으로 강제집행을 거부할 수 없다.
⑤ 甲이 乙을 상대로 A의 상속채무의 이행을 구하는 전소에서 상속인의 한정승인이 인정되어 상속재산의 한도에서 지급을 명하는 판결이 확정된 경우, 그 후 甲이 乙을 상대로 전소 사실심의 변론종결시 이전에 존재한 법정단순승인 등 한정승인과 양립할 수 없는 사실을 주장하여 위 채권에 대해 책임의 범위에 관한 유보가 없는 판결을 구하는 것은 허용되지 아니한다.

해설

① (×) 가정법원의 한정승인신고 수리의 심판은 일응 한정승인의 요건을 구비한 것으로 인정한다는 것일 뿐 그 효력을 확정하는 것이 아니고, 한정승인의 효력이 있는지 여부에 대한 최종적인 판단은 실체법에 따라 민사소송에서 결정될 문제이다(대법원 2002.11.08. 선고 2002다21882 판결).
② (×) 상속채권자가 한정승인신고를 수리하는 심판의 무효를 주장하려면 상속인에 대하여 상속채무의 이행을 구하는 소송을 제기하여 그 선결문제로 한정승인의 무효를 주장하여야 하고, 한정승인수리 심판 자체의 무효확인을 구하는 소는 소의 이익이 없어 부적법하다.
③ (×) 상속채무의 이행을 구하는 소송에서 피고의 한정승인 항변이 받아들여져서 원고 승소판결인 집행권원 자체에 '상속재산의 범위 내에서만' 금전채무를 이행할 것을 명하는 이른바 유한책임의 취지가 명시되어 있음에도 불구하고, 상속인의 고유재산임이 명백한 임금채권 등에 대하여 위 집행권원에 기한 압류 및 전부명령이 발령되었을 경우에, 상속인인 피고로서는 책임재산이 될 수 없는 재산에 대하여 강제집행이 행하여졌음을 이유로 제3자이의의 소를 제기한다(대법원 2005.12.19. 자 2005그128 결정).
④ (×) 채무자가 한정승인을 하였으나 채권자가 제기한 소송의 사실심 변론종결시까지 이를 주장하지 아니하는 바람에 책임의 범위에 관하여 아무런 유보 없는 판결이 선고·확정된 경우라 하더라도 채무자가 그 후 위 한정승인 사실을 내세워 청구에 관한 이의의 소를 제기하는 것이 허용되는 것은, 한정승인에 의한 책임의 제한은 상속채무의 존재 및 범위의 확정과는 관계없이 다만 판결의 집행 대상을 상속재산의 한도로 한정함으로써 판결의 집행력을 제한할 뿐으로, 채권자가 피상속인의 금전채무를 상속한 상속인을 상대로 그 상속채무의 이행을 구하여 제기한 소송에서 채무자가 한정승인 사실을 주장하지 않으면 책임의 범위는 현실적인 심판대상으로 등장하지 아니하여 주문에서는 물론 이유에서도 판단되지 않는

관계로 그에 관하여는 기판력이 미치지 않기 때문이다. 위와 같은 기판력에 의한 실권효 제한의 법리는 채무의 상속에 따른 책임의 제한 여부만이 문제되는 한정승인과 달리 상속에 의한 채무의 존재 자체가 문제되어 그에 관한 확정판결의 주문에 당연히 기판력이 미치게 되는 상속포기의 경우에는 적용될 수 없다(대법원 2009.05.28. 선고 2008다79876 판결).

⑤ (O) 피상속인에 대한 채권에 관하여 채권자와 상속인 사이의 전소에서 상속인의 한정승인이 인정되어 상속재산의 한도에서 지급을 명하는 판결이 확정된 때에는 그 채권자가 상속인에 대하여 새로운 소에 의해 위 판결의 기초가 된 전소 사실심의 변론종결시 이전에 존재한 법정단순승인 등 한정승인과 양립할 수 없는 사실을 주장하여 위 채권에 대해 책임의 범위에 관한 유보가 없는 판결을 구하는 것은 허용되지 아니한다(대법원 2012.05.09. 선고 2012다3197 판결). **정답 ⑤**

---

15. 甲은 乙과의 사이에서 乙 소유의 X부동산을 대금 2억 원에 매수하는 매매계약을 체결하고, 乙에게 계약금 및 중도금으로 1억 원을 지급하였다. 이와 관련된 다음 설명 중 옳은 것을 모두 고른 것은?(다툼이 있는 경우 판례에 의함) [2021년 06월 모의]

ㄱ. 乙이 甲에게 소유권이전등기를 경료해 주었으나 甲이 잔금 지급을 지체하자, 乙은 甲을 상대로 위 매매계약에 따른 잔금지급청구의 소를 제기하여 승소하였고 위 판결은 확정되었다. 위 소송의 변론종결 이후에 乙로부터 위 잔금채권을 양수받아 대항력을 갖춘 丙은, 위 확정판결에 대하여 승계집행문을 부여받아 甲의 재산을 강제집행할 수 있다.

ㄴ. 甲으로부터 X부동산을 증여받기로 한 丙이 甲에 대한 소유권이전등기청구권을 보전하기 위하여 甲을 대위하여 乙을 상대로 위 부동산에 대한 소유권이전등기절차의 이행을 청구하는 소를 제기하였다가, 丙의 甲에 대한 소유권이전등기청구권의 부존재를 이유로 소각하판결을 선고받아 위 판결이 확정되었다. 이후 丙이 甲을 상대로 위 X부동산에 대한 증여계약을 원인으로 한 소유권이전등기절차의 이행을 구하는 소를 제기한 경우, 이는 전소 확정판결의 기판력에 저촉된다.

ㄷ. 甲에 대하여 대여금채권을 가진 丙이 그 채권을 보전하기 위하여 甲을 대위하여 乙을 상대로 매매계약 무효를 이유로 기지급 매매대금 1억 원의 반환을 구하는 소(전소)를 제기하였으나 청구기각판결이 선고되었다. 甲에 대하여 부당이득반환채권을 가진 丁이 전소 판결이 확정된 이후에 乙을 상대로 전소와 동일한 내용의 대위소송(후소)을 제기하였다면, 전소 확정판결의 기판력은 언제나 후소에 미친다.

ㄹ. 甲 명의로 소유권이전등기가 완료된 후에, 乙의 채권자인 丙이 甲을 상대로 사해행위취소 및 원상회복청구로써 위 매매계약의 취소를 구하고 甲 명의의 소유권이전등기의 말소등기절차의 이행을 청구하는 소를 제기하여 승소판결을 받아 위 판결이 확정되었다면, 이로써 乙의 다른 채권자 丁이 甲을 상대로 제기한 동일한 내용 후소(위 매매계약의 취소를 구하고 甲 명의의 소유권이전등기의 말소등기절차의 이행을 구하는 소)는 소의 이익이 없게 된다.

① ㄱ   ② ㄱ, ㄴ   ③ ㄱ, ㄴ, ㄷ
④ ㄷ   ⑤ ㄴ, ㄷ, ㄹ

해설

ㄱ. (O)
1) 전소의 소송물인 잔금채권을 전소 변론종결 후 양수받아 대항력을 마친 丙은 민소법 제218조 제1항의

변론종결후 승계인에 해당한다. 따라서 丙에게 전소의 기판력이 미치므로 丙은 민집법 제31조의 승계집행문을 받아 강제집행할 수 있다.

2) 승계집행문은 판결에 표시된 채권자의 포괄승계인이나 그 판결에 기한 채권을 특정하여 승계한 자가 강제집행을 신청하거나 그 속행을 신청할 수 있도록 부여하는 것이다. 강제집행절차에서는 권리관계의 공권적인 확정과 그 신속·확실한 실현을 도모하기 위하여 절차의 명확·안정을 중시하는데, 승계집행문에 관한 규정도 이러한 취지에 따라 운용되어야 한다. 집행권원상의 청구권(이하 '집행채권'이라 한다)이 양도되어 대항요건을 갖춘 경우에는 집행당사자적격이 양수인으로 변경되며, 양수인이 승계집행문을 부여받음에 따라 집행채권자가 양수인으로 확정된다. 승계집행문의 부여로 인하여 양도인에 대한 기존 집행권원의 집행력은 소멸한다(대법원 2019.01.31. 선고 2015다26009 판결).

ㄴ. (×) 민소법 제218조 제3항은 '다른 사람을 위하여 원고나 피고가 된 사람에 대한 확정판결은 그 다른 사람에 대하여도 효력이 미친다.'고 규정하고 있으므로, 채권자가 채권자대위권을 행사하는 방법으로 제3채무자를 상대로 소송을 제기하고 판결을 받은 경우 채권자가 채무자에 대하여 민법 제405조 제1항에 의한 보존행위 이외의 권리행사의 통지, 또는 민소법 제84조에 의한 소송고지 혹은 비송사건절차법 제49조 제1항에 의한 법원에 의한 재판상 대위의 허가를 고지하는 방법 등 어떠한 사유로 인하였든 적어도 채권자대위권에 의한 소송이 제기된 사실을 채무자가 알았을 때에는 그 판결의 효력이 채무자에게 미친다고 보아야 한다. 이때 채무자에게도 기판력이 미친다는 의미는 채권자대위소송의 소송물인 피대위채권의 존부에 관하여 채무자에게도 기판력이 인정된다는 것이고, 채권자대위소송의 소송요건인 피보전채권의 존부에 관하여 당해 소송의 당사자가 아닌 채무자에게 기판력이 인정된다는 것은 아니다. 따라서 채권자가 채권자대위권을 행사하는 방법으로 제3채무자를 상대로 소송을 제기하였다가 채무자를 대위할 피보전채권이 인정되지 않는다는 이유로 소각하 판결을 받아 확정된 경우 그 판결의 기판력이 채권자가 채무자를 상대로 피보전채권의 이행을 구하는 소송에 미치는 것은 아니다(대법원 2014.01.23. 선고 2011다108095 판결).

ㄷ. (×) 어느 채권자가 채권자대위권을 행사하는 방법으로 제3채무자를 상대로 소송을 제기하여 판결을 받은 경우, 어떠한 사유로든 채무자가 채권자대위소송이 제기된 사실을 알았을 경우에 한하여 그 판결의 효력이 채무자에게 미치므로, 이러한 경우에는 그 후 다른 채권자가 동일한 소송물에 대하여 채권자대위권에 기한 소를 제기하면 전소의 기판력을 받게 된다고 할 것이지만, 채무자가 전소인 채권자대위소송이 제기된 사실을 알지 못하였을 경우에는 전소의 기판력이 다른 채권자가 제기한 후소인 채권자대위소송에 미치지 않는다(대법원 1994.08.12. 선고 93다52808 판결).

ㄹ. (×) 채권자취소권의 요건을 갖춘 각 채권자는 고유의 권리로서 채무자의 재산처분 행위를 취소하고 그 원상회복을 구할 수 있는 것이므로 여러 명의 채권자가 동시에 또는 시기를 달리하여 사해행위취소 및 원상회복청구의 소를 제기한 경우 이들 소가 중복제소에 해당하지 아니할 뿐만 아니라, 어느 한 채권자가 동일한 사해행위에 관하여 사해행위취소 및 원상회복청구를 하여 승소판결을 받아 그 판결이 확정되었다는 것만으로는 그 후에 제기된 다른 채권자의 동일한 청구가 권리보호의 이익이 없게 되는 것은 아니다(대법원 2008.04.24. 선고 2007다84352 판결). 정답 ①

16. 재판의 누락에 관한 설명 중 옳지 않은 것은? (다툼이 있는 경우 판례에 따름) [2021년 08월 모의]

① 甲이 임대인 乙을 상대로 초과지급된 차임에 대해 부당이득반환을 구하는 소를 제기하여, 당초 2015. 3. 1.부터 2019. 5. 30.까지의 차임 중 월 100만 원의 반환을 구하다가 제2회 변론기일에 이르러 2018. 3. 1.부터 2019. 5. 30.까지의 청구부분을 철회하였는데, 법원이 甲의 청구를 모두 인용하면서 2015. 3. 1.부터 2017. 12. 31.까지 초과지급분에 대해서만 지급하게 한 것은 재판의 누락에 해당한다.

② 甲의 이행청구에 대해 피고 乙이 단순 반소를 병합하여 제기하였는데, 법원이 甲의 본소만 판단하고 乙의 반소를 판단하지 않았다면 재판의 누락이 된다.

③ 甲이 X 건물의 지분에 관하여 증여해제를 원인으로 한 소유권이전등기를 구하는 외에, 선택적으

로 같은 지분에 관하여 양도합의를 원인으로 한 소유권이전등기를 구한 경우에, 제1심법원이 원고의 청구 중 위 증여해제를 원인으로 한 소유권이전등기청구만 기각하고 위 양도합의를 원인으로 한 소유권이전등기청구에 대하여는 아무런 판단을 하지 아니한 것은 재판의 누락에 해당하지 않는다.
④ 재판의 누락 여부는 판결 주문을 기준으로 판단하는데, 판결 이유에 판단이 있어도 주문에 판단이 없으면 재판의 누락에 해당한다.
⑤ 재판의 누락이 있으면 당사자는 상소를 제기하여 상소심에서 누락된 부분을 포함하여 추가판결을 해 주어야 한다.

해설

① (O) 원고가 실제로 감축한다고 진술한 것보다 더 많은 부분을 감축한 것으로 보아 판결을 선고한 경우, 원고가 감축한 금액을 제외한 나머지 부분에 관한 청구에 관하여는 아무런 판단을 하지 아니한 셈이고, 이는 결국 재판의 탈루에 해당하여 이 부분 청구는 여전히 원심에 계속 중이라 할 것이므로, 원고로서는 원심 법원에 그 부분에 관한 추가 판결을 신청할 수 있음은 별론으로 하고, 그 부분에 관한 아무런 판결도 없는 상태에서 제기한 상고는 상고의 대상이 없어 부적법하다(대법원 1997.10.10. 선고 97다22843 판결).

② (O) 甲의 이행청구에 대해 피고 乙이 단순 반소를 병합하여 제기하였다면 두 청구는 단순병합 관계이다. 그런데, 법원이 甲의 본소만 판단하고 乙의 반소를 판단하지 않았다면 乙의 반소청구는 재판누락에 해당하여 제1심에 계속 중이므로 추가판결의 대상이 된다.

③ (O) 제1심법원이 원고의 선택적 청구 중 하나만을 판단하여 기각하고 나머지 청구에 대하여는 아무런 판단을 하지 아니한 조치는 위법한 것이고, 원고가 이와 같이 위법한 제1심판결에 대하여 항소한 이상 원고의 선택적 청구 전부가 항소심으로 이심한다(대법원 1998.07.24. 선고 96다99 판결). 즉, 선택적 병합에서 위와 같은 상황을 판례는 재판의 누락이 아니라 판단누락으로 보고 있다.

④ (O), ⑤ (X) 판결에는 법원의 판단을 분명하게 하기 위하여 결론을 주문에 기재하도록 되어 있으므로 재판의 누락이 있는지 여부는 우선 주문의 기재에 의하여 판정하여야 하고, 판결이유에서 청구가 이유 없다고 설시하고 있더라도 주문에서 설시가 없으면 특별한 사정이 없는 한 재판의 누락이 있다. 재판의 누락이 있는 경우, 그 부분 소송은 아직 원심에 계속 중이라고 보아야 할 것이어서 적법한 상고의 대상이 되지 아니하므로 그 부분에 대한 상고는 부적법하다(대법원 2004.08.30. 선고 2004다24083 판결). **정답** ⑤

17. 판결의 편취에 관한 설명 중 옳은 것을 모두 고른 것은? (다툼이 있는 경우 판례에 의함)
[2021년 08월 모의]

ㄱ. 甲이 乙 법인을 상대로 소를 제기하면서 대표권이 없는 A를 대표자로 표시하여 A가 소송을 수행하여 판결이 선고된 경우, 대리권 흠결로 인한 재심사유에 해당한다.

ㄴ. 甲이 乙을 상대로 소를 제기하면서 乙의 주소지를 알면서도 허위주소를 기재하여 재판장이 공시송달을 명하여 甲이 승소판결을 받은 경우, 판결이 확정되었으므로 재심청구를 할 수 있다.

ㄷ. 甲이 乙을 상대로 소를 제기하면서 乙의 주소를 알면서 丙의 주소를 기재하여 丙이 송달을 받아 乙의 불출석으로 인한 자백간주를 이유로 甲의 승소판결이 선고되고 丙이 판결정본을 수령한 경우, 乙은 재심을 청구할 수 있다.

ㄹ. 甲이 乙로부터 1억 원의 공사대금을 전부 지급받았음에도 불구하고 乙을 상대로 1억 원의 공사대금청구의 소를 제기하면서 乙의 주소를 허위로 기재하여 무변론원고승소판결을 받은 후 乙의 재산에 대해 강제집행을 하여 온 경우, 乙은 청구이의의 소를 제기할 수 있다.

ㅁ. 甲이 乙에게 부동산을 매도하여 이전등기까지 마친 후 해당 거래가 매매가 아니라 양도담보였
다는 허위 주장으로 정산금청구의 소를 제기하여 승소판결을 받아 강제집행을 한 경우, 乙은
재심의 소를 제기하지 않고도 불법행위에 기한 손해배상청구를 할 수 있다.

① ㄱ, ㄴ, ㄹ ② ㄱ, ㄴ, ㅁ ③ ㄴ, ㄷ, ㄹ
④ ㄴ, ㄷ, ㅁ ⑤ ㄷ, ㄹ, ㅁ

해설

ㄱ. (○) 법정대리권·소송대리권 또는 대리인이 소송행위를 하는 데에 필요한 권한의 수여에 흠이 있는 때에는 확정된 종국판결에 대하여 재심의 소를 제기할 수 있다(민소법 제451조 제1항 제3호).

ㄴ. (○), ㄷ. (×)
1) 소장부본과 판결정본 등이 공시송달의 방법에 의하여 송달되었다면 특별한 사정이 없는 한 피고는 과실 없이 그 판결의 송달을 알지 못한 것이고, 이러한 경우 피고는 그 책임을 질 수 없는 사유로 인하여 불변기간을 준수할 수 없었던 때에 해당하여 그 사유가 없어진 후 2주일(그 사유가 없어질 당시 외국에 있었던 경우에는 30일)내에 추완항소를 할 수 있다(대법원 2006.02.24. 선고 2004다8005 판결).

2) 공시송달의 방법에 의하여 판결정본이 송달된 경우 피고의 주소지를 허위로 하여 소가 제기된 경우라 하더라도 그 송달은 유효한 것이고 그때부터 상소제기기간이 도과되면 그 판결을 확정되는 것이므로 피고는 재심의 소를 제기하거나 추완항소를 제기하여 그 취소변경을 구하여야 한다(대법원 1980.07.08. 선고 79다1528 판결). 판시에 따른 재심의 소를 제기함에 있어 재심사유는 민소법 제451조 제1항 제11호의 '당사자가 상대방의 주소 또는 거소를 알고 있었음에도 있는 곳을 잘 모른다고 하거나 주소나 거소를 거짓으로 하여 소를 제기한 때'이다. [ㄴ. (○)]

3) 참고
㉠ 따라서 위 1), 2)와 같은 경우 피고는 추후보완항소(민소법 제173조)나 재심(민소법 제451조 제1항 제11호)으로 구제받을 수 있다. 그리고 공시송달에 의하여 판결이 선고되고 판결정본이 송달되어 확정된 이후에 추완항소의 방법이 아닌 재심의 방법을 택한 경우에는 추완상소기간이 도과하였다 하더라도 재심기간 내에 재심의 소를 제기할 수 있다(대법원 2011.12.22. 선고 2011다73540 판결).
㉡ 당사자가 상대방의 주소 또는 거소를 알고 있었음에도 있는 곳을 잘 모른다고 하거나 주소나 거소를 거짓으로 하여 소를 제기한 때(민소법 제451조 제1항 제11호)에 해당하면 확정된 종국판결에 대하여 재심의 소를 제기할 수 있다고 정하고 있다. 즉, 재심사유는 제11호 사유이다.
㉢ 재심 또는 추후보완신청이 있다고 하더라도 확정판결의 집행력에는 아무런 영향이 없으므로 확정판결에 대한집행을 정지시키려면 별도의 집행정지결정을 받아야 한다.
㉣ 재심 또는 제173조에 따른 상소의 추후보완신청이 있는 경우에 불복하는 이유로 내세운 사유가 법률상 정당한 이유가 있다고 인정되고, 사실에 대한 소명이 있는 때에는 법원은 당사자의 신청에 따라 담보를 제공하게 하거나 담보를 제공하지 아니하게 하고 강제집행을 일시정지하도록 명할 수 있으며, 담보를 제공하게 하고 강제집행을 실시하도록 명하거나 실시한 강제처분을 취소하도록 명할 수 있다. (민소법 제500조 제1항).

4) 비교 : 허위주소이지만 공시송달이 아니라 '송달'인 경우 [ㄷ. (×)]
㉠ 제소자가 상대방의 주소를 허위로 기재함으로써 그 허위주소로 소송서류가 송달되어 그로 인하여 상대방 아닌 다른 사람이 그 서류를 받아 의제자백의 형식으로 제소자 승소의 판결이 선고되고 그 판결정본 역시 허위의 주소로 보내어져 송달된 것으로 처리된 경우에는 상대방에 대한 판결의 송달은 부적법하여 무효이므로 상대방은 아직도 판결정본의 송달을 받지 않은 상태에 있어 이에 대하여 상소를 제기할 수 있을 뿐만 아니라, 위 사위판결에 기하여 부동산에 관한 소유권이전등기나 말소등기가 경료된 경우에는 별소로서 그 등기의 말소를 구할 수도 있다(대법원 1995.05.09. 선고 94다41010 판

결). 즉, 판결이 확정되지 않았으므로 기판력이 발생하지 않는다.

ⓒ 허위의 주소지에 결정이 송달되었다면 아직 적법한 송달이 있었다고 할 수 없으므로 그 판결은 확정되지 않았고 따라서 그 판결에 대하여는 항소를 제기할 수 있을 뿐 재심의 청구를 할 수는 없다 (대법원 1970.06.09. 선고 70마676 판결).

ㄹ. (O) 확정판결에 의한 권리라 하더라도 신의에 좇아 성실히 행사되어야 하고 그 판결에 기한 집행이 권리남용이 되는 경우에는 허용되지 않으므로, 집행채무자는 청구이의의 소에 의하여 그 집행의 배제를 구할 수 있다(대법원 1997.09.12. 선고 96다4862 판결).

ㅁ. (X) 판결이 확정되면 기판력에 의하여 대상이 된 청구권의 존재가 확정되고 그 내용에 따라 집행력이 발생하는 것이므로, 그에 따른 집행이 불법행위를 구성하기 위하여는 소송당사자가 상대방의 권리를 해할 의사로 상대방의 소송 관여를 방해하거나 허위의 주장으로 법원을 기망하는 등 부정한 방법으로 실제의 권리관계와 다른 내용의 확정판결을 취득하여 집행을 하는 것과 같은 특별한 사정이 있어야 하고, 그와 같은 사정이 없이 확정판결의 내용이 단순히 실체적 권리관계에 배치되어 부당하고 또한 확정판결에 기한 집행 채권자가 이를 알고 있었다는 것만으로는 그 집행행위가 불법행위를 구성한다고 할 수 없다. 편취된 판결에 기한 강제집행이 불법행위로 되는 경우가 있다고 하더라도 당사자의 법적 안정성을 위해 확정판결에 기판력을 인정한 취지나 확정판결의 효력을 배제하기 위하여는 그 확정판결에 재심사유가 존재하는 경우에 재심의 소에 의하여 그 취소를 구하는 것이 원칙적인 방법인 점에 비추어 볼 때 불법행위의 성립을 쉽게 인정하여서는 아니되고, 확정판결에 기한 강제집행이 불법행위로 되는 것은 당사자의 절차적 기본권이 근본적으로 침해된 상태에서 판결이 선고되었거나 확정판결에 재심사유가 존재하는 등 확정판결의 효력을 존중하는 것이 정의에 반함이 명백하여 이를 묵과할 수 없는 경우로 한정하여야 할 것이다(대법원 1995.12.05. 선고 95다21808 판결). 왜냐하면, 이와 같은 사실관계만으로는 사실은 결국 확정판결인 위 정산금청구 소송의 판결 내용이 실체적 권리관계에 배치되어 부당하고 또한 피고들이 이를 알고 있었다는 것에 지나지 아니하고, 이러한 사정만으로는 확정된 위 정산금 청구소송의 판결에 기하여 피고들이 한 이 사건 강제집행이 불법행위를 구성한다고 하기 어렵기 때문이다. 정답 ①

18. 기판력에 관한 다음 설명 중 옳지 않은 것은? (다툼이 있는 경우 판례에 따름) [2022년 08월 모의]

① 사기에 의한 의사표시 취소를 원인으로 근저당권설정등기말소청구의 소를 제기하여 패소 확정된 원고가 동일한 피고를 상대로 같은 등기에 대하여 변제로 인한 피담보채무의 부존재를 원인으로 근저당권설정등기말소청구의 소를 다시 제기하는 것은 전소의 기판력에 저촉된다.

② 배당이의의 소에서 패소의 본안판결을 받은 당사자가 그 판결이 확정된 후 동일한 상대방에 대하여 위 본안판결에 의하여 확정된 배당액이 부당이득이라는 이유로 그 반환을 구하는 소송을 제기하는 것은 전소의 기판력에 저촉된다.

③ 甲이 乙을 상대로 하여 건물에 대한 전세금반환청구의 소를 제기하였다가 청구기각의 판결이 확정되었는데, 乙이 甲을 상대로 소유권에 기한 건물인도청구의 소를 제기하자 甲이 전세금반환청구권을 내세워 동시이행의 항변을 하는 것은 전소 확정판결의 기판력에 저촉되는 주장이어서 허용될 수 없다.

④ 건물의 매수인 甲이 매도인 乙에 대하여 소유권이전등기청구의 소를 제기하였다가 인용판결이 확정되어 소유권이전등기를 경료하였는데, 乙이 전소의 소유권이전등기가 원인무효임을 주장하며 甲명의의 소유권이전등기의 말소등기를 청구하는 것은 기판력에 저촉된다.

⑤ 건물 매수인인 甲은 매매예약을 원인으로 한 가등기가 유효함을 전제로 매도인 乙에게 가등기에 기한 본등기절차의 이행을 구하는 소를 제기하여 승소하였으며 이 판결이 확정되었는데, 乙이 다시 甲에게 원인무효임을 이유로 위 가등기의 말소를 청구하는 소를 제기하는 것은 기판력에 저촉되지 않는다.

> 해설

① (×)
1) 원고가 제1심에서 사기에 의한 의사표시취소를 원인으로 한 근저당권설정등기의 말소청구와 함께 피담보채무의 부존재를 원인으로 한 근저당권설정등기의 말소청구를 하였다가 청구기각의 본안판결을 받은 후 항소심에서 위 기망을 원인으로 한 말소청구부분만을 유지하고 피담보채무의 부존재를 원인으로 한 말소청구는 철회하여 적법히 취하한 후 다시 같은 청구를 추가한 경우, 위 청구들은 각 그 청구원인을 달리하는 별개의 독립된 소송물이다(대법원 1986.09.23. 선고 85다353 판결).
2) 참고
㉠ 말소등기청구사건의 소송물은 당해 등기의 말소등기청구권이고 동일성 판단의 기준이 되는 청구원인, 즉 말소등기청구권의 발생원인은 당해 등기의 원인무효이며, 등기원인의 무효를 뒷받침하는 개개의 사유는 독립한 공격방어방법에 불과하여 별개의 소송물을 구성하지 않는다(대법원 2011.06.30. 선고 2011다24340 판결).
㉡ 한편 말소등기청구권의 발생원인을 등기의 원인무효가 아니라 다른 원인으로 하는 경우에는 별개의 독립한 소송물이다. ⓐ 피담보채무의 변제 ⓑ 계약해제에 따른 원상회복 ⓒ 사기취소 등이 이에 해당한다.

② (O) 채권자가 제기한 배당이의의 소 본안판결이 확정된 때에는 이의가 있었던 배당액에 관한 실체적 배당수령권의 존부에 기판력이 생긴다. 배당이의의 소에서 패소의 본안판결을 받은 당사자가 그 판결이 확정된 후 상대방에 대하여 위 본안판결에 의하여 확정된 배당액이 부당이득이라는 이유로 그 반환을 구하는 소송을 제기한 경우에는, 전소인 배당이의의 소의 본안판결에서 판단된 배당수령권의 존부가 부당이득반환청구권의 성립 여부를 판단하는 데에 있어서 선결문제가 되므로, 당사자는 그 배당수령권의 존부에 관하여 위 배당이의의 소의 본안판결의 판단과 다른 주장을 할 수 없고, 법원도 이와 다른 판단을 할 수 없다(대법원 2000.01.21. 선고 99다3501 판결).

③ (O) 피고가 종래 원고를 상대로 하여 이 사건 건물에 대한 전세금반환청구의 소를 제기하였다가 원고에게 대항할 전세금반환청구권을 인정할 수 없다는 이유로 청구기각의 판결을 받고 이것이 확정되었다는 것이므로 위 확정판결의 기판력은 원·피고간의 위 전세금반환청구권의 존부에 미치는 것이다. 그런데 피고가 이 사건에서 위 확정판결에서 부정된 바로 그 전세금반환청구권을 내세워 동시이행의 항변을 한다면 이는 위 확정판결의 기판력에 저촉되는 주장이어서 허용될 수 없다(대법원 1987.06.09. 선고 86다카2756 판결).

④ (O) 판결이 형식적으로 확정되면 그 내용에 따른 기판력이 생기므로, 소유권이전등기절차를 명하는 확정판결에 의하여 소유권이전등기가 마쳐진 경우에, 다시 원인무효임을 내세워 그 말소등기절차의 이행을 청구함은 확정된 이전등기청구권을 부인하는 것이어서 기판력에 저촉된다(대법원 1996.02.09. 선고 94다61649 판결).

⑤ (O) 확정판결의 기판력은 소송물로 주장된 법률관계의 존부에 관한 판단의 결론 자체에만 미치고 그 전제가 되는 법률관계의 존부에까지 미치는 것은 아니어서, 가등기에 기한 소유권이전등기절차의 이행을 명한 전소 판결의 기판력은 소송물인 소유권이전등기청구권의 존부에만 미치고 그 등기청구권의 원인이 되는 채권계약의 존부나 판결이유 중에 설시되었을 뿐인 가등기의 효력 유무에 관한 판단에는 미치지 아니하고, 따라서 만일 후소로써 위 가등기에 기한 소유권이전등기의 말소를 청구한다면 이는 1물1권주의의 원칙에 비추어 볼 때 전소에서 확정된 소유권이전등기청구권을 부인하고 그와 모순되는 정반대의 사항을 소송물로 삼은 경우에 해당하여 전소 판결의 기판력에 저촉된다고 할 것이지만, 이와 달리 위 가등기만의 말소를 청구하는 것은, 전소에서 판단의 전제가 되었을 뿐이고 그로써 아직 확정되지는 아니한 법률관계를 다투는 것에 불과하여 전소 판결의 기판력에 저촉된다고 볼 수 없다(대법원 1995.03.24. 선고 93다52488 판결).

정답 ①

19. 기판력에 관한 다음 설명 중 옳지 않은 것은? (다툼이 있는 경우 판례에 의함) [2022년 10월 모의]

① 정지조건부 금전지급약정에 기한 원고청구를 조건미성취를 이유로 기각하는 판결이 확정된 후에, 조건이 성취되자 원고가 다시 같은 소를 제기하는 것은 기판력에 저촉되지 않는다.
② 소송판결의 기판력은 그 판결에서 확정한 소송요건의 흠결에 관하여 미치지만, 당사자가 그러한 소송요건의 흠결을 보완하여 다시 소를 제기한 경우에는 그 기판력의 제한을 받지 않는다.
③ 甲이 임차인 乙로부터 지하상가 점포의 임차권을 양도받은 뒤 그 임차권을 보전하기 위하여 乙을 대위하여 점포의 점유자(乙로부터 전차한 전차인)인 丙에게 전대차계약 종료에 따른 점포 인도청구의 소를 제기하여 승소하였으며 이 판결은 확정되었다. 그런데 丙이 전소 변론종결 후에 丁에게 이 점포를 넘겨서 丁이 그 점포를 점유하고 있다면, 甲은 승계집행문을 받아서 丁에 대하여 인도집행을 할 수 있다.
④ 甲이 乙에 대하여 대여금청구의 소를 제기하였는데 丙은 변론 종결 후에 乙로부터 면책적으로 채무를 인수하였다. 이 경우 대여금청구소송에서 승소확정판결을 받은 甲은 승계집행문을 받아서 丙에 대하여 집행신청을 할 수 있다.
⑤ 사해행위취소판결의 기판력은 그 취소권을 행사한 채권자와 그 상대방인 수익자 또는 전득자와의 상대적인 관계에서만 미칠 뿐 그 소송에 참가하지 아니한 채무자 또는 채무자와 수익자 사이의 법률관계에는 미치지 아니한다.

해설

① (O) 일반적으로 판결이 확정되면 법원이나 당사자는 확정 판결에 반하는 판단이나 주장을 할 수 없는 것이나, 이러한 확정 판결의 효력은 그 표준 시인 사실심 변론 종결 시를 기준으로 하여 발생하는 것이므로, 그 이후에 새로운 사유가 발생한 경우까지 전소의 확정 판결의 기판력이 미치는 것은 아니므로, 전소에서 정지 조건 미성취를 이유로 청구가 기각되었다 하더라도 변론 종결 후에 그 조건이 성취되었다면, 변론 종결 후의 취소권이나 해제권과 같은 형성권 행사의 경우와는 달리 동일한 청구에 대하여 다시 소를 제기할 수 있다(대법원 2002.05.10. 선고 2000다50909 판결).
② (O) 소송판결의 기판력은 그 판결에서 확정한 소송요건의 흠결에 관하여 미치는 것이지만, 당사자가 그러한 소송요건의 흠결을 보완하여 다시 소를 제기한 경우에는 그 기판력의 제한을 받지 않는다(대법원 2003.04.08. 선고 2002다70181 판결).
③ (X) 원고가 갑으로부터 을에 대한 점포의 전차권을 양도받고 다시 을과 전대차계약을 맺은 다음, 그 점포를 점유하고 있는 병을 상대로 갑으로부터 양수한 전차권을 보전하기 위하여 갑을 대위하여 점포의 명도청구소송을 제기하여 승소판결을 받았으나 병이 그 사건의 변론종결 후에 마음대로 피고에게 위 점포를 양도함으로써 피고가 이를 점유하고 있는 경우 원고의 위 소송에서의 청구는 채권적청구이므로 피고에 대하여는 그 판결의 기판력과 집행력이 미치지 아니하고, 따라서 그 승소판결만으로 피고에 대하여 명도집행을 할 수 없게 된 원고로서는 피고를 상대로 다시 위 점포의 명도를 구할 소송상의 이익이 있다(대법원 1991.01.15. 선고 90다9964 판결).
④ (O) 전소 변론종결 또는 판결 선고 후에 채무자의 채무를 소멸시켜 당사자인 채무자의 지위를 승계하는 이른바 면책적 채무인수를 한 자는 변론종결 후의 승계인으로서 전소 확정 판결의 기판력이 미치게 되므로 원고는 특별한 사정이 없는 한 다시 본소를 제기할 이익이 없다. 원고는 위 확정 판결에 따라 부여받은 승계집행문으로 집행을 하면 되는 것이지 피고를 상대로 다시 이 사건 소송을 구할 소의 이익이 없으므로, 결국 이 사건 소는 부적법하여 각하한다(대법원 2016.09.28. 선고 2016다13482 판결).
⑤ (O) 사해행위취소판결의 기판력은 그 취소권을 행사한 채권자와 그상대방인 수익자 또는 전득자와의 상대적인 관계에서만 미칠 뿐 그 소송에 참가하지 아니한 채무자 또는 채무자와 수익자사이의 법률관계

에는 미치지 아니한다. 따라서 원심이 같은 취지에서 피고 보조참가인이 원고를 상대로 제기한 사해행위취소판결의 기판력이 원고가 그 소송에서 참가하지 아니한 채무자인 피고 1 및 같은 피고로부터 소유권을 이어받은 피고 2를 상대로 소유권이전등기말소의 회복등기를 구하는 이 사건 소송에는 미치지 아니한다고 본 것은 정당하고, 거기에 사해행위취소판결의 기판력에 관한 법리오해의 위법이 없다(대법원 1988.02.23. 선고 87다카1989 판결).

정답 ③

20. 甲은 乙을 상대로 X 토지에 관한 매매계약 해제에 따른 매매대금 반환청구의 소(이하 '전소')를 제기하여 청구인용판결을 선고받고 그 판결이 확정된 후 다시 乙을 상대로 전소와 동일한 청구의 소(이하 '후소')를 제기하였다. 이에 관한 설명으로 옳지 않은 것은? (다툼이 있는 경우 판례에 의함) [2022년 10월 모의]

① 甲이 전소 판결 확정 후 10년의 경과가 임박하지 않은 상태에서 후소를 제기하였다면, 특별한 사정이 없는 한 후소는 권리보호의 이익이 없어 부적법하다.
② 甲이 전소 판결 확정 후 10년의 경과가 임박한 시점에 후소를 제기하였다면, 그 시효중단을 위한 후소는 소의 이익이 있다.
③ 甲이 전소 판결 확정 후 10년이 지나 후소를 제기하였다면, 시효중단을 구할 이익이 없으므로 후소 법원으로서는 본안 판단을 할 필요 없이 후소를 각하하여야 한다.
④ 전소 확정판결의 기판력에 의하여 후소 법원은 전소에서 확정된 甲의 권리를 주장할 수 있는 모든 요건이 후소에서 구비되어 있는지에 관하여 다시 심리할 수 없으나, 전소 변론종결 후에 발생한 변제, 상계, 소멸시효완성 등의 채권소멸사유는 후소의 심리대상이 된다.
⑤ 후소 제1심법원이 소의 이익이 없다는 이유로 소각하 판결을 선고하고 이에 대해 甲이 항소를 한 경우, 항소심 법원의 심리 결과 소의 이익은 인정되나 甲의 채권은 소멸시효가 완성되었다고 인정되는 경우, 항소심 법원은 항소기각판결을 선고 하여야 한다.

해설

① (O), ② (O) 확정된 승소판결에는 기판력이 있으므로, 승소 확정판결을 받은 당사자가 그 상대방을 상대로 다시 승소 확정판결의 전소와 동일한 청구의 소를 제기하는 경우 그 후소는 권리보호의 이익이 없어 부적법하다. 하지만 예외적으로 확정판결에 의한 채권의 소멸시효기간인 10년의 경과가 임박한 경우에는 그 시효중단을 위한 소는 소의 이익이 있다(대법원 2018.07.19. 선고 2018다22008 판결).
③ (×) 후소가 전소 판결이 확정된 후 10년이 지나 제기되었다 하더라도 곧바로 소의 이익이 없다고 하여 소를 각하해서는 아니 되고, 채무자인 피고의 항변에 따라 원고의 채권이 소멸시효 완성으로 소멸하였는지에 관한 본안판단을 하여야 한다(대법원 2019.01.17. 선고 2018다24349 판결).
④ (O) 시효중단을 위한 후소의 판결은 전소의 승소 확정판결의 내용에 저촉되어서는 아니 되므로, 후소 법원으로서는 그 확정된 권리를 주장할 수 있는 모든 요건이 구비되어 있는지에 관하여 다시 심리할 수 없으나, 위 후소 판결의 기판력은 후소의 변론종결 시를 기준으로 발생하므로, 전소의 변론종결 후에 발생한 변제, 상계, 면제 등과 같은 채권소멸사유는 후소의 심리대상이 된다(대법원 2019.01.17. 선고 2018다24349 판결).
⑤ (O) 이 사건 소가 이 사건 전소 판결 등이 확정된 후 그 채권의 소멸시효기간인 10년이 지나 제기되었다는 원심의 사실인정이 정당한 이상, 이 사건 전소 판결 등에 기한 청구권은 소멸시효가 완성되어 원고의 이 사건 청구는 결과적으로 기각될 것임이 분명하므로, 원고만이 상고한 이 사건에서 불이익변경금지의 원칙상 원심판결을 그대로 유지하여 원고의 상고를 기각함이 상당하다(대법원 2019.01.17. 선고 2018다24349 판결).

정답 ③

COMPACT 변시 진도별 민사소송법선택연습(모의편)

제5편
병합소송

제1장 병합청구소송(객관적 병합)

1. 판결의 심판대상에 관한 설명 중 옳지 <u>않은</u> 것은? (다툼이 있는 경우 판례에 의함) [2019년 06월 모의]

① 예비적 병합사건에서 주위적 청구를 인용하는 판결에 대하여 피고만 항소하면 제1심에서 심판을 받지 않은 예비적 청구도 모두 이심되고 항소심이 제1심에서 인용되었던 주위적 청구를 배척할 때에는 다음 순위의 예비적 청구에 관하여 심판하여야 한다.
② 선택적 병합사건에서 어느 한 개의 청구에 대한 인용판결이 선고되어 피고가 항소를 제기한 경우, 항소심은 제1심에서 인용된 청구를 먼저 심리하여 판단하여야 한다.
③ 통상공동소송에서 공동소송인 중 일부에 대해서만 불복한 경우 항소로 인한 확정차단의 효력은 당사자별로 판단하여야 한다.
④ 선택적으로 병합된 수 개의 청구를 모두 기각한 항소심판결에 대하여 원고가 상고한 경우, 상고법원이 선택적 청구 중 어느 하나의 청구에 관한 상고가 이유 있다고 인정할 때에는 원심판결을 전부 파기하여야 한다.
⑤ 주위적 청구를 배척하면서 예비적 청구에 대하여 판단하지 아니하는 판결을 한 경우에는 그 판결에 대한 상소가 제기되면 판단이 누락된 예비적 청구 부분도 상소심으로 이심이 되고 그 부분이 재판의 누락에 해당하여 원심에 계속 중이라고 볼 것은 아니다.

해설

① (O) 청구의 예비적 병합이란 병합된 수개의 청구 중 주위적 청구(제1차 청구)가 인용되지 않을 것에 대비하여 그 인용을 해제조건으로 예비적 청구(제2차 청구)에 관하여 심판을 구하는 병합형태로서, 이와 같은 예비적 병합의 경우에는 원고가 붙인 순위에 따라 심판하여야 하며 주위적 청구를 배척할 때에는 예비적 청구에 대하여 심판하여야 하나 주위적 청구를 인용할 때에는 다음 순위인 예비적 청구에 대하여 심판할 필요가 없는 것이므로, 주위적 청구를 인용하는 판결은 전부판결로서 이러한 판결에 대하여 피고가 항소하면 제1심에서 심판을 받지 않은 다음 순위의 예비적 청구도 모두 이심되고 항소심이 제1심에서 인용되었던 주위적 청구를 배척할 때에는 다음 순위의 예비적 청구에 관하여 심판을 하여야 한다(대법원 2000.11.16. 선고 98다22253 판결).

② (×)
  1) 수 개의 청구가 제1심에서 처음부터 선택적으로 병합되고 그 중 어느 한 개의 청구에 대한 인용판결이 선고되어 피고가 항소를 제기한 경우는 물론, 원고의 청구를 인용한 판결에 대하여 피고가 항소를 제기하여 항소심에 이심된 후 청구가 선택적으로 병합된 경우에 있어서도 항소심은 제1심에서 인용된 청구를 먼저 심리하여 판단할 필요는 없고, 원심이 한 것처럼 선택적으로 병합된 수개의 청구 중 제1심에서 심판되지 아니한 청구를 임의로 선택하여 심판할 수 있다고 할 것이나, 심리한 결과 그 청구가 이유 있다고 인정되고 그 결론이 제1심판결의 주문과 동일한 경우에도 피고의 항소를 기각하여서는 안 되며 제1심판결을 취소한 다음 새로이 청구를 인용하는 주문을 선고하여야 한다(대법원 2006.04.27. 선고 2006다7587 판결).
  2) ㉠, ㉡ 두 청구를 선택적으로 병합한 경우, 양 소송물이 다르기 때문에, ㉠ 청구를 인용한 제1심판결을 취소한 다음, 항소심에서 새로이 ㉡ 청구를 인용하는 주문을 선고함으로써 제1심에서 심판되지 않

은 ⓒ 청구가 인용되었고 여기에 기판력이 발생한다는 점을 밝혀주는 것이다.
③ (O) 공동소송인 가운데 한 사람의 소송행위 또는 이에 대한 상대방의 소송행위와 공동소송인 가운데 한 사람에 관한 사항은 다른 공동소송인에게 영향을 미치지 아니한다(민소법 제66조).
④ (O) 선택적으로 병합된 수 개의 청구를 모두 기각한 항소심 판결에 대하여 원고가 상고한 경우에 상고법원이 선택적 청구 중 어느 하나의 청구에 관한 상고가 이유 있다고 인정할 때에는 원심판결을 전부 파기하여야 한다(대법원 2017.10.26. 선고 2015다42599 판결).
⑤ (O) 예비적 병합의 경우에는 수 개의 청구가 하나의 소송절차에 불가분적으로 결합되어 있기 때문에 주위적 청구를 먼저 판단하지 않고 예비적 청구만을 인용하거나 주위적 청구만을 배척하고 예비적 청구에 대하여 판단하지 않는 등의 일부판결은 예비적 병합의 성질에 반하는 것으로서 법률상 허용되지 아니하며, 그럼에도 불구하고 주위적 청구를 배척하면서 예비적 청구에 대하여 판단하지 아니하는 판결을 한 경우에는 그 판결에 대한 상소가 제기되면 판단이 누락된 예비적 청구 부분도 상소심으로 이심이 되고 그 부분이 재판의 탈루에 해당하여 원심에 계속 중이라고 볼 것은 아니다(대법원 2000.11.16. 선고 98다22253 판결). 즉, 판례는 사안과 같은 경우 재판의 누락이 아니라 판단누락으로 보고 있다. **정답** ②

2. 예비적·선택적 공동소송에 대한 설명 중 옳지 않은 것은? (다툼이 있는 경우 판례에 의함)
[2019년 06월 모의]

① 원고의 신청에 따라 제1심 법원의 결정으로 예비적 피고가 적법하게 추가된 경우, 추가된 당사자에 대한 관계에서는 처음의 소가 제기된 때에 소가 제기된 것으로 간주된다.
② 원고가 어느 한 사람을 피고로 지정하여 소를 제기하였다가 다른 사람이 주위적 또는 예비적 피고의 지위에 있다고 주장하면서 그에 대한 청구를 아울러 하는 경우, 그것이 주위적 또는 예비적 피고를 추가하는 취지라면 모든 공동소송인에 관한 청구에 대하여 판결을 하여야 한다.
③ 예비적·선택적 공동소송에서 '법률상 양립할 수 없다'는 의미는 실체법적으로 서로 양립할 수 없는 경우뿐 아니라 소송법상으로 서로 양립할 수 없는 경우를 포함한다.
④ 예비적·선택적 공동소송의 경우 공동소송인 중 일부가 소를 취하하거나 일부 공동소송인에 대한 소를 취하할 수 없다.
⑤ 소 제기 시 주위적 피고에 대한 주위적·예비적 청구만을 하였다가 청구 중 주위적 청구 부분이 받아들여지지 아니할 경우 그와 법률상 양립할 수 없는 관계에 있는 예비적 피고에 대한 청구를 받아들여 달라는 취지로 예비적 피고에 대한 청구를 결합하기 위하여 예비적 피고를 추가하는 것은 허용된다.

해설

① (O), ② (O) 공동소송인 가운데 일부에 대한 청구가 다른 공동소송인에 대한 청구와 법률상 양립할 수 없는 경우에는 필수적 공동소송에 관한 민소법 제67조 내지 제69조의 규정이 준용되는 결과(민소법 제70조 제1항), 주위적·예비적 공동소송인 가운데 일부가 누락된 경우에는 제1심의 변론을 종결할 때까지 원고의 신청에 따라 결정으로 피고를 추가하도록 허가할 수 있고(같은 법 제68조 제1항 본문), 그 허가결정을 한 때에는 그 허가결정의 정본을 당사자 모두에게 송달하여야 하고, 추가될 당사자에게는 소장 부본도 송달하여야 하며(같은 조 제2항), 추가된 당사자에 대한 관계에서는 처음의 소가 제기된 때에 소가 제기된 것으로 간주된다(같은 조 제3항). 한편, 위와 같은 주위적·예비적 공동소송에 있어서는 모든 공동소송인에 관한 청구에 대하여 판결을 하여야 한다(같은 법 제70조 제2항). 따라서 원고가 어느 한 사람을 피고로 지정하여 소를 제기하였다가 다른 사람이 주위적 또는 예비적 피고의 지위에 있다고 주장하면서 그에 대한 청구를 아울러 하는 경우에, 그것이 주위적 또는 예비적 피고를 추가하는 취지라면 법원은 위에서

적시한 바와 같은 조치를 취한다(대법원 2008.04.10. 선고 2007다86860 판결).
③ (○) 민소법 제70조 제1항에 있어서 '법률상 양립할 수 없다'는 것은, 동일한 사실관계에 대한 법률적인 평가를 달리하여 두 청구 중 어느 한 쪽에 대한 법률효과가 인정되면 다른 쪽에 대한 법률효과가 부정됨으로써 두 청구가 모두 인용될 수는 없는 관계에 있는 경우나, 당사자들 사이의 사실관계 여하에 의하여 또는 청구원인을 구성하는 택일적 사실인정에 의하여 어느 일방의 법률효과를 긍정하거나 부정하고 이로써 다른 일방의 법률효과를 부정하거나 긍정하는 반대의 결과가 되는 경우로서, 두 청구들 사이에서 한 쪽 청구에 대한 판단 이유가 다른 쪽 청구에 대한 판단 이유에 영향을 주어 각 청구에 대한 판단 과정이 필연적으로 상호 결합되어 있는 관계를 의미하며, 실체법적으로 서로 양립할 수 없는 경우뿐 아니라 소송법상으로 서로 양립할 수 없는 경우를 포함한다(대법원 2007.06.26. 자 2007마515 결정).
④ (✕) 민소법은 주관적·예비적 공동소송에 대하여 필수적 공동소송에 관한 규정인 제67조 내지 제69조를 준용하도록 하면서도 소의 취하의 경우에는 예외를 인정하고 있다(제70조 제1항 단서). 따라서 공동소송인 중 일부가 소를 취하하거나 일부 공동소송인에 대한 소를 취하할 수 있고, 이 경우 소를 취하하지 않은 나머지 공동소송인에 관한 청구 부분은 여전히 심판의 대상이 된다(대법원 2018.02.13. 선고 2015다242429 판결).
⑤ (○) 민소법 제70조 제1항 본문이 규정하는 '공동소송인 가운데 일부에 대한 청구'를 반드시 '공동소송인 가운데 일부에 대한 모든 청구'라고 해석할 근거는 없으므로, 주위적 피고에 대한 주위적·예비적 청구 중 주위적 청구 부분이 받아들여지지 아니할 경우 그와 법률상 양립할 수 없는 관계에 있는 예비적 피고에 대한 청구를 받아들여 달라는 취지로 주위적 피고에 대한 주위적·예비적 청구와 예비적 피고에 대한 청구를 결합하여 소를 제기하는 것도 가능하고, 처음에는 주위적 피고에 대한 주위적·예비적 청구만을 하였다가 청구 중 주위적 청구 부분이 받아들여지지 아니할 경우 그와 법률상 양립할 수 없는 관계에 있는 예비적 피고에 대한 청구를 받아들여 달라는 취지로 예비적 피고에 대한 청구를 결합하기 위하여 예비적 피고를 추가하는 것도 민소법 제70조 제1항 본문에 의하여 준용되는 민소법 제68조 제1항에 의하여 가능하다. 이 경우 주위적 피고에 대한 예비적 청구와 예비적 피고에 대한 청구가 서로 법률상 양립할 수 있는 관계에 있으면 양 청구를 병합하여 통상의 공동소송으로 보아 심리·판단할 수 있다. 그리고 이러한 법리는 원고가 주위적 피고에 대하여 실질적으로 선택적 병합 관계에 있는 두 청구를 주위적·예비적으로 순위를 붙여 청구한 경우에도 그대로 적용된다(대법원 2015.06.11. 선고 2014다232913 판결).

정답 ④

3. 반소에 관한 설명 중 옳지 않은 것은? (다툼이 있는 경우 판례에 의함) [2019년 06월 모의]

① 원고가 피고에 대하여 손해배상채무의 부존재확인을 구할 이익이 있어 본소로 그 확인을 구하였다면, 피고가 그 후에 그 손해배상채무의 이행을 구하는 반소를 제기할 경우 본소청구에 대한 확인의 이익이 소멸하여 본소가 부적법하게 된다.
② 제1심이 원고의 본소청구를 배척한 이상 피고의 예비적 반소는 제1심의 심판대상이 될 수 없는 것이고, 이와 같이 심판대상이 될 수 없는 소에 대하여 제1심이 판단하였다고 하더라도 그 효력이 없다.
③ 본소가 단독사건인 경우에 피고가 반소로 합의사건에 속하는 청구를 한 때에는 법원은 직권 또는 당사자의 신청에 따른 결정으로 본소와 반소를 합의부에 이송하여야 한다.
④ 상대방의 심급의 이익을 해할 우려가 없는 경우 또는 상대방의 동의를 받은 경우 항소심에서 반소를 제기할 수 있는바, '상대방의 심급의 이익을 해할 우려가 없는 경우'라 함은 반소청구의 기초를 이루는 실질적인 쟁점이 제1심에서 본소의 청구원인 또는 방어방법과 관련하여 충분히 심리되어 상대방에게 제1심에서의 심급의 이익을 잃게 할 염려가 없는 경우를 말한다.
⑤ 피고가 원고 이외의 제3자를 추가하여 반소피고로 하는 반소는 원칙적으로 허용되지 아니하고, 다만 피고가 제기하려는 반소가 필수적 공동소송이 될 때에는 민소법상의 필수적 공동소송인 추가의 요건을 갖추면 허용될 수 있다.

해설

① (×) 소송요건을 구비하여 적법하게 제기된 본소가 그 후에 상대방이 제기한 반소로 인하여 소송요건에 결함이 생겨 다시 부적법하게 되는 것은 아니므로, 원고가 피고에 대하여 손해배상채무의 부존재확인을 구할 이익이 있어 본소로 그 확인을 구하였다면, 피고가 그 후에 그 손해배상채무의 이행을 구하는 반소를 제기하였다 하더라도 그러한 사정만으로 본소청구에 대한 확인의 이익이 소멸하여 본소가 부적법하게 된다고 볼 수는 없다(대법원 2010.07.15. 선고 2010다2428 판결).

② (○) 피고의 예비적 반소는 본소청구가 인용될 것을 조건으로 심판을 구하는 것으로서 제1심이 원고의 본소청구를 배척한 이상 피고의 예비적 반소는 제1심의 심판대상이 될 수 없는 것이고, 이와 같이 심판대상이 될 수 없는 소에 대하여 제1심이 판단하였다고 하더라도 그 효력이 없다고 할 것이므로, 피고가 제1심에서 각하된 반소에 대하여 항소를 하지 아니하였다는 사유만으로 이 사건 예비적 반소가 원심의 심판대상으로 될 수 없는 것은 아니라고 할 것이고, 따라서 원심으로서는 원고의 항소를 받아들여 원고의 본소청구를 인용한 이상 피고의 예비적 반소청구를 심판대상으로 삼아 이를 판단하여야 한다(대법원 2006.06.29. 선고 2006다19061 판결).

③ (○) 본소가 단독사건인 경우에 피고가 반소로 합의사건에 속하는 청구를 한 때에는 법원은 직권 또는 당사자의 신청에 따른 결정으로 본소와 반소를 합의부에 이송하여야 한다. 다만, 반소에 관하여 변론관할이 생긴 경우에는 그러하지 아니하다(민소법 제269조 제1,2항).

④ (○) 민소법 제412조 제1항은 상대방의 심급의 이익을 해할 우려가 없는 경우 또는 상대방의 동의를 받은 경우 항소심에서 반소를 제기할 수 있다고 규정하고 있고, 여기서 '상대방의 심급의 이익을 해할 우려가 없는 경우'라 함은 반소청구의 기초를 이루는 실질적인 쟁점이 제1심에서 본소의 청구원인 또는 방어방법과 관련하여 충분히 심리되어 상대방에게 제1심에서의 심급의 이익을 잃게 할 염려가 없는 경우를 말한다(대법원 2005.11.24. 선고 2005다20064 판결).

⑤ (○) 피고가 원고 이외의 제3자를 추가하여 반소피고로 하는 반소는 원칙적으로 허용되지 아니하고, 다만 피고가 제기하려는 반소가 필수적 공동소송이 될 때에는 민소법 제68조의 필수적 공동소송인 추가의 요건을 갖추면 허용될 수 있다(대법원 2015.05.29. 선고 2014다235042 판결). 정답 ①

4. 청구의 병합에 관한 다음 설명 중 옳은 것은? (다툼이 있는 경우 판례에 의함)   [2019년 10월 모의]

① 행정처분에 대한 무효확인청구와 취소청구는 선택적 청구로서의 병합이 허용된다.
② 원고가 주위적으로 임대차 계약의 권리금 상당의 손해배상을 구하고, 예비적으로 같은 계약의 임대차보증금 상당의 손해배상을 구하는 내용으로 청구를 병합한 경우 법원이 권리금 상당 손해배상청구 중 일부만을 인용하고 나머지 청구에 대한 심리·판단을 모두 생략하는 내용의 판결을 할 수 있다.
③ 원고가 손해배상에 관한 청구를 교환적으로 변경하면서 채무불이행을 원인으로 한 청구를 주위적으로, 불법행위를 원인으로 한 청구를 예비적으로 구한 경우 법원은 주위적 청구를 인용하였다면 예비적 청구를 기각하여야 한다.
④ 청구의 예비적 병합에서 주위적 청구를 배척하면서 예비적 청구에 대하여 판단하지 아니한 판결은 재판의 누락에 해당되어 추가판결의 대상이 된다.
⑤ 채권자가 본래적 급부청구에 이를 대신할 전보배상을 부가하여 대상청구를 예비적으로 병합하여 소구한 경우 본래의 급부청구가 인용된다는 이유로 예비적 청구에 대한 판단을 생략할 수는 없다.

해설

① (✗) 행정처분에 대한 무효확인과 취소청구는 서로 양립할 수 없는 청구로서 주위적·예비적 청구로서만 병합이 가능하고, 선택적 청구로서의 병합이나 단순 병합은 허용되지 아니한다(대법원 1999.08.20. 선고 97누6889 판결).

② (✗) 논리적으로 전혀 관계가 없어 순수하게 단순병합으로 구하여야 할 수 개의 청구를 예비적 청구로 병합하여 청구하는 것은 부적법하여 허용되지 않는다. 따라서, 원고가 주위적으로 이 사건 계약의 권리금 상당 손해배상을 구하고, 예비적으로 이 사건 계약의 임대차보증금 상당 손해배상을 구하는 내용으로 청구를 병합한 것을 제1심 법원이 단순병합 청구로 보정하게 하는 등의 조치를 취하지 아니하고 권리금 상당 손해배상청구 중 일부만을 인용하고 나머지 청구에 대한 심리·판단을 모두 생략하는 내용의 판결을 하였다 하더라도 그로 인하여 청구의 병합 형태가 예비적 병합 관계로 바뀔 수는 없다. 그러므로, 이에 대하여 피고만이 항소한 이 사건에서 제1심법원이 심리·판단하지 않은 임대차보증금 상당 손해배상청구는 여전히 제1심에 남아 있게 된다(대법원 2009.12.24. 선고 2009다10898 판결).

③ (✗) 원고는 원심에서 손해배상에 관한 청구를 교환적으로 변경하면서 채무불이행을 원인으로 한 청구를 주위적으로, 불법행위를 원인으로 한 청구를 예비적으로 각각 구하였고, 원심도 원고가 붙인 심판의 순위에 따라 판단하였다. 그러나 위 두 청구는 그 청구 모두가 동일한 목적을 달성하기 위한 것으로서 어느 하나의 채권이 변제로 소멸한다면 나머지 채권도 그 목적 달성을 이유로 동시에 소멸하는 관계에 있으므로 선택적 병합 관계에 있다(대법원 2018.02.28. 선고 2013다26425 판결). 즉, 어느 하나의 청구를 인용하였다면 나머지 청구에 대하여는 판단을 요하지 않는다.

④ (✗) 주위적 청구를 배척하면서 예비적 청구에 대하여 판단하지 아니한 판결은 예비적 병합의 제도취지에 반하여 위법하게 되고 상고에 의하여 주위적 청구와 예비적 청구가 함께 상고심에 이심되는 것이며 예비적 청구부분의 소송의 재판 탈루가 되는 것은 아니다(대법원 2002.09.04. 선고 98다17145 판결). 즉, 판례는 사안과 같은 경우 재판의 누락이 아니라 판단누락으로 보고 있다.

⑤ (○) 채권자가 본래적 급부청구에 이를 대신할 전보배상을 부가하여 대상청구를 병합하여 소구한 경우 대상청구는 본래적 급부청구권이 현존함을 전제로 하여 이것이 판결확정 전에 이행불능되거나 또는 판결확정 후에 집행불능이 되는 경우에 대비하여 전보배상을 미리 청구하는 경우로서 양자의 병합은 현재 급부청구와 장래 급부청구의 단순병합에 속하는 것으로 허용된다. 이러한 대상청구를 본래의 급부청구에 예비적으로 병합한 경우에도 본래의 급부청구가 인용된다는 이유만으로 예비적 청구에 대한 판단을 생략할 수는 없다(대법원 2011.08.18. 선고 2011다30666 판결).

정답 ⑤

---

5. 청구의 변경에 관한 다음 설명 중 옳지 않은 것은? (다툼이 있는 경우 판례에 의함) [2020년 06월 모의]

① 가등기에 기한 본등기청구를 하면서 그 등기원인을 매매예약완결이라고 주장하는 한편 위 가등기의 피담보채권을 처음에는 대여금채권이라고 주장하였다가 나중에는 손해배상채권이라고 주장한 경우 청구의 변경에 해당하지 아니한다.

② 청구의 변경에 대하여 상대방이 지체 없이 이의하지 아니하고 변경된 청구에 관한 본안의 변론을 하였더라도 상대방은 청구 기초의 동일성의 적법 여부에 대하여 다툴 수 있다.

③ 원고가 제1심에서 부당이득반환청구를 하였다가 항소심에서 명의신탁해지를 원인으로 한 소유권이전등기청구로 청구를 교환적으로 변경하였음에도 항소심이 신청구에 대하여 아무런 판단을 하지 아니한 것은 재판의 누락에 해당하여 신청구에 관한 소송은 항소심에 그대로 계속된다.

④ 회생채권자가 채무자에 대한 회생절차개시결정으로 중단된 회생채권 관련 소송절차를 수계하는 경우에는 회생채권의 확정을 구하는 것으로 청구취지 등을 변경하여야 한다.

⑤ 제1심에서 전부 승소한 원고도 피고의 항소로 항소심 계속 중 그 청구취지를 확장·변경할 수 있다.

해설

① (O) 가등기에 기한 본등기청구를 하면서 그 등기원인을 매매예약완결이라고 주장하는 한편 위 가등기의 담보채권을 처음에는 대여금채권이라고 주장하였다가 나중에는 손해배상채권이라고 주장한 경우 가등기에 기한 본등기청구의 등기원인은 위 주장의 변경에 관계없이 매매예약완결이므로 등기원인에 변경이 없어 청구의 변경에 해당하지 아니하고, 위 가등기로 담보되는 채권이 무엇인지는 공격방어방법에 불과하다(대법원 1992.06.12. 선고 92다11848 판결).

② (X) 청구의 변경에 대하여 상대방이 지체 없이 이의하지 아니하고 변경된 청구에 관한 본안의 변론을 한 때에는 상대방은 더 이상 그 청구 변경의 적법 여부에 대하여 다투지 못한다(대법원 2011.02.24. 선고 2009다33655 판결).

③ (O) 항소심에서 청구가 교환적으로 변경된 경우에는 구 청구는 취하되고 신 청구가 심판의 대상이 되는 것이므로 원고의 2016.1.5. 자 소의 교환적 변경으로 구 청구인 부당이득반환청구는 취하되고 신 청구인 소유권이전등기청구가 심판의 대상이 되었음에도, 원심이 신 청구에 대하여는 아무런 판단도 하지 아니한 채(재판의 누락에 해당되고 신청구에 관한 소송은 원심에 그대로 계속되어 있다) 오히려 구 청구에 대하여 판단한 것은 소의 변경의 효력에 관한 법리를 오해한 위법을 저지른 데 해당한다(대법원 2017.02.21. 선고 2016다45595 판결). 신 청구는 재판이 누락되어 1심에 계속 중이므로 추가판결의 대상이 되고, 항소심 법원은 구 청구에 대하여 소송종료선언을 하여야 한다.

④ (O)
1) 채무자 회생 및 파산에 관한 법률 제59조 제1항, 제118조, 제131조 등에 의하면 회생절차개시결정이 있는 때에는 채무자의 재산에 관한 소송절차는 중단되고, 회생절차개시 전의 원인으로 생긴 재산상의 청구권이나 회생절차개시 후의 불이행으로 인한 손해배상금 등 회생채권에 관하여는 특별한 규정이 있는 경우를 제외하고는 회생계획에 규정된 바에 따르지 아니하고는 변제받는 등 회생절차 외에서 개별적인 권리행사를 할 수 없다. 따라서 회생채권자가 채무자에 대한 회생절차개시결정으로 중단된 회생채권 관련 소송절차를 수계하는 경우에는 회생채권의 확정을 구하는 것으로 청구취지 등을 변경하여야 하고, 이러한 법리는 회생채무자의 관리인 등이 회생절차에서 회생채권으로 신고된 채권에 관하여 이의를 하고 중단된 소송절차를 수계하는 때에도 마찬가지이다(대법원 2015.07.09. 선고 2013다69866 판결).

2) 회생절차는 재정적 어려움에 처한 채무자에 대하여 채권자나 주주 등 이해관계인의 법률관계를 집단적으로 조정하여 채무자 또는 그 사업의 효율적인 회생을 도모하기 위한 절차이다. 회생절차는 집단적인 절차이므로 그 절차가 개시되면 회생채권에 대하여 개별적으로 채권의 만족을 얻는 것은 금지된다. 따라서 ㉠ 채권자는 도산법원에 자신의 채권을 회생채권으로 신고하여야 하고 ㉡ 신고된 회생채권에 대해 채무자 측 관리인의 이의가 있는 경우에 회생채권조사확정재판이 개시되는데 여기서 원고는 기존의 이행청구의 청구취지를 확인청구로 변경하여야 한다. 회생절차가 개시되면 채권자가 회생채권에 대하여 개별적으로 채권의 만족을 얻는 것은 금지되기 때문이다. 이러한 회생채권조사확정재판을 통해 채권자 원고의 회생채권액이 확정된다. 이 때 청구취지는 회생채권액의 확정을 구하는 형태인 "원고의 채무자 주식회사 A에 대한 회생채권은 1억 원임을 확정한다."의 모습이 된다. 이렇게 회생절차에 참여한 채권자들의 채권액이 확정되면 이를 토대로 회생계획안이 작성되고, 그것이 인가절차를 거쳐 집행됨으로써 집단적인 채권만족을 얻게 된다.

⑤ (O) 제1심에서 전부 승소한 원고도 항소심 계속 중 그 청구취지를 확장·변경할 수 있고, 그것이 피고에게 불리하게 하는 한도 내에서는 부대항소를 한 취지로도 볼 수 있다(대법원 1995.06.30. 선고 94다58261 판결).

정답 ②

6. 청구의 변경에 관한 설명 중 옳지 않은 것은? (다툼이 있는 경우 판례에 의함) [2020년 08월 모의]

① 청구의 변경에 대하여 상대방이 지체 없이 이의하지 아니하고 변경된 청구에 관한 본안의 변론을 한 때에는 상대방은 더 이상 그 청구 변경의 적법 여부에 대하여 다투지 못한다.
② 제1심에서 원고 승소판결이 선고되었고 이에 대하여 피고가 추완항소를 제기하여 항소심 계속 중 원고는 청구의 교환적 변경을 하였고 피고는 이에 대해 이의하지 않았다면 그 후 피고가 항소를 취하한다 하더라도 항소취하는 그 대상이 없어 아무런 효력을 발생할 수 없다.
③ 제1심에서 적법하게 반소를 제기하였던 당사자가 항소심에서 반소를 교환적으로 변경하는 경우에 변경된 청구와 종전 청구가 청구의 기초에 변경이 없으면 그와 같은 청구의 변경도 허용된다.
④ 소의 변경이 교환적인가 추가적인가 또는 선택적인가의 여부는 기본적으로 당사자의 의사해석에 의할 것이므로 당사자가 구 청구를 취하한다는 명백한 표시 없이 새로운 청구로 변경하는 등으로 그 변경형태가 불분명한 경우에는 사실심법원으로서는 과연 청구변경의 취지가 교환적인가 추가적인가 또는 선택적인가의 점을 석명할 의무가 있다.
⑤ 제1심에서 원고가 전부 승소하여 피고만이 항소한 경우에 원고는 항소심에서 청구취지를 확장할 수 없다.

해설

① (O) 청구의 변경에 대하여 상대방이 지체 없이 이의하지 아니하고 변경된 청구에 관한 본안의 변론을 한 때에는 상대방은 더 이상 그 청구 변경의 적법 여부에 대하여 다투지 못한다(대법원 2011.02.24. 선고 2009다33655 판결).
② (O) 항소심에서 소의 교환적 변경이 적법하게 이루어졌다면 제1심판결은 소의 교환적 변경에 의한 소취하로 실효되고, 항소심의 심판대상은 새로운 소송으로 바뀌어지고 항소심이 사실상 제1심으로 재판하는 것이 되므로, 그 뒤에 피고가 항소를 취하한다 하더라도 항소취하는 그 대상이 없어 아무런 효력을 발생할 수 없다(대법원 1995.01.24. 선고 93다25875 판결).
③ (O) 제1심에서 적법하게 반소를 제기하였던 당사자가 항소심에서 반소를 교환적으로 변경하는 경우에 변경된 청구와 종전 청구가 실질적인 쟁점이 동일하여 청구의 기초에 변경이 없으면 그 변경은 청구의 변경도 허용된다(대법원 2012.03.29. 선고 2010다28338 판결).
④ (O) 소의 변경이 교환적인가 추가적인가 또는 선택적인가의 여부는 기본적으로 당사자의 의사해석에 의할 것이므로 당사자가 구청구를 취하한다는 명백한 표시 없이 새로운 청구취지를 항소장에 기재하는 등으로 그 변경형태가 불명할 경우에는 사실심 법원으로서는 과연 청구변경의 취지가 교환적인가 추가적인가 또는 선택적인가의 점에 대하여 석명으로 이를 밝혀 볼 의무가 있다(대법원 1987.06.09. 선고 86다카2600 판결).
⑤ (×) 원고의 청구가 모두 인용된 제1심 판결에 대하여 피고가 지연손해금 부분에 대하여만 항소를 제기하였고 원금 부분에 대하여는 항소를 제기하지 아니하였다고 하더라도 제1심에서 전부 승소한 원고가 항소심 계속 중 부대항소로서 청구취지를 확장할 수 있다(대법원 2003.09.26. 선고 2001다68914 판결).

정답 ⑤

7. 반소에 관한 설명 중 옳지 않은 것은? (다툼이 있는 경우 판례에 의함) [2020년 08월 모의]

① 원고 이외의 제3자도 반소피고로 추가하는 반소는 원칙적으로 허용되지 아니하나, 피고가 제기하려는 반소가 필수적 공동소송인 경우에는, 필수적 공동소송인 추가의 요건을 갖추어 제3자를 반소피고로 추가할 수 있다.
② 어떤 채권에 기한 이행의 소에 대하여 동일 채권에 관한 채무부존재확인의 반소를 제기하는 것은 그 청구의 내용이 실질적으로 본소청구의 기각을 구하는 데 그치는 것이므로 부적법하다.
③ 본소가 부적법하여 각하된 경우 피고는 원고의 동의 없이 반소를 취하할 수 있다.
④ 피고가 본소에 대한 추완항소를 하면서 항소심에서 비로소 반소를 제기한 경우에 항소가 부적법 각하되면 반소도 종료한다.
⑤ 피고의 가지급물반환신청은 예비적 반소의 성격을 가지며 항소심의 변론종결 전에 하여야 한다.

해설

① (O) 피고가 원고 이외의 제3자를 추가하여 반소피고로 하는 반소는 원칙적으로 허용되지 아니하고, 다만 피고가 제기하려는 반소가 필수적 공동소송이 될 때에는 민소법 제68조의 필수적 공동소송인 추가의 요건을 갖추면 허용될 수 있다(대법원 2015.05.29. 선고 2014다235042 판결).

② (O) 반소청구에 본소청구의 기각을 구하는 것 이상의 적극적 내용이 포함되어 있지 않다면 반소청구로서의 이익이 없다고 할 것인바, 어떤 채권에 기한 이행의 소에 대하여 동일 채권에 관한 채무부존재확인의 반소를 제기하는 것은 그 청구의 내용이 실질적으로 본소청구의 기각을 구하는 데 그치는 것이므로 부적법하다(대법원 2007.04.13. 선고 2005다40709 판결).

③ (✕) 민소법 제271조의 규정은 원고가 반소의 제기를 유발한 본소를 스스로 취하해 놓고 그로 인하여 유발된 반소만의 유지를 상대방에게 강요한다는 것은 공평치 못하다는 이유에서 원고가 본소를 취하한 때에는 피고도 원고의 동의 없이 반소를 취하할 수 있도록 한 규정이므로, 본소가 원고의 의사와 관계 없이 부적법하다 하여 각하됨으로써 종료된 경우에까지 유추적용할 수 없고, 원고의 동의가 있어야만 반소취하의 효력이 발생한다(대법원 1984.07.10. 선고 84다카298 판결).

④ (O) 피고가 본소에 대한 추완항소를 하면서 항소심에서 비로소 반소를 제기한 경우에 항소가 부적법 각하되면 반소도 소멸한다(대법원 2003.06.13. 선고 2003다16962 판결).

⑤ (O)
1) 가지급물 반환신청은 가집행에 의하여 집행을 당한 채무자가 별도의 소를 제기하는 비용, 시간 등을 절약하고 본안의 심리 절차를 이용하여 신청의 심리를 받을 수 있는 간이한 길을 터놓은 제도로서 그 성질은 본안판결의 취소·변경을 조건으로 하는 예비적 반소에 해당한다(대법원 2011.08.25. 선고 2011다25145 판결).
2) 가지급물의 반환신청은 상고심에서는 원칙적으로 허용되지 아니한다(대법원 1999.11.26. 선고 99다36617 판결). 즉, 가지급물의 반환신청이 반소에 해당하는 이상, '반소는 사실심인 항소심 변론종결 시까지 제기할 수 있고 상고심에서는 반소를 제기할 수 없다'는 법리가 적용되는 것이다.

정답 ③

8. 청구의 병합에 관한 설명 중 옳지 않은 것은? (다툼이 있는 경우 판례에 의함) [2020년 10월 모의]

① 선택적 병합의 경우에는 수 개의 청구가 하나의 소송절차에 불가분적으로 결합되어 있으므로 선택적 청구 중 하나만을 기각하고 다른 선택적 청구에 대하여 아무런 판단을 하지 아니한 것은 위법하다.
② 주위적 청구원인과 예비적 청구원인이 양립 가능한 경우에도 당사자가 심판의 순위를 붙여 청구

를 할 합리적인 필요성이 있는 경우에는 심판의 순위를 붙여 청구할 수 있다.
③ 원고의 청구를 인용한 판결에 대하여 피고가 항소를 제기하여 사건이 항소심에 이심된 후 청구가 선택적으로 병합된 경우, 항소심은 제1심에서 인용된 청구를 먼저 심리하여 판단할 필요는 없고 선택적으로 병합된 수 개의 청구 중 제1심에서 심판되지 아니한 청구를 임의로 선택하여 심판할 수 있다.
④ 제1심법원이 원고의 주위적 청구와 예비적 청구를 병합심리한 끝에 주위적 청구는 기각하고 예비적 청구만을 인용하는 판결을 선고한 데 대하여 피고만 항소한 경우, 항소의 제기에 의한 이심의 효력은 사건 전부에 미쳐 주위적 청구도 항소심에 이심되나 그 주위적 청구는 심판대상이 아니므로 피고는 항소심의 변론에서 원고의 주위적 청구를 인낙할 수 없다.
⑤ 논리적으로 전혀 관계가 없어 순수하게 단순병합으로 구하여야 할 수개의 청구를 선택적 또는 예비적 청구로 병합하여 청구하는 것은 부적법하여 허용되지 않는다.

해설

① (O) 청구의 선택적 병합은, 양립할 수 있는 여러 개의 청구권에 의하여 동일한 취지의 급부를 구하거나 양립할 수 있는 여러 개의 형성권에 기하여 동일한 형성적 효과를 구하는 경우에, 그 어느 한 청구가 인용될 것을 해제조건으로 하여 여러 개의 청구에 관한 심판을 구하는 병합 형태이다. 이와 같은 선택적 병합의 경우에는 여러 개의 청구가 하나의 소송절차에 불가분적으로 결합되어 있기 때문에, 선택적 청구 중 하나만을 기각하고 다른 선택적 청구에 대하여 아무런 판단을 하지 아니한 것은 위법하다(대법원 2017.10.26. 선고 2015다42599 판결).

② (O) 성질상 선택적 관계에 있는 양 청구를 당사자가 주위적, 예비적 청구 병합의 형태로 제소함에 의하여 그 소송심판의 순위와 범위를 한정하여 청구하는 이른바, 부진정 예비적 병합 청구의 소도 허용된다(대법원 2002.09.04. 선고 98다17145 판결).

③ (O)
1) 수 개의 청구가 제1심에서 처음부터 선택적으로 병합되고 그 중 어느 한 개의 청구에 대한 인용판결이 선고되어 피고가 항소를 제기한 경우는 물론, 원고의 청구를 인용한 판결에 대하여 피고가 항소를 제기하여 항소심에 이심된 후 청구가 선택적으로 병합된 경우에 있어서도 항소심은 제1심에서 인용된 청구를 먼저 심리하여 판단할 필요는 없고, 원심이 한 것처럼 선택적으로 병합된 수개의 청구 중 제1심에서 심판되지 아니한 청구를 임의로 선택하여 심판할 수 있다고 할 것이나, 심리한 결과 그 청구가 이유 있다고 인정되고 그 결론이 제1심판결의 주문과 동일한 경우에도 피고의 항소를 기각하여서는 안 되며 제1심판결을 취소한 다음 새로이 청구를 인용하는 주문을 선고하여야 한다(대법원 2006.04.27. 선고 2006다7587 판결).
2) ㉠, ㉡ 두 청구를 선택적으로 병합한 경우, 양 소송물이 다르기 때문에, ㉠ 청구를 인용한 제1심판결을 취소한 다음, 항소심에서 새로이 ㉡ 청구를 인용하는 주문을 선고함으로써 제1심에서 심판되지 않은 ㉡ 청구가 인용되었고 여기에 기판력이 발생한다는 점을 밝혀주는 것이다.

④ (×)
1) 제1심 법원이 원고의 주위적 청구와 예비적 청구를 병합심리한 끝에 주위적 청구는 기각하고 예비적 청구만을 인용하는 판결을 선고한 데 대하여 피고만 항소를 하더라도, 항소의 제기에 의한 이심의 효력은 피고의 불복신청의 범위와는 관계없이 사건 전부에 미쳐 주위적 청구에 관한 부분도 항소심에 이심되는 것이므로, 피고가 항소심의 변론에서 원고의 주위적 청구를 인낙하여 그 인낙이 조서에 기재되면 그 조서는 확정판결과 동일한 효력이 있는 것이고, 따라서 그 인낙으로 인하여 주위적 청구의 인용을 해제조건으로 병합심판을 구한 예비적 청구에 관하여는 심판할 필요가 없어 사건이 그대로 종결되는 것이다(대법원 1992.06.09. 선고 92다12032 판결).
2) 주위적 청구의 인낙으로 예비적 청구를 포함한 사건 전체가 소송종료선언되고, 주위적 청구의 인낙은

인낙조서로 작성된다. 판결주문은 "이 사건은 당심에서의 1990. 11. 8. 자 인낙으로 인하여 종료되었다."로 표시한다(부산고등법원 1992. 2. 27. 선고 90나9438 판결).

⑤ (O) 논리적으로 전혀 관계가 없어 순수하게 단순병합으로 구하여야 할 수개의 청구를 선택적 또는 예비적 청구로 병합하여 청구하는 것은 부적법하여 허용되지 않는다. 따라서 원고가 그와 같은 형태로 소를 제기한 경우 제1심법원이 본안에 관하여 심리·판단하기 위해서는 소송지휘권을 적절히 행사하여 이를 단순병합 청구로 보정하게 하는 등의 조치를 취하여야 하는바, 법원이 이러한 조치를 취함이 없이 본안판결을 하면서 그 중 하나의 청구에 대하여만 심리·판단하여 이를 인용하고 나머지 청구에 대한 심리·판단을 모두 생략하는 내용의 판결을 하였다 하더라도 그로 인하여 청구의 병합 형태가 선택적 또는 예비적 병합 관계로 바뀔 수는 없으므로, 이러한 판결에 대하여 피고만이 항소한 경우 제1심법원이 심리·판단하여 인용한 청구만이 항소심으로 이심될 뿐, 나머지 심리·판단하지 않은 청구는 여전히 제1심에 남아 있게 된다(대법원 2008.12.11. 선고 2005다51495 판결). **정답 ④**

9. 청구의 병합에 관한 설명 중 옳은 것은? (다툼이 있는 경우 판례에 의함) [2021년 06월 모의]

① 매도인인 원고가 매수인인 피고를 상대로 매매계약의 유효를 이유로 매매대금지급을 구하면서, 매매계약이 무효로 되는 경우에 대비하여 인도한 목적물의 반환을 병합청구하는 경우에, 양 청구를 선택적으로 병합하는 것도 허용된다.
② 원고 패소의 제1심판결에 대하여 원고가 항소한 후 항소심에서 예비적 청구를 추가한 경우, 항소심이 종래의 주위적 청구에 대한 항소가 이유 없다고 판단한 때에는 예비적 청구에 대하여 제1심으로 판단하여야 한다.
③ 단순병합청구에 관하여 법원이 판결을 하면서 어느 하나의 청구에 대하여 재판을 누락한 경우, 이에 대한 상소가 제기되면 상소심법원은 누락된 부분에 대해서 추가판결을 하여야 한다.
④ 甲이 乙을 상대로 A청구와 B청구를 선택적으로 병합하여 청구한 것에 대하여 제1심 법원이 A청구를 인용하였고, 이에 대하여 乙이 항소하였다. 항소심 법원은 제1심과 달리 B청구를 인용하고자 하나 그 결론이 제1심 판결의 주문과 동일한 경우에는 乙의 항소를 기각하여야 한다.
⑤ 동일 당사자 사이의 청구의 예비적 병합에 있어서, 주위적 청구 기각, 예비적 청구 인용의 제1심 판결에 대하여 피고만이 그 패소부분에 대하여 항소한 경우, 주위적 청구와 예비적 청구 모두 항소심의 심판대상이 된다.

해설

① (×) 청구의 선택적 병합이란 양립할 수 있는 수개의 경합적 청구권에 기하여 동일 취지의 급부를 구하거나 양립할 수 있는 수개의 형성권에 기하여 동일한 형성적 효과를 구하는 경우에 그 어느 한 청구가 인용될 것을 해제 조건으로 하여 수개의 청구에 관한 심판을 구하는 병합형태이므로 논리적으로 양립할 수 없는 수개의 청구는 성질상 선택적 병합으로 동일소송절차내에서 동시에 심판될 수 없다(대법원 1982. 07.13. 선고 81다카1120 판결).
② (O) 원고 패소의 제1심판결에 대하여 원고가 항소한 후 항소심에서 예비적 청구를 추가하면 항소심이 종래의 주위적 청구에 대한 항소가 이유 없다고 판단한 경우에는 예비적 청구에 대하여 제1심으로 판단하여야 한다. 한편 예비적 병합의 경우에는 수개의 청구가 하나의 소송절차에 불가분적으로 결합되어 있기 때문에 주위적 청구를 배척하면서 예비적 청구에 대하여 판단하지 아니한 경우 그 판결에 대한 상소가 제기되면 판단이 누락된 예비적 청구 부분도 상소심으로 이심이 된다(대법원 2017.03.30. 선고 2016다253297 판결).
③ (×) 단순병합에서 제1심법원이 심리·판단하여 인용한 청구만이 항소심으로 이심될 뿐, 나머지 심리·

판단하지 않은 청구는 여전히 제1심에 남아 있다(대법원 2008.12.11. 선고 2005다51495 판결).
④ (×)
1) 수 개의 청구가 제1심에서 처음부터 선택적으로 병합되고 그 중 어느 한 개의 청구에 대한 인용판결이 선고되어 피고가 항소를 제기한 경우는 물론, 원고의 청구를 인용한 판결에 대하여 피고가 항소를 제기하여 항소심에 이심된 후 청구가 선택적으로 병합된 경우에 있어서도 항소심은 제1심에서 인용된 청구를 먼저 심리하여 판단할 필요는 없고, 원심이 한 것처럼 선택적으로 병합된 수개의 청구 중 제1심에서 심판되지 아니한 청구를 임의로 선택하여 심판할 수 있다고 할 것이나, 심리한 결과 그 청구가 이유 있다고 인정되고 그 결론이 제1심판결의 주문과 동일한 경우에도 피고의 항소를 기각하여서는 안 되며 제1심판결을 취소한 다음 새로이 청구를 인용하는 주문을 선고하여야 한다(대법원 2006.04.27. 선고 2006다7587 판결).
2) ㉠, ㉡ 두 청구를 선택적으로 병합한 경우, 양 소송물이 다르기 때문에, ㉠ 청구를 인용한 제1심판결을 취소한 다음, 항소심에서 새로이 ㉡ 청구를 인용하는 주문을 선고함으로써 제1심에서 심판되지 않은 ㉡ 청구가 인용되었고 여기에 기판력이 발생한다는 점을 밝혀주는 것이다.
⑤ (×) 제1심 법원이 원고들의 주위적 청구와 예비적 청구를 병합 심리한 끝에 주위적 청구는 기각하고 예비적 청구만을 인용하는 판결을 선고한 데 대하여 피고만이 항소한 경우, 항소제기에 의한 이심의 효력은 당연히 사건 전체에 미쳐 주위적 청구에 관한 부분도 항소심에 이심되는 것이지만, 항소심의 심판범위는 이에 관계없이 피고의 불복신청의 범위에 한하는 것으로서 예비적 청구를 인용한 제1심 판결의 당부에 그치고 원고들의 부대 항소가 없는 한 주위적 청구는 심판대상이 될 수 없다(대법원 1995.02.10. 선고 94다31624 판결).

정답 ②

10. 반소에 관한 설명 중 옳지 않은 것은? (다툼이 있는 경우 판례에 의함) [2021년 06월 모의]

① 본소가 단독사건인 경우에 피고가 반소로 합의사건에 속하는 청구를 한 때에도 원고가 변론준비기일에 반소에 대하여 관할위반의 항변을 하지 아니하고 본안에 관하여 진술한 이후에는 본소와 반소를 합의부에 이송할 필요가 없다.
② 본소청구가 인용되는 것을 조건으로 심판을 구하는 예비적 반소의 경우에 있어서 법원이 본소청구를 기각하면서 반소청구에 대해 판단하지 아니한 경우, 이에 대한 피고의 항소는 부적법하게 된다.
③ 상대방의 심급의 이익을 해할 우려가 없는 경우에는 상대방의 동의가 없어도 항소심에서 반소를 제기할 수 있다.
④ 본소가 취하되거나 각하되면 피고는 원고의 동의가 없어도 반소를 취하할 수 있다.
⑤ 예비적 반소에서 본소, 반소를 모두 각하한 판결에 대하여 피고는 항소하지 아니하고 원고만이 항소한 경우, 항소심법원이 원고의 본소청구를 인용하면 피고의 반소청구에 대하여도 판단하여야 한다.

해설

① (O) 본소가 단독사건인 경우에 피고가 반소로 합의사건에 속하는 청구를 한 때에는 법원은 직권 또는 당사자의 신청에 따른 결정으로 본소와 반소를 합의부에 이송하여야 한다. 다만, 반소에 관하여 변론관할이 생긴 경우에는 그러하지 아니하다(민소법 제269조 제1,2항).
② (O), ⑤ (O) 피고의 예비적 반소는 본소청구가 인용될 것을 조건으로 심판을 구하는 것으로서 제1심이 원고의 본소청구를 배척한 이상 피고의 예비적 반소는 제1심의 심판대상이 될 수 없는 것이고, 이와 같이 심판대상이 될 수 없는 소에 대하여 제1심이 판단하였다고 하더라도 그 효력이 없다고 할 것이므로, 피고가 제1심에서 각하된 반소에 대하여 항소를 하지 아니하였다는 사유만으로 이 사건 예비적 반소가 원심의 심판대상으로 될 수 없는 것은 아니라고 할 것이고, 따라서 원심으로서는 원고의 항소를 받아들

여 원고의 본소청구를 인용한 이상 피고의 예비적 반소청구를 심판대상으로 삼아 이를 판단하여야 한다 (대법원 2006.06.29. 선고 2006다19061 판결).

③ (O) 반소는 상대방의 심급의 이익을 해할 우려가 없는 경우 또는 상대방의 동의를 받은 경우에 제기할 수 있다(민소법 제412조 제1항).

④ (X) 민소법 제271조의 규정은 원고가 반소의 제기를 유발한 본소를 스스로 취하해 놓고 그로 인하여 유발된 반소만의 유지를 상대방에게 강요한다는 것은 공평치 못하다는 이유에서 원고가 본소를 취하한 때에는 피고도 원고의 동의 없이 반소를 취하할 수 있도록 한 규정이므로, 본소가 원고의 의사와 관계없이 부적법하다 하여 각하됨으로써 종료된 경우에까지 유추적용할 수 없고, 원고의 동의가 있어야만 반소취하의 효력이 발생한다(대법원 1984.07.10. 선고 84다카298 판결). **정답 ④**

11. 청구변경에 관한 설명 중 옳지 않은 것을 모두 고른 것은? (다툼이 있는 경우 판례에 의함)
[2021년 08월 모의]

ㄱ. 가등기에 기한 본등기청구를 하면서 그 등기원인을 매매예약완결이라고 주장하는 한편 그 가등기의 피담보채권을 대여금채권에서 손해배상채권으로 변경하는 것은 청구변경이다.

ㄴ. 소유권이전등기청구를 하면서 등기원인을 매매에서 취득시효완성으로 변경하는 것은 청구변경에 해당한다.

ㄷ. 청구의 기초가 변경되었지만 피고가 이의를 제기한 바 없이 청구의 변경이 그대로 받아들여져 판결이 선고되었어도 피고는 이를 다툴 수 있다.

ㄹ. 항소심에서 A 청구에서 B 청구로 교환적 변경을 하면 A 청구에 대하여는 판결 선고 후의 소취하가 되어 재소금지의 적용을 받는다.

ㅁ. 제1심 법원에서 교환적 변경을 간과하여 신청구에 대하여는 아무런 판단도 하지 아니한 채 구청구만을 판단한 경우, 항소심법원은 제1심 판결을 취소하고 신청구에 대하여 판단하여야 한다.

① ㄱ, ㄴ, ㄷ   ② ㄱ, ㄷ, ㅁ   ③ ㄴ, ㄷ, ㄹ
④ ㄴ, ㄹ, ㅁ   ⑤ ㄷ, ㄹ, ㅁ

해설

ㄱ. (X) 가등기에 기한 본등기청구를 하면서 그 등기원인을 매매예약완결이라고 주장하는 한편 위 가등기의 담보채권을 처음에는 대여금채권이라고 주장하였다가 나중에는 손해배상채권이라고 주장한 경우 가등기에 기한 본등기청구의 등기원인은 위 주장의 변경에 관계없이 매매예약완결이므로 등기원인에 변경이 없어 청구의 변경에 해당하지 아니하고, 위 가등기로 담보되는 채권이 무엇인지는 공격방어방법에 불과하다(대법원 1992.06.12. 선고 92다11848 판결).

ㄴ. (O) 동일 부동산에 대하여 이전등기를 구하면서 그 등기청구권의 발생원인을 처음에는 매매로 하였다가 후에 취득시효의 완성을 선택적으로 추가하는 것도 단순한 공격방법의 차이가 아니라 별개의 청구를 추가시킨 것이므로 역시 소의 추가적 변경에 해당한다(대법원 1997.04.11. 선고 96다50520 판결).

ㄷ. (X) 청구의 기초의 변경에 대하여 피고가 지체 없이 이의를 진술하지 아니하고 변경된 청구에 관한 본안의 변론을 한 때에는 피고는 책문권을 상실하여 다시 이의를 제기하지 못한다(대법원 1982.01.26. 81다546 판결).

ㄹ. (O) 교환적 변경은 실질적으로 구소를 취하하고 신소를 제기한 것이다. 그렇다면 항소심에서 종국판결 이후 A소를 취하한 것이므로 재소금지의 적용을 받는다.

ㅁ. (X) 신 청구는 재판이 누락되어 1심에 계속 중이므로 추가판결의 대상이 되고, 항소심 법원은 구 청구에 대하여 소송종료선언을 하여야 한다. **정답 ②**

12. 병합청구와 관련된 설명 중 옳지 않은 것은? (다툼이 있는 경우 판례에 의함) [2021년 10월 모의]

① 논리적으로 양립할 수 없는 수 개의 청구가 선택적으로 병합된 경우 이들 청구는 동일 소송절차 내에서 동시에 심판될 수 없다.
② 채권자가 본래적 급부청구에 이를 대신할 전보배상을 부가하여 대상청구를 예비적으로 병합하여 소구한 경우에는 본래의 급부청구가 인용되면 예비적 청구에 대한 판단을 생략할 수 있다.
③ 실질적으로 선택적 병합 관계에 있는 두 청구를 당사자가 주위적·예비적으로 순위를 붙여 청구하였고, 이에 대해 제1심법원이 주위적 청구를 기각하고 예비적 청구를 인용하는 판결을 선고하여 피고만이 항소를 제기한 경우, 항소심은 두 청구 모두를 심판의 대상으로 삼아 판단하여야 한다.
④ 수 개의 청구가 제1심에서 처음부터 선택적으로 병합되고 그중 어느 한 개의 청구에 대한 인용판결이 선고되어 피고가 항소를 제기한 경우에도 항소심은 병합된 청구 중 제1심에서 심판되지 아니한 청구를 임의로 선택하여 심판할 수 있다.
⑤ 원고의 주위적 청구 중 일부를 인용하고 예비적 청구를 모두 기각한 제1심판결에 대하여 피고가 불복 항소하자 항소심이 피고의 항소를 받아들여 제1심판결을 취소하고 그에 해당하는 원고의 주위적 청구를 기각하는 경우, 항소심은 기각하는 주위적 청구 부분과 관련된 예비적 청구를 심판대상으로 삼아 판단하여야 한다.

해설

① (O) 청구의 선택적 병합이란 양립할 수 있는 수개의 경합적 청구권에 기하여 동일 취지의 급부를 구하거나 양립할 수 있는 수개의 형성권에 기하여 동일한 형성적 효과를 구하는 경우에 그 어느 한 청구가 인용될 것을 해제 조건으로 하여 수개의 청구에 관한 심판을 구하는 병합형태이므로 논리적으로 양립할 수 없는 수개의 청구는 성질상 선택적 병합으로 동일소송절차내에서 동시에 심판될 수 없다(대법원 1982. 07.13. 선고 81다카1120 판결).
② (×) 채권자가 본래적 급부청구에 이를 대신할 전보배상을 부가하여 대상청구를 병합하여 소구한 경우 대상청구는 본래적 급부청구권이 현존함을 전제로 하여 이것이 판결확정 전에 이행불능되거나 또는 판결확정 후에 집행불능이 되는 경우에 대비하여 전보배상을 미리 청구하는 경우로서 양자의 병합은 현재 급부청구와 장래 급부청구의 단순병합에 속하는 것으로 허용된다. 이러한 대상청구를 본래의 급부청구에 예비적으로 병합한 경우에도 본래의 급부청구가 인용된다는 이유만으로 예비적 청구에 대한 판단을 생략할 수는 없다(대법원 2011.08.18. 선고 2011다30666 판결).
③ (O) 병합의 형태가 선택적 병합인지 예비적 병합인지는 당사자의 의사가 아닌 병합청구의 성질을 기준으로 판단하여야 하고, 항소심에서의 심판 범위도 그러한 병합청구의 성질을 기준으로 결정하여야 한다. 따라서 실질적으로 선택적 병합 관계에 있는 두 청구에 관하여 당사자가 주위적·예비적으로 순위를 붙여 청구하였고, 그에 대하여 제1심법원이 주위적 청구를 기각하고 예비적 청구만을 인용하는 판결을 선고하여 피고만이 항소를 제기한 경우에도, 항소심으로서는 두 청구 모두를 심판의 대상으로 삼아 판단하여야 한다(대법원 2014.05.29. 선고 2013다96868 판결).
④ (O)
1) 수 개의 청구가 제1심에서 처음부터 선택적으로 병합되고 그 중 어느 한 개의 청구에 대한 인용판결이 선고되어 피고가 항소를 제기한 경우는 물론, 원고의 청구를 인용한 판결에 대하여 피고가 항소를 제기하여 항소심에 이심된 후 청구가 선택적으로 병합된 경우에 있어서도 항소심은 제1심에서 인용된 청구를 먼저 심리하여 판단할 필요는 없고, 원심이 한 것처럼 선택적으로 병합된 수개의 청구 중 제1심에서 심판되지 아니한 청구를 임의로 선택하여 심판할 수 있다고 할 것이나, 심리한 결과 그 청

구가 이유 있다고 인정되고 그 결론이 제1심판결의 주문과 동일한 경우에도 피고의 항소를 기각하여서는 안 되며 제1심판결을 취소한 다음 새로이 청구를 인용하는 주문을 선고하여야 한다(대법원 2006.04.27. 선고 2006다7587 판결).

2) ㉠, ㉡ 두 청구를 선택적으로 병합한 경우, 양 소송물이 다르기 때문에, ㉠ 청구를 인용한 제1심판결을 취소한 다음, 항소심에서 새로이 ㉡ 청구를 인용하는 주문을 선고함으로써 제1심에서 심판되지 않은 ㉡ 청구가 인용되었고 여기에 기판력이 발생한다는 점을 밝혀주는 것이다.

⑤ (○) 원고의 주위적 청구 중 일부를 인용하고 예비적 청구를 모두 기각한 제1심판결에 대하여 피고가 불복 항소하자 항소심이 피고의 항소를 받아들여 제1심판결을 취소하고 그에 해당하는 원고의 주위적 청구를 기각하는 경우, 항소심은 기각하는 주위적 청구 부분과 관련된 예비적 청구를 심판대상으로 삼아 판단하여야 한다(대법원 2000.11.16. 선고 98다22253 판결).

정답 ②

13. 청구의 병합에 관한 설명 중 옳지 않은 것은? (다툼이 있는 경우 판례에 의함) [2022년 06월 모의]

① 가압류·가처분명령에 대한 이의사건에 대해 변론을 열어 재판을 하더라도 그 본안에 관한 민사소송 사건과 변론을 병합하는 것은 허용되지 않는다.
② 제1심 법원이 주위적 청구를 배척하면서 예비적 청구에 대하여 판단하지 아니하는 판결을 한 경우 그 판결에 대한 상소가 제기되면 판단이 누락된 예비적 청구 부분도 상소심으로 이심된다.
③ 주위적으로 무조건적인 소유권이전등기 절차의 이행을 청구하고, 예비적으로 금전 지급과 상환으로 소유권이전등기 절차의 이행을 청구하는 경우 위 예비적 청구는 소송상의 예비적 청구로 볼 수 없다.
④ 수개의 청구가 제1심에서 선택적으로 병합되고 그 중 어느 한 개의 청구에 대한 인용판결이 선고되어 피고가 항소를 제기한 경우, 심리한 결과 제1심에서 판단하지 않은 다른 청구가 이유 있다고 인정되고 그 결론이 제1심판결의 주문과 동일한 경우 법원은 피고의 항소를 기각하여야 한다.
⑤ 예비적 병합의 경우에 주위적 청구를 기각하고, 예비적 청구를 인용한 원판결에 대해 피고만 그 패소 부분에 상소한 때, 원판결 중 불복하지 않은 주위적 청구에 관한 부분은 상소심의 심판의 대상이 되지 아니한다.

해설

① (○) 여러 개의 청구는 같은 종류의 소송절차에 따르는 경우에만 하나의 소로 제기할 수 있다(민소법 제253조). 가압류·가처분사건은 비송사건으로서 소송사건과는 절차가 다르다.
② (○) 예비적 병합의 경우에는 수개의 청구가 하나의 소송절차에 불가분적으로 결합되어 있기 때문에 주위적 청구를 먼저 판단하지 않고 예비적 청구만을 인용하거나 주위적 청구만을 배척하고 예비적 청구에 대하여 판단하지 않는 등의 일부판결은 예비적 병합의 성질에 반하는 것으로서 법률상 허용되지 아니하며, 그럼에도 불구하고 주위적 청구를 배척하면서 예비적 청구에 대하여 판단하지 아니하는 판결을 한 경우에는 그 판결에 대한 상소가 제기되면 판단이 누락된 예비적 청구 부분도 상소심으로 이심이 된다 (대법원 2000.11.16. 선고 98다22253 판결).
③ (○) 주위적으로 무조건적인 소유권 이전등기절차의 이행을 구하고, 예비적으로 금전 지급과 상환으로 소유권이전등기절차의 이행을 구하는 경우, 위 예비적 청구는 주위적 청구를 질적으로 일부 감축하여 하는 청구에 지나지 않을 뿐, 그 목적물과 청구원인은 주위적 청구와 완전히 동일하므로 소송상의 예비적 청구라고는 볼 수 없다(대법원 1999.04.23. 선고 98다61463 판결).
④ (×)
1) 수 개의 청구가 제1심에서 처음부터 선택적으로 병합되고 그 중 어느 한 개의 청구에 대한 인용판결

이 선고되어 피고가 항소를 제기한 경우는 물론, 원고의 청구를 인용한 판결에 대하여 피고가 항소를 제기하여 항소심에 이심된 후 청구가 선택적으로 병합된 경우에 있어서도 항소심은 제1심에서 인용된 청구를 먼저 심리하여 판단할 필요는 없고, 원심이 한 것처럼 선택적으로 병합된 수개의 청구 중 제1심에서 심판되지 아니한 청구를 임의로 선택하여 심판할 수 있다고 할 것이나, 심리한 결과 그 청구가 이유 있다고 인정되고 그 결론이 제1심판결의 주문과 동일한 경우에도 피고의 항소를 기각하여서는 안 되며 제1심판결을 취소한 다음 새로이 청구를 인용하는 주문을 선고하여야 한다(대법원 2006.04.27. 선고 2006다7587 판결).

2) ㉠, ㉡ 두 청구를 선택적으로 병합한 경우, 양 소송물이 다르기 때문에, ㉠ 청구를 인용한 제1심판결을 취소한 다음, 항소심에서 새로이 ㉡ 청구를 인용하는 주문을 선고함으로써 제1심에서 심판되지 않은 ㉡ 청구가 인용되었고 여기에 기판력이 발생한다는 점을 밝혀주는 것이다.

⑤ (O) 제1심 법원이 원고들의 주위적 청구와 예비적 청구를 병합 심리한 끝에 주위적 청구는 기각하고 예비적 청구만을 인용하는 판결을 선고한 데 대하여 피고만이 항소한 경우, 항소제기에 의한 이심의 효력은 당연히 사건 전체에 미쳐 주위적 청구에 관한 부분도 항소심에 이심되는 것이지만, 항소심의 심판범위는 이에 관계없이 피고의 불복신청의 범위에 한하는 것으로서 예비적 청구를 인용한 제1심 판결의 당부에 그치고 원고들의 부대항소가 없는 한 주위적 청구는 심판대상이 될 수 없다(대법원 1995.02.10. 선고 94다31624 판결).

정답 ④

14. 청구의 병합에 관한 다음 설명 중 옳은 것을 모두 고른 것은? (다툼이 있는 경우 판례에 의함)
[2022년 08월 모의]

ㄱ. 토지 소유자이던 A 종중이 해당 토지에 관한 종중원 B 명의로의 소유권이전등기가 원인무효임을 이유로 소유권이전등기 말소등기청구의 소를 제기하여 소송 진행 도중, 위 소유권이전등기는 유효하나 A 종중과 B 사이의 명의신탁 해지를 이유로 A 명의로 소유권이전등기를 구하는 청구를 병합 신청한 경우, 위 각 청구는 선택적 병합 관계이다.

ㄴ. 선택적 병합의 경우 여러 개의 청구가 한 소송절차에 불가분적으로 결합되므로, 선택적 청구 중 어느 하나에 대하여 일부만 인용하고 다른 선택적 청구에 대하여 아무런 판단을 하지 않으면 위법하다.

ㄷ. 선택적으로 병합된 수개의 청구를 모두 기각한 항소심판결에 대하여 원고가 상고한 경우 상고심 법원이 선택적 청구 중 어느 한 청구에 관한 상고가 이유 있다고 인정한다면 원심판결을 전부 파기해야 한다.

ㄹ. 원고의 주위적 청구원인이 이유 있으나 피고의 일부 항변을 받아들여 원고 청구를 일부 기각한 경우, 법원은 특별한 사정이 없는 한 주위적 청구원인에 기한 청구 일부가 기각된다고 해서 그 부분에 대한 예비적 청구원인이 이유 있는지 여부를 판단할 필요는 없다.

ㅁ. 항소심판결에서 예비적 청구에 대한 판단이 누락되었음을 알게 된 당사자가 상고할 수 있었음에도 상고로써 이를 다투지 않아 그 항소심판결이 확정되었더라도, 이후 그 예비적 청구의 전부나 일부를 소송물로 하는 별도의 소를 적법하게 제기할 수 있다.

① ㄱ, ㄴ, ㄷ   ② ㄴ, ㄷ, ㄹ   ③ ㄱ, ㄷ, ㄹ
④ ㄷ, ㄹ, ㅁ   ⑤ ㄱ, ㄴ, ㅁ

해설

ㄱ. (×)

1) 선택적 병합 청구는 양립가능한 청구를 하는 것이고, 예비적 병합은 양립 불가능한 청구를 심판의 순서를 붙여서 주위적 청구와 예비적 청구로 구하는 경우를 말한다. 설문에서 등기원인 무효를 이유로 한 소유권이전등기말소청구와 등기가 유효하지만 신탁이 해지되었음 이유로 소유권이전등기를 구하는 청구를 하는 것은 양립불가능한 관계에 있으므로 예비적 병합에 해당한다.

2) 청구의 선택적 병합이란 원고가 양립할 수있는 수개의 경합적 청구권에 기하여 동일 취지의 급부를 구하거나 양립할 수 있는 수개의 형성권에 기하여 동일한 형성적 효과를 구하는 경우에 그 어느 한 청구가 인용될 것을 해제조건으로 하여 수개의 청구에 관한 심판을 구하는 병합 형태이므로 논리적으로 양립할 수 없는 수개의 청구는 성질상 선택적 병합으로 동일 소송절차내에서 동시에 심판될 수 없는 것이고 이러한 수개의 청구가 동일 소송절차내에서 모순없이 심리되기 위하여는 그 청구간에 주위적, 예비적인 관계가 있을 것을 요한다고 할 것인바, 이 사건에서 피고 명의의 위 각 등기가 원인 무효임을 이유로 그 말소를 구하는 청구와 그 등기가 유효한 명의신탁등기이나 신탁이 해지되었음을 이유로 소유권이전등기를 구하는 청구는 서로 양립할 수 없는 관계에 있으므로 이들 청구에 대하여는 선택적 병합에 의한 병합심리를 할 수 없다(대법원 1982.07.13. 선고 81다카1120 판결).

ㄴ. (O) 청구의 선택적 병합이란 양립할 수 있는 수개의 경합적 청구권에 기하여 동일 취지의 급부를 구하거나 양립할 수 있는 수개의 형성권에 기하여 동일한 형성적 효과를 구하는 경우 그 어느 한 청구가 인용될 것을 해제조건으로 하여 수개의 청구에 관한 심판을 구하는 병합 형태로서, 이와 같은 선택적 병합의 경우에는 수개의 청구가 하나의 소송절차에 불가분적으로 결합되어 있기 때문에 선택적 청구 중 하나만을 기각하는 일부판결은 선택적 병합의 성질에 반하는 것으로서 법률상 허용되지 않는다(대법원 1998.07.24. 선고 96다99 판결).

ㄷ. (O) 선택적으로 병합된 수개의 청구를 모두 기각하거나 소를 각하한 항소심판결에 대하여 원고가 상고한 경우, 상고법원이 선택적 청구 중 어느 하나의 청구에 관한 상고가 이유 있다고 인정할 때에는 원심판결을 전부 파기하여야 할 것이다(대법원 2017.10.26. 선고 2015다42599 판결).

ㄹ. (O) 원고의 주위적 청구원인이 이유 있다고 인정한 다음에 피고의 일부 항변을 받아들여 그 부분에 대한 원고의 청구를 기각하는 경우, 원고가 주위적 청구의 일부를 특정하여 그 부분이 인용될 것을 해제조건으로 하여 그 부분에 대하여만 예비적 청구를 하였다는 등의 특별한 사정이 없는 한, 주위적 청구원인에 기한 청구의 일부가 기각될 운명에 처하였다고 하여 다시 그 부분에 대한 예비적 청구원인이 이유 있는지의 여부에 관하여 나아가 판단할 필요는 없다(대법원 2000.04.07. 선고 99다53742 판결).

ㅁ. (×) 항소심판결상 예비적 청구에 관하여 이루어져야 할 판단이 누락되었음을 알게 된 당사자로서는 상고를 통하여 그 오류의 시정을 구하였어야 함에도 불구하고 상고로 도모할 수 없는 특별한 사정이 없었음에도 상고하지 않아 그 항소심판결을 확정시켰다면 그 후에는 그 예비적 청구의 전부나 일부를 소송물로 하는 별도의 소송을 새로 제기함은 부적법한 소제기이어서 허용되지 않는다(대법원 2002.09.04. 선고 98다17145 판결).

정답 ②

15. 반소에 관한 설명 중 옳지 않은 것은? (다툼이 있는 경우 판례에 의함) [2022년 10월 모의]

① 피고가 원고 외의 제3자를 반소피고로 추가하는 반소는 허용 되지 않는다. 다만 피고가 제기하려는 반소가 필수적 공동 소송인 경우, 민사소송법상 필수적 공동소송인 추가의 요건을 갖춘다면 예외적으로 허용될 수 있다.

② 수급인인 원고가 완공 후 공사대금 변제를 받기 위해 유치권 행사 중인 건물의 점유를 도급인으로부터 침탈당하자 점유권에 기하여 건물 인도를 구하는 본소를 제기하였는데, 이에 도급인인 피고가 본소청구 인용으로 원고에게 건물이 인도될 경우에 대비 하여 소유권에 기하여 건물 인도를 구하는 반소를 제기한 것은 적법하다.

③ 제1심법원이 원고의 본소청구를 기각하고 본소인용을 조건으로 한 피고의 예비적 반소를 각하하였는데, 이에 대해 원고만 항소하고 피고는 항소하지 않았다. 이 경우 항소심법원이 원고의 항소

를 받아들여 본소청구를 인용할 경우에는 피고가 항소하지 않았더라도 예비적 반소청구에 대해 판단해야 한다.
④ 본소가 단독사건인 경우에 피고가 반소로 합의사건에 속하는 청구를 한 때에는 법원은 본소와 반소를 합의부에 이송하여야 한다. 이는 원고가 관할위반 항변 없이 반소 청구원인에 관하여 변론준비기일에서 진술한 경우에도 그러하다.
⑤ 원고의 본소가 부적법 각하된 경우라도 피고의 반소 취하는 원고의 동의가 있어야 효력이 발생한다.

해설

① (O) 피고가 원고 이외의 제3자를 추가하여 반소피고로 하는 반소는 원칙적으로 허용되지 아니하고, 다만 피고가 제기하려는 반소가 필수적 공동소송이 될 때에는 민소법 제68조의 필수적 공동소송인 추가의 요건을 갖추면 허용될 수 있다(대법원 2015.05.29. 선고 2014다235042 판결).
② (O) 점유권을 기초로 한 본소에 대하여 본권자가 본소청구의 인용에 대비하여 본권에 기초한 장래이행의 소로서 예비적 반소를 제기하고 양 청구가 모두 이유 있는 경우, 법원은 점유권에 기초한 본소와 본권에 기초한 예비적 반소를 모두 인용해야 하고 점유권에 기초한 본소를 본권에 관한 이유로 배척할 수 없다(대법원 2021.03.25. 선고 2019다208441 판결).
③ (O) 피고의 예비적 반소는 본소청구가 인용될 것을 조건으로 심판을 구하는 것으로서 제1심이 원고의 본소청구를 배척한 이상 피고의 예비적 반소는 제1심의 심판대상이 될 수 없는 것이고, 이와 같이 심판대상이 될 수 없는 소에 대하여 제1심이 판단하였다고 하더라도 그 효력이 없다고 할 것이므로, 피고가 제1심에서 각하된 반소에 대하여 항소를 하지 아니하였다는 사유만으로 이 사건 예비적 반소가 원심의 심판대상으로 될 수 없는 것은 아니라고 할 것이고, 따라서 원심으로서는 원고의 항소를 받아들여 원고의 본소청구를 인용한 이상 피고의 예비적 반소청구를 심판대상으로 삼아 이를 판단하여야 한다(대법원 2006.06.29. 선고 2006다19061 판결).
④ (X) 본소가 단독사건인 경우에 피고가 반소로 합의사건에 속하는 청구를 한 때에는 법원은 직권 또는 당사자의 신청에 따른 결정으로 본소와 반소를 합의부에 이송하여야 한다. 다만, 반소에 관하여 변론관할이 생긴 경우에는 그러하지 아니하다(민소법 제269조 제1,2항).
⑤ (O) 민소법 제271조의 규정은 원고가 반소의 제기를 유발한 본소를 스스로 취하해 놓고 그로 인하여 유발된 반소만의 유지를 상대방에게 강요한다는 것은 공평치 못하다는 이유에서 원고가 본소를 취하한 때에는 피고도 원고의 동의 없이 반소를 취하할 수 있도록 한 규정이므로, 본소가 원고의 의사와 관계 없이 부적법하다 하여 각하됨으로써 종료된 경우에까지 유추적용할 수 없고, 원고의 동의가 있어야만 반소취하의 효력이 발생한다(대법원 1984.07.10. 선고 84다카298 판결).

정답 ④

16. 청구의 병합에 관한 설명 중 옳지 않은 것은? (다툼이 있는 경우 판례에 의함) [2023년 06월 모의]

① 채권자가 본래적 급부청구를 하면서 판결확정 후에 집행불능이 되는 경우에 대비하여 전보배상을 병합하여 청구하면 이는 단순병합이다.
② 등기원인이 무효임을 이유로 소유권이전등기의 말소를 구하는 청구를 하면서 그 등기가 명의신탁에 따라 이루어진 것이지만 그 신탁이 해지되었음을 이유로 소유권이전등기를 구하는 청구를 병합하면 이는 적법한 선택적 병합이다.
③ 실질적으로 선택적 병합 관계에 있는 두 청구를 당사자가 주위적·예비적으로 순위를 붙여 청구하였고 그에 대하여 제1심법원이 주위적 청구를 기각하고 예비적 청구만 인용하는 판결을 선고하여 피고만 항소를 제기한 경우, 항소심은 두 청구를 선택적 병합관계로서 심판하여야 한다.

④ 논리적으로 양립할 수 있는 수 개의 청구라 하더라도 당사자가 심판의 순위를 붙여 청구할 합리적 필요성이 있는 경우에는 당사자가 붙인 순위에 따라서 당사자가 먼저 구하는 청구를 심리하여 이유가 없으면 다음 청구를 심리하여야 한다.
⑤ 예비적 병합에서 피고는 예비적 청구에 관하여만 인낙을 할 수는 없다.

해설

① (O) 채권자가 본래적 급부청구에다가 이에 대신할 전보배상을 부가하여 대상청구를 병합하여 소구한 경우의 대상청구는 본래적 급부청구의 현존함을 전제로 하여 이것이 판결확정 후에 이행불능 또는 집행불능이 된 경우에 대비하여 전보배상을 미리 청구하는 경우로서 양자의 경합은 현재의 급부청구와 장래의 급부청구와의 단순병합에 속한다(대법원 1975.07.22. 선고 75다450 판결).

② (×)
1) 선택적 병합 청구는 양립가능한 청구를 하는 것이고, 예비적 병합은 양립 불가능한 청구를 심판의 순서를 붙여서 주위적 청구와 예비적 청구로 구하는 경우를 말한다. 설문에서 등기원인 무효를 이유로 한 소유권이전등기말소청구와 등기가 유효하지만 신탁이 해지되었음 이유로 소유권이전등기를 구하는 청구를 하는 것은 양립불가능한 관계에 있으므로 예비적 병합에 해당한다.
2) 청구의 선택적 병합이란 원고가 양립할 수 있는 수개의 경합적 청구권에 기하여 동일 취지의 급부를 구하거나 양립할 수 있는 수개의 형성권에 기하여 동일한 형성적 효과를 구하는 경우에 그 어느 한 청구가 인용될 것을 해제조건으로 하여 수개의 청구에 관한 심판을 구하는 병합 형태이므로 논리적으로 양립할 수 없는 수개의 청구는 성질상 선택적 병합으로 동일 소송절차내에서 동시에 심판될 수 없는 것이고 이러한 수개의 청구가 동일 소송절차내에서 모순없이 심리되기 위하여는 그 청구간에 주위적, 예비적인 관계가 있을 것을 요한다고 할 것인바, 이 사건에서 피고 명의의 위 각 등기가 원인무효임을 이유로 그 말소를 구하는 청구와 그 등기가 유효한 명의신탁등기이나 신탁이 해지되었음을 이유로 소유권이전등기를 구하는 청구는 서로 양립할 수 없는 관계에 있으므로 이들 청구에 대하여는 선택적 병합에 의한 병합심리를 할 수 없다(대법원 1982.07.13. 선고 81다카1120 판결).

③ (O) 병합의 형태가 선택적 병합인지 예비적 병합인지 여부는 당사자의 의사가 아닌 병합청구의 성질을 기준으로 판단하여야 하고, 항소심에서의 심판 범위도 그러한 병합청구의 성질을 기준으로 결정하여야 한다. 따라서 실질적으로 선택적 병합 관계에 있는 두 청구에 관하여 당사자가 주위적·예비적으로 순위를 붙여 청구하였고, 그에 대하여 제1심법원이 주위적 청구를 기각하고 예비적 청구만을 인용하는 판결을 선고하여 피고만이 항소를 제기한 경우에도, 항소심으로서는 두 청구 모두를 심판의 대상으로 삼아 판단하여야 한다(대법원 2014.05.29. 선고 2013다96868 판결).

④ (O) 청구의 예비적 병합은 논리적으로 양립할 수 없는 수 개의 청구에 관하여 주위적 청구의 인용을 해제조건으로 예비적 청구에 대하여 심판을 구하는 형태의 병합이다. 그러나 논리적으로 양립할 수 있는 수 개의 청구라고 하더라도, 주위적으로 재산상 손해배상을 청구하면서 그 손해가 인정되지 않을 경우에 예비적으로 같은 액수의 정신적 손해배상을 청구하는 것과 같이 수 개의 청구 사이에 논리적 관계가 밀접하고, 심판의 순위를 붙여 청구를 할 합리적 필요성이 있다고 인정되는 경우에는, 당사자가 붙인 순위에 따라서 당사자가 먼저 구하는 청구를 심리하여 이유가 없으면 다음 청구를 심리하는 이른바 부진정 예비적 병합 청구의 소도 허용된다(대법원 2021.05.07. 선고 2020다292411 판결).

⑤ (O) 원심에서 추가된 청구가 종전의 주위적 청구가 인용될 것을 해제조건으로 하여 청구된 것임이 분명하다면, 원심으로서는 종전의 주위적 청구의 당부를 먼저 판단하여 그 이유가 없을 때에만 원심에서 추가된 예비적 청구에 관하여 심리판단할 수 있고, 위 추가된 예비적 청구만을 분리하여 심리하거나 일부판결을 할 수 없으며, 피고로서도 위 추가된 예비적 청구에 관하여만 인낙을 할 수 없다(대법원 1995.07.25. 선고 94다62017 판결).

정답 ②

17. 청구의 변경에 관한 설명 중 옳지 않은 것은? (다툼이 있는 경우 판례에 의함) [2023년 06월 모의]

① 동일 부동산에 대하여 소유권이전등기를 구하면서 그 등기청구권의 발생원인을 처음에는 매매로 하였다가 후에 취득시효의 완성을 선택적으로 추가하는 것도 청구의 추가적 변경에 해당한다.
② 채권자가 사해행위의 취소를 청구하면서 그 보전하고자 하는 채권을 추가하더라도 청구의 변경이라 할 수 없다.
③ 청구의 변경에 대하여 상대방이 지체 없이 이의하지 아니하고 변경된 청구에 관하여 본안의 변론을 한 때에는 상대방은 더 이상 그 청구 변경의 적법 여부에 대하여 다투지 못한다.
④ 제1심에서 적법하게 반소를 제기하였던 피고가 항소심에서 반소청구를 교환적으로 변경하는 경우에 변경된 청구가 종전 청구와 청구의 기초 및 실질적인 쟁점이 동일하면 그와 같은 청구의 변경도 허용된다.
⑤ 일부만 청구하는 것이라는 취지를 명시하지 않은 일부 청구에 관하여 전부 승소한 채권자는 나머지 부분에 관하여 청구를 확장하기 위한 항소를 제기할 수 없다.

> **해설**

① (O) 동일 부동산에 대하여 이전등기를 구하면서 그 등기청구권의 발생원인을 처음에는 매매로 하였다가 후에 취득시효의 완성을 선택적으로 추가하는 것도 단순한 공격방법의 차이가 아니라 별개의 청구를 추가시킨 것이므로 역시 소의 추가적 변경에 해당한다(대법원 1997.04.11. 선고 96다50520 판결).
② (O) 채권자가 사해행위의 취소를 청구하면서 그 보전하고자 하는 채권을 추가하거나 교환하는 것은 그 사해행위취소권을 이유 있게 하는 공격방법에 관한 주장을 변경하는 것일 뿐이지 소송물 또는 청구 자체를 변경하는 것이 아니므로 소의 변경이라 할 수 없다(대법원 2003.05.27. 선고 2001다13532 판결).
③ (O) 청구의 변경에 대하여 상대방이 지체 없이 이의하지 아니하고 변경된 청구에 관한 본안의 변론을 한 때에는 상대방은 더 이상 그 청구 변경의 적법 여부에 대하여 다투지 못한다(대법원 2011.02.24. 선고 2009다33655 판결).
④ (O) 제1심에서 적법하게 반소를 제기하였던 당사자가 항소심에서 반소를 교환적으로 변경하는 경우에 변경된 청구와 종전 청구가 실질적인 쟁점이 동일하여 청구의 기초에 변경이 없으면 그 변경은 청구의 변경도 허용된다(대법원 2012.03.29. 선고 2010다28338 판결).
⑤ (✗) 가분채권에 대한 이행청구의 소를 제기하면서 그것이 나머지 부분을 유보하고 일부만 청구하는 것이라는 취지를 명시하지 아니한 경우에는 그 확정판결의 기판력은 나머지 부분에까지 미치는 것이어서 별소로써 나머지 부분에 관하여 다시 청구할 수는 없으므로, 일부 청구에 관하여 전부 승소한 채권자가 나머지 부분에 관하여 청구를 확장하기 위한 항소가 허용되지 아니한다면 나머지 부분을 소구할 기회를 상실하는 불이익을 입게 되고, 따라서 이러한 경우에는 예외적으로 전부 승소한 판결에 대해서도 나머지 부분에 관하여 청구를 확장하기 위한 항소의 이익을 인정함이 상당하다(대법원 1997.10.24. 선고 96다12276 판결).

정답 ⑤

18. 소의 객관적 병합에 관한 설명 중 옳지 않은 것은? (다툼이 있는 경우에는 판례에 의함)

[2023년 08월 모의]

① 원고의 주위적 청구를 전부 인용한 제1심판결에 대하여 피고가 항소하자 항소심이 제1심판결을 취소하고 원고의 주위적 청구를 기각하는 경우, 항소심은 예비적 청구에 대하여도 심판하여야 한다.
② 피고가 원고를 상대로 하는 재심의 소에서는 확정판결의 취소를 구하면서 그 본소청구의 기각을 구하는 것 외에 새로운 청구를 병합할 수 없다.
③ 주위적으로 무조건적인 소유권이전등기절차의 이행을 구하고 예비적으로 금전 지급과 상환으로 소유권이전등기절차의 이행을 구하는 것은 청구의 예비적 병합으로 볼 수 없다.
④ 선택적으로 병합된 수개의 청구를 모두 기각한 항소심판결에 대하여 원고가 상고한 경우에 상고법원이 선택적 청구 중 어느 하나의 청구에 관한 상고가 이유 있다고 인정할 때에는 원심판결을 전부 파기하여야 한다.
⑤ 제1심법원이 주위적 청구는 기각하고 예비적 청구만 인용한 데 대하여 피고만 항소한 경우, 원고의 부대항소가 없더라도 법원은 주위적 청구에 대하여도 심판하여야 한다.

해설

① (O) 주위적 청구를 인용하는 판결은 전부판결로서 이러한 판결에 대하여 피고가 항소하면 제1심에서 심판을 받지 않은 다음 순위의 예비적 청구도 모두 이심되고, 항소심이 제1심에서 인용되었던 주위적 청구를 배척할 때에는 다음 순위의 예비적 청구에 관하여 심판을 한다(대법원 2000.11.16. 선고 98다22253 판결).
② (O) 원고가 피고의 주소를 알면서 허위주소로 제소하여 공시송달의 방법으로 승소확정판결을 받았다는 이유로 피고가 제기한 재심의 소에서는, 피고는 확정판결의 취소를 구함과 동시에 본소 청구기각을 구하는 외에 원고에 대한 새로운 청구를 병합하는 것은 부적법하다(대법원 1971.03.31. 선고 71다8 판결).
③ (O) 주위적으로 무조건적인 소유권 이전등기절차의 이행을 구하고, 예비적으로 금전 지급과 상환으로 소유권이전등기절차의 이행을 구하는 경우, 위 예비적 청구는 주위적 청구를 질적으로 일부 감축하여 하는 청구에 지나지 않을 뿐, 그 목적물과 청구원인은 주위적 청구와 완전히 동일하므로 소송상의 예비적 청구라고는 볼 수 없다(대법원 1999.04.23. 선고 98다61463 판결).
④ (O) 선택적으로 병합된 수개의 청구를 모두 기각하거나 소를 각하한 항소심판결에 대하여 원고가 상고한 경우, 상고법원이 선택적 청구 중 어느 하나의 청구에 관한 상고가 이유 있다고 인정할 때에는 원심판결을 전부 파기하여야 할 것이다(대법원 2017.10.26. 선고 2015다42599 판결).
⑤ (×) 제1심 법원이 원고들의 주위적 청구와 예비적 청구를 병합 심리한 끝에 주위적 청구는 기각하고 예비적 청구만을 인용하는 판결을 선고한 데 대하여 피고만이 항소한 경우, 항소제기에 의한 이심의 효력은 당연히 사건 전체에 미쳐 주위적 청구에 관한 부분도 항소심에 이심되는 것이지만, 항소심의 심판범위는 이에 관계없이 피고의 불복신청의 범위에 한하는 것으로서 예비적 청구를 인용한 제1심 판결의 당부에 그치고 원고들의 부대항소가 없는 한 주위적 청구는 심판대상이 될 수 없다(대법원 1995.02.10. 선고 94다31624 판결).

정답 ⑤

19. 반소에 관한 설명 중 옳지 않은 것은? (다툼이 있는 경우 판례에 의함) [2023년 08월 모의]

① 원고가 피고에 대하여 본소로 적법한 손해배상채무부존재확인의 소를 제기하였더라도 피고가 그 채무의 이행을 구하는 반소를 제기하면 본소청구에 대한 확인의 이익이 소멸하여 본소가 부적법하게 된다.
② 피고가 원고 이외의 제3자도 추가하여 반소피고로 하는 반소는 원칙적으로 허용되지 아니하지만, 반소피고로 되는 원고와 제3자가 고유필수적 공동소송관계에 있을 때는 현행법상의 필수적 공동소송인 추가의 요건을 갖추면 허용된다.
③ 본소청구의 인용을 조건으로 하는 예비적 반소가 제기된 경우, 법원이 원고의 본소청구를 기각하여 원고가 항소하였는데 항소심이 원고의 항소를 받아들여 원고의 본소청구를 인용한다면 항소심은 피고의 예비적 반소청구에 대하여도 심판하여야 한다.
④ 본소의 청구나 방어방법과 상호관련성이 없이 제기된 반소라도 원고가 이에 대하여 이의하지 않고 반소의 본안에 관하여 변론을 하였다면 반소는 적법하다.
⑤ 본소가 부적법 각하됨으로써 종료된 경우, 반소취하는 원고의 동의가 있어야만 효력이 발생한다.

해설

① (✕) 소송요건을 구비하여 적법하게 제기된 본소가 그 후에 상대방이 제기한 반소로 인하여 소송요건에 결함이 생겨 다시 부적법하게 되는 것은 아니므로, 원고가 피고에 대하여 손해배상채무의 부존재확인을 구할 이익이 있어 본소로 그 확인을 구하였다면, 피고가 그 후에 그 손해배상채무의 이행을 구하는 반소를 제기하였다 하더라도 그러한 사정만으로 본소청구에 대한 확인의 이익이 소멸하여 본소가 부적법하게 된다고 볼 수는 없다(대법원 2010.07.15. 선고 2010다2428 판결).
② (O) 피고가 원고 이외의 제3자를 추가하여 반소피고로 하는 반소는 원칙적으로 허용되지 아니하고, 다만 피고가 제기하려는 반소가 필수적 공동소송이 될 때에는 민소법 제68조의 필수적 공동소송인 추가의 요건을 갖추면 허용될 수 있다(대법원 2015.05.29. 선고 2014다235042 판결).
③ (O) 피고의 예비적 반소는 본소청구가 인용될 것을 조건으로 심판을 구하는 것으로서 제1심이 원고의 본소청구를 배척한 이상 피고의 예비적 반소는 제1심의 심판대상이 될 수 없는 것이고, 이와 같이 심판대상이 될 수 없는 소에 대하여 제1심이 판단하였다고 하더라도 그 효력이 없다고 할 것이므로, 피고가 제1심에서 각하된 반소에 대하여 항소를 하지 아니하였다는 사유만으로 이 사건 예비적 반소가 원심의 심판대상으로 될 수 없는 것은 아니라고 할 것이고, 따라서 원심으로서는 원고의 항소를 받아들여 원고의 본소청구를 인용한 이상 피고의 예비적 반소청구를 심판대상으로 삼아 이를 판단하여야 한다(대법원 2006.06.29. 선고 2006다19061 판결).
④ (O) 피고의 반소청구에 대하여 원고는 1심 변론에서 이에 대한 이의를 제기함이 없이 변론을 하였음이 분명함으로 원고는 반소청구의 적법여부에 대한 책문권을 포기한 것으로 보아야 할 것임에도 불구하고, 원심은 이 사건 반소청구가 부적법하다고 하여 이를 각하한 1심 판결이 정당하다고 하여 이에 대한 피고의 항소를 기각한 것은 잘못이다(대법원 1968.11.26. 선고 68다1886 판결).
⑤ (O) 민소법 제271조의 규정은 원고가 반소의 제기를 유발한 본소를 스스로 취하해 놓고 그로 인하여 유발된 반소만의 유지를 상대방에게 강요한다는 것은 공평치 못하다는 이유에서 원고가 본소를 취하한 때에는 피고도 원고의 동의 없이 반소를 취하할 수 있도록 한 규정이므로, 본소가 원고의 의사와 관계 없이 부적법하다 하여 각하됨으로써 종료된 경우에까지 유추적용할 수 없고, 원고의 동의가 있어야만 반소취하의 효력이 발생한다(대법원 1984.07.10. 선고 84다카298 판결).

정답 ①

20. 청구의 병합에 관한 설명 중 옳은 것을 모두 고른 것은? (다툼이 있는 경우 판례에 의함)

[2023년 10월 모의]

ㄱ. 토지에 관한 피고 명의의 소유권이전등기가 원인무효임을 이유로 그 말소를 구하는 청구와 그 등기가 명의신탁등기이나 신탁이 해지되었음을 이유로 소유권이전등기를 구하는 청구를 선택적으로 병합하는 것은 허용되지 않는다.

ㄴ. 피고의 사기행위로 인한 재산상 손해배상청구와 피고의 강제추행으로 인한 정신적 손해배상청구를 심판순서를 붙여 주위적·예비적 청구로 하여 병합할 수 있다.

ㄷ. 소가 산정에 있어서 청구의 단순병합의 경우 병합된 각 청구의 소가를 합산하고, 선택적·예비적 병합의 경우는 각 청구의 경제적 이익이 중복되는 범위 내에서 흡수되어 그 중 가장 다액인 청구의 가액을 소가로 한다.

ㄹ. 부진정 예비적 병합의 경우, 주위적 청구만을 배척하고 예비적 청구에 대하여 판단하지 않은 판결에 대한 상소가 제기되면 판단되지 않은 예비적 청구 부분도 상소심으로 이심이 되고, 그 부분이 재판의 누락에 해당하여 원심에 계속 중이라고 볼 것은 아니다.

① ㄱ, ㄴ, ㄷ   ② ㄴ, ㄷ, ㄹ   ③ ㄱ, ㄷ
④ ㄷ, ㄹ   ⑤ ㄱ, ㄷ, ㄹ

해설

ㄱ. (O) 청구의 선택적 병합이란 양립할 수 있는 수개의 경합적 청구권에 기하여 동일 취지의 급부를 구하거나 양립할 수 있는 수개의 형성권에 기하여 동일한 형성적 효과를 구하는 경우에 그 어느 한 청구가 인용될 것을 해제 조건으로 하여 수개의 청구에 관한 심판을 구하는 병합형태이므로 논리적으로 양립할 수 없는 수개의 청구는 성질상 선택적 병합으로 동일소송절차 내에서 동시에 심판될 수 없다(대법원 1982.07.13. 선고 81다카1120 판결).

ㄴ. (✕)
1) 청구의 예비적 병합은 논리적으로 양립할 수 없는 수 개의 청구에 관하여 주위적 청구의 인용을 해제 조건으로 예비적 청구에 대하여 심판을 구하는 형태의 병합이다. 그러나 논리적으로 양립할 수 있는 수 개의 청구라고 하더라도, 주위적으로 재산상 손해배상을 청구하면서 그 손해가 인정되지 않을 경우에 예비적으로 같은 액수의 정신적 손해배상을 청구하는 것과 같이 수 개의 청구 사이에 논리적 관계가 밀접하고, 심판의 순위를 붙여 청구를 할 합리적 필요성이 있다고 인정되는 경우에는, 당사자가 붙인 순위에 따라서 당사자가 먼저 구하는 청구를 심리하여 이유가 없으면 다음 청구를 심리하는 이른바 부진정 예비적 병합 청구의 소도 허용된다(대법원 2021.05.07. 선고 2020다292411 판결).
2) 논리적으로 아무런 관계가 없어 순수하게 단순병합으로 구해야 할 여러 개의 청구를 예비적 청구로 병합하여 청구하는 것은 부적법하여 허용되지 않는다. 사기로 인한 재산상 손해배상과, 강제추행으로 인한 위자료청구는 아무런 논리적 관계가 없는 것에 해당한다.

ㄷ. (O) 1개의 소로써 수 개의 청구를 하는 경우에 그 수 개의 청구의 경제적 이익이 독립한 별개의 것인 때에는 합산하여 소가를 산정한다(민사소송등인지규칙 제19조 - 단순병합). 1개의 소로써 주장하는 수개의 청구의 경제적 이익이 동일하거나 중복되는 때에는 중복되는 범위 내에서 흡수되고, 그중 가장 다액인 청구의 가액을 소가로 한다(민사소송등인지규칙 제20조 - 선택적, 예비적 병합).

ㄹ. (O) 예비적 병합의 경우에는 수 개의 청구가 하나의 소송절차에 불가분적으로 결합되어 있기 때문에 주위적 청구를 먼저 판단하지 않고 예비적 청구만을 인용하거나 주위적 청구만을 배척하고 예비적 청구에 대하여 판단하지 않는 등의 일부판결은 예비적 병합의 성질에 반하는 것으로서 법률상 허용되지 않

는다. 그런데도 주위적 청구를 배척하면서 예비적 청구에 대하여 판단하지 않은 판결을 한 경우에는 그 판결에 대한 상소가 제기되면 판단이 누락된 예비적 청구 부분도 상소심으로 이심이 되고 그 부분이 재판의 누락에 해당하여 원심에 계속 중이라고 볼 것은 아니다. 이러한 법리는 부진정 예비적 병합의 경우에도 달리 볼 이유가 없다(대법원 2021.05.07. 선고 2020다292411 판결). 정답 ⑤

21. 청구의 변경에 관한 설명으로 옳은 것은? (다툼이 있는 경우 판례에 의함) [2023년 10월 모의]

① 피고가 청구의 변경에 동의하거나 이의 없이 응소하더라도 '청구 기초의 동일성' 요건을 갖추지 않았다면 청구의 변경은 허용되지 아니한다.
② 구 청구를 취하한다는 명백한 표시 없이 원고가 교환적 변경을 한 경우에 신 청구가 부적법하여 법원의 판단을 받을 수 없다 하더라도, 그 교환적 변경은 당사자의 의사에 의한 것이므로 적법하다.
③ 당사자가 구 청구를 취하한다는 명백한 의사표시 없이 신 청구로 변경하는 등으로 그 변경 형태가 불분명할 경우 사실심 법원은 청구변경의 취지가 무엇인지에 관하여 석명할 의무가 있다.
④ 항소심뿐만 아니라 상고심에서도 청구를 변경할 수 있다.
⑤ 청구취지와 청구원인의 변경은 반드시 서면에 의하여야 한다.

해설

① (X) 청구의 변경에 대하여 상대방이 지체 없이 이의하지 아니하고 변경된 청구에 관한 본안의 변론을 한 때에는 상대방은 더 이상 그 청구 변경의 적법 여부에 대하여 다투지 못한다(대법원 2011.02.24. 선고 2009다33655 판결).
② (X) 구 청구를 취하한다는 명백한 표시가 없이 신 청구를 한 경우에 신 청구가 부적법하여 법원의 판단을 받을 수 없는 청구인 경우까지도 구 청구가 취하되는 교환적 변경이라고 볼 수는 없다(대법원 1975.05.13. 선고 73다1449 판결).
③ (O) 당사자가 구 청구를 취하한다는 명백한 의사표시 없이 새로운 청구로 변경하는 등으로 그 변경형태가 불명할 경우에는 사실심법원으로서는 과연 청구변경의 취지가 무엇인가 즉 교환적인가 또는 추가적인가의 점에 대하여 석명으로 이를 밝혀볼 의무가 있다(대법원 2021.01.14. 선고 2020다260117 판결).
④ (X) 상고심에서는 사실에 관한 주장을 전제로 하는 청구취지 및 청구원인의 정정이나 변경은 허용되지 아니한다(대법원 1997.12.12. 선고 97누12235 판결).
⑤ (X) 청구취지의 변경은 서면에 의하여 하여야 하나(민소법 제262조 제2항), 청구원인의 변경은 반드시 서면에 의할 필요는 없고 구술로 변경하여도 무방하다(대법원 1965.04.06. 선고 65다170 판결). 정답 ③

22. 항소심에서의 반소제기에 관한 설명 중 옳지 않은 것은? (다툼이 있는 경우 판례에 의함) [2024년 08월 모의]

① 항소심에서 반소는 상대방의 심급의 이익을 해할 우려가 없는 경우 또는 상대방의 동의를 받은 경우에 제기할 수 있다.
② 반소청구의 기초를 이루는 실질적인 쟁점이 제1심에서 본소의 청구원인 또는 방어방법과 관련하여 충분히 심리되었다면, 상대방의 심급의 이익을 해할 우려가 없으므로 상대방의 동의 없이도 항소심에서의 반소제기가 허용된다.
③ 상대방이 이의를 제기하지 않고 반소의 본안에 관하여 변론한 때에는 반소제기에 동의한 것으로 보는데, 항소심에서 피고가 반소장을 진술한 데 대하여 원고가 "반소기각 답변"을 한 것만으로도 반소제기에 동의한 것으로 볼 수 있다.
④ 항소심에서도 반소청구의 기초가 바뀌지 아니하고 소송절차를 현저히 지연시키는 경우가 아니라

면 반소원고는 반소피고의 동의 없이도 예비적 반소청구를 추가할 수 있다.
⑤ 피고가 본소에 대한 추후보완항소를 하면서 항소심에서 비로소 반소를 제기한 경우에 추후보완항소가 부적법 각하되면 반소도 소멸한다.

해 설

① (O), ④ (O)
1) 항소심에서의 반소제기는 민소법 제412조가 추가적으로 규정한다. 반소의 일반규정인 민소법 제269조에 더해서 추가적인 요건을 정한 것이다. 상대방의 심급의 이익을 보장하기 위함이다. 반소는 소송절차를 현저히 지연시키지 아니하는 경우에만 사실심인 항소심 변론종결시까지 제기할 수 있지만(민소법 제269조 제1항 본문), 항소심에서의 반소제기는 ⓐ 상대방의 심급의 이익을 해할 우려가 없는 경우 또는 ⓑ 상대방의 동의를 받은 경우에 한한다.
2) 피고는 소송절차를 현저히 지연시키지 아니하는 경우에만 변론을 종결할 때까지 본소가 계속된 법원에 반소를 제기할 수 있다. 다만, 소송의 목적이 된 청구가 다른 법원의 관할에 전속되지 아니하고 본소의 청구 또는 방어의 방법과 서로 관련이 있어야 한다(민소법 제269조 제1항). 반소는 상대방의 심급의 이익을 해할 우려가 없는 경우 또는 상대방의 동의를 받은 경우에 제기할 수 있다. 상대방이 이의를 제기하지 아니하고 반소의 본안에 관하여 변론을 한 때에는 반소제기에 동의한 것으로 본다(민소법 제412조 제1,2항).

② (O) 형식적으로 확정된 제1심판결에 대한 피고의 항소추완신청이 적법하여 해당 사건이 항소심에 계속된 경우 그 항소심은 다른 일반적인 항소심과 다를 바 없다. 따라서 원고와 피고는 형식적으로 확정된 제1심판결에도 불구하고 실기한 공격·방어방법에 해당하지 아니하는 한 자유로이 공격 또는 방어방법을 행사할 수 있고, 나아가 피고는 상대방의 심급의 이익을 해할 우려가 없는 경우 또는 상대방의 동의를 받은 경우에는 반소를 제기할 수도 있다. 여기서 '상대방의 심급의 이익을 해할 우려가 없는 경우'라고 함은 반소청구의 기초를 이루는 실질적인 쟁점이 제1심에서 본소의 청구원인 또는 방어방법과 관련하여 충분히 심리되어 상대방에게 제1심에서의 심급의 이익을 잃게 할 염려가 없는 경우를 말한다(대법원 2013.01.10. 선고 2010다75044 판결).

③ (X) 항소심에서 피고가 반소장을 진술한 데 대하여 <u>원고가 "반소기각 답변"을 한 것만으로는 민소법 제382조 제2항(현행 제412조) 소정의 "이의없이 반소의 본안에 관하여 변론을 한 때"에 해당한다고 볼 수 없다</u>(대법원 1991.03.27. 선고 91다1783 판결).

⑤ (O) 피고가 본소에 대한 추완항소를 하면서 항소심에서 비로소 반소를 제기한 경우에 항소가 부적법 각하되면 반소도 소멸한다(대법원 2003.06.13. 선고 2003다16962 판결). 판시의 '반소의 소멸'이란 소송종료를 의미한다.

정답 ③

23. 청구의 병합에 관한 설명 중 옳지 않은 것은? (다툼이 있는 경우 판례에 의함) [2024년 10월 모의]

① 예비적 병합에서 주위적 청구를 기각하고 예비적 청구를 인용한 판결에 대하여 피고만 항소한 경우에, 피고는 항소심에서 주위적 청구를 인낙하여 소송을 종료시킬 수 있으며, 이 경우 예비적 청구에 관하여는 심판할 필요가 없다.
② 항소심에서 원고가 종전의 청구를 주위적 청구로 하고 예비적 청구를 추가한 경우에 피고가 예비적 청구만을 인낙하는 것은 허용되지 아니하며 그 인낙을 한 취지가 조서에 기재되더라도 인낙의 효력이 발생하지 아니한다.
③ 채권자가 본래적 급부청구에다가 이에 대신할 전보배상을 부가하여 대상청구를 병합하여 소구한 경우, 대상청구는 본래적 급부청구권이 현존함을 전제로 이것이 판결확정 전에 이행불능되거나 또는 판결확정 후에 집행불능이 되는 경우에 대비하여 전보배상을 미리 청구하는 경우로서 양자의 병합

은 단순병합에 속하는 것으로 허용된다.
④ 논리적으로 양립할 수 있는 수개의 청구라고 하더라도 수개의 청구 사이에 논리적 관계가 밀접하고 심판의 순위를 붙여 청구할 합리적 필요성이 있는 경우에는 당사자가 붙인 순위에 따라서 당사자가 먼저 구하는 청구를 심리하여 이유가 없으면 다음 청구를 심리하는 이른바 부진정 예비적 병합 청구의 소도 허용된다.
⑤ 성질상 선택적 관계에 있는 부진정 예비적 병합에서 법원이 주위적 청구를 배척하면서 예비적 청구에 대하여 판단하지 않은 경우에 그 예비적 청구 부분은 재판의 누락에 해당하여 원심에 계속 중이라고 볼 것이므로 원심법원이 추가판결을 하여야 한다.

해설

① (○) 제1심 법원이 원고의 주위적 청구와 예비적 청구를 병합심리한 끝에 주위적 청구는 기각하고 예비적 청구만을 인용하는 판결을 선고한 데 대하여 피고만 항소를 하더라도, 항소의 제기에 의한 이심의 효력은 피고의 불복신청의 범위와는 관계없이 사건 전부에 미쳐 주위적 청구에 관한 부분도 항소심에 이심되는 것이므로, 피고가 항소심의 변론에서 원고의 주위적 청구를 인낙하여 그 인낙이 조서에 기재되면 그 조서는 확정판결과 동일한 효력이 있는 것이고, 따라서 그 인낙으로 인하여 주위적 청구의 인용을 해제조건으로 병합심판을 구한 예비적 청구에 관하여는 심판할 필요가 없어 사건이 그대로 종결되는 것이다(대법원 1992.06.09. 선고 92다12032 판결).

② (○) 원심에서 추가된 청구가 종전의 주위적 청구가 인용될 것을 해제조건으로 하여 청구된 것임이 분명하다면, 원심으로서는 종전의 주위적 청구의 당부를 먼저 판단하여 그 이유가 없을 때에만 원심에서 추가된 예비적 청구에 관하여 심리판단할 수 있고, 위 추가된 예비적 청구만을 분리하여 심리하거나 일부판결을 할 수 없으며, 피고로서도 위 추가된 예비적 청구에 관하여만 인낙을 할 수도 없고, 가사 인낙을 한 취지가 조서에 기재되었다 하더라도 그 인낙의 효력이 발생하지 아니한다(대법원 1995.07.25. 선고 94다6 2017 판결).

③ (○) 채권자가 본래적 급부청구에다가 이에 대신할 전보배상을 부가하여 대상청구를 병합하여 소구한 경우의 대상청구는 본래적 급부청구의 현존함을 전제로 하여 이것이 판결확정 후에 이행불능 또는 집행불능이 된 경우에 대비하여 전보배상을 미리 청구하는 경우로서 양자의 경합은 현재의 급부청구와 장래의 급부청구와의 단순병합에 속한다 할 것이고 이 경우의 대상금액의 산정시기는 사실심 변론의 종결당시의 본래적 급부의 가격을 기준으로 산정하여야 한다(대법원 1975.07.22. 선고 75다450 판결).

④ (○) 청구의 예비적 병합은 논리적으로 양립할 수 없는 수 개의 청구에 관하여 주위적 청구의 인용을 해제조건으로 예비적 청구에 대하여 심판을 구하는 형태의 병합이다. 그러나 논리적으로 양립할 수 있는 수 개의 청구라고 하더라도, 주위적으로 재산상 손해배상을 청구하면서 그 손해가 인정되지 않을 경우에 예비적으로 같은 액수의 정신적 손해배상을 청구하는 것과 같이 수 개의 청구 사이에 논리적 관계가 밀접하고, 심판의 순위를 붙여 청구를 할 합리적 필요성이 있다고 인정되는 경우에는, 당사자가 붙인 순위에 따라서 당사자가 먼저 구하는 청구를 심리하여 이유가 없으면 다음 청구를 심리하는 이른바 부진정 예비적 병합 청구의 소도 허용된다(대법원 2021.05.07. 선고 2020다292411 판결).

⑤ (×) 예비적 병합의 경우에는 수 개의 청구가 하나의 소송절차에 불가분적으로 결합되어 있기 때문에 주위적 청구를 먼저 판단하지 않고 예비적 청구만을 인용하거나 주위적 청구만을 배척하고 예비적 청구에 대하여 판단하지 않는 등의 일부판결은 예비적 병합의 성질에 반하는 것으로서 법률상 허용되지 않는다. 그런데도 주위적 청구를 배척하면서 예비적 청구에 대하여 판단하지 않은 판결을 한 경우에는 그 판결에 대한 상소가 제기되면 판단이 누락된 예비적 청구 부분도 상소심으로 이심이 되고 그 부분이 재판의 누락에 해당하여 원심에 계속 중이라고 볼 것은 아니다. 이러한 법리는 부진정 예비적 병합의 경우에도 달리 볼 이유가 없다(대법원 2021.05.07. 선고 2020다292411 판결).

정답 ⑤

24. 원고 甲은 피고 乙을 상대로 한 소송의 제1심 법원 제1회 변론기일에서 "이 건 소장을 통해 명의신탁을 해지하고 이를 원인으로 피고 명의의 이전등기의 말소를 구한다."는 내용이 기재된 소장을 진술하였다. 이후 제2회 변론기일에서 甲이 "주위적으로 명의신탁해지를 원인으로 한 소유권이전등기절차의 이행을 구하고 예비적으로 등기의 원인무효를 이유로 말소등기절차의 이행을 구한다."고 구두로 청구취지 및 청구원인의 변경을 구하는 진술을 하였다. 다음의 설명 중 옳지 않은 것은? (다툼이 있는 경우 판례에 의함)

[2019년 08월 모의]

① 서면에 의하지 아니한 청구취지의 변경을 하였다면 잘못이지만 이에 대하여 상대방이 지체없이 이의를 하지 않았다면 소송절차에 관한 이의권의 상실로 그 잘못은 치유된다.
② 예비적 병합에 있어서 예비적 청구는 주위적 청구가 인용되는 것을 해제조건으로 하는 것이므로 법원의 심판순서는 당사자가 청구한 심판의 순서에 구속을 받는다.
③ 제1심 법원이 주위적 청구를 기각하였으나 예비적 청구에 대하여 판단하지 않은 경우 그 제1심 법원의 판결에 대한 상소가 제기되면 예비적 청구 부분은 재판의 누락에 해당하여 제1심 법원에 계속 중이다.
④ 주위적 청구와 동일한 목적물에 관하여 동일한 청구원인을 내용으로 하면서 주위적 청구를 양적이나 질적으로 일부 감축하여 하는 예비적 청구는 주위적 청구에 흡수되는 것일 뿐 소송상의 예비적 청구라고 할 수 없다.
⑤ 甲은 제2회 변론기일에서 예비적 병합을 하지 아니하고 명의신탁해지를 원인으로 한 소유권이전등기절차의 이행청구에서 원인무효를 이유로 한 말소등기절차의 이행청구로 교환적 변경을 할 수 있다.

해설

① (○) 청구취지의 변경은 서면으로 신청하여야 하므로 서면에 의하지 아니한 청구취지의 변경은 잘못이나 이에 대하여 상대방이 지체없이 이의하지 않았다면 책임권의 상실로 그 잘못은 치유된다(대법원 1990.12.26. 선고 90다4686 판결).
② (○) 청구의 예비적 병합에 있어서 예비적 청구는 주위적 청구가 인용되는 것을 해제조건으로 하는 것이므로 법원의 심판순서는 당사자가 청구한 심판의 순서에 구속을 받게 된다(대법원 1993.03.23. 선고 92다51204 판결).
③ (×) 예비적 병합의 경우에는 수 개의 청구가 하나의 소송절차에 불가분적으로 결합되어 있기 때문에 주위적 청구를 먼저 판단하지 않고 예비적 청구만을 인용하거나 주위적 청구만을 배척하고 예비적 청구에 대하여 판단하지 않는 등의 일부판결은 예비적 병합의 성질에 반하는 것으로서 법률상 허용되지 아니하며, 그럼에도 불구하고 주위적 청구를 배척하면서 예비적 청구에 대하여 판단하지 아니하는 판결을 한 경우에는 그 판결에 대한 상소가 제기되면 판단이 누락된 예비적 청구 부분도 상소심으로 이심이 되고 그 부분이 재판의 탈루에 해당하여 원심에 계속 중이라고 볼 것은 아니다(대법원 2000.11.16. 선고 98다22253 판결). 즉, 판례는 사안과 같은 경우 재판의 누락이 아니라 판단누락으로 보고 있다.
④ (○) 예비적 청구는 주위적 청구와 서로 양립할 수 없는 관계에 있어야 하므로, 주위적 청구와 동일한 목적물에 관하여 동일한 청구원인을 내용으로 하면서 주위적 청구를 양적·질적으로 일부 감축하여 하는 청구는 주위적 청구에 흡수되는 것일 뿐 소송상 예비적 청구라고 할 수 없다(대법원 2017.10.31. 선고 2015다65042 판결).
⑤ (○) 원고가 토지에 대한 피고 명의의 소유권이전등기가 명의신탁에 의한 것임을 전제로 명의신탁해지를 원인으로 한 소유권이전등기절차의 이행을 구하는 청구를 하였다가 같은 토지에 대한 피고 명의의 소유권이전등기가 원인무효의 등기임을 전제로 그 말소를 구하는 청구로 교환적인 변경을 하는 것은 위 양 청구가 동일한 생활사실 또는 경제적 이익에 관한 분쟁에 있어서 그 해결을 위한 법률적 구성만을 달리하고 있음에 불과하여 청구의 기초에 변경이 있다고 할 수 없다(대법원 1987.10.13. 선고 87다카1093 판결).

정답 ③

25. 甲은 乙에 대하여 A채권을 가지고 있는데 乙에 대하여 담보제공을 요구하였고, 이에 乙은 丙에게 부탁하여 丙과 병존적(중첩적) 채무인수계약을 체결하였으며, 甲도 이에 동의하였다. 다음 설명 중 옳은 것은? (다툼이 있는 경우 판례에 의함) [2023년 08월 모의]

① 甲이 丙을 상대로 A채무의 이행을 구하는 소를 제기하여 소송계속 중, 丙이 甲을 상대로 "乙의 甲에 대한 채무가 존재하지 않음을 확인한다."라는 청구취지로 소(후소)를 제기하였다면 후소는 중복소송에 해당한다.

② 甲이 丙을 상대로 A채무의 이행을 구하는 소를 제기하자 丙이 甲을 상대로 "乙의 甲에 대한 채무가 존재하지 않음을 확인한다."라는 청구취지로 반소를 제기하였다면 반소는 확인의 이익이 인정되지 않는다.

③ 甲이 乙과 丙을 공동피고로 하여 A채무의 이행을 구하는 소를 제기한다면 법원은 판결결과에 모순이 발생하지 않도록 필수적 공동소송에 준하여 심리, 판단하여야 한다.

④ 甲이 乙을 상대로 A채무의 이행을 구하는 소를 제기하여 승소판결을 선고받고 확정되었는데 丙이 그 사실심 변론종결 후에 A채무에 관한 병존적(중첩적) 채무인수계약을 체결한 것이라면 甲은 그 승소 확정판결에 승계집행문을 부여받아 丙의 재산에 강제집행을 할 수 있다.

⑤ 甲이 乙을 상대로 A채무의 이행을 구하는 소를 제기하여 그 소송계속 중에 丙이 A채무에 관하여 병존적(중첩적) 채무인수 계약을 체결하였다면 甲은 인수승계신청을 통해 丙을 공동피고로 삼을 수 있다.

해설

① (×)
1) 채권자가 채무인수자를 상대로 제기한 채무이행청구소송(전소)과 채무인수자가 채권자를 상대로 제기한 원래 채무자의 채권자에 대한 채무부존재확인소송(후소)은 그 청구취지와 청구원인이 서로 다르므로 중복제소에 해당하지 않는다. 채무인수자를 상대로 한 채무이행청구소송이 계속 중, 채무인수자가 별소로 그 채무의 부존재 확인을 구하는 것은 소의 이익이 없다(대법원 2001.07.24. 선고 2001다22246 판결).
2) 전소의 소송물은 '甲의 丙에 대한 A채권상 청구권의 존부'이고, 후소의 소송물은 '甲의 乙에 대한 A채권상 청구권의 존부'이므로 소송물이 다르므로 중복제소에 해당하지 않는다. 다만, 甲이 채무이행을 구하고 있는 전소가 소송계속 중이라면 丙은 전소 소송절차에서 甲이 A채권을 가지고 있지 않음을 다툴 수 있으므로, 이와는 별도로 丙이 甲을 상대로 제기한 채무부존재확인의 소(후소)는 확인이 없어 부적법하다.

③ (×)
1) 병존적 채무인수에서 인수인이 채무자의 부탁 없이 채권자와의 계약으로 채무를 인수하는 것은 매우 드문 일이므로 채무자와 인수인은 통상 주관적 공동관계가 있는 연대채무관계에 있고, 인수인이 채무자의 부탁을 받지 아니하여 주관적 공동관계가 없는 경우에는 부진정연대관계에 있는 것으로 보아야 한다(대법원 2009.08.20. 선고 2009다32409 판결).
2) 연대채무자, 부진정연대채무자들에 대한 청구는 통상공동소송이다.

④ (×) 민집법 제31조 제1항에서 "집행문은 판결에 표시된 채권자의 승계인을 위하여 내어 주거나 판결에 표시된 채무자의 승계인에 대한 집행을 위하여 내어 줄 수 있다."라고 규정하고 있는데, 중첩적 채무인수는 당사자의 채무는 그대로 존속하며 이와 별개의 채무를 부담하는 것에 불과하므로 새로 채무의 이행을 소구하는 것은 별론으로 하고 판결에 표시된 채무자에 대한 판결의 기판력 및 집행력의 범위를 채무자 이외의 자에게 확장하여 승계집행문을 부여할 수는 없으나, 채무자의 채무를 소멸시켜 당사자인 채무자의 지위를 승계하는 이른바 면책적 채무인수는 위 조항에서 말하는 승계인에 해당한다(대법원 201

6.05.27. 선고 2015다21967 판결).
⑤ (×) 소송승계 여부는 기판력과 동일하게 판단하므로, 소송물 승계인에 해당하지 않아 인수승계신청은 기각된다. 다만, 면책적 채무인수계약을 체결하였다면 인수승계 신청은 적법하다. **정답** ②

26. 청구의 변경에 관한 설명 중 옳지 않은 것은? (다툼이 있는 경우 판례에 의함) [2024년 06월 모의]

① 사해행위취소소송 계속 중에 원고가 피보전권리를 대여금채권에서 물품대금채권으로 변경하는 것은 청구의 변경에 해당하지 않는다.
② 甲이 乙을 상대로 매매대금지급 청구의 소를 제기하였다가 이행불능을 이유로 한 손해배상청구로 교환적으로 변경하였음에도 제1심 법원이 매매대금지급청구에 대해서만 기각하는 판결을 하고 손해배상청구에 대해서는 판단하지 않은 경우, 甲이 항소하였다면 항소심 법원은 매매대금지급청구에 대해서는 소송종료선언을 하고 손해배상청구에 대해서는 심리하여 판결하여야 한다.
③ 甲이 乙을 상대로 토지인도청구의 소를 제기하였다가 제1심에서 청구기각판결을 선고받고 항소하여 항소심에서 차임 상당의 부당이득반환청구를 추가하였는데, 항소심 법원이 甲의 두 청구가 모두 이유 없다고 판단하면서도 '甲의 항소를 기각한다'는 판결주문만을 표시한 경우, 甲이 위 부당이득반환청구 부분에 대하여 한 상고는 부적법하다.
④ 원고가 5,000만 원의 대여금을 청구하자 피고가 본안에 관하여 응소하여 다투던 중 원고가 청구금액을 3,000만 원으로 감축하려고 하는 경우, 피고의 동의를 받아야 한다.
⑤ 제1심 소송 계속 중 청구변경이 이루어진 경우, 변경된 청구로 인한 시효중단·기간준수의 효과는 소를 제기한 때가 아니라 청구변경신청서가 제출된 때에 발생한다.

해설

① (○) 채권자가 사해행위의 취소를 청구하면서 그 보전하고자 하는 채권을 추가하거나 교환하는 것은 그 사해행위취소권을 이유 있게 하는 공격방법에 관한 주장을 변경하는 것일 뿐이지 소송물 또는 청구 자체를 변경하는 것이 아니므로 소의 변경이라 할 수 없다(대법원 2003.05.27. 선고 2001다13532 판결). 따라서 피보전채권을 추가하거나 변경하는 것은 소의 변경(민소법 제262조)에 해당하지 않으므로 사해행위취소의 소의 제척기간 준수여부를 판단하는 데 영향이 없다.
② (×), ③ (○)
1) 소의 교환적 변경은 신청구의 추가적 병합과 구청구의 취하의 결합형태로 볼 것이다(대법원 1987.06.09. 선고, 86다카2600 판결).
2) 법원이 청구의 일부에 대하여 재판을 누락한 경우에 그 청구 부분에 대하여는 그 법원이 계속하여 재판한다(민소법 제212조 제1항).
3) 청구의 교환적 변경이 적법하게 있었음에도 원심법원이 신청구에 대하여 재판을 하지 않고, 구청구에 대해서만 재판을 한 경우 이것은 취하되어 더이상 심판대상이 아닌 소송물(구청구)에 대하여 판단한 것이어서 위법하다. 상소법원은 ⓐ 원심판결을 취소·파기하고 ⓑ 구청구에 대하여 청구의 변경 시에 소송이 종료되었다는 취지의 소송종료선언을 한다. ⓒ 신청구는 재판을 누락이 되어 상소심으로 이심되지 않은 채 원심법원에 소송계속 중인 상태(민소법 제212조 제1항)이므로 원심법원이 신청구에 대하여 추가판결을 하여야 한다.
4) 비교(항소심에서 청구의 교환적 변경이 있는 경우) : 항소심에서 청구의 교환적 변경이 적법하게 이루어지면, 청구의 교환적 변경에 따라 항소심의 심판대상이었던 제1심판결이 실효되고 항소심의 심판대상은 새로운 청구로 바뀐다. 이러한 경우 항소심은 제1심판결이 있음을 전제로 한 항소각하 판결을 할 수 없고, 사실상 제1심으로서 새로운 청구의 당부를 판단하여야 한다(대법원 2018.05.30. 선고 2017다21411

5) ⓐ 구청구는 항소심에서 취하된 것이고 재소금지의 효력을 받는다. ⓑ 항소심은 신청구에 대해서 사실상 제1심으로서 판결하게 된다. ⓒ 항소심에 이르러 소가 추가적으로 변경된 경우와 소가 교환적으로 변경된 경우에는 항소심은 신 청구에 대하여 재판하여야 하고, 위 두 경우에 제1심이 원고의 청구를 기각하였고, 항소심이 추가된 신 소와 교환적으로 변경된 신 청구를 기각할 경우라 하더라도 '원고의 청구를 기각한다'는 주문 표시를 하여야 하고, '항소를 기각한다'는 주문 표시를 하여서는 아니된다 (대법원 1997.06.10. 선고 96다25449 판결).

④ (O)
1) 소는 판결이 확정될 때까지 그 전부나 일부를 취하할 수 있다. 소의 취하는 상대방이 본안에 관하여 준비서면을 제출하거나 변론준비기일에서 진술하거나 변론을 한 뒤에는 상대방의 동의를 받아야 효력을 가진다(민소법 제266조 제1,2항).
2) 소송상 청구금액을 감축한다는 것은 소의 일부취하를 뜻한다. 소취하에 대한 피고의 동의 및 동의의 거절은 반드시 명시적으로 하여야 하는 것은 아니며 묵시적으로 하여도 무방하다(대법원 1993.09.14. 선고 93누9460 판결).

⑤ (O) 시효의 중단 또는 법률상 기간을 지킴에 필요한 재판상 청구는 소를 제기한 때 또는 제260조 제2항(피고경정신청서의 제출)·제262조 제2항(청구변경신청서의 제출) 또는 제264조 제2항(중간확인의 소 소장의 제출)의 규정에 따라 서면을 법원에 제출한 때에 그 효력이 생긴다(민소법 제265조).   정답 ②

27. 반소에 관한 설명 중 옳지 않은 것은? (다툼이 있는 경우 판례에 의함) [2024년 06월 모의]

① 甲의 乙에 대한 점유권에 기한 점유회수의 본소에 대하여 乙이 甲의 본소청구 인용에 대비하여 본권에 기한 인도를 구하는 예비적 반소를 제기한 경우, 甲의 점유권을 乙이 침탈한 사실, 乙에게 본권이 있는 사실이 인정된다면 법원은 본소청구와 예비적 반소청구를 모두 인용하여야 한다.

② 피고가 원고의 본소청구가 인용될 것을 조건으로 예비적 반소를 제기하였는데, 제1심 법원이 소의 이익이 없음을 이유로 본소와 예비적 반소를 모두 각하하자 이에 대하여 원고만이 본소 각하 부분에 대하여 항소하고 항소심 법원이 이를 인용하고자 하는 경우, 피고의 불복이 없는 예비적 반소 각하 부분은 항소심의 심판대상이 될 수 없다.

③ 반소를 제기하려면 본소 소송이 계속 중이어야 하지만, 반소 제기 후 본소가 취하·각하되거나 청구 포기·인낙 등으로 본소의 소송계속이 소멸하여도 예비적 반소가 아닌 한 반소의 존속에는 영향이 없다.

④ 원고가 피고를 상대로 교통사고와 관련한 손해배상채무의 부존재확인을 구하는 소를 제기하였는데 피고가 그 후에 그 손해배상채무의 이행을 구하는 반소를 제기한 경우, 원고의 본소는 피고의 반소청구 기각을 구하는 의미밖에 없다고 하더라도 확인의 이익이 소멸하여 부적법하게 된다고 볼 수는 없다.

⑤ 甲이 乙을 상대로 부동산에 관한 소유권확인의 소를 제기하였는데 소송계속 중 丙이 자신이 위 부동산의 소유자임을 주장하여 甲과 乙을 상대로 독립당사자참가를 한 경우에, 甲이나 乙은 위 부동산을 점유하고 있는 丙을 상대로 소유권에 기한 부동산 인도청구의 반소를 제기할 수 있다.

해설

① (O) 점유권을 기초로 한 본소에 대하여 본권자가 본소청구의 인용에 대비하여 본권에 기초한 장래이행의 소로서 예비적 반소를 제기하고 양 청구가 모두 이유 있는 경우, 법원은 점유권에 기초한 본소와 본

권에 기초한 예비적 반소를 모두 인용해야 하고 점유권에 기초한 본소를 본권에 관한 이유로 배척할 수 없다. 이러한 법리는 점유를 침탈당한 자가 점유권에 기한 점유회수의 소를 제기하고, 본권자가 그 점유회수의 소가 인용될 것에 대비하여 본권에 기초한 장래이행의 소로서 별소를 제기한 경우에도 마찬가지로 적용된다(대법원 2021.03.25. 선고 2019다208441 판결).

② (✕) 피고의 예비적 반소는 본소청구가 인용될 것을 조건으로 심판을 구하는 것으로서 제1심이 원고의 본소청구를 배척한 이상 피고의 예비적 반소는 제1심의 심판대상이 될 수 없는 것이고, 피고가 제1심에서 각하된 반소에 대하여 항소를 하지 아니하였다는 사유만으로 이 사건 예비적 반소가 원심의 심판대상으로 될 수 없는 것은 아니라고 할 것이고, 따라서 원심으로서는 원고의 항소를 받아들여 원고의 본소청구를 인용한 이상 피고의 예비적 반소청구를 심판대상으로 삼아 이를 판단하였어야 한다(대법원 2006.06.29. 선고 2006다19061 판결).

③ (○) ⓐ 반소가 적법히 제기된 이상 그 후 본소가 취하되더라도 반소의 소송계속에는 아무런 영향이 없다. ⓑ 나아가, 본소는 취하되고 반소만이 진행 중인 반소의 항소심 소송절차에 있어서도 청구의 기초에 변경이 없는 한 청구의 교환적 변경을 할 수 있다(대법원 1970.09.22. 선고 69다446 판결).

④ (○) 소송요건을 구비하여 적법하게 제기된 본소가 그 후에 상대방이 제기한 반소로 인하여 소송요건에 흠결이 생겨 다시 부적법하게 되는 것은 아니므로, 원고가 피고에 대하여 손해배상채무의 부존재확인을 구할 이익이 있어 본소로 그 확인을 구하였다면, 피고가 그 후에 그 손해배상채무의 이행을 구하는 반소를 제기하였다 하더라도 그러한 사정만으로 본소청구에 대한 확인의 이익이 소멸하여 본소가 부적법하게 된다고 볼 수는 없다(대법원 1999.06.08. 선고 99다17401 판결).

⑤ (○)
1) 독립당사자참가의 소의 상대방 당사자가 되는 원고나 피고는 참가인을 상대로 반소를 제기할 수 있다(대법원 1969.05.13. 선고 68다656 판결).
2) 독립당사자참가는 소송 계속 중의 소제기의 일종이다. 따라서 ⓐ 독립당사자신청은 소제기의 효과인 시효중단·기간준수의 효과가 있다. ⓑ 독립당사자참가에 의하여 상대방 당사자가 되는 원·피고는 독립당사자참가인을 상대로 반소를 제기할 수도 있다.

정답 ②

28. 보험회사 甲은, 乙이 적정입원일수를 초과하여 입원한 기간에 관한 보험금 4천만 원을 수령하였음을 이유로, 乙을 상대로 불법행위를 원인으로 한 손해배상청구와 부당이득반환청구를 선택적으로 구하였다. 제1심법원은 그중 불법행위를 원인으로 한 손해배상청구 부분을 인용하여 원고승소판결을 선고하였고, 이에 乙이 항소하였다. 항소심에서 甲은 위 각 청구 부분에 관하여 주위적으로 부당이득반환청구를, 예비적으로 불법행위를 원인으로 한 손해배상청구를 하는 것으로 병합의 형태를 달리하여 청구하였다. 이 사안과 관련된 다음 설명 중 옳지 않은 것을 모두 고른 것은? [2024년 08월 모의]

ㄱ. 판례에 따르면 불법행위를 원인으로 한 손해배상청구와 부당이득반환청구는 양립할 수 없으므로 甲은 소제기 당시부터 예비적 병합 형태로 소를 제기했어야 한다.
ㄴ. 항소심법원이 주위적 청구로 변경된 부당이득반환청구 부분을 먼저 심리하여 그 청구가 이유 있는 경우, 판례에 따르면 제1심판결을 취소하고 새로이 청구를 인용하는 주문을 선고하여야 한다.
ㄷ. 위 ㄴ의 경우에 학설 중에는 甲이 구하는 소송의 목적이 달성된 점에서 제1심판결과 다를 바 없으므로 항소심법원은 제1심이 인용한 청구와 다른 청구를 인용하여 乙의 항소를 기각할 수 있다는 견해도 있다.
ㄹ. 만일 항소심법원이 부당이득반환청구 부분을 먼저 심리하여 청구를 기각하고 불법행위를 원인으로 한 손해배상청구 부분을 판단하지 않았다면, 이는 하나의 전부판결이 위법한 것으로서 판단누락에 준하여 상고로 시정하여야 한다는 것이 판례의 입장이다.

ㅁ. 위 ㄹ의 항소심판결에 대하여 甲이 상고하지 않아 그대로 확정되었더라도, 이후에 甲은 판단이 누락된 불법행위를 원인으로 한 손해배상청구 부분에 관하여 별소를 제기할 수 있다는 것이 판례의 입장이다.

① ㄴ
② ㄱ, ㄹ
③ ㄴ, ㄷ
④ ㄱ, ㅁ
⑤ ㄹ, ㅁ

해설

㉠ (×) 법률행위가 사기에 의한 것으로서 취소되는 경우에 그 법률행위가 동시에 불법행위를 구성하는 때에는 취소의 효과로 생기는 부당이득반환청구권과 불법행위로 인한 손해배상청구권은 경합하여 병존하는 것이므로, 채권자는 어느 것이라도 선택하여 행사할 수 있지만 중첩적으로 행사할 수는 없다(대법원 1993.04.27. 선고 92다56087 판결). 즉, 양립할 수 있는 청구이다. 따라서 선택적 병합으로 구하는 것이 원칙이다. 예외적으로 논리적으로 양립할 수 있는 수 개의 청구라고 하더라도 수 개의 청구 사이에 논리적 관계가 밀접하고, 심판의 순위를 붙여 청구를 할 합리적 필요성이 있다고 인정되는 경우, 이른바 부진정 예비적 병합 청구의 소가 허용된다는 것이 판례이다(대법원 2021.05.07. 선고 2020다292411 판결). 그러므로, 불법행위를 원인으로 한 손해배상청구와 부당이득반환청구는 양립할 수 없으므로 甲은 소 제기 당시부터 본래적 의미의 예비적 병합 형태로 소를 제기했어야 한다는 선지는 틀린 지문이다.

㉡ (○)
1) 제1심에서 전부 승소한 원고도 항소심 계속중 그 청구취지를 확장·변경할 수 있고, 그것이 피고에게 불리하게 하는 한도 내에서는 부대항소를 한 취지로도 볼 수 있다(대법원 1995.06.30. 선고 94다58261 판결).
2) 원고가 제1심에서 선택적으로 구한 두 개의 청구 중 1개의 청구가 인용되고 피고가 항소한 후, 원고가 항소심에서 병합의 형태를 변경하여 제1심에서 심판되지 않은 청구 부분을 주위적 청구로, 제1심에서 인용된 위 청구 부분을 예비적 청구로 구함에 따라 항소심이 주위적 청구 부분을 먼저 심리하여 그 청구가 이유 있다고 인정하는 경우에는, 비록 결론이 제1심판결의 주문과 동일하더라도 피고의 항소를 기각하여서는 아니 되고 새로이 청구를 인용하는 주문을 선고하여야 한다(대법원 2020.10.15. 선고 2018다229625 판결).

㉢ (○) 정동윤, 유병현, 김경욱 교수님의 견해이다.

㉣ (○) 예비적 병합의 경우에는 수 개의 청구가 하나의 소송절차에 불가분적으로 결합되어 있기 때문에 주위적 청구를 먼저 판단하지 않고 예비적 청구만을 인용하거나 주위적 청구만을 배척하고 예비적 청구에 대하여 판단하지 않는 등의 일부판결은 예비적 병합의 성질에 반하는 것으로서 법률상 허용되지 않는다. 그런데도 주위적 청구를 배척하면서 예비적 청구에 대하여 판단하지 않은 판결을 한 경우에는 그 판결에 대한 상소가 제기되면 판단이 누락된 예비적 청구 부분도 상소심으로 이심이 되고 그 부분이 재판의 누락에 해당하여 원심에 계속 중이라고 볼 것은 아니다. 이러한 법리는 부진정 예비적 병합의 경우에도 달리 볼 이유가 없다(대법원 2021.05.07. 선고 2020다292411 판결).

㉤ (×) 위법한 판결로 인하여 불이익을 받게 된 당사자는 별소를 제기할 필요가 없이 간편하게 그 소송절차 내에서 상소를 통하여 그 분쟁해결을 위한 적정한 판단을 구할 길이 열려져 있으며 또한 소송경제에 맞는 그 방법을 통하여서만 사실심인 하급심판결에 대하여 새로 올바른 판단을 받도록 마련되어 있는 것이기에, 하급심의 판결에 위법한 오류가 있음을 알게 된 당사자가 그를 시정하기 위한 상소절차를 이용할 수 있었음에도 그를 이용하지 아니하고 당연무효 아닌 그 판결을 확정시켰다면 그 판결은 위법한 오류가 있는 그대로 확정됨과 동시에 당사자로서는 그 단계에서 주어진 보다 더 간편한 분쟁해결수단인 상소절차 이용권을 스스로 포기한 것이 되어, 그 후에는 상소로 다투었어야 할 그 분쟁을 별소로 다시 제기하는 것은 특별한 사정이 없는 한, 그의 권리보호를 위한 적법요건을 갖추지 못한 때문에 허용될 수 없다(대법원 2002.09.04. 선고 98다17145 판결).

정답 ④

제2장 다수당사자소송(주관적 병합)

1. 공유에 관한 설명 중 옳지 <u>않은</u> 것은? (다툼이 있는 경우 판례에 의함)   [2019년 06월 모의]

① 공유물분할의 소송절차에서 공유자 사이에 공유토지에 관한 현물분할의 협의가 성립하여 그 합의사항을 조서에 기재함으로써 조정이 성립한 경우, 그 즉시 공유관계가 소멸하는 것은 아니다.
② 공유자 중 한 사람은 공유물에 경료된 원인무효의 등기에 관하여 각 공유자에게 해당 지분별로 진정명의회복을 원인으로 한 소유권이전등기절차의 이행을 단독으로 청구할 수 없다.
③ 토지 공유자 중 한 사람이 다른 공유자 전부를 공동피고로 하여 공유물분할청구의 소를 제기한 경우, 공동피고 중 1인에게 소송요건의 흠이 있으면 전체 소송이 부적법하게 된다.
④ 과반수 지분의 공유자로부터 공유토지 중 특정 부분의 사용·수익을 허락받은 제3자의 점유는 적법한 점유이고, 그 제3자는 소수지분권자에 대하여 부당이득반환의무를 부담하지 않는다.
⑤ 공유토지의 일부에 대하여 취득시효완성을 원인으로 공유자들을 상대로 그 시효취득부분에 대한 소유권이전등기절차의 이행을 청구하는 소송은 필수적 공동소송이 아니다.

해설

① (O) 공유물분할의 소송절차 또는 조정절차에서 공유자 사이에 공유토지에 관한 현물분할의 협의가 성립하여 그 합의사항을 조서에 기재함으로써 조정이 성립하였다고 하더라도, 그와 같은 사정만으로 재판에 의한 공유물분할의 경우와 마찬가지로 그 즉시 공유관계가 소멸하고 각 공유자에게 그 협의에 따른 새로운 법률관계가 창설되는 것은 아니고, 공유자들이 협의한 바에 따라 토지의 분필절차를 마친 후 각 단독소유로 하기로 한 부분에 관하여 다른 공유자의 공유지분을 이전받아 등기를 마침으로써 비로소 그 부분에 대한 대세적 권리로서의 소유권을 취득한다(대법원 2013.11.21. 선고 2011두1917 전합 판결).
② (×) 부동산의 공유자 중 한 사람은 공유물에 대한 보존행위로서 그 공유물에 관한 원인무효의 등기 전부의 말소를 구할 수 있고, 진정명의회복을 원인으로 한 소유권이전등기청구권과 무효등기의 말소청구권은 어느 것이나 진정한 소유자의 등기명의를 회복하기 위한 것으로서 실질적으로 그 목적이 동일하고 두 청구권 모두 소유권에 기한 방해배제청구권으로서 그 법적 근거와 성질이 동일하므로, 공유자 중 한 사람은 공유물에 경료된 원인무효의 등기에 관하여 각 공유자에게 해당 지분별로 진정명의회복을 원인으로 한 소유권이전등기를 이행할 것을 단독으로 청구할 수 있다(대법원 2005.09.29. 선고 2003다40651 판결).
③ (O) 공유물분할청구의 소는 분할을 청구하는 공유자가 원고가 되어 다른 공유자 전부를 공동피고로 하여야 하는 고유필수적 공동소송이다. 공유물분할에 관한 소송계속 중 변론종결일 전에 공유자 중 1인인 甲의 공유지분의 일부가 乙 및 丙 주식회사 등에게 이전된 사안에서, 변론종결 시까지 민소법 제81조에서 정한 승계참가나 민소법 제82조에서 정한 소송인수 등의 방식으로 일부 지분권을 이전받은 자가 소송의 당사자가 되었어야 함에도 그렇지 못하였으므로 위 소송 전부가 부적법하게 되었다고 한 사례(대법원 2014.01.29. 선고 2013다78556 판결).
④ (O) [1] 공유자 사이에 공유물을 사용·수익할 구체적인 방법을 정하는 것은 공유물의 관리에 관한 사항으로서 공유자의 지분의 과반수로써 결정하여야 할 것이고, 과반수 지분의 공유자는 다른 공유자와 사이에 미리 공유물의 관리방법에 관한 협의가 없었다 하더라도 공유물의 관리에 관한 사항을 단독으로

결정할 수 있으므로, 과반수 지분의 공유자가 그 공유물의 특정 부분을 배타적으로 사용·수익하기로 정하는 것은 공유물의 관리방법으로서 적법하다고 할 것이므로, 과반수 지분의 공유자로부터 사용·수익을 허락받은 점유자에 대하여 소수 지분의 공유자는 그 점유자가 사용·수익하는 건물의 철거나 퇴거 등 점유배제를 구할 수 없다.

[2] 과반수 지분의 공유자는 공유자와 사이에 미리 공유물의 관리방법에 관하여 협의가 없었다 하더라도 공유물의 관리에 관한 사항을 단독으로 결정할 수 있으므로 과반수 지분의 공유자는 그 공유물의 관리 방법으로서 그 공유토지의 특정된 한 부분을 배타적으로 사용·수익할 수 있으나, 그로 말미암아 지분은 있으되 그 특정 부분의 사용·수익을 전혀 하지 못하여 손해를 입고 있는 소수지분권자에 대하여 그 지분에 상응하는 임료 상당의 부당이득을 하고 있다 할 것이므로 이를 반환할 의무가 있다 할 것이나, 그 과반수 지분의 공유자로부터 다시 그 특정 부분의 사용·수익을 허락받은 제3자의 점유는 다수지분권자의 공유물관리권에 터잡은 적법한 점유이므로 그 제3자는 소수지분권자에 대하여도 그 점유로 인하여 법률상 원인 없이 이득을 얻고 있다고는 볼 수 없다(대법원 2002.05.14. 선고 2002다9738 판결).

⑤ (O) 토지를 수인이 공유하는 경우에 공유자들의 소유권이 지분의 형식으로 공존하는 것뿐이고, 그 처분권이 공동에 속하는 것은 아니므로 공유토지의 일부에 대하여 취득시효완성을 원인으로 공유자들을 상대로 그 시효취득부분에 대한 소유권이전등기절차의 이행을 청구하는 소송은 필요적 공동소송이라고 할 수 없다(대법원 1994.12.27. 선고 93다32880 판결).

정답 ②

2. 선정당사자에 대한 설명 중 옳지 않은 것은? (다툼이 있는 경우 판례에 의함) [2019년 06월 모의]

① 선정당사자의 선정행위시 심급의 제한에 관한 약정 등이 없는 한 선정의 효력은 소송이 종료에 이르기까지 계속된다.
② 선정당사자는 선정자들로부터 소송수행을 위한 포괄적인 수권을 받은 것으로서 일체의 소송행위는 물론 소송수행에 필요한 사법상의 행위도 할 수 있는 것이고 개개의 소송행위를 함에 있어서 선정자의 개별적인 동의가 필요한 것은 아니다.
③ 선정당사자가 선정자로부터 별도의 수권 없이 변호사 보수에 관한 약정을 하였다면 선정자들이 이를 추인하는 등의 특별한 사정이 없는 한 선정자에 대하여 효력이 없다.
④ 민사소송법에 따라 선정된 여러 당사자 가운데 죽거나 그 자격을 잃은 사람이 있는 경우에는 다른 당사자가 모두를 위하여 소송행위를 한다.
⑤ 선정자가 공동의 이해관계가 없는 자를 선정당사자로 선정하여 선정당사자적격에 흠이 있을 때 그 선정당사자가 청구인낙을 한 경우 대리권에 흠이 있는 것으로 보아 재심으로 다툴 수 있다.

해설

① (O)
1) 공동의 이해관계가 있는 다수자가 당사자를 선정한 경우에는 선정된 당사자는 당해 소송의 종결에 이르기까지 총원을 위하여 소송을 수행할 수 있고, 상소와 같은 것도 역시 이러한 당사자로부터 제기되어야 하는 것이지만, 선정당사자의 선정행위시 심급의 제한에 관한 약정 등이 없는 한 선정의 효력은 소송이 종료에 이르기까지 계속된다(대법원 2003.11.14. 선고 2003다34038 판결).
2) 공동의 이해관계가 있는 다수자가 당사자를 선정한 경우에는 선정된 당사자는 당해 소송의 종결에 이르기까지 총원을 위하여 소송을 수행할 수 있고, 상소와 같은 것도 역시 이러한 당사자로부터 제기되어야 하는 것이지만 당사자 선정은 총원의 합의로써 장래를 향하여 이를 취소, 변경할 수 있는 만큼 당초부터 특히 어떠한 심급을 한정하여 당사자인 자격을 보유하게끔 할 목적으로 선정을 하는 것도 역시 허용된다(대법원 1995.10.05. 자 94마2452 결정).

② (O) 선정당사자는 선정자들로부터 소송수행을 위한 포괄적인 수권을 받은 것으로서 일체의 소송행위는

물론 소송수행에 필요한 사법상의 행위도 할 수 있는 것이고 개개의 소송행위를 함에 있어서 선정자의 개별적인 동의가 필요한 것은 아니다(대법원 2003.05.30. 선고 2001다10748 판결).

③ (O) 선정당사자는 선정자들로부터 소송수행을 위한 포괄적인 수권을 받은 것으로서 일체의 소송행위는 물론 소송수행에 필요한 사법상(私法上)의 행위도 할 수 있는 것이고 개개의 소송행위를 함에 있어서 선정자의 개별적인 동의가 필요한 것은 아니라 할 것이므로, 자신과 선정자들을 위한 공격이나 방어를 위하여 필요한 범위에서 특정한 법률관계에 실체법적 효과를 발생시키는 행위나 변제의 수령 등을 할 수 있다고 할 것이지만, 변호사인 소송대리인과 사이에 체결하는 보수약정은 소송위임에 필수적으로 수반되어야 하는 것은 아니므로 선정당사자가 그 자격에 기한 독자적인 권한으로 행할 수 있는 소송수행에 필요한 사법상의 행위라고 할 수 없다. 따라서 선정당사자가 선정자로부터 별도의 수권 없이 변호사 보수에 관한 약정을 하였다면 선정자들이 이를 추인하는 등의 특별한 사정이 없는 한 선정자에 대하여 효력이 없다고 할 것이며, 뿐더러 그와 같은 보수약정을 하면서 향후 변호사 보수와 관련하여 다투지 않기로 부제소합의를 하거나 약정된 보수액이 과도함을 이유로 선정자들이 제기한 별도의 소송에서 소취하 합의를 하더라도 이와 관련하여 선정자들로부터 별도로 위임받은 바가 없다면 선정자에 대하여 역시 그 효력을 주장할 수 없다(대법원 2010.05.13. 선고 2009다105246 판결).

④ (O) 선정된 여러 당사자 가운데 죽거나 그 자격을 잃은 사람이 있는 경우에는 다른 당사자가 모두를 위하여 소송행위를 하고, 당사자가 될 사람을 선정한 소송에서 선정된 당사자 모두가 자격을 잃거나 죽은 때에 소송절차는 중단된다(민소법 제237조 제2항).

⑤ (×) 다수자 사이에 공동소송인이 될 관계에 있기는 하지만 주요한 공격방어방법을 공통으로 하는 것이 아니어서 공동의 이해관계가 없는 자가 선정당사자로 선정되었음에도 법원이 그러한 선정당사자 자격의 흠을 간과하여 그를 당사자로 한 판결이 확정된 경우, 선정자가 스스로 당해 소송의 공동소송인 중 1인인 선정당사자에게 소송수행권을 수여하는 선정행위를 하였다면 그 선정자로서는 실질적인 소송행위를 할 기회 또는 적법하게 당해 소송에 관여할 기회를 박탈당한 것이 아니므로, 민소법 제451조 제1항 제3호가 정하는 재심사유에 해당하지 않는다(대법원 2007.07.12. 선고 2005다10470 판결). **정답 ⑤**

3. 소송승계에 관한 설명 중 옳은 것은? (다툼이 있는 경우 판례에 따름) [2019년 06월 모의]

① 불법행위로 인한 손해배상책임을 지는 자는 피해자가 다른 공동불법행위자들을 상대로 제기한 손해배상 청구소송에 원고를 위하여 보조참가를 할 수 없다.
② 피고 보조참가인이 상고장을 제출한 경우에 피고에 대한 관계에 있어서 상고기간이 경과하더라도 보조참가인에 대하여 판결정본이 송달된 때로부터 기산하여 상고기간 내의 상고가 된다면 보조참가인의 상고는 적법하다.
③ 보조참가인에게 기일통지서 또는 출석요구서를 송달하지 아니하여 변론의 기회를 부여하지 아니한 채 행하여진 기일의 진행은 적법하다.
④ 기일통지서를 송달받지 못한 보조참가인이 변론기일에 직접 출석하여 변론할 기회를 가졌고, 위 변론 당시 기일통지서를 송달받지 못한 점에 관하여 이의를 하지 아니하였다면, 기일통지를 하지 않은 절차진행상의 흠이 치유된다.
⑤ 피참가인은 보조참가인이 제기한 항소를 포기 또는 취하할 수 없다.

해설

① (×) 불법행위로 인한 손해배상책임을 지는 자는 피해자가 다른 공동불법행위자들을 상대로 제기한 손해배상청구소송의 결과에 대하여 법률상의 이해관계를 갖는다고 할 것이므로, 위 소송에 원고를 위하여 보조참가를 할 수가 있고, 피해자인 원고가 패소판결에 대하여 상소를 하지 않더라도 원고의 상소기간 내라면 보조참가와 동시에 상소를 제기할 수도 있다(대법원 1999.07.09. 선고 99다12796 판결).

② (×) 피고와 피고보조참가인이 공동명의로 상고장을 제출한 경우에 피고보조참가인에 대하여 판결정본이 송달된 때로부터 기산한다면 피고보조참가인 명의로 된 상고제기가 2주 이내에 제기한 것이 된다 하여도 이미 피참가인인 피고에 대한 관계에 있어 상고기간이 경과한 것이라면 피고보조참가인의 상고 역시 상고기간 경과 후의 것임을 면치 못하여 피고와 피고보조참가인의 위 상고는 모두 부적법하다(대법원 1969.08.19. 선고 69다949 판결).

③ (×), ④ (O)
  1) 보조참가인의 소송수행권능은 피참가인으로부터 유래된 것이 아니라 독립의 권능이라고 할 것이므로 피참가인과는 별도로 보조참가인에 대하여도 기일의 통지, 소송서류의 송달 등을 행하여야 하고, 보조참가인에게 기일통지서 또는 출석요구서를 송달하지 아니함으로써 변론의 기회를 부여하지 아니한 채 행하여진 기일의 진행은 적법한 것으로 볼 수 없다(대법원 2007.02.22. 선고 2006다75641 판결).
  2) 참고 : 하자의 치유
     기일통지서를 송달받지 못한 보조참가인이 변론기일에 직접 출석하여 변론할 기회를 가졌고, 위 변론 당시 기일통지서를 송달받지 못한 점에 관하여 이의를 하지 아니하였다면, 기일통지를 하지 않은 절차진행상의 흠이 치유된다(대법원 2007.02.22. 선고 2006다75641 판결).

⑤ (×) 민소법 제76조 제2항은 참가인의 소송행위가 피참가인의 소송행위에 어긋나는 경우에는 참가인의 소송행위는 효력을 가지지 아니한다고 규정하고 있는데, 그 규정의 취지는 피참가인들의 소송행위와 보조참가인들의 소송행위가 서로 어긋나는 경우에는 피참가인의 의사가 우선하는 것을 뜻하므로 피참가인은 참가인의 행위에 어긋나는 행위를 할 수 있고, 따라서 보조참가인들이 제기한 항소를 포기 또는 취하할 수도 있다(대법원 2010.10.14. 선고 2010다38168 판결).

정답 ④

4. 필수적 공동소송에 관한 설명 중 옳은 것을 모두 묶은 것은? (다툼이 있는 경우 판례에 의함)
[2019년 08월 모의]

ㄱ. 소송목적이 공동소송인 모두에게 합일적으로 확정되어야 할 공동소송의 경우에 공동소송인 가운데 한 사람의 소송행위는 모두의 이익을 위하여서만 효력을 가진다.
ㄴ. 고유필수적 공동소송에서는 필수적 공동소송인인 원고들 일부의 소취하 또는 필수적 공동소송인인 피고들 일부에 대한 소취하는 특별한 사정이 없는 한 그 효력이 생기지 않는다.
ㄷ. 고유필수적 공동소송에 있어서는 공동소송인 중 일부가 제기한 상소는 다른 공동소송인에게도 그 효력이 미치는 것이므로 공동소송인 전원에 대한 관계에서 판결의 확정이 차단되고 그 소송은 전체로서 상소심에 이심되며, 상소심판결의 효력은 상소를 하지 아니한 공동소송인에게 미치므로 상소심으로서는 공동소송인 전원에 대하여 심리·판단하여야 한다.
ㄹ. 고유필수적 공동소송에 대하여 본안판결을 할 때에는 공동소송인 일부에 대해서만 판결하거나 남은 공동소송인에 대해 추가판결을 할 수 있다.
ㅁ. 고유필수적 공동소송에 있어서 공동소송인 중 1인에게 중단 또는 중지의 원인이 발생한 때에는 공동소송인 전체에게 유리한 경우에만 다른 공동소송인에 대하여 중단 또는 중지의 효과가 미친다.

① ㄱ, ㄴ, ㄷ
② ㄴ, ㄷ, ㅁ
③ ㄱ, ㄷ, ㄹ
④ ㄴ, ㄹ, ㅁ
⑤ ㄱ, ㄹ, ㅁ

해설

ㄱ. (O) 소송목적이 공동소송인 모두에게 합일적으로 확정되어야 할 공동소송의 경우에 공동소송인 가운데 한 사람의 소송행위는 모두의 이익을 위하여서만 효력을 가진다(민소법 제67조 제1항).

ㄴ. (O) 공동상속인이 다른 공동상속인을 상대로 어떤 재산이 상속재산임의 확인을 구하는 소는 이른바 고유필수적 공동소송이라고 할 것이고, 고유필수적 공동소송에서는 원고들 일부의 소 취하 또는 피고들 일부에 대한 소 취하는 특별한 사정이 없는 한 그 효력이 생기지 않는다(대법원 2007.08.24. 선고 2006다40980 판결).

ㄷ. (O) 공유물분할청구의 소는 분할을 청구하는 공유자가 원고가 되어 다른 공유자 전부를 공동피고로 하여야 하는 고유필수적 공동소송이고, 공동소송인과 상대방 사이에 판결의 합일확정을 필요로 하는 고유필수적 공동소송에 있어서는 공동소송일 중 일부가 제기한 상소는 다른 공동소송인에게도 그 효력이 미치는 것이므로 공동소송인 전원에 대한 관계에서 판결의 확정이 차단되고 그 소송은 전체로서 상소심에 이심되며, 상소심판결의 효력은 상소를 하지 아니한 공동소송인에게 미치므로 상소심으로서는 공동소송인 전원에 대하여 심리·판단하여야 한다(대법원 2003.12.12. 선고 2003다44615 판결).

ㄹ. (×) 필수적 공동소송에 대하여 본안판결을 할 때에는 공동소송인 전원에 대한 하나의 종국판결을 선고하여야 하는 것이지 공동소송인 일부에 대해서만 판결하거나 남은 공동소송인에 대해 추가판결을 하는 것은 모두 허용될 수 없다(대법원 2011.06.24. 선고 2011다1323 판결).

ㅁ. (×) 소송목적이 공동소송인 모두에게 합일적으로 확정되어야 할 공동소송의 경우에 공동소송인 가운데 한 사람의 소송행위는 모두의 이익을 위하여서만 효력을 가지고, 필수적 공동소송에서 공동소송인 가운데 한 사람에게 소송절차를 중단 또는 중지하여야 할 이유가 있는 경우 유불리를 불문하고 그 중단 또는 중지는 모두에게 효력이 미친다(민소법 제67조 제1,3항).

정답 ①

5. 제3자의 소송참가에 대한 설명 중 옳지 않은 것은? (다툼이 있는 경우 판례에 의함) [2019년 08월 모의]

① 전소 확정판결의 참가적 효력은 전소 확정판결의 결론의 기초가 된 사실상 및 법률상의 판단으로서 보조참가인이 피참가인과 공동이익으로 주장하거나 다툴 수 있었던 사항에 한하여 미친다.
② 전소가 화해권고결정에 의하여 종료된 경우에 참가적 효력이 인정된다.
③ 피참가인이 공동소송적 보조참가인의 동의 없이 소를 취하하였다 하더라도 이는 유효하다.
④ 재심의 소에 공동소송적 보조참가인이 참가한 후에는 피참가인이 재심의 소를 취하하더라도 공동소송적 보조참가인의 동의가 없는 한 효력이 없다.
⑤ 재심의 소를 취하하는 것은 재판의 효력과 직접적인 관련이 있는 소송행위로서 확정판결의 효력이 미치는 공동소송적 보조참가인에 대하여는 불리한 행위이다.

해설

① (O) 전소 확정판결의 참가적 효력은 전소 확정판결의 결론의 기초가 된 사실상 및 법률상의 판단으로서 보조참가인이 피참가인과 공동이익으로 주장하거나 다툴 수 있었던 사항에 한하여 미치고, 전소 확정판결에 필수적인 요소가 아니어서 그 결론에 영향을 미칠 수 없는 부가적 또는 보충적인 판단이나 방론 등에까지 미치는 것은 아니다(대법원 1997.09.05. 선고 95다42133 판결).

② (×) 보조참가인이 피참가인을 보조하여 공동으로 소송을 수행하였으나 피참가인이 소송에서 패소한 경우에는 형평의 원칙상 보조참가인이 피참가인에게 패소판결이 부당하다고 주장할 수 없도록 구속력을 미치게 하는 이른바 참가적 효력이 인정되지만, 전소 확정판결의 참가적 효력은 전소 확정판결의 결론의 기초가 된 사실상 및 법률상의 판단으로서 보조참가인이 피참가인과 공동이익으로 주장하거나 다툴 수 있었던 사항에 한하여 미친다. 이러한 법리에 비추어 보면 전소가 확정판결이 아닌 화해권고결정에 의하여 종료된 경우에는 확정판결에서와 같은 법원의 사실상 및 법률상의 판단이 이루어졌다고 할 수 없으므로 참가적 효력이 인정되지 아니한다(대법원 2015.05.28. 선고 2012다78184 판결).

③ (O) 공동소송적 보조참가는 그 성질상 필수적 공동소송 중에서는 이른바 유사필수적 공동소송에 준한다 할 것인데, 유사필수적 공동소송에서는 원고들 중 일부가 소를 취하하는 경우에 다른 공동소송인의 동의를 받을 필요가 없다. 또한 소취하는 판결이 확정될 때까지 할 수 있고 취하된 부분에 대해서는 소

가 처음부터 계속되지 아니한 것으로 간주되며(민소법 제267조), 본안에 관한 종국판결이 선고된 경우에도 그 판결 역시 처음부터 존재하지 아니한 것으로 간주되므로, 이는 재판의 효력과는 직접적인 관련이 없는 소송행위로서 공동소송적 보조참가인에게 불이익이 된다고 할 것도 아니다. 따라서 피참가인이 공동소송적 보조참가인의 동의 없이 소를 취하하였다 하더라도 이는 유효하다(대법원 2013.03.28. 선고 2011두13729 판결).

④ (O), ⑤ (O) 재심의 소를 취하하는 것은 통상의 소를 취하하는 것과는 달리 확정된 종국판결에 대한 불복의 기회를 상실하게 하여 더 이상 확정판결의 효력을 배제할 수 없게 하는 행위이므로, 이는 재판의 효력과 직접적인 관련이 있는 소송행위로서 확정판결의 효력이 미치는 공동소송적 보조참가인에 대하여는 불리한 행위이다. 따라서 재심의 소에 공동소송적 보조참가인이 참가한 후에는 피참가인이 재심의 소를 취하하더라도 공동소송적 보조참가인의 동의가 없는 한 효력이 없다(대법원 2015.10.29. 선고 2014다13044 판결).

정답 ②

6. 법인 아닌 사단과 선정당사자에 관한 설명 중 옳지 않은 것은? (다툼이 있는 경우 판례에 의함)
[2019년 10월 모의]

① 법인 아닌 사단에 대표자가 없는 경우에는 그 사단의 이름으로 당사자가 될 수 없다.
② 법인 아닌 사단이 당사자로서 받은 판결의 효력은 사단의 구성원에게 미치지 않고, 사단 구성원의 개인재산에 대하여는 강제집행을 할 수 없다.
③ 수인의 선정당사자 중 1인이 사망한 때에는 소송절차가 중단된다.
④ 선정당사자가 선정자들의 의사에 반해 선정자들에게 불리한 청구의 포기·인낙이나 상대방이 주장하는 사실에 대해 자백을 하더라도 그 소송행위는 유효하다.
⑤ 당사자 선정은 총원의 합의로써 장래를 향하여 이를 취소·변경할 수 있는 만큼 당초부터 특히 어떠한 심급을 한정하여 당사자인 자격을 보유하게끔 할 목적으로 선정을 하는 것도 역시 허용된다.

해설

① (O) 법인이 아닌 사단이나 재단은 대표자 또는 관리인이 있는 경우에는 그 사단이나 재단의 이름으로 당사자가 될 수 있다(민소법 제52조).
② (O) 민소법 제52조에 의하여 대표자가 있는 법인 아닌 사단이 소송의 당사자가 되는 경우에도 그 법인 아닌 사단은 대표자나 구성원과는 별개의 주체이므로, 그 대표자나 구성원을 당사자로 한 판결의 기판력이 법인 아닌 사단에 미치지 아니함은 물론 그 법인 아닌 사단을 당사자로 한 판결의 기판력 또한 그 대표자나 구성원에게 미치지 아니하는 것이 당연하다(대법원 2010.12.23. 선고 2010다58889 판결).
③ (×) 선정된 여러 당사자 가운데 죽거나 그 자격을 잃은 사람이 있는 경우에는 다른 당사자가 모두를 위하여 소송행위를 하고, 당사자가 될 사람을 선정한 소송에서 선정된 당사자 모두가 자격을 잃거나 죽은 때에 소송절차는 중단된다(민소법 제237조 제2항).
④ (O) 선정당사자는 선정자들로부터 소송수행을 위한 포괄적인 수권을 받은 것으로서 일체의 소송행위는 물론 소송수행에 필요한 사법상의 행위도 할 수 있는 것이고 개개의 소송행위를 함에 있어서 선정자의 개별적인 동의가 필요한 것은 아니다(대법원 2003.05.30. 선고 2001다10748 판결).
⑤ (O)
1) 공동의 이해관계가 있는 다수자가 당사자를 선정한 경우에는 선정된 당사자는 당해 소송의 종결에 이르기까지 총원을 위하여 소송을 수행할 수 있고, 상소와 같은 것도 역시 이러한 당사자로부터 제기되어야 하는 것이지만, 선정당사자의 선정행위시 심급의 제한에 관한 약정 등이 없는 한 선정의 효력은 소송이 종료에 이르기까지 계속된다(대법원 2003.11.14. 선고 2003다34038 판결).
2) 공동의 이해관계가 있는 다수자가 당사자를 선정한 경우에는 선정된 당사자는 당해 소송의 종결에

이르기까지 총원을 위하여 소송을 수행할 수 있고, 상소와 같은 것도 역시 이러한 당사자로부터 제기되어야 하는 것이지만 당사자 선정은 총원의 합의로써 장래를 향하여 이를 취소, 변경할 수 있는 만큼 당초부터 특히 어떠한 심급을 한정하여 당사자인 자격을 보유하게끔 할 목적으로 선정을 하는 것도 역시 허용된다(대법원 1995.10.05. 자 94마2452 결정).

정답 ③

7. 소송승계에 관한 다음 설명 중 옳은 것은? (다툼이 있는 경우 판례에 의함) [2019년 10월 모의]

① 소송이 법원에 계속되어 있는 동안에 제3자가 소송목적인 권리 또는 의무의 전부를 승계한 경우에만 법원은 직권 또는 당사자의 신청에 따라 그 제3자로 하여금 소송을 인수하게 할 수 있다.
② 승계참가가 이루어졌다면 기존의 청구와 사이에 청구의 기초에 변경이 없는 한 승계참가인은 상대방에 대한 자기 고유의 권리를 주장하는 것이 가능하다.
③ 소송인수신청이 있는 때에는 법원은 신청인과 제3자를 심문하고 판결로서 그 허가여부를 재판한다.
④ 피고에 대한 부동산 소유권이전등기청구의 소송계속 중 그 소송목적이 된 피고의 위 부동산에 대한 이전등기이행 채무 자체를 승계하지 않고 위 부동산에 대한 소유권이전등기가 피고로부터 제3자 앞으로 경료된 경우 이 소유권이전등기말소를 구하기 위한 소송의 인수는 허용된다.
⑤ 승계참가의 경우 시효의 중단 또는 법률상 기간준수의 효력은 참가신청을 한 때부터 생긴다.

해설

① (✗) 소송이 법원에 계속되어 있는 동안에 제3자가 소송목적인 권리 또는 의무의 전부나 일부를 승계한 때에는 법원은 당사자의 신청에 따라 그 제3자로 하여금 소송을 인수하게 할 수 있다(민소법 제82조 제1항).
② (O) 승계참가인은 기존 소송의 당사자가 되므로 상대방에 대하여 자기 고유의 권리를 주장할 수 있다.
③ (✗) 법원은 제1항의 규정에 따른 결정을 할 때에는 당사자와 제3자를 심문하여야 한다(민소법 제82조 제2항).
④ (✗) 부동산소유권이전등기 청구소송 계속 중 그 소송목적이 된 부동산에 대한 이전등기이행 채무 자체를 승계함이 없이 단순히 같은 부동산에 대한 소유권이전등기(또는 근저당설정등기)가 제3자 앞으로 경료되었다 하여도 이는 민소법 제75조 제1항 소정의 "그 소송의 목적이 된 채무를 승계한 때"에 해당한다고 할 수 없으므로 위 제3자에 대하여 등기말소를 구하기 위한 소송의 인수는 허용되지 않는다(대법원 1983.03.22. 자 80마283 결정).
⑤ (✗) 소송이 법원에 계속되어 있는 동안에 제3자가 소송목적인 권리 또는 의무의 전부나 일부를 승계하였다고 주장하며 제79조의 규정에 따라 소송에 참가한 경우 그 참가는 소송이 법원에 처음 계속된 때에 소급하여 시효의 중단 또는 법률상 기간준수의 효력이 생긴다(민소법 제81조).

정답 ②

8. 다음 중 고유필수적 공동소송에 해당하는 사안으로 묶인 것은? (다툼이 있는 경우 판례에 의함) [2020년 06월 모의]

ㄱ. 인접 토지의 한편 또는 양편이 수인의 공유에 속하는 경우, 그 경계확정소송
ㄴ. 민법상 조합계약에 따른 조합재산에 속하는 채권에 관한 소송
ㄷ. 건물의 공동상속인들에 대한 건물철거청구 소송
ㄹ. 공동상속재산의 지분에 관한 지분권존재확인을 구하는 소
ㅁ. 공유토지의 일부에 대하여 취득시효완성을 원인으로 공유자들을 상대로 그 시효취득부분에 대한 소유권이전등기절차의 이행을 청구하는 소송
ㅂ. 공동상속인이 다른 공동상속인들을 상대로 어떤 재산이 상속재산임의 확인을 구하는 소송

① ㄱ, ㄴ, ㅂ   ② ㄱ, ㄹ, ㅁ   ③ ㄱ, ㄷ, ㄹ
④ ㄴ, ㄷ, ㄹ   ⑤ ㄴ, ㅁ, ㅂ

> 해설

ㄱ. (○)
1) 토지경계확정의 소는 형성소송이지만 명문의 규정은 없고 해석상 인정된다. 실질은 비송사건이지만, 형식은 민사소송으로서의 형성소송으로 보는 것이 판례이다. 이에 따르면 토지경계확정의 소가 제기되면 법원은 당사자 쌍방이 주장하는 경계선에 구속되지 않고 어떠한 형식으로든 스스로 진실하다고 인정되는 바에 따라 경계를 확정해야 한다. 따라서 토지경계확정의 소에서는 특별한 사정이 없는 한 원고가 주장하는 경계가 인정되지 않더라도 청구의 전부 또는 일부를 기각할 수 없다(대법원 2021.08.19. 선고 2018다207830 판결).
2) 토지의 경계는 토지소유권의 범위와 한계를 정하는 중요한 사항으로서, 그 경계와 관련되는 인접 토지의 소유자 전원 사이에서 합일적으로 확정될 필요가 있으므로, 고유필수적 공동소송이다(대법원 2001.06.26. 선고 2000다24207 판결).

ㄴ. (○) 민법상 조합계약은 2인 이상이 상호 출자하여 공동으로 사업을 경영할 것을 약정하는 계약으로서, 조합재산은 조합의 합유에 속하므로 조합재산에 속하는 채권에 관한 소송은 합유물에 관한 소송으로서 특별한 사정이 없는 한 조합원들이 공동으로 제기하여야 하는 고유필수적 공동소송에 해당한다(대법원 2012.11.29. 선고 2012다44471 판결).

ㄷ. (×) 공유물에 대하여 철거를 구하는 소송에서 공유자는 그 지분권 한도 내에서 철거할 의무가 있다 할 것이므로 그 성질상 공유자 전원에 대하여 합일적으로 확정하여야 할 필요적 공동소송은 아니다(대법원 1974.08.30. 선고 74다537 판결).

ㄹ. (×), ㅂ. (○)
1) 공동상속재산의 지분에 관한 지분권존재확인을 구하는 소송은 필수적 공동소송이 아니라 통상의 공동소송이다(대법원 2010.02.25. 선고 2008다96963 판결).
2) 공동상속인이 다른 공동상속인을 상대로 어떤 재산이 상속재산임의 확인을 구하는 소는 이른바 고유필수적 공동소송이라고 할 것이고, 고유필수적 공동소송에서는 원고들 일부의 소 취하 또는 피고들 일부에 대한 소 취하는 특별한 사정이 없는 한 그 효력이 생기지 않는다(대법원 2007.08.24. 선고 2006다40980 판결).

ㅁ. (×) 토지를 수인이 공유하는 경우에 공유자들의 소유권이 지분의 형식으로 공존하는 것뿐이고, 그 처분권이 공동에 속하는 것은 아니므로 공유토지의 일부에 대하여 취득시효완성을 원인으로 공유자들을 상대로 그 시효취득부분에 대한 소유권이전등기절차의 이행을 청구하는 소송은 필요적 공동소송이라고 할 수 없다(대법원 1994.12.27. 선고 93다32880 판결).

정답 ①

9. 예비적·선택적 공동소송에 관한 설명 중 옳지 않은 것은? (다툼이 있는 경우 판례에 의함)
[2020년 06월 모의]

① 예비적·선택적 공동소송에 있어서 '법률상 양립할 수 없다'는 것은 실체법적으로 서로 양립할 수 없는 경우 뿐 아니라 소송법상으로 서로 양립할 수 없는 경우를 포함한다.

② 예비적·선택적 공동소송에서 일부 공동소송인에 관한 청구에 대하여만 판결을 하는 경우 이는 흠이 있는 전부판결에 해당하여 상소로써 이를 다투어야 하고, 그 판결에서 누락된 공동소송인은 이러한 판단누락을 시정하기 위하여 상소를 제기할 이익이 있다.

③ 처음에는 주위적 피고 甲에 대한 주위적·예비적 청구만을 하였다가 주위적 청구 부분이 받아들여지지 아니할 경우 주위적 피고 甲과 법률상 양립할 수 없는 관계에 있는 예비적 피고 乙을 추가

하는 것은 불가능하다.
④ 주위적 피고 甲에 대한 예비적 청구와 예비적 피고 乙에 대한 청구가 서로 법률상 양립할 수 있는 관계에 있으면 양 청구를 병합하여 통상의 공동소송으로 보아 심리·판단할 수 있다.
⑤ 부진정연대채무의 관계에 있는 채무자들을 공동피고로 하여 이행의 소가 제기된 경우 민사소송법상 예비적·선택적 공동소송이라고 할 수 없다.

해설

① (O) 민소법 제70조 제1항에 있어서 '법률상 양립할 수 없다'는 것은, 동일한 사실관계에 대한 법률적인 평가를 달리하여 두 청구 중 어느 한 쪽에 대한 법률효과가 인정되면 다른 쪽에 대한 법률효과가 부정됨으로써 두 청구가 모두 인용될 수는 없는 관계에 있는 경우나, 당사자들 사이의 사실관계 여하에 의하여 또는 청구원인을 구성하는 택일적 사실인정에 의하여 어느 일방의 법률효과를 긍정하거나 부정하고 이로써 다른 일방의 법률효과를 부정하거나 긍정하는 반대의 결과가 되는 경우로서, 두 청구들 사이에서 한 쪽 청구에 대한 판단 이유가 다른 쪽 청구에 대한 판단 이유에 영향을 주어 각 청구에 대한 판단 과정이 필연적으로 상호 결합되어 있는 관계를 의미하며, 실체법적으로 서로 양립할 수 없는 경우뿐 아니라 소송법상으로 서로 양립할 수 없는 경우를 포함한다(대법원 2007.06.26. 자 2007마515 결정).
② (O) 민소법 제70조 제2항은 같은 조 제1항의 예비적·선택적 공동소송에서는 모든 공동소송인에 관한 청구에 대하여 판결을 하도록 규정하고 있으므로, 이러한 공동소송에서 일부 공동소송인에 관한 청구에 하여만 판결을 하는 경우 이는 일부판결이 아닌 흠이 있는 전부판결에 해당하여 상소로써 이를 다투어야 하고, 그 판결에서 누락된 공동소송인은 이러한 판단유탈을 시정하기 위하여 상소를 제기할 이익이 있다(대법원 2008.03.27. 선고 2005다49430 판결).
③ (×), ④ (O) 민소법 제70조 제1항 본문이 규정하는 '공동소송인 가운데 일부에 대한 청구'를 반드시 '공동소송인 가운데 일부에 대한 모든 청구'라고 해석할 근거는 없으므로, 주위적 피고에 대한 주위적·예비적 청구 중 주위적 청구 부분이 받아들여지지 아니할 경우 그와 법률상 양립할 수 없는 관계에 있는 예비적 피고에 대한 청구를 받아들여 달라는 취지로 주위적 피고에 대한 주위적·예비적 청구와 예비적 피고에 대한 청구를 결합하여 소를 제기하는 것도 가능하고, 처음에는 주위적 피고에 대한 주위적·예비적 청구만을 하였다가 청구 중 주위적 청구 부분이 받아들여지지 아니할 경우 그와 법률상 양립할 수 없는 관계에 있는 예비적 피고에 대한 청구를 받아들여 달라는 취지로 예비적 피고에 대한 청구를 결합하기 위하여 예비적 피고를 추가하는 것도 민소법 제70조 제1항 본문에 의하여 준용되는 민소법 제68조 제1항에 의하여 가능하다. 이 경우 주위적 피고에 대한 예비적 청구와 예비적 피고에 대한 청구가 서로 법률상 양립할 수 있는 관계에 있으면 양 청구를 병합하여 통상의 공동소송으로 보아 심리·판단할 수 있다. 그리고 이러한 법리는 원고가 주위적 피고에 대하여 실질적으로 선택적 병합 관계에 있는 두 청구를 주위적·예비적으로 순위를 붙여 청구한 경우에도 그대로 적용된다(대법원 2015.06.11. 선고 2014다232913 판결).
⑤ (O) 부진정연대채무 관계는 서로 별개의 원인으로 발생한 독립된 채무라 하더라도 동일한 경제적 목적을 가지고 있고 서로 중첩되는 부분에 관하여 일방의 채무가 변제 등으로 소멸할 경우 타방의 채무도 소멸하는 관계에 있으면 성립할 수 있고, 반드시 양 채무의 발생원인, 채무의 액수 등이 서로 동일할 것을 요한다고 할 수는 없다. 그리고 부진정연대채무의 관계에 있는 채무자들을 공동피고로 하여 이행의 소가 제기된 경우 그 공동피고에 대한 각 청구가 서로 법률상 양립할 수 없는 것이 아니므로 그 소송을 민소법 제70조 제1항 소정의 예비적·선택적 공동소송이라고 할 수 없다.(대법원 2009.03.26. 선고 2006다47677 판결). 즉, 통상공동소송이다.

정답 ③

10. 공동소송적 보조참가에 관한 설명 중 옳게 설명된 것으로 묶인 것은? (다툼이 있으면 판례에 의함)

[2020년 06월 모의]

ㄱ. 공동소송적 보조참가인에게 소송절차를 중단 또는 중지하여야 할 사유가 있다고 하더라도 소송절차는 중단 또는 중지되지 않는다.
ㄴ. 공동소송적 보조참가는 성질상 고유필수적 공동소송에 준한다.
ㄷ. 재심의 소에 공동소송적 보조참가인이 참가한 후 피참가인이 공동소송적 보조참가인의 동의 없이 한 재심의 소를 취하하였다면 이는 효력이 없다.
ㄹ. 공동소송적 보조참가인은 소송의 진행 정도에 따라 피참가인이 할 수 없는 행위를 할 수 없다.
ㅁ. 공동소송적 보조참가인이 상소를 할 경우에는 피참가인이 상소취하나 상소포기를 할 수 없다.

① ㄱ, ㄴ, ㅁ   ② ㄱ, ㄴ, ㄹ   ③ ㄷ, ㄹ, ㅁ
④ ㄱ, ㄷ, ㄹ   ⑤ ㄴ, ㄷ, ㅁ

해설

ㄱ. (×) 재판의 효력이 참가인에게도 미치는 경우에는 그 참가인과 피참가인에 대하여 소송절차를 중단 또는 중지하여야 할 이유가 있는 경우 그 중단 또는 중지는 모두에게 효력이 미친다(민소법 제67조 제3항).

ㄴ. (×) 공동소송적 보조참가는 그 성질상 필수적 공동소송 중에서는 이른바 유사필수적 공동소송에 준한다(대법원 2013.03.28. 자 2012아43 결정).

ㄷ. (○), ㄹ. (○)

[1] 재심의 소를 취하하는 것은 통상의 소를 취하하는 것과는 달리 확정된 종국판결에 대한 불복의 기회를 상실하게 하여 더 이상 확정판결의 효력을 배제할 수 없게 하는 행위이므로, 이는 재판의 효력과 직접적인 관련이 있는 소송행위로서 확정판결의 효력이 미치는 공동소송적 보조참가인에 대하여는 불리한 행위이다. 따라서 재심의 소에 공동소송적 보조참가인이 참가한 후에는 피참가인이 재심의 소를 취하하더라도 공동소송적 보조참가인의 동의가 없는 한 효력이 없다. 이는 재심의 소를 피참가인이 제기한 경우나 통상의 보조참가인이 제기한 경우에도 마찬가지이다. 특히 통상의 보조참가인이 재심의 소를 제기한 경우에는 피참가인이 통상의 보조참가인에 대한 관계에서 재심의 소를 취하할 권능이 있더라도 이를 통하여 공동소송적 보조참가인에게 불리한 영향을 미칠 수는 없으므로 피참가인의 재심의 소 취하로 재심의 소 제기가 무효로 된다거나 부적법하게 된다고 볼 것도 아니다.

[2] 통상의 보조참가인은 참가 당시의 소송상태를 전제로 하여 피참가인을 보조하기 위하여 참가하는 것이므로 참가할 때의 소송의 진행 정도에 따라 피참가인이 할 수없는 행위를 할 수 없다(민소법 제76조 제1항 단서 참조). 공동소송적 보조참가인 또한 판결의 효력을 받는 점에서 민소법 제78조, 제67조에 따라 필수적 공동소송인에 준하는 지위를 부여받기는 하였지만 원래 당사자가 아니라 보조참가인의 성질을 가지므로 위와 같은 점에서는 통상의 보조참가인과 마찬가지이다.(대법원 2015.10.29. 선고 2014다13044 판결)

ㅁ. (○) 피참가인의 소송행위는 모두의 이익을 위하여서만 효력을 가지고, 공동소송적 보조참가인에게 불이익이 되는 것은 효력이 없으므로, 참가인이 상소를 할 경우에 피참가인이 상소취하나 상소포기를 할 수는 없다(대법원 2017.10.12. 선고 2015두36836 판결).

정답 ③

11. 피고의 경정에 관한 설명 중 옳지 않은 것은? (다툼이 있는 경우 판례에 의함) [2020년 06월 모의]

① 피고의 경정은 제1심 변론종결시까지 원고의 신청에 따라 법원의 결정으로 허가된다.
② 피고의 경정은 청구취지나 청구원인의 기재 내용 자체로 보아 원고가 법률적 평가를 그르치는 등의 이유로 피고의 지정이 잘못된 것이 명백하거나 법인격의 유무에 관하여 착오를 일으킨 것이 명백한 경우에 인정된다.
③ 피고의 경정은 피고로 되어야 할 자가 누구인지를 증거조사를 거쳐 사실을 인정하고 그 인정 사실에 터잡아 법률 판단을 해야 인정할 수 있는 경우에는 인정되지 않는다.
④ 피고의 경정 신청을 법원이 허가하는 결정을 하였더라도 종전의 피고에 대한 소는 취하되었다고 볼 수 없다.
⑤ 피고의 경정이 있는 경우 시효중단의 효과는 법원에 경정신청서를 제출한 때 발생한다.

해설

① (O) 원고가 피고를 잘못 지정한 것이 분명한 경우에는 제1심 법원은 변론을 종결할 때까지 원고의 신청에 따라 결정으로 피고를 경정하도록 허가할 수 있다(민소법 제260조 제1항).
② (O), ③ (O) 민소법 제260조 제1항 소정의 '피고를 잘못 지정한 것이 명백한 때'라고 함은 청구취지나 청구원인의 기재 내용 자체로 보아 원고가 법률적 평가를 그르치는 등의 이유로 피고의 지정이 잘못된 것이 명백하거나 법인격의 유무에 관하여 착오를 일으킨 것이 명백한 경우 등을 말하고, 피고로 되어야 할 자가 누구인지를 증거조사를 거쳐 사실을 인정하고 그 인정 사실에 터잡아 법률 판단을 해야 인정할 수 있는 경우는 이에 해당하지 않는다(대법원 1997.10.17. 자 97마1632 결정).
④ (×) 신청을 허가하는 결정을 한 때에는 종전의 피고에 대한 소는 취하된 것으로 본다(민소법 제261조 제4항).
⑤ (O) 피고의 경정은 서면으로 신청하여야 한다(민소법 제260조 제2항). 시효중단의 효과는 서면을 법원에 제출한 때에 그 효력이 생긴다(민소법 제265조).

정답 ④

12. 공동소송이 되려면, 소송의 목적인 권리·의무가 공동소송인이 될 여러 사람 사이에서 하나의 절차로 심판받기에 적합한 관계라야 한다. 이에 따라 민사소송법이 정하고 있는 공동소송의 요건에 대한 설명 중 옳지 않은 것은? [2020년 08월 모의]

① 소송목적인 권리·의무가 여러 사람에게 공통되는 경우에 공동소송이 가능하다.
② 소송목적인 권리·의무의 사실상·법률상 발생원인이 같거나, 그 권리·의무가 동종(同種)이고 사실상·법률상 동종의 원인으로 발생한 경우에도 공동소송이 가능하다.
③ 권리 의무가 여러 사람에게 공통되는 경우의 예로는 동일한 교통사고 피해자들이 함께 제기하는 손해배상청구의 소를 들 수 있다.
④ 아파트 구분소유자들이 각 전유부분의 개별적 하자 때문에 시공회사를 상대로 손해배상청구의 소를 제기하는 것은 '권리·의무가 동종이고 사실상·법률상 동종의 원인으로 발생한 경우'에 해당한다.
⑤ 소송목적인 권리·의무가 '동종(同種)'인 경우는 공동소송의 요건에는 해당하지만, 관련재판적 제도는 이 경우에 이용할 수 없다.

해설

① (○), ② (○)
  1) 소송목적이 되는 권리나 의무가 여러 사람에게 공통되거나(민소법 제65조 전문 전단),
  2) 사실상 또는 법률상 같은 원인으로 말미암아 생긴 경우(민소법 제65조 전문 후단)에는 그 여러 사람이 공동소송인으로서 당사자가 될 수 있다.
  3) 소송목적이 되는 권리나 의무가 같은 종류의 것이고, 사실상 또는 법률상 같은 종류의 원인으로 말미암은 것인 경우(민소법 제65조 후문)에도 또한 같다(민소법 제65조).
③ (×)
  1) 민소법 제65조 전문 전단의 경우로는 여러 사람의 합유자·공유자들의 소송, 연대채권자·채무자들의 소송, 불가분채권자·채무자들의 소송이 있다.
  2) 동일한 교통사고 피해자들이 함께 제기하는 손해배상청구의 소를 제기하는 것은 민소법 제65조 전문 후단의 경우에 해당된다.
④ (○) 민소법 제65조 후문의 경우에는 채권자가 여러 채무자들에게 대여금 청구 소송을 하는 경우, 같은 종류의 분양계약에 기해 여러 사람에 한 분양대금청구하는 경우, 아파트 구분소유자들이 각 전유부분의 개별적 하자 때문에 시공회사를 상대로 손해배상청구의 소를 제기하는 것 등이 있다.
⑤ (○) 소송목적이 되는 권리나 의무가 여러 사람에게 공통되거나 사실상 또는 법률상 같은 원인으로 말미암아 그 여러 사람이 공동소송인으로서 당사자가 되는 경우에는 제1항의 규정을 준용한다(민소법 제25조 제2항). 관련 재판적은 1) 민소법 제65조 전문 전단, 2) 민소법 제65조 전문 후단의 경우에만 적용되고, 3) 민소법 제65조 후문의 경우에는 적용되지 않는다. **정답 ③**

13. 통상공동소송에 관한 설명 중 옳지 않은 것은? [2020년 08월 모의]

① 통상공동소송에서는 결론을 내릴 때에 합일확정의 필요가 없다.
② 소송요건의 존부는 공동소송인별로 각각에 대하여 개별적으로 심사해야 하며, 각자에게 소송계속이 발생하는 시점도 서로 다르다.
③ 통상공동소송인들은 공격방어방법을 각각 따로 제출할 수 있다.
④ 통상공동소송인 중 1인이 기일·기간을 지키지 않더라도 이는 다른 공동소송인에게 효과가 미치지 않지만, 그 일부에 대하여 사망 등 중단사유가 생기면 다른 공동소송인을 포함하여 그 소송절차가 중단된다.
⑤ 甲과 乙이 원고로서 丙에 대하여 통상공동소송을 제기하여 제1심 판결이 선고된 후 甲만 상소한 경우에, 확정차단효와 이심효는 甲의 丙에 대한 청구에 관해서만 생긴다.

해설

① (○) 통상공동소송에서 의제자백이 된 피고들과 원고의 주장을 다툰 피고들 사이에서 동일한 실체관계에 대하여 서로 배치되는 내용의 판단이 내려진다고 하더라도 이를 위법하다고 할 수 없다(대법원 1997.02.28. 선고 96다53789 판결).
② (○), ③ (○), ④ (×)
  1) 각자의 소송행위가 서로에게 영향을 미치지 않으므로, 공동소송인 중 일부가 사망하더라도 다른 공동소송인에 대한 소송이 중단되지 않는다(통상공동소송인 독립의 원칙).
  2) 공동소송인 가운데 한 사람의 소송행위 또는 이에 대한 상대방의 소송행위와 공동소송인 가운데 한 사람에 관한 사항은 다른 공동소송인에게 영향을 미치지 아니한다(민소법 제66조).

⑤ (O) 통상의 공동소송에 있어 공동당사자 일부만이 상고를 제기한 때에는 피상고인은 상고인인 공동소송인 이외의 다른 공동소송인을 상대방으로 하거나 상대방으로 보태어 부대상고를 제기할 수는 없다(대법원 1994.12.23. 선고 94다40734 판결).

정답 ④

14. 소송고지에 관한 설명 중 옳지 않은 것은? [2020년 08월 모의]

① 소송고지(訴訟告知)란, 당사자 일방이 법률상의 방식에 따라서 소송계속 사실을 제3자에게 알리고 참가를 촉구하는 행위를 가리킨다.
② 소송고지는 사실심의 계속 중에만 할 수 있으므로, 상고심 계속 중에는 할 수 없다.
③ 소송고지를 할지 여부는 고지자의 재량이지만, 예외적으로 고지의무가 정해진 경우가 있는데, 민사집행법상의 추심의 소에 관한 규정, 상법상의 주주대표소송에 관한 규정 등이 그 예이다.
④ 소송당사자로부터 소송고지를 받은 피고지자도 다시 고지를 할 수 있다
⑤ 보조참가를 할 수 있는 사람뿐만 아니라, 독립당사자참가·공동소송참가를 할 수 있는 사람도 피고지자에 포함된다.

해설

① (O) 소송고지제도는 소송의 결과에 대하여 이해관계를 가지는 제3자로 하여금 소송에 참가하여 그 이익을 옹호할 기회를 부여함과 아울러 고지자가 패소한 경우에는 형평의 견지에서 그 패소의 책임을 제3자에게 분담시키려는 제도로서 피고지자는 후일 고지자와의 소송에서 전소확정판결에서의 결론의 기초가 된 사실상 법률상의 판단에 반하는 것을 주장할 수 없게 된다(대법원 1991.06.25. 선고 88다카6358 판결).
② (×) 소송고지는 항소심 및 상고심에 계속 중에도 할 수 있다.
③ (O) 채권자가 명령의 취지에 따라 제3채무자를 상대로 소를 제기할 때에는 일반규정에 의한 관할법원에 제기하고 채무자에게 그 소를 고지하여야 한다(민집법 제238조). 주주대표소송을 제기한 주주는 소를 제기한 후 지체없이 회사에 대하여 그 소송의 고지를 하여야 한다(상법 제404조 제2항).
④ (O) 소송이 법원에 계속된 때에는 당사자는 참가할 수 있는 제3자에게 소송고지를 할 수 있다(민소법 제84조 제1항). 소송고지를 받은 사람은 다시 소송고지를 할 수 있다(민소법 제84조 제2항).
⑤ (O) 소송고지를 받을 수 있는 피고지자는 당사자 이외에 그 소송에 참가할 수 있는 제3자 즉, 보조참가인 뿐만 아니라 공동소송적 보조참가인, 독립당사자 참가인, 공동소송참가인, 소송승계를 할 수 있는 제3자를 모두 포함한다.

정답 ②

15. 통상공동소송에서의 공동소송인 독립의 원칙 및 그 수정에 관한 설명 중 옳지 않은 것은? [2020년 10월 모의]

① 통상공동소송은 병합하여 심리되지만, 공동소송인 중 1인의 소송행위, 공동소송인 중 1인에 대한 상대방의 소송행위 및 공동소송인 1인에 관하여 생긴 사항은 다른 공동소송인에게 영향을 미치지 않는다는 것을 '공동소송인 독립의 원칙'이라 한다.
② 주장책임의 대상이 되는 사실을 반드시 주장책임을 지는 당사자가 진술해야 하는 것은 아니고 어느 당사자이든 변론에서 주장하기만 하면 된다는 것이 주장공통의 원칙인데, 이는 공동소송인 간에는 적용되지 않는다는 것이 판례의 입장이다.
③ 통상공동소송에서 1인의 공동소송인이 제출한 증거는 다른 공동소송인의 원용이 없더라도 그를 위한 사실인정자료로 삼을 수 있다는 법리가 증거공통의 원칙이다.

④ 甲이 乙에게 1억 원을 대여하고 丙이 이를 보증하였다고 주장하면서 乙, 丙을 상대로 제기한 소에서, 乙, 丙은 변제의 항변을 하였으며, 乙이 신청한 증인의 증언으로써 3천만 원 변제가 인정되는 경우, 공동소송인 독립의 원칙을 수정한 증거공통 원칙에 의하면 법원은 아무런 변제증거를 제출하지 않은 丙에 대해서도 3천만 원 변제사실을 인정해야 한다.
⑤ 통상공동소송인 중의 1인이 한 자백은 다른 공동소송인에 대해서도 효력이 있다.

해설

① (O) 공동소송인 가운데 한 사람의 소송행위 또는 이에 대한 상대방의 소송행위와 공동소송인 가운데 한 사람에 관한 사항은 다른 공동소송인에게 영향을 미치지 아니한다(민소법 제66조).
② (O) 민소법 제66조의 명문의 규정과 우리 민소법이 취하고 있는 변론주의 소송구조 등에 비추어 볼 때, 통상의 공동소송에 있어서 이른바 주장공통의 원칙은 적용되지 아니한다(대법원 1994.05.10. 선고 93다47196 판결).
③ (O) 증거 공통의 원칙이란 공동소송인 가운데 한 사람이 제출한 증거는 다른 공동소송인에 관련된 다툼이 있는 사실에 대해서 그의 원용에 관계없이 공통된 사실인정의 자료로 할 수 있음을 말한다.
④ (O)
 ㉠ 수정된 증거공통 원칙이 적용되면 설문과 같은 판단이 가능하다. 아래는 그러한 학설상 주장이다.
 ㉡ 통상공동소송에서 공동소송인독립의 원칙을 기계적으로 관철하면 공동소송인 사이에 재판의 통일이 보장되기 어려운 경우가 있다. 특히 공동소송인 사이에 실질적인 관련성이 있는 민소법 제65조 전문의 통상공동소송의 경우에 재판의 모순저촉은 매우 부자연스럽다.
 ㉢ 민소법 제65조 전문 전단의 '소송목적이 되는 권리나 의무가 여러 사람에게 공통되는 경우'는 합유자, 공유자, 연대채무자, 불가분채무자 등을 말하고, 민소법 제65조 전문 후단의 '사실상 또는 법률상 같은 원인으로 말미암아 생긴 경우'란 공동불법행위자, 동일한 사고로 인한 수인의 피해자, 주채무자와 보증인 등을 말한다.
 ㉣ 주채무자와 보증인은 민소법 제65조 전문의 공동소송인인데, 통상공동소송에 의하는 이상 변론전체의 취지, 증거조사의 결과로 얻은 심증이 각 공동소송인에 대하여 사실상 공통하기 때문에 한 사람의 공동소송인이 제출한 증거는 다른 공동소송인이 원용이 없어도 그를 위한 유리한 사실인정의 자료로 사용할 수 있다는 것이 '수정된 공동소송인 사이의 증거공통의 원칙'이다. 이것은 수정된 공동소송인독립의 원칙의 한 발현이다.
⑤ (×) 통상 공동소송에 있어서 공동소송인의 1인의 상대방에 대한 소송행위는 다른 공동소송인에 대하여 효력이 생기지 않는다(대법원 1968.05.14. 선고 67다2787 판결).

정답 ⑤

16. **고유필수적 공동소송에 관한 설명 중 옳은 것은?** [2020년 10월 모의]

① 합일확정의 필요는 있으나 소송공동수행의 필요는 없는 경우에도 고유필수적 공동소송에 해당할 수 있다.
② 고유필수적 공동소송을 "소송법상 이유에 의한 필수적 공동소송"이라고도 한다.
③ 고유필수적 공동소송에서 공동소송인 중 1인이 한 청구의 포기, 인낙, 화해는 효력이 없으나 1인이 한 소 취하는 유효하다.
④ 공유물의 점유를 빼앗겼거나 방해당한 경우에, 공유자 측이 보존행위로서 공유물의 인도청구 또는 방해제거청구를 할 수 있는데, 이는 고유필수적 공동소송이다.
⑤ 합유재산이라도 현실적으로 점유하고 있는 합유자만을 상대로 명도청구를 할 수 있다.

해설

① (×), ② (×) 고유필수적 공동소송이란 소송수행권에 해당하는 실체법상의 관리처분권이 공동으로 귀속되는 관계에서 소송의 공동수행이 필수적으로 요구되는 소송이다. 유사필수적 공동소송이란 소송의 공동수행이 법령에 의하여 강제되지는 않으나, 기판력이 미치는 관계 등의 소송법상의 이유로 공동소송인 간의 합일확정의 필요가 요구되는 소송을 말한다. 선지에서 '합일확정의 필요는 있으나 소송공동수행의 필요는 없는 경우'란 소송의 공동수행이 법령에 의하여 강제되지는 않으나, 기판력이 미치는 관계 등의 소송법상의 이유로 공동소송인 간의 합일확정의 필요가 요구되는 소송을 말하는 것이다. 실체법적인 관리처분권이 공동으로 귀속되지는 않지만 기판력이 미치는 관계 등으로 소송법상 이유에 의하여 필수적 공동소송이 되는 것이다.

①, ② 선지는 모두 유사필수적 공동소송에 대한 설명이다.

③ (×) 합유물에 관한 소송은 고유필수적 공동소송에 해당하여 합유자 전원을 피고로 하여야 할 뿐 아니라 합유자 전원에 대하여 합일적으로 확정되어야 하므로, 합유자 중 일부의 청구 인낙이나 합유자 중 일부에 대한 소의 취하는 허용되지 않는다(대법원 1996.12.10. 선고 96다23238 판결).

④ (×) 건물의 공유지분권자는 동 건물 전부에 대하여 보존행위로서 방해배제 청구를 할 수 있다(대법원 1968.09.17. 선고 68다1142 판결).

⑤ (○) 합유재산이라도 현실적으로 점유하고 있는 합유자만을 상대로 명도청구를 할 수 있고 합유자 전원을 상대로 한 필요적공동소송이 아니다(대법원 1969.12.23. 선고 69다1053 판결).

정답 ⑤

17. 선정당사자에 관한 설명 중 옳지 않은 것은? (다툼이 있는 경우 판례에 의함) [2021년 06월 모의]

① 주택의 임차인들이 甲을 임대차계약상의 임대인이라고 주장하면서 甲에게 그 각 보증금의 전부 또는 일부의 반환을 청구하는 경우, 임차인들은 공동의 이해관계가 있어 선정당사자를 선정할 수 있다.
② 선정당사자는 선정자들로부터 소송수행을 위한 포괄적인 수권을 받은 당사자로서 선정자들 모두를 위한 일체의 소송행위를 할 수 있음은 물론 소송수행에 필요한 사법상의 행위도 할 수 있다.
③ 선정당사자의 선정 행위 시 심급의 제한에 관한 약정 등이 없는 한 선정의 효력은 소송의 종료에 이르기까지 계속된다 할 것이다.
④ 선정당사자가 변경된 경우 대리권 소멸의 경우처럼 상대방에게 통지하여야 하며, 그렇지 않으면 상대방에게 소멸의 효력을 주장하지 못한다.
⑤ 선정당사자의 자격은 선정당사자의 사망, 선정의 취소의 경우에는 상실되지만 선정당사자 본인에 대한 부분의 소가 취하되거나 판결이 확정되는 경우에는 상실되지 않는다.

해설

① (○) 임차인들이 갑을 임대차계약상의 임대인이라고 주장하면서 갑에게 그 각 보증금의 전부 내지 일부의 반환을 청구하는 경우, 그 사건의 쟁점은 갑이 임대차계약상의 임대인으로서 계약당사자인지 여부에 있으므로, 그 임차인들은 상호 간에 공동소송인이 될 관계가 있을 뿐 아니라 주요한 공격방어 방법을 공통으로 하는 경우에 해당함이 분명하다고 할 것이어서, 민소법 제53조 소정의 공동의 이해관계가 있어 선정당사자를 선정할 수 있다(대법원 1999.08.24. 선고 99다15474 판결).

② (○) 선정당사자는 선정자들로부터 소송수행을 위한 포괄적인 수권을 받은 것으로서 일체의 소송행위는 물론 소송수행에 필요한 사법상의 행위도 할 수 있는 것이고 개개의 소송행위를 함에 있어서 선정자의 개별적인 동의가 필요한 것은 아니다(대법원 2003.05.30. 선고 2001다10748 판결).

③ (○)

1) 공동의 이해관계가 있는 다수자가 당사자를 선정한 경우에는 선정된 당사자는 당해 소송의 종결에 이르기까지 총원을 위하여 소송을 수행할 수 있고, 상소와 같은 것도 역시 이러한 당사자로부터 제기되어야 하는 것이지만, 선정당사자의 선정행위시 심급의 제한에 관한 약정 등이 없는 한 선정의 효력은 소송이 종료에 이르기까지 계속된다(대법원 2003.11.14. 선고 2003다34038 판결).

2) 공동의 이해관계가 있는 다수자가 당사자를 선정한 경우에는 선정된 당사자는 당해 소송의 종결에 이르기까지 총원을 위하여 소송을 수행할 수 있고, 상소와 같은 것도 역시 이러한 당사자로부터 제기되어야 하는 것이지만 당사자 선정은 총원의 합의로써 장래를 향하여 이를 취소, 변경할 수 있는 만큼 당초부터 특히 어떠한 심급을 한정하여 당사자인 자격을 보유하게끔 할 목적으로 선정을 하는 것도 역시 허용된다(대법원 1995.10.05. 자 94마2452 결정).

④ (○) 소송절차가 진행되는 중에 법정대리권이 소멸한 경우에는 본인 또는 대리인이 상대방에게 소멸된 사실을 통지하지 아니하면 소멸의 효력을 주장하지 못하고, 이는 선정당사자의 규정에 따라 당사자를 바뀌는 경우에 동일하게 적용된다(민소법 제63조 제1,2항).

⑤ (×) 민소법 제53조의 선정당사자는 공동의 이해관계를 가진 여러 사람 중에서 선정되어야 하므로, 선정당사자 본인에 대한 부분의 소가 취하되거나 판결이 확정되는 등으로 공동의 이해관계가 소멸하는 경우에는 선정당사자는 선정당사자의 자격을 당연히 상실한다(대법원 2006.09.28. 선고 2006다28775 판결).

정답 ⑤

18. 공동소송에 관한 설명 중 옳지 않은 것을 모두 고른 것은? (다툼이 있는 경우 판례에 의함)

[2021년 08월 모의]

ㄱ. 순차 경료된 등기 또는 수인 앞으로 경료된 공유등기의 말소청구소송은 권리관계의 합일적인 확정을 필요로 하는 필수적 공동소송에 해당한다.

ㄴ. 파산관재인이 여럿인 경우에는 그 여럿의 파산관재인 각자가 파산재단에 대한 관리처분권을 갖고 있기 때문에 이들을 상대로 하는 소송은 통상공동소송에 해당한다.

ㄷ. 아파트의 하자보수에 갈음하는 손해배상청구는 구분소유권자들 전원이 원고가 되어 소를 제기해야하는 필수적 공동소송에 해당한다.

ㄹ. 조합재산에 속하는 채권에 관한 소송은 특별한 사정이 없는 한 조합원들이 공동으로 제기하여야 하는 필수적 공동소송에 해당한다.

ㅁ. 타인 소유의 토지 위에 설치되어 있는 공작물을 철거할 의무가 있는 수인을 상대로 그 공작물의 철거를 청구하는 소송은 필수적 공동소송에 해당한다.

① ㄱ, ㄴ, ㄷ
② ㄴ, ㄷ, ㄹ
③ ㄱ, ㄹ, ㅁ
④ ㄱ, ㄴ, ㄷ, ㅁ
⑤ ㄴ, ㄷ, ㄹ, ㅁ

해설

ㄱ. (×) 순차적으로 된 등기 또는 순차 앞으로 된 공유등기의 말소청구소송은 권리관계의 합일적인 확정을 필요로 하는 필요적 공동소송이 아니라 보통공동소송이다(대법원 1991.04.12. 선고 90다9872 판결).

ㄴ. (×) 여럿의 파산관재인 전원이 파산재단의 관리처분권을 갖고 있기 때문에 파산관재인 전원이 소송당사자가 되어야 하므로 그 소송은 필수적 공동소송에 해당한다(대법원 2008.04.24. 선고 2006다14363 판결).

ㄷ. (×) 구 집합건물의 소유 및 관리에 관한 법률 제9조에 의한 하자보수에 갈음하는 손해배상청구권은 특별한 사정이 없는 한 구분소유자 등 권리자에게 전유부분의 지분비율에 따라 분할 귀속하는 것이 원칙이므로, 구분소유자 등 권리자는 각자에게 분할 귀속된 하자 담보추급권을 개별적으로 행사하여 분양자

를 상대로 손해배상청구의 소를 제기할 수 있다(대법원 2012.09.13. 선고 2009다23160 판결).

ㄹ. (O) 민법상 조합계약은 2인 이상이 상호 출자하여 공동으로 사업을 경영할 것을 약정하는 계약으로서, 조합재산은 조합의 합유에 속하므로 조합재산에 속하는 채권에 관한 소송은 합유물에 관한 소송으로서 특별한 사정이 없는 한 조합원들이 공동으로 제기하여야 하는 고유필수적 공동소송에 해당한다(대법원 2012.11.29. 선고 2012다44471 판결).

ㅁ. (X) 타인 소유의 토지 위에 설치되어 있는 공작물을 철거할 의무가 있는 수인을 상대로 그 공작물의 철거를 청구하는 소송은 필요적 공동소송이 아니다(대법원 1993.02.23. 선고 92다49218 판결). 왜냐하면, 공유물인 건물철거에 관하여는 불가분채무의관계에 있고 공유자는 그 지분권 한도 내에서 각자가 철거할 의무를 부담하기 때문이다. 통상공동소송에 해당한다.

정답 ④

19. 보조참가에 관한 설명 중 옳은 것은? (다툼이 있는 경우 판례에 의함) [2021년 08월 모의]

① 소송 계속 중 보조참가인이 사망하면 참가인의 승계인이 수계할 때까지 본소의 소송절차는 중단된다.
② 보조참가인에게 기일통지서 또는 출석요구서를 송달하지 아니한 채 변론기일이 진행되었다고 하여도 그 기일의 진행은 적법하다.
③ 피참가인은 보조참가인이 제기한 항소를 포기 또는 취하할 수 있다.
④ 보조참가인의 증거신청행위가 피참가인의 소송행위와 저촉되지 아니하고 그 증거들이 적법한 증거조사절차를 거쳐 법원에 현출되었다고 하더라도 법원은 이들 증거에 터잡아 피참가인에게 불이익한 사실을 인정할 수 없다.
⑤ 전소가 확정판결이 아닌 화해권고결정에 의하여 종료된 경우에도 참가적 효력은 인정된다.

해설

① (X) 보조참가인은 피참가인인 당사자의 승소를 위한 보조자일 뿐 자신이 당사자가 되는 것이 아니므로 소송 계속중 보조참가인이 사망하더라도 본소의 소송절차는 중단되지 아니한다(대법원 1995.08.25. 선고 94다27373 판결).

② (X)
 1) 보조참가인의 소송수행권능은 피참가인으로부터 유래된 것이 아니라 독립의 권능이라고 할 것이므로 피참가인과는 별도로 보조참가인에 대하여도 기일의 통지, 소송서류의 송달 등을 행하여야 하고, 보조참가인에게 기일통지서 또는 출석요구서를 송달하지 아니함으로써 변론의 기회를 부여하지 아니한 채 행하여진 기일의 진행은 적법한 것으로 볼 수 없다(대법원 2007.02.22. 선고 2006다75641 판결).
 2) 참고 : 하자의 치유
 기일통지서를 송달받지 못한 보조참가인이 변론기일에 직접 출석하여 변론할 기회를 가졌고, 위 변론 당시 기일통지서를 송달받지 못한 점에 관하여 이의를 하지 아니하였다면, 기일통지를 하지 않은 절차진행상의 흠이 치유된다(대법원 2007.02.22. 선고 2006다75641 판결).

③ (O) 피참가인은 참가인의 행위에 어긋나는 행위를 할 수 있고, 따라서 보조참가인들이 제기한 항소를 포기 또는 취하할 수 있다(대법원 2010.10.14. 선고 2010다38168 판결).

④ (X) 보조참가인의 증거신청행위가 피참가인의 소송행위와 저촉되지 아니하고, 피참가인이 증거신청행위와 저촉되는 소송행위를 한 바 없고, 그 증거들이 적법한 증거조사절차를 거쳐 법원에 현출되었다면 법원이 이들 증거에 터잡아 피참가인에게 불이익한 사실을 인정하였다 하여 그것이 민소법 제76조 제2항에 위배된다고 할 수 없다(대법원 1994.04.29. 선고 94다3629 판결).

⑤ (X) 보조참가인이 피참가인을 보조하여 공동으로 소송을 수행하였으나 피참가인이 소송에서 패소한 경

우에는 형평의 원칙상 보조참가인이 피참가인에게 패소판결이 부당하다고 주장할 수 없도록 구속력을 미치게 하는 이른바 참가적 효력이 인정되지만, 전소 확정판결의 참가적 효력은 전소 확정판결의 결론의 기초가 된 사실상 및 법률상의 판단으로서 보조참가인이 피참가인과 공동이익으로 주장하거나 다툴 수 있었던 사항에 한하여 미친다. 이러한 법리에 비추어 보면 전소가 확정판결이 아닌 화해권고결정에 의하여 종료된 경우에는 확정판결에서와 같은 법원의 사실상 및 법률상의 판단이 이루어졌다고 할 수 없으므로 참가적 효력이 인정되지 아니한다(대법원 2015.05.28. 선고 2012다78184 판결). **정답 ③**

20. 공동소송적 보조참가·공동소송참가에 관한 설명 중 옳지 않은 것을 모두 고른 것은? (다툼이 있는 경우 판례에 따름) [2021년 08월 모의]

ㄱ. 乙로부터 X부동산을 매수한 丙이 소유권이전등기를 미루고 있는 사이에 甲이 乙에 대한 채권을 주장하면서 아직 乙의 명의로 남아 있던 X부동산에 대하여 가압류를 하고 본안소송을 제기하였다면 丙은 이 소송에 공동소송적 보조참가를 할 수 있다.
ㄴ. 공동소송적 보조참가인이 적법하게 상고를 제기하고 그 상고이유서를 제출기간 내에 제출하였다면, 상고를 제기하지 않은 피참가인의 상고이유서 제출기간이 도과하였다고 하더라도, 그 상고이유서의 제출은 적법하다.
ㄷ. 공동소송적 보조참가인의 재심청구 당시 피참가인이 이미 사망하였다면, 재심청구를 허용하는 특별한 규정이 없는 한 공동소송적 보조참가인의 재심청구는 허용되지 않는다.
ㄹ. 항소심절차에서 공동소송참가가 이루어진 이후에 피참가소가 소송요건의 흠결로 각하된다면 공동소송참가도 부적법한 것으로 각하되어야 한다.
ㅁ. 학교법인의 이사회결의무효확인의 소에는 제3자가 공동소송참가를 할 수 없다.

① ㄱ, ㄷ
② ㄱ, ㄹ
③ ㄴ, ㄷ
④ ㄴ, ㅁ
⑤ ㄷ, ㄹ

해설

ㄱ. (×)
1) 판결의 효력이 미치는 제3자가 당사자로 참가하는 것이 아니라, 당사자가 아닌 보조참가인으로 참가하는 형태가 바로 공동소송적 보조참가이다. 사실상 참가인과 피참가인이 공동운명체의 성격을 갖기 때문에 통상의 보조참가보다 훨씬 강한 필수적 공동소송에 준하는 소송수행권을 참가인에게 부여할 필요가 있다. 이에, 참가인의 소송수행에 관하여 필수적 공동소송에 관한 규정을 준용한다.
2) 피고로부터 부동산을 매수한 참가인이 소유권이전등기를 미루고 있는 사이에 원고가 피고에 대한 채권이 있다 하여 당시 피고의 소유명의로 남아 있던 위 부동산에 대하여 가압류를 하고 본안소송을 제기하자 참가인이 피고보조참가를 한 사안에서, 원고가 승소하면 위 가압류에 기하여 위 부동산에 대한 강제집행에 나설 것이고 그렇게 되면 참가인은 그 후 소유권이전등기를 마친 위 부동산의 소유권을 상실하게 되는 손해를 입게 되며, 원고가 피고에게 구하는 채권이 허위채권으로 보여지는데도 피고가 원고의 주장사실을 자백하여 원고를 승소시키려 한다는 사유만으로는 참가인의 참가가 이른바 공동소송적 보조참가에 해당하여 참가인이 피참가인인 피고와 저촉되는 소송행위를 할 수 있는 지위에 있다고 할 수 없다(대법원 2001.01.19. 선고 2000다59333 판결).
3) 乙로부터 X부동산을 매수한 丙이 소유권이전등기를 미루고 있는 사이에 甲이 乙에 대한 금전채권을 주장하면서 아직 乙의 명의로 남아 있던 X부동산에 대하여 가압류를 하고 금전채권의 이행을 구하는 본안소송을 제기한 경우에 이 판결의 효력이 丙에게 미치는지 여부가 핵심이다. 甲이 승소하면 위 가

압류에 기하여 이 사건 부동산에 대한 강제집행에 나설 것이고 그렇게 되면 참가인은 그 후 소유권이전등기를 마친 이 사건 부동산의 소유권을 상실하게 되는 손해를 입게 된다. 그러나, 본안판결의 효력이 丙에게 미친다고 보기는 어렵다. 따라서, 공동소송적 보조참가는 허용되지 않는다.

ㄴ. (O) 공동소송적 보조참가를 한 참가인이 적법하게 상고를 제기하고 그 상고이유서 제출기간 내에 상고이유서를 제출하였다면, 상고를 제기하지 않은 피참가인인 피고의 상고이유서 제출기간이 도과하였다고 하더라도, 그 상고이유서의 제출은 적법하다(대법원 2012.11.29. 선고 2011두30069 판결).

ㄷ. (O) 통상의 보조참가인은 참가 당시의 소송상태를 전제로 피참가인을 보조하기 위하여 참가하는 것이므로 참가할 때의 소송 진행정도에 따라 피참가인이 할 수 없는 행위는 할 수 없다(민소법 제76조 제1항 단서 참조). 공동소송적 보조참가인도 원래 당사자가 아니라 보조참가인이므로 위와 같은 점에서는 통상의 보조참가인과 마찬가지이다(대법원 2018.11.29. 선고 2018므14210 판결).

ㄹ. (×) 공동소송참가는 항소심에서도 할 수 있는 것이고, 항소심절차에서 공동소송참가가 이루어진 이후에 피참가소가 소송요건의 흠결로 각하된다고 할지라도 소송의 목적이 당사자 일방과 제3자에 대하여 합일적으로 확정될 경우에 한하여 인정되는 공동소송참가의 특성에 비추어 볼 때, 심급이익 박탈의 문제는 발생하지 않는다고 볼 것이다. 같은 취지에서 원고 공동소송참가인이 항소심절차에서 이 사건 공동소송참가한 것을 적법하다고 본 원심의 처리는 정당하다(대법원 2002.03.15. 선고 2000다9086 판결).

ㅁ. (O) 공동소송참가는 타인간의 소송의 목적이 당사자 일방과 제3자에 대하여 합일적으로 확정될 경우 즉, 타인간의 소송의 판결의 효력이 제3자에게도 미치게 되는 경우에 한하여 그 제3자에게 허용되는바, 학교법인의 이사회의 결의에 하자가 있는 경우에 관하여 법률에 별도의 규정이 없으므로 그 결의에 무효사유가 있는 경우에는 이해관계인은 언제든지 또 어떤 방법에 의하든지 그 무효를 주장할 수 있고, 이와 같은 무효주장의 방법으로서 이사회결의무효확인소송이 제기되어 승소확정판결이 난 경우, 그 판결의 효력은 위 소송의 당사자 사이에서만 발생하는 것이지 대세적 효력이 있다고 볼 수는 없으므로, 이사회결의무효확인의 소는 그 소송의 목적이 당사자 일방과 제3자에 대하여 합일적으로 확정될 경우가 아니어서 제3자는 공동소송참가를 할 수 없다(대법원 2001.07.13. 선고 2001다13013 판결). 정답 ②

21. 예비적·선택적 공동소송에 관련된 설명으로 옳지 않은 것은? (다툼이 있는 경우 판례에 의함)
[2021년 10월 모의]

① 아파트 동대표 지위부존재 확인소송에서 입주자대표회의와 동대표 개인에 대한 청구는 소송법상 양립할 수 없는 경우에 해당하므로 어느 일방을 예비적 피고로 하는 주관적·예비적 추가가 허용된다.
② 교통사고 피해자가 자신을 충격한 버스 운전기사와 사용자인 버스회사를 상대로 선택적으로 손해배상청구를 한 경우라도 이는 실체법상 양립 가능하므로 통상공동소송에 해당한다.
③ 예비적 공동소송에서는 모든 공동소송인에 관한 청구에 대하여 판결해야 하므로, 일부 공동소송인에 대해서만 판결하거나 추가 판결하는 것은 허용되지 않는다.
④ 예비적 공동소송에는 민소법 제67조 내지 제69조가 준용되어 소송자료 및 소송진행의 통일이 요구되므로, 화해권고결정에 대하여 일부 공동소송인이 이의하지 않았더라도 다른 공동소송인이 이의하였다면 분리 확정이 허용되지 않는다.
⑤ 예비적 공동소송에서 공동소송인 중 어느 한 사람이 상소를 제기하면 전원에 대하여 판결 확정이 차단되고 상급심으로 이심되어 심판의 대상이 된다.

해설
① (O) 민소법 제70조 제1항에 있어서 '법률상 양립할 수 없다'는 것은, 동일한 사실관계에 대한 법률적인

평가를 달리하여 두 청구 중 어느 한 쪽에 대한 법률효과가 인정되면 다른 쪽에 대한 법률효과가 부정됨으로써 두 청구가 모두 인용될 수는 없는 관계에 있는 경우나, 당사자들 사이의 사실관계 여하에 의하여 또는 청구원인을 구성하는 택일적 사실인정에 의하여 어느 일방의 법률효과를 긍정하거나 부정하고 이로써 다른 일방의 법률효과를 부정하거나 긍정하는 반대의 결과가 되는 경우로서, 두 청구들 사이에서 한 쪽 청구에 대한 판단 이유가 다른 쪽 청구에 대한 판단 이유에 영향을 주어 각 청구에 대한 판단 과정이 필연적으로 상호 결합되어 있는 관계를 의미하며, 실체법적으로 서로 양립할 수 없는 경우뿐 아니라 소송법상으로 서로 양립할 수 없는 경우를 포함한다(대법원 2007.06.26. 자 2007마515 결정).

② (O) 부진정연대채무의 관계에 있는 채무자들을 공동피고로 하여 이행의 소가 제기된 경우 공동피고에 대한 각 청구는 법률상 양립할 수 없는 것이 아니므로 그 소송은 민소법 제70조 제1항에 규정한 본래 의미의 예비적·선택적 공동소송이라고 할 수 없고, 따라서 거기에 필수적 공동소송에 관한 민소법 제67조는 준용되지 않는다고 할 것이어서 상소로 인한 확정차단의 효력도 상소인과 그 상대방에 대해서만 생기고 다른 공동소송인에 대한 관계에는 미치지 않는다(대법원 2012.09.27. 선고 2011다76747 판결).

③ (O), ⑤ (O) 주관적·예비적 공동소송은 동일한 법률관계에 관하여 모든 공동소송인이 서로 간의 다툼을 하나의 소송절차로 한꺼번에 모순 없이 해결하는 소송형태로서 모든 공동소송인에 대한 청구에 관하여 판결을 하여야 하고(민소법 제70조 제2항), 그 중 일부 공동소송인에 대해서만 판결을 하거나, 남겨진 자를 위하여 추가판결을 하는 것은 허용되지 않는다. 한편, 민소법 제70조 제2항은 같은 조 제1항의 예비적·선택적 공동소송에서 모든 공동소송인에 관한 청구에 대하여 판결을 하도록 규정하고 있으므로, 이러한 공동소송에서 일부 공동소송인에 관한 청구에 대해서만 판결을 하는 경우 이는 일부판결이 아닌 흠이 있는 전부판결에 해당하여 상소로써 이를 다투어야 하고, 그 판결에서 누락된 공동소송인은 이를 시정하기 위하여 상소를 제기할 이익이 있다(대법원 2021.07.08. 선고 2020다292756 판결).

④ (×) 민소법 제70조에서 정한 주관적·예비적 공동소송에는 민소법 제67조 내지 제69조가 준용되어 소송자료 및 소송진행의 통일이 요구되지만, 청구의 포기·인낙, 화해 및 소의 취하는 공동소송인 각자가 할 수 있는데, 이에 비추어 보면, 조정을 갈음하는 결정이 확정된 경우에는 재판상 화해와 동일한 효력이 있으므로 그 결정에 대하여 일부 공동소송인이 이의하지 않았다면 원칙적으로 그 공동소송인에 대한 관계에서는 조정을 갈음하는 결정이 확정될 수 있다. 다만, 조정을 갈음하는 결정에서 분리 확정을 불허하고 있거나, 그렇지 않더라도 그 결정에서 정한 사항이 공동소송인들에게 공통되는 법률관계를 형성함을 전제로 하여 이해관계를 조절하는 경우 등과 같이 결정 사항의 취지에 비추어 볼 때 분리 확정을 허용할 경우 형평에 반하고 또한 이해관계가 상반된 공동소송인들 사이에서의 소송진행 통일을 목적으로 하는 민소법 제70조 제1항 본문의 입법 취지에 반하는 결과가 초래되는 경우에는 분리 확정이 허용되지 않는다. 이러한 법리는 이의신청 기간 내에 이의신청이 없으면 재판상 화해와 동일한 효력을 가지는 화해권고결정의 경우에도 마찬가지로 적용된다(대법원 2015.03.20. 선고 2014다75202 판결). **정답 ④**

22. 선정당사자 제도에 관한 다음 설명 중 옳지 <u>않은</u> 것을 모두 고른 것은? (다툼이 있는 경우 판례에 따름)
[2021년 10월 모의]

ㄱ. 다수자의 권리·의무가 동종이며 발생원인이 동종인 관계에 있으면 '공동의 이해관계'가 인정되므로 선정당사자의 선정이 항상 허용된다.
ㄴ. 선정당사자는 선정자들로부터 임의적 소송담당을 받은 관계이므로 선정자명단에 선정당사자를 포함시키는 것은 위법하다.
ㄷ. 선정당사자의 선정행위 시 심급 제한에 관한 약정 등이 없는 한 선정의 효력은 소송 종료에 이르기까지 계속된다.
ㄹ. 당사자 선정은 언제든지 장래를 위하여 이를 취소·변경할 수 있으며, 선정을 철회한 경우에 선정자 또는 당사자가 상대방 또는 법원에 대하여 선정 철회 사실을 통지하지 아니하면 철회

ㅁ. 다수자 사이에 공동의 이해관계가 없는 자가 선정당사자로 선정되어 청구를 인낙한 경우, 선정자가 스스로 선정행위를 하였다면 선정당사자 자격의 흠은 민사소송법상의 재심사유에 해당하지 않는다.

① ㄱ, ㄴ   ② ㄴ, ㄹ   ③ ㄷ, ㅁ
④ ㄹ, ㅁ   ⑤ ㄱ, ㄷ

해설

ㄱ. (✗) 공동의 이해관계가 있는 다수자는 선정당사자를 선정할 수 있는 것인데, 이 경우 공동의 이해관계란 다수자 상호 간에 공동소송인이 될 관계에 있고, 또 주요한 공격방어 방법을 공통으로 하는 것을 의미하므로, 다수자의 권리의무가 동종이며 그 발생 원인이 동종인 관계에 있는 것만으로는 공동의 이해관계가 있는 경우라고 할 수 없어, 선정당사자의 선정을 허용할 것이 아니다(대법원 1999.08.24. 선고 99다15474 판결).

ㄴ. (✗) 선정당사자 자신도 공동의 이해관계를 가진 사람으로서 선정행위를 하였다면, 선정행위를 하였다는 의미에서 선정자로 표기하는 것이 허용되지 않는다고 할 수 없으므로, 선정당사자를 선정자로 표기하는 것이 적법하다(대법원 2011.09.08. 선고 2011다17090 판결).

ㄷ. (○)
1) 공동의 이해관계가 있는 다수자가 당사자를 선정한 경우에는 선정된 당사자는 당해 소송의 종결에 이르기까지 총원을 위하여 소송을 수행할 수 있고, 상소와 같은 것도 역시 이러한 당사자로부터 제기되어야 하는 것이지만, 선정당사자의 선정행위시 심급의 제한에 관한 약정 등이 없는 한 선정의 효력은 소송이 종료에 이르기까지 계속된다(대법원 2003.11.14. 선고 2003다34038 판결).
2) 공동의 이해관계가 있는 다수자가 당사자를 선정한 경우에는 선정된 당사자는 당해 소송의 종결에 이르기까지 총원을 위하여 소송을 수행할 수 있고, 상소와 같은 것도 역시 이러한 당사자로부터 제기되어야 하는 것이지만 당사자 선정은 총원의 합의로써 장래를 향하여 이를 취소, 변경할 수 있는 만큼 당초부터 특히 어떠한 심급을 한정하여 당사자인 자격을 보유하게끔 할 목적으로 선정을 하는 것도 역시 허용된다(대법원 1995.10.05. 자 94마2452 결정).

ㄹ. (○) 당사자 선정은 언제든지 장래를 위하여 이를 취소·변경할 수 있으며, 선정을 철회한 경우에 선정자 또는 당사자가 상대방 또는 법원에 대하여 선정 철회 사실을 통지하지 아니하면 철회의 효력을 주장하지 못하지만(민소법 제63조 제2항, 제1항), 선정의 철회는 반드시 명시적이어야만 하는 것은 아니고 묵시적으로도 가능하다(대법원 2015.10.15. 선고 2015다31513 판결).

ㅁ. (○) 다수자 사이에 공동소송인이 될 관계에 있기는 하지만 주요한 공격방어방법을 공통으로 하는 것이 아니어서 공동의 이해관계가 없는 자가 선정당사자로 선정되었음에도 법원이 그러한 선정당사자 자격의 흠을 간과하여 그를 당사자로 한 판결이 확정된 경우, 선정자가 스스로 당해 소송의 공동소송인 중 1인인 선정당사자에게 소송수행권을 수여하는 선정행위를 하였다면 그 선정자로서는 실질적인 소송행위를 할 기회 또는 적법하게 당해 소송에 관여할 기회를 박탈당한 것이 아니므로, 민소법 제451조 제1항 제3호가 정하는 재심사유에 해당하지 않는다(대법원 2007.07.12. 선고 2005다10470 판결).   **정답** ①

23. 공동소송에 관한 설명 중 옳지 않은 것은? (다툼이 있는 경우 판례에 의함)   [2022년 06월 모의]

① 원고가 주채무자와 연대보증인을 상대로 금전지급청구의 소를 제기하였는데, 주채무자가 적법한 송달을 받고도 원고의 주장을 전혀 다투지 않는 경우, 연대보증인의 항변에 따라 주채무의 변제 사실이 증명되더라도 법원은 원고의 주채무자에 대한 청구를 인용하는 판결을 선고할 수 있다.

② 공유물분할 판결은 일부 공유자에 대하여 상소기간이 만료되면 그 공유자에 대한 판결 부분은 분리·확정된다.
③ 동업자들이 동업자금을 공동명의로 예금한 경우에 그 예금주들이 은행에 대해 예금 반환을 청구하는 소송은 필수적 공동소송에 해당한다.
④ 공유 토지의 일부에 대해 취득시효 완성을 원인으로 공유자들을 상대로 그 시효 완성 부분에 대한 소유권이전등기 절차의 이행을 청구하는 소송은 필수적 공동소송이라고 할 수 없다.
⑤ 부진정연대채무 관계에 있는 채무자 A와 B를 상대로 예비적·선택적 공동소송을 제기할 수 없다.

해설

① (○) 채권자가 원고가 되어 채무자와 연대보증인을 피고로 하는 공동소송은 통상공동소송이다. 공동소송인 독립의 원칙에 따라 한 사람의 소송행위는 다른 공동소송인에게 영향을 미치지 않으므로, 연대보증인의 항변이 채무자에게 미치지 않는다.
② (×) 공유물분할청구의 소는 분할을 청구하는 공유자가 원고가 되어 다른 공유자 전부를 공동피고로 하여야 하는 고유필수적 공동소송이다. 따라서 공유물분할 판결은 공유자 전원에 대하여 상소기간이 만료되기 전에는 확정되지 않고, 일부 공유자에 대하여 상소기간이 만료되었다고 하더라도 그 공유자에 대한 판결 부분이 분리·확정되는 것은 아니다(대법원 2017.09.21. 선고 2017다233931 판결).
③ (○) 동업자들이 동업자금을 공동명의로 예금한 경우라면 채권의 준합유관계에 있어 합유의 성질상 은행에 대한 예금반환청구가 필요적 공동소송에 해당한다(대법원 1994.04.26. 선고 93다31825 판결).
④ (○) 토지를 수인이 공유하는 경우에 공유자들의 소유권이 지분의 형식으로 공존하는 것뿐이고, 그 처분권이 공동에 속하는 것은 아니므로 공유토지의 일부에 대하여 취득시효완성을 원인으로 공유자들을 상대로 그 시효취득부분에 대한 소유권이전등기절차의 이행을 청구하는 소송은 필요적 공동소송이라고 할 수 없다(대법원 1994.12.27. 선고 93다32880 판결).
⑤ (○) 부진정연대채무의 관계에 있는 채무자들을 공동피고로 하여 이행의 소가 제기된 경우 공동피고에 대한 각 청구는 법률상 양립할 수 없는 것이 아니므로 그 소송은 민소법 제70조 제1항에 규정한 본래 의미의 예비적·선택적 공동소송이라고 할 수 없고, 따라서 거기에 필수적 공동소송에 관한 민소법 제67조는 준용되지 않는다고 할 것이어서 상소로 인한 확정차단의 효력도 상소인과 그 상대방에 대해서만 생기고 다른 공동소송인에 대한 관계에는 미치지 않는다(대법원 2012.09.27. 선고 2011다76747 판결). 즉, 통상공동소송이다.

정답 ②

24. 예비적 공동소송에 관한 설명 중 옳지 않은 것은? (다툼이 있는 경우 판례에 의함) [2022년 06월 모의]

① 예비적 공동소송을 제기하기 위해서는 주위적 당사자와 예비적 당사자에 관한 각 청구가 양립불가능하여야 한다.
② 예비적 공동소송은 각 당사자에 관한 청구가 논리적으로 연결되고 양립하지 않으면 소송물이 동일하지 않은 경우에도 청구할 수 있다.
③ 예비적 공동소송에는 필수적 공동소송에 관한 규정이 준용되어 각 공동소송인은 단독으로 소의 취하를 할 수 없다.
④ 주위적 피고에 대한 주위적·예비적 청구 중 주위적 청구가 인용되지 않을 경우 이와 양립하지 않는 예비적 피고에 대한 청구를 인용하여 달라는 취지로 예비적 공동소송을 제기할 수 있다.
⑤ 예비적 공동소송에서 일부 당사자에 대한 판결이 누락된 경우, 그 판결에서 누락된 당사자는 상소를 제기할 수 있다.

해설

① (O) 공동소송인 가운데 일부의 청구가 다른 공동소송인의 청구와 법률상 양립할 수 없거나 공동소송인 가운데 일부에 대한 청구가 다른 공동소송인에 대한 청구와 법률상 양립할 수 없는 경우에는 제67조 내지 제69조를 준용한다. 다만, 청구의 포기·인낙, 화해 및 소의 취하의 경우에는 그러하지 아니하다(민소법 제70조 제1항).

② (O) 주위적 청구에 대한 판단이유가 예비적 청구에 대한 판단이유에 영향을 줌으로써 위 각 청구에 대한 판단과정이 필연적으로 상호 결합되어 있는 관계에 있어 위 두 청구는 법률상 양립할 수 없고, 또한 주위적 청구는 예비적 청구와 그 상대방을 달리하고 있어, 피고들에 대한 위자료청구를 제외한 나머지 이 사건 소송은 민소법 제70조 제1항 소정의 예비적 공동소송에 해당한다(대법원 2008.07.10. 선고 2006다57872 판결).

③ (X) 민소법 제70조 소정의 예비적·선택적 공동소송에는 민소법 제67조 내지 제69조가 준용되어 소송자료 및 소송진행의 통일이 요구되지만, 청구의 포기·인낙, 화해 및 소의 취하는 공동소송인 각자가 할 수 있다(대법원 2008.07.10. 선고 2006다57872 판결).

④ (O) 민소법 제70조 제1항 본문이 규정하는 '공동소송인 가운데 일부에 대한 청구'를 반드시 '공동소송인 가운데 일부에 대한 모든 청구'라고 해석할 근거는 없으므로, 주위적 피고에 대한 주위적·예비적 청구 중 주위적 청구 부분이 인용되지 아니할 경우 그와 법률상 양립할 수 없는 관계에 있는 예비적 피고에 대한 청구를 인용하여 달라는 취지로 결합하여 소를 제기하는 것도 가능하다(대법원 2014.03.27. 선고 2009다104960 판결).

⑤ (O) 민소법 제70조 제2항은 같은 조 제1항의 예비적·선택적 공동소송에서는 모든 공동소송인에 관한 청구에 대하여 판결을 하도록 규정하고 있으므로, 이러한 공동소송에서 일부 공동소송인에 관한 청구에 하여만 판결을 하는 경우 이는 일부판결이 아닌 흠이 있는 전부판결에 해당하여 상소로써 이를 다투어야 하고, 그 판결에서 누락된 공동소송인은 이러한 판단유탈을 시정하기 위하여 상소를 제기할 이익이 있다(대법원 2008.03.27. 선고 2005다49430 판결).

정답 ③

25. 선정당사자에 관한 설명 중 옳은 것은? (다툼이 있는 경우 판례에 의함) [2022년 06월 모의]

① 비송사건에서도 선정당사자를 선정할 수 있다.
② 선정자는 선정시 선정당사자의 자격을 제1심으로 한정하는 등 심급을 제한하여 자격을 부여 할 수 없으므로, 선정당사자는 원칙적으로 선정된 후 취소되지 않는 한 소송의 종료시까지 그 지위를 가지게 된다.
③ 선정당사자는 청구의 포기·인낙, 상소의 제기는 할 수 있으나 소의 취하는 할 수 없다.
④ 선정당사자는 개개의 소송행위를 함에 있어서 선정자의 개별적인 동의를 받아야 한다.
⑤ 선정당사자 본인에 대한 부분의 소가 취하되면 선정당사자는 선정당사자의 자격을 당연히 상실한다.

해설

① (X)
1) 비송사건절차법 제5조, 제8조, 제10조, 제24조, 제30조 등 관계법령들의 규정내용에 비추어 보면 서 선정당사자에 관한 민소법 제49조의 규정은 비송사건절차법이 적용되는 비송사건에는 준용되거나 유추적용되지 않는다(대법원 1990.12.07. 자 90마674 결정).
2) 비송(非訟)이란 대립하는 당사자를 전제로 당사자 주도로 진행되는 재판이 아닌 법원이 후견적 입장에서 직권으로 심판하는 사건이다. 따라서 대립당사자를 전제로 하지 않으므로, 소송에서의 대립당사

자를 전제로하여 선정자 모두가 당사자로서 직접 소송에 관여하는 데 따르는 소송상 불편을 제거하고, 간이한 소송수행을 위하여 마련된 제도인 선정당사자제도가 유추적용되지 않는다.

3) 유사한 이유로 소송이 아닌 민사조정에서도 선정당사자제도가 유추적용되지 않는다. 민사소정이란 분쟁당사자가 법원 조정기관의 도움을 받아 대화와 협상을 하고 상호 양해와 합의를 통하여 분쟁을 조리와 실정에 맞게 해결하도록 하는 제도이기 때문이다.

② (×)
1) 공동의 이해관계가 있는 다수자가 당사자를 선정한 경우에는 선정된 당사자는 당해 소송의 종결에 이르기까지 총원을 위하여 소송을 수행할 수 있고, 상소와 같은 것도 역시 이러한 당사자로부터 제기되어야 하는 것이지만, 선정당사자의 선정행위시 심급의 제한에 관한 약정 등이 없는 한 선정의 효력은 소송이 종료에 이르기까지 계속된다(대법원 2003.11.14. 선고 2003다34038 판결).
2) 공동의 이해관계가 있는 다수자가 당사자를 선정한 경우에는 선정된 당사자는 당해 소송의 종결에 이르기까지 총원을 위하여 소송을 수행할 수 있고, 상소와 같은 것도 역시 이러한 당사자로부터 제기되어야 하는 것이지만 당사자 선정은 총원의 합의로써 장래를 향하여 이를 취소, 변경할 수 있는 만큼 당초부터 특히 어떠한 심급을 한정하여 당사자인 자격을 보유하게끔 할 목적으로 선정을 하는 것도 역시 허용된다(대법원 1995.10.05. 자 94마2452 결정).

③ (×), ④ (×) 선정당사자는 선정자들로부터 소송수행을 위한 포괄적인 수권을 받은 것으로서 일체의 소송행위는 물론 소송수행에 필요한 사법상의 행위도 할 수 있는 것이고 개개의 소송행위를 함에 있어서 선정자의 개별적인 동의가 필요한 것은 아니다(대법원 2003.05.30. 선고 2001다10748 판결).

⑤ (O) 민소법 제53조 소정의 선정당사자는 공동의 이해관계를 가진 여러 사람 중에서 선정되어야 하는 것이므로, 선정당사자 본인에 대한 부분의 소가 취하되거나 판결이 확정되는 등으로 공동의 이해관계가 소멸하는 경우에는 선정당사자는 선정당사자의 자격을 당연히 상실한다(대법원 2006.09.28. 선고 2006다28775 판결).

정답 ⑤

26. 독립당사자참가에 관한 설명 중 옳지 않은 것은? (다툼이 있는 경우 판례에 의함) [2022년 06월 모의]

① 독립당사자참가 중 권리주장참가는 원고의 본소청구와 참가인의 청구가 주장 자체에서 양립할 수 없는 관계라고 볼 수 있는 경우에 참가이유가 인정된다.
② 원고의 피고에 대한 청구의 원인행위가 사해행위라는 이유로 원고에 대하여 사해행위 취소를 청구하면서 독립당사자참가 신청을 하는 경우, 그러한 참가 신청은 사해방지참가의 목적을 달성할 수 없으므로 부적법하다.
③ 독립당사자참가 소송에서 원·피고 사이에 재판상 화해를 하면 그 효력은 화해 당사자인 원고와 피고에게만 미치고, 참가인에게는 미치지 않는다.
④ 원고 승소 판결에 대해 참가인만 상소를 한 경우 상소심에서 원고의 피고에 대한 청구 인용 부분을 원고에게 불리하게 변경할 수 있는 것은 참가인의 참가 신청이 적법하고 나아가 합일 확정의 요청상 필요한 경우에 한한다.
⑤ 독립당사자참가 중 권리주장참가를 하려는 소송에 수 개의 청구가 병합된 경우 그 중 어느 하나의 청구라도 독립당사자참가인의 주장과 양립하지 않는 관계에 있으면 그 본소청구에 대한 참가가 허용된다고 할 것이고, 양립할 수 없는 본소청구에 관해 본안에 들어가 심리한 결과 이유가 없는 것으로 판단된다고 하더라도 참가 신청이 부적법하게 되는 것은 아니다.

해설

① (O) 독립당사자참가 중 권리주장참가는 원고의 본소청구와 참가인의 청구가 주장 자체에서 양립할 수

없는 관계라고 볼 수 있는 경우에 허용될 수 있고, 사해방지참가는 본소의 원고와 피고가 소송을 통하여 참가인의 권리를 침해할 의사가 있다고 객관적으로 인정되고 소송의 결과 참가인의 권리 또는 법률상 지위가 침해될 우려가 있다고 인정되는 경우에 허용될 수 있다(대법원 2017.04.26. 선고 2014다221777 판결).

② (O) 사해행위취소의 상대적 효력에 의하면, 원고의 피고에 대한 청구의 원인행위가 사해행위인 이유로 원고에 대하여 사해행위취소를 청구하면서 독립당사자참가신청을 하는 경우, 독립당사자참가인의 청구가 그대로 받아들여진다 하더라도 원고와 피고 사이의 법률관계에는 아무런 영향이 없고, 따라서 그러한 참가신청은 사해방지참가의 목적을 달성할 수 없으므로 부적법하다(대법원 2014.06.12. 선고 2012다47548 판결).

③ (×) 원·피고 사이에만 재판상 화해를 하는 것은 3자 간의 합일확정의 목적에 반하기 때문에 허용되지 않는다(대법원 2005.05.26. 선고 2004다25901 판결).

④ (O)
[1] 민소법 제79조 제1항에 따라 원·피고, 독립당사자참가인 간의 소송에 대하여 본안판결을 할 때에는 위 3당사자를 판결의 명의인으로 하는 하나의 종국판결만을 내려야 하는 것이지 위 당사자의 일부에 관해서만 판결을 하는 것은 허용되지 않고, 같은 조 제2항에 의하여 제67조가 준용되는 결과 독립당사자참가소송에서 원고승소의 판결이 내려지자 이에 대하여 참가인만이 상소를 한 경우에도 판결 전체의 확정이 차단되고 사건 전부에 관하여 이심의 효력이 생긴다.
[2] 독립당사자참가소송에서 원고승소 판결에 대하여 참가인만이 상소를 했음에도 상소심에서 원고의 피고에 대한 청구인용 부분을 원고에게 불리하게 변경할 수 있는 것은 참가인의 참가신청이 적법하고 나아가 합일확정의 요청상 필요한 경우에 한한다(대법원 2007.12.14. 선고 2007다37776 판결).

⑤ (O) 독립당사자참가 중 권리주장참가는 소송의 목적의 전부나 일부가 자기의 권리임을 주장하면 되는 것이므로 참가하려는 소송에 수개의 청구가 병합된 경우 그 중 어느 하나의 청구라도 독립당사자참가인의 주장과 양립하지 않는 관계에 있으면 그 본소청구에 대한 참가가 허용된다고 할 것이고, 양립할 수 없는 본소청구에 관하여 본안에 들어가 심리한 결과 이유가 없는 것으로 판단된다고 하더라도 참가신청이 부적법하게 되는 것은 아니다(대법원 2007.06.15. 선고 2006다80322 판결).

정답 ③

27. 참가적 효력에 관한 설명 중 옳지 않은 것은? (다툼이 있는 경우 판례에 의함) [2022년 06월 모의]

① 참가적 효력은 피참가인이 패소한 경우에 보조참가인과 피참가인 사이에서 문제된다.
② 보조참가인과 피참가인 사이에서 공동이익으로 다툴 수 있었던 사항이 아니라 서로 간에 다투어야 할 부분에는 참가적 효력이 미치지 않는다.
③ 판결이유 중의 판단에도 참가적 효력이 인정되나, 결론에 영향을 미칠 수 없는 부가적 또는 보충적인 판단에는 미치지 않는다.
④ 보조참가인이 참가한 후 소송이 화해권고결정의 확정으로 종료하여도 참가인은 참가적 효력을 받는다.
⑤ 소송고지를 받은 자가 참가를 하지 않은 경우에도 원칙적으로 참가적 효력이 미친다.

해설

① (O) 보조참가인이 피참가인을 보조하여 공동으로 소송을 수행하였으나 피참가인이 그 소송에서 패소한 경우에는 형평의 원칙상 보조참가인이 피참가인에게 그 패소판결이 부당하다고 주장할 수 없도록 구속력을 미치게 하는 이른바 참가적 효력이 있음에 불과하므로 피참가인과 그 소송상대방간의 판결의 기판력이 참가인과 피참가인의 상대방과의 사이에까지는 미치지 아니한다(대법원 1988.12.13. 선고 86다카2289 판결).

② (O), ③ (O) 전소 확정판결의 참가적 효력은 전소 확정판결의 결론의 기초가 된 사실상 및 법률상의 판단으로서 보조참가인이 피참가인과 공동이익으로 주장하거나 다툴 수 있었던 사항에 한하여 미치고, 전

소확정판결에 필수적인 요소가 아니어서 결론에 영향을 미칠 수 없는 부가적 또는 보충적인 판단이나 방론 등에까지 미치는 것은 아니다(대법원 1997.09.05. 선고 95다42133 판결).

④ (×) 보조참가인이 피참가인을 보조하여 공동으로 소송을 수행하였으나 피참가인이 소송에서 패소한 경우에는 형평의 원칙상 보조참가인이 피참가인에게 패소판결이 부당하다고 주장할 수 없도록 구속력을 미치게 하는 이른바 참가적 효력이 인정되지만, 전소 확정판결의 참가적 효력은 전소 확정판결의 결론의 기초가 된 사실상 및 법률상의 판단으로서 보조참가인이 피참가인과 공동이익으로 주장하거나 다툴 수 있었던 사항에 한하여 미친다. 이러한 법리에 비추어 보면 전소가 확정판결이 아닌 화해권고결정에 의하여 종료된 경우에는 확정판결에서와 같은 법원의 사실상 및 법률상의 판단이 이루어졌다고 할 수 없으므로 참가적 효력이 인정되지 아니한다(대법원 2015.05.28. 선고 2012다78184 판결).

⑤ (○) 소송고지를 받은 사람이 참가하지 아니한 경우라도, 1) 참가인이 소송행위를 할 수 없거나 그 소송행위가 효력을 가지지 아니하는 때, 2) 피참가인이 참가인의 소송행위를 방해한 때, 3) 피참가인이 참가인이 할 수 없는 소송행위를 고의나 과실로 하지 아니한 때에 해당하지 아니하면 참가할 수 있었을 때에에 해당하지 아니하면 참가한 것으로 본다(민소법 제86조).

정답 ④

28. 소송고지에 관한 설명 중 옳지 않은 것은? (다툼이 있는 경우 판례에 의함) [2022년 08월 모의]

① 소송고지의 요건이 갖추어진 경우 소송고지서에 고지자가 피고지자에 대하여 권리를 행사하겠다는 취지의 의사가 표명되었다면 소멸시효 중단사유로서의 최고의 효력이 인정된다.
② 채권자가 추심명령의 취지에 따라 제3채무자를 상대로 소를 제기할 때에는 일반규정에 의한 관할법원에 제기하고 채무자에게 그 소를 고지하여야 한다.
③ 소송에 참가할 수 있는 제3자를 상대로 소송고지를 한 경우 피고지자가 실제로 소송에 참가한 경우에만 후일 고지자와의 소송에서 전소 확정판결에서 결론의 기초가 된 사실상·법률상 판단에 반하는 것을 주장할 수 없다.
④ 소송고지에 의한 최고는 보통의 최고와는 달리 법원의 행위를 통하여 이루어지는 것이므로 당사자가 소송고지서를 법원에 제출한 때에 시효중단의 효력이 발생한다.
⑤ 소송고지가 있은 경우에 해당 소송이 계속되어 있는 동안에는 고지자와 피고지자 사이에 소멸시효기간이 진행되지 아니한다.

해설

① (○), ⑤ (○) 소송고지의 요건이 갖추어진 경우에 그 소송고지서에 고지자가 피고지자에 대하여 채무의 이행을 청구하는 의사가 표명되어 있으면 민법 제174조에 정한 시효중단사유로서의 최고의 효력이 인정된다. 소송고지로 인한 최고의 경우 보통의 최고와는 달리 법원의 행위를 통하여 이루어지는 것으로서, 고지자로서는 소송고지를 통하여 당해 소송의 결과에 따라 피고지자에게 권리를 행사하겠다는 취지의 의사를 표명한 것으로 볼 것이므로, 당해 소송이 계속중인 동안은 최고에 의하여 권리를 행사하고 있는 상태가 지속되는 것으로 보아 민법 제174조에 규정된 6월의 기간은 당해 소송이 종료된 때로부터 기산된다(대법원 2009.07.09. 선고 2009다14340 판결).

② (○) 채권자가 명령의 취지에 따라 제3채무자를 상대로 소를 제기할 때에는 일반 규정에 의한 관할법원에 제기하고 채무자에게 그 소를 고지하여야 한다. 다만, 채무자가 외국에 있거나 있는 곳이 분명하지 아니한 때에는 고지할 필요가 없다(민집법 제238조).

③ (×)
1) 소송고지를 받은 사람이 참가하지 아니한 경우라도 참가할 수 있었을 때에 참가한 것으로 본다(민소법 제86조).

2) 소송고지제도는 소송의 결과에 대하여 이해관계를 가지는 제3자로 하여금 소송에 참가하여 그 이익을 옹호할 기회를 부여함과 아울러 고지자가 패소한 경우에는 형평의 견지에서 그 패소의 책임을 제3자에게 분담시키려는 제도로서 피고지자는 후일 고지자와의 소송에서 전소확정판결에서의 결론의 기초가 된 사실상 법률상의 판단에 반하는 것을 주장할 수 없게 된다(대법원 1991.06.25. 선고 88다카6358 판결). 즉, 참가효가 미치게 된다.

④ (○) 소송고지에 의한 최고의 경우에는 민소법 제265조를 유추 적용하여 당사자가 소송고지서를 법원에 제출한 때에 시효중단의 효력이 발생한다(대법원 2015.05.14. 선고 2014다16494 판결). **정답 ③**

29. 보조참가에 관한 다음 설명 중 옳지 않은 것은? (다툼이 있는 경우 판례에 의함) [2022년 10월 모의]

① 불법행위로 인한 손해배상책임을 지는 자는 피해자가 다른 공동불법행위자들을 상대로 제기한 손해배상 청구소송의 결과에 대하여 법률상의 이해관계를 갖는다.
② 기일통지서를 송달받지 못한 보조참가인이 변론기일에 직접 출석하여 변론할 기회를 가졌고, 위 변론 당시 기일통지서를 송달받지 못한 점에 관하여 이의를 하지 아니하였더라도, 기일 통지를 하지 않은 절차진행상의 흠이 치유되지는 아니한다.
③ 피참가인인 피고가 원고가 주장하는 사실을 명백히 다투지 아니하여 민사소송법상 자백으로 간주하게 될 경우라도, 참가인이 보조참가를 신청하면서 그 사실에 대하여 다투는 것은 피참가인의 행위와 명백히 적극적으로 배치되는 경우라 할 수 없어 참가인의 소송행위는 효력이 있다.
④ 전소가 확정판결이 아닌 화해권고결정에 의하여 종료된 경우에는 확정판결에서와 같은 법원의 사실상 및 법률상의 판단이 이루어졌다고 할 수 없으므로 참가적 효력이 인정되지 아니한다.
⑤ 독립당사자참가를 하면서 예비적으로 보조참가를 한다는 것은 허용될 수 없다.

해설

① (○) 불법행위로 인한 손해배상책임을 지는 자는 피해자가 다른 공동불법행위자들을 상대로 제기한 손해배상청구소송의 결과에 대하여 법률상의 이해관계를 갖는다고 할 것이므로, 위 소송에 원고를 위하여 보조참가를 할 수가 있고, 피해자인 원고가 패소판결에 대하여 상소를 하지 않더라도 원고의 상소기간 내라면 보조참가와 동시에 상소를 제기할 수도 있다(대법원 1999.07.09. 선고 99다12796 판결).

② (×) 기일통지서를 송달받지 못한 보조참가인이 변론기일에 직접 출석하여 변론할 기회를 가졌고, 위 변론 당시 기일통지서를 송달받지 못한 점에 관하여 이의를 하지 아니하였다면, 기일통지를 하지 않은 절차진행상의 흠이 치유된다(대법원 2007.02.22. 선고 2006다75641 판결).

③ (○)
1) 민소법 제76조 제2항이 규정하는 참가인의 소송행위가 피참가인의 소송행위에 어긋나는 경우라 함은 참가인의 소송행위가 피참가인의 행위와 명백히 적극적으로 배치되는 경우를 말하고 소극적으로만 피참가인의 행위와 불일치하는 때에는 이에 해당하지 않는 것인바, 피참가인인 피고가 원고가 주장하는 사실을 명백히 다투지 아니하여 민소법 제150조에 의하여 그 사실을 자백한 것으로 보게 될 경우라도 참가인이 보조참가를 신청하면서 그 사실에 대하여 다투는 것은 피참가인의 행위와 명백히 적극적으로 배치되는 경우라 할 수 없어 그 소송행위의 효력이 있다(대법원 2007.11.29. 선고 2007다53310 판결).
2) 비교 : 피참가인이 상대방의 주장사실을 자백한 이상 보조참가인이 이를 다투었다고 하여도 민소법 제70조 제2항(현행 제76조 제2항)에 의하여 참가인의 주장은 그 효력이 없다(대법원 1981.06.23. 선고 80다1761 판결).

④ (○) 보조참가인이 피참가인을 보조하여 공동으로 소송을 수행하였으나 피참가인이 소송에서 패소한 경우에는 형평의 원칙상 보조참가인이 피참가인에게 패소판결이 부당하다고 주장할 수 없도록 구속력을

미치게 하는 이른바 참가적 효력이 인정되지만, 전소 확정판결의 참가적 효력은 전소 확정판결의 결론의 기초가 된 사실상 및 법률상의 판단으로서 보조참가인이 피참가인과 공동이익으로 주장하거나 다툴 수 있었던 사항에 한하여 미친다. 이러한 법리에 비추어 보면 전소가 확정판결이 아닌 화해권고결정에 의하여 종료된 경우에는 확정판결에서와 같은 법원의 사실상 및 법률상의 판단이 이루어졌다고 할 수 없으므로 참가적 효력이 인정되지 아니한다(대법원 2015.05.28. 선고 2012다78184 판결).

⑤ (○) 소송당사자인 독립당사자참가인은 그의 상대방 당사자인 원·피고의 어느 한 쪽을 위하여 보조참가를 할 수는 없다(대법원 1993.04.27. 선고 93다5727 판결).

정답 ②

30. 필수적 공동소송에 해당하는 것을 모두 고른 것은? (다툼이 있는 경우 판례에 의함) [2023년 06월 모의]

> ㄱ. 토지의 공유자들이 인접 토지의 소유자를 상대로 제기하는 경계확정의 소
> ㄴ. 공유자들이 공유물의 불법점유자를 상대로 제기하는 손해배상청구의 소
> ㄷ. 공유토지의 일부를 점유하는 자가 공유자들을 상대로 점유부분에 관한 시효취득을 원인으로 제기하는 소유권이전등기청구의 소
> ㄹ. 생존하고 있는 부모와 자를 공동피고로 하여 제3자가 제기하는 친자관계 부존재확인의 소

① ㄱ, ㄴ   ② ㄱ, ㄷ   ③ ㄱ, ㄹ
④ ㄴ, ㄷ   ⑤ ㄷ, ㄹ

해설

ㄱ. (○) 토지 경계의 확정을 구하는 소송은, 관련된 공유자 전원이 공동하여서만 제소하고 상대방도 관련된 공유자 전원이 공동으로서만 제소될 것을 요건으로 하는 고유필요적 공동소송이다(대법원 2001.06.26. 선고 2000다24207 판결).

ㄴ. (×) 공유물에 끼친 불법행위를 이유로 하는 손해 배상청구권은 특별한 사유가 없는 한 각 공유자는 그 지분에 대응하는 비율의 한도 내에서만 이를 행사할 수 있다(대법원 1970.04.14. 선고 70다171 판결).

ㄷ. (×) 토지를 수인이 공유하는 경우에 공유자들의 소유권이 지분의 형식으로 공존하는 것뿐이고, 그 처분권이 공동에 속하는 것은 아니므로 공유토지의 일부에 대하여 취득시효완성을 원인으로 공유자들을 상대로 그 시효취득부분에 대한 소유권이전등기절차의 이행을 청구하는 소송은 필요적 공동소송이라고 할 수 없다(대법원 1994.12.27. 선고 93다32880 판결).

ㄹ. (○) 친생자관계부존재확인소송은 가사소송법 제28조에서 동법 제24조를 준용하여, 합일 확정을 위하여 필수적 공동소송으로 다루므로 부모와 자 모두 피고가 된다.

정답 ③

31. 예비적·선택적 공동소송에 관한 설명 중 옳지 않은 것은? (다툼이 있는 경우 판례에 의함) [2023년 06월 모의]

① 부진정연대채무관계에 있는 채무자들을 공동피고로 하여 이행의 소를 제기하는 경우에는 예비적·선택적 공동소송이 성립될 수 없다.
② 아파트 입주자대표회의 구성원 개인을 피고로 삼아 제기한 동대표지위 부존재확인의 소의 계속 중에 피고적격 흠결로 판단될 것에 대비하여 아파트 입주자대표회의를 예비적 피고로 추가하는 것은 적법하다.
③ 예비적·선택적 공동소송에서 법원이 일부 공동소송인에 관한 청구에 대하여만 판결을 한 경우

그 판결에서 누락된 공동소송인은 상소를 제기할 이익이 없다.
④ 예비적 공동소송에서 일부 공동소송인에 대하여만 판결을 하거나 남겨진 자를 위하여 추가판결을 하는 것은 허용되지 않는다.
⑤ 예비적·선택적 공동소송에서는 공동소송인 중 일부에 대한 소를 취하할 수 있다.

해설

① (O) 부진정연대채무의 관계에 있는 채무자들을 공동피고로 하여 이행의 소가 제기된 경우 공동피고에 대한 각 청구는 법률상 양립할 수 없는 것이 아니므로 그 소송은 민소법 제70조 제1항에 규정한 본래 의미의 예비적·선택적 공동소송이라고 할 수 없고, 따라서 거기에 필수적 공동소송에 관한 민소법 제67조는 준용되지 않는다고 할 것이어서 상소로 인한 확정차단의 효력도 상소인과 그 상대방에 대해서만 생기고 다른 공동소송인에 대한 관계에는 미치지 않는다(대법원 2012.09.27. 선고 2011다76747 판결). 즉, 통상공동소송이다.

② (O) 아파트 입주자대표회의 구성원 개인을 피고로 삼아 제기한 동대표지위 부존재확인의 소의 계속 중에 아파트 입주자대표회의를 피고로 추가하는 주관적·예비적 추가가 허용된다(대법원 2007.06.26. 자 2007마515 결정).

③ (X), ④ (O) 주관적·예비적 공동소송은 동일한 법률관계에 관하여 모든 공동소송인이 서로 간의 다툼을 하나의 소송절차로 한꺼번에 모순 없이 해결하는 소송형태로서 모든 공동소송인에 대한 청구에 관하여 판결을 하여야 하고(민소법 제70조 제2항), 그 중 일부 공동소송인에 대해서만 판결을 하거나, 남겨진 자를 위하여 추가판결을 하는 것은 허용되지 않는다. 한편, 민소법 제70조 제2항은 같은 조 제1항의 예비적·선택적 공동소송에서 모든 공동소송인에 관한 청구에 대하여 판결을 하도록 규정하고 있으므로, 이러한 공동소송에서 일부 공동소송인에 관한 청구에 대해서만 판결을 하는 경우 이는 일부판결이 아닌 흠이 있는 전부판결에 해당하여 상소로써 이를 다투어야 하고, 그 판결에서 누락된 공동소송인은 이를 시정하기 위하여 상소를 제기할 이익이 있다(대법원 2021.07.08. 선고 2020다292756 판결).

⑤ (O) 공동소송인 가운데 일부의 청구가 다른 공동소송인의 청구와 법률상 양립할 수 없거나 공동소송인 가운데 일부에 대한 청구가 다른 공동소송인에 대한 청구와 법률상 양립할 수 없는 경우에는 제67조 내지 제69조를 준용한다. 다만, 청구의 포기·인낙, 화해 및 소의 취하의 경우에는 그러하지 아니하다(민소법 제70조 제1항).

정답 ③

32. 선정당사자에 관한 설명 중 옳은 것을 모두 고른 것은? (다툼이 있는 경우 판례에 따름)

[2023년 06월 모의]

ㄱ. 여러 사람의 선정당사자 중 일부가 죽거나 그 자격을 잃은 사람이 있는 경우에는 절차는 중단된다.
ㄴ. 선정당사자가 선정자로부터 별도의 수권 없이 변호사 보수에 관한 약정을 하였다면 선정자들이 이를 추인하는 등의 특별한 사정이 없는 한 선정자에 대하여 효력이 없다.
ㄷ. 소송절차가 진행되는 중에 선정당사자를 선정하여 당사자가 바뀌는 경우, 그 상대방에게 통지하지 아니하면 그 효력이 생기지 않는다.
ㄹ. 선정자가 스스로 선정행위를 하였더라도 다수자 사이에 공동의 이해관계가 없는 자가 선정당사자로 선정되어 청구를 인낙하였다면 이러한 선정당사자 자격의 흠은 재심사유에 해당한다.

① ㄱ, ㄴ   ② ㄱ, ㄷ   ③ ㄴ, ㄷ
④ ㄴ, ㄹ   ⑤ ㄷ, ㄹ

> 해설

ㄱ. (×) 선정된 여러 당사자 가운데 죽거나 그 자격을 잃은 사람이 있는 경우에는 다른 당사자가 모두를 위하여 소송행위를 하고, 당사자가 될 사람을 선정한 소송에서 선정된 당사자 모두가 자격을 잃거나 죽은 때에 소송절차는 중단된다(민소법 제237조 제2항).

ㄴ. (○) 선정당사자는 선정자들로부터 소송수행을 위한 포괄적인 수권을 받은 것으로서 일체의 소송행위는 물론 소송수행에 필요한 사법상(私法上)의 행위도 할 수 있는 것이고 개개의 소송행위를 함에 있어서 선정자의 개별적인 동의가 필요한 것은 아니라 할 것이므로, 자신과 선정자들을 위한 공격이나 방어를 위하여 필요한 범위에서 특정한 법률관계에 실체법적 효과를 발생시키는 행위나 변제의 수령 등을 할 수 있다고 할 것이지만, 변호사인 소송대리인과 사이에 체결하는 보수약정은 소송위임에 필수적으로 수반되어야 하는 것은 아니므로 선정당사자가 그 자격에 기한 독자적인 권한으로 행할 수 있는 소송수행에 필요한 사법상의 행위라고 할 수 없다. 따라서 선정당사자가 선정자로부터 별도의 수권 없이 변호사 보수에 관한 약정을 하였다면 선정자들이 이를 추인하는 등의 특별한 사정이 없는 한 선정자에 대하여 효력이 없다고 할 것이며, 뿐더러 그와 같은 보수약정을 하면서 향후 변호사 보수와 관련하여 다투지 않기로 부제소합의를 하거나 약정된 보수액이 과도함을 이유로 선정자들이 제기한 별도의 소송에서 소취하 합의를 하더라도 이와 관련하여 선정자들로부터 별도로 위임받은 바가 없다면 선정자에 대하여 역시 그 효력을 주장할 수 없다(대법원 2010.05.13. 선고 2009다105246 판결).

ㄷ. (○) 소송절차가 진행되는 중에 법정대리권이 소멸한 경우에는 본인 또는 대리인이 상대방에게 소멸된 사실을 통지하지 아니하면 소멸의 효력을 주장하지 못하고, 이는 선정당사자의 규정에 따라 당사자를 바꾸는 경우에 동일하게 적용된다(민소법 제63조 제1,2항).

ㄹ. (×) 다수자 사이에 공동소송인이 될 관계에 있기는 하지만 주요한 공격방어방법을 공통으로 하는 것이 아니어서 공동의 이해관계가 없는 자가 선정당사자로 선정되었음에도 법원이 그러한 선정당사자 자격의 흠을 간과하여 그를 당사자로 한 판결이 확정된 경우, 선정자가 스스로 당해 소송의 공동소송인 중 1인인선정당사자에게 소송수행권을 수여하는 선정행위를 하였다면 그 선정자로서는 실질적인 소송행위를 할 기회 또는 적법하게 당해 소송에 관여할 기회를 박탈당한 것이 아니므로, 민소법 제451조 제1항 제3호가 정하는 재심사유에 해당하지 않는다(대법원 2007.07.12. 선고 2005다10470 판결).

> 정답 ③

33. 보조참가에 관한 설명 중 옳지 않은 것은? (다툼이 있는 경우 판례에 의함) [2023년 06월 모의]

① 당사자참가를 하면서 예비적으로 보조참가하는 것은 허용될 수 없다.
② 보조참가인의 재심청구 당시 피참가인인 재심청구인이 이미 사망한 경우에는 재심청구를 허용하는 특별한 규정이 없는 한 보조참가인의 재심청구는 허용되지 않는다.
③ 불법행위 피해자가 공동불법행위자 甲을 상대로 제기한 손해배상청구의 소에서 공동불법행위자 乙은 원고(피해자)를 위한 보조참가를 할 수 없다.
④ 피참가인은 참가인의 행위에 어긋나는 행위를 할 수 있고, 따라서 보조참가인이 제기한 항소를 포기 또는 취하할 수 있다.
⑤ 보조참가인은 소의 변경과 같은 기존의 소송형태를 변경시키는 행위를 할 수 없다.

> 해설

① (○) 당사자참가를 하면서 예비적으로 보조참가를 한다는 것은 허용될 수 없다(대법원 1994.12.27. 선고 92다22473 판결).
② (○) 보조참가인의 재심청구 당시 피참가인인 재심청구인이 이미 사망하여 당사자능력이 없다면, 이를

허용하는 규정 등이 없는 한 보조참가인의 재심청구는 허용되지 않는다(대법원 2018.11.29. 선고 2018므14210 판결).

③ (×). 불법행위로 인한 손해배상책임을 지는 자는 피해자가 다른 공동불법행위자들을 상대로 제기한 손해배상청구소송의 결과에 대하여 법률상의 이해관계를 갖는다고 할 것이므로, 위 소송에 원고를 위하여 보조참가를 할 수가 있고, 피해자인 원고가 패소판결에 대하여 상소를 하지 않더라도 원고의 상소기간 내라면 보조참가와 동시에 상소를 제기할 수도 있다(대법원 1999.07.09. 선고 99다12796 판결).

④ (○) 민소법 제70조 제2항 규정(현행 제76조 제2항)의 취지는 피참가인들의 소송행위와 보조참가인들의 소송행위가 서로 저촉될 때는 피참가인의 의사가 우선하는 것을 뜻하는 것이라 할 것이므로 피참가인은 참가인의 행위와 저촉되는 행위를 할 수 있고, 따라서 보조참가인들이 제기한 항소를 포기 또는 취하할 수도 있다(대법원 1984.12.11. 선고 84다카659 판결).

⑤ (○) 보조참가는 기존의 소송을 전제로 하여 피참가인을 승소시키기 위하여 참가하는 것이기 때문에 소의 변경과 같은 기존의 소송형태를 변경시키는 행위는 할 수 없다(대법원 1989.04.25. 선고 86다카2329 판결).

정답 ③

34. 통상공동소송에 해당하는 것을 모두 고른 것은? (다툼이 있는 경우에는 판례에 의함) [2023년 08월 모의]

> ㄱ. 비법인 사단의 구성원들이 제기하는 총유재산에 관한 소송
> ㄴ. 공유자 중 1인이 다른 공유자 전원에 대해 제기하는 공유물분할청구소송
> ㄷ. 공유자들이 공유물 전체에 대한 소유관계를 다투는 제3자를 상대로 제기하는 소유권존재확인청구소송
> ㄹ. 소유자가 소유권에 기하여 수인의 공동점유자를 상대로 제기하는 점유물의 인도청구소송
> ㅁ. 피해자가 수인의 공동불법행위자를 상대로 제기하는 손해배상청구소송

① ㄱ, ㄴ
② ㄴ, ㄷ
③ ㄴ, ㄹ
④ ㄷ, ㅁ
⑤ ㄹ, ㅁ

해설

ㄱ. (필수적 공동소송) 민법 제276조 제1항은 "총유물의 관리 및 처분은 사원총회의 결의에 의한다.", 같은 조 제2항은 "각 사원은 정관 기타의 규약에 좇아 총유물을 사용·수익할 수 있다."라고 규정하고 있을 뿐 공유나 합유의 경우처럼 보존행위는 그 구성원 각자가 할 수 있다는 민법 제265조 단서 또는 제272조 단서와 같은 규정을 두고 있지 아니한바, 이는 법인 아닌 사단의 소유형태인 총유가 공유나 합유에 비하여 단체성이 강하고 구성원 개인들의 총유재산에 대한 지분권이 인정되지 아니하는 데에서 나온 당연한 귀결이라고 할 것이므로 총유재산에 관한 소송은 법인 아닌 사단이 그 명의로 사원총회의 결의를 거쳐 하거나 또는 그 구성원 전원이 당사자가 되어 필수적 공동소송의 형태로 할 수 있을 뿐 그 사단의 구성원은 설령 그가 사단의 대표자라거나 사원총회의 결의를 거쳤다 하더라도 그 소송의 당사자가 될 수 없고, 이러한 법리는 총유재산의 보존행위로서 소를 제기하는 경우에도 마찬가지라 할 것이다(대법원 2005.09.15. 선고 2004다44971 전합 판결).

ㄴ. (필수적 공동소송) 공유물분할청구의 소는 분할을 청구하는 공유자가 원고가 되어 다른 공유자 전부를 공동피고로 하여야 하는 고유필수적 공동소송이고, 공동소송인과 상대방 사이에 판결의 합일확정을 필요로 하는 고유필수적 공동소송에 있어서는 공동소송인 중 일부가 제기한 상소는 다른 공동소송인에게도 그 효력이 미치는 것이므로 공동소송인 전원에 대한 관계에서 판결의 확정이 차단되고 그 소송은 전체로서 상소심에 이심되며, 상소심판결의 효력은 상소를 하지 아니한 공동소송인에게 미치므로 상소심으로서

ㄴ는 공동소송인 전원에 대하여 심리·판단하여야 한다(대법원 2003.12.12. 선고 2003다44615 판결).
ㄷ. **(필수적 공동소송)** 공유물 전체에 대한 소유관계 확인도 이를 다투는 제3자를 상대로 공유자 전원이 하여야 하는 고유필수적 공동소송에 해당한다(대법원 1994.11.11. 선고 94다35008 판결).
ㄹ. **(통상공동소송)** 공동점유물의 인도를 청구하는 경우 상반된 판결이 나는 때에는 사실상 인도청구의 목적을 달성할 수 없을 때가 있을 수 있으나 그와 같은 사실상 필요가 있다는 것만으로 그것을 필요적공동소송이라고는 할 수 없는 것이다(대법원 1966.03.15. 선고 65다2455 판결).
ㅁ. **(통상공동소송)** 공동불법행위자들의 관계는 부진정연대채무관계이고 이는 통상공동소송에 해당한다(대법원 2009.04.23. 선고 2009다1313 판결).

정답 ⑤

35. 선정당사자에 관한 설명 중 옳지 않은 것은? (다툼이 있는 경우 판례에 의함) [2023년 08월 모의]

① 선정당사자 본인에 대한 부분의 소가 취하되어 소송상 공동의 이해관계가 소멸하는 경우에는 선정당사자는 선정당사자의 자격을 당연히 상실한다.
② 선정당사자의 선정행위시 심급의 제한에 관한 약정 등이 없는 한 선정의 효력은 소송의 종료에 이르기까지 계속되는 것이다.
③ 선정당사자가 소송수행에 필요한 사법(私法)상의 행위를 하는 경우에는 선정자의 개별적인 동의가 필요하다.
④ 선정당사자에 관한 민사소송법 규정은 비송사건절차법이 적용되는 비송사건에는 준용되거나 유추적용되지 않는다.
⑤ 통상공동소송관계에 있는 동일한 선정자단에서 여러 사람의 선정당사자를 선정한 경우 그 선정당사자들은 고유필수적 공동소송관계에 있다.

해설

① (○) 민소법 제53조의 선정당사자는 공동의 이해관계를 가진 여러 사람 중에서 선정되어야 하므로, 선정당사자 본인에 대한 부분의 소가 취하되거나 판결이 확정되는 등으로 공동의 이해관계가 소멸하는 경우에는 선정당사자는 선정당사자의 자격을 당연히 상실한다(대법원 2006.09.28. 선고 2006다28775 판결).

② (○)
1) 공동의 이해관계가 있는 다수자가 당사자를 선정한 경우에는 선정된 당사자는 당해 소송의 종결에 이르기까지 총원을 위하여 소송을 수행할 수 있고, 상소와 같은 것도 역시 이러한 당사자로부터 제기되어야 하는 것이지만, 선정당사자의 선정행위시 심급의 제한에 관한 약정 등이 없는 한 선정의 효력은 소송이 종료에 이르기까지 계속된다(대법원 2003.11.14. 선고 2003다34038 판결).
2) 공동의 이해관계가 있는 다수자가 당사자를 선정한 경우에는 선정된 당사자는 당해 소송의 종결에 이르기까지 총원을 위하여 소송을 수행할 수 있고, 상소와 같은 것도 역시 이러한 당사자로부터 제기되어야 하는 것이지만 당사자 선정은 총원의 합의로써 장래를 향하여 이를 취소, 변경할 수 있는 만큼 당초부터 특히 어떠한 심급을 한정하여 당사자인 자격을 보유하게끔 할 목적으로 선정을 하는 것도 역시 허용된다(대법원 1995.10.05. 자 94마2452 결정).

③ (×) 선정당사자는 선정자들로부터 소송수행을 위한 포괄적인 수권을 받은 것으로서 일체의 소송행위는 물론 소송수행에 필요한 사법상의 행위도 할 수 있는 것이고 개개의 소송행위를 함에 있어서 선정자의 개별적인 동의가 필요한 것은 아니다(대법원 2003.05.30. 선고 2001다10748 판결).

④ (○)
1) 비송사건절차법 제5조, 제8조, 제10조, 제24조, 제30조 등 관계법령들의 규정내용에 비추어 보면 서 선정당사자에 관한 민소법 제49조의 규정은 비송사건절차법이 적용되는 비송사건에는 준용되거나 유추

적용되지 않는다(대법원 1990.12.07. 자 90마674 결정).
2) 비송(非訟)이란 대립하는 당사자를 전제로 당사자 주도로 진행되는 재판이 아닌 법원이 후견적 입장에서 직권으로 심판하는 사건이다. 따라서 대립당사자를 전제로 하지 않으므로, 소송에서의 대립당사자를 전제로하여 선정자 모두가 당사자로서 직접 소송에 관여하는 데 따르는 소송상 불편을 제거하고, 간이한 소송수행을 위하려 마련된 제도인 선정당사자제도가 유추적용되지 않는다.
3) 유사한 이유로 소송이 아닌 민사조정에서도 선정당사자제도가 유추적용되지 않는다. 민사소정이란 분쟁당사자가 법원 조정기관의 도움을 받아 대화와 협상을 하고 상호 양해와 합의를 통하여 분쟁을 조리와 실정에 맞게 해결하도록 하는 제도이기 때문이다.
⑤ (O) 동일한 선정자단에 수인의 선정당사자가 선정된 경우, 그 수인의 선정당사자는 소송수행권을 합유하는 형태이므로 고유필수적 공동소송관계에 있다.

정답 ③

36. 공동소송적 보조참가와 공동소송참가에 관한 설명 중 옳지 않은 것은? (다툼이 있는 경우 판례에 의함)
[2023년 08월 모의]

① 채권자대위소송 계속 중 다른 채권자가 동일한 채무자를 대위하여 채권자대위권을 행사하면서 공동소송참가신청을 할 경우, 양 청구의 소송물이 동일하다면 이러한 참가신청은 적법하다.
② 공동소송참가는 실질적으로 신소제기에 해당하므로 제1심 변론종결 전에만 할 수 있다.
③ 학교법인 이사회 결의 무효확인의 소는 그 판결의 효력이 소송의 당사자 사이에서만 발생하는 것이고 제3자와의 관계에서도 합일적으로 확정되어야 하는 것이 아니어서 제3자는 공동소송참가를 할 수 없다.
④ 피참가인의 소송행위로서 공동소송적 보조참가인에게 불이익한 것은 효력이 없으므로, 공동소송적 보조참가인이 상소를 제기한 경우 피참가인은 상소취하나 상소포기를 할 수 없다.
⑤ 재심의 소에 공동소송적 보조참가인이 참가한 후에는 피참가인이 재심의 소를 취하하더라도 공동소송적 보조참가인의 동의가 없는 한 효력이 없다.

해설

① (O) 채권자대위소송이 계속 중인 상황에서 다른 채권자가 동일한 채무자를 대위하여 채권자대위권을 행사하면서 공동소송참가신청을 할 경우, 양 청구의 소송물이 동일하다면 민소법 제83조 제1항이 요구하는 '소송목적이 한쪽 당사자와 제3자에게 합일적으로 확정되어야 할 경우'에 해당하므로 참가신청은 적법하다(대법원 2015.07.23. 선고 2013다30301 판결).
② (×) '항소심'에서의 공동소송참가는 허용되나(대법원 2002.03.15. 선고 2000다9086 판결), 공동소송참가가 실질적으로 '신소제기'라는 점을 고려하여 '상고심'에서는 허용되지 않는다(대법원 1961.12.07. 선고 4293민상853 판결).
③ (O) 공동소송참가는 타인간의 소송의 목적이 당사자 일방과 제3자에 대하여 합일적으로 확정될 경우 즉, 타인간의 소송의 판결의 효력이 제3자에게도 미치게 되는 경우에 한하여 그 제3자에게 허용되는바, 학교법인의 이사회의 결의에 하자가 있는 경우에 관하여 법률에 별도의 규정이 없으므로 그 결의에 무효사유가 있는 경우에는 이해관계인은 언제든지 또 어떤 방법에 의하든지 그 무효를 주장할 수 있고, 이와 같은 무효주장의 방법으로서 이사회결의무효확인소송이 제기되어 승소확정판결이 난 경우, 그 판결의 효력은 위 소송의 당사자 사이에서만 발생하는 것이지 대세적 효력이 있다고 볼 수는 없으므로, 이사회결의무효확인의 소는 그 소송의 목적이 당사자 일방과 제3자에 대하여 합일적으로 확정될 경우가 아니어서 제3자는 공동소송참가를 할 수 없다(대법원 2001.07.13. 선고 2001다13013 판결).
④ (O) 피참가인의 소송행위는 모두의 이익을 위하여서만 효력을 가지고, 공동소송적 보조참가인에게 불이

익이 되는 것은 효력이 없으므로, 참가인이 상소를 할 경우에 피참가인이 상소취하나 상소포기를 할 수는 없다(대법원 2017.10.12. 선고 2015두36836 판결).

⑤ (O) 재심의 소를 취하하는 것은 통상의 소를 취하하는 것과는 달리 확정된 종국판결에 대한 불복의 기회를 상실하게 하여 더 이상 확정판결의 효력을 배제할 수 없게 하는 행위이므로, 이는 재판의 효력과 직접적인 관련이 있는 소송행위로서 확정판결의 효력이 미치는 공동소송적 보조참가인에 대하여는 불리한 행위이다. 따라서 재심의 소에 공동소송적 보조참가인이 참가한 후에는 피참가인이 재심의 소를 취하하더라도 공동소송적 보조참가인의 동의가 없는 한 효력이 없다(대법원 2015.10.29. 선고 2014다13044 판결).

정답 ②

37. 임의적 당사자변경에 관한 설명 중 옳은 것은? (다툼이 있는 경우 판례에 의함) [2023년 08월 모의]

① 민사소송에서 원고가 피고를 잘못 지정한 것이 분명한 경우 법원은 항소심 변론종결시까지 원고의 신청에 따라 결정으로 피고의 경정을 허가할 수 있다.
② 법원의 피고경정허가 결정에 대하여 종전의 피고는 자신의 동의가 없었다는 사유로만 즉시항고를 할 수 있다.
③ 피고경정신청을 기각하는 결정에 대하여 원고는 불복할 수 없다.
④ 필수적 공동소송인의 추가 결정이 있는 때에는 추가신청서의 제출 시에 추가된 당사자와의 사이에 소가 제기된 것으로 본다.
⑤ 회사의 대표이사가 개인 명의로 소를 제기한 후 회사를 예비적 원고로 추가하고 그 개인 명의의 소를 취하함으로써 당사자의 변경을 가져오더라도 당사자추가신청은 적법하다.

해설

① (✗) 원고가 피고를 잘못 지정한 것이 분명한 경우에는 제1심 법원은 변론을 종결할 때까지 원고의 신청에 따라 결정으로 피고를 경정하도록 허가할 수 있다(민소법 제260조 제1항).
② (O) 신청을 허가하는 결정에 대하여는 동의가 없었다는 사유로만 즉시항고를 할 수 있다(민소법 제261조 제3항).
③ (✗) 민소법 제234조의2 소정의 피고경정신청을 기각하는 결정에 불복이 있는 원고는 민소법 제409조의 통상항고를 제기할 수 있으므로 그 결정에 대하여 특별항고를 제기할 수는 없다(대법원 1997.03.03. 자 97으1 결정).
④ (✗) 법원은 필수적 공동소송인 가운데 일부가 누락된 경우에는 제1심의 변론을 종결할 때까지 원고의 신청에 따라 결정으로 원고 또는 피고를 추가하도록 허가할 수 있고, 이에 따라 공동소송인이 추가된 경우에는 처음의 소가 제기된 때에 추가된 당사자와의 사이에 소가 제기된 것으로 본다(민소법 제68조 제1,3항).
⑤ (✗) 일반적으로 당사자표시정정신청을 하는 경우에도 실질적으로 당사자가 변경되는 것은 허용할 수 없고 필요적 공동소송이 아닌 사건에서 소송 도중에 당사자를 추가하는 것 역시 허용될 수 없으므로, 회사의 대표이사가 개인 명의로 소를 제기한 후 회사를 당사자로 추가하고 그 개인 명의의 소를 취하함으로써 당사자의 변경을 가져오는 당사자추가신청은 부적법하다(대법원 1998.01.23. 선고 96다41496 판결).

정답 ②

38. 필수적 공동소송에 관한 설명 중 옳지 않은 것은? [2023년 10월 모의]

① 필수적 공동소송의 경우에 공동소송인 중 한 사람의 소송행위는 모두의 이익을 위하여만 효력을 가지게 되므로 공동소송인 중 1인에게 중단 또는 중지의 원인이 발생한 때에도 공동소송인 모두에게 유리한 경우에만 다른 공동소송인에 대하여 중단 또는 중지의 효력이 생긴다.
② 고유필수적 공동소송에서는 공동소송인 중 일부에 의한 소취하가 허용되지 아니하지만 유사필수적 공동소송에서는 공동소송인 중 일부에 의한 소취하가 허용된다.
③ 공동상속인이 다른 공동상속인을 상대로 어떤 특정 재산이 상속재산임의 확인을 구하는 소는 고유필수적 공동소송이지만, 피상속인의 채권자가 공동상속인들을 상대로 상속채무의 이행을 구하는 소는 필수적 공동소송이 아니다.
④ 고유필수적 공동소송의 경우 공동소송인 전원에 대한 하나의 종국판결을 선고하여야 하고 공동소송인 일부에 대해서만 판결하거나 남은 공동소송인에 대해 추가판결을 하는 것은 모두 허용될 수 없다.
⑤ 고유필수적 공동소송에서 공동소송인 중 일부에 대한 상대방의 상소는 다른 공동소송인에게도 효력이 미치므로 공동소송인 전원에 대한 관계에서 판결의 확정이 차단되고 소송은 전체로서 상소심에 이심되며, 상소심 판결의 효력은 상소를 하지 아니한 공동소송인에게도 미친다.

해설

① (✕) 고유필요적 공동소송에 있어서 공동소송인 중 1인에게 중단 또는 중지의 원인이 발생한 때에는 다른 공동소송인에 대하여도 중단 또는 중지의 효과가 미치므로 공동소송인 전원에 대하여 소송절차의 진행이 정지되고 그 정지기간 중에는 유효한 소송행위를 할 수 없다(대법원 1983.10.25. 선고 83다카850 판결).
② (○) 공동소송적 보조참가는 그 성질상 필수적 공동소송 중에서는 이른바 유사필수적 공동소송에 준한다 할 것인데 유사필수적 공동소송의 경우에는 원고들 중 일부가 소를 취하하는데 다른 공동소송인의 동의를 받을 필요가 없다(대법원 2013.03.28. 자 2012아43 결정).
③ (○)
  1) 공동상속인이 다른 공동상속인을 상대로 어떤 재산이 상속재산임의 확인을 구하는 소는 이른바 고유필수적 공동소송이다(대법원 2007.08.24. 선고 2006다40980 판결). 반면에, 공동상속인들을 상대로 피상속인이 이행하여야 할 부동산소유권이전등기절차이행을 청구하는 소는 필요적공동소송이 아닌 통상공동소송이다(대법원 1964.12.29. 선고 64다1054 판결).
  2) 공동상속인들을 상대로 하여 피상속인이 이행하여야 할 부동산 소유권 이전등기절차이행을 청구한다거나 또는 그 피상속인이 소유권자로 있었을 때를 기산점으로 하여 공동상속이 개시된 뒤에 만료되는 기간을 요건으로 하여 시효취득을 원인으로 소유권이전등기 절차 이행 청구를 할 때에는, 반드시 그 공동상속인들을 필수적 공동소송인으로 삼아야 될 이유가 없다. 왜냐하면 공동상속인들은 그 공동상속재산에 관하여 저마다의 지분권을 가지고 있는것이고, 이 각자의 지분권의 처분에 관하여 반드시 원고와의 사이에서 합일적으로 처리되어야 할 이유는 없기 때문이다(대법원 1964.12.29. 선고 64다1054 판결의 판결이유 中). 요컨대 공유자 각자는 그 지분범위 내에서 처분권이 있으므로, 그 한도에서 제3자는 공유자 각자를 피고로 할 수 있고, 이는 통상공동소송이다.
④ (○) 고유필수적 공동소송에 대하여 본안판결을 할 때에는 공동소송인 전원에 대한 하나의 종국판결을 선고하여야 하는 것이지 공동소송인 일부에 대해서만 판결하거나 남은 공동소송인에 대해 추가판결을 하는 것은 모두 허용될 수 없다(대법원 2011.06.24. 선고 2011다1323 판결).
⑤ (○) 고유필수적 공동소송에서는 공동소송인 중 일부가 제기한 상소 또는 공동소송인 중 일부에 대한 상대방의 상소는 다른 공동소송인에게도 효력이 미치는 것이므로 공동소송인 전원에 대한 관계에서 판결

의 확정이 차단되고 소송은 전체로서 상소심에 이심되며, 상소심판결의 효력은 상소를 하지 아니한 공동소송인에게 미치므로 상소심으로서는 공동소송인 전원에 대하여 심리판단하여야 한다(대법원 2011.06.24. 선고 2011다1323 판결).

정답 ①

39. 선정당사자에 관한 설명 중 옳지 않은 것은? (다툼이 있는 경우 판례에 의함) [2023년 10월 모의]

① 수인의 선정당사자 중 1인이 사망하더라도 소송절차는 중단되지 아니한다.
② 선정당사자는 선정자의 동의가 없어도 소의 취하, 소송상 화해, 청구의 포기나 인낙을 자유롭게 할 수 있다.
③ 선정자는 특정 심급에 한정하여 소송을 수행하게 할 목적으로 선정당사자를 선정할 수도 있지만, 선정행위 시 이와 같은 심급의 제한에 관한 약정을 하지 않은 이상 선정의 효력은 소송의 종료 시까지 계속된다.
④ 선정당사자가 선정자로부터 별도의 수권 없이 변호사 보수에 관한 약정을 하였다면 선정자들이 이를 추인하지 않는 한 그 약정은 선정자에 대하여 효력이 없다.
⑤ 선정당사자제도는 여러 사람 사이에 공동의 이해관계가 있는 경우에 한하여 허용되는 것이므로 공동의 이해관계가 없는 자가 선정당사자로 선정되었음에도 법원이 그러한 선정당사자 자격의 흠을 간과함으로써 그를 당사자로 한 판결이 확정되었다면, 이는 대리권의 흠결에 준하여 재심사유에 해당한다.

해설

① (O) 선정된 여러 당사자 가운데 죽거나 그 자격을 잃은 사람이 있는 경우에는 다른 당사자가 모두를 위하여 소송행위를 하고, 당사자가 될 사람을 선정한 소송에서 선정된 당사자 모두가 자격을 잃거나 죽은 때에 소송절차는 중단된다(민소법 제237조 제2항).

② (O) 선정당사자는 선정자들로부터 소송수행을 위한 포괄적인 수권을 받은 것으로서 일체의 소송행위는 물론 소송수행에 필요한 사법상의 행위도 할 수 있는 것이고 개개의 소송행위를 함에 있어서 선정자의 개별적인 동의가 필요한 것은 아니다(대법원 2003.05.30. 선고 2001다10748 판결).

③ (O) 공동의 이해관계가 있는 다수자가 당사자를 선정한 경우에는 선정된 당사자는 당해 소송의 종결에 이르기까지 총원을 위하여 소송을 수행할 수 있고, 상소와 같은 것도 역시 이러한 당사자로부터 제기되어야 하는 것이지만, 선정당사자의 선정행위시 심급의 제한에 관한 약정 등이 없는 한 선정의 효력은 소송이 종료에 이르기까지 계속된다(대법원 2003.11.14. 선고 2003다34038 판결).

④ (O) 선정당사자는 선정자들로부터 소송수행을 위한 포괄적인 수권을 받은 것으로서 일체의 소송행위는 물론 소송수행에 필요한 사법상(私法上)의 행위도 할 수 있는 것이고 개개의 소송행위를 함에 있어서 선정자의 개별적인 동의가 필요한 것은 아니라 할 것이므로, 자신과 선정자들을 위한 공격이나 방어를 위하여 필요한 범위에서 특정한 법률관계에 실체법적 효과를 발생시키는 행위나 변제의 수령 등을 할 수 있다고 할 것이지만, 변호사인 소송대리인과 사이에 체결하는 보수약정은 소송위임에 필수적으로 수반되어야 하는 것은 아니므로 선정당사자가 그 자격에 기한 독자적인 권한으로 행할 수 있는 소송수행에 필요한 사법상의 행위라고 할 수 없다. 따라서 선정당사자가 선정자로부터 별도의 수권 없이 변호사 보수에 관한 약정을 하였다면 선정자들이 이를 추인하는 등의 특별한 사정이 없는 한 선정자에 대하여 효력이 없다고 할 것이며, 뿐더러 그와 같은 보수약정을 하면서 향후 변호사 보수와 관련하여 다투지 않기로 부제소합의를 하거나 약정된 보수액이 과도함을 이유로 선정자들이 제기한 별도의 소송에서 소취하 합의를 하더라도 이와 관련하여 선정자들로부터 별도로 위임받은 바가 없다면 선정자에 대하여 역시 그 효력을 주장할 수 없다(대법원 2010.05.13. 선고 2009다105246 판결).

⑤ (×) 다수자 사이에 공동소송인이 될 관계에 있기는 하지만 주요한 공격방어방법을 공통으로 하는 것이 아니어서 공동의 이해관계가 없는 자가 선정당사자로 선정되었음에도 법원이 그러한 선정당사자 자격의 흠을 간과하여 그를 당사자로 한 판결이 확정된 경우, 선정자가 스스로 당해 소송의 공동소송인 중 1인 인 선정당사자에게 소송수행권을 수여하는 선정행위를 하였다면 그 선정자로서는 실질적인 소송행위를 할 기회 또는 적법하게 당해 소송에 관여할 기회를 박탈당한 것이 아니므로, 민소법 제451조 제1항 제3호가 정하는 재심사유에 해당하지 않는다(대법원 2007.07.12. 선고 2005다10470 판결). **정답 ⑤**

40. 공동소송참가와 공동소송적 보조참가에 관한 설명 중 옳지 <u>않은</u> 것은? (다툼이 있는 경우 판례에 의함)
[2023년 10월 모의]

① 공동소송참가는 항소심에서는 할 수 있으나 상고심에서는 할 수 없다.
② 주주대표소송 도중에 회사가 원고인 주주 측에 소송 참가하는 것은 공동소송참가에 해당하며 중복소송이 아니다.
③ 채권자대위소송 계속 중 다른 채권자가 동일한 채무자를 대위하여 채권자대위권을 행사하면서 공동소송참가 신청을 할 경우, 양 청구의 소송물이 동일하다면 그 참가신청은 적법하다.
④ 재심의 소에 공동소송적 보조참가인이 참가한 후에는 피참가인이 재심의 소를 취하하더라도 공동소송적 보조참가인의 동의가 없는 한 취하의 효력이 없다.
⑤ 공동소송적 보조참가인은 판결의 효력을 받는 점에서 필수적 공동소송인에 준하는 지위를 부여받으므로 참가할 때의 소송의 진행 정도에 따라 피참가인이 할 수 없는 행위를 할 수 있다.

해설

① (○) '항소심'에서의 공동소송참가는 허용되나(대법원 2002.03.15. 선고 2000다9086 판결), 공동소송참가가 실질적으로 '신소제기'라는 점을 고려하여 '상고심'에서는 허용되지 않는다(대법원 1961.12.07. 선고 4293민상853 판결).
② (○) 상법 제404조 제1항에서 규정하고 있는 회사의 참가는 공동소송참가를 의미한다(대법원 2002.03.15. 선고 2000다9086 판결).
③ (○) 채권자대위소송이 계속 중인 상황에서 다른 채권자가 동일한 채무자를 대위하여 채권자대위권을 행사하면서 공동소송참가신청을 할 경우, 양 청구의 소송물이 동일하다면 민소법 제83조 제1항이 요구하는 '소송목적이 한쪽 당사자와 제3자에게 합일적으로 확정되어야 할 경우'에 해당하므로 참가신청은 적법하다(대법원 2015.07.23. 선고 2013다30301 판결).
④ (○) 재심의 소를 취하하는 것은 통상의 소를 취하하는 것과는 달리 확정된 종국판결에 대한 불복의 기회를 상실하게 하여 더 이상 확정판결의 효력을 배제할 수 없게 하는 행위이므로, 이는 재판의 효력과 직접적인 관련이 있는 소송행위로서 확정판결의 효력이 미치는 공동소송적 보조참가인에 대하여는 불리한 행위이다. 따라서 재심의 소에 공동소송적 보조참가인이 참가한 후에는 피참가인이 재심의 소를 취하하더라도 공동소송적 보조참가인의 동의가 없는 한 효력이 없다(대법원 2015.10.29. 선고 2014다13044 판결).
⑤ (×) 통상의 보조참가인은 참가 당시의 소송상태를 전제로 하여 피참가인을 보조하기 위하여 참가하는 것이므로 참가할 때의 소송의 진행 정도에 따라 피참가인이 할 수 없는 행위를 할 수 없다(민소법 제76조 제1항 단서 참조). **정답 ⑤**

41. 공동소송적 보조참가에 관한 설명으로 옳지 않은 것은? (다툼이 있는 경우 판례에 의함) [2024년 06월 모의]

① 참가인이 적법하게 상고를 제기하고 그 상고이유서 제출기간 내에 상고이유서를 제출하였다면, 그 제출 시점이 상고를 제기하지 않은 피참가인의 상고이유서 제출기간 도과 후라 하더라도 참가인의 상고이유서 제출은 적법하다.
② 참가인이 상소를 한 경우에 피참가인의 상소취하나 상소포기는 허용되지 않는다.
③ 소취하는 참가인에게 불리한 소송행위이므로 피참가인이 참가인의 동의 없이 소를 취하하더라도 이는 무효로 된다.
④ 피참가인이 제기한 재심의 소에 참가인이 참가한 후 피참가인이 재심의 소를 취하하더라도 참가인의 동의가 없는 한 효력이 없다.
⑤ 소송계속 중인 당사자가 보조참가신청에 대하여 이의를 신청하지 아니한 채 변론하거나 변론준비기일에서 진술하였다면 참가인은 수소법원의 보조참가 허가결정 없이도 계속 소송행위를 할 수 있다.

해설

① (O) 공동소송적 보조참가를 한 참가인이 적법하게 상고를 제기하고 그 상고이유서 제출기간 내에 상고이유서를 제출하였다면, 상고를 제기하지 않은 피참가인인 피고의 상고이유서 제출기간이 도과하였다고 하더라도, 그 상고이유서의 제출은 적법하다(대법원 2012.11.29. 선고 2011두30069 판결).

② (O) 민소법 제78조의 공동소송적 보조참가에는 필수적 공동소송에 관한 민소법 제67조 제1항, 즉 "소송목적이 공동소송인 모두에게 합일적으로 확정되어야 할 공동소송의 경우에 공동소송인 가운데 한 사람의 소송행위는 모두의 이익을 위하여서만 효력을 가진다."라고 한 규정이 준용되므로, 피참가인의 소송행위는 모두의 이익을 위하여서만 효력을 가지고, 공동소송적 보조참가인에게 불이익이 되는 것은 효력이 없으므로, 참가인이 상소를 할 경우에 피참가인이 상소취하나 상소포기를 할 수는 없다(대법원 2017.10.12. 선고 2015두36836 판결).

③ (✕) 공동소송적 보조참가는 그 성질상 필수적 공동소송 중에서는 이른바 유사필수적 공동소송에 준한다 할 것인데, 유사필수적 공동소송에서는 원고들 중 일부가 소를 취하하는 경우에 다른 공동소송인의 동의를 받을 필요가 없다. 또한 소취하는 판결이 확정될 때까지 할 수 있고 취하된 부분에 대해서는 소가 처음부터 계속되지 아니한 것으로 간주되며(민소법 제267조), 본안에 관한 종국판결이 선고된 경우에도 그 판결 역시 처음부터 존재하지 아니한 것으로 간주되므로, 이는 재판의 효력과는 직접적인 관련이 없는 소송행위로서 공동소송적 보조참가인에게 불이익이 된다고 할 것도 아니다. 따라서 피참가인이 공동소송적 보조참가인의 동의 없이 소를 취하하였다 하더라도 이는 유효하다(대법원 2013.03.28. 선고 2011두13729 판결).

④ (O) 재심의 소를 취하하는 것은 통상의 소를 취하하는 것과는 달리 확정된 종국판결에 대한 불복의 기회를 상실하게 하여 더 이상 확정판결의 효력을 배제할 수 없게 하는 행위이므로, 이는 재판의 효력과 직접적인 관련이 있는 소송행위로서 확정판결의 효력이 미치는 공동소송적 보조참가인에 대하여는 불리한 행위이다. 따라서 재심의 소에 공동소송적 보조참가인이 참가한 후에는 피참가인이 재심의 소를 취하하더라도 공동소송적 보조참가인의 동의가 없는 한 효력이 없다(대법원 2015.10.29. 선고 2014다13044 판결).

⑤ (O)
1) 민소법상 보조참가신청에 대하여 당사자가 이의를 신청한 때에는 수소법원은 참가를 허가할 것인지 여부를 결정하여야 하지만, 당사자가 이의를 신청하지 아니한 채 변론하거나 변론준비기일에서 진술을 한 경우에는 이의를 신청할 권리를 잃게 되고(민소법 제73조 제1항, 제74조) 수소법원의 보조참가 허가 결정 없이도 계속 소송행위를 할 수 있다(대법원 2017.10.12. 선고 2015두36836 판결).
2) 당사자가 참가에 대하여 이의를 신청한 때에는 참가인은 참가의 이유를 소명하여야 하며, 법원은 참

가를 허가할 것인지 아닌지를 결정하여야 한다(민소법 제73조 제1항). 당사자가 참가에 대하여 이의를 신청하지 아니한 채 변론하거나 변론준비기일에서 진술을 한 경우에는 이의를 신청할 권리를 잃는다(민소법 제74조).

정답 ③

42. 소송고지에 관한 설명 중 옳지 않은 것은? (다툼이 있는 경우 판례에 의함) [2024년 06월 모의]

① 추심명령을 받은 채권자가 제3채무자를 상대로 추심의 소를 제기할 때에는 채무자에게 소송고지를 하여야 한다.
② 피고지자는 후일 고지자와의 소송에서 전소 확정판결에서의 결론의 기초가 된 사실상·법률상의 판단에 반하는 주장을 할 수 없게 되지만, 고지자와 피고지자 사이에 이해관계가 대립되는 사항에 관하여는 위와 같은 주장을 할 수 있다.
③ 소송당사자뿐만 아니라 보조참가인이나 이들로부터 소송고지를 받은 피고지자도 소송고지를 할 수 있다.
④ 소송고지의 요건이 갖추어진 경우에 소송고지서에 고지자가 피고지자에 대하여 채무의 이행을 청구하는 의사가 표명되어 있으면 민법상 시효중단사유로서의 최고의 효력이 인정되고, 이 경우 피고지자가 소송고지서를 송달받은 때에 시효중단의 효력이 발생한다.
⑤ 피고지자가 소송고지를 받은 후 소송에 참가하지 아니한 경우에는 피고지자에게 변론기일을 통지할 필요가 없다.

해설

① (O) 채권자가 명령의 취지에 따라 제3채무자를 상대로 소를 제기할 때에는 일반규정에 의한 관할법원에 제기하고 채무자에게 그 소를 고지하여야 한다(민집법 제238조).
② (O)
   1) 보조참가인이 피참가인을 보조하여 공동으로 소송을 수행하였으나 피참가인이 소송에서 패소한 경우에는 형평의 원칙상 보조참가인이 피참가인에게 패소판결이 부당하다고 주장할 수 없도록 구속력을 미치게 하는 참가적 효력이 인정된다. 전소 확정판결의 참가적 효력은 전소 확정판결의 결론의 기초가 된 사실상·법률상 판단으로서 보조참가인이 피참가인과 공동이익으로 주장하거나 다툴 수 있었던 사항에 미친다. 소송고지를 받은 사람이 참가하지 않은 경우라도 참가할 수 있었을 때에 참가한 것으로 보기 때문에(민소법 제86조, 제77조) 소송고지를 받은 사람에게도 위와 같은 효력이 미친다(대법원 2020.01.30. 선고 2019다268252 판결).
   2) 소송고지제도는 소송의 결과에 대하여 이해관계를 가지는 제3자로 하여금 보조참가를 하여 그 이익을 옹호할 기회를 부여함과 아울러 한편으로는 고지자가 패소한 경우의 책임을 제3자에게 분담시켜 후일에 고지자와 피고지자간의 소송에서 피고지자가 패소의 결과를 무시하고 전소확정판결에서의 인정과 판단에 반하는 주장을 못하게 하기 위해 둔 제도이므로 피고지자가 후일의 소송에서 주장할 수 없는 것은 전소확정판결의 결론의 기초가 된 사실상, 법률상의 판단에 반하는 것으로서 피고지자가 보조참가를 하여 상대방에 대하여 고지자와 공동이익으로 주장하거나 다툴 수 있었던 사항에 한한다(대법원 1986.02.25. 선고 85다카2091 판결).
   3) 따라서 고지자와 피고지자 사이에서만 이해가 대립되는 사항에 대해서는 참가적 효력이 생기지 않고, 피고지자는 그러한 사항을 주장할 수 있다.
③ (O) 소송이 법원에 계속된 때에는 당사자는 참가할 수 있는 제3자에게 소송고지를 할 수 있다. 소송고지를 받은 사람은 다시 소송고지를 할 수 있다(민소법 제84조 제1,2항).
④ (×)

ⓐ 소송고지의 요건이 갖추어진 경우에 그 소송고지서에 고지자가 피고지자에 대하여 채무의 이행을 청구하는 의사가 표명되어 있으면 민법 제174조에 정한 시효중단사유로서의 최고의 효력이 인정된다(대법원 2009.07.09. 선고 2009다14340 판결).
ⓑ 소송고지에 의한 최고의 경우에는 민소법 제265조를 유추 적용하여 당사자가 소송고지서를 법원에 제출한 때에 시효중단의 효력이 발생한다(대법원 2015.05.14. 선고 2014다16494 판결). ⓒ 고지자로서는 소송고지를 통하여 당해 소송의 결과에 따라 피고지자에게 권리를 행사하겠다는 취지의 의사를 표명한 것으로 볼 것이므로, 당해 소송이 계속중인 동안은 최고에 의하여 권리를 행사하고 있는 상태가 지속되는 것으로 보아 민법 제174조에 규정된 6월의 기간은 당해 소송이 종료된 때로부터 기산되는 것으로 해석하여야 한다(대법원 2009.07.09. 선고 2009다14340 판결).

⑤ (O) 소송고지를 받은 사람이 소송에 참가할 것인지의 여부는 피고지자의 자유이다. 피고지자가 고지를 받고도 소송에 참가하지 않은 이상, 당사자가 아님은 물론 보조참가인도 아니다. 따라서 피고지자에게 변론기일을 통지하거나 판결서에 피고지자의 이름을 표시할 필요도 없다. **정답 ④**

43. 소송승계에 관한 설명 중 옳지 않은 것은? (다툼이 있는 경우 판례에 의함) [2024년 06월 모의]

① 당사자의 사망으로 중단된 소송절차에 대한 수계신청이 있어서 법원이 이를 이유 있다고 하여 소송절차를 진행시켰으나 그 후에 신청인에게 그 자격 없음이 판명된 경우 법원은 수계재판을 취소하고 수계신청을 배척하여야 한다.
② 소송의 당사자가 파산선고를 받은 경우 그 소송이 파산재단에 관한 소송이라면 소송절차는 중단되지만 그 당사자에게 소송대리인이 있다면 중단되지 않는다.
③ 청구이의의 소의 계속 중 그 집행권원 상의 청구권을 양수한 자는 승계집행문을 부여받았는지 여부에 관계없이 위 청구이의의 소에 승계참가를 할 수 있으나, 위 청구이의의 소가 제기되기 전에 그 집행권원 상의 청구권을 양수한 자는 위 청구이의의 소에 승계참가 할 수 없다.
④ 참가승계의 경우는 물론이고 인수승계의 경우에도 승계인에 대한 관계에서 시효중단 및 법률상 기간준수의 효과는 승계의 시기에 관계없이 소가 법원에 처음 제기된 때에 소급하여 생긴다.
⑤ 공유물분할에 관한 소송계속 중 변론종결일 전에 공유자 중 1인의 지분이 제3자에게 이전된 경우 참가승계나 인수승계 등의 방식으로 제3자를 당사자로 되게 하지 않은 이상 위 소송은 전부 부적법하게 된다.

해설

① (O) 당사자의 사망으로 인한 소송수계 신청이 이유있다고 하여 소송절차를 진행시켰으나 그 후에 신청인이 그 자격 없음이 판명된 경우에는 수계재판을 취소하고 신청을 각하하여야 한다. 이 경우에 법원이 수계재판을 취소하지 아니하고 수계인이 진정한 재산상속인이 아니어서 청구권이 없다는 이유로 본안에 관한 실체판결을 하였다면 진정수계인에 대한 관계에서는 소송은 아직도 중단상태에 있다고 할 것이지만 참칭수계인에 대한 관계에서는 판결이 확정된 이상 기판력을 가진다(대법원 1981.03.10. 선고 80다1895 판결).

② (×)
1) 당사자가 파산선고를 받은 때에 파산재단에 관한 소송절차는 중단된다. 이 경우 「채무자 회생 및 파산에 관한 법률」에 따른 수계가 이루어지기 전에 파산절차가 해지되면 파산선고를 받은 자가 당연히 소송절차를 수계한다(민소법 제239조).
2) 이 때 소송대리인의 유무를 불문하고 소송절차는 중단된다. 당사자에게 회생·파산절차가 개시되면 당사자는 재산관리처분권을 상실하고, 관리인·관재인에게 재산의 관리처분권이 전속하는 결과 재산

③ (O) 민소법 제74조의 권리승계참가는 소송의 목적이 된 권리를 승계한 경우 뿐만 아니라 채무를 승계한 경우에도 이를 할 수 있으나 다만 그 채무승계는 소송의 계속 중에 이루어진 것임을 요함은 위 법조의 규정상 명백하다. 그러므로 청구 이의의 소 계속 중 그 소송에서 집행력배제를 구하고 있는 채무명의에 표시된 청구권을 양수한 자는 소송의 목적이 된 채무를 승계한 것이므로 승계집행문을 부여받은 여부에 관계없이 위 청구 이의의 소에 민소법 제74조에 의한 승계참가를 할 수 있으나, 다만 위 소송이 제기되기 전에 그 채무명의에 표시된 청구권을 양수한 경우에는 특단의 사정이 없는 한 승계참가의 요건이 결여된 것으로서 그 참가인정은 부적법한 것이라고 볼 수 밖에 없다(대법원 1983.09.27. 선고 83다카1027 판결).

④ (O) 소송이 법원에 계속되어 있는 동안에 제3자가 소송목적인 권리 또는 의무의 전부나 일부를 승계한 때에는 법원은 당사자의 신청에 따라 그 제3자로 하여금 소송을 인수하게 할 수 있다(민소법 제82조 제1항). 제1항의 소송인수의 경우에는 제80조의 규정 가운데 탈퇴 및 판결의 효력에 관한 것과, 제81조의 규정 가운데 참가의 효력에 관한 것을 준용한다(민소법 제82조 제3항). 소송에 참가한 경우 그 참가는 소송이 법원에 처음 계속된 때에 소급하여 시효의 중단 또는 법률상 기간준수의 효력이 생긴다(민소법 제81조).

⑤ (O)
[1] 공유물분할청구의 소는 분할을 청구하는 공유자가 원고가 되어 다른 공유자 전부를 공동피고로 하여야 하는 고유필수적 공동소송이다.
[2] 공유물분할에 관한 소송계속 중 변론종결일 전에 공유자 중 1인인 甲의 공유지분의 일부가 乙 및 丙 주식회사 등에게 이전된 사안에서, 변론종결 시까지 민소법 제81조에서 정한 승계참가나 민소법 제82조에서 정한 소송인수 등의 방식으로 일부 지분권을 이전받은 자가 소송의 당사자가 되었어야 함에도 그렇지 못하였으므로 위 소송 전부가 부적법하게 되었다고 한 사례(대법원 2014.01.29. 선고 2013다78556 판결).

정답 ②

44. 통상공동소송에 관한 설명 중 옳지 않은 것은? (다툼이 있는 경우 판례에 의함) [2024년 08월 모의]

① 제3자가 공유자를 상대로 하여 제기한 소유권확인소송, 소유권보존등기말소청구소송, 소유권이전등기청구소송은 통상공동소송이다.
② 통상공동소송에서는 자백간주가 된 당사자와 상대방의 주장을 다툰 당사자 사이에서 동일한 실체관계에 대하여 서로 배치되는 내용으로 판단을 하더라도 위법이라고 할 수 없다.
③ 통상공동소송에서 공동당사자 일부만이 항소를 제기한 경우, 피항소인은 항소인인 공동소송인 이외의 다른 공동소송인을 상대방으로 하거나 상대방으로 보태어 부대항소를 제기할 수도 있다.
④ 통상공동소송에서 공동피고 상호간에 그 주장이 일치하지 아니하고 다른 입장을 취하고 있다하여 재판장이 당사자에게 그에 대한 질문을 하고 진상을 규명하여야 할 의무는 없다.
⑤ 통상공동소송에서는 판결내용이 공동소송인 사이에 일치할 필요가 없으므로 소송비용부담의 재판도 공동소송인별로 할 수 있다.

해 설

① (O)
1) 공유관계소송에서 수동소송의 경우, 판례는 공유물분할청구와 경계확정의 소를 제외하고는 통상공동소송이라고 본다.
2) ⓐ 토지를 수인이 공유하는 경우에 공유자들의 소유권이 지분의 형식으로 공존하는 것뿐이고, 그 처분권이 공동에 속하는 것은 아니므로 공유토지의 일부에 대하여 취득시효완성을 원인으로 공유자들을 상대로 그 시효취득부분에 대한 소유권이전등기절차의 이행을 청구하는 소송은 필요적 공동소송

이라고 할 수 없다(대법원 1994.12.27. 선고 93다32880 판결).
ⓑ 공유물의 경우 공유자들의 소유권이 지분의 형식으로 공존하고 있을 뿐이고, 그 처분권이 공동으로 귀속하는 것이 아니므로 제3자가 공유자들 소유명의로 된 소유권보존등기의 말소등기절차의 이행을 청구하는 소송, 소유권확인 소송도 통상공동소송이다(통설).
ⓒ 제3자는 공유자 각자에 대하여 그의 지분범위 내에서 철거나 반환을 구할수 있고 이것도 통상공동소송이다. 공동상속인들의 건물철거의무는 그 성질상 불가분채무라고 할 것이고 각자 그 지분의 한도내에서 건물 전체에 대한 철거의무를 지는 것이다(대법원 1980.06.24. 선고 80다756 판결).

② (O) 통상 공동소송에 있어서 공동소송인의 1인의 상대방에 대한 소송행위는 다른 공동소송인에 대하여 효력이 생기지 않는다(대법원 1968.05.14. 선고 67다2787 판결). 민소법 에 의하면 당사자가 공시송달에 의하지 아니한 적법한 소환을 받고도 변론기일에 출석하지 아니하고 답변서 기타 준비서면마저 제출하지 아니하여 상대방이 주장한 사실을 명백히 다투지 아니한 때에는 그 사실을 자백한 것으로 간주하도록 되어 있으므로, 그 결과 의제자백이 된 피고들과 원고의 주장을 다툰 피고들 사이에서 동일한 실체관계에 대하여 서로 배치되는 내용의 판단이 내려진다고 하더라도 이를 위법하다고 할 수 없다(대법원 1997.02.28. 선고 96다53789 판결).

③ (X) 통상의 공동소송에 있어 공동당사자 일부만이 항소를 제기한 때에는 피항소인은 항소인인 공동소송인 이외의 다른 공동소송인을 상대방으로 하거나 상대방으로 보태어 부대항소를 제기할 수는 없다(대법원 1994.12.23. 선고 94다40734 판결).

④ (O) 석명권은 당사자의 진술이 모순, 흠결이 있거나 애매하여 그 진술취지를 알 수 없을 때 이를 명백히 하기 위하여 하는 것이지, 피고 중 (갑), (을)이 소송형태상 피고이나 실질상으로는 원고와 이해관계를 같이 하고 있는 경우에 있어서 공동피고 상호 간에 그 주장이 일치하지 아니하고 다른 입장을 취하고 있다 하여 재판장이 당사자에게 그에 대한 발문을 하고 진상을 규명하여야 할 의무는 없다 할 것이다(대법원 1982.11.23. 선고 81다39 판결). 사안은 공유자 중 1인이 보존행위로서 소를 제기한 것으로서 소송형태가 통상공동소송임을 전제로 위와 같은 판시를 한 것이다.

⑤ (O)
[1] 민소법 제102조 제1항은 "공동소송인은 소송비용을 균등하게 부담한다. 다만 법원은 사정에 따라 공동소송인에게 소송비용을 연대하여 부담하게 하거나 다른 방법으로 부담하게 할 수 있다."라고 규정하고 있으므로, 재판주문에서 공동소송인별로 소송비용의 부담비율을 정하거나, 연대부담을 명하지 아니하고 단순히 '소송비용은 공동소송인들의 부담으로 한다.'라고 정하였다면 공동소송인들은 상대방에 대하여 균등하게 소송비용을 부담하고, 공동소송인들 상호 간에 내부적으로 비용분담 문제가 생기더라도 그것은 그들 사이의 합의와 실체법에 의하여 해결되어야 한다.
[2] 소송비용액확정 결정절차에서는 상환할 소송비용의 액수를 정할 수 있을 뿐이고, 소송비용부담재판에서 확정한 상환의무 자체의 범위를 심리·판단하거나 변경할 수 없다. 따라서 불합리한 결과의 발생을 방지하고 공동소송인 사이의 형평성과 구체적 타당성에 부합하는 소송비용부담재판이 되도록 하기 위해서는, 통상공동소송에서 공동소송인이 같은 비율로 함께 패소하였을 경우, 공동소송인 사이에 소송목적의 값에 현저한 차이가 있다거나 소송물의 내용이나 성격, 항쟁의 정도 등이 다르다는 등의 사정으로 공동소송인이 공동으로 소송비용을 부담하는 것이 형평에 반하거나 불합리하다고 생각된다면 민소법 제102조 제1항 단서를 적극적으로 적용하여 공동소송인별로 소송관계를 구분하여 소송비용의 부담을 정하거나 공동소송인별로 수액이나 부담비율을 정하는 등의 방식으로 소송비용부담재판을 하는 것이 더 바람직하다(대법원 2017.11.21. 자 2016마1854 결정).

정답 ③

45. 공동소송참가에 관한 설명 중 옳지 않은 것은? (다툼이 있는 경우 판례에 의함) [2024년 08월 모의]

① 학교법인의 이사회결의무효확인을 구하는 소송의 계속 중에 제3자는 원고 쪽에 공동소송참가를 할 수 있다.
② 공유물분할청구소송의 계속 중 변론종결일 전에 공동피고의 일부인 공유자의 지분이 이전된 경우에 지분을 이전받은 자는 피고 쪽에 공동소송참가를 할 수 있다.
③ 주주대표소송의 계속 중에 회사는 원고 쪽에 공동소송참가를 할 수 있다.
④ 채권자대위소송의 계속 중에 다른 채권자는 동일한 채무자를 대위하여 동일한 채권에 대한 채권자대위권을 행사하면서 원고 쪽에 공동소송참가를 할 수 있다.
⑤ 추심소송의 계속 중에 집행력 있는 정본을 가진 모든 채권자는 원고 쪽에 공동소송참가를 할 수 있다.

해설

① (×) 공동소송참가는 타인간의 소송의 목적이 당사자 일방과 제3자에 대하여 합일적으로 확정될 경우 즉, 타인간의 소송의 판결의 효력이 제3자에게도 미치게 되는 경우에 한하여 그 제3자에게 허용되는바, 학교법인의 이사회의 결의에 하자가 있는 경우에 관하여 법률에 별도의 규정이 없으므로 그 결의에 무효사유가 있는 경우에는 이해관계인은 언제든지 또 어떤 방법에 의하든지 그 무효를 주장할 수 있고, 이와 같은 무효주장의 방법으로서 이사회결의무효확인소송이 제기되어 승소확정판결이 난 경우, 그 판결의 효력은 위 소송의 당사자 사이에서만 발생하는 것이지 대세적 효력이 있다고 볼 수는 없으므로, 이사회결의무효확인의 소는 그 소송의 목적이 당사자 일방과 제3자에 대하여 합일적으로 확정될 경우가 아니어서 제3자는 공동소송참가를 할 수 없다(대법원 2001.07.13. 선고 2001다13013 판결).

② (○)
[1] 공유물분할청구의 소는 분할을 청구하는 공유자가 원고가 되어 다른 공유자 전부를 공동피고로 하여야 하는 고유필수적 공동소송이다.
[2] 공유물분할에 관한 소송계속 중 변론종결일 전에 공유자 중 1인인 甲의 공유지분의 일부가 乙 및 丙 주식회사 등에게 이전된 사안에서, 변론종결 시까지 민소법 제81조에서 정한 승계참가나 민소법 제82조에서 정한 소송인수 등의 방식으로 일부 지분권을 이전받은 자가 소송의 당사자가 되었어야 함에도 그렇지 못하였으므로 위 소송 전부가 부적법하게 되었다고 한 사례(대법원 2014.01.29. 선고 2013다78556 판결).

③ (○) 주주의 대표소송에 있어서 원고 주주가 원고로서 제대로 소송수행을 하지 못하거나 혹은 상대방이 된 이사와 결탁함으로써 회사의 권리보호에 미흡하여 회사의 이익이 침해될 염려가 있는 경우 그 판결의 효력을 받는 권리귀속주체인 회사가 이를 막거나 자신의 권리를 보호하기 위하여 소송수행권한을 가진 정당한 당사자로서 그 소송에 참가할 필요가 있으며, 회사가 대표소송에 당사자로서 참가하는 경우 소송경제가 도모될 뿐만 아니라 판결의 모순·저촉을 유발할 가능성도 없다는 사정과, 상법 제404조 제1항에서 특별히 참가에 관한 규정을 두어 주주의 대표소송의 특성을 살려 회사의 권익을 보호하려한 입법 취지를 함께 고려할 때, 상법 제404조 제1항에서 규정하고 있는 회사의 참가는 공동소송참가를 의미하는 것으로 해석함이 타당하고, 나아가 이러한 해석이 중복제소를 금지하고 있는 민소법 제234조에 반하는 것도 아니다(대법원 2002.03.15. 선고 2000다9086 판결).

④ (○) 채권자대위소송이 계속 중인 상황에서 다른 채권자가 동일한 채무자를 대위하여 채권자대위권을 행사하면서 공동소송참가신청을 할 경우, 양 청구의 소송물이 동일하다면 민소법 제83조 제1항이 요구하는 '소송목적이 한쪽 당사자와 제3자에게 합일적으로 확정되어야 할 경우'에 해당하므로 참가신청은 적법하다. 이때 양 청구의 소송물이 동일한지는 채권자들이 각기 대위행사하는 피대위채권이 동일한지에 따라 결정되고, 채권자들이 각기 자신을 이행 상대방으로 하여 금전의 지급을 청구하였더라도 채권자들이 채무

자를 대위하여 변제를 수령하게 될 뿐 자신의 채권에 대한 변제로서 수령하게 되는 것이 아니므로 이러한 채권자들의 청구가 서로 소송물이 다르다고 할 수 없다. 여기서 원고가 일부 청구임을 명시하여 피대위채권의 일부만을 청구한 것으로 볼 수 있는 경우에는 참가인의 청구금액이 원고의 청구금액을 초과하지 아니하는 한 참가인의 청구가 원고의 청구와 소송물이 동일하여 중복된다고 할 수 있으므로 소송목적이 원고와 참가인에게 합일적으로 확정되어야 할 필요성을 인정할 수 있어 참가인의 공동소송참가신청을 적법한 것으로 보아야 한다(대법원 2015.07.23. 선고 2013다30301 판결).

⑤ (O) 제3채무자가 추심절차에 대하여 의무를 이행하지 아니하는 때에는 압류채권자는 소로써 그 이행을 청구할 수 있다(민집법 제249조 제1항). 집행력 있는 정본을 가진 모든 채권자는 공동소송인으로 원고 쪽에 참가할 권리가 있다(민집법 제249조 제2항). 소를 제기당한 제3채무자는 제2항의 채권자를 공동소송인으로 원고 쪽에 참가하도록 명할 것을 첫 변론기일까지 신청할 수 있다(민집법 제249조 제3항). **정답 ①**

46. 독립당사자참가에 관한 설명 중 옳지 않은 것은? (다툼이 있는 경우 판례에 의함) [2024년 08월 모의]

① 독립당사자참가에 의한 소송에서 원·피고 사이에만 재판상 화해를 하는 것은 허용되지 않는다.
② 원고(수익자)의 피고(채무자)에 대한 청구의 원인행위가 사해행위라는 이유로 독립당사자참가인(채권자)이 원고에 대하여 사해행위취소를 청구하면서 사해방지참가신청을 하는 것은 부적법하다.
③ 권리주장참가에 있어서 참가하려는 소송에 수개의 청구가 병합된 경우 그 중 어느 하나의 청구라도 독립당사자참가인의 주장과 양립하지 않는 관계에 있으면 그 본소청구에 대한 참가가 허용된다고 할 것이고, 양립할 수 없는 본소청구에 관하여 본안에 들어가 심리한 결과 이유가 없는 것으로 판단된다고 하더라도 참가신청이 부적법하게 되는 것은 아니다.
④ 편면적 독립당사자참가가 허용되는 이상, 독립당사자참가인이 수개의 청구를 병합하여 독립당사자참가를 하는 경우에 각 청구별로 독립당사자참가의 요건을 갖출 필요는 없고, 참가인이 독립당사자참가의 요건을 갖추지 못한 청구를 추가하는 것도 허용된다.
⑤ 독립당사자참가인의 신청이 비록 참가신청 당시 독립당사자참가의 요건을 갖추지 못하였다고 하더라도, 독립의 소로서 소송요건을 갖춘 이상 이미 본소가 적법하게 취하되었으면 참가신청을 각하할 수는 없다.

해설

① (O)
[1] 민소법 제79조에 의한 소송은 동일한 권리관계에 관하여 원고, 피고 및 참가인 상호간의 다툼을 하나의 소송절차로 한꺼번에 모순 없이 해결하려는 소송형태로서 두 당사자 사이의 소송행위는 나머지 1인에게 불이익이 되는 한 두 당사자 간에도 효력이 발생하지 않는다고 할 것이므로, 원·피고 사이에만 재판상 화해를 하는 것은 3자 간의 합일확정의 목적에 반하기 때문에 허용되지 않는다.
[2] 독립당사자참가인이 화해권고결정에 대하여 이의한 경우, 이의의 효력이 원·피고 사이에도 미친다고 한 사례(대법원 2005.05.26. 선고 2004다25901 판결).

② (O) 채권자가 사해행위의 취소와 함께 수익자 또는 전득자로부터 책임재산의 회복을 명하는 사해행위취소의 판결을 받은 경우 취소의 효과는 채권자와 수익자 또는 전득자 사이에만 미치므로, 수익자 또는 전득자가 채권자에 대하여 사해행위의 취소로 인한 원상회복 의무를 부담하게 될 뿐, 채권자와 채무자 사이에서 취소로 인한 법률관계가 형성되거나 취소의 효력이 소급하여 채무자의 책임재산으로 복구되는 것은 아니다. 이러한 사해행위취소의 상대적 효력에 의하면, 원고의 피고에 대한 청구의 원인행위가 사해행위라는 이유로 원고에 대하여 사해행위취소를 청구하면서 독립당사자참가신청을 하는 경우, 독립당사

자참가인의 청구가 그대로 받아들여진다 하더라도 원고와 피고 사이의 법률관계에는 아무런 영향이 없고, 따라서 그러한 참가신청은 사해방지참가의 목적을 달성할 수 없으므로 부적법하다(대법원 2014.06.12. 선고 2012다47548 판결).

③ (○) 독립당사자참가 중 권리주장참가는 소송의 목적의 전부나 일부가 자기의 권리임을 주장하면 되는 것이므로 참가하려는 소송에 수개의 청구가 병합된 경우 그 중 어느 하나의 청구라도 독립당사자참가인의 주장과 양립하지 않는 관계에 있으면 그 본소청구에 대한 참가가 허용된다고 할 것이고, 양립할 수 없는 본소청구에 관하여 본안에 들어가 심리한 결과 이유가 없는 것으로 판단된다고 하더라도 참가신청이 부적법하게 되는 것은 아니다(대법원 2007.06.15. 선고 2006다80322 판결).

④ (×) 독립당사자참가 중 민소법 제79조 제1항 전단의 권리주장참가를 하기 위해서는, 독립당사자참가인은 우선 참가하려는 소송의 당사자 양쪽 또는 한쪽을 상대방으로 하여 원고의 본소 청구와 양립할 수 없는 청구를 하여야 하고 그 청구는 소의 이익을 갖추는 외에 그 주장 자체에 의하여 성립할 수 있음을 요하며, 민소법 제79조 제1항 후단의 사해방지참가는 본소의 원고와 피고가 당해 소송을 통하여 독립당사자참가인을 해할 의사를 가지고 있다고 객관적으로 인정되고 그 소송의 결과 독립당사자참가인의 권리 또는 법률상 지위가 침해될 우려가 있다고 인정되는 경우에 허용된다. 독립당사자참가인이 수 개의 청구를 병합하여 독립당사자참가를 하는 경우에는 각 청구별로 독립당사자참가의 요건을 갖추어야 하고, 편면적 독립당사자참가가 허용된다고 하여, 참가인이 독립당사자참가의 요건을 갖추지 못한 청구를 추가하는 것을 허용하는 것은 아니다(대법원 2022.10.14. 선고 2022다241608 판결).

⑤ (○) 독립당사자참가소송에서 본소가 적법하게 취하된 경우에는 삼면소송관계는 소멸하고, 그 이후부터는 당사자참가인의 원·피고들에 대한 청구가 일반 공동소송으로 남아 있게 되므로, 당사자참가인의 원·피고에 대한 소가 독립의 소로서의 소송요건을 갖춘 이상, 그 소송계속은 적법하며, 종래의 삼면소송 당시에 필요하였던 당사자 참가요건의 구비여부는 가려 볼 필요가 없다(대법원 1991.01.25. 선고 90다4723 판결).

정답 ④

47. 고유필수적 공동소송에 관한 설명 중 옳지 않은 것은? (다툼이 있는 경우 판례에 의함) [2024년 10월 모의]

① 「집합건물의 소유 및 관리에 관한 법률」 제24조 제5항 소정의 관리인 해임의 소는 관리단과 관리인 사이의 법률관계의 해소를 목적으로 하는 형성의 소이므로 그 법률관계의 당사자인 관리단과 관리인 모두를 공동피고로 하여야 하는 고유필수적 공동소송에 해당한다.
② 조합원이 조합재산을 횡령하여 조합에 손해가 발생한 경우 그 손해배상채권은 조합원 전원의 준합유에 속하므로 원칙적으로 전 조합원이 고유필수적 공동소송에 의하여만 구할 수 있다.
③ 합유로 소유권이전등기가 된 부동산에 관하여 명의신탁해지를 원인으로 한 소유권이전등기절차의 이행을 구하는 소송은 고유필수적 공동소송에 해당한다.
④ 채무자가 채권자대위권에 의한 소송이 제기된 것을 알았을 경우에, 각 채권자대위권에 기하여 공동하여 채무자의 권리를 행사하는 다수의 채권자들은 고유필수적 공동소송관계에 있다.
⑤ 공유물 전체에 대한 소유관계 확인은 이를 다투는 제3자를 상대로 공유자 전원이 하여야 하는 것이므로 고유필수적 공동소송에 해당한다.

해설

① (○) 집합건물의 소유 및 관리에 관한 법률 제24조 제3항에서 정한 관리인 해임의 소는 관리단과 관리인 사이의 법률관계 해소를 목적으로 하는 형성의 소이므로 법률관계의 당사자인 관리단과 관리인 모두를 공동피고로 하여야 하는 고유필수적 공동소송에 해당한다(대법원 2011.06.24. 선고 2011다1323 판결).
② (○) 조합원이 조합재산을 횡령하는 행위로 인하여 손해를 입은 주체는 조합재산을 상실한 조합이므로,

이로 인하여 조합원이 조합재산에 대한 합유지분을 상실하였다고 하더라도 이는 조합원의 지위에서 입은 손해에 지나지 않는다. 따라서 조합원으로서는 조합관계를 벗어난 개인의 지위에서 손해배상을 구할 수는 없고, 그 손해배상채권은 조합원 전원의 준합유에 속하므로 원칙적으로 전 조합원이 고유필수적 공동소송에 의하여만 구할 수 있다(대법원 2022.12.29. 선고 2022다263448 판결).

③ (○) 합유로 소유권이전등기가 된 부동산에 관하여 명의신탁 해지를 원인으로 한 소유권이전등기절차의 이행을 구하는 소송은 조합재산인 합유물의 처분에 관한 소송으로서 합유자 전원을 피고로 하여야 할 뿐 아니라 합유자 전원에 대하여 합일적으로 확정되어야 하는 고유필수적 공동소송에 해당하며, 그 명의신탁 해지를 구하는 당사자가 합유자 중의 1인이라는 사유만으로 달리 볼 것은 아니다(대법원 2015.09.10. 선고 2014다73794 판결).

④ (✕)
[가] 채무자가 채권자대위권에 의한 소송이 제기된 것을 알았을 경우에는 그 확정판결의 효력은 채무자에게도 미친다.
[나] 위 "가"항의 경우 각 채권자대위권에 기하여 공동하여 채무자의 권리를 행사하는 다수의 채권자들은 유사필요적 공동소송관계에 있다 할 것이다(대법원 1991.12.27. 선고 91다23486 판결).

⑤ (○) 공유자의 지분은 다른 공유자의 지분에 의하여 일정한 비율로 제한을 받는 것을 제외하고는 독립한 소유권과 같은 것으로 공유자는 그 지분을 부인하는 제3자에 대하여 각자 그 지분권을 주장하여 지분의 확인을 소구하여야 하는 것이고, 공유자 일부가 제3자를 상대로 다른 공유자의 지분의 확인을 구하는 것은 타인의 권리관계의 확인을 구하는 소에 해당한다고 보아야 할 것이므로 그 타인 간의 권리관계가 자기의 권리관계에 영향을 미치는 경우에 한하여 확인의 이익이 있다고 할 것이며, 공유물 전체에 대한 소유관계 확인도 이를 다투는 제3자를 상대로 공유자 전원이 하여야 하는 것이지 공유자 일부만이 그 관계를 대외적으로 주장할 수 있는 것이 아니므로, 아무런 특별한 사정이 없이 다른 공유자의 지분의 확인을 구하는 것은 확인의 이익이 없다(대법원 1994.11.11. 선고 94다35008 판결). **정답 ④**

48. 보조참가에 관한 설명 중 옳은 것을 모두 고른 것은? (다툼이 있는 경우 판례에 의함) [2024년 10월 모의]

> ㄱ. 보조참가의 요건으로서 소송 결과에 대한 이해관계란 당해 소송의 판결의 효력이 직접 미치는 경우를 의미하는 것이지 그 판결을 전제로 하여 보조참가를 하려는 자의 법률상의 지위가 결정되는 관계에 있는 경우를 의미하는 것은 아니다.
> ㄴ. 증거를 제출한 참가인의 참가신청이 부적법 각하되었다 하여도 법원이 이미 실시한 증거조사에 의하여 얻은 증거자료의 효력에는 아무런 영향이 없다.
> ㄷ. 당사자가 참가에 대하여 이의를 신청하지 아니한 채 변론하거나 변론준비기일에서 진술을 한 경우에는 이의를 신청할 권리를 잃는다.
> ㄹ. 조정을 갈음하는 결정은 확정판결과 동일한 효력이 있으므로 전소가 조정을 갈음하는 결정에 의하여 종료된 경우에도 참가적 효력이 인정된다.

① ㄱ, ㄴ   ② ㄱ, ㄷ   ③ ㄴ, ㄷ
④ ㄴ, ㄹ   ⑤ ㄷ, ㄹ

해설

㉠ (✕) 특정 소송사건에서 당사자 일방을 보조하기 위하여 보조참가를 하려면 당해 소송의 결과에 대하여 이해관계가 있어야 할 것이고, 여기서 말하는 이해관계라 함은 사실상·경제상 또는 감정상의 이해관계가 아니라 법률상의 이해관계를 말하는 것으로, 이는 당해 소송의 판결의 기판력이나 집행력을 당연히 받는 경우 또는 당해 소송의 판결의 효력이 직접 미치지는 아니한다고 하더라도 적어도 그 판결을 전제

로 하여 보조참가를 하려는 자의 법률상의 지위가 결정되는 관계에 있는 경우를 의미하는 것이다(대법원 2007.04.26. 선고 2005다19156 판결).
ⓒ (O) 증거를 제출한 참가인의 참가 신청이 부적법 각하되어야 하여도 법원이 이미 실시한 증거방법에 의하여 법원이 얻은 증거자료의 효력에는 아무런 영향이 없다(대법원 1971.03.31. 선고 71다309 판결).
ⓒ (O) 당사자가 참가에 대하여 이의를 신청하지 아니한 채 변론하거나 변론준비기일에서 진술을 한 경우에는 이의를 신청할 권리를 잃는다(민소법 제74조).
㉣ (×) 전소가 확정판결이 아닌 조정에 갈음하는 결정에 의하여 종료된 경우에는 확정판결에서와 같은 법원의 사실상, 법률상의 판단이 이루어졌다고 할 수 없으므로 참가적 효력이 인정되지 아니한다(대법원 2019.06.13. 선고 2016다221085 판결).

정답 ③

49. 임의적 당사자변경에 관한 설명 중 옳은 것(○)과 옳지 않은 것(×)을 올바르게 조합한 것은? (다툼이 있는 경우 판례에 의함) [2024년 10월 모의]

ㄱ. 가사소송에서 필수적 공동소송인을 추가하거나 피고를 경정하는 것은 사실심의 변론종결 시까지 할 수 있다.
ㄴ. 피고경정신청을 허가하는 제1심법원의 결정에 대하여는 종전의 피고가 이에 대한 동의가 없었음을 사유로 하는 경우에 한하여 즉시항고를 할 수 있고 피고경정신청을 한 원고는 그 허가결정의 부당함을 내세워 불복할 수 없다.
ㄷ. 채무자나 소유자가 배당이의의 소를 제기한 경우의 소송목적물은 피고로 된 채권자가 경매절차에서 배당받을 권리의 존부·범위·순위에 한정되는 것이지, 원고인 채무자나 소유자가 경매절차에서 배당받을 권리까지 포함하는 것은 아니므로, 제3자가 채무자나 소유자로부터 위와 같이 배당받을 권리를 양수하였더라도 그 배당이의소송이 계속되어 있는 동안에 소송목적인 권리 또는 의무의 전부 또는 일부를 승계한 경우에 해당된다고 볼 수는 없다.
ㄹ. 소송계속 중에 소송목적인 의무의 승계가 있다는 이유로 하는 소송인수신청이 있는 경우, 승계적격의 흠결이 명백하지 않는 한, 법원은 심리한 결과 승계 사실이 인정되지 않으면 청구기각의 본안판결을 하면 되고 인수참가신청 자체를 각하할 것은 아니다.

① ㄱ(O), ㄴ(O), ㄷ(×), ㄹ(O)
② ㄱ(O), ㄴ(×), ㄷ(O), ㄹ(×)
③ ㄱ(O), ㄴ(O), ㄷ(O), ㄹ(O)
④ ㄱ(×), ㄴ(×), ㄷ(O), ㄹ(×)
⑤ ㄱ(×), ㄴ(O), ㄷ(×), ㄹ(×)

해설

㉠ (O) 민소법 제68조 또는 제260조에 따라 필수적 공동소송인을 추가하거나 피고를 하는 것은 사실심의 변론종결시까지 할 수 있다(가사소송법 제15조).
ⓒ (O) 민소법 제234조의2(현행 제260조)에 의하여 피고경정신청을 허가하는 제1심 법원의 결정에 대하여는 같은 법 제234조의3(현행 제261조) 제3항에 의하여 종전의 피고가 이에 대한 동의가 없었음을 사유로 하는 경우에 한하여 즉시항고를 할 수 있는 이외에는 달리 불복할 수 없다고 보아야 하고 더욱이 피고경정신청을 한 원고가 그 허가결정의 부당함을 내세워 불복하는 것은 허용될 수 없다 할 것이므로, 이러한 허가결정의 당부는 같은 법 제234조의3(현행 제261조) 제3항에 의한 즉시항고 외에는 불복할 수 없는 종국판결 전의 재판에 관한 것이어서 같은 법 제362조 단서에 의하여 항소심 법원의 판단대상이 되지 아니한다(대법원 1992.10.09. 선고 92다25533 판결).

ⓒ (O) 배당이의의 소의 원고적격은 채무자 또는 배당기일에 출석하여 배당표에 대하여 이의를 진술한 채권자에 한하여 인정되나, 담보권 실행을 위한 경매에서 경매목적물의 소유자는 위 채무자에 포함된다. 이때 채권자는 자기의 이해에 관계되는 범위 안에서만 다른 채권자를 상대로 채권의 존부·범위·순위에 대하여 이의할 수 있으나(민집법 제151조 제3항), 채무자나 소유자는 이러한 제한이 없으며(민집법 제151조 제1항), 채무자나 소유자가 배당이의의 소에서 승소하면 집행법원은 그 부분에 대하여 배당이의를 하지 아니한 채권자를 위하여서도 배당표를 바꾸어야 하므로(민집법 제161조 제2항 제2호), 채무자나 소유자가 제기한 배당이의의 소는 피고로 된 채권자에 대한 배당액 자체만이 심리대상이어서, 원고인 채무자나 소유자는 피고의 채권이 존재하지 아니함을 주장·증명하는 것으로 충분하고, 자신이 피고에게 배당된 금원을 배당받을 권리가 있다는 점까지 주장·증명할 필요는 없다. 따라서 채무자나 소유자가 배당이의의 소를 제기한 경우의 소송목적물은 피고로 된 채권자가 경매절차에서 배당받을 권리의 존부·범위·순위에 한정되는 것이지, 원고인 채무자나 소유자가 경매절차에서 배당받을 권리까지 포함하는 것은 아니므로, 제3자가 채무자나 소유자로부터 위와 같이 배당받을 권리를 양수하였더라도 배당이의 소송이 계속되어 있는 동안에 소송목적인 권리 또는 의무의 전부 또는 일부를 승계한 경우에 해당된다고 볼 수는 없다(대법원 2023.02.23. 선고 2022다285288 판결).

ⓔ (O) 소송 계속중에 소송목적인 의무의 승계가 있다는 이유로 하는 소송인수신청이 있는 경우 신청의 이유로서 주장하는 사실관계 자체에서 그 승계적격의 흠결이 명백하지 않는 한 결정으로 그 신청을 인용하여야 하는 것이고, 그 승계인에 해당하는가의 여부는 피인수신청인에 대한 청구의 당부와 관련하여 판단할 사항으로 심리한 결과 승계사실이 인정되지 않으면 청구기각의 본안판결을 하면 되는 것이지 인수참가신청 자체가 부적법하게 되는 것은 아니다(대법원 2005.10.27. 선고 2003다66691 판결). **정답 ③**

50. 다음과 같이 甲, 乙이 공동 당사자로 된 소송 중 그 소송 형태가 다른 것은? (다툼이 있는 경우 판례에 의함) [2021년 06월 모의]

① 동업약정에 따라 공동으로 X건물을 매수한 동업자 甲, 乙이 X건물 소유자를 상대로 제기한 매매계약에 기한 소유권이전등기청구 소송
② X토지의 공유자인 甲, 乙이 X토지의 소유권을 다투는 제3자를 상대로 제기한 X 토지에 대한 소유권확인청구 소송
③ 丙이 丁을 대위하여 戊를 상대로 소유권이전등기말소를 구하는 채권자대위소송의 소송 계속 중 사망하자 丙의 상속인인 甲, 乙이 소송수계를 하여 공동 원고가 된 소송
④ 공동상속인 甲, 乙이 공동상속인 사이에 어떤 재산이 피상속인의 상속재산에 속하는지 여부에 관하여 다툼이 있어 다른 공동상속인을 상대로 제기한 그 재산에 대한 상속재산확인청구 소송
⑤ X토지의 합유자인 甲, 乙을 공동 피고로 하여 제기된 명의신탁해지를 원인으로 한 소유권이전등기청구 소송

해설

① (O) 합유재산에 관한 소는 고유필수적 공동소송에 해당한다(대법원 1994.10.25. 선고 93다54064 판결).
② (O) 공유물 전체에 대한 소유관계 확인도 이를 다투는 제3자를 상대로 공유자 전원이 하여야 하는 고유필수적 공동소송에 해당한다(대법원 1994.11.11. 선고 94다35008 판결).
③ (×) 채무자가 채권자대위권에 의한 소송이 제기된 것을 알았을 경우에는 그 확정판결의 효력은 채무자에게도 미치므로, 채권자대위권을 행사하는 채권자가 사망하여 그 상속인들이 공동하여 채무자의 권리를 행사하는 상속인들은 유사필수적 공동소송관계에 있다(대법원 1991.12.27. 선고 91다23486 판결).
④ (O) 공동상속인이 다른 공동상속인을 상대로 어떤 재산이 상속재산임의 확인을 구하는 소는 이른바 고

유필수적 공동소송이다(대법원 2007.08.24. 선고 2006다40980 판결).
⑤ (O) 합유로 소유권이전등기가 된 부동산에 관하여 명의신탁해지를 원인으로 한 소유권이전등기절차의 이행을 구하는 소송은 합유물에 관한 소송으로서 고유필요적 공동소송에 해당한다(대법원 1996.12.10. 선고 96다23238 판결).

정답 ③

51. 甲이 乙에게 X 토지에 대한 취득시효 완성을 원인으로 한 소유권이전등기를 구하는 소를 제기하였고, 위 소송계속 중 丙이 甲에 대하여는 관리위탁계약의 해제를 이유로 X 토지의 인도를, 乙에 대하여는 X 토지에 대한 진정한 시효 취득자는 자신이라며 취득시효 완성을 원인으로 한 소유권이전등기를 구하는 독립당사자참가신청을 하였다. 아래 설명 중 옳은 것을 모두 고른 것은? (다툼이 있는 경우 판례에 의함)

[2021년 06월 모의]

ㄱ. 甲의 청구와 丙의 청구는 서로 양립할 수 없는 관계에 있으므로, 丙의 독립당사자참가신청은 적법하다.
ㄴ. 丙이 독립당사자참가를 하면서 예비적으로 보조참가를 하는 것도 허용될 수 있다.
ㄷ. 丙의 독립당사자참가에 따라 甲은 乙의 동의 없이 탈퇴할 수 있다.
ㄹ. 제1심 법원이 甲, 乙, 丙에 대하여 화해권고결정을 하였는데 이에 대하여 丙만이 이의를 하였다면 그 이의의 효력은 甲·乙 사이에도 미친다.
ㅁ. 제1심 법원이 丙의 승소판결을 선고하여 이에 대하여 甲만이 항소를 제기한 경우, 항소심 법원이 항소나 부대항소를 하지 않는 乙에게 결과적으로 유리한 내용의 판결을 할 수 있다.

① ㄱ, ㄷ, ㅁ   ② ㄱ, ㄹ, ㅁ   ③ ㄴ, ㄷ, ㅁ
④ ㄴ, ㄷ, ㄹ   ⑤ ㄷ, ㄹ, ㅁ

해설

ㄱ. (O) 민소법 제79조 제1항에 규정된 독립당사자참가는 다른 사람 사이에 소송이 계속 중일 때 소송대상의 전부나 일부가 자기의 권리라고 주장하거나, 소송결과에 따라 권리가 침해된다고 주장하는 제3자가 당사자로서 소송에 참가하여 세 당사자 사이에 서로 대립하는 권리 또는 법률관계를 하나의 판결로써 서로 모순 없이 일시에 해결하려는 것이다. 그러므로 독립당사자참가 중 권리주장참가는 원고의 본소청구와 참가인의 청구가 주장 자체에서 양립할 수 없는 관계라고 볼 수 있는 경우에 허용될 수 있고, 사해방지참가는 본소의 원고와 피고가 소송을 통하여 참가인의 권리를 침해할 의사가 있다고 객관적으로 인정되고 소송의 결과 참가인의 권리 또는 법률상 지위가 침해될 우려가 있다고 인정되는 경우에 허용될 수 있다(대법원 2017.04.26. 선고 2014다221777 판결).
ㄴ. (×) 당사자참가를 하면서 예비적으로 보조참가를 한다는 것은 허용될 수 없다(대법원 1994.12.27. 선고 92다22473 판결).
ㄷ. (×) 자기의 권리를 주장하기 위하여 소송에 참가한 사람이 있는 경우 그가 참가하기 전의 원고나 피고는 상대방의 승낙을 받아 소송에서 탈퇴할 수 있다. 다만, 판결은 탈퇴한 당사자에 대하여도 그 효력이 미친다(민소법 제80조).
ㄹ. (O) 민소법 제79조에 의한 소송은 동일한 권리관계에 관하여 원고, 피고 및 참가인 상호간의 다툼을 하나의 소송절차로 한꺼번에 모순 없이 해결하려는 소송형태로서 두 당사자 사이의 소송행위는 나머지 1인에게 불이익이 되는 한 두 당사자 간에도 효력이 발생하지 않는다고 할 것이므로, 원·피고 사이에만 재판상 화해를 하는 것은 3자 간의 합일확정의 목적에 반하기 때문에 허용되지 않는다. 독립당사자참가인이 화해권고결정에 대하여 이의한 경우, 이의의 효력이 원·피고 사이에도 미치므로 전부 확정되지 않

는다(대법원 2005.05.26. 선고 2004다25901 판결).
ㅁ. (O) 독립당사자참가소송 형태의 항소심에서 심리·판단을 거쳐 결론을 내림에 있어 위 세 당사자 사이의 결론의 합일확정을 위하여 필요한 경우에는 그 한도 내에서 항소 또는 부대항소를 제기한 바 없는 당사자에게 결과적으로 제1심판결보다 유리한 내용으로 판결이 변경되는 것도 배제할 수는 없다(대법원 2007.10.26. 선고 2006다86573 판결).

정답 ②

52.
乙의 대리인 丙과 X 토지에 관한 매매계약을 체결한 매수인 甲이, 주위적으로 乙에 대하여는 매매계약에 기한 소유권이전등기청구를, 예비적으로 丙이 무권대리일 경우를 대비하여 丙에 대하여 손해배상청구를 구하는 소를 제기하였다. 이와 관련된 설명 중 옳지 않은 것은? (다툼이 있는 경우 판례에 의함)

[2021년 06월 모의]

① 소송 계속 중 甲은 피고 丙과의 사이에서만 소송상 화해를 할 수 있다.
② 법원이 乙에 대해서만 판결을 하였다면, 누락된 丙에 대해서는 나중에 추가판결을 선고하면 된다.
③ 법원이 乙에 대해서만 판결을 하였다면, 누락된 丙도 위 판결에 대해 항소의 이익이 있어 항소할 수 있다.
④ 乙에 대해 전부 승소판결을 선고하더라도 丙에 대해서도 판결을 선고하여야 한다.
⑤ 乙에 대한 청구를 인용하고 丙에 대한 청구를 기각한 제1심 판결에 대하여 乙만이 항소하더라도 丙에 대한 청구부분도 항소심에 이심되어 항소심의 심판대상이 된다.

해설

① (O) 공동소송인 가운데 일부의 청구가 다른 공동소송인의 청구와 법률상 양립할 수 없거나 공동소송인 가운데 일부에 대한 청구가 다른 공동소송인에 대한 청구와 법률상 양립할 수 없는 경우에는 제67조 내지 제69조를 준용한다. 다만, 청구의 포기·인낙, 화해 및 소의 취하의 경우에는 그러하지 아니하다(민소법 제70조 제1항).
② (×), ⑤ (O) 주관적·예비적 공동소송은 동일한 법률관계에 관하여 모든 공동소송인이 서로 간의 다툼을 하나의 소송절차로 한꺼번에 모순 없이 해결하는 소송형태로서 모든 공동소송인에 대한 청구에 관하여 판결을 하여야 하고(민소법 제70조 제2항), 그중 일부 공동소송인에 대해서만 판결을 하거나 남겨진 당사자를 위하여 추가판결을 하는 것은 허용되지 않는다. 그리고 주관적예비적 공동소송에서 주위적 공동소송인과 예비적 공동소송인 중 어느 한 사람이 상소를 제기하면 다른 공동소송인에 관한 청구 부분도 확정이 차단되고 상소심에 이심되어 심판대상이 된다(대법원 2018.02.13. 선고 2015다242429 판결).
③ (O), ④ (O) 민소법 제70조 제2항은 같은 조 제1항의 예비적·선택적 공동소송에서는 모든 공동소송인에 관한 청구에 대하여 판결을 하도록 규정하고 있으므로, 이러한 공동소송에서 일부 공동소송인에 관한 청구에 대하여만 판결을 하는 경우 이는 일부판결이 아닌 흠이 있는 전부판결에 해당하여 상소로써 이를 다투어야 하고, 그 판결에서 누락된 공동소송인은 이러한 판단유탈을 시정하기 위하여 상소를 제기할 이익이 있다(대법원 2008.03.27. 선고 2005다49430 판결).

정답 ②

53. 甲, 乙, 丙은 X 토지에 대하여 각 1/3 지분을 공동으로 소유하고 있다. 甲이 乙과 丙을 상대로 공유물 분할 청구의 소를 제기하였다. 아래 설명 중 옳지 않은 것은? (다툼이 있는 경우 판례에 의함)

[2021년 08월 모의]

① 공유물분할청구의 소는 공유자 甲이 다른 공유자 乙과 丙 전부를 공동피고로 하여야 하는 필수적 공동소송이다.
② 제1심 법원이 甲의 청구를 전부 인용하는 판결을 선고하였다. 이에 대하여 乙만이 제기한 항소는 丙에게도 효력이 미치므로 전원에 대한 관계에서 판결의 확정이 차단되고 전체로서 항소심에 이심된다.
③ 甲이 현물분할을 청구하더라도 법원은 제반 사정을 종합적으로 고려하여 X 토지를 甲의 단독소유로 하고 甲으로 하여금 乙과 丙에 대하여 그 지분의 적정하고도 합리적인 가격을 배상시키는 방법에 의한 분할도 현물분할의 하나로 허용된다.
④ 甲이 소를 제기한 것은 2019. 2. 8.인데 乙은 그 이전인 같은 해 1. 17. 사망하였다. 乙의 상속인이 상고심 법원에 이르러 처음으로 망인의 사망사실을 주장하더라도, 甲은 상고심에서 당사자표시정정의 방법으로 그 흠결을 보정할 수 있다.
⑤ 甲에게 1억 원의 대여금 채권을 가진 A가 甲을 대위하여 乙과 丙을 상대로 제기한 공유물분할청구의 소는 원칙적으로 허용되지 않는다.

해설

① (O), ② (O) 공유물분할청구의 소는 분할을 청구하는 공유자가 원고가 되어 다른 공유자 전부를 공동피고로 하여야 하는 고유필수적 공동소송이다. 따라서 공유물분할 판결은 공유자 전원에 대하여 상소기간이 만료되기 전에는 확정되지 않고, 일부 공유자에 대하여 상소기간이 만료되었다고 하더라도 그 공유자에 대한 판결 부분이 분리·확정되는 것은 아니다(대법원 2017.09.21. 선고 2017다233931 판결).

③ (O) 공유물분할의 소는 형성의 소로서 공유자 상호간의 지분의 교환 또는 매매를 통하여 공유의 객체를 단독 소유권의 대상으로 하여 그 객체에 대한 공유관계를 해소하는 것을 말하므로, 법원은 공유물분할을 청구하는 자가 구하는 방법에 구애받지 아니하고 자유로운 재량에 따라 공유관계나 그 객체인 물건의 제반 상황에 따라 공유자의 지분 비율에 따른 합리적인 분할을 하면 된다. 예컨대, 공유물을 공유자 중의 1인의 단독소유 또는 수인의 공유로 하되 현물을 소유하게 되는 공유자로 하여금 다른 공유자에 대하여 그 지분의 적정하고도 합리적인 가격을 배상시키는 방법에 의한 분할도 현물분할의 하나로 허용된다(대법원 2004.10.14. 선고 2004다30583 판결).

④ (X) 공유물분할청구의 소는 분할을 청구하는 공유자가 원고가 되어 다른 공유자 전부를 공동피고로 하여야 하는 필수적 공동소송으로서 공유자 전원에 대하여 판결이 합일적으로 확정되어야 하므로, 공동소송인 중 1인에 소송요건의 흠이 있으면 전 소송이 부적법하게 된다. 그리고 민사소송에서 소송당사자의 존재나 당사자능력은 소송요건에 해당하고, 이미 사망한 자를 상대로 한 소의 제기는 소송요건을 갖추지 않은 것으로서 부적법하며, 상고심에 이르러서는 당사자표시정정의 방법으로 그 흠결을 보정할 수 없다(대법원 2012.06.14. 선고 2010다105310 판결).

⑤ (O) 채권자가 자신의 금전채권을 보전하기 위하여 채무자를 대위하여 부동산에 관한 공유물분할청구권을 행사하는 것은, 책임재산의 보전과 직접적인 관련이 없어 채권의 현실적 이행을 유효·적절하게 확보하기 위하여 필요하다고 보기 어렵고 채무자의 자유로운 재산관리행위에 대한 부당한 간섭이 되므로 보전의 필요성을 인정할 수 없다. 따라서 극히 예외적인 경우가 아니라면 금전채권자는 부동산에 관한 공유물분할청구권을 대위행사할 수 없다(대법원 2020.05.21. 선고 2018다879 판결).

정답 ④

54. 다음 보기 중 고유필수적 공동소송에 해당하는 것을 모두 고른 것은? (다툼이 있는 경우 판례에 의함)
[2021년 10월 모의]

ㄱ. 동업약정에 따라 A, B가 공동으로 건물을 매수한 후 매도인 C를 상대로 제기한 건물 소유권이전등기 청구소송
ㄴ. D 종중 재산인 토지에 관해 무단으로 소유권이전등기를 마친 E를 상대로 재산 보존을 위하여 종중원 전원이 제기한 소유권말소등기 청구소송
ㄷ. 토지의 2분의 1 지분 공유자 F가 토지의 다른 공유자 G, H, I를 상대로 제기한 공유물분할 청구소송
ㄹ. 망부(亡父)가 남긴 서화가 상속재산인지에 관하여 장남 J가 어머니 K와 동생 L, M을 상대로 제기한 상속재산확인 청구소송
ㅁ. N이 P에게 금전을 대여하면서 담보로 P 소유 토지에 관하여 P의 다른 채권자들과 공동명의로 매매예약을 체결하고 각자 채권액 비율에 따라 지분을 특정하여 가등기를 마친 후 청산절차를 거쳐 N을 비롯한 채권자들이 P를 상대로 제기하는 가등기에 기한 본등기절차이행청구소송

① ㄱ, ㄴ
② ㄴ, ㄷ
③ ㄱ, ㄴ, ㄷ
④ ㄱ, ㄴ, ㄷ, ㄹ
⑤ ㄱ, ㄴ, ㄷ, ㄹ, ㅁ

해설

ㄱ. (O) 동업약정에 따라 동업자 공동으로 토지를 매수하였다면 그 토지는 동업자들을 조합원으로 하는 동업체에서 토지를 매수한 것이므로 그 동업자들은 토지에 대한 소유권이전등기청구권을 준유하는 관계에 있고, 합유재산에 관한 소는 이른바 고유필요적공동소송이다(대법원 1994.10.25. 선고 93다54064 판결).

ㄴ. (O) 총유재산에 관한 소송은 법인 아닌 사단이 그 명의로 사원총회의 결의를 거쳐 하거나 또는 그 구성원 전원이 당사자가 되어 필수적 공동소송의 형태로 할 수 있고, 이는 총유재산의 보존행위로서 소를 제기하는 경우에도 같다(대법원 2010.02.11. 선고 2009다83650 판결). 즉, 총유의 경우 공유, 합유와 달리 보존행위를 단독으로 할 수 있다는 규정이 없다.

ㄷ. (O) 공유물분할청구의 소는 분할을 청구하는 공유자가 원고가 되어 다른 공유자 전부를 공동피고로 하여야 하는 고유필수적 공동소송이다. 따라서 공유물분할 판결은 공유자 전원에 대하여 상소기간이 만료되기 전에는 확정되지 않고, 일부 공유자에 대하여 상소기간이 만료되었다고 하더라도 그 공유자에 대한 판결 부분이 분리·확정되는 것은 아니다(대법원 2017.09.21. 선고 2017다233931 판결).

ㄹ. (O) 공동상속인이 다른 공동상속인을 상대로 어떤 재산이 상속재산임의 확인을 구하는 소는 이른바 고유필수적 공동소송이다(대법원 2007.08.24. 선고 2006다40980 판결).

ㅁ. (X) 수인의 채권자가 각기 채권을 담보하기 위하여 채무자와 채무자 소유의 부동산에 관하여 수인의 채권자를 공동매수인으로 하는 1개의 매매예약을 체결하고 그에 따라 수인의 채권자 공동명의로 그 부동산에 가등기를 마친 경우, 수인의 채권자가 공동으로 매매예약완결권을 가지는 관계인지 아니면 채권자 각자의 지분별로 별개의 독립적인 매매예약완결권을 가지는 관계인지는 매매예약의 내용에 따라야 한다. 예컨대, 공동명의로 담보가등기를 마친 수인의 채권자가 각자의 지분별로 별개의 독립적인 매매예약완결권을 가지는 경우, 채권자 중 1인은 단독으로 자신의 지분에 관하여 가등기담보 등에 관한 법률이 정한 청산절차를 이행한 후 소유권이전의 본등기절차 이행청구를 할 수 있다(대법원 2012.02.16. 선고 2010다82530 판결).

정답 ④

55. 甲은 乙을 상대로 X 부동산에 관한 매매를 원인으로 하는 소유권이전등기절차의 이행을 청구하는 소를 제기하였다. 제1심 소송계속 중 丙은 乙에 대하여는 X 부동산에 관한 매매를 원인으로 하는 소유권이전등기절차의 이행을 청구하고, 甲에 대하여는 X 부동산에 관하여 乙에 대한 소유권이전등기청구권이 丙에게 있다는 확인을 청구하는 독립당사자참가 신청(이하 '이 사건 신청'이라고 한다)을 하였다. 丙이 이 사건 신청 사유로서 乙이 甲과 丙에게 이중매매를 하였다고 주장하였으나 제1심 법원은 이 사건 신청이 부적법하다고 판단하였다. 증거조사 결과 乙이 甲에게 X 부동산을 매도하였다는 확신을 가지게 된 제1심 법원은 甲의 乙에 대한 청구를 인용하고 이 사건 신청을 각하하는 판결을 선고하였고, 이 판결에 대하여 丙만이 항소하였다. 다음 설명 중 옳은 것을 모두 고른 것은? (다툼이 있는 경우 판례에 의함) [2022년 08월 모의]

ㄱ. 이 사안에서 법원이 판결을 할 때에는 甲, 乙, 丙을 당사자로 하는 하나의 종국판결만을 내려야 하는 것이지 위 당사자의 일부에 관해서만 판결을 하는 것은 허용되지 않는다.
ㄴ. 이 사안에서 甲의 승소판결이 내려진 후 丙만이 항소를 하였더라도 판결 전체의 확정이 차단되고 사건 전부에 대하여 이심의 효력이 생긴다.
ㄷ. 이 사안에서 丙의 참가신청이 적법하고 나아가 합일확정의 요청상 필요성이 인정된다고 항소심이 판단한다면 甲의 乙에 대한 청구인용 부분을 甲에게 불리하게 변경할 수 있다.
ㄹ. 이 사안에서 항소심 법원이 丙의 항소를 기각하면서 제1심 판결 중 乙이 항소하지 않은 본소 부분을 취소하고 원고의 피고에 대한 청구를 기각하더라도 그 판결은 적법하다.

① ㄱ, ㄴ, ㄷ   ② ㄱ, ㄴ, ㄹ   ③ ㄴ, ㄷ
④ ㄱ, ㄷ, ㄹ   ⑤ ㄴ, ㄷ, ㄹ

해설

ㄱ. (O), ㄴ. (O), ㄷ. (O), ㄹ. (X) (대법원 2007.12.14. 선고 2007다37776 판결)

(1) 민소법 제79조 제1항에 따라 원·피고, 독립당사자참가인 간의 소송에 대하여 본안판결을 할 때에는 위 3당사자를 판결의 명의인으로 하는 하나의 종국판결만을 내려야 하는 것이지 위 당사자의 일부에 관해서만 판결을 하는 것은 허용되지 않고[ㄱ. (O)], 같은 조 제2항에 의하여 제67조가 준용되는 결과 독립당사자참가소송에서 원고승소의 판결이 내려지자 이에 대하여 참가인만이 상소를 한 경우에도 판결 전체의 확정이 차단되고 사건 전부에 관하여 이심의 효력이 생긴다[ㄴ. (O)].
(2) 독립당사자참가소송에서 원고승소 판결에 대하여 참가인만이 상소를 했음에도 상소심에서 원고의 피고에 대한 청구인용 부분을 원고에게 불리하게 변경할 수 있는 것은 참가인의 참가신청이 적법하고 나아가 합일확정의 요청상 필요한 경우에 한한다[ㄷ. (O)].
(3) 독립당사자참가소송에서 원고의 피고에 대한 청구를 인용하고 참가인의 참가신청을 각하한 제1심판결에 대하여 참가인만이 항소하였는데, 참가인의 항소를 기각하면서 제1심판결 중 피고가 항소하지도 않은 본소 부분을 취소하고 원고의 피고에 대한 청구를 기각한 것은 부적법하다[ㄹ. (O)].   **정답** ①

56. 채권자 甲이 채무자 丙을 대위하여 제3채무자 丁을 상대로 제기한 채권자대위소송이 계속 중에 다른 채권자 乙이 동일한 채무자 丙을 대위하여 공동소송참가신청을 할 경우에 옳지 않은 것은? (다툼이 있는 경우 판례에 의함) [2022년 10월 모의]

① 甲의 채권자대위소송과 乙의 채권자대위소송의 소송물이 동일한 경우 공동소송참가신청은 적법하다.

② 甲, 乙이 각기 자신을 이행 상대방으로 하여 직접 丁에게 금전의 지급을 청구하였다면 청구취지가 다르므로 소송물이 같지 않다.
③ 甲이 일부 청구임을 명시하여 피대위채권의 일부만을 청구한 것으로 볼 수 있는 경우에는 乙의 청구금액이 甲의 청구금액을 초과하지 아니하는 한 乙의 청구가 甲의 청구와 소송물이 동일하여 중복된다고 할 수 있으므로, 乙의 공동소송참가신청은 적법하다.
④ 丙이 甲의 채권자대위소송 행사의 통지를 받았다면 丙이 피대위채권을 처분하더라도 甲에게 대항하지 못한다.
⑤ 甲이 채권자대위소송으로 피대위채권을 행사하였다면 그로 인한 소멸시효 중단의 효과는 丙에게 발생한다.

해설

① (O), ② (×), ③ (O) 채권자대위소송이 계속 중인 상황에서 다른 채권자가 동일한 채무자를 대위하여 채권자대위권을 행사하면서 공동소송참가신청을 할 경우, 양 청구의 소송물이 동일하다면 민소법 제83조 제1항이 요구하는 '소송목적이 한쪽 당사자와 제3자에게 합일적으로 확정되어야 할 경우'에 해당하므로 참가신청은 적법하다. 이때 양 청구의 소송물이 동일한지는 채권자들이 각기 대위행사하는 피대위채권이 동일한지에 따라 결정되고, 채권자들이 각기 자신을 이행 상대방으로 하여 금전의 지급을 청구하였더라도 채권자들이 채무자를 대위하여 변제를 수령하게 될 뿐 자신의 채권에 대한 변제로서 수령하게 되는 것이 아니므로 이러한 채권자들의 청구가 서로 소송물이 다르다고 할 수 없다. 여기서 원고가 일부 청구임을 명시하여 피대위채권의 일부만을 청구한 것으로 볼 수 있는 경우에는 참가인의 청구금액이 원고의 청구금액을 초과하지 아니하는 한 참가인의 청구가 원고의 청구와 소송물이 동일하여 중복된다고 할 수 있으므로 소송목적이 원고와 참가인에게 합일적으로 확정되어야 할 필요성을 인정할 수 있어 참가인의 공동소송참가신청을 적법하다(대법원 2015.07.23. 선고 2013다30301 판결).
④ (O) 채무자가 전항의 통지를 받은 후에는 그 권리를 처분하여도 이로써 채권자에게 대항하지 못한다(민법 제405조 제2항).
⑤ (O) 채권자대위권 행사의 효과는 채무자에게 귀속되는 것이므로 채권자대위소송의 제기로 인한 소멸시효중단의 효과 역시 채무자에게 생긴다(대법원 2011.10.13. 선고 2010다80930 판결). **정답** ②

57. 甲이 피고들 중 일부에 대한 소를 취하할 수 없는 것은? (다툼이 있는 경우 판례에 의함)

[2023년 06월 모의]

① 임대인 甲이 공동임차인인 乙과 丙을 상대로 임대차계약에 따른 차임을 청구하는 소송
② 대지 소유자 甲이 그 지상 건물의 공유자인 乙과 丙을 상대로 대지의 사용, 수익에 따른 부당이득금을 청구하는 소송
③ 건물 소유자 甲이 건물의 임차인 乙과 무단 전차인 丙을 상대로 임대차 종료 후 건물의 사용, 수익으로 인한 부당이득금을 청구하는 소송
④ 대지 소유자 甲이 그 지상 건물의 공유자인 乙과 丙을 상대로 대지소유권에 기하여 건물철거를 청구하는 소송
⑤ 공동상속인 중 1인인 甲이 다른 공동상속인인 乙과 丙을 상대로 X부동산이 상속재산임의 확인을 구하는 소송

> **해설**
>
> 통상 공동소송 형태의 예로는 분할채권자·분할채무자들의 소송, 진정 또는 부진정 연대채권자·연대채무자들의 소송, 불가분채권자·불가분채무자 소송 등이 있고, 통상공동소송은 공동소송인 독립의 원칙이 적용되어 각자의 소송행위가 상호 간에 영향을 주지 않는다.
>
> ① (×)
>   1) 제610조제1항, 제615조 내지 제617조의 규정은 임대차에 이를 준용한다(민법 제654조). 수인이 공동하여 물건을 차용한 때에는 연대하여 그 의무를 부담한다(민법 제616조).
>   2) 연대채무관계는 통상공동소송관계이다. 공동소송인 독립의 원칙이 적용되므로, 일부 소취하는 가능하다.
>
> ② (×)
>   1) 여러 사람이 공동으로 법률상 원인 없이 타인의 재산을 사용한 경우의 부당이득 반환채무는 특별한 사정이 없는 한 불가분적 이득의 반환으로서 불가분채무이고, 불가분채무는 각 채무자가 채무 전부를 이행할 의무가 있으며, 1인의 채무이행으로 다른 채무자도 그 의무를 면하게 된다(대법원 2001.12.11. 선고 2000다13948 판결).
>   2) 불가분채무관계는 통상공동소송관계이다. 공동소송인 독립의 원칙이 적용되므로, 일부 소취하는 가능하다.
>
> ③ (×) 어떤 물건에 대하여 직접점유자와 간접점유자가 있는 경우 그에 대한 점유·사용으로 인한 부당이득의 반환의무는 동일한 경제적 목적을 가진 채무로서 서로 중첩되는 부분에 관하여는 일방의 채무가 변제 등으로 소멸하면 타방의 채무도 소멸하는 부진정연대채무의 관계에 있다(대법원 2019.10.18. 선고 2019다14943 판결).
>
> ④ (×) 피고들의 원고에 대한 건물철거의 의무가 그 성질상 불가분채무에 속한다(대법원 1980.06.24. 선고 80다756 판결).
>
> ⑤ (○) 공동상속인이 다른 공동상속인을 상대로 어떤 재산이 상속재산임의 확인을 구하는 소는 이른바 고유필수적 공동소송이다 (대법원 2007.08.24. 선고 2006다40980 판결). **정답 ⑤**

58. 甲, 乙, 丙은 X토지를 공유하고 있는데, 甲은 乙과 丙을 공동피고로 삼아 공유물분할청구의 소를 제기하였다. 이 소송에 관한 다음 설명 중 옳은 것은? (다툼이 있는 경우 판례에 의함) [2023년 08월 모의]

① 甲, 乙, 丙이 X토지를 공동상속을 통해 공유하고 있는 경우에도 甲은 다른 상속재산과 별도로 X토지에 관하여 공유물분할청구의 소를 제기할 수 있다.
② 甲, 乙, 丙 사이에 공유물분할에 관한 합의가 이루어진 후 乙, 丙이 그 합의에 따른 분할절차를 이행하지 않는 경우에도 甲은 합의에 따른 공유물분할을 청구하는 소를 제기할 수 있다.
③ 소송 도중 공유물분할에 관한 조정이 성립되어 조정조서가 작성되더라도 조정으로 협의된 바에 따라 토지의 분필절차와 소유권이전등기절차를 마쳐야만 비로소 물권적 효력이 발생한다.
④ 항소심 도중 丙이 소외 丁에게 자신의 공유지분 중 일부를 양도하고 소유권이전등기를 마쳐주었다면 甲은 丁을 피고로 삼기 위하여 필수적 공동소송인의 추가신청을 할 수 있다.
⑤ 제1심의 본안판결에 대하여 丙에게 판결 정본이 적법, 유효하게 송달되지 않은 경우에는 甲·乙 사이에서도 판결이 확정될 수 없을 뿐 아니라 甲 또는 乙이 항소를 제기하더라도 丙은 항소심의 당사자로 될 수 없다.

해설

① (✕) 공동상속인은 상속재산의 분할에 관하여 공동상속인 사이에 협의가 성립되지 아니하거나 협의할 수 없는 경우에 가사소송법이 정하는 바에 따라 가정법원에 상속재산분할심판을 청구할 수 있을 뿐이고, 상속재산에 속하는 개별 재산에 관하여 민법 제268조의 규정에 따라 공유물분할청구의 소를 제기하는 것은 허용되지 않는다(대법원 2015.08.13. 선고 2015다18367 판결).

② (✕)
1) 민법 제268조 제1항은 "공유자는 공유물의 분할을 청구할 수 있다."고 규정하여 공유물분할의 자유를 인정하고 있다. 민법 제269조 제1항에 의하여 공유물의 분할은 당사자 사이의 협의에 따라 이루어지는 것이 원칙이고, 공유자 사이에 협의가 성립하지 아니한 때에 한하여 공유자는 법원에 공유물의 분할을 청구할 수 있게 되므로, 공유자 사이에 분할에 관한 협의가 성립한 경우에는 이미 제기한 공유물분할의 소를 유지하는 것은 허용되지 않는다(대법원 2013.11.21. 선고 2011두1917 전합 판결). 즉, 공유물분할협의를 청구원인으로 하여 소유권이전등기절차를 이행하라는 이행청구를 하여야 한다. 공유물분할 협의가 성립한 이상 공유물분할을 구하는 형성청구는 소의 이익이 없어 할 수 없다.
2) 참고 - 소유권의 취득시기
ⓐ 공유물분할의 소에 의한 경우
판결 그 자체로 법적 효력을 창설·변경·소멸시키는 형성판결로서 민법 제187조 소정의 '판결'에 해당하는 것이므로 판결이 확정된 때 물권변동의 효력이 발생한다.
ⓑ 공유물분할 협의에 의한 경우
공유물분할의 소송절차 또는 조정절차에서 공유자 사이에 공유토지에 관한 현물분할의 협의가 성립하여 그 합의사항을 조서에 기재함으로써 조정이 성립하였다고 하더라도, 그와 같은 사정만으로 재판에 의한 공유물분할의 경우와 마찬가지로 그 즉시 공유관계가 소멸하고 각 공유자에게 그 협의에 따른 새로운 법률관계가 창설되는 것은 아니고, 공유자들이 협의한 바에 따라 토지의 분필절차를 마친 후 각 단독소유로 하기로 한 부분에 관하여 다른 공유자의 공유지분을 이전받아 등기를 마침으로써 비로소 그 부분에 대한 대세적 권리로서의 소유권을 취득하게 된다고 보아야 한다(대법원 2013.11.21. 선고 2011두1917 전합 판결). 즉, 민법 제186조의 적용을 받아 등기를 마친 때 소유권을 취득한다.

③ (O) 공유물분할의 소송절차 또는 조정절차에서 공유자 사이에 공유토지에 관한 현물분할의 협의가 성립하여 그 합의사항을 조서에 기재함으로써 조정이 성립하였다고 하더라도, 그와 같은 사정만으로 재판에 의한 공유물분할의 경우와 마찬가지로 그 즉시 공유관계가 소멸하고 각 공유자에게 그 협의에 따른 새로운 법률관계가 창설되는 것은 아니고, 공유자들이 협의한 바에 따라 토지의 분필절차를 마친 후 각 단독소유로 하기로 한 부분에 관하여 다른 공유자의 공유지분을 이전받아 등기를 마침으로써 비로소 그 부분에 대한 대세적 권리로서의 소유권을 취득한다(대법원 2013.11.21. 선고 2011두1917 전합 판결).

④ (✕) 법원은 필수적 공동소송인 가운데 일부가 누락된 경우에는 제1심의 변론을 종결할 때까지 원고의 신청에 따라 결정으로 원고 또는 피고를 추가하도록 허가할 수 있다(민소법 제68조 제1항).

⑤ (✕) 공유물분할청구의 소는 고유필수적 공동소송으로 합일 확정이 요구됨에 따라, 丙에게 판결 정본이 적법, 유효하게 송달되지 않은 경우에는 甲·乙 사이에서도 판결이 확정될 수 없다. 그리고, 항소를 제기하지 않은 공동소송인이 상소심에서 합일확정의 요청으로 인해 단순한 상소심 당사자의 지위를 갖게 되고 불이익변경금지원칙이 배제되어 항소인에게 불이익한 판결이 내려질 수도 있다.

정답 ③

59. 乙은 자신의 유일한 책임재산인 X부동산을 甲에게 매도하기로 계약하고서도 이를 丙에게 매도하기로 이중으로 계약하였고, 丙은 乙을 피고로 삼아 X부동산에 관하여 매매를 원인으로 하는 소유권이전등기청구의 소('본소'라고 함)를 제기하였다. 다음 설명 중 옳지 않은 것은? (다툼이 있는 경우 판례에 의함)

[2023년 08월 모의]

① 본소에서 丙이 승소판결을 선고받고 그 판결이 확정된 후 甲이 乙을 상대로 X부동산에 관하여 소유권이전등기청구의 소(후소)를 제기할 경우 후소 법원은 본소의 기판력에 구속받지 않고 판단할 수 있다.
② 丙이 본소에서 승소한 후 그 확정판결에 기하여 X부동산에 관하여 소유권이전등기를 마친다면 甲이 乙을 대위하여 丙을 피고로 삼아 등기원인의 무효를 이유로 丙 명의의 소유권이전등기의 말소를 구하는 소(후소)를 제기하더라도 승소할 수 없다.
③ 甲이 乙·丙 사이의 매매계약이 사해행위라는 이유를 들어 별소로 사해행위취소의 소를 제기한다면 승소할 수 없다.
④ 甲이 본소에 사해방지참가를 하면서 乙·丙 사이의 매매계약을 대상으로 사해행위취소를 청구한다면 참가신청은 부적법하여 각하될 것이다.
⑤ 甲이 본소에 사해방지참가를 하면서 "乙·丙 사이의 매매계약이 무효임을 확인한다."라는 청구를 한다면 참가신청은 부적법하여 각하될 것이다.

해설

① (O) 본소와 후소의 소송물이 다르고, 당사자도 다르며, 선결·모순관계에 있는 것도 아니기 때문에 후소 법원은 본소의 기판력에 구속되지 않는다.
② (O) 부동산을 매수한 자가 소유권이전등기를 하지 않고 있는 사이에 제3자가 매도인을 상대로 제소하여 그 부동산에 대한 소유권이전등기절차이행의 확정판결을 받아 소유권이전등기를 경료한 경우 위 확정판결이 당연무효이거나 재심의 소에 의하여 그 판결이 취소되기 전에는 매수인은 매도인에 대한 소유권이전등기 청구권을 보전하기 위하여 매도인을 대위하여 제3자 명의의 소유권이전등기에 대한 말소를 구할 수 없으나 이는 매수인이 위 확정판결의 기판력이 미치는 매도인의 권리를 행사하는 경우에 그 기판력에 저촉되는 주장을 할 수 없다(대법원 1988.02.23. 선고 87다카777 판결).
③ (O) 특정물에 관한 소유권이전등기를 청구하는 채무자는 그 특정물이 이중으로 처분되었다 하여도 이를 사해행위라고 주장할 수 없다(대법원 1969.01.28. 선고 68다2022 판결).
④ (O) 사해행위취소의 상대적 효력에 의하면, 원고의 피고에 대한 청구의 원인행위가 사해행위인 이유로 원고에 대하여 사해행위취소를 청구하면서 독립당사자참가신청을 하는 경우, 독립당사자참가인의 청구가 그대로 받아들여진다 하더라도 원고와 피고 사이의 법률관계에는 아무런 영향이 없고, 따라서 그러한 참가신청은 사해방지참가의 목적을 달성할 수 없으므로 부적법하다(대법원 2014.06.12. 선고 2012다47548 판결).
⑤ (×) 민소법 제72조 제1항 후단의 사해방지참가의 경우는 사해소송의 결과로 제3자의 권리나 법률상 지위가 침해될 염려가 있는 경우에 그 제3자가 그 사해소송의 결과로 선고 확정될 사해판결을 방지하기 위하여 그 사해소송에 참가할 수 있음을 규정한 것이므로 원고와 피고가 당해 소송을 통하여 제3자를 해칠 의사(사해의사)가 있다고 객관적으로 인정되고, 그 소송의 결과 제3자의 권리 또는 법률상의 지위가 침해될 염려가 있다고 인정되는 경우에는 제3자인 참가인의 청구와 원고의 청구가 논리상 서로 양립할 수 있는 관계에 있다고 하더라도 독립당사자참가(사해방지참가)를 할 수 있다(대법원 1990.07.13. 선고 89다카20719 판결).

정답 ⑤

60.
乙은 甲 소유의 X 토지를 무단으로 점유하며 사용하던 중 이를 丙에게 임대하였고, 현재 丙이 이를 점유하면서 사용하고 있다. 이에 관한 설명 중 옳지 않은 것은? (다툼이 있는 경우 판례에 의함)

[2023년 10월 모의]

① 丙이 乙로부터 X 토지를 임차한 후 위 토지를 무단으로 점유, 사용함으로써 부담하는 乙과 丙의 甲에 대한 부당이득반환의무는 부진정연대채무의 관계에 있다.
② 만약 甲이 X 토지의 점유, 사용에 따른 乙에 대한 부당이득반환채권을 포기하였다면 이는 丙에 대하여 효력이 없다.
③ 만약 乙이 丙에게 X 토지를 매도하고 丙의 X 토지에 관한 점유취득시효가 완성되었다면 丙은 甲에 대하여 X 토지의 점유, 사용으로 인한 부당이득반환의무를 부담하지 않는다.
④ 만약 X 토지가 甲의 단독 소유가 아니라 甲과 丁의 공유에 속하는 것이었다 하더라도 甲만이 원고가 되어 丙을 상대로 X 부동산의 반환을 구하는 소를 제기하는 것이 가능하다.
⑤ 甲이 丙을 주위적 피고로, 乙을 예비적 피고로 삼아 부당이득반환청구의 소를 제기하여 제1심 법원이 丙에 대한 청구를 기각하고 乙에 대한 청구를 인용하는 판결을 선고한 경우, 이에 대하여 甲만이 丙에 대하여 항소하였다 하더라도 乙에 대한 청구도 항소심 심판의 대상이 된다.

해설

① (O) 어떤 물건에 대하여 직접점유자와 간접점유자가 있는 경우 그에 대한 점유·사용으로 인한 부당이득의 반환의무는 동일한 경제적 목적을 가진 채무로서 서로 중첩되는 부분에 관하여는 일방의 채무가 변제 등으로 소멸하면 타방의 채무도 소멸하는 부진정연대채무의 관계에 있다(대법원 2019.10.18. 선고 2019다14943 판결).
② (O) 피해자가 부진정연대채무자 중 1인에 대하여 손해배상에 관한 권리를 포기하거나 채무를 면제하는 의사표시를 하였다 하더라도 다른 채무자에 대하여 그 효력이 미친다고 볼 수는 없다(대법원 1997.12.12. 선고 96다50896 판결).
③ (O) 부동산에 대한 취득시효가 완성되면 점유자는 소유명의자에 대하여 취득시효완성을 원인으로 한 소유권이전등기절차의 이행을 청구할 수 있고 소유명의자는 이에 응할 의무가 있으므로 점유자가 그 명의로 소유권이전등기를 경료하지 아니하여 아직 소유권을 취득하지 못하였다고 하더라도 그 소유명의자는 점유자에 대하여 점유로 인한 부당이득반환청구를 할 수 없다(대법원 1993.05.25. 선고 92다51280 판결).
④ (O) 공유물의 관리에 관한 사항은 공유자의 지분의 과반수로써 결정한다. 그러나 보존행위는 각자가 할 수 있다(민법 제265조). 과반수공유자의 결의 없이 한 임대차계약은 무효이므로 결의에 참가하지 아니한 공유자의 보존행위로서의 인도청구는 적법하다(대법원 1962.04.04. 선고 62다1 판결).
⑤ (×)
1) 甲 재단법인 등이 소유한 토지 지상에 국가가 설치한 송전선로가 지나가고 있고 한국수자원공사가 위 송전선로 등 수도권 광역상수도시설에 대한 수도시설관리권을 국가로부터 출자받아 시설을 유지·관리하고 있는데, 甲 법인 등이 주위적으로 한국수자원공사에 대하여, 예비적으로는 국가에 대하여 위 토지 상공의 점유로 인한 부당이득반환청구의 소를 제기하여 제1심이 공사에 대한 청구는 기각하고 국가에 대한 청구는 인용하자 甲 법인 등이 공사에 대하여 항소를 제기하고 공사와 국가는 항소하지 않은 사안에서, 피고들 사이에는 민소법 제70조 제1항에 따라 민소법 제67조가 준용되는 진정한 의미의 예비적 공동소송의 관계가 있는 것이 아니므로 상소로 인한 확정차단의 효력도 당사자별로 따로 판단해야 하는데, 甲 법인 등이 제1심판결 중 공사에 대한 부분에 한하여 항소를 제기한 이상 공사에 대한 청구만이 항소심의 심판대상이 되고, 국가에 대한 제1심판결은 항소기간 만료일이 지남으로써 분리 확정되었음에도, 분리 확정된 국가에 대한 청구까지 항소심에 이심된 것으로 본 원심

판결을 파기하고 그 부분에 대한 소송종료선언을 하여야 한다(대법원 2012.09.27. 선고 2011다76747 판결).
2) 甲의 丙과 乙에 대한 소송은 예비적·선택적 공동소송이 아닌 통상공동소송에 해당한다. 어떤 물건에 대하여 직접점유자와 간접점유자가 있는 경우, 점유·사용으로 부담하는 부당이득반환의무의 법적 성질은 부진정연대채무이기 때문이다. 통상공동소송에서 공동소송인 독립의 원칙(민소법 제66조)에 따라 丙 항소의 효력이 乙에게 미치지 않는바, 乙에 대한 청구는 항소심 심판대상이 아니다. **정답 ⑤**

61.
甲이 乙을 상대로 X 토지에 관한 소유권확인을 구하는 소를 제기하여 제1심 소송계속 중 丙이 독립당사자참가신청을 하였다. 이에 관한 설명 중 옳지 않은 것은? (다툼이 있는 경우 판례에 의함)

[2024년 06월 모의]

① 丙이 甲과 乙을 상대로 X 토지가 자신의 소유임의 확인을 구하는 것은 적법하다.
② 甲이 주장하는 주요사실에 관하여 乙이 자백을 하더라도 그 자백은 효력이 없다.
③ 법원은 본안판결을 함에 있어 본소청구와 참가인의 청구에 대하여 일시에 전부판결을 하여야 함이 원칙이지만 부득이한 사정이 있는 경우에는 소송절차의 원활한 진행을 위하여 변론을 분리하여 일부판결을 선고할 수도 있다.
④ 丙이 참가한 후 乙이 위 소송에서 탈퇴하더라도 그 소송에서 선고된 판결의 효력은 乙에게 미친다.
⑤ 위 소송에서 甲과 丙의 청구가 모두 기각되고 乙 승소의 본안판결이 선고되자 甲만이 항소를 제기하였다 하더라도 그 항소의 효력은 패소한 丙에게도 미치기 때문에 항소심 법원은 丙의 甲, 乙에 대한 청구에 대하여도 심판하여야 한다.

해설

① (O) 소송의 목적의 전부나 일부가 자기의 권리임을 주장하여 하는 독립당사자참가가 적법하기 위하여는, 독립당사자참가인(이하 참가인이라고 한다)은 종전 당사자인 원·피고에 대하여 각각 별개의 청구를 하여야 하고, 원·피고에 대한 별개의 청구는 원고의 본소 청구와 양립할 수 없는 것으로서 소의 이익을 갖추어야 하는 이외에 참가인의 청구는 그 주장 자체에 의하여 이유 없는 것이어서는 아니된다(대법원 1997.06.10. 선고 96다25449 판결). 즉, X 토지의 소유권이 丙에게 있음을 확인하는 청구는 X 토지가 원고 甲의 소유임을 확인하는 본소 청구와 양립할 수 없는 것으로서 적법한 권리주장참가신청이다.
② (O) 민소법 제79조에 의한 소송(독립당사자참가소송)은 동일한 권리관계에 관하여 원고, 피고 및 참가인 상호간의 다툼을 하나의 소송절차로 한꺼번에 모순 없이 해결하려는 소송형태로서 두 당사자 사이의 소송행위는 나머지 1인에게 불이익이 되는 한 두 당사자 간에도 효력이 발생하지 않는다고 할 것인바 원고의 청구에 피고가 자백을 하더라도 참가인에게는 효력이 없다(대법원 2009.01.30. 선고 2007다9030, 9047 판결).
③ (×) 3자간 모순 없는 판결을 하여야 하므로, 반드시 전부판결을 해야한다. 일부판결을 한다면 이는 전부판결로서 판단누락에 준하는 위법이 있는 것이다. 따라서 원심에서 추가판결을 할 수 없고, 민소법 제451조 제1항 제9호'판결에 영향을 미칠 중요한 사항에 관하여 판단을 누락한 때'에 해당하여 상소·재심사유가 된다.
④ (O) 제79조(독립당사자참가소송)의 규정에 따라 자기의 권리를 주장하기 위하여 소송에 참가한 사람이 있는 경우 그가 참가하기 전의 원고나 피고는 상대방의 승낙을 받아 소송에서 탈퇴할 수 있다. 다만, 판결은 탈퇴한 당사자에 대하여도 그 효력이 미친다(민소법 제80조).
⑤ (O)
1) 민소법 제72조에 의한 소송은 동일한 권리관계에 관하여 원고, 피고 및 참가인이 서로간의 다툼을 하나의 소송절차로 한꺼번에 모순없이 해결하는 소송형태로서 원·피고, 참가인간의 소송에 대하여 본

안판결을 할 때에는 위 삼당사자를 판결의 명의인으로 하는 하나의 종국판결을 내려야만 하는 것이지 위 당사자의 일부에 관하여만 판결을 하거나 남겨진 자를 위한 추가판결을 하는 것들은 모두 허용되지 않는 것이므로 제1심에서 원고 및 참가인 패소, 피고 승소의 본안판결이 선고된 데 대하여 원고만이 항소한 경우 원고와 참가인 그리고 피고간의 세 개의 청구는 당연히 항소심의 심판대상이 되어야 하는 것이므로 항소심으로서는 참가인의 원·피고에 대한 청구에 대하여도 같은 판결로 판단을 하여야 한다(대법원 1991.03.22. 선고 90다19329 판결).

2) 참고 판례 :
ⓐ 상소하지 않은 당사자 丙의 지위(단순한 상소심 당사자) 독립당사자 참가신청이 있으면 반드시 각 그 청구 전부에 대하여 1개의 판결로써 동시에 재판하지 않으면 아니되고, 일부판결이나 추가판결은 허용되지 않으며, 독립당사자 참가인의 청구와 원고의 청구가 모두 기각되고 원고만이 항소한 경우에 제1심판결 전체의 확정이 차단되고 사건전부에 관하여 이심의 효력이 생기는 것이므로 독립당사자참가인도 항소심에서의 당사자라고 할 것이다(대법원 1981.12.08. 선고 80다577 판결).
ⓑ 심판의 범위(불이익변경금지 원칙의 적용여부) 민소법 제79조에 따른 독립당사자참가소송은 동일한 권리관계에 관하여 원고, 피고와 독립당사자참가인이 서로 간의 다툼을 하나의 소송절차로 한꺼번에 모순 없이 해결하는 소송형태이다. 독립당사자참가가 적법하다고 인정되고, 합일확정을 위하여 필요한 경우에는 그 한도에서 항소 또는 부대항소를 제기하지 않은 당사자에게 결과적으로 제1심판결보다 유리한 내용으로 판결이 변경되는 것도 배제할 수는 없다(대법원 2022.07.28. 선고 2020다231928 판결).

정답 ③

62. 甲이 고속도로를 자신의 승용차로 운행하던 중에 도로에 방치된 철판을 튕겨 오르게 하여 뒤에 오던 乙의 차량을 충격하게 하였다. 乙은 2024. 5. 16. 甲의 보험사인 丙과 고속도로를 설치하고 보존·관리하는 丁을 상대로 손해배상청구의 소를 제기하려 한다. 다음 설명 중 옳은 것은? (각 지문은 독립적이며, 다툼이 있는 경우 판례에 의함)   [2024년 08월 모의]

① 甲과 丁은 불법행위를 할 공통의 의사나 공동으로 행위한다는 인식을 갖지 아니하였으므로 공동불법행위라고 할 수는 없으나, 사실상 같은 원인으로 말미암아 각자에 대한 손해배상청구권이 생긴 경우이므로 乙은 丙과 丁을 공동피고로 하여 소제기할 수 있다.
② 乙이 丙과 丁을 공동피고로 하여 손해배상청구하면서, 청구취지에서 "피고들은 공동하여 원고에게 3억 원을 지급하라"고 기재하였다면, 이 소는 합의부 관할에 속한다.
③ 乙이 丙과 丁을 공동피고로 하여 손해배상청구하면서, 청구취지에서 "피고들은 원고에게 각 3억 원을 지급하라"고 기재한 뒤 부진정연대채무관계에 관하여 달리 주장하지 않았더라도 법원은 공동피고의 부진정연대책임을 인정할 수 있다.
④ 법원이 丙에 대하여는 청구를 일부인용하고 丁에 대하여는 청구기각하는 판결을 선고하였는데, 丙이 자신의 패소부분에 대하여 항소하지 않고 乙의 항소기간 내에 乙을 위하여 보조참가신청을 하면서 丁에 대한 항소를 제기할 수 있다.
⑤ 丁에 대한 손해배상채무가 시효로 소멸한 후에 丙이 乙에게 자기의 부담부분을 넘는 손해를 배상하였다면, 丙의 丁에 대한 구상금청구는 기각된다.

해설

① (×) 공동불법행위의 성립에는 공동불법행위자 상호간에 의사의 공통이나 공동의 인식이 필요하지 아니하고 객관적으로 각 행위에 관련공동성이 있으면 족하므로, 관련공동성 있는 행위에 의하여 손해가 발

생하였다면 그 손해배상책임을 면할 수 없다(대법원 1998.06.12. 선고 96다55631 판결).
② (×) 합의부의 관할은 소송목적의 값이 5억 원을 초과하는 민사사건이다(법원조직법 제32조 제1항 제2호, 민사 및 가사소송의 사물관할에 관한 규칙 제2조 단서).
③ (×)
1) 판례는, 원고가 청구취지로 피고들에 대하여 개별적으로 그 지급을 구하고 있음에도 불구하고, 피고들에게 피고들의 손해배상청구가 부진정연대채무관계에 해당함을 전제로 연대하여 지급책임을 인정한 것 역시 처분권주의에 위반한 것으로 본다(대법원 2013.05.09. 선고 2011다61646 판결).
2) 참고 : 반대로, 원고가 청구취지로 피고들의 각 채무가 부진정연대채무 관계에 있음을 전제로 연대하여 지급할 것을 구하였는데도 피고들에게 개별적 지급책임을 인정한 것은 원고가 청구한 범위를 넘는 것으로서 처분권주의에 위반한 것으로 본다(대법원 2014.07.10. 선고 2012다89832 판결).
④ (○) 불법행위로 인한 손해배상책임을 지는 자는 피해자가 다른 공동불법행위자들을 상대로 제기한 손해배상 청구소송의 결과에 대하여 법률상의 이해관계를 갖는다고 할 것이므로, 위 소송에 원고를 위하여 보조참가를 할 수가 있고, 피해자인 원고가 패소판결에 대하여 상소를 하지 않더라도 원고의 상소기간 내라면 보조참가와 동시에 상소를 제기할 수도 있다(대법원 1999.07.09. 선고 99다12796 판결).
⑤ (×) 공동불법행위자의 다른 공동불법행위자에 대한 구상권은 피해자의 다른 공동불법행위자에 대한 손해배상채권과는 그 발생 원인 및 성질을 달리하는 별개의 권리이고, 연대채무에 있어서 소멸시효의 절대적 효력에 관한 민법 제421조의 규정은 공동불법행위자 상호간의 부진정연대채무에 대하여는 그 적용이 없으므로, 공동불법행위자 중 1인의 손해배상채무가 시효로 소멸한 후에 다른 공동불법행위자 1인이 피해자에게 자기의 부담 부분을 넘는 손해를 배상하였을 경우에도, 그 공동불법행위자는 다른 공동불법행위자에게 구상권을 행사할 수 있다(대법원 1997.12.23. 선고 97다42830 판결).   정답 ④

63. 공유관계에 관한 설명 중 옳지 않은 것은? (다툼이 있는 경우 판례에 의함)   [2024년 10월 모의]

① 甲이 소유한 X토지 위에, 乙, 丙, 丁이 권원 없이 Y건물을 지어 공동으로 소유하고 있는 경우, 甲이 乙을 제외하고 丙, 丁을 상대로 하여 Y건물의 철거를 청구하는 소를 제기한 것은 적법하다.
② 공유토지의 일부에 대하여 취득시효완성을 원인으로 공유자들을 상대로 그 시효취득부분에 대한 소유권이전등기절차의 이행을 청구하는 소송은 필수적 공동소송이 아니다.
③ 甲, 乙, 丙이 각 3분의 1 지분으로 공유하고 있는 X토지의 일부에 乙이 소나무를 심어 그 부분을 독점적으로 점유하고 있다면, 甲은 보존행위로서 단독으로 乙을 상대로 소나무의 수거 및 토지의 인도를 청구할 수 있다.
④ 집합건물에서 전유부분 면적 비율에 상응하는 적정 대지지분을 가진 구분소유자는 그 대지 전부를 용도에 따라 사용·수익할 수 있는 적법한 권원을 가지므로, 구분소유자 아닌 대지 공유자는 그 대지 공유지분권에 기초하여 적정 대지지분을 가진 구분소유자를 상대로는 대지의 사용·수익에 따른 부당이득반환을 청구할 수 없다.
⑤ 청약저축 가입자는 주택공급을 신청할 권리를 가지게 되고, 그 가입자가 사망하여 공동상속인들이 그 권리를 공동으로 상속하는 경우에는 공동상속인들이 그 상속지분비율에 따라 피상속인의 권리를 준공유하게 되므로, 공동상속인이 청약저축 예금계약을 해지하려면 특별한 사정이 없는 한 전원이 해지의 의사표시를 하여야 한다.

해설

① (○) 타인 소유의 토지 위에 설치되어 있는 공작물을 철거할 의무가 있는 수인을 상대로 그 공작물의 철거를 청구하는 소송은 필요적공동소송이 아니다(대법원 1993.02.23. 선고 92다49218 판결).

② (O) 토지를 수인이 공유하는 경우에 공유자들의 소유권이 지분의 형식으로 공존하는 것뿐이고, 그 처분권이 공동에 속하는 것은 아니므로 공유토지의 일부에 대하여 취득시효완성을 원인으로 공유자들을 상대로 그 시효취득부분에 대한 소유권이전등기절차의 이행을 청구하는 소송은 필요적 공동소송이라고 할 수 없다(대법원 1994.12.27. 선고 93다32880 판결).

③ (X) 공유물의 소수지분권자가 다른 공유자와 협의 없이 공유물의 전부 또는 일부를 독점적으로 점유·사용하고 있는 경우 다른 소수지분권자는 공유물의 보존행위로서 그 인도를 청구할 수는 없고, 다만 자신의 지분권에 기초하여 공유물에 대한 방해 상태를 제거하거나 공동 점유를 방해하는 행위의 금지 등을 청구할 수 있다고 보아야 한다(대법원 2020.05.21. 선고 2018다287522 전합 판결).

④ (O) 집합건물에서 전유부분 면적 비율에 상응하는 적정 대지지분을 가진 구분소유자는 그 대지 전부를 용도에 따라 사용·수익할 수 있는 적법한 권원을 가지므로, 구분소유자 아닌 대지 공유자는 그 대지 공유지분권에 기초하여 적정 대지지분을 가진 구분소유자를 상대로는 대지의 사용·수익에 따른 부당이득 반환을 청구할 수 없다고 봄이 타당하다(대법원 2022.09.29. 선고 2022다228674 판결).

⑤ (O) 금전채권과 같이 급부의 내용이 가분인 채권은 공동상속되는 경우 상속개시와 동시에 당연히 법정상속분에 따라 공동상속인들에게 분할하여 귀속하고, 특별수익이 존재하거나 기여분이 인정되는 등 특별한 사정이 있는 경우에는 가분채권도 상속재산분할의 대상이 될 수 있다. 주식은 주식회사의 주주 지위를 표창하는 것으로서 금전채권과 같은 가분채권이 아니므로 공동상속하는 경우 법정상속분에 따라 당연히 분할하여 귀속하는 것이 아니라 공동상속인들이 이를 준공유하는 법률관계를 형성하고, 주택공급을 신청할 권리와 분리될 수 없는 청약저축의 가입자가 사망하여 공동상속이 이루어진 경우 공동상속인이 청약저축 예금계약을 해지하려면 금융기관과 사이에 다른 내용의 특약이 있다는 등의 특별한 사정이 없는 한 전원이 해지의 의사표시를 하여야 한다(대법원 2023.12.21. 선고 2023다221144 판결). 즉, 상속채권은 분할채권 내지 준공유가 원칙인데, 위 판례는 주택청약권의 특수성이 반영된 사안으로 이해하면 된다.

정답 ③

COMPACT 변시 진도별 민사소송법선택연습(모의편)

제6편
상소심절차

제1장 상소

1. 상소에 관한 설명 중 옳지 않은 것은?   [2020년 08월 모의]

① 결정이나 명령으로 재판할 수 없는 사항에 대하여 결정 또는 명령을 한 때에는 이에 대하여 항고로 다툴 수 있다.
② 결정의 이유에 그 당부 판단이 기재되어 있더라도 주문에 기재된 바 없으면 그에 대한 재판이 누락된 것으로서 아직 결정이 없는 상태이다.
③ 제1심이 기존의 청구를 배척하면서 "원고의 청구를 기각한다."고 판결하였고 항소심에 이르러 새로운 청구가 추가되었는데 항소심이 기존의 청구와 항소심에서 추가된 청구를 모두 배척할 경우, 항소심 법원은 추가된 청구에 대하여 별도로 판단할 필요 없이 항소를 기각한다.
④ 당사자에게 여러 소송대리인이 있는 경우 항소기간은 소송대리인 중 1인에게 최초로 판결정본이 송달되었을 때부터 기산된다.
⑤ 중간판결은 독립하여 상소의 대상이 될 수 없으나, 일부판결 또는 추가판결은 상소의 대상이 된다.

해설

① (O) 결정이나 명령으로 재판할 수 없는 사항에 대하여 결정 또는 명령을 한 때에는 항고할 수 있다(민소법 제440조).
② (O) 판결이유에서는 예비적 청구를 이유없다고 설시하면서도 주문에서는 아무런 언급도 하지 아니한 경우는 예비적 청구에 대한 재판의 탈루이다(대법원 1981.04.14. 선고 80다1881 판결).
③ (X) 항소심에 이르러 새로운 청구가 추가된 경우, 항소심은 추가된 청구에 대하여는 실질상 제1심으로서 재판하여야 하므로 제1심이 기존의 청구를 배척하면서 "원고의 청구를 기각한다."고 판결하였는데, 항소심이 기존의 청구와 항소심에서 추가된 청구를 모두 배척할 경우 단순히 "항소를 기각한다."는 주문 표시만 하면 되는 것은 아니고, 이와 함께 항소심에서 추가된 청구에 대하여 "원고의 청구를 기각한다."는 주문 표시를 하여야 한다(대법원 2004.08.30. 선고 2004다24083 판결).
④ (O) 당사자에게 여러 소송대리인이 있는 때에는 소송대리인 모두 당사자 본인을 위하여 소송서류를 송달받을 지위에 있으므로 당사자에 대한 판결정본 송달의 효력은 결국 소송대리인 중 1인에게 최초로 판결정본이 송달되었을 때 발생한다. 따라서 당사자에게 여러 소송대리인이 있는 경우 항소기간은 소송대리인 중 1인에게 최초로 판결정본이 송달되었을 때부터 기산된다(대법원 2011.09.29. 자 2011마1335 결정).
⑤ (O) 중간판결은 종국 판결이 아니지만, 일부판결 또는 추가판결은 종국 판결이므로 상소의 대상이 된다.

정답 ③

2. 상소와 관련된 설명 중 옳지 않은 것은? (다툼이 있는 경우에는 판례에 의함) [2021년 10월 모의]

① 제1심에서 전부 패소한 원고가 항소포기를 하더라도 피고의 항소기간이 만료되어야 그 판결이 확정된다.
② 원고가 소제기 이전에 이미 사망한 사실을 간과하고 원고 청구를 인용한 판결은 무효이며 이에 대한 상소는 허용되지 않는다.
③ 소송당사자가 구체적인 사건의 소송 계속 중 미리 상소하지 아니하기로 합의한다면, 이러한 합의는 반드시 서면에 의하여야 한다.
④ 특정 법률관계에 관하여 당사자 쌍방이 제1심판결 선고 전에 미리 불상소의 합의를 하였다면, 제1심판결 선고 후에는 당사자의 합의에 의하더라도 그 불상소합의를 해제하고 소송계속을 부활시킬 수 없다.
⑤ 가분채권에 대해 일부만 청구한다는 취지를 명시하지 아니하고 그 이행을 구하는 소를 제기하여 전부 승소한 채권자에게는 나머지 부분에 관하여 청구를 확장하기 위한 항소의 이익이 인정된다.

해설

① (✗) 상대방이 전부 승소하여 항소의 이익이 없는 경우에는 항소권을 가진 패소자만 항소 포기를 하면 비록 상대방의 항소기간이 만료하지 않았더라도 제1심판결은 확정된다(대법원 2006.05.02. 자 2005마933 결정).
② (O) 원고가 소제기 이전에 이미 사망한 사실이 인정된다면 이를 간과한 채 본안판단에 나아가 원고 청구를 인용한 원심판결은 당연무효라 할 것이나 민사소송이 당사자의 대립을 그 본질적 형태로 하는 것임에 비추어 사망한 자를 상대로 한 상고는 허용될 수 없다 할 것이므로, 이미 사망한 자를 상대방으로 하여 제기한 상고는 부적법하다(대법원 1994.01.11. 선고 93누9606 판결).
③ (O) 구체적인 사건의 소송 계속중 구소송 당사자 쌍방이 판결선고전에 미리 상소하지 아니하기로 합의하였다면 그 판결은 선고와 동시에 확정되는 것이므로, 이러한 합의는 소송당사자에 대하여 상소권의 사전포기와 같은 중대한 소송법상의 효과가 발생하게 되는 것으로서 반드시 서면에 의하여야 한다(대법원 2002.10.11. 선고 2000다17803 판결).
④ (O) 구체적인 특정 법률관계에 관하여 당사자 쌍방이 제1심판결선고전에 미리 항소하지 아니하기로 합의하였다면, 제1심판결은 선고와 동시에 확정되는 것이므로 그 판결선고 후에는 당사자의 합의에 의하더라도 그 불항소합의를 해제하고 소송계속을 부활시킬 수 없다(대법원 1987.06.23. 선고 86다카2728 판결).
⑤ (O) 가분채권에 대한 이행청구의 소를 제기하면서 그것이 나머지 부분을 유보하고 일부만 청구하는 것이라는 취지를 명시하지 아니한 경우에는 그 확정판결의 기판력은 나머지 부분에까지 미치는 것이어서 별소로써 나머지 부분에 관하여 다시 청구할 수는 없으므로, 일부 청구에 관하여 전부 승소한 채권자는 나머지 부분에 관하여 청구를 확장하기 위한 항소가 허용되지 아니한다면 나머지 부분을 소구할 기회를 상실하는 불이익을 입게 되고, 따라서 이러한 경우에는 예외적으로 전부 승소한 판결에 대해서도 나머지 부분에 관하여 청구를 확장하기 위한 항소의 이익을 인정한다(대법원 1997.10.24. 선고 96다12276 판결). **정답** ①

3. 상소에 관한 다음 설명 중 옳지 않은 것은? (다툼이 있는 경우에는 판례에 의함) [2022년 08월 모의]

① 항소기간 경과 후 항소취하가 있는 경우 항소기간 만료 시로 소급하여 제1심판결이 확정되나, 항소기간 경과 전 항소취하가 있는 경우 판결은 확정되지 않고 항소인은 항소기간 내에 다시 항소 제기할 수 있다.
② 원고의 항소에 따라 제1심판결을 취소하고 사건을 제1심법원으로 환송하는 취지의 항소심 판결은 종국판결이 아닌 중간판결에 해당하므로 이를 대상으로 곧바로 상고를 제기할 수 없다.

③ 당사자에게 소송대리인이 여러 명 있는 경우 항소기간은 소송대리인 중 1인에게 최초로 판결정본이 송달되었을 때부터 기산된다.
④ 특정 법률관계에 관하여 당사자 쌍방이 제1심판결 선고 전 미리 상소하지 않기로 합의하였다면 제1심판결은 선고와 동시에 확정되며, 이러한 불상소합의는 반드시 서면에 의하여야 한다.
⑤ 병합된 수개의 청구 전부에 대하여 항소를 제기한 후 항소심에서 그중 일부 청구에 대한 항소취하서를 제출하였더라도, 항소인은 항소심 변론종결시까지 언제든지 서면 또는 구두진술에 의하여 불복의 범위를 다시 확장할 수 있다.

해설

① (○) 항소의 취하가 있으면 소송은 처음부터 항소심에 계속되지 아니한 것으로 보게 되나(민소법 제393조 제2항, 제267조 제1항), 항소취하는 소의 취하나 항소권의 포기와 달리 제1심 종국판결이 유효하게 존재하므로, 항소기간 경과 후에 항소취하가 있는 경우에는 항소기간 만료 시로 소급하여 제1심판결이 확정되나, 항소기간 경과 전에 항소취하가 있는 경우에는 판결은 확정되지 아니하고 항소기간 내라면 항소인은 다시 항소의 제기가 가능하다(대법원 2016.01.14. 선고 2015므3455 판결).
② (×) 항소심의 환송판결은 종국판결이므로 고등법원의 환송판결에 대하여는 대법원에 상고할 수 있다(대법원 1981.09.08. 선고 80다3271 판결).
③ (○) 당사자에게 여러 소송대리인이 있는 때에는 소송대리인 모두 당사자 본인을 위하여 소송서류를 송달받을 지위에 있으므로 당사자에 대한 판결정본 송달의 효력은 결국 소송대리인 중 1인에게 최초로 판결정본이 송달되었을 때 발생한다. 따라서 당사자에게 여러 소송대리인이 있는 경우 항소기간은 소송대리인 중 1인에게 최초로 판결정본이 송달되었을 때부터 기산된다(대법원 2011.09.29. 자 2011마1335 결정).
④ (○) 구체적인 사건의 소송 계속중 그 소송 당사자 쌍방이 판결선고 전에 미리 상소하지 아니하기로 합의하였다면 그 판결은 선고와 동시에 확정되는 것이므로, 이러한 합의는 소송당사자에 대하여 상소권의 사전포기와 같은 중대한 소송법상의 효과가 발생하게 되는 것으로서 반드시 서면에 의하여야 할 것이며, 그 서면의 문언에 의하여 당사자 쌍방이 상소를 하지 아니한다는 취지가 명백하게 표현되어 있을 것을 요한다(대법원 2007.11.29. 선고 2007다52317 판결).
⑤ (○) 항소의 취하는 항소의 전부에 대하여 하여야 하고 항소의 일부 취하는 효력이 없으므로 병합된 수개의 청구 전부에 대하여 불복한 항소에서 그중 일부 청구에 대한 불복신청을 철회하였더라도 그것은 단지 불복의 범위를 감축하여 심판의 대상을 변경하는 효과를 가져오는 것에 지나지 아니하고, 항소인이 항소심의 변론종결시까지 언제든지 서면 또는 구두진술에 의하여 불복의 범위를 다시 확장할 수 있는 이상 항소 자체의 효력에 아무런 영향이 없다(대법원 2017.01.12. 선고 2016다241249 판결). **정답 ②**

4. 상소에 관한 설명 중 옳지 않은 것은? (다툼이 있는 경우에는 판례에 의함) [2023년 06월 모의]

① 원고가 전부 승소하여 항소의 이익이 없는 경우, 피고가 항소 포기를 하면 비록 원고의 항소기간이 만료하지 않았더라도 제1심판결은 확정된다.
② 특정 법률관계에 관하여 당사자 쌍방이 제1심판결 선고 전에 미리 항소하지 아니하기로 서면합의하였다면, 제1심판결 선고 후에는 당사자의 합의에 의하더라도 그 불항소합의를 해제하고 소송계속을 부활시킬 수 없다.
③ 원고가 손해배상청구소송에서 소극적 손해 중 일부를 빠뜨리고 청구하였는데, 소극적 손해배상청구에 대하여는 전부 승소하고 위자료청구에 대하여는 일부 패소하여 항소를 제기한 경우, 항소심에서 원고는 소극적 재산상 손해에 관한 청구를 확장할 수 없다.
④ 법원이 소구채권의 존재를 인정하면서도 상계항변을 받아들여 청구기각 판결을 선고한 경우, 피

고에게는 상소의 이익이 있다.
⑤ 원고 일부 승소의 제1심판결에 대하여 원고만 항소하고 피고는 항소나 부대항소를 하지 않았는데 항소심 법원이 원고의 항소를 일부 인용하는 판결을 선고한 경우, 피고는 제1심판결의 원고 승소 부분에 관하여 상고를 제기할 이익이 없다.

해설

① (O) 상대방이 전부 승소하여 항소의 이익이 없는 경우에는 항소권을 가진 패소자만 항소 포기를 하면 비록 상대방의 항소기간이 만료하지 않았더라도 제1심판결은 확정된다(대법원 2006.05.02. 자 2005마933 결정).

② (O) 구체적인 어느 특정 법률관계에 관하여 당사자 쌍방이 제1심판결 선고 전에 미리 항소하지 아니하기로 합의하였다면, 제1심판결은 선고와 동시에 확정되는 것이므로 그 판결선고 후에는 당사자의 합의에 의하더라도 그 불항소합의를 해제하고 소송 계속을 부활시킬 수 없다(대법원 1987.06.23. 선고 86다카2728 판결).

③ (×) 원고가 재산상 손해(소극적 손해)에 대하여는 형식상 전부 승소하였으나 위자료에 대하여는 일부 패소하였고, 이에 대하여 원고가 원고 패소부분에 불복하는 형식으로 항소를 제기하여 사건 전부가 확정이 차단되고 소송물 전부가 항소심에 계속되게 된 경우에는, 더욱이 불법행위로 인한 손해배상에 있어 재산상 손해나 위자료는 단일한 원인에 근거한 것인데 편의상 이를 별개의 소송물로 분류하고 있는 것에 지나지 아니한 것이므로 이를 실질적으로 파악하여, 항소심에서 위자료는 물론이고 재산상 손해(소극적 손해)에 관하여도 청구의 확장을 허용된다(대법원 1994.06.28. 선고 94다3063 판결).

④ (O) '원고의 소구채권 그 자체를 부정하여 원고의 청구를 기각한 판결'과 '소구채권의 존재를 인정하면서도 상계항변을 받아들인 결과 원고의 청구를 기각한 판결'은 민소법 제216조에 따라 기판력의 범위를 서로 달리하고, 후자의 판결에 대하여 피고는 상소의 이익이 있다(대법원 2018.08.30. 선고 2016다46338 판결).

⑤ (O) 원고의 청구를 일부 받아들이는 제1심판결에 대하여 원고는 항소하였으나 피고는 항소나 부대항소를 하지 아니한 경우, 제1심판결의 원고 승소 부분은 원고의 항소로 인하여 항소심에 이심은 되었으나 항소심의 심판범위에서는 제외되었다 할 것이다. 이러한 경우 항소심이 원고의 항소를 일부 받아들여 제1심판결의 원고 패소 부분 중 일부를 취소하고 그 부분에 대한 원고의 청구를 받아들였다면, 이는 제1심에서의 원고 패소 부분에 한정된 것이며 제1심판결 중 원고 승소 부분에 대하여는 항소심이 판결을 한 바 없어 이 부분은 피고의 상고대상이 될 수 없다. 따라서, 원고 일부 승소의 제1심판결에 대하여 아무런 불복을 제기하지 않은 피고는 제1심판결에서 원고가 승소한 부분에 관하여는 상고를 제기할 수 없다(대법원 2015.10.29. 선고 2013다45037 판결).

정답 ③

5. 상소심의 심판범위 및 판결에 관한 다음 설명 중 옳지 <u>않은</u> 것은?(다툼이 있는 경우에는 판례에 의함)
[2019년 10월 모의]

① 甲이 乙을 대위하여 丙을 상대로 소유권이전등기청구의 소를 제기하였다. 제1심법원은 甲의 乙에 대한 피보전채권이 존재하지 않는다는 이유로 소각하 판결을 선고하였다. 甲이 항소를 제기하여 항소심 심리결과 甲이 乙에 대한 피보전채권은 있으나, 乙의 丙에 대한 피대위채권이 존재하지 아니한 것으로 판단하는 경우 항소심 법원은 甲의 항소를 기각하여야 한다.

② 환송을 받은 원심법원이 변론을 거쳐 새로운 증거나 보강된 증거에 의하여 본안의 쟁점에 관하여 새로운 사실인정을 할 수 있다.

③ 피고만이 항소한 항소심에서 원고가 청구취지를 확장·변경하여 항소심이 제1심판결의 인용금액을 초과하여 원고의 청구를 인용할 수 있다.

④ 피고의 상계항변이 받아들여져 원고의 청구가 기각된 경우 원고만이 항소하였으나 원고 주장의 소

구 채권이 부존재하는 것으로 밝혀진 경우 제1심판결을 취소하고 원고의 청구를 기각할 수 있다.
⑤ 주위적 청구기각, 예비적 청구인용의 원판결에 대하여 피고만이 불복 상고하여 예비적 청구부분이 파기환송된 경우 주위적 청구 부분은 환송심의 심판대상이 되지 않는다.

해설

① (O) 소를 부적법하다 하여 각하한 원심판결을 파기한다 하더라도 확정판결의 기판력에 저촉되어 어차피 청구가 기각될 운명에 있다면, 불이익변경금지의 원칙을 적용하여 이 부분에 관한 상고를 기각하여야 한다(대법원 1995.07.11. 선고 95다9945 판결).

② (O) 환송을 받은 원심법원이 변론을 거쳐 새로운 증거나 보강된 증거에 의하여 본안의 쟁점에 관하여 새로운 사실인정을 할 수 있다(대법원 1992.09.14. 선고 92다4192 판결).

③ (O) 피고만이 항소한 항소심에서 원고가 청구취지를 확장변경한 경우에는 그에 의하여 피고에게 불리하게 되는 한도에서 부대항소를 한 취지라고 볼 것이므로, 항소심이 1심판결의 인용금액을 초과하여 원고청구를 인용하더라도 불이익변경금지의 원칙에 위배되지 않는다(대법원 1991.09.24. 선고 91다21688 판결).

④ (×) 항소심은 당사자의 불복신청범위 내에서 제1심판결의 당부를 판단할 수 있을 뿐이므로, 설령 제1심 판결이 부당하다고 인정되는 경우라 하더라도 그 판결을 불복당사자의 불이익으로 변경하는 것은 당사자가 신청한 불복의 한도를 넘어 제1심판결의 당부를 판단하는 것이 되어 허용될 수 없다. 따라서 제1심 판결이 원고가 청구한 채권의 발생을 인정한 후 피고가 한 상계항변을 받아들여 원고 청구의 전부 또는 일부를 기각하고 이에 대하여 원고만이 항소한 경우에 항소심이 제1심과는 다르게 원고가 청구한 채권의 발생이 인정되지 않는다는 이유로 원고의 청구를 기각하는 것은 항소심의 심판범위를 벗어나 항소인인 원고에게 불이익하게 제1심판결을 변경하는 것이어서 허용되지 않는다(대법원 2011.10.13. 선고 2011다51205 판결).

⑤ (O) 항소제기에 의한 이심의 효력은 당연히 사건 전체에 미쳐 주위적 청구에 관한 부분도 항소심에 이심되는 것이지만, 항소심의 심판범위는 이에 관계없이 피고의 불복신청의 범위에 한하는 것으로서 예비적 청구를 인용한 제1심판결의 당부에 그치고 위 원고들의 부대항소가 없는 한 주위적 청구는 심판대상이 될 수 없다(대법원 1967.09.05. 선고 67다1323 판결).   정답 ④

6. 상소에 관한 내용 중 옳지 않은 것을 모두 고른 것은? (다툼이 있는 경우 판례에 의함) [2023년 10월 모의]

ㄱ. 甲이 乙을 상대로 1억 원의 대여금 청구의 소를 제기하였는데 제1심 법원이 그 중 7,000만 원만을 인용하고 나머지 3,000만 원을 기각하는 판결을 하였고, 이에 대해 乙만 항소를 제기하고 甲은 항소나 부대항소를 제기하지 않았다. 항소심 법원이 乙의 항소를 일부 받아들여 甲의 청구 중 6,000만 원만을 인용하는 판결을 선고하였고, 이에 대해 甲이 상고를 제기한 경우, 상고심 법원은 심리 결과 甲의 1억 원의 청구가 모두 이유 있다고 판단되면 甲이 패소한 4,000만 원 전부에 관하여 파기환송 판결을 할 수 있다.

ㄴ. 소가 부적법하다는 이유로 각하한 제1심 판결에 대하여 원고만이 항소한 경우, 항소심 심리결과 소 자체는 적법하지만 청구기각할 사안이라고 판단하더라도, 항소심 법원은 청구기각 판결을 할 수 없다.

ㄷ. 임대인 甲이 임차인 乙을 상대로 임대차종료에 따른 건물인도청구의 소를 제기하였다가 제1심에서 임대차보증금 1억 원의 반환과 동시이행으로 건물을 인도하라는 판결을 받은 경우, 甲은 항소의 이익이 있다.

ㄹ. 甲이 乙을 상대로 1억 원의 손해배상 및 1억 원의 매매대금을 청구하는 소를 제기하였다가 제1심에서 손해배상청구 중 7,000만 원만 인용하고 나머지 청구를 모두 기각하는 판결을 선고받

고, 손해배상청구 중 기각된 3,000만 원 부분에 대해서만 불복하여 항소기간 내에 항소를 제기한 경우, 항소심에서 매매대금청구 부분에 대하여는 다툴 수 없다.
ㅁ. 甲이 乙을 상대로 대여금 1억 원 및 이에 대한 지연손해금을 청구하였는데 제1심 법원이 甲의 청구를 모두 인용하는 판결을 선고하고 이에 대하여 乙만이 지연손해금 부분에 대하여만 항소를 제기한 경우, 항소심에서 甲이 대여금 원금에 관한 청구취지를 1억 2,000만 원으로 확장함에 따라 항소심 법원이 제1심 인용금액을 초과한 1억 1,000만 원의 대여금 청구를 인용하더라도 불이익변경금지 원칙에 반하지 않는다.

① ㄱ, ㄴ   ② ㄴ, ㄷ   ③ ㄱ, ㄹ
④ ㄱ, ㅁ   ⑤ ㄹ, ㅁ

해설

ㄱ. (×) 1개의 청구의 일부를 인용하는 제1심판결에 대하여 피고만이 항소하면서 그 불복범위를 그 청구인용금액의 일부로 한정한 경우, 제1심판결의 심판대상이었던 청구 전부가 불가분적으로 항소심에 이심되지만, 항소심의 심판범위는 이심된 부분 가운데 피고가 불복신청한 한도로 제한되고 이와 같이 피고가 불복신청하지 아니하여 항소심의 심판범위에 속하지 아니한 부분은 항소심이 판결을 한 바 없어, 상고대상이 될 수 없으므로, 피고는 그 부분에 관하여 상고를 제기할 수 없다(대법원 2013.06.28. 선고 2011다83110 판결).

ㄴ. (○) 소를 각하한 제1심판결에 대하여 원고만이 불복상소하였으나 심리한 결과 원고의 청구가 이유가 없다고 인정되는 경우 그 제1심판결을 취소하여 원고의 청구를 기각한다면 오히려 항소인인 원고에게 불이익한 결과로 되어 부당하므로 항소심은 원고의 항소를 기각하여야 한다(대법원 1987.07.07. 선고 86다카2675 판결).

ㄷ. (○) 甲은 단순 이행청구를 구하였는데 법원에서 상환이행판결을 선고받았다. 상환이행판결은 일부승소·일부패소에 해당하므로, 패소한 부분에 대하여 당연히 항소의 이익을 갖는다.

ㄹ. (×) 수개의 청구를 모두 기각한 제1심판결에 대하여 원고가 그중 일부의 청구에 대하여만 항소를 제기한 경우, 항소되지 않았던 나머지 부분도 항소로 인하여 확정이 차단되고 항소심에 이심은 되나 원고가 그 변론종결시까지 항소취지를 확장하지 아니하는 한 나머지 부분에 관하여는 원고가 불복한 바가 없어 항소심의 심판대상이 되지 아니하므로 항소심으로서는 원고의 수개의 청구 중 항소하지 아니한 부분을 다시 인용할 수는 없다(대법원 1994.12.23. 선고 94다44644 판결).

ㅁ. (○) 원고의 청구가 모두 인용된 제1심판결에 대하여 피고가 지연손해금 부분에 대하여만 항소를 제기하고, 원금 부분에 대하여는 항소를 제기하지 아니하였다고 하더라도 제1심에서 전부 승소한 원고가 항소심 계속 중 부대항소로서 청구취지를 확장할 수 있는 것이므로, 항소심이 원고의 부대항소를 받아들여 제1심판결의 인용금액을 초과하여 원고 청구를 인용하였더라도 거기에 불이익변경금지의 원칙에 위배되지 않는다(대법원 2003.09.26. 선고 2001다68914 판결).

정답 ③

제2장 항소

1. 불이익변경금지의 원칙에 관한 설명 중 옳지 않은 것을 모두 고른 것은? (다툼이 있는 경우 판례에 의함)
[2021년 10월 모의]

ㄱ. 재산상 손해배상청구와 위자료청구를 병합하여 제기된 사건에서 항소법원이 제1심 판결에 대해 항소하지 아니한 원고에 대하여 제1심 판결보다 더 많은 위자료의 지급을 명하는 것은 위법하다.

ㄴ. 원고의 수 개의 청구 중 하나의 청구를 인용하고 나머지 청구를 기각한 제1심 판결에 대하여 원고만이 항소를 제기하고 피고가 부대항소를 하지 아니하였다면, 항소법원이 원고가 불복하지 않은 청구에 대하여 확인의 이익의 유무를 조사하여 원고의 청구를 각하하는 것은 위법하다.

ㄷ. 원고의 청구가 모두 인용된 제1심 판결에 대하여 피고가 지연손해금 부분에 대하여만 항소를 제기하고 원금 부분에 대하여는 항소를 제기하지 아니하였는데, 제1심에서 전부 승소한 원고가 항소심 계속 중 부대항소로서 청구취지를 확장하고 항소심이 원고의 부대항소를 받아들여 제1심 판결의 인용금액을 초과하여 원고 청구를 인용하는 것은 위법하다.

ㄹ. 제1심 판결에 대해 원고만이 항소를 제기하고 피고는 항소 또는 부대항소를 제기하지 않은 경우, 항소법원이 제1심 판결을 부당하다고 인정하더라도 그 판결을 원고의 불이익으로 변경하는 것은 허용될 수 없다.

① ㄱ, ㄴ ② ㄱ, ㄷ ③ ㄴ, ㄷ
④ ㄴ, ㄹ ⑤ ㄷ, ㄹ

해설

ㄱ. (○) 재산상 손해배상청구와 위자료청구는 소송물이 동일하지 아니한 별개의 청구이므로 원심이 1심 판결에 대하여 항소하지 아니한 원고에 대하여 1심 판결보다 더 많은 위자료의 지급을 명하였음은 위법하다(대법원 1980.07.08. 선고 80다1192 판결).

ㄴ. (✕) 원고의 수 개의 청구 중 하나의 청구를 인용하고 나머지 청구를 기각한 제1심판결에 대하여 원고만이 항소를 제기하고 피고가 부대항소를 하지 아니하였다고 하더라도 원고 승소 부분은 원고의 항소로 인하여 항소심에 이심되는 것이고, 제1심판결의 변경은 불복신청의 한도에서 할 수 있다는 민소법 제385조의 규정은 법원이 당사자의 신청과는 관계없이 직권으로 조사하여야 할 사항에는 그 적용이 없는 것이므로, 항소심이 원고들이 불복하지 않은 청구에 대하여도 확인의 이익의 유무를 조사하여 원고들의 청구를 각하한 조치는 정당하고, 불이익변경금지의 원칙에 반하지 않는다(대법원 1995.07.25. 선고 95다14817 판결).

ㄷ. (✕) 원고의 청구가 모두 인용된 제1심판결에 대하여 피고가 지연손해금 부분에 대하여만 항소를 제기하고, 원금 부분에 대하여는 항소를 제기하지 아니하였다고 하더라도 제1심에서 전부 승소한 원고가 항소심 계속중 부대항소로서 청구취지를 확장할 수 있는 것이므로, 항소심이 원고의 부대항소를 받아들여

제1심판결의 인용금액을 초과하여 원고 청구를 인용하였더라도 거기엔 불이익변경금지의 원칙에 위배되지 않는다(대법원 2003.09.26. 선고 2001다68914 판결).

ㄹ. (O) 항소심은 당사자의 불복신청 범위내에서 제1심 판결의 당부를 판단할 수 있을 뿐이므로 설사 제1심판결이 부당하다고 인정되는 경우라 하더라도 그 판결을 불복당사자의 불이익으로 변경하는 것은 당사자가 신청한 불복의 한도를 넘어 제1심 판결의 당부를 판단하는 것이 되어 허용될 수 없다(대법원 1983.12.27. 선고 83다카1503 판결).

정답 ③

2. 항소에 관련된 설명으로 옳은 것은? (다툼이 있는 경우에는 판례에 의함) [2022년 10월 모의]

① 변론기일 통지서를 피고에게 송달하지 않은 채 피고 불출석 상태에서 변론을 종결하고 판결선고기일 지정 후 판결선고기일 통지서도 송달하지 않은 채 제1심판결이 선고된 경우 제1심 소송절차가 법률에 위반되므로 항소심은 제1심판결 전부를 취소하고, 사건을 제1심법원으로 환송해야 한다.
② 당사자 사이에 항소취하의 합의가 있더라도 항소인이 항소 취하서를 제출하지 않는다면 소송행위의 성질상 피항소인이 항변으로 항소취하 합의의 존재를 주장할 수 없고, 설령 그러한 주장이 있더라도 항소심 법원은 항소 취하가 이루어지지 않았음을 전제로 사건에 관해 판단해야 한다.
③ 항소심에서 항소인에 대하여 진술금지를 명하는 동시에 변호사선임명령을 한 경우 새 기일까지 변호사 선임이 이루어지지 않으면 항소심 법원은 항소각하결정을 할 수 있다.
④ 원고가 청구한 채권 발생을 인정한 후 피고의 상계항변을 받아 들여 원고 청구를 기각한 제1심판결에 대하여 원고만이 항소한 경우, 항소심 법원이 원고가 청구한 채권 발생이 인정되지 않는다는 이유로 원고의 청구를 기각하더라도 결론이 같은 이상 불이익변경금지 원칙에 반하지 않는다.
⑤ 항소심에서 항소이유로 특별히 지적하거나 그 후의 심리에서 다시 지적하지 않았다면, 변론주의 원칙하에서 항소심 법원은 제1심에서만 제기된 항소인 주장을 받아들일 수 없다.

해설

① (×)
1) 제1심 판결의 절차가 법률에 어긋날 때에 항소법원은 제1심 판결을 취소하여야 한다(민소법 제417조). 소가 부적법하다고 각하한 제1심 판결을 취소하는 경우에는 항소법원은 사건을 제1심 법원에 환송(還送)하여야 한다. 다만, 제1심에서 본안판결을 할 수 있을 정도로 심리가 된 경우, 또는 당사자의 동의가 있는 경우에는 항소법원은 스스로 본안판결을 할 수 있다(민소법 제418조). 사안의 경우는 필수적 환송사유가 아니다.
2) 재판의 신속과 경제를 위하여 심급제도의 유지와 소송절차의 적법성의 보장이라는 이념을 제한할 수 있는 예외적인 경우를 인정하고 있는 점 등에 비추어 볼 때, 항소법원이 제1심판결을 취소하는 경우 반드시 사건을 제1심법원에 환송하여야 하는 것은 아니다(대법원 2013.08.23. 선고 2013다28971 판결).

② (×) 당사자 사이에 항소취하의 합의가 있는데도 항소취하서가 제출되지 않는 경우 상대방은 이를 항변으로 주장할 수 있고, 이 경우 항소심법원은 항소의 이익이 없다고 보아 그 항소를 각하함이 원칙이다(대법원 2018.05.30. 선고 2017다21411 판결).

③ (O) 상소를 제기한 사람이 진술금지명령을 받고도 새 기일까지 변호사를 선임하지 아니한 때에는 법원은 결정으로 소 또는 상소를 각하할 수 있다(민소법 제144조 제4항).

④ (×) 제1심판결이 원고가 청구한 채권의 발생을 인정한 후 피고가 한 상계항변을 받아들여 원고의 청구를 기각하고 이에 대하여 원고만이 항소한 경우에 항소심이 제1심과는 다르게 원고가 청구한 채권의 발생이 인정되지 않는다는 이유로 원고의 청구를 기각하는 것은 항소인인 원고에게 불이익하게 제1심판결을 변경하는 것이 되어 허용되지 아니한다(대법원 2010.12.23. 선고 2010다67258 판결). 즉, 항소를 기각해야

한다.
⑤ (×) 항소심은 속심으로서 제1심에서의 당사자의 주장이 그대로 유지되므로, 항소심에서 항소이유로 특별히 지적하거나 그 후의 심리에서 다시 지적하지 않는다 하더라도 법원은 제1심에서의 주장을 받아들일 수 있다(대법원 1996.04.09. 선고 95다14572 판결).   정답 ③

3. 항소에 관한 설명 중 옳지 않은 것은? (다툼이 있는 경우에는 판례에 의함) [2023년 08월 모의]

① 당사자 일방만이 항소한 후 항소기간 경과 후에 항소취하가 있는 경우에는 쌍방의 항소기간 만료 시로 소급하여 제1심판결이 확정된다.
② 甲과 乙 사이에서 병합된 수개의 청구 전부에 대하여 항소가 제기된 후 항소심에서 그 중 일부청구에 대한 불복신청을 철회하였다 하더라도 항소인은 항소심 변론종결시까지 불복의 범위를 다시 확장할 수 있다.
③ 피항소인이 종전 항소심에서 부대항소를 제기하였다면 항소심의 종국판결이 상고심에서 파기되어 사건이 다시 항소심에 환송된 경우, 항소인은 항소를 취하할 수 없다.
④ 단순병합된 수개의 청구를 모두 기각한 제1심판결에 대하여 원고가 그중 일부의 청구에 대하여만 항소를 제기한 경우, 원고가 그 변론종결시까지 항소취지를 확장하지 않는 한 항소심법원은 항소하지 아니한 청구부분에 대하여 심판할 수 없다.
⑤ 원고의 금전청구가 모두 인용된 제1심판결에 대하여 피고가 지연손해금 부분에 대하여만 항소를 제기하고 원금 부분에 대하여는 항소를 제기하지 아니한 경우에도 원고가 부대항소로서 원금 부분의 청구를 확장하였다면 항소심법원은 제1심판결의 인용 금액을 초과하여 원고의 청구를 인용할 수 있다.

해설

① (○) 항소의 취하가 있으면 소송은 처음부터 항소심에 계속되지 아니한 것으로 보게 되나(민소법 제393조 제2항, 제267조 제1항), 항소취하는 소의 취하나 항소권의 포기와 달리 제1심 종국판결이 유효하게 존재하므로, 항소기간 경과 후에 항소취하가 있는 경우에는 항소기간 만료 시로 소급하여 제1심판결이 확정되나, 항소기간 경과 전에 항소취하가 있는 경우에는 판결은 확정되지 아니하고 항소기간 내라면 항소인은 다시 항소의 제기가 가능하다(대법원 2016.01.14. 선고 2015므3455 판결).
② (○) 항소의 취하는 항소의 전부에 대하여 하여야 하고 항소의 일부 취하는 효력이 없으므로 병합된 수개의 청구 전부에 대하여 불복한 항소에서 그중 일부 청구에 대한 불복신청을 철회하였더라도 그것은 단지 불복의 범위를 감축하여 심판의 대상을 변경하는 효과를 가져오는 것에 지나지 아니하고, 항소인이 항소심의 변론종결시까지 언제든지 서면 또는 구두진술에 의하여 불복의 범위를 다시 확장할 수 있는 이상 항소 자체의 효력에 아무런 영향이 없다(대법원 2017.01.12. 선고 2016다241249 판결).
③ (×) 항소는 항소심의 종국판결이 있기 전에 취하할 수 있는 것으로서(민소법 제363조 제1항), 일단 항소심의 종국판결이 있은 후라도 그 종국판결이 상고심에서 파기되어 사건이 다시 항소심에 환송된 경우에는 먼저 있은 종국판결은 그 효력을 잃고 그 종국판결이 없었던 것과 같은 상태로 돌아가게 되므로 새로운 종국판결이 있기까지 항소인은 피항소인이 부대항소를 제기하였는지 여부에 관계없이 항소를 취하할 수 있다(대법원 1995.03.10. 선고 94다51543 판결).
④ (○) 상소불가분의 원칙에 따라 기각된 판결 모두 항소심에 이심되지만, 심판 범위는 불복된 청구에 국한된다.
⑤ (○) 원고의 청구가 모두 인용된 제1심판결에 대하여 피고가 지연손해금 부분에 대하여만 항소를 제기하고, 원금 부분에 대하여는 항소를 제기하지 아니하였다고 하더라도 제1심에서 전부 승소한 원고가 항소

심 계속 중 부대항소로서 청구취지를 확장할 수 있는 것이므로, 항소심이 원고의 부대항소를 받아들여 제1심 판결의 인용금액을 초과하여 원고 청구를 인용하였더라도 거기에 불이익변경금지의 원칙에 위배되지 않는다(대법원 2003.09.26. 선고 2001다68914 판결).

정답 ③

4. 甲은 乙을 상대로 주위적으로 X 토지에 대하여 매매를 원인으로 한 소유권이전등기절차의 이행을 구하고, 예비적으로는 위 매매계약이 무효일 경우에 대비하여 1억 원의 손해배상금의 지급을 구하는 소를 제기하였다. 제1심 법원은 주위적 청구를 기각하고 예비적 청구를 인용하는 판결을 선고하였다. 이에 관한 설명 중 옳지 않은 것은? [2020년 08월 모의]

① 甲과 乙이 판결 선고 전에 미리 상소하지 않기로 서면으로 명백하게 합의한 경우 위의 판결은 선고와 동시에 확정된다.
② 위 판결에 대해 乙만이 항소를 제기한 경우 항소심 법원은 부대항소를 제기하지 않은 甲에게 결과적으로 제1심 판결보다 유리한 내용으로 판결을 변경할 수 있다.
③ 위 판결에 대해 甲이 항소를 제기하고 乙이 항소기간 내에 부대항소를 제기한 경우 항소심 법원이 甲의 항소를 각하하더라도 乙의 부대항소는 효력을 상실하지 않는다.
④ 위 판결에 대해 甲만이 항소를 제기한 경우 甲은 乙의 동의 없이 항소를 취하할 수 있다.
⑤ 위 판결에 대해 甲이 항소를 제기하고 乙이 항소기간을 도과하여 부대항소를 제기한 경우 乙은 甲의 동의 없이 부대항소를 취하할 수 있다.

해설

① (O) 구체적인 어느 특정 법률관계에 관하여 당사자 쌍방이 제1심판결선고전에 미리 항소하지 아니하기로 합의하였다면, 제1심판결은 선고와 동시에 확정되는 것이므로 그 판결선고 후에는 당사자의 합의에 의하더라도 그 불항소합의를 해제하고 소송 계속을 부활시킬 수 없다(대법원 1987.06.23. 선고 86다카2728 판결).
② (×) 제1심 법원이 원고들의 주위적 청구와 예비적 청구를 병합 심리한 끝에 주위적 청구는 기각하고 예비적 청구만을 인용하는 판결을 선고한 데 대하여 피고만이 항소한 경우, 항소제기에 의한 이심의 효력은 당연히 사건 전체에 미쳐 주위적 청구에 관한 부분도 항소심에 이심되는 것이지만, 항소심의 심판범위는 이에 관계없이 피고의 불복신청의 범위에 한하는 것으로서 예비적 청구를 인용한 제1심 판결의 당부에 그치고 원고들의 부대 항소가 없는 한 주위적 청구는 심판대상이 될 수 없다(대법원 1995.02.10. 선고 94다31624 판결).
③ (O) 부대항소는 항소가 취하되거나 부적법하여 각하된 때에는 그 효력을 잃는다. 다만, 항소기간 이내에 한 부대항소는 독립된 항소로 본다(민소법 제404조).
④ (O) 소의 취하는 상대방이 본안에 관하여 준비서면을 제출하거나 변론준비기일에서 진술하거나 변론을 한 뒤에는 상대방의 동의를 받아야 효력을 가진다(민소법 제266조 제2항). 항소 취하는 상대방의 동의를 요하지 않는다(민소법 제393조 제2항).
⑤ (O) 부대항소에는 항소에 관한 규정을 적용한다(민소법 제405조).

정답 ②

5. 甲은 2023. 3. 7. 乙에게 1억 원을 약정이율 연 10%, 변제기 2024. 3. 6.로 정하여 대여하였다. 1년이 지나도록 乙이 변제를 하지 않자, 甲은 乙을 상대로 대여원금 1억 원의 지급을 구하는 소를 제기하였고, 제1심에서 전부 승소하였다. 乙이 제1심판결에 불복하여 항소를 제기하자, 이를 괘씸히 여긴 甲은 항소심에서 약정이자 청구를 추가하였다. 이에 乙은 제1심에서보다 불리한 판결을 받을 것을 걱정한 나머지 항소를 취하하였다. 이에 관한 설명 중 옳은 것을 모두 고른 것은? (다툼이 있는 경우 판례에 의함)
[2024년 10월 모의]

ㄱ. 甲이 항소심에서 대여원금 청구에 약정이자 청구를 추가한 것은 청구의 추가적 변경에 해당하며 청구의 기초의 동일성이 인정된다.
ㄴ. 甲이 제1심에서 전부 승소하였지만 항소심에서 약정이자 청구를 추가한 것은 부대항소를 제기한 것으로 볼 수 있다.
ㄷ. 乙이 甲의 동의 없이 일방적으로 항소를 취하한 것은 적법하다.
ㄹ. 乙의 항소취하에도 불구하고 항소심 법원은 甲의 약정이자 청구에 대하여 심판할 수 있다.

① ㄱ, ㄷ ② ㄱ, ㄴ, ㄷ ③ ㄴ, ㄷ
④ ㄱ, ㄴ, ㄹ ⑤ ㄴ, ㄷ, ㄹ

해설

㉠ (O) 신·구청구 가운데 어느 쪽이 다른 쪽의 변형물이거나 부수물인 경우 청구기초의 동일성이 있다.
㉡ (O)
 1) 제1심에서 전부 승소한 원고도 항소심 계속 중 그 청구취지를 확장·변경할 수 있고, 그것이 피고에게 불리하게 하는 한도 내에서는 부대항소를 한 취지로도 볼 수 있다(대법원 1995.06.30. 선고 94다58261 판결).
 2) 부대항소는 항소가 아니고, 1심판결 이상으로 자신에게 유리한 판결을 구하는 공격적 신청이므로, 항소의 이익을 요구하지 않는다. 따라서 피항소인은 이미 개시된 항소심절차에 편승하여 자신에게 유리하게 항소심의 심판범위를 편승시킬 수 있다. 사안의 경우는 피항소인이 부대항소로서 소의 추가적 변경을 구하여 금전지급청구의 청구취지를 확장하는 신청을 한 것이다.
㉢ (O) 항소는 항소심의 종국판결이 있기 전에 취하할 수 있다(민소법 제393조 제1항). 동조 제2항에서 제266조 제2항을 준용하고 있지 아니하므로, 항소취하는 소취하와 달리 상대방의 동의가 필요없다.
㉣ (×)
 1) 부대항소는 항소가 취하되거나 부적법하여 각하된 때에는 그 효력을 잃는다. 다만, 항소기간 이내에 한 부대항소는 독립된 항소로 본다(민소법 제404조).
 2) 甲의 청구는 1심에서 전부인용되었다. 따라서 甲의 부대항소가 항소기간 이내에 제기되었다고 가정하더라도, 항소의 이익이 없어 이를 독립된 항소로 볼 수는 없다. 결국 乙의 항소가 취하되면서 甲의 부대항소로 효력을 잃는다.

정답 ②

6. 불이익변경금지의 원칙에 관한 설명 중 옳지 않은 것은? (다툼이 있는 경우 판례에 의함)

[2024년 10월 모의]

① 甲은 乙을 상대로 대여원금과 이에 대한 지연손해금을 청구하여 제1심에서 전부 승소하였고, 乙이 지연손해금청구 부분에 대하여만 불복하여 항소를 제기하였으나, 항소심법원은 乙의 항소를 기각하였다. 이에 乙이 지연손해금청구는 물론 대여원금청구 부분에 대하여도 상고를 제기하였다면 대여원금청구 부분은 상고의 대상이 될 수 없다.

② 甲이 乙을 상대로 X토지와 Y토지에 대한 소유권확인의 소를 제기하여, 제1심에서 X토지 부분만 청구를 인용하고 Y토지 부분은 청구를 기각하는 판결이 선고되었다. 제1심판결에 대하여 甲만 항소하였는데, 항소심법원이 甲의 청구 전부에 관하여 확인의 이익이 없다는 이유로 소각하판결을 한 것은 불이익변경금지의 원칙에 반한다.

③ 甲은 乙이 丙 명의의 X토지를 시효취득하였으며 자신은 乙로부터 이를 매수하였다고 주장하면서, 乙을 대위하여 丙을 상대로 소유권이전등기청구의 소를 제기하였다. 제1심법원은 甲과 乙 사이의 매매사실이 인정되지 않는다는 이유로 소각하판결을 하였고, 이에 대하여 甲만이 항소하였다. 항소심의 심리 결과 甲과 乙 사이의 매매사실은 인정되지만 乙의 시효취득사실이 인정되지 않는 경우, 항소심법원은 甲의 항소를 기각하여야 한다.

④ 甲이 乙을 상대로 X토지에 관하여 매매를 원인으로 한 소유권이전등기청구를 하였고, 제1심법원은 乙에 대하여 甲으로부터 매매대금 1억 원을 지급받음과 동시에 소유권이전등기절차의 이행을 명하는 상환이행판결을 하였다. 제1심판결에 대하여 甲만 항소한 경우, 항소심법원은 반대급부의 내용을 甲에게 더 불리하게 2억 원으로 변경할 수 없다.

⑤ 甲의 乙에 대한 1억 원의 대여금청구소송에서 乙이 전부 변제의 항변을 하였는데, 제1심법원은 乙의 변제항변을 일부 인정하여 甲의 청구를 4,000만 원만 일부 인용하였고, 이에 대하여 甲만이 항소하였다. 항소심에서 乙은 甲에 대한 1억 원의 물품대금채권을 반대채권으로 하여 예비적으로 상계항변을 제출하였다. 심리 결과 乙의 변제항변은 전부 이유 없지만 상계항변이 전부 이유 있는 경우, 항소심법원은 甲의 청구를 전부 기각할 수 있다.

해설

① (O)
1) 지연손해금청구 부분만 항소가 제기된 경우, 대여원금청구 부분은 확정이 차단되어 항소심에 이심은 되는 것이지만, <u>항소심의 심판대상이 되지 아니하고 항소심판결 선고와 동시에 확정된다.</u>
2) 1개의 청구 일부를 기각하는 제1심판결에 대하여 일방 당사자만이 항소한 경우 제1심판결의 심판대상이었던 청구 전부가 불가분적으로 항소심에 이심되나, 항소심의 심판범위는 이심된 부분 가운데 항소인이 불복한 한도로 제한되고, 항소심의 심판대상이 되지 아니한 부분은 항소심판결 선고와 동시에 확정되어 소송이 종료된다(대법원 2020.03.26. 선고 2018다221867 판결).

② (X) 원고의 수 개의 청구 중 하나의 청구를 인용하고 나머지 청구를 기각한 제1심판결에 대하여 원고만이 항소를 제기하고 피고가 부대항소를 하지 아니하였다고 하더라도 원고 승소 부분은 원고의 항소로 인하여 항소심에 이심되는 것이고, 제1심판결의 변경은 불복신청의 한도에서 할 수 있다는 민소법 제385조(현행 제415조)의 규정은 법원이 당사자의 신청과는 관계없이 직권으로 조사하여야 할 사항에는 그 적용이 없는 것이므로, <u>항소심이 원고들이 불복하지 않은 청구에 대하여도 확인의 이익의 유무를 조사하여 원고들의 청구를 각하한 조치는 정당하고, 불이익변경금지의 원칙에 반하지 않는다</u>(대법원 1994.10.11. 선고 94다32979 판결).

③ (O) 원고의 청구를 기각하여야 할 것인데도 원고의 소가 부적법하다고 각하한 원심판결에 대하여 원고만이 상고한 경우 불이익변경금지의 원칙상 원고에게 더 불리한 청구기각의 판결을 선고할 수는 없으므로 원고의 상고를 기각할 수밖에 없다(대법원 1994.09.09. 선고 94다8037 판결).

④ (O) 항소심은 당사자의 불복신청범위 내에서 제1심판결의 당부를 판단할 수 있을 뿐이므로, 설사 제1심 판결이 부당하다고 인정되는 경우라 하더라도 그 판결을 불복당사자의 불이익으로 변경하는 것은 당사자가 신청한 불복의 한도를 넘어 제1심판결의 당부를 판단하는 것이 되어 허용될 수 없다 할 것인바, 원고만이 항소한 경우에 항소심으로서는 제1심보다 원고에게 불리한 판결을 할 수는 없고, 한편 불이익하게 변경된 것인지 여부는 기판력의 범위를 기준으로 하나 공동소송의 경우 원·피고별로 각각 판단하여야 하고, 동시이행의 판결에 있어서는 원고가 그 반대급부를 제공하지 아니하고는 판결에 따른 집행을 할 수 없어 비록 피고의 반대급부이행청구에 관하여 기판력이 생기지 아니하더라도 반대급부의 내용이 원고에게 불리하게 변경된 경우에는 불이익변경금지 원칙에 반하게 된다(대법원 2005.08.19. 선고 2004다8197 판결).

⑤ (O) 제1심 판결은 그 불복의 한도안에서 바꿀 수 있다. 다만, 상계에 관한 주장을 인정한 때에는 그러하지 아니하다(민소법 제415조).

정답 ②

제3장 상고

1. 상고심과 환송 후 원심의 재판에 관한 설명으로 옳지 않은 것은? (다툼이 있는 경우 판례에 의함)
[2022년 10월 모의]

① 채무자의 제3채무자에 대한 이행소송 계속 중 추심채권자가 압류 및 추심명령을 획득하면 채무자는 피압류채권에 대한 이행의 소를 제기할 당사자적격을 상실하나, 추심채권자가 압류 및 추심명령 신청을 취하하여 추심권능을 상실하면 채무자는 당사자적격을 회복한다. 이러한 사정이 항소심 변론 종결 이후 발생했더라도 상고심은 이를 직권으로 참작해야 한다.
② 소장 부본부터 공시송달로 송달되어 피고가 귀책사유 없이 소나 항소가 제기된 사실을 몰랐고, 이러한 상태에서 피고 출석 없이 항소심 변론기일이 진행되어 피고가 증거 제출 기회를 갖지 못한 경우에는 민사소송법 제424조 제1항 제4호(대리권의 흠)를 유추적용하여 절대적 상고이유를 인정한다.
③ 피상고인은 상고권 소멸 후에도 부대상고를 할 수 있으나 상고 이유서 제출기간 내에 부대상고를 제기하고 부대상고이유서를 제출해야 한다. 피상고인이 부대상고장에 상고이유를 기재하지 않고 상고이유서 제출기간 내에 부대상고이유서를 제출하지 않았다면 그 부대상고는 각하해야 한다.
④ 원고 본소청구 및 피고 반소청구가 각 일부 인용된 환송 전 원심판결에 대해 피고만이 상고하고, 상고심은 이를 받아들여 원심판결 중 본소 및 반소에 관한 각 피고 패소 부분을 파기 환송하였다면, 환송 전 원심판결 중 본소에 관한 원고 패소 부분과 반소에 관한 피고 승소 부분에 대해서는 환송 후 원심이 심리할 수 없다.
⑤ 환송받은 법원이 기속되는 '상고법원이 파기이유로 한 법률상 판단'에는 상고심의 명시적인 법률상 판단뿐 아니라 명시적으로 설시하지 않았지만 파기이유 부분과 논리 · 필연적 관계가 있어 상고법원이 파기이유의 전제로 당연히 판단하였다고 볼 수 있는 법률상 판단도 포함된다.

> **해설**
> ① (O) 채권에 대한 압류 및 추심명령이 있으면 제3채무자에 대한 이행의 소는 추심채권자만이 제기할 수 있고 채무자는 피압류채권에 대한 이행소송을 제기할 당사자적격을 상실하나, 채무자의 이행소송 계속 중에 추심채권자가 압류 및 추심명령 신청의 취하 등에 따라 추심권능을 상실하게 되면 채무자는 당사자적격을 회복한다. 이러한 사정은 직권조사사항으로서 당사자가 주장하지 않더라도 법원이 직권으로 조사하여 판단하여야 하고, 사실심 변론종결 이후에 당사자적격 등 소송요건이 흠결되거나 그 흠결이 치유된 경우 상고심에서도 이를 참작하여야 한다(대법원 2010.11.25. 선고 2010다64877 판결).
> ② (O) 피고는 항소장 부본부터 모든 소송서류가 공시송달의 방법으로 송달되어 귀책사유 없이 항소가 제기된 사실조차 몰랐고, 이러한 상태에서 피고의 출석 없이 원심의 변론기일이 진행되어 피고는 원고의 청구에 대하여 주장 · 입증할 기회를 상실함으로써 당사자로서 절차상 부여된 권리를 침해당하였다고 볼 수 있다. 이러한 경우에는 당사자가 대리인에 의하여 적법하게 대리되지 않았던 경우와 마찬가지로 보아 민소법 제424조 제1항 제4호의 규정을 유추적용할 수 있다(대법원 2012.03.29. 선고 2011므4443 판결).
> ③ (X) 피상고인은 상고권이 소멸된 후에도 부대상고를 할 수 있으나 상고이유서 제출기간 내에 부대상고를 제기하고 그 이유서를 제출하여야 하는바, 피상고인이 상고이유서 제출기간 내에 부대상고장을 제출

하였으나 부대상고장에 부대상고이유의 기재가 없고 부대상고이유서는 상고이유서 제출기간 경과 후에 제출하였다면 그 부대상고는 기각되어야 한다(대법원 1997.10.10. 선고 95다46265 판결).

④ (O) 원고의 본소청구 및 피고의 반소청구가 각 일부 인용된 환송 전 원심판결에 대하여 피고만이 상고하고 상고심은 이 상고를 받아들여 원심판결 중 본소 및 반소에 관한 각 피고 패소 부분을 파기환송하였다면 피고 패소 부분만이 각 상고되었으므로 위 상고심에서의 심리대상은 이 부분에 국한되었고, 환송되는 사건의 범위, 다시 말하자면 환송 후 원심의 심판 범위도 환송 전 원심에서 피고가 각 패소한 부분에 한정되는 것이 원칙이고, 환송 전 원심판결 중 본소에 관한 원고 패소 부분과 반소에 관한 피고 승소 부분은 각 확정되었다고 할 것이므로 환송 후 원심으로서는 이에 대하여 심리할 수 없다(대법원 2014.06.12. 선고 2014다11376 판결).

⑤ (O) 민소법 제436조 제2항에 의하여 환송받은 법원이 기속되는 '상고법원이 파기이유로 한 법률상 판단'에는 상고법원이 명시적으로 설시한 법률상 판단뿐 아니라 명시적으로 설시하지 아니하였더라도 파기이유로 한 부분과 논리적·필연적 관계가 있어서 상고법원이 파기이유의 전제로서 당연히 판단하였다고 볼 수 있는 법률상 판단도 포함된다(대법원 2012.03.29. 선고 2011다106136 판결).

정답 ③

2. 甲 종중은 종중원 乙에게 X 토지를 명의신탁하여 乙 명의로 소유권이전등기를 하였는데, 丙이 乙로부터 위 토지를 매수하여 丙 명의로 소유권이전등기를 마쳤다. 이후 甲은 명의신탁해지를 원인으로 乙을 대위하여 丙을 상대로 소유권이전등기 말소등기청구의 소를 제기하였다. 위 소송의 항소심 법원은 甲의 乙에 대한 명의신탁 사실을 인정하고, 乙과 丙 사이의 매매계약은 통정허위표시로 무효라고 판단하여 甲의 청구를 인용하는 판결을 선고하였다. 이에 대하여 丙이 상고하였는데, 상고심은 乙과 丙 사이의 매매계약이 유효하다고 판단하여 항소심 판결을 파기하고 사건을 원심법원에 환송하였다. 이에 관한 설명 중 옳은 것을 모두 고른 것은? (다툼이 있는 경우 판례에 의함) [2024년 06월 모의]

ㄱ. 사건을 환송받은 항소심 법원은 다시 변론을 거쳐 재판하여야 하고, 이 경우 상고법원이 파기의 이유로 삼은 사실상 및 법률상 판단에 기속된다.
ㄴ. 환송판결에서 乙과 丙 사이의 매매계약이 유효하다고 한 법률상의 판단에 기속력이 생긴다.
ㄷ. 환송심의 심리 과정에서 원고의 새로운 주장·증명이 제출되거나 보강된 경우 법원은 상고심의 판단과 달리 乙과 丙 사이의 매매계약이 무효라고 판단할 수 있다.
ㄹ. 환송심의 심리결과 甲의 乙에 대한 명의신탁 사실을 인정할 증거가 없다고 판단되면 甲의 소를 각하하는 판결을 선고할 수 있다.

① ㄱ, ㄴ, ㄷ ② ㄴ, ㄷ, ㄹ ③ ㄱ, ㄴ, ㄹ
④ ㄱ, ㄷ, ㄹ ⑤ ㄱ, ㄴ, ㄷ, ㄹ

해설

㉠ (O), ㉡ (O), ㉢ (O)
1) 상고법원은 상고를 이유있다고 인정한 때에는 원심판결을 파기하고 사건을 원심법원에 환송하거나 동등한 다른 법원에 이송하여야 한다. 환송이나 이송을 받은 법원은 다시 변론에 의하여 재판하여야 한다. 단, 상고법원의 파기이유로 한 사실상과 법률상의 판단에 기속을 받는다(민소법 제406조 제1,2항).
2) 상고법원으로부터 사건을 환송받은 법원은 그 사건을 다시 재판함에 있어서 상고법원의 파기이유로 한 사실상과 법률상의 판단에 기속을 받는 것이나 환송 후의 심리과정에서 새로운 주장·입증이 제출되어 기속적 판단의 기초가 된 사실관계에 변동이 생긴 때에는 그 기속력은 미치지 아니한다(대법원 1982.12.14. 선고 80다1072 판결).

㉣ (×)

[1] 민소법 제436조 제2항에 의하여 환송받은 법원이 기속되는 '상고법원이 파기이유로 한 법률상 판단'에는 상고법원이 명시적으로 설시한 법률상 판단뿐 아니라 명시적으로 설시하지 아니하였더라도 파기이유로 한 부분과 논리적·필연적 관계가 있어서 상고법원이 파기이유의 전제로서 당연히 판단하였다고 볼 수 있는 법률상 판단도 포함되는 것으로 보아야 한다.

[2] 환송 전 원심이 甲이 乙 등에게 부동산을 명의신탁하였고, 그 후 丙이 구 임야소유권 이전등기에 관한 특별조치법에 따라 소유권이전등기를 마친 사실 등을 인정한 다음, 이에 대하여는 같은 법이 적용되지 않음을 전제로 甲은 명의신탁 해지에 따라 乙 등 또는 상속인을 대위하여 위 등기의 말소를 청구할 수 있다는 취지로 판단하였고, 이에 대하여 환송판결이 같은 법이 적용된다는 이유로 환송 전 원심판결을 파기환송하였는데, 환송 후 원심이 甲이 乙 등에게 부동산을 명의신탁하였음을 인정할 증거가 없다는 이유로 甲의 소를 각하한 사안에서, 환송판결의 기속력은 甲의 청구가 채권자대위에 관한 소송요건을 구비한 적법한 것이라는 판단에 대하여도 미침에도, 이와 달리 본 원심판결에 위법이 있다(대법원 2012.03.29. 선고 2011다106136 판결).

정답 ①

제4장 항고

1. 민사소송법상 항고제도에 관한 설명 중 옳은 것을 모두 고른 것은? [2019년 06월 모의]

> ㄱ. 항고법원·고등법원 또는 항소법원의 결정 및 명령에 대하여 재판에 영향을 미친 헌법·법률·명령 또는 규칙의 위반을 이유로 한 불복방법은 재항고이다.
> ㄴ. 항고제기의 기간에 제한이 없으며 항고의 이익이 있으면 어느 때나 제기할 수 있는 불복방법은 즉시항고이다.
> ㄷ. 신속한 해결의 필요상 재판이 고지된 날로부터 1주일의 불변기간이 있고 원칙적으로 집행정지의 효력이 따르게 되는 불복방법은 통상항고이다.
> ㄹ. 불복신청을 할 수 없는 결정·명령에 대하여 재판에 영향을 미친 헌법위반이 있는 경우 대법원에 직접 하는 불복방법은 특별항고이다.
> ㅁ. 원심법원은 항고에 정당한 이유가 있다고 인정하여도 재판의 기속력으로 인하여 그 재판을 경정할 수 없다.

① ㄱ, ㄷ, ㅁ
② ㄴ, ㄹ
③ ㄴ, ㄷ, ㄹ
④ ㄱ, ㄹ
⑤ ㄷ, ㄹ, ㅁ

해설

ㄱ. (O) 항고법원·고등법원 또는 항소법원의 결정 및 명령에 대하여는 재판에 영향을 미친 헌법·법률·명령 또는 규칙의 위반을 이유로 드는 때에만 재항고할 수 있다(민소법 제442조).

ㄴ. (×), ㄷ. (×) 소송절차에 관한 신청을 기각한 결정이나 명령에 대하여 불복하면 항고할 수 있다(민소법 제439조). 즉시항고는 재판이 고지된 날부터 1주 이내에 하여야 한다. 제1항의 기간은 불변기간으로 한다(민소법 제444조 제2항). 즉시항고는 집행을 정지시키는 효력을 가진다(민소법 제447조).

ㄹ. (O) 불복할 수 없는 결정이나 명령에 대하여는 재판에 영향을 미친 헌법위반이 있거나, 재판의 전제가 된 명령·규칙·처분의 헌법 또는 법률의 위반여부에 대한 판단이 부당하다는 것을 이유로 하는 때에만 대법원에 특별항고를 할 수 있다(민소법 제449조 제1항).

ㅁ. (×) 일반적으로 원심법원이 항고를 이유있다고 인정하는 때에는 그 재판을 경정할 수 있으나 통상의 절차에 의하여 불복을 신청할 수 없는 결정이나 명령에 대하여 특별히 대법원에 위헌이나 위법의 심사권을 부여하고 있는 특별항고의 경우에 원심법원에 반성의 기회를 부여하는 제도의 고안을 허용하는 것은 특별항고를 인정한 취지에 맞지 않으므로 특별항고가 있는 경우 원심법원은 경정결정을 할 수 없고 기록을 그대로 대법원에 송부하여야 한다(대법원 2001.02.28. 자 2001그4 결정).   **정답** ④

제5장 재심절차

1. 판결과 재심에 관한 설명 중 옳은 것은? (다툼이 있으면 판례에 의함) [2019년 08월 모의]

① 대법원의 환송판결은 당해 심급의 심리를 완결하여 사건을 당해 심급에서 이탈시킬 뿐 실제로는 환송받은 하급심에서 다시 심리를 계속하게 되므로 소송절차를 최종적으로 종료시키는 판결은 아니어서 종국판결이 아니다.
② 대법원의 환송판결은 중간판결의 특성을 갖는 판결이므로 "실질적으로 확정된 종국판결"이라고 할 수 없어 재심의 대상이 되지 않는다.
③ 소송수계 또는 당사자표시정정 등 절차를 밟지 아니하고 제소전 사망한 사람을 당사자로 하여 선고된 판결은 당연무효로서 확정력이 없으나 재심의 소의 대상이 될 수 있다.
④ 추완상소와 재심을 모두 선택할 수 있는 사안에서 추완상소기간이 도과하였다면 재심기간 내에 재심의 소를 제기할 수 없다.
⑤ 재심사건에서 본안의 변론과 재판은 재심청구이유의 범위 안에서 하여야 하고, 재심의 이유는 바꿀 수 없다.

해설

① (×), ② (○)
가. 원래 종국판결이라 함은 소 또는 상소에 의하여 계속중인 사건의 전부 또는 일부에 대하여 심판을 마치고 그 심급을 이탈시키는 판결이라고 이해하여야 할 것이다. 대법원의 환송판결도 당해 사건에 대하여 재판을 마치고 그 심급을 이탈시키는 판결인 점에서 당연히 제2심의 환송판결과 같이 종국판결로 보아야 할 것이다. 따라서 위의 견해와는 달리 대법원의 환송판결을 중간판결이라고 판시한 종전의 대법원판결은 이를 변경하기로 하는바, 이 점에 관하여는 관여 대법관 전원의 의견이 일치되었다.
나. 재심제도의 본래의 목적에 비추어 볼 때 재심의 대상이 되는 "확정된 종국판결"이란 당해 사건에 대한 소송절차를 최종적으로 종결시켜 그것에 하자가 있다고 하더라도 다시 통상의 절차로는 더 이상 다툴 수 없는 기판력이나 형성력, 집행력을 갖는 판결을 뜻하는 것이라고 이해하여야 할 것이다. 대법원의 환송판결은 형식적으로 보면 "확정된 종국판결"에 해당하지만, 여기서 종국판결이라고 하는 의미는 당해 심급의 심리를 완결하여 사건을 당해 심급에서 이탈시킨다는 것을 의미하는 것일 뿐이고 실제로는 환송받은 하급심에서 다시 심리를 계속하게 되므로 소송절차를 최종적으로 종료시키는 판결은 아니며, 또한 환송판결도 동일절차 내에서는 철회, 취소될 수 없다는 의미에서 기속력이 인정됨은 물론 법원조직법 제8조, 민소법 제406조 제2항 후문의 규정에 의하여 하급심에 대한 특수한 기속력은 인정되지만 소송물에 관하여 직접적으로 재판하지 아니하고 원심의 재판을 파기하여 다시 심리판단하여 보라는 종국적 판단을 유보한 재판의 성질상 직접적으로 기판력이나 실체법상 형성력, 집행력이 생기지 아니한다고 하겠으므로 이는 중간판결의 특성을 갖는 판결로서 "실질적으로 확정된 종국판결"이라 할 수 없다. 종국판결은 당해 심급의 심리를 완결하여 심급을 이탈시킨다는 측면에서 상소의 대상이 되는 판결인지 여부를 결정하는 기준이 됨은 분명하지만 종국판결에 해당하는 모든 판결이 바로 재심의 대상이 된다고 이해할 아무런 이유가 없다. 통상의 불복방법인 상소제도와 비상의 불복방법인 재심제도의 본래의 목적상 차

이에 비추어 보더라도 당연하다. 따라서 환송판결은 재심의 대상을 규정한 민소법 제422조 제1항 소정의 "확정된 종국판결"에는 해당하지 아니하는 것으로 보아야 할 것이어서, 환송판결을 대상으로 하여 제기한 이 사건 재심의 소는 부적법하므로 이를 각하하여야 한다(대법원 1995.02.14. 선고 93재다27 판결).

③ (×) 원래 재심의 소는 종국판결의 확정력을 제거함을 그 목적으로 하는 것으로 확정된 판결에 대하여서만 제기할 수 있는 것이므로 소송수계 또는 당사자표시 정정 등 절차를 밟지 아니하고 사망한 사람을 당사자로 하여 선고된 판결은 당연무효로서 확정력이 없어 이에 대한 재심의 소는 부적법하다(대법원 1994. 12.09. 선고 94다16564 판결).

④ (×)
1) 판결정본이 공시송달의 방법에 의하여 피고에게 송달되었다면 비록 피고의 주소가 허위이거나 그 요건에 미비가 있다 할지라도 그 송달은 유효한 것이므로 항소기간이 지남으로써 위 판결은 확정되어 기판력이 발생한다(대법원 1990.11.27. 선고 90다카28559 판결).
2) 참고
  ㉠ 따라서 위 1)과 같은 경우 피고는 추후보완항소(민소법 제173조)나 재심(민소법 제451조 제1항 제11호)으로 구제받을 수 있다. 그리고 공시송달에 의하여 판결이 선고되고 판결정본이 송달되어 확정된 이후에 추완항소의 방법이 아닌 재심의 방법을 택한 경우에는 추완상소기간이 도과하였다 하더라도 재심기간 내에 재심의 소를 제기할 수 있다(대법원 2011.12.22. 선고 2011다73540 판결).
  ㉡ 당사자가 상대방의 주소 또는 거소를 알고 있었음에도 있는 곳을 잘 모른다고 하거나 주소나 거소를 거짓으로 하여 소를 제기한 때(민소법 제451조 제1항 제11호)에 해당하면 확정된 종국판결에 대하여 재심의 소를 제기할 수 있다고 정하고 있다. 즉, 재심사유는 제11호 사유이다.
  ㉢ 재심 또는 추후보완신청이 있다고 하더라도 확정판결의 집행력에는 아무런 영향이 없으므로 확정판결에 대한집행을 정지시키려면 별도의 집행정지결정을 받아야 한다.
  ㉣ 재심 또는 제173조에 따른 상소의 추후보완신청이 있는 경우에 불복하는 이유로 내세운 사유가 법률상 정당한 이유가 있다고 인정되고, 사실에 대한 소명이 있는 때에는 법원은 당사자의 신청에 따라 담보를 제공하게 하거나 담보를 제공하지 아니하게 하고 강제집행을 일시정지하도록 명할 수 있으며, 담보를 제공하게 하고 강제집행을 실시하도록 명하거나 실시한 강제처분을 취소하도록 명할 수 있다. (민소법 제500조 제1항).
3) 비교 : 허위주소이지만 공시송달이 아니라 '송달'인 경우
  ㉠ 제소자가 상대방의 주소를 허위로 기재함으로써 그 허위주소로 소송서류가 송달되어 그로 인하여 상대방 아닌 다른 사람이 그 서류를 받아 의제자백의 형식으로 제소자 승소의 판결이 선고되고 그 판결정본 역시 허위의 주소로 보내어져 송달된 것으로 처리된 경우에는 상대방에 대한 판결의 송달은 부적법하여 무효이므로 상대방은 아직도 판결정본의 송달을 받지 않은 상태에 있어 이에 대하여 상소를 제기할 수 있을 뿐만 아니라, 위 사위판결에 기하여 부동산에 관한 소유권이전등기나 말소등기가 경료된 경우에는 별소로서 그 등기의 말소를 구할 수도 있다(대법원 1995.05.09. 선고 94다41010 판결). 즉, 판결이 확정되지 않았으므로 기판력이 발생하지 않는다.
  ㉡ 허위의 주소지에 결정이 송달되었다면 아직 적법한 송달이 있었다고 할 수 없으므로 그 판결은 확정되지 않았고 따라서 그 판결에 대하여는 항소를 제기할 수 있을 뿐 재심의 청구를 할 수는 없다 (대법원 1970.06.09. 선고 70마676 판결).

⑤ (×) 본안의 변론과 재판은 재심청구이유의 범위 안에서 하여야 하고, 재심의 이유는 바꿀 수 있다(민소법 제459조 제1,2항).

정답 ②

2. 재심에 관한 설명 중 옳지 않은 것은? (다툼이 있으면 판례에 의함) [2020년 06월 모의]

① 확정된 재심판결에 대하여 재심의 소를 제기할 수 있다.
② 미확정판결에 대한 재심의 소는 부적법하나, 판결확정 전에 제기한 재심의 소가 부적법하다는 이유로 각하되지 아니하고 있는 동안에 그 판결이 확정된 경우에는 그 재심의 소는 적법한 것으로 된다.
③ 재심사유를 안 날부터 진행하는 제소기간이 경과한 이상 재심대상판결 확정일부터 진행하는 제척기간이 경과하였는지 여부와는 관계없이 재심의 소를 제기할 수 없다.
④ 재심사유가 있는 것을 알았음에도 불구하고 상소를 제기하지 아니하여 그대로 확정된 경우에는 같은 사유로 재심의 소를 제기할 수 없다.
⑤ 확정된 지급명령에 대하여는 준재심의 소를 제기할 수 없다.

해설

① (○) 민소법 제451조 제1항은 '확정된 종국판결'에 대하여 재심의 소를 제기할 수 있다고 규정하고 있는데, 재심의 소에서 확정된 종국판결도 위 조항에서 말하는 '확정된 종국판결'에 해당하므로 확정된 재심판결에 위 조항에서 정한 재심사유가 있을 때에는 확정된 재심판결에 대하여 재심의 소를 제기할 수 있다(대법원 2015.12.23. 선고 2013다17124 판결).

② (×) 판결 확정 전에 제기한 재심의 소가 부적법하다는 이유로 각하되지 않고 있는 동안에 판결이 확정되었다고 하더라도 위 재심의 소가 적법한 것으로 되는 것이 아니다(대법원 1980.07.08. 선고 80다1132 판결).

③ (○)
1) 재심의 소는 당사자가 판결이 확정된 뒤 재심의 사유를 안 날부터 30일 이내에 제기하여야 한다(민소법 제456조 제1항). 제1항의 기간은 불변기간으로 한다(민소법 제456조 제2항). 판결이 확정된 뒤 5년이 지난 때에는 재심의 소를 제기하지 못한다(민소법 제456조 제3항). 재심의 사유가 판결이 확정된 뒤에 생긴 때에는 제3항의 기간은 그 사유가 발생한 날부터 계산한다(민소법 제456조 제4항).
2) 재심사유의 발생일이 아니라 재심사유를 안 날로부터 진행하는 민소법 제426조 제1항(현행 민소법 제456조 제1항)의 출소기간은 같은 조 제3항 제척기간과는 별개의 재심제기기간으로서, 그 출소기간이 경과한 이상 재심대상판결의 확정일로부터 진행하는 제척기간이 경과하였는지 여부와는 관계없이 재심의 소를 제기할 수 없다(대법원 1996.05.31. 선고 95다33993 판결).

④ (○) 당사자가 상소에 의하여 그 사유를 주장하였거나, 이를 알고도 주장하지 아니한 때에는 재심의 소를 제기할 수 없다(민소법 제451조 제1항 단서).

⑤ (○)
1) 민소법 제461조의 준재심의 소는 기판력이 발생하는 경우에 한해서 제기할 수 있다. 확정된 지급명령은 기판력이 생기지 않으므로(대법원 2002.02.22. 선고 2001다73480 판결), 준재심의 소를 제기할 수는 없고 청구이의의 소 등으로 다투어야 한다.
2) 기판력을 가지지 아니하는 확정된 이행권고결정에 설사 재심사유에 해당하는 하자가 있다고 하더라도 이를 이유로 민소법 제461조가 정한 준재심의 소를 제기할 수는 없고, 청구이의의 소를 제기하거나 또는 전체로서의 강제집행이 이미 완료된 경우에는 부당이득반환청구의 소 등을 제기할 수 있다(대법원 2009.05.14. 선고 2006다34190 판결). 위 판례를 유추적용하면 지급명령 역시 확정되어도 기판력이 생기지 않으므로 강제집행 완료 전에는 청구이의의 소, 강제집행 완료 후에는 부당이득반환청구로 다툴 수 있다.

정답 ②

3. 상소 및 재심에 관한 설명 중 옳은 것은? (다툼이 있으면 판례에 의함) [2020년 10월 모의]

① 상소권은 상소의 제기 이전에만 포기할 수 있다.
② 상소장을 다른 법원이나 기관 또는 상소심 법원에 잘못 접수한 경우 상소기간의 준수 여부는 그 다른 법원이나 기관 또는 상소심 법원에 접수된 때를 기준으로 판단한다.
③ 소장 부본부터 공시송달의 방법으로 송달되었고, 피고가 귀책사유 없이 소나 항소가 제기된 사실조차 모르는 상태에서 피고의 출석 없이 변론기일이 진행된 경우, 절대적 상고이유가 된다.
④ 상고이유서 제출기간이 지난 후에 제출된 상고이유보충서에 기재된 새로운 상고이유는 직권조사사항에 관한 것이라도 대법원이 심리할 수 없다.
⑤ 환송판결은 재심의 대상인 확정된 종국판결에 해당하므로, 환송판결을 대상으로 하여 제기한 재심의 소는 적법하다.

> **해설**

① (✕) 항소권의 포기는 항소를 하기 이전에는 제1심 법원에, 항소를 한 뒤에는 소송기록이 있는 법원에 서면으로 하여야 한다(민소법 395조 제1항). 상고와 상고심의 소송절차에는 특별한 규정이 없으면 제1장의 규정을 준용한다(민소법 제425조).

② (✕) 민소법 제367조에 의하면 '항소의 제기는 항소장을 제1심법원에 제출함으로써 한다' 규정되어 있으므로 항소에 있어 항소제기기간의 준수여부는 항소장이 제1심 법원에 접수된 때를 기준으로 하여 판단하여야 하며 비록 항소장이 항소제기기간 내에 제1심 법원 이외의 법원에 제출되었다 하더라도 항소제기의 효력이 있는 것은 아니다(대법원 1992.04.15. 자 92마146 결정). 즉, 항소장은 원심법원에 제출하여야 하는데 잘못 접수된 경우, 항소심 법원에 제출한 때가 아닌 기록송부방식으로 원심법원에 송부되어 접수된 때가 기준이 된다.

③ (○) 소장 부본부터 공시송달의 방법으로 송달되어 피고가 귀책사유 없이 소나 항소가 제기된 사실조차 모르고 있었고, 이러한 상태에서 피고의 출석 없이 원심 변론기일이 진행되어 제1심에서 일부 패소판결을 받은 피고가 자신의 주장에 부합하는 증거를 제출할 기회를 상실함으로써 당사자로서 절차상 부여된 권리를 침해당한 경우에는 당사자가 대리인에 의하여 적법하게 대리되지 않았던 경우와 마찬가지로 보아 민소법 제424조 제1항 제4호의 규정을 유추적용하여 절대적 상고이유가 된다(대법원 2011.04.28. 선고 2010다98948 판결).

④ (✕) 상고이유서 제출기간이 지난 후에 제출된 상고이유보충서에 기재된 상고이유는 그것이 기간 내에 제출된 상고이유서에서 이미 개진된 상고이유를 보충한 것이거나 직권조사사항에 관한 것이 아닌 새로운 주장을 포함하고 있을 때에는 그 새로운 주장은 적법한 상고이유로 삼을 수 없다(대법원 1998.03.27. 선고 97다55126 판결).

⑤ (✕)
가. 원래 종국판결이라 함은 소 또는 상소에 의하여 계속중인 사건의 전부 또는 일부에 대하여 심판을 마치고 그 심급을 이탈시키는 판결이라고 이해하여야 할 것이다. 대법원의 환송판결도 당해 사건에 대하여 재판을 마치고 그 심급을 이탈시키는 판결인 점에서 당연히 제2심의 환송판결과 같이 종국판결로 보아야 할 것이다. 따라서 위의 견해와는 달리 대법원의 환송판결을 중간판결이라고 판시한 종전의 대법원판결은 이를 변경하기로 하는바, 이 점에 관하여는 관여 대법관 전원의 의견이 일치되었다.
나. 재심제도의 본래의 목적에 비추어 볼 때 재심의 대상이 되는 "확정된 종국판결"이란 당해 사건에 대한 소송절차를 최종적으로 종결시켜 그것에 하자가 있다고 하더라도 다시 통상의 절차로는 더 이상 다툴 수 없는 기판력이나 형성력, 집행력을 갖는 판결을 뜻하는 것이라고 이해하여야 할 것이다. 대법원의 환송판결은 형식적으로 보면 "확정된 종국판결"에 해당하지만, 여기서 종국판결이라고 하는 의미는 당해 심급의 심리를 완결하여 사건을 당해 심급에서 이탈시킨다는 것을 의미하는 것일 뿐이고 실제로는 환송

받은 하급심에서 다시 심리를 계속하게 되므로 소송절차를 최종적으로 종료시키는 판결은 아니며, 또한 환송판결도 동일절차 내에서는 철회, 취소될 수 없다는 의미에서 기속력이 인정됨은 물론 법원조직법 제8조, 민소법 제406조 제2항 후문의 규정에 의하여 하급심에 대한 특수한 기속력은 인정되지만 소송물에 관하여 직접적으로 재판하지 아니하고 원심의 재판을 파기하여 다시 심리판단하여 보라는 종국적 판단을 유보한 재판의 성질상 직접적으로 기판력이나 실체법상 형성력, 집행력이 생기지 아니한다고 하겠으므로 이는 중간판결의 특성을 갖는 판결로서 "실질적으로 확정된 종국판결"이라 할 수 없다. 종국판결은 당해 심급의 심리를 완결하여 심급을 이탈시킨다는 측면에서 상소의 대상이 되는 판결인지 여부를 결정하는 기준이 됨은 분명하지만 종국판결에 해당하는 모든 판결이 바로 재심의 대상이 된다고 이해할 아무런 이유가 없다. 통상의 불복방법인 상소제도와 비상의 불복방법인 재심제도의 본래의 목적상의 차이에 비추어 보더라도 당연하다. 따라서 환송판결은 재심의 대상을 규정한 민소법 제422조 제1항 소정의 "확정된 종국판결"에는 해당하지 아니하는 것으로 보아야 할 것이어서, 환송판결을 대상으로 하여 제기한 이 사건 재심의 소는 부적법하므로 이를 각하하여야 한다(대법원 1995.02.14. 선고 93재다27 판결).

정답 ③

4. 재심이나 준재심에 관한 다음 설명 중 옳지 <u>않은</u> 것을 모두 고른 것은? (다툼이 있는 경우 판례에 의함)
[2022년 08월 모의]

ㄱ. 여러 개의 유죄판결이 재심대상판결의 기초가 되었는데 이후 각 유죄판결이 재심을 통하여 효력을 잃고 무죄판결이 확정된 경우, 각 유죄판결에 대해 형사재심에서 인정한 재심사유가 공통되고 무죄판결 이유가 같다면, 유죄판결이 여러 개라도 민사재심에서는 하나의 재심사유로만 인정된다.
ㄴ. 채권 보전을 위하여 대위행사가 필요한 경우에는 소송법상 권리에 대해서도 대위가 허용되므로, 채무자와 제3채무자 사이의 종전 재심대상판결에 대해 불복하는 재심의 소 제기는 채권자대위권의 목적이 될 수 있다.
ㄷ. 환송판결은 재심 대상을 규정한 민사소송법 제451조 제1항의 '확정된 종국판결'에 해당하지 아니하므로, 환송판결을 대상으로 제기한 재심의 소는 부적법하다.
ㄹ. 비법인사단 대표자가 총유물 처분에 관한 총회결의 없이 소송행위를 한 것은 특별수권을 받지 않은 경우로서 민사소송법 제451조 제1항 제3호의 재심사유에 해당하므로, 그 재심의 소는 민사소송법 제457조에 따라 재심사유를 안 날부터 30일이 지난 후에도 제기할 수 있다.
ㅁ. 기판력이 없는 확정된 이행권고결정에 설령 재심사유에 해당하는 하자가 있더라도 이를 이유로 준재심의 소를 제기할 수는 없고, 청구이의의 소를 제기하거나 또는 강제집행이 완료된 경우에는 부당이득반환청구의 소를 제기할 수 있다.

① ㄱ, ㄴ, ㄷ
② ㄱ, ㄴ, ㄹ
③ ㄱ, ㄷ, ㅁ
④ ㄴ, ㄹ, ㅁ
⑤ ㄷ, ㄹ, ㅁ

해설

ㄱ. (✕) 재심사유는 그 하나하나의 사유가 별개의 청구원인을 이루는 것이므로, 여러 개의 유죄판결이 재심대상판결의 기초가 되었는데 이후 각 유죄판결이 재심을 통하여 효력을 잃고 무죄판결이 확정된 경우, 어느 한 유죄판결이 효력을 잃고 무죄판결이 확정되었다는 사정은 특별한 사정이 없는 한 별개의 독립된 재심사유라고 보아야 한다. 재심대상판결의 기초가 된 각 유죄판결에 대하여 형사재심에서 인정된 재심사유가 공통된다거나 무죄판결의 이유가 동일하다고 하더라도 달리 볼 수 없다(대법원 2019.10.17. 선

고 2018다300470 판결).

ㄴ. (✕) 채권을 보전하기 위하여 대위행사가 필요한 경우는 실체법상 권리뿐만 아니라 소송법상 권리에 대하여서도 대위가 허용되나, 채무자와 제3채무자 사이의 소송이 계속된 이후의 소송수행과 관련한 개개의 소송상 행위는 고 권리의 행사를 소송당사자인 채무자의 의사에 맡기는 것이 타당하므로 채권자대위가 허용될 수 없다. 같은 취지에서 볼 때 상소의 제기와 마찬가지로 종전 재심대상판결에 대하여 불복하여 종전 소송절차의 재개, 속행 및 재심판을 구하는 재심의 소 제기는 채권자대위권의 목적이 될 수 없다(대법원 2012.12.27. 선고 2012다75239 판결).

ㄷ. (○) 대법원의 환송판결은 형식적으로 보면 "확정된 종국판결"에 해당하지만, 이는 중간판결의 특성을 갖는 판결로서 "실질적으로 확정된 종국판결"이라 할 수 없다. 따라서 환송판결은 재심의 대상을 규정한 민소법 제422조 제1항 소정의 "확정된 종국판결"에는 해당하지 아니하는 것으로 보아야 할 것이어서, 환송판결을 대상으로 하여 제기한 이 사건 재심의 소는 부적법하므로 이를 각하하여야 한다(대법원 1995.02.14. 선고 93재다27 판결).

ㄹ. (✕) 비법인사단의 대표자가 총유물의 처분에 관한 소송행위를 하려면 특별한 사정이 없는 한 민법 제276조 제1항에 의하여 사원총회의 결의가 있어야 하는 것이지만, 그 결의 없이 소송행위를 하였다고 하더라도 이는 소송행위를 함에 필요한 특별수권을 받지 아니한 경우로서, 민소법 제422조 제1항 제3호(현행 민소법 제451조 제1항 제3호) 소정의 재심사유에 해당하되, 전연 대리권을 갖지 아니한 자가 소송행위를 한 대리권 흠결의 경우와 달라서 같은 법 제427조(현행 민소법 제457조)는 적용되지 않는다(대법원 1999.10.22. 선고 98다46600 판결).

ㅁ. (○) 민소법 제461조에 의하여 준용되는 같은 법 제451조의 재심은 확정된 종국판결에 재심사유에 해당하는 중대한 하자가 있는 경우에 그 판결의 취소와 이미 종결된 소송을 부활시켜 재심판을 구하는 비상의 불복신청방법으로서 확정된 종국판결이 갖는 기판력, 형성력, 집행력 등 판결의 효력의 배제를 주된 목적으로 하는 것이다. 그러므로 기판력을 가지지 아니하는 확정된 이행권고결정에 설사 재심사유에 해당하는 하자가 있더라도 이를 이유로 민소법 제461조가 정한 준재심의 소를 제기할 수는 없고, 청구이의의 소를 제기하거나 또는 전체로서의 강제집행이 이미 완료된 경우에는 부당이득반환청구의 소 등을 제기할 수 있다(대법원 2009.05.14. 선고 2006다34190 판결).

정답 ②

COMPACT 변시 진도별 민사소송법선택연습(모의편)

제7편
민사집행법

1. 전부명령과 추심명령에 관한 설명 중 옳은 것을 모두 고른 것은? (다툼이 있는 경우 판례에 의함)

[2019년 06월 모의]

ㄱ. 채권자대위소송이 제기되고 채무자가 이를 알게 된 이후에 발령된 피대위채권에 대한 전부명령은 특별한 사정이 없는 한 무효이다.
ㄴ. 채권에 대한 압류 및 추심명령이 있으면 채무자는 피압류채권에 대한 이행소송을 제기할 당사자적격을 상실하나, 채무자의 이행소송 계속 중에 추심채권자가 압류 및 추심명령 신청의 취하에 따라 추심권능을 상실하게 되면 채무자는 당사자적격을 회복한다.
ㄷ. 채무자가 제3채무자를 상대로 제기한 이행의 소가 법원에 계속되어 있는 중에 압류채권자가 제3채무자를 상대로 압류된 채권의 이행을 청구하는 추심의 소를 제기한 경우, 위 추심의 소는 중복된 소제기로서 부적법하다.
ㄹ. 추심의 소에서 제3채무자가 집행채권의 소멸을 항변으로 주장·증명하면, 법원은 원고의 청구를 기각하여야 한다.
ㅁ. 당사자 사이에 양도금지의 특약이 있는 채권이라도 압류 및 전부명령에 따라 이전될 수 있고, 양도금지의 특약이 있다는 점에 관하여 압류채권자가 선의인지 여부는 전부명령의 효력에 영향이 없다.

① ㄱ, ㄴ, ㄷ   ② ㄱ, ㄴ, ㅁ   ③ ㄱ, ㄷ, ㄹ
④ ㄴ, ㄷ, ㄹ, ㅁ   ⑤ ㄹ, ㅁ

해설

ㄱ. (O) 채권자대위소송이 제기되고 대위채권자가 채무자에게 대위권 행사사실을 통지하거나 채무자가 이를 알게 된 이후에는 민사집행법 제229조 제5항이 유추적용되어 피대위채권에 대한 전부명령은, 우선권 있는 채권에 기초한 것이라는 등의 특별한 사정이 없는 한, 무효이다(대법원 2016.08.29. 선고 2015다236547 판결).

ㄴ. (O) 채권에 대한 압류 및 추심명령이 있으면 제3채무자에 대한 이행의 소는 추심채권자만이 제기할 수 있고 채무자는 피압류채권에 대한 이행소송을 제기할 당사자적격을 상실하나, 채무자의 이행소송 계속 중에 추심채권자가 압류 및 추심명령 신청의 취하 등에 따라 추심권능을 상실하게 되면 채무자는 당사자적격을 회복한다. 이러한 사정은 직권조사사항으로서 당사자가 주장하지 않더라도 법원이 직권으로 조사하여 판단하여야 하고, 사실심 변론종결 이후에 당사자적격 등 소송요건이 흠결되거나 그 흠결이 치유된 경우 상고심에서도 이를 참작하여야 한다(대법원 2010.11.25. 선고 2010다64877 판결).

ㄷ. (X) 채무자가 제3채무자를 상대로 제기한 이행의 소가 이미 법원에 계속되어 있는 상태에서 압류채권자가 제3채무자를 상대로 제기한 추심의 소의 본안에 관하여 심리·판단한다고 하여, 제3채무자에게 불합리하게 과도한 이중 응소의 부담을 지우고 본안 심리가 중복되어 당사자와 법원의 소송경제에 반한다거나 판결의 모순·저촉의 위험이 크다고 볼 수 없다(대법원 2013.12.18. 선고 2013다202120 전합 판결).

ㄹ. (X) 집행채권의 부존재나 소멸은 집행채무자가 청구이의의 소에서 주장할 사유이지 추심의 소에서 제3채무자가 이를 항변으로 주장하여 집행채무의 변제를 거절할 수 있는 것이 아니다(대법원 1994.11.11. 선고 94다34012 판결).

ㅁ. (O) 당사자 사이에 양도금지의 특약이 있는 채권이라도 압류 및 전부명령에 의하여 이전할 수 있고, 양도금지의 특약이 있는 사실에 관하여 압류채권자가 선의인가 악의인가는 전부명령의 효력에 영향을 미치지 못한다(대법원 1976.10.29. 선고 76다1623 판결).

정답 ②

2. 추심명령 및 추심금청구소송에 관한 설명 중 옳지 않은 것은? (다툼이 있는 경우 판례에 의함)

[2019년 10월 모의]

① 채권에 대한 압류 및 추심명령이 있으면 제3채무자에 대한 이행의 소는 추심채권자만이 제기할 수 있고 채무자는 피압류채권에 대한 이행소송을 제기할 당사자적격을 상실한다.
② 추심금청구소송을 제기하여 확정판결을 받은 경우라도 그 집행에 의한 변제를 받기 전에 압류명령의 신청을 취하하여 추심권이 소멸하면 추심권능과 소송수행권이 모두 채무자에게 복귀한다.
③ 추심권능의 상실과 채무자의 당사자적격 회복에 관한 사정은 직권조사사항으로서 법원이 직권으로 조사하여 판단하여야 하는 것이지만 사실심 변론종결 이후에 당사자적격 등 소송요건이 흠결되거나 그 흠결이 치유된 경우 상고심에서 이를 참작할 수는 없다.
④ 같은 채권에 관하여 추심명령이 여러 번 발부되더라도 그 추심명령 사이에는 순위의 우열이 없다.
⑤ 채권의 추심명령은 압류한 금전채권을 대위절차 없이 추심할 수 있게 해주는 것으로서 유효한 압류명령이 있음을 전제하는 것이다.

해설

① (O), ② (O)
1) 채권에 대한 압류 및 추심명령이 있으면 제3채무자에 대한 이행의 소는 추심채권자만이 제기할 수 있고 채무자는 피압류채권에 대한 이행소송을 제기할 당사자적격을 상실한다. 그러나 채권자는 현금화 절차가 끝나기 전까지 압류명령 신청을 취하할 수 있고, 이 경우 채권자의 추심권도 당연히 소멸하며, 추심금청구의 소를 제기하여 확정판결을 받은 경우라도 그 집행에 의한 변제를 받기 전에 압류명령의 신청을 취하하여 추심권이 소멸하면 추심권능과 소송수행권이 모두 채무자에게 복귀한다(대법원 2021.05.27. 선고 2021다204466 판결).

2) 참고
㉠ 유효한 추심명령이 있으면 갈음형 당사자적격에 해당하여, 추심채권자가 당사자적격을 가지게 된다. 따라서 무효인 압류 및 추심명령을 근거로 한 추심금 청구는 당사자적격이 없는 자에 의한 청구이므로 각하되어야 한다.
㉡ 비교 : 전부명령의 경우에는 당사자적격의 발생 또는 상실이 아니라 피전부채권 자체의 이전이 있는 경우이므로, 전부명령이 무효인 경우 당사자적격의 원칙으로 돌아가 전부채권의 존재를 주장하는 전부채권자에게 당사자적격이 인정된다. 다만, 피전부채권의 이전이 인정되지 않아 원고 전부채권자의 청구권이 없으므로 전부금청구가 기각될 뿐이다.

③ (✕) 채권에 대한 압류 및 추심명령이 있으면 제3채무자에 대한 이행의 소는 추심채권자만이 제기할 수 있고 채무자는 피압류채권에 대한 이행소송을 제기할 당사자적격을 상실하나, 채무자의 이행소송 계속 중에 추심채권자가 압류 및 추심명령 신청의 취하 등에 따라 추심권능을 상실하게 되면 채무자는 당사자적격을 회복한다. 이러한 사정은 직권조사사항으로서 당사자가 주장하지 않더라도 법원이 직권으로 조사하여 판단하여야 하고, 사실심 변론종결 이후에 당사자적격 등 소송요건이 흠결되거나 그 흠결이 치유된 경우 상고심에서도 이를 참작하여야 한다(대법원 2010.11.25. 선고 2010다64877 판결).

④ (O) 같은 채권에 관하여 추심명령이 여러 번 발부되더라도 그 사이에는 순위의 우열이 없다(대법원 2001.03.27. 선고 2000다43819 판결).

⑤ (O) 채권의 추심명령은 압류한 금전채권을 대위절차 없이 추심할 수 있게 해주는 것으로서 유효한 압류명령이 있음을 전제로 한다(대법원 2012.11.15. 선고 2011다38394 판결).

정답 ③

3. 채권양도와 전부명령에 관한 설명 중 옳지 않은 것은? (다툼이 있는 경우 판례에 의함) [2019년 10월 모의]

① 확정일자 있는 채권양도통지와 압류 및 전부명령이 동시에 도달한 경우에는 상호간에 우열이 없어 채권양수인과 전부채권자 모두 제3채무자에 대하여 완전한 대항력을 갖추었다고 할 수 있다.
② 임차보증금 반환채권을 피전부채권으로 한 전부명령이 확정된 경우 임대차관계 종료 후 그 목적물이 인도되기까지 사이에 임대차관계에서 발생한 임대인의 채권을 공제한 잔액에 관하여서만 전부명령이 유효하다.
③ 임차인의 임차보증금 반환청구채권이 전부된 경우에도 채권의 동일성은 그대로 유지되는 것이어서 임차인의 임차보증금 반환청구채권과 임대인의 임차목적물반환청구채권 사이의 동시이행관계도 그대로 존속한다.
④ 동일한 채권에 관하여 확정일자 있는 채권양도통지와 두 개 이상의 채권압류 및 전부명령 정본이 동시에 송달된 경우 당해 전부명령이 채권의 압류가 경합된 상태에서 발령된 것으로서 무효인지 여부를 판단함에 있어 채권양도의 대상이 된 금액을 합산하여 피압류채권과 비교하여 판단한다.
⑤ 피전부채권이 양도금지의 특약이 있는 채권이더라도 전부명령에 의하여 전부되는 데는 지장이 없고 양도금지의 특약이 있는 사실에 관하여 집행채권자가 선의인가 악의인가 여부는 전부명령의 효력에 영향을 미치지 못한다.

해설

① (O) 채권양도 통지, 가압류 또는 압류명령 등이 제3 채무자에 동시에 송달되어 그들 상호간에 우열이 없는 경우에도 그 채권양수인, 가압류 또는 압류채권자는 모두 제3채무자에 대하여 완전한 대항력을 갖추었다고 할 것이므로, 그 전액에 대하여 채권양수금, 압류전부금 또는 추심금의 이행청구를 하고 적법하게 이를 변제받을 수 있고, 제3채무자로서는 이들 중 누구에게라도 그 채무 전액을 변제하면 다른 채권자에 대한 관계에서도 유효하게 면책되는 것이며, 만약 양수채권액과 가압류 또는 압류된 채권액의 합계액이 제3채무자에 대한 채권액을 초과할 때에는 그들 상호간에는 법률상의 지위가 대등하므로 공평의 원칙상 각 채권액에 안분하여 이를 내부적으로 다시 정산할 의무가 있다(대법원 1994.04.26. 선고 93다24223 판결).
② (O) 임차보증금을 피전부채권으로 하여 전부명령이 있을 경우에도 제3채무자인 임대인은 임차인에게 대항할 수 있는 사유로서 전부채권자에게 대항할 수 있는 것이어서 건물임대차보증금의 반환채권에 대한 전부명령의 효력이 그 송달에의 하여 발생한다고 하여도 위 보증금반환채권은 임대인의 채권이 발생하는 것을 해제조건으로 하는 것이므로 임대인의 채권을 공제한 잔액에 관하여서만 전부명령이 유효하다(대법원 1988.01.19. 선고 87다카1315 판결).
③ (O) 임차인의 임차 보증금반환청구채권이 전부된 경우에도 채권의 동일성은 그대로 유지되는 것이어서 동시이행관계도 당연히 그대로 존속한다(대법원 1989.10.27. 선고 89다카4298 판결).
④ (×)
[1] 동일한 채권에 대하여 두 개 이상의 채권압류 및 전부명령이 발령되어 제3채무자에게 동시에 송달된 경우 당해 전부명령이 채권압류가 경합된 상태에서 발령된 것으로서 무효인지의 여부는 그 각 채권압류명령의 압류액을 합한 금액이 피압류채권액을 초과하는지를 기준으로 판단하여야 하므로 전자가 후자를 초과하는 경우에는 당해 전부명령은 모두 채권의 압류가 경합된 상태에서 발령된 것으로서 무효로 될 것이지만 그렇지 않은 경우에는 채권의 압류가 경합된 경우에 해당하지 아니하여 당해 전부명령은 모두 유효하게 된다고 할 것이며, 그 때 동일한 채권에 관하여 확정일자 있는 채권양도통지가 그 각 채권압류 및 전부명령 정본과 함께 제3채무자에게 동시에 송달되어 채권양수인과 전부채권자들 상호간에 우열이 없게 되는 경우에도 마찬가지라고 할 것이다.

[2] 동일한 채권에 관하여 확정일자 있는 채권양도통지와 두 개 이상의 채권압류 및 전부명령 정본이 동시에 송달된 경우 채권의 양도는 채권에 대한 압류명령과는 그 성질이 다르므로 당해 전부명령이 채권의 압류가 경합된 상태에서 발령된 것으로서 무효인지의 여부를 판단함에 있어 압류액에 채권양도의 대상이 된 금액을 합산하여 피압류채권액과 비교하거나 피압류채권액에서 채권양도의 대상이 된 금액 부분을 공제하고 나머지 부분만을 압류액의 합계와 비교할 것은 아니다(대법원 2002.07.26. 선고 2001다68839 판결).

⑤ (O) 당사자 사이에 양도금지의 특약이 있는 채권이더라도 전부명령에 의하여 전부되는 데에는 지장이 없고, 양도금지의 특약이 있는 사실에 관하여 집행채권자가 선의인가 악의인가는 전부명령의 효력에 영향을 미치지 못하는 것인바, 이와 같이 양도금지특약부 채권에 대한 전부명령이 유효한 이상, 그 전부채권자로부터 다시 그 채권을 양수한 자가 그 특약의 존재를 알았거나 중대한 과실로 알지 못하였다고 하더라도 채무자는 위 특약을 근거로 삼아 채권양도의 무효를 주장할 수 없다(대법원 2003.12.11. 선고 2001다3771 판결).

정답 ④

4. 추심명령 및 추심의 소에 관한 설명 중 옳지 않은 것은? (다툼이 있는 경우 판례에 의함)
[2022년 06월 모의]

① 압류 및 추심명령이 유효하게 발령되더라도 채무자는 제3채무자에 대하여 피압류채권에 기한 동시이행항변권을 상실하지 않는다.
② 동일한 피압류채권에 대해 추심채권자가 다수인 경우 제3채무자는 그 중 1인에게 변제하면 추심채권자 모두에 대해 변제를 주장할 수 있다.
③ 집행력이 있는 판결 정본에 기하여 압류·추심명령이 발령된 경우 채무자가 강제집행정지결정의 정본을 집행기관에 제출하면 이로써 집행정지의 효력이 발생하고 그 집행정지가 효력을 잃기 전까지 압류채권자에 의한 채권의 추심이 금지된다.
④ 채무자가 제3채무자를 상대로 소송을 진행하는 도중 추심명령을 받은 추심채권자는 기존 소송에 승계참가는 가능하나 별소로 추심의 소를 제기할 수는 없다.
⑤ 동일 채권에 대해 복수 채권자들이 압류·추심명령을 받은 경우 한 채권자가 제기한 추심금소송에서 확정된 판결의 기판력은 그 소송의 변론종결 이전에 압류·추심명령을 받은 다른 추심채권자에게 미치지 않는다.

해설

① (O) 금전채권에 대한 압류 및 추심명령이 있는 경우, 이는 강제집행절차에서 추심채권자에게 채무자의 제3채무자에 대한 채권을 추심할 권능만을 부여하는 것이므로, 이로 인하여 채무자가 제3채무자에 대하여 가지는 채권이 추심채권자에게 이전되거나 귀속되는 것은 아니므로, 추심채무자로서는 제3채무자에 대하여 피압류채권에 기하여 그 동시이행을 구하는 항변권을 상실하지 않는다(대법원 2001.03.09. 선고 2000다73490 판결).

② (O) 압류경합의 경우에는, 추심명령을 받아 채권을 추심하는 채권자는 집행법원의 수권에 따라 일종의 추심기관으로서 압류나 배당에 참가한 모든 채권자를 위하여 제3채무자로부터 추심을 하는 것이므로 제3채무자로서도 정당한 추심권자에게 변제하면 그 효력은 압류경합 관계에 있는 모든 채권자에게 미치고, 또한 제3채무자가 집행공탁을 하거나 상계 기타의 사유로 압류채권을 소멸시키면 그 효력도 압류경합 관계에 있는 모든 채권자에게 미친다(대법원 2003.05.30. 선고 2001다10748 판결).

③ (O) 집행력이 있는 판결 정본에 기하여 압류·추심명령이 발령된 경우 채무자가 강제집행정지결정의 정본을 집행기관에 제출하면 이로써 집행정지의 효력이 발생하고 그 집행정지가 효력을 잃기 전까지 압류

채권자에 의한 채권의 추심이 금지된다(민사집행법 제49조 제2호). 여기서 강제집행정지결정의 정본이 압류채권자에게 송달되었는지 여부나 민사집행규칙 제161조가 규정하는 집행정지 통보가 제3채무자에게 송달되었는지 여부는 집행정지의 효력 발생과 무관하다(대법원 2012.10.25. 선고 2010다47117 판결).

④ (×) 채무자가 제3채무자를 상대로 제기한 이행의 소가 법원에 계속되어 있는 경우에도 압류채권자는 제3채무자를 상대로 압류된 채권의 이행을 청구하는 추심의 소를 제기할 수 있고, 제3채무자를 상대로 압류채권자가 제기한 추심의 소는 채무자가 제기한 이행의 소에 대한 관계에서 민소법 제259조가 금지하는 중복된 소제기에 해당하지 않는다(대법원 2013.12.18. 선고 2013다202120 전합 판결).

⑤ (○) 동일한 채권에 대해 복수의 채권자들이 압류·추심명령을 받은 경우 어느 한 채권자가 제기한 추심금소송에서 확정된 판결의 기판력은 그 소송의 변론종결일 이전에 압류·추심명령을 받았던 다른 추심채권자에게 미치지 않는다(대법원 2020.10.29. 선고 2016다35390 판결).

정답 ④

5. 이행소송의 근거가 되는 각종 청구권에 관한 본안소송과 이에 대한 보전처분 및 강제집행방법이 올바르게 연결되어 있는 것은? (다툼이 있는 경우 판례에 의함) [2023년 08월 모의]

본안소송	보전처분	강제집행
금전지급청구	(A)	직접강제(금전집행)
특정물인도청구	(B)	직접강제(인도집행)
소유권이전등기 청구	경우에 따라 다름	(C)

	A	B	C
①	다툼의 대상에 관한 가처분	가압류	직접강제
②	임시의 지위를 정하기 위한 가처분	가압류	대체집행
③	가압류	다툼의 대상에 관한 가처분	강제집행 신청 필요 없음
④	보전처분 없음	다툼의 대상에 관한 가처분	간접강제
⑤	가압류	임시의 지위를 정하기 위한 가처분	강제집행 신청 필요 없음

해 설

A. 가압류는 금전채권이나 금전으로 환산할 수 있는 채권에 대하여 동산 또는 부동산에 대한 강제집행을 보전하기 위하여 할 수 있다(민집법 제276조 제1항).

B. 다툼의 대상에 관한 가처분은 현상이 바뀌면 당사자가 권리를 실행하지 못하거나 이를 실행하는 것이 매우 곤란할 염려가 있을 경우에 한다(민집법 제300조 제1항).

C. 1) 채무자가 임의로 채무를 이행하지 아니한 때에는 채권자는 그 강제이행을 법원에 청구할 수 있다. 그러나 채무의 성질이 강제이행을 하지 못할 것인 때에는 그러하지 아니하다(민법 제389조 제1항). 전항의 채무가 법률행위를 목적으로 한 때에는 채무자의 의사표시에 갈음할 재판을 청구할 수 있고 채무자의

일신에 전속하지 아니한 작위를 목적으로 한 때에는 채무자의 비용으로 제3자에게 이를 하게 할 것을 법원에 청구할 수 있다(민법 제389조 제2항). 채무자가 권리관계의 성립을 인낙한 때에는 그 조서로, 의사의 진술을 명한 판결이 확정된 때에는 그 판결로 권리관계의 성립을 인낙하거나 의사를 진술한 것으로 본다(민집법 제263조 제1항).

2) 등기절차의 이행 또는 인수를 명하는 판결에 의한 등기는 승소한 등기권리자 또는 등기의무자가 단독으로 신청하고, 공유물을 분할하는 판결에 의한 등기는 등기권리자 또는 등기의무자가 단독으로 신청한다(부동산등기법 제23조 제4항).

3) 소유권이전등기를 청구하는 소송의 경우 "피고는 원고에게 …(중략)… 소유권이전등기절차를 이행하라"는 판결을 구할 수 있으며, 이는 민법 제389조 제2항 전단의 '채무자의 의사표시에 갈음할 재판을 청구'하는 것에 해당한다. 승소확정판결이 있으면 이는 민집법 제263조의 '의사의 진술을 명한 판결'이 된다. 당사자의 의사진술에 갈음하는 것이므로 '대용판결'이라 한다. 판결문 자체가 등기의무자의 소유권 이전의 의사표시인 것으로 간주하여, 등기권리자는 이 판결을 가지고 단독으로 등기신청을 할 수 있다.

정답 ③

6. 전부명령 또는 전부금청구소송에 관한 설명으로 옳지 않은 것은? (다툼이 있는 경우 판례에 의함)
[2024년 06월 모의]

① 무권대리인의 촉탁에 의해 작성된 공정증서에 기한 채권압류 및 전부명령이 확정되었더라도 그 채권압류 및 전부명령은 무효이므로, 제3채무자는 채권자의 전부금청구에 대해 그 무효를 들어 항변할 수 있다.
② 당사자 사이에 양도금지 특약이 있는 채권이라도 전부명령에 의하여 전부되는 데에 지장이 없고, 양도금지 특약이 있는 사실에 관하여 집행채권자가 선의인지 악의인지는 전부명령의 효력에 영향을 미치지 않는다.
③ 불가분채권자들 중 1인을 집행채무자로 한 채권압류 및 전부명령이 확정되었더라도 다른 불가분채권자는 제3채무자에게 채권 전부의 이행을 청구할 수 있고, 제3채무자는 그 불가분채권자에게 전부를 이행할 수 있다.
④ 동일한 채권에 관해 확정일자 있는 채권양도통지와 2개의 채권압류 및 전부명령 정본이 동시에 송달된 경우, 전부명령이 압류의 경합으로 무효인지 여부는 피압류채권액에서 채권양도의 대상이 된 금액 부분을 공제한 나머지 부분만을 위 2개 압류액의 합계와 비교하여 판단한다.
⑤ 채권자대위소송이 제기되고 대위채권자가 채무자에게 대위권 행사사실을 통지하거나 채무자가 이를 알게 된 이후에는 압류의 경합에 관한 민사집행법 규정이 유추적용되어 피대위채권에 대한 전부명령은 우선권 있는 채권에 기초한 것이라는 등의 특별한 사정이 없는 한 무효이다.

해설

① (O) 공정증서가 집행권원으로서 집행력을 가질 수 있도록 하는 집행인낙의 표시는 공증인에 대한 소송행위이므로, 무권대리인의 촉탁에 의하여 공정증서가 작성된 때에는 집행권원으로서의 효력이 없고, 이러한 공정증서에 기초하여 채권압류 및 전부명령이 발령되어 확정되었더라도 채권압류 및 전부명령은 무효인 집행권원에 기초한 것으로서 강제집행의 요건을 갖추지 못하여 실체법상 효력이 없다. 따라서 제3채무자는 채권자의 전부금 지급청구에 대하여 그러한 실체법상의 무효를 들어 항변할 수 있다(대법원 2016.12.29. 선고 2016다22837 판결).
② (O) 당사자 사이에 양도금지의 특약이 있는 채권이라도 전부명령에 의하여 전부되는 데에는 지장이 없고, 양도금지의 특약이 있는 사실에 관하여 집행채권자가 선의인가 악의인가는 전부명령의 효력에 영

향을 미치지 못하는 것인바, 이와 같이 양도금지특약부 채권에 대한 전부명령이 유효한 이상, 그 전부채권자로부터 다시 그 채권을 양수한 자가 그 특약의 존재를 알았거나 중대한 과실로 알지 못하였다고 하더라도 채무자는 위 특약을 근거로 삼아 채권양도의 무효를 주장할 수 없다(대법원 2003.12.11. 선고 2001다3771 판결).

③ (O) 수인의 채권자에게 금전채권이 불가분적으로 귀속되는 경우에, 불가분채권자들 중 1인을 집행채무자로 한 압류 및 전부명령이 이루어지면 그 불가분채권자의 채권은 전부채권자에게 이전되지만, 그 압류 및 전부명령은 집행채무자가 아닌 다른 불가분채권자에게 효력이 없으므로, 다른 불가분채권자의 채권의 귀속에 변경이 생기는 것은 아니다. 따라서 다른 불가분채권자는 모든 채권자를 위하여 채무자에게 불가분채권 전부의 이행을 청구할 수 있고, 채무자는 모든 채권자를 위하여 다른 불가분채권자에게 전부를 이행할 수 있다. 이러한 법리는 불가분채권의 목적이 금전채권인 경우 그 일부에 대하여만 압류 및 전부명령이 이루어진 경우에도 마찬가지이다(대법원 2023.03.30. 선고 2021다264253 판결).

④ (×) 동일한 채권에 관하여 확정일자 있는 채권양도통지와 두 개 이상의 채권압류 및 전부명령 정본이 동시에 송달된 경우 채권의 양도는 채권에 대한 압류명령과는 그 성질이 다르므로 당해 전부명령이 채권의 압류가 경합된 상태에서 발령된 것으로서 무효인지의 여부를 판단함에 있어 압류액에 채권양도의 대상이 된 금액을 합산하여 피압류채권액과 비교하거나 피압류채권액에서 채권양도의 대상이 된 금액 부분을 공제하고 나머지 부분만을 압류액의 합계와 비교할 것은 아니다(대법원 2002.07.26. 선고 2001다68839 판결).

⑤ (O) 채권자대위소송이 제기되고 대위채권자가 채무자에게 대위권 행사사실을 통지하거나 채무자가 이를 알게 된 이후에는 민집법 제229조 제5항이 유추적용되어 피대위채권에 대한 전부명령은, 우선권 있는 채권에 기초한 것이라는 등의 특별한 사정이 없는 한, 무효이다(대법원 2016.08.29. 선고 2015다236547 판결).

정답 ④

7. 청구이의의 소에 관한 설명 중 옳은 것을 모두 고른 것은? (다툼이 있는 경우 판례에 의함)
[2024년 06월 모의]

ㄱ. 상속채무의 이행청구 소송에서 변론종결 전 이미 고지된 한정승인 사실을 상속인인 피고가 주장하지 않아 전부 인용 판결이 확정되었더라도, 위 상속인은 이후 한정승인 사실을 원인으로 위 판결에 대한 청구이의의 소를 제기할 수 있다.

ㄴ. 상속채무의 이행청구 소송에서 변론종결 전 이미 고지된 상속포기 사실을 상속인인 피고가 주장하지 않아 전부 인용 판결이 확정되었더라도, 위 상속인은 이후 상속포기 사실을 원인으로 위 판결에 대한 청구이의의 소를 제기할 수 있다.

ㄷ. 금전채무에 관한 이행소송의 변론종결 전에 채무자인 피고에 대하여 파산선고 후 면책결정이 확정되었음에도 피고가 이를 주장하지 않아 전부 인용 판결이 확정되었더라도, 위 채무자는 이후 위 면책결정 사실을 원인으로 위 판결에 대한 청구이의의 소를 제기할 수 있다.

ㄹ. 피고가 확정판결의 변론종결 전 원고에 대해 상계적상에 있는 채권을 가지고 있었던 경우라면 판결 확정 이후에 상계의 의사표시를 하더라도 적법한 청구이의 사유가 될 수 없다.

ㅁ. 확정된 지급명령은 확정판결과 같은 효력이 있으므로 청구권의 불성립이나 무효사유는 적법한 청구이의 사유가 될 수 없다.

① ㄱ, ㄴ   ② ㄱ, ㄷ   ③ ㄴ, ㄹ
④ ㄷ, ㅁ   ⑤ ㄹ, ㅁ

> **해설**

㉠ (O) 채권자가 피상속인의 금전채무를 상속한 상속인을 상대로 그 상속채무의 이행을 구하여 제기한 소송에서 채무자가 한정승인 사실을 주장하지 않으면 책임의 범위는 현실적인 심판대상으로 등장하지 아니하여 주문에서는 물론 이유에서도 판단되지 않으므로 그에 관하여 기판력이 미치지 않는다. 그러므로 채무자가 한정승인을 하고도 채권자가 제기한 소송의 사실심 변론종결시까지 그 사실을 주장하지 아니하여 책임의 범위에 관한 유보가 없는 판결이 선고되어 확정되었다고 하더라도, 채무자는 그 후 위 한정승인 사실을 내세워 청구에 관한 이의의 소를 제기할 수 있다(대법원 2006.10.13. 선고 2006다23138 판결).

㉡ (X) 채무자가 한정승인을 하였으나 채권자가 제기한 소송의 사실심 변론종결시까지 이를 주장하지 아니하는 바람에 책임의 범위에 관하여 아무런 유보 없는 판결이 선고·확정된 경우라 하더라도 채무자가 그 후 위 한정승인 사실을 내세워 청구에 관한 이의의 소를 제기하는 것이 허용되는 것은, 한정승인에 의한 책임의 제한은 상속채무의 존재 및 범위의 확정과는 관계없이 다만 판결의 집행 대상을 상속재산의 한도로 한정함으로써 판결의 집행력을 제한할 뿐으로, 채권자가 피상속인의 금전채무를 상속한 상속인을 상대로 그 상속채무의 이행을 구하여 제기한 소송에서 채무자가 한정승인 사실을 주장하지 않으면 책임의 범위는 현실적인 심판대상으로 등장하지 아니하여 주문에서는 물론 이유에서도 판단되지 않는 관계로 그에 관하여는 기판력이 미치지 않기 때문이다. 위와 같은 기판력에 의한 실권효 제한의 법리는 채무의 상속에 따른 책임의 제한 여부만이 문제되는 한정승인과 달리 상속에 의한 채무의 존재 자체가 문제되어 그에 관한 확정판결의 주문에 당연히 기판력이 미치게 되는 상속포기의 경우에는 적용될 수 없다(대법원 2009.05.28. 선고 2008다79876 판결).

㉢ (O) 채무자 회생 및 파산에 관한 법률 제566조 본문은 면책을 받은 개인채무자는 파산절차에 의한 배당을 제외하고는 파산채권자에 대한 채무의 전부에 관하여 그 책임이 면제된다고 정하고 있다. 여기서 면책이란 채무 자체는 존속하지만 개인채무자에 대하여 이행을 강제할 수 없다는 뜻이다. 파산선고 후 면책결정이 확정되면 개인채무자의 파산채권자에 대한 채무는 그대로 존속하지만 책임은 소멸하므로, 개인채무자의 파산채권자에 대한 책임은 파산선고 당시에 개인채무자가 가진 재산 한도로 한정된다. 채무는 그대로 존속하지만 책임만이 위와 같은 범위로 제한되므로 개인채무자는 파산선고 이후에 취득하는 재산으로 변제할 책임은 지지 않는다. 파산채권자가 개인채무자를 상대로 채무 이행을 청구하는 소송에서 면책결정에 따라 발생한 책임 소멸은 소송물인 채무의 존부나 범위 확정과는 직접적인 관계가 없다. <u>개인채무자가 면책 사실을 주장하지 않는 경우에는 책임 범위나 집행력 문제가 현실적인 심판대상으로 등장하지도 않아 주문이나 이유에서 그에 관한 아무런 판단이 없게 된다. 이런 경우 면책결정으로 인한 책임 소멸에 관해서는 기판력이 미치지 않으므로, 개인채무자에 대한 면책결정이 확정되었는데도 파산채권자가 제기한 소송의 사실심 변론종결 시까지 그 사실을 주장하지 않는 바람에 면책된 채무 이행을 명하는 판결이 선고되어 확정된 경우에도 특별한 사정이 없는 한 개인채무자는 그 후 면책된 사실을 내세워 청구이의의 소를 제기할 수 있다.</u> 이와 같이 확정판결에 관한 소송에서 주장되지 않았던 면책 사실도 청구이의소송에서 이의사유가 될 수 있다고 봄이 타당하다(대법원 2022.07.28. 선고 2017다286492 판결).

㉣ (X) 당사자 쌍방의 채무가 서로 상계적상에 있다 하더라도 그 자체만으로 상계로 인한 채무소멸의 효력이 생기는 것은 아니고, 상계의 의사표시를 기다려 비로소 상계로 인한 채무소멸의 효력이 생기는 것이므로, 채무자가 채무명의인 확정판결의 변론종결 전에 상대방에 대하여 상계적상에 있는 채권을 가지고 있었다 하더라도 채무명의인 확정판결의 변론종결 후에 이르러 비로소 상계의 의사표시를 한 때에는 구 민소법(2002. 1. 26. 법률 제6626호로 전문 개정되기 전의 것. 이하 같다) 제505조 제2항이 규정하는 '이의원인이 변론종결 후에 생긴 때'에 해당하는 것으로서, 당사자가 채무명의인 확정판결의 변론종결 전에 자동채권의 존재를 알았는가 몰랐는가에 관계 없이 적법한 청구이의 사유로 된다(대법원 2005.11.10. 선고 2005다41443 판결).

㉤ (X) 확정판결에 대한 청구이의 이유를 변론이 종결된 뒤(변론 없이 한 판결의 경우에는 판결이 선고된 뒤)에 생긴 것으로 한정하고 있는 민집법 제44조 제2항과는 달리 민집법 제58조 제3항은 지급명령에 대한 청

구에 관한 이의의 주장에 관하여는 위 제44조 제2항의 규정을 적용하지 아니한다고 규정하고 있으므로, 현행 민소법에 의한 지급명령에 있어서도 지급명령 발령 전에 생긴 청구권의 불성립이나 무효 등의 사유를 그 지급명령에 관한 이의의 소에서 주장할 수 있다. 이러한 의미에서 구 민소법뿐만 아니라 현행 민소법에 의한 지급명령에도 기판력은 인정되지 아니한다(대법원 2009.07.09. 선고 2006다73966 판결). 참고로 이행권고결정의 경우에도 기판력이 인정되지 않으므로, 확정된 이행권고결정 성립 후에 생긴 사유만 청구이의의 사유로 삼을 수 있다는 제한을 받지 않고, 그 전의 사유라도 청구이의의 이유로 삼을 수 있다(소액사건심판법 제5조의8 제3항).

정답 ②

8. 압류명령, 추심명령, 전부명령에 관한 설명 중 옳은 것을 모두 고른 것은? (다툼이 있는 경우 판례에 의함)
[2024년 08월 모의]

ㄱ. 채권자대위소송에서 확정된 판결에 따라 대위채권자가 제3채무자로부터 지급받을 채권에 대한 압류 및 전부명령은 무효이다.

ㄴ. 채권압류 및 추심명령 당시 피압류채권이 이미 제3자에 대한 대항요건을 갖추어 양도되어 그 명령이 효력이 없는 것이 되었다면, 그 후의 사해행위취소소송에서 위 채권양도계약이 취소되어 채권이 원채권자에게 복귀하였다고 하더라도 이미 무효로 된 채권압류 및 추심명령이 다시 유효로 되는 것은 아니다.

ㄷ. 우리나라 법원이 외국을 제3채무자로 하는 추심명령에 대하여 재판권을 행사할 수 없는 경우에는 그 추심명령에 기하여 외국을 피고로 하는 추심금 소송에 대하여도 역시 재판권을 행사할 수 없다.

ㄹ. 임대차계약에 따른 권리와 의무를 함께 부담하는 공동임차인 중 1인에 대한 채권자가 임대차보증금반환채권 일부에 대하여 압류 및 전부명령을 받은 경우 그 압류 및 전부명령의 효력은 나머지 공동임차인들에게도 미친다.

ㅁ. 채권자는 추심명령에 따라 얻은 권리를 포기할 수 있고 추심권의 포기는 압류의 효력에 영향을 미치므로 추심권의 포기는 압류로 인한 소멸시효 중단의 효력을 상실시킨다.

① ㄱ, ㅁ
② ㄱ, ㄴ, ㄷ
③ ㄱ, ㄴ, ㄹ
④ ㄷ, ㄹ, ㅁ
⑤ ㄱ, ㄷ, ㄹ

해설

㉠ (O) 자기의 금전채권을 보전하기 위하여 채무자의 금전채권을 대위행사하는 대위채권자는 제3채무자로 하여금 직접 대위채권자 자신에게 지급의무를 이행하도록 청구할 수 있고 제3채무자로부터 변제를 수령할 수도 있으나, 이로 인하여 채무자의 제3채무자에 대한 피대위채권이 대위채권자에게 이전되거나 귀속되는 것이 아니므로, 대위채권자의 제3채무자에 대한 추심권능 내지 변제수령권능은 자체로서 독립적으로 처분하여 환가할 수 있는 것이 아니어서 압류할 수 없는 성질의 것이고, 따라서 추심권능 내지 변제수령권능에 대한 압류명령 등은 무효이다. 그리고 채권자대위소송에서 제3채무자로 하여금 직접 대위채권자에게 금전의 지급을 명하는 판결이 확정되었더라도 판결에 기초하여 금전을 지급받는 것 역시 대위채권자의 제3채무자에 대한 추심권능 내지 변제수령권능에 속하므로, 채권자대위소송에서 확정된 판결에 따라 대위채권자가 제3채무자로부터 지급받을 채권에 대한 압류명령 등도 무효이다(대법원 2016.08.29. 선고 2015다236547 판결).

㉡ (O)
[1] 채무자가 압류 또는 가압류의 대상인 채권을 양도하고 확정일자 있는 통지 등에 의한 채권양도의 대

항요건을 갖추었다면, 그 후 채무자의 다른 채권자가 그 양도된 채권에 대하여 압류 또는 가압류를 하더라도 그 압류 또는 가압류 당시에 피압류채권은 이미 존재하지 않는 것과 같아 압류 또는 가압류로서의 효력이 없고, 그에 기한 추심명령 또한 무효이므로, 그 다른 채권자는 압류 등에 따른 집행절차에 참여할 수 없다. 또한 압류된 금전채권에 대한 전부명령이 절차상 적법하게 발부되어 확정되었다고 하더라도 전부명령이 제3채무자에게 송달될 때에 피압류채권이 존재하지 않으면 전부명령도 무효이므로, 피압류채권이 전부채권자에게 이전되거나 집행채권이 변제되어 소멸하는 효과는 발생할 수 없다.

[2] 채권자가 사해행위의 취소와 함께 수익자 또는 전득자로부터 책임재산의 회복을 명하는 사해행위취소의 판결을 받은 경우 그 취소의 효과는 채권자와 수익자 또는 전득자 사이에만 미치므로, 수익자 또는 전득자가 채권자에 대하여 사해행위의 취소로 인한 원상회복 의무를 부담하게 될 뿐, 채무자와 사이에서 그 취소로 인한 법률관계가 형성되거나 취소의 효력이 소급하여 채무자의 책임재산으로 회복되는 것은 아니다. 따라서 채권압류명령 등 당시 피압류채권이 이미 제3자에 대한 대항요건을 갖추어 양도되어 그 명령이 효력이 없는 것이 되었다면, 그 후의 사해행위취소소송에서 위 채권양도계약이 취소되어 채권이 원채권자에게 복귀하였다고 하더라도 이미 무효로 된 채권압류명령 등이 다시 유효로 되는 것은 아니다(대법원 2022.12.01. 선고 2022다247521 판결).

ⓒ (O)
우리나라 법원이 외국을 제3채무자로 하는 추심명령에 대하여 재판권을 행사할 수 있는 경우에는 그 추심명령에 기하여 외국을 피고로 하는 추심금 소송에 대하여도 역시 재판권을 행사할 수 있다고 할 것이고, 반면 추심명령에 대한 재판권이 인정되지 않는 경우에는 추심금 소송에 대한 재판권 역시 인정되지 않는다(대법원 2011.12.13. 선고 2009다16766 판결).

ⓔ (×) 수인의 채권자에게 금전채권이 불가분적으로 귀속되는 경우에, 불가분채권자들 중 1인을 집행채무자로 한 압류 및 전부명령이 이루어지면 그 불가분채권자의 채권은 전부채권자에게 이전되지만, 그 압류 및 전부명령은 집행채무자가 아닌 다른 불가분채권자에게 효력이 없으므로, 다른 불가분채권자의 채권의 귀속에 변경이 생기는 것은 아니다. 따라서 다른 불가분채권자는 모든 채권자를 위하여 채무자에게 불가분채권 전부의 이행을 청구할 수 있고, 채무자는 모든 채권자를 위하여 다른 불가분채권자에게 전부를 이행할 수 있다. 이러한 법리는 불가분채권의 목적이 금전채권인 경우 그 일부에 대하여만 압류 및 전부명령이 이루어진 경우에도 마찬가지이다(대법원 2023.03.30. 선고 2021다264253 판결).

ⓜ (×) 금전채권에 대한 압류명령과 그 현금화 방법인 추심명령을 동시에 신청하더라도 압류명령과 추심명령은 별개로서 그 적부는 각각 판단하여야 하고, 그 신청의 취하 역시 별도로 판단하여야 한다. 채권자는 추심명령에 따라 얻은 권리를 포기할 수 있지만(민집법 제240조 제1항) 추심권의 포기는 압류의 효력에는 영향을 미치지 아니하므로, 추심권의 포기만으로는 압류로 인한 소멸시효 중단의 효력은 상실되지 아니하고 압류명령의 신청을 취하하면 비로소 소멸시효 중단의 효력이 소급하여 상실된다(대법원 2014.11.13. 선고 2010다63591 판결).

정답 ②

9. 甲은 乙을 상대로 매매대금의 지급을 구하는 소를 제기하고 승소확정판결을 받았다. 乙이 임의이행을 하지 않자 甲은 乙의 재산을 조사하여 乙이 A 은행에 예금채권이 있음을 알게 되었다. 이에 甲은 위 확정판결을 집행권원으로 하여 乙의 A 은행에 대한 채권압류와 추심명령을 신청하려고 한다. 이와 관련된 아래의 설명 중 옳지 <u>않은</u> 것은? (다툼이 있는 경우 판례에 의함) [2021년 06월 모의]

① 甲의 다른 채권자 B가 위 집행권원에 표시된 매매대금채권을 압류하여도 甲이 乙을 상대로 한 채권압류명령에는 집행장애사유가 될 수 없다.
② 甲이 채권압류 및 추심명령에 기한 추심의 소를 제기하면 피압류채권의 존재는 甲이 증명하여야 한다.
③ 甲이 A 은행을 상대로 추심의 소를 제기하기 전에 이미 乙이 A 은행을 상대로 제기한 예금채권의 반환을 구하는 소가 법원에 계속되어 있어도, 甲의 A 은행에 대한 추심의 소는 중복제소가 되지 않는다.

④ 甲이 A 은행을 상대로 제기한 추심의 소에서, A 은행은 여러 개의 채권 중 압류된 채권이 특정되지 않아 압류명령에 따른 압류의 효력이 발생하지 않았다는 이유로 추심명령의 무효를 주장하여 다툴 수 있다.
⑤ A 은행이 압류된 채권액 상당에 관하여 甲에게 지체책임을 지는 것은 집행법원으로부터 추심명령을 송달받은 때부터이다.

해설

① (O) 채권압류명령은 비록 강제집행절차에 나아간 것이기는 하나 채권추심명령이나 채권전부명령과는 달리 집행채권의 현금화나 만족적 단계에 이르지 아니하는 보전적 처분으로서 집행채권을 압류한 채권자를 해하는 것이 아니기 때문에 집행채권에 대한 압류의 효력에 반하는 것은 아니므로, 집행채권에 대한 압류는 집행채권자가 채무자를 상대로 한 채권압류명령에는 집행장애사유가 될 수 없다(대법원 2016.09.28. 선고 2016다205915 판결).
② (O) 채권압류 및 추심명령에 기한 추심의 소에서 피압류채권의 존재는 채권자가 증명하여야 한다(대법원 2015.06.11. 선고 2013다40476 판결).
③ (O) 채무자가 제3채무자를 상대로 제기한 이행의 소가 이미 법원에 계속되어 있는 상태에서 압류채권자가 제3채무자를 상대로 제기한 추심의 소의 본안에 관하여 심리·판단한다고 하여, 제3채무자에게 불합리하게 과도한 이중 응소의 부담을 지우고 본안 심리가 중복되어 당사자와 법원의 소송경제에 반한다거나 판결의 모순·저촉의 위험이 크다고 볼 수 없다(대법원 2013.12.18. 선고 2013다202120 전합 판결).
④ (O) 채권의 추심명령은 압류한 금전채권을 대위절차 없이 추심할 수 있게 해주는 것으로서 유효한 압류명령이 있음을 전제하는 것이므로, 압류할 채권이 특정되지 않아 압류명령에 따른 압류의 효력이 발생하지 않는 경우에는 그에 따른 추심명령도 효력이 없다. 그와 같은 경우 채무자는 가압류이의나 즉시항고로써 가압류결정이나 압류 및 추심명령의 효력을 다툴 수 있지만, 제3채무자로서도 추심금 소송에서 추심명령의 무효를 주장하여 다툴 수 있다(대법원 2012.11.15. 선고 2011다38394 판결).
⑤ (×) 추심명령은 압류채권자에게 채무자의 제3채무자에 대한 채권을 추심할 권능을 수여함에 그치고, 제3채무자로 하여금 압류채권자에게 압류된 채권액 상당을 지급할 것을 명하거나 그 지급 기한을 정하는 것이 아니므로, 제3채무자가 압류채권자에게 압류된 채권액 상당에 관하여 지체책임을 지는 것은 집행법원으로부터 추심명령을 송달받은 때부터가 아니라 추심명령이 발령된 후 압류채권자로부터 추심금 청구를 받은 다음날부터이다(대법원 2012.10.25. 선고 2010다47117 판결). **정답 ⑤**

10. 甲이 乙을 상대로 대여금 1억 원의 반환을 청구하는 소를 제기하여 제1심에서 "1. 乙은 甲에게 1억 원을 지급하라. 2. 제1항은 가집행할 수 있다."라는 판결을 선고받았는데, 乙은 甲에게 가지급물로서 4천만 원(이하 '위 4천만 원'이라고 함)을 지급한 후 항소기간 내에 제1심 판결 전부에 대하여 항소를 제기하였다. 다음 설명 중 옳지 않은 것은? (다툼이 있는 경우 판례에 의함) [2023년 06월 모의]

① 항소심에서 乙이 위 4천만 원의 변제사실을 주장하더라도 이는 적법한 항변이 되지 못한다.
② 항소심에서 乙은 甲을 상대로 하여 제1심 판결의 취소·변경을 조건으로 위 4천만 원의 반환과 손해배상을 구하는 예비적 반소를 제기할 수 있다.
③ 항소심 도중 甲이 제1심 판결에 기하여 乙 소유의 X부동산에 대하여 강제경매신청을 함으로써 경매절차가 진행되어 매각대금이 완납되었더라도 그 후 항소심에서 "1. 제1심 판결을 취소한다. 2. 甲의 청구를 기각한다."라는 판결이 선고되어 확정되면 위 경매절차는 무효로 되고 X부동산의 소유권은 乙에게 복귀한다.
④ 가집행선고로 인하여 지급된 물건이 있다면 乙은 항소심에서 가지급물의 반환과 가집행으로 인

한 손해배상을 청구할 수 있는데, 이 경우 손해배상은 공평의 원칙에 입각한 무과실책임이다.
⑤ 항소심에서 항소기각 판결이 선고되어 확정되자 甲이 청구채권 1억 원에 관하여 乙의 재산에 강제집행을 신청하였다면 乙은 위 4천만 원 부분에 관한 집행력의 배제를 구하는 청구이의의 소를 제기할 수 있다.

해설

① (O), ⑤ (O) 가집행이 붙은 제1심 판결을 선고받은 채무자가 선고일 약 1달 후에 그 판결에 의한 그때까지의 원리금을 추심 채권자에게 스스로 지급하기는 하였으나 그 제1심 판결에 대하여 항소를 제기하여 제1심에서 인용된 금액에 대하여 다투었다면, 그 채무자는 제1심 판결이 인용한 금액에 상당하는 채무가 있음을 스스로 인정하고 이에 대한 확정적 변제행위로 추심 채권자에게 그 금원을 지급한 것이 아니라, 제1심 판결이 인용한 지연손해금의 확대를 방지하고 그 판결에 붙은 가집행 선고에 기한 강제집행을 면하기 위하여 그 금원을 지급한것으로 봄이 상당하고, 이와 같이 제1심 판결에 붙은 가집행선고에 의하여 지급된 금원은 확정적으로 변제의 효과가 발생하는 것이 아니어서 채무자가 그 금원의 지급 사실을 항소심에서 주장하더라도 항소심은 그러한 사유를 참작하지 않으므로, 그 금원 지급에 의한 채권 소멸의 효과는 그 판결이 확정된 때에 비로소 발생한다고 할 것이며, 따라서 채무자가 그와 같이 금원을 지급하였다는 사유는 본래의 소송의 확정판결의 집행력을 배제하는 적법한 청구이의사유가 된다(대법원 1995.06.30. 선고 95다15827 판결).

② (O) 가지급물 반환신청은 가집행에 의하여 집행을 당한 채무자가 별도의 소를 제기하는 비용, 시간 등을 절약하고 본안의 심리 절차를 이용하여 신청의 심리를 받을 수 있는 간이한 길을 터놓은 제도로서 그 성질은 본안판결의 취소·변경을 조건으로 하는 예비적 반소에 해당한다(대법원 2011.08.25. 선고 2011다25145 판결).

③ (×)
1) 가집행선고 있는 판결에 기한 강제집행은 확정판결에 기한 경우와 같이 본집행이므로 상소심의 판결에 의하여 가집행선고의 효력이 소멸되거나 집행채권의 존재가 부정된다 하더라도 그에 앞서 이미 완료된 집행절차나 이에 기한 경락인의 소유권취득의 효력에는 아무런 영향을 미치지 아니한다(대법원 1993.04.23. 선고 93다3165 판결).
2) 가집행선고가 실효하는 경우에도 그 효력은 장래를 향하여 발생하며 소급하는 것이 아니므로(가집행선고실효의 장래효), 그 실효 이전에 이미 집행이 종료된 경우 집행을 취소할 여지가 없게 되어 그 효력에 아무런 영향이 없다. 따라서 강제집행절차에서 매수인은 소유권을 취득하며, 당사자 사이에는 부당이득반환이나 손해배상의 문제가 생길 뿐이다.
3) 다만, 가집행선고 있는 제1심판결이 항소심에서 취소되면 가집행선고는 실효되지만, 취소된 항소심판결이 상고심에서 파기되면 가집행선고의 효력은 다시 회복한다. 이 경우 특별한 다른 사정이 없는 한 집행권원인 가집행선고가 있는 제1심판결에 기하여 집행개시나 속행을 할 수 있다(대법원 1993.03.29. 자 93마246 결정).

④ (O) 본안판결의 변경으로 가집행의 선고가 실효되었을 경우, 법원은 가집행선고로 인하여 지급된 물건의 반환은 물론 가집행으로 인한 손해의 배상까지도 명할 수 있는데, 위 배상의무는 공평원칙에 입각한 일종의 무과실책임이다(대법원 1979.09.11. 선고 79다1123 판결).

정답 ③

판례색인

대법원 1961.12.07. 선고 4293민상853 판결 ········ 264, 268
대법원 1962.04.04. 선고 62다1 판결 ····················· 289
대법원 1962.04.12. 선고 4294민상1078 판결 ·············· 126
대법원 1962.04.26. 선고 4294민상1071 판결 ·············· 135
대법원 1962.06.14. 선고 62마6 판결 ······················ 164
대법원 1964.12.29. 선고 64다1054 판결 ··················· 266
대법원 1965.03.02. 선고 64다1761 판결 ··················· 133
대법원 1965.03.23. 선고 65다24 판결 ······················ 100
대법원 1965.04.06. 선고 65다170 판결 ···················· 223
대법원 1965.07.27. 선고 65다947 판결 ···················· 189
대법원 1965.10.26. 선고 65다1660 판결 ··················· 132
대법원 1966.03.15. 선고 65다2455 판결 ··················· 263
대법원 1966.06.28. 선고 66다780 판결 ···················· 177
대법원 1967.09.05. 선고 67다1323 판결 ··················· 301
대법원 1967.09.26. 선고 67다1695 판결 ··················· 113
대법원 1968.01.31. 선고 67다2558 판결 ···················· 54
대법원 1968.04.23. 선고 68다217 판결 ········ 163, 168, 172
대법원 1968.05.14. 선고 67다2787 판결 ············ 245, 273
대법원 1968.09.17. 선고 68다1142 판결 ··················· 246
대법원 1968.11.26. 선고 68다1886 판결 ··················· 221
대법원 1969.01.21. 선고 68다2167 판결 ··················· 147
대법원 1969.01.28. 선고 68다2022 판결 ··················· 288
대법원 1969.05.13. 선고 68다656 판결 ···················· 230
대법원 1969.05.27. 선고 69다130 판결 ············· 168, 172
대법원 1969.08.19. 선고 69다949 판결 ···················· 235
대법원 1969.12.23. 선고 69다1053 판결 ··················· 246
대법원 1970.01.27. 선고 67다774 판결 ···················· 122
대법원 1970.04.14. 선고 70다171 판결 ···················· 259
대법원 1970.06.05. 자 70마325 결정 ······················ 119
대법원 1970.06.09. 선고 70마676 판결
 ························· 118, 188, 195, 315
대법원 1970.09.22. 선고 69다446 판결 ···················· 230
대법원 1970.12.22. 선고 70다2297 판결 ···················· 49
대법원 1971.02.09. 선고 69다1741 판결 ····················· 30
대법원 1971.02.23. 선고 70다2938 판결 ·················· 9, 10
대법원 1971.03.23. 선고 70다3013 판결 ············· 138, 147
대법원 1971.03.31. 선고 71다309 판결 ···················· 278
대법원 1971.03.31. 선고 71다8 판결 ······················· 220

대법원 1972.10.10. 선고 71다2279 판결 ······················ 6
대법원 1972.11.30. 자 72마787 결정 ········· 159, 163, 168
대법원 1973.07.24. 선고 69다60 판결 ······················ 66
대법원 1973.12.11. 선고 73다1553 판결 ····················· 36
대법원 1974.07.16. 선고 73다1190 판결 ····················· 33
대법원 1974.08.30. 선고 74다537 판결 ···················· 239
대법원 1974.10.08. 선고 73다1879 판결 ··················· 142
대법원 1975.05.13. 선고 73다1449 판결 ··················· 223
대법원 1975.07.22. 선고 75다450 판결 ············· 218, 225
대법원 1975.11.11. 선고 74다634 판결 ···················· 166
대법원 1976.07.27. 선고 76다1394 판결 ··················· 129
대법원 1976.10.29. 선고 76다1623 판결 ··················· 323
대법원 1977.11.09. 자 77마284 결정 ······················· 15
대법원 1978.09.12. 선고 78다879 판결 ············· 135, 136
대법원 1978.11.01. 선고 78다1206 판결 ····················· 43
대법원 1979.05.15. 선고 78다1094 판결 ··················· 166
대법원 1979.08.14. 선고 78다1283 판결 ····················· 33
대법원 1979.08.14. 선고 79다1105 판결 ··················· 183
대법원 1979.09.11. 선고 79다1123 판결 ··················· 334
대법원 1979.09.25. 선고 78다153 판결 ···················· 106
대법원 1980.02.26. 선고 80다56 판결 ····················· 102
대법원 1980.06.12. 자 80마158 결정 ······················· 21
대법원 1980.06.24. 선고 80다756 판결 ············ 273, 286
대법원 1980.07.08. 선고 79다1528 판결 ··················· 194
대법원 1980.07.08. 선고 80다1132 판결 ··················· 316
대법원 1980.07.08. 선고 80다118 판결 ····················· 89
대법원 1980.07.08. 선고 80다1192 판결 ··················· 303
대법원 1980.07.22. 자 80마208 결정 ······················· 20
대법원 1980.08.26. 선고 80다76 판결 ····················· 162
대법원 1980.09.26. 자 80마403 결정 ········ 22, 23, 24, 106
대법원 1981.03.10. 선고 80다1895 판결 ··················· 271
대법원 1981.04.14. 선고 80다1881 판결 ··················· 297
대법원 1981.06.23. 선고 80다1761 판결 ············· 60, 258
대법원 1981.08.11. 선고 81다262 판결 ···················· 136
대법원 1981.08.25. 선고 80다3149 판결 ····················· 48
대법원 1981.09.08. 선고 80다3271 판결 ··················· 299
대법원 1981.12.08. 선고 80다577 판결 ············· 168, 291
대법원 1982.01.26. 81다546 판결 ························· 212

대법원 1982.04.27. 선고 80다851 판결 ·················· 130
대법원 1982.05.11. 선고 80다916 판결 ······ 101, 172, 176
대법원 1982.07.13. 선고 81다카1120 판결
················· 210, 213, 216, 218, 222
대법원 1982.08.24. 선고 82다카317 판결 ················ 151
대법원 1982.09.14. 선고 80다2425 판결 ················· 44
대법원 1982.10.26. 선고 81다108 판결 ·················· 71
대법원 1982.11.23. 선고 81다39 판결 ··················· 273
대법원 1982.12.14. 선고 80다1072 판결 ················ 311
대법원 1983.02.08. 선고 81다카621 판결 ················ 65
대법원 1983.02.22. 선고 82다15 판결 ··················· 178
대법원 1983.03.08. 선고 82다카1203 판결 ··············· 78
대법원 1983.03.22. 자 80마283 결정 ··················· 238
대법원 1983.06.14. 선고 80다3231 판결 ················ 132
대법원 1983.06.14. 선고 83다카37 판결 ········ 111, 113
대법원 1983.08.23. 선고 83다카597 판결 ·············· 134
대법원 1983.09.13. 선고 83다카971 판결 ·············· 126
대법원 1983.09.27. 선고 83다카1027 판결 ············ 272
대법원 1983.10.25. 선고 83다카850 판결 ·············· 266
대법원 1983.12.13. 선고 83다카1489 전합 판결
························· 105, 108, 110
대법원 1983.12.27. 선고 83다카1503 판결 ············ 304
대법원 1984.02.14. 선고 83다카1815 판결 ·············· 34
대법원 1984.02.28. 선고 83다카1981 전합 판결 ···· 16, 26
대법원 1984.03.13. 선고 82므40 판결 ··················· 62
대법원 1984.04.24. 선고 82므14 판결 ················· 122
대법원 1984.05.15. 선고 83다카2009 판결 ·············· 9
대법원 1984.07.10. 선고 84다카298 판결
··············· 163, 167, 168, 208, 212, 217, 221
대법원 1984.09.25. 선고 84므53 판결 ·················· 187
대법원 1984.12.11. 선고 84다카659 판결 ············· 262
대법원 1985.04.09. 선고 84다552 판결 ······· 88, 90, 92
대법원 1985.09.10. 선고 85므27 판결 ············ 38, 164
대법원 1985.09.24. 선고 82다카312 판결 ············· 170
대법원 1986.02.25. 선고 85다카2091 판결 ············ 270
대법원 1986.07.22. 선고 85다카944 판결 ············· 150
대법원 1986.09.23. 선고 85다353 판결 ················ 196
대법원 1986.11.07. 자 86마895 결정 ·················· 185
대법원 1987.02.26. 자 87그4 결정 ····················· 185
대법원 1987.06.09. 선고 86다카2600 판결 ············ 207
대법원 1987.06.09. 선고 86다카2756 판결 ············ 196
대법원 1987.06.09. 선고, 86다카2600 판결 ············ 228
대법원 1987.06.23. 선고 86다카2728 판결
························· 101, 176, 298, 300, 306
대법원 1987.07.07. 선고 86다카2521 판결 ············ 109
대법원 1987.07.07. 선고 86다카2675 판결 ············ 302

대법원 1987.07.28. 자 87마590 결정 ········· 9, 10, 11, 13
대법원 1987.09.08. 선고 87다카982 판결 ············· 114
대법원 1987.10.13. 선고 87다카1093 판결 ············ 226
대법원 1988.01.19. 선고 87다카1315 판결 ············ 325
대법원 1988.02.23. 선고 87다카1989 판결 ············ 198
대법원 1988.02.23. 선고 87다카777 판결 ············· 288
대법원 1988.02.23. 선고 87다카961 판결 ············· 135
대법원 1988.04.25. 선고 87다카2285 판결 ············ 130
대법원 1988.08.09. 선고 88다카2332 판결 ············ 161
대법원 1988.09.27. 선고 88다카1797 판결 ············ 103
대법원 1988.12.13. 선고 86다카2289 판결 ············ 256
대법원 1988.12.20. 선고 88다카132 판결 ············· 175
대법원 1989.04.11. 선고 87다카3155 판결 ············· 88
대법원 1989.04.25. 선고 86다카2329 판결 ············ 262
대법원 1989.04.25. 선고 88다카6815 판결 ············ 154
대법원 1989.05.09. 선고 87다카749 판결
························· 130, 135, 140, 145, 150
대법원 1989.05.09. 선고 88다카6754 판결 ············· 70
대법원 1989.06.27. 선고 87다카2478 판결 ············· 60
대법원 1989.07.25. 선고 88다카26499 판결 ············ 40
대법원 1989.09.29. 선고 88다카17181 판결 ·········· 107
대법원 1989.10.10. 선고 88다카18023 판결 ·········· 171
대법원 1989.10.27. 선고 89다카4298 판결 ············ 325
대법원 1990.03.27. 선고 88다카181 판결 ···· 105, 108, 110
대법원 1990.04.13. 선고 89다카1084 판결 ············ 139
대법원 1990.04.27. 선고 88다카25274 판결 ············ 88
대법원 1990.06.26. 선고 89다카15359 판결 ·········· 103
대법원 1990.07.13. 선고 89다카20719 판결 ·········· 288
대법원 1990.08.14. 선고 90누2024 판결 ··············· 95
대법원 1990.11.27. 선고 90다카27662 판결 ·········· 134
대법원 1990.11.27. 선고 90다카28559 판결 · 118, 188, 315
대법원 1990.12.07. 자 90마674 결정 ············ 254, 264
대법원 1990.12.11. 선고 90다7104 판결 ······ 140, 145, 150
대법원 1990.12.26. 선고 90다4686 판결 ·············· 226
대법원 1991.01.15. 선고 90다9964 판결 ·············· 197
대법원 1991.01.25. 선고 90다4723 판결 ·············· 276
대법원 1991.03.22. 선고 90다19329 판결 ············· 291
대법원 1991.03.27. 선고 91다1783 판결 ·············· 224
대법원 1991.04.12. 선고 90다9407 판결 ··············· 59
대법원 1991.04.12. 선고 90다9872 판결 ·············· 247
대법원 1991.06.25. 선고 88다카6358 판결 ······· 244, 258
대법원 1991.09.24. 선고 91다21688 판결 ············· 301
대법원 1991.11.08. 선고 91다15775 판결 ············· 109
대법원 1991.12.27. 선고 91다23486 판결 ········ 277, 279
대법원 1991.12.27. 자 91마631 결정 ···················· 10
대법원 1992.01.21. 선고 91다35175 판결 ············· 55

대법원 1992.01.29. 자 91마748 결정 ·············· 185
대법원 1992.02.25. 선고 91다9312 판결 ············ 46
대법원 1992.03.27. 선고 91다40696 판결 ·········· 112
대법원 1992.03.31. 선고 91다32053 판결 ············ 94
대법원 1992.03.31. 선고 91다39184 판결 ············ 80
대법원 1992.04.15. 자 92마146 결정 ·········· 26, 317
대법원 1992.05.12. 선고 92다2066 판결 ········ 18, 23
대법원 1992.05.22. 선고 91다41187 판결 ········ 59, 93
대법원 1992.06.09. 선고 92다12032 판결 ···· 209, 225
대법원 1992.06.12. 선고 92다11848 판결 ···· 206, 212
대법원 1992.07.10. 선고 92다2431 판결 ············· 35
대법원 1992.07.14. 선고 92다2455 판결 ············· 31
대법원 1992.07.24. 선고 91다45691 판결 ·········· 131
대법원 1992.07.28. 선고 92다7726 판결 ·············· 3
대법원 1992.09.14. 선고 92다4192 판결 ··········· 301
대법원 1992.10.09. 선고 92다25533 판결 ········· 278
대법원 1992.10.13. 선고 92다30597 판결 ············ 99
대법원 1992.10.27. 선고 92다19033 판결 ·········· 166
대법원 1992.10.27. 선고 92다32463 판결 ·········· 146
대법원 1992.11.05. 자 91마342 결정 ··············· 32
대법원 1992.11.10. 선고 92다30016 판결 ············ 46
대법원 1992.12.30. 자 92마783 결정 ················ 11
대법원 1993.02.23. 선고 92다49218 판결 ···· 248, 292
대법원 1993.03.23. 선고 92다51204 판결 ·········· 226
대법원 1993.03.26. 선고 92다38065 판결 ·········· 110
대법원 1993.03.29. 자 93마246 결정 ·············· 334
대법원 1993.04.13. 선고 92다12070 판결 ···· 137, 142
대법원 1993.04.23. 선고 93다3165 판결 ·········· 334
대법원 1993.04.27. 선고 92누16560 판결 ·········· 147
대법원 1993.04.27. 선고 92다56087 판결 ·········· 231
대법원 1993.04.27. 선고 93다5727 판결 ············ 259
대법원 1993.05.25. 선고 92다51280 판결 ·········· 289
대법원 1993.06.25. 선고 93다15991 판결 ·········· 149
대법원 1993.06.29. 선고 93다11050 판결 ··· 50, 78, 93
대법원 1993.07.13. 선고 93다20955 판결 ············ 76
대법원 1993.08.24. 선고 93다22074 판결 ·········· 171
대법원 1993.09.14. 선고 93누9460 판결 ············ 229
대법원 1993.09.28. 선고 93다20832 판결 ·········· 133
대법원 1993.12.06. 자 93마524 전합 결정 ···· 17, 18, 27
대법원 1994.01.11. 선고 93누9606 판결 ············ 298
대법원 1994.01.25. 선고 93다16338 판결 ············ 55
대법원 1994.01.25. 선고 93다9422 판결 ············· 86
대법원 1994.02.22. 선고 93다42047 판결 ············ 63
대법원 1994.02.25. 선고 93다39225 판결 ···· 40, 44, 55
대법원 1994.03.08. 선고 93다52105 판결 ············ 65
대법원 1994.04.26. 선고 93다24223 판결 ·········· 325

대법원 1994.04.26. 선고 93다31825 판결 ·········· 253
대법원 1994.04.29. 선고 94다3629 판결 ············ 248
대법원 1994.05.10. 선고 93다47196 판결 ·········· 245
대법원 1994.05.10. 선고 93다47615 판결 ·········· 104
대법원 1994.05.26. 자 94마536 결정 ········ 16, 23, 24
대법원 1994.06.14. 선고 93다45015 판결 ············ 79
대법원 1994.06.14. 선고 94다14797 판결 ·········· 128
대법원 1994.06.24. 선고 94다14339 판결 ············ 36
대법원 1994.06.28. 선고 94누2046 판결 ············ 147
대법원 1994.06.28. 선고 94다3063 판결 ············ 300
대법원 1994.08.12. 선고 93다52808 판결 ·········· 192
대법원 1994.09.09. 선고 94다8037 판결 ············ 309
대법원 1994.09.23. 선고 93다37267 판결 ·········· 109
대법원 1994.09.30. 선고 94다16700 판결 ·········· 100
대법원 1994.10.11. 선고 94다32979 판결 ·········· 308
대법원 1994.10.25. 선고 93다54064 판결 ···· 279, 283
대법원 1994.10.28. 선고 94다39253 판결 ·········· 100
대법원 1994.10.28. 선고 94므246 판결 ········ 31, 169
대법원 1994.11.04. 선고 94다37868 판결
 ···································· 105, 128, 133, 145
대법원 1994.11.11. 선고 94다34012 판결 ·········· 323
대법원 1994.11.11. 선고 94다35008 판결 ···· 263, 277, 279
대법원 1994.11.11. 선고 94다36278 판결 ···· 117, 120
대법원 1994.11.25. 선고 94다12517 판결 ········ 91, 93
대법원 1994.12.09. 선고 94다16564 판결 ···· 31, 53, 315
대법원 1994.12.23. 선고 94다40734 판결 ···· 244, 273
대법원 1994.12.23. 선고 94다44644 판결 ·········· 302
대법원 1994.12.27. 선고 92다22473 판결 ···· 261, 280
대법원 1994.12.27. 선고 93다32880 판결
 ·························· 233, 239, 253, 259, 273, 293
대법원 1994.12.27. 선고 93다34183 판결 ·········· 178
대법원 1995.01.12. 선고 94다39215 판결 ············· 6
대법원 1995.01.24. 선고 93다25875 판결 ········ 3, 207
대법원 1995.02.10. 선고 94다31624 판결
 ···································· 211, 215, 220, 306
대법원 1995.02.14. 선고 93재다27 판결 ···· 315, 318, 319
대법원 1995.03.10. 선고 94다24770 판결 ·········· 141
대법원 1995.03.10. 선고 94다51543 판결 ·········· 305
대법원 1995.03.24. 선고 93다52488 판결 ·········· 196
대법원 1995.04.25. 선고 94다17956 판결 ·········· 184
대법원 1995.04.28. 선고 95다3077 판결 ········ 63, 64
대법원 1995.05.09. 선고 94다41010 판결
 ···································· 118, 187, 194, 315
대법원 1995.05.15. 자 94마1059 결정 ········ 15, 23, 27
대법원 1995.05.23. 선고 94다28444 전합 판결 ········ 30
대법원 1995.05.26. 선고 95다7550 판결 ············· 36

대법원 1995.06.13. 선고 93다43491 판결 ·············· 181
대법원 1995.06.29. 선고 94다41430 판결 ·············· 188
대법원 1995.06.30. 선고 94다58261 판결 ···· 206, 231, 307
대법원 1995.06.30. 선고 95다15827 판결 ·············· 334
대법원 1995.06.30. 자 94다39086 결정 ············ 83, 87
대법원 1995.07.11. 선고 94다34265 전합 판결
··· 98, 110, 116
대법원 1995.07.11. 선고 95다9945 판결 ·············· 301
대법원 1995.07.25. 선고 94다62017 판결 165, 170, 218, 225
대법원 1995.07.25. 선고 95다14817 판결 ·············· 303
대법원 1995.07.25. 선고 95다8393 판결 ··············· 58
대법원 1995.07.28. 선고 94다44903 판결 ··············· 65
대법원 1995.08.25. 선고 94다27373 판결 ·············· 248
대법원 1995.08.25. 선고 94다35886 판결 ·············· 111
대법원 1995.09.29. 선고 95다22849 판결 ·············· 112
대법원 1995.10.05. 자 94마2452 결정
··································· 233, 238, 247, 252, 255, 263
대법원 1995.10.12. 선고 95다26131 판결 ··············· 81
대법원 1995.10.13. 선고 95다33047 판결 ··············· 95
대법원 1995.12.05. 선고 94다59028 판결 ··············· 94
대법원 1995.12.05. 선고 95다21808 판결 ·············· 195
대법원 1995.12.22. 선고 94다42129 판결 ··············· 3
대법원 1995.12.26. 선고 95다42195 판결 ·········· 98, 183
대법원 1996.01.12. 자 95그59 결정 ············ 17, 18, 27
대법원 1996.02.09. 선고 94다61649 판결 ·········· 32, 196
대법원 1996.02.27. 선고 95다43044 판결 ·············· 114
대법원 1996.03.08. 선고 95다48667 판결 ·········· 126, 141
대법원 1996.03.12. 자 95마528 결정 ················ 185
대법원 1996.04.04. 자 96마148 결정 ·················· 66
대법원 1996.04.09. 선고 95다14572 판결 ·············· 305
대법원 1996.04.12. 선고 95다54167 판결 ··············· 45
대법원 1996.04.23. 선고 95다23835 판결 ·············· 152
대법원 1996.05.31. 선고 95다33993 판결 ·············· 316
대법원 1996.07.12. 선고 96다19017 판결 ·············· 189
대법원 1996.07.18. 선고 94다20051 전합 판결
··································· 131, 133, 135, 140, 151
대법원 1996.09.20. 선고 93다20177 판결 ·········· 159, 171
대법원 1996.11.12. 선고 96다33938 판결 ··············· 76
대법원 1996.11.15. 선고 94다35343 판결 ·············· 158
대법원 1996.12.10. 선고 96다23238 판결 ·········· 246, 280
대법원 1996.12.20. 선고 95다26773 판결 ·············· 175
대법원 1997.01.24. 선고 95므1413 판결 ·············· 185
대법원 1997.01.24. 선고 96다32706 판결 ·············· 178
대법원 1997.02.28. 선고 96다53789 판결 ···· 114, 243, 273
대법원 1997.03.03. 자 97으1 결정 ················· 265
대법원 1997.03.11. 선고 96다49902 판결 ··············· 99

대법원 1997.04.11. 선고 96다50520 판결 127, 141, 212, 219
대법원 1997.04.22. 선고 95다10204 판결 ·············· 135
대법원 1997.04.22. 선고 97다3408 판결 ··············· 34
대법원 1997.04.25. 선고 96다32133 판결 ··············· 75
대법원 1997.05.30. 선고 95다28960 판결 ················ 6
대법원 1997.06.10. 선고 96다25449 판결 ·········· 229, 290
대법원 1997.06.13. 선고 96다56115 판결 ············ 11, 13
대법원 1997.06.13. 선고 96재다462 판결 ·············· 129
대법원 1997.06.24. 선고 95다43327 판결 ·············· 127
대법원 1997.06.27. 선고 97다6124 판결
··································· 163, 167, 170, 171, 172
대법원 1997.06.27. 선고 97후235 판결 ··············· 69
대법원 1997.07.11. 선고 96므1380 판결 ·············· 107
대법원 1997.07.25. 선고 96다39301 판결 ··············· 69
대법원 1997.09.05. 선고 95다42133 판결 ·········· 236, 257
대법원 1997.09.09. 선고 96다20093 판결 ··············· 12
대법원 1997.09.12. 선고 96다4862 판결 ·············· 195
대법원 1997.10.10. 선고 95다46265 판결 ·············· 311
대법원 1997.10.10. 선고 96다35484 판결 ··············· 30
대법원 1997.10.10. 선고 96다49049 판결 ··············· 74
대법원 1997.10.10. 선고 97다22843 판결 ·········· 174, 193
대법원 1997.10.10. 선고 97다8687 판결 ··············· 72
대법원 1997.10.17. 자 97마1632 결정 ················ 242
대법원 1997.10.24. 선고 96다12276 판결 ·········· 219, 298
대법원 1997.11.28. 선고 97다36231 판결 ·············· 127
대법원 1997.12.09. 선고 94다41249 판결 ··············· 43
대법원 1997.12.09. 선고 97다18547 판결 ··············· 34
대법원 1997.12.12. 선고 96다50896 판결 ·············· 289
대법원 1997.12.12. 선고 97누12235 판결 ·············· 223
대법원 1997.12.23. 선고 97다42830 판결 ·············· 292
대법원 1998.01.23. 선고 96다41496 판결 ·············· 265
대법원 1998.01.23. 선고 97다38305 판결 ·············· 128
대법원 1998.02.19. 선고 95다52710 판결 ··············· 66
대법원 1998.02.27. 선고 97다45532 판결 ··············· 88
대법원 1998.03.13. 선고 95다48599 판결 ·············· 162
대법원 1998.03.27. 선고 97다55126 판결 ·············· 317
대법원 1998.05.12. 선고 96다47913 판결 ·············· 108
대법원 1998.05.15. 선고 96다24668 판결 ·············· 130
대법원 1998.06.12. 선고 96다55631 판결 ·············· 292
대법원 1998.06.26. 선고 97다48937 판결 ··············· 71
대법원 1998.07.10. 선고 98다6763 판결
··································· 130, 140, 142, 145, 150
대법원 1998.07.24. 선고 96다99 판결 ········· 174, 193, 216
대법원 1998.07.24. 선고 98다9021 판결 ·············· 169
대법원 1998.09.08. 선고 98다26002 판결 ··············· 99
대법원 1998.09.22. 선고 98다23393 판결 ············ 54, 80

대법원 1998.10.02. 선고 97다50152 판결 ……… 124
대법원 1998.11.24. 선고 98다25344 판결 ……… 183
대법원 1998.11.27. 선고 97다4104 판결 ………… 40
대법원 1998.12.17. 선고 97다39216 판결 ………… 12
대법원 1999.02.26. 선고 98다47290 판결 ……… 188
대법원 1999.04.13. 선고 98다9915 판결 ………… 151
대법원 1999.04.23. 선고 98다61463 판결 …… 214, 220
대법원 1999.05.28. 선고 99다2188 판결 ………… 72
대법원 1999.06.08. 선고 99다17401 판결 … 71, 74, 230
대법원 1999.07.09. 선고 99다12796 판결
…………………………………… 234, 258, 262, 292
대법원 1999.08.20. 선고 97누6889 판결 ………… 205
대법원 1999.08.24. 선고 99다15474 판결 …… 246, 252
대법원 1999.10.08. 선고 98다38760 판결 ……… 166
대법원 1999.10.22. 선고 98다46600 판결 ……… 319
대법원 1999.11.26. 선고 97다42250 판결 ………… 18
대법원 1999.11.26. 선고 99다36617 판결 ……… 208
대법원 2000.01.18. 선고 98다18506 판결 ……… 189
대법원 2000.01.21. 선고 99다3501 판결 ………… 196
대법원 2000.01.31. 자 99마6205 결정 …………… 65
대법원 2000.02.25. 선고 99다53704 판결 ………… 42
대법원 2000.03.10. 선고 99다67703 판결 …… 161, 166
대법원 2000.04.07. 선고 99다53742 판결 ……… 216
대법원 2000.04.11. 선고 99다23888 판결 ………… 38
대법원 2000.06.09. 선고 98다18155 판결 ……… 181
대법원 2000.09.05. 선고 99므1886 판결 ……… 75, 78
대법원 2000.09.08. 선고 2000다23013 판결 …… 149
대법원 2000.11.16. 선고 98다22253 판결
…………………………… 201, 202, 214, 220, 226
대법원 2001.01.19. 선고 2000다59333 판결 …… 249
대법원 2001.02.28. 자 2001그4 결정 …………… 313
대법원 2001.03.09. 선고 2000다58668 판결 …… 164
대법원 2001.03.09. 선고 2000다73490 판결 …… 326
대법원 2001.03.27. 선고 2000다43819 판결 …… 324
대법원 2001.04.24. 선고 2001다5654 판결
………………………………… 107, 129, 132, 145
대법원 2001.04.27. 선고 2000다4050 판결 ……… 177
대법원 2001.04.27. 선고 99다17319 판결 …… 161, 166
대법원 2001.05.08. 선고 2000다35955 판결 …… 147
대법원 2001.06.12. 선고 99다20612 판결 … 39, 48, 116
대법원 2001.06.26. 선고 2000다24207 판결 … 239, 259
대법원 2001.06.29. 선고 2001다21441 판결 …… 101
대법원 2001.07.13. 선고 2001다13013 판결 · 250, 264, 274
대법원 2001.07.24. 선고 2001다22246 판결 …… 227
대법원 2001.09.04. 선고 2000다66416 판결 …… 39, 102
대법원 2001.09.04. 선고 2001다14108 판결 ……… 35

대법원 2001.09.20. 선고 99다37894 판결 …… 55, 184
대법원 2001.09.28. 선고 99다72521 판결 ………… 90
대법원 2001.12.11. 선고 2000다13948 판결 …… 286
대법원 2001.12.27. 선고 2000다73049 판결 ……… 47
대법원 2002.02.08. 선고 2000다50596 판결 …… 177
대법원 2002.02.22. 선고 2001다73480 판결 …… 316
대법원 2002.03.15. 선고 2000다9086 판결
……………………………………… 250, 264, 268, 274
대법원 2002.04.26. 선고 2001다59033 판결 ……… 76
대법원 2002.05.10. 선고 2000다50909 판결 …… 197
대법원 2002.05.10. 자 2002마1156 결정 … 19, 23, 25, 28
대법원 2002.05.14. 선고 2000다42908 판결
……………………………………… 48, 79, 83, 128
대법원 2002.05.14. 선고 2002다9738 판결 ……… 233
대법원 2002.06.28. 선고 2000다62254 판결 …… 103
대법원 2002.07.26. 선고 2001다60491 판결 …… 106
대법원 2002.07.26. 선고 2001다68839 판결 … 326, 329
대법원 2002.09.04. 선고 98다17145 판결
……………………………………… 205, 209, 216, 231
대법원 2002.09.24. 선고 2002다11847 판결 …… 186
대법원 2002.10.11. 선고 2000다17803 판결 …… 298
대법원 2002.11.08. 선고 2002다21882 판결 …… 190
대법원 2002.12.06. 선고 2002다44014 판결 …… 181
대법원 2003.01.10. 선고 2002다41435 판결 …… 109
대법원 2003.01.10. 선고 2002다57904 판결 ……… 70
대법원 2003.01.24. 선고 2000다5336 판결 …… 134, 153
대법원 2003.04.08. 선고 2002다70181 판결 …… 197
대법원 2003.04.11. 선고 2001다11406 판결 · 129, 139, 154
대법원 2003.04.25. 선고 2000다60197 판결 …… 121
대법원 2003.05.27. 선고 2001다13532 판결
………………………………… 35, 42, 48, 56, 93, 219, 228
대법원 2003.05.30. 선고 2001다10748 판결
………………………… 234, 237, 246, 255, 263, 267, 326
대법원 2003.05.30. 선고 2003다15556 판결 ……… 64
대법원 2003.06.13. 선고 2003다16962 판결 …… 208, 224
대법원 2003.06.13. 선고 2003다17927 판결 …… 114
대법원 2003.09.26. 선고 2001다68914 판결
……………………………………… 207, 302, 304, 306
대법원 2003.11.14. 선고 2003다34038 판결
………………………………… 233, 237, 247, 252, 255, 263, 267
대법원 2003.12.11. 선고 2001다3771 판결 …… 326, 329
대법원 2003.12.12. 선고 2003다40286 판결 ……… 48
대법원 2003.12.12. 선고 2003다44615 판결 …… 236, 263
대법원 2004.03.12. 선고 2003다49092 판결 ……… 81
대법원 2004.03.25. 선고 2002다20742 판결 ……… 71
대법원 2004.03.26. 선고 2003다21834 판결 ……… 99

대법원 2004.06.11. 선고 2004다13533 판결 ············· 126
대법원 2004.07.09. 선고 2003다46758 판결 ············· 162
대법원 2004.07.21. 자 2004마535 결정 ················· 117
대법원 2004.08.30. 선고 2004다21923 판결 ········ 44, 61
대법원 2004.08.30. 선고 2004다24083 판결 · 175, 193, 297
대법원 2004.09.24. 선고 2004다21305 판결 ············· 138
대법원 2004.09.24. 선고 2004다28047 판결 ············· 165
대법원 2004.10.14. 선고 2004다30583 판결 ············· 282
대법원 2005.03.11. 선고 2002다60207 판결 ············· 108
대법원 2005.03.25. 선고 2004다10985 판결 ······ 50, 75, 93
대법원 2005.05.26. 선고 2004다25901 판결
·· 157, 256, 275, 281
대법원 2005.07.22. 선고 2004다17207 판결 · 179, 182, 189
대법원 2005.08.19. 선고 2004다8197 판결 ·············· 309
대법원 2005.09.15. 선고 2004다44971 전합 판결 ·· 43, 262
대법원 2005.09.28. 선고 2004다50044 판결 ·············· 55
대법원 2005.09.29. 선고 2003다40651 판결 ············· 232
대법원 2005.10.07. 선고 2003다44387 판결 ············· 104
대법원 2005.10.27. 선고 2003다66691 판결 ············· 279
대법원 2005.11.10. 선고 2005다41443 판결 ······ 182, 330
대법원 2005.11.24. 선고 2005다20064 판결 ············· 204
대법원 2005.12.19. 자 2005그128 결정 ··················· 190
대법원 2005.12.23. 선고 2004다55698 판결 ······ 181, 187
대법원 2006.01.26. 선고 2005다37185 판결 ············· 108
대법원 2006.02.24. 선고 2004다8005 판결 ·············· 194
대법원 2006.03.02. 자 2005마902 결정 ··················· 24
대법원 2006.04.14. 선고 2006다5710 판결 ·············· 56
대법원 2006.04.27. 선고 2006다7587 판결
·· 201, 209, 211, 214, 215
대법원 2006.05.02. 자 2005마933 결정 ············ 298, 300
대법원 2006.05.25. 선고 2005다77848 판결 ············· 143
대법원 2006.06.09. 선고 2006두4035 판결 ·············· 53
대법원 2006.06.29. 선고 2006다19061 판결
·· 204, 212, 217, 221, 230
대법원 2006.07.04. 선고 2004다61280 판결 ············· 134
대법원 2006.07.04. 자 2005마425 결정 ············· 29, 34
대법원 2006.09.22. 자 2005마1014 결정 ················ 157
대법원 2006.09.28. 선고 2006다28775 판결 · 247, 255, 263
대법원 2006.10.13. 선고 2006다23138 판결 ············· 330
대법원 2006.10.27. 선고 2004다69581 판결 ············· 106
대법원 2006.12.21. 선고 2006다52723 판결 ·············· 43
대법원 2007.02.22. 선고 2006다75641 판결 · 235, 248, 258
대법원 2007.04.13. 선고 2005다40709 판결 ············· 208
대법원 2007.04.13. 선고 2006다78640 판결 ············· 184
대법원 2007.04.26. 선고 2005다19156 판결 ············· 278
대법원 2007.05.11. 선고 2005후1202 판결 ············· 162

대법원 2007.06.14. 선고 2005다29290 판결
·· 70, 71, 73, 74, 80
대법원 2007.06.15. 선고 2006다80322 판결 ······ 256, 276
대법원 2007.06.26. 자 2007마515 결정
·· 203, 240, 251, 260
대법원 2007.07.12. 선고 2005다10470 판결
·· 234, 252, 261, 268
대법원 2007.08.24. 선고 2006다40980 판결
·· 236, 239, 266, 280, 283, 286
대법원 2007.10.26. 선고 2006다86573 판결 ············· 281
대법원 2007.11.16. 선고 2006다41297 판결 ·············· 38
대법원 2007.11.29. 선고 2007다52317 판결 ············· 299
대법원 2007.11.29. 선고 2007다53013 판결 ············· 153
대법원 2007.11.29. 선고 2007다53310 판결 ············· 258
대법원 2007.11.29. 선고 2007다63362 판결 ·············· 79
대법원 2007.11.30. 선고 2007다54610 판결 ·············· 26
대법원 2007.12.14. 선고 2007다37776 판결 ······ 256, 284
대법원 2008.01.10. 선고 2006다41204 판결 ············· 141
대법원 2008.02.01. 선고 2007다8914 판결 ·············· 99
대법원 2008.03.27. 선고 2005다49430 판결 · 240, 254, 281
대법원 2008.04.10. 선고 2007다83694 판결 ············· 112
대법원 2008.04.10. 선고 2007다86860 판결 ············· 203
대법원 2008.04.18. 자 2008마392 결정 ··················· 63
대법원 2008.04.24. 선고 2006다14363 판결 ············· 247
대법원 2008.04.24. 선고 2007다84352 판결
·· 35, 48, 57, 60, 192
대법원 2008.06.12. 선고 2007다37837 판결 ·············· 42
대법원 2008.06.12. 자 2006무82 결정 ···················· 144
대법원 2008.07.10. 선고 2006다57872 판결 ············· 254
대법원 2008.08.21. 선고 2007다79480 판결 ········ 41, 65
대법원 2008.08.28. 자 2008마1073 결정 ············ 84, 87
대법원 2008.09.25. 선고 2006다86597 판결 ·············· 54
대법원 2008.10.23. 선고 2007다54979 판결 ············· 175
대법원 2008.11.27. 선고 2008다59230 판결 ············· 183
대법원 2008.12.11. 선고 2005다51495 판결 ······ 210, 211
대법원 2008.12.11. 선고 2007다69162 판결 ·············· 51
대법원 2008.12.16. 자 2007마1328 결정 ················· 24
대법원 2009.01.15. 선고 2008다74130 판결 ·············· 76
대법원 2009.01.30. 선고 2007다9030 판결 ············· 290
대법원 2009.03.26. 선고 2006다47677 판결 ············· 240
대법원 2009.04.15. 자 2007그154 결정 ········· 16, 23, 27
대법원 2009.04.23. 선고 2009다1313 판결 ············· 263
대법원 2009.05.14. 선고 2006다34190 판결 ······ 316, 319
대법원 2009.05.28. 선고 2008다79876 판결 ······ 191, 330
대법원 2009.06.11. 선고 2009다12399 판결 ·············· 77
대법원 2009.07.09. 선고 2006다67602 판결 ············· 134

대법원 2009.07.09. 선고 2006다73966 판결 ·············· 331
대법원 2009.07.09. 선고 2009다14340 판결 ··· 96, 257, 271
대법원 2009.08.20. 선고 2009다32409 판결 ·············· 227
대법원 2009.09.24. 선고 2009다37831 판결 ·············· 107
대법원 2009.12.24. 선고 2009다10898 판결 ·············· 205
대법원 2009.12.24. 선고 2009다72070 판결 ········ 107, 153
대법원 2010.01.14. 선고 2009다69531 판결 ·············· 132
대법원 2010.02.11. 선고 2009다83650 판결 ·············· 283
대법원 2010.02.25. 선고 2007다85980 판결 ·············· 126
대법원 2010.02.25. 선고 2008다96963 판결 ·············· 239
대법원 2010.02.25. 선고 2009다96403 판결 ········ 126, 141
대법원 2010.03.25. 선고 2007다35152 판결 ·············· 89
대법원 2010.03.25. 선고 2009다102964 판결 ············· 6
대법원 2010.05.13. 선고 2009다102254 판결
·· 9, 10, 11, 12, 14
대법원 2010.05.13. 선고 2009다105246 판결 234, 261, 267
대법원 2010.05.27. 선고 2007다25971 판결 ·············· 152
대법원 2010.06.24. 선고 2010다12852 판결 ·············· 153
대법원 2010.06.24. 선고 2010다17284 판결 ·············· 95
대법원 2010.07.08. 선고 2007다55866 판결 ·············· 152
대법원 2010.07.14. 자 2009마2105 결정 ················· 151
대법원 2010.07.15. 선고 2010다2428 판결 ········ 204, 221
대법원 2010.08.26. 선고 2010다30966 판결 ·············· 186
대법원 2010.09.16. 선고 2008다97218 판결 ·············· 179
대법원 2010.10.14. 선고 2010다38168 판결 ········ 235, 248
대법원 2010.10.28. 선고 2009다20840 판결 ········· 36, 43
대법원 2010.11.25. 선고 2010다64877 판결
··· 40, 44, 310, 323, 324
대법원 2010.12.09. 선고 2007다42907 판결 ·············· 21
대법원 2010.12.23. 선고 2007다22859 판결 ·············· 32
대법원 2010.12.23. 선고 2010다58889 판결 ·············· 237
대법원 2010.12.23. 선고 2010다67258 판결 ·············· 304
대법원 2011.02.24. 선고 2009다33655 판결
··· 206, 207, 219, 223
대법원 2011.03.10. 선고 2010다99040 판결 ·············· 33
대법원 2011.04.28. 선고 2010다101394 판결 ············ 179
대법원 2011.04.28. 선고 2010다98948 판결 ············· 317
대법원 2011.06.09. 선고 2011다29307 판결 ·············· 42
대법원 2011.06.24. 선고 2011다1323 판결
··· 236, 266, 267, 276
대법원 2011.06.30. 선고 2011다24340 판결 ·············· 196
대법원 2011.07.14. 선고 2011다23323 판결 · 102, 112, 116
대법원 2011.07.14. 자 2011그65 결정 ············· 20, 25, 28
대법원 2011.07.28. 선고 2010다97044 판결 ·············· 53
대법원 2011.08.18. 선고 2011다30666 판결 ········ 205, 213
대법원 2011.08.25. 선고 2011다25145 판결 ········ 208, 334

대법원 2011.09.08. 선고 2011다17090 판결 ·············· 252
대법원 2011.09.29. 자 2011마1335 결정 ······ 117, 297, 299
대법원 2011.09.29. 자 2011마62 결정 ···················· 3
대법원 2011.10.13. 선고 2010다80930 판결 ·············· 285
대법원 2011.10.13. 선고 2011다51205 판결 ·············· 301
대법원 2011.11.10. 선고 2011다55405 판결 ·············· 81
대법원 2011.12.13. 선고 2009다16766 판결 ········ 12, 332
대법원 2011.12.22. 선고 2011다73540 판결
··· 118, 188, 194, 315
대법원 2012.01.12. 선고 2011다78606 판결 ·············· 96
대법원 2012.02.09. 선고 2011다77146 판결 ·············· 42
대법원 2012.02.16. 선고 2010다82530 판결 ·············· 283
대법원 2012.03.29. 선고 2010다28338 판결 ······· 207, 219
대법원 2012.03.29. 선고 2011다106136 판결 ····· 311, 312
대법원 2012.03.29. 선고 2011다81541 판결 ·············· 58
대법원 2012.03.29. 선고 2011므4443 판결 ·············· 310
대법원 2012.04.12. 선고 2011다109357 판결 ············ 161
대법원 2012.05.09. 선고 2012다3197 판결 ·············· 191
대법원 2012.05.10. 선고 2010다2558 판결 ········ 157, 158
대법원 2012.05.17. 선고 2010다28604 전합 판결 ········ 75
대법원 2012.05.17. 선고 2011다87235 판결 ·············· 175
대법원 2012.06.14. 선고 2010다105310 판결 ············ 282
대법원 2012.07.05. 선고 2010다80503 판결 39, 57, 61, 77
대법원 2012.07.26. 선고 2010다37813 판결 ·············· 30
대법원 2012.09.13. 선고 2009다23160 판결 ·············· 248
대법원 2012.09.13. 선고 2010다97846 판결 ·············· 166
대법원 2012.09.27. 선고 2011다76747 판결
··· 251, 253, 260, 290
대법원 2012.10.25. 선고 2010다47117 판결 ········ 327, 333
대법원 2012.11.15. 선고 2011다38394 판결 ········ 324, 333
대법원 2012.11.29. 선고 2011두30069 판결 ········ 250, 269
대법원 2012.11.29. 선고 2012다44471 판결 ········ 239, 248
대법원 2012.12.26. 선고 2011다60421 판결 ·············· 61
대법원 2012.12.27. 선고 2012다75239 판결 ········· 45, 319
대법원 2013.01.10. 선고 2010다75044 판결 ·············· 224
대법원 2013.03.28. 선고 2011다3329 판결 ·············· 89
대법원 2013.03.28. 선고 2011두13729 판결 ········ 237, 269
대법원 2013.03.28. 자 2012아43 결정 ············· 241, 266
대법원 2013.04.26. 선고 2011다37001 판결 ·············· 49
대법원 2013.05.09. 선고 2011다61646 판결 · 113, 116, 292
대법원 2013.06.28. 선고 2011다83110 판결 ·············· 302
대법원 2013.07.12. 선고 2006다17539 판결 ·············· 12
대법원 2013.07.31. 자 2013마670 결정 ················· 84
대법원 2013.08.23. 선고 2012다17585 판결 ········· 70, 82
대법원 2013.08.23. 선고 2013다28971 판결 ·············· 304
대법원 2013.09.09. 자 2013마1273 결정 ········ 83, 85, 86

대법원 2013.09.13. 선고 2013다45457 판결 ·········· 77, 184
대법원 2013.11.21. 선고 2011두1917 전합 판결
··· 158, 232, 287
대법원 2013.11.28. 선고 2011다80449 판결
··· 3, 70, 79, 82, 111
대법원 2013.12.18. 선고 2013다202120 전합 판결
··· 91, 92, 323, 327, 333
대법원 2014.01.23. 선고 2011다108095 판결 ········ 59, 192
대법원 2014.01.29. 선고 2013다78556 판결 · 232, 272, 274
대법원 2014.03.13. 선고 2011다111459 판결 ········ 82, 84
대법원 2014.03.27. 선고 2009다104960 판결 158, 161, 254
대법원 2014.04.30. 자 2014마76 결정 ························ 86
대법원 2014.05.29. 선고 2013다96868 판결 ······· 213, 218
대법원 2014.06.12. 선고 2012다47548 판결
··································· 58, 60, 256, 276, 288
대법원 2014.06.12. 선고 2013다95964 판결 ········ 180, 182
대법원 2014.06.12. 선고 2014다11376 판결 ················ 311
대법원 2014.07.10. 선고 2012다89832 판결 · 113, 116, 292
대법원 2014.08.20. 선고 2014다28114 판결
································· 39, 49, 58, 61, 78, 93
대법원 2014.09.26. 선고 2014다29667 판결 ················ 127
대법원 2014.10.27. 선고 2013다25217 판결 ········ 40, 47
대법원 2014.11.13. 선고 2010다63591 판결 ··············· 332
대법원 2014.11.27. 선고 2012다11389 판결 ··············· 133
대법원 2015.01.29. 선고 2014다34041 판결
··· 29, 30, 31, 53
대법원 2015.02.12. 선고 2014다228440 판결 ················ 94
대법원 2015.02.12. 선고 2014다229870 판결 ·············· 137
대법원 2015.02.16. 선고 2011다101155 판결 ················ 44
대법원 2015.03.20. 선고 2012다107662 판결 ·············· 89
대법원 2015.03.20. 선고 2014다75202 판결 ················ 251
대법원 2015.05.14. 선고 2014다16494 판결 ······· 258, 271
대법원 2015.05.21. 선고 2012다952 판결 ········· 49, 56
대법원 2015.05.28. 선고 2012다78184 판결
··· 236, 249, 257, 259
대법원 2015.05.29. 선고 2014다235042 판결
··· 204, 208, 217, 221
대법원 2015.06.11. 선고 2013다40476 판결 ·············· 333
대법원 2015.06.11. 선고 2014다232913 판결 ······· 203, 240
대법원 2015.06.23. 선고 2013므2397 판결 ················ 102
대법원 2015.07.09. 선고 2013다69866 판결 ················ 206
대법원 2015.07.09. 선고 2013두3658 판결 ·············· 127
대법원 2015.07.23. 선고 2013다30301 판결
·· 47, 264, 268, 275, 285
대법원 2015.07.23. 선고 2014다88888 판결 ·············· 113
대법원 2015.08.13. 선고 2015다18367 판결 ·············· 287

대법원 2015.08.13. 선고 2015다213322 판결 ············· 123
대법원 2015.09.10. 선고 2014다73794 판결 ·············· 277
대법원 2015.10.15. 선고 2015다31513 판결 ·············· 252
대법원 2015.10.29. 선고 2013다45037 판결 ·············· 300
대법원 2015.10.29. 선고 2014다13044 판결
··································· 237, 241, 265, 268, 269
대법원 2015.11.17. 선고 2014다81542 판결 ········ 149, 152
대법원 2015.12.23. 선고 2013다17124 판결 ·············· 316
대법원 2016.01.14. 선고 2015므3455 판결 ········ 299, 305
대법원 2016.03.10. 선고 2013다99409 판결 ··············· 72
대법원 2016.03.24. 선고 2014다3122 판결 ················ 81
대법원 2016.04.12. 선고 2013다31137 판결 ·············· 105
대법원 2016.04.29. 선고 2014다210449 판결
······································· 34, 52, 64, 65, 66
대법원 2016.05.27. 선고 2015다21967 판결 ·············· 228
대법원 2016.06.09. 선고 2014다64752 판결 ······· 137, 140
대법원 2016.07.27. 선고 2013다96165 판결 ········ 90, 184
대법원 2016.08.29. 선고 2015다236547 판결
··································· 46, 59, 323, 329, 331
대법원 2016.09.28. 선고 2016다13482 판결 ······· 186, 197
대법원 2016.09.28. 선고 2016다205915 판결 ·············· 333
대법원 2016.11.10. 선고 2014다54366 판결 ······· 118, 125
대법원 2016.11.25. 선고 2016다211309 판결 ··············· 98
대법원 2016.12.15. 선고 2014다87885 판결 ················ 44
대법원 2016.12.29. 선고 2016다22837 판결 ·············· 328
대법원 2017.01.12. 선고 2016다208792 판결 ················ 56
대법원 2017.01.12. 선고 2016다241249 판결 162, 299, 305
대법원 2017.02.15. 선고 2014다19776 판결 ··············· 177
대법원 2017.02.21. 선고 2016다45595 판결 ·············· 206
대법원 2017.03.16. 선고 2015다3570 판결 ················ 36
대법원 2017.03.22. 선고 2016다258124 판결 ······· 103, 105
대법원 2017.03.30. 선고 2016다253297 판결 ·············· 210
대법원 2017.04.07. 선고 2016다204783 판결 ················ 57
대법원 2017.04.26. 선고 2014다221777 판결 ······· 256, 280
대법원 2017.05.17. 선고 2017다1097 판결 ·············· 104
대법원 2017.08.21. 자 2017마499 결정 ··················· 51
대법원 2017.09.21. 선고 2017다233931 판결
··································· 162, 253, 282, 283
대법원 2017.10.12. 선고 2015두36836 판결 · 241, 265, 269
대법원 2017.10.26. 선고 2015다42599 판결
··································· 202, 209, 216, 220
대법원 2017.10.31. 선고 2015다65042 판결 ·············· 226
대법원 2017.11.07. 자 2017모2162 결정 ·············· 122
대법원 2017.11.21. 자 2016마1854 결정 ·············· 273
대법원 2018.01.19. 자 2017마1332 결정 ········· 17, 18, 26
대법원 2018.02.13. 선고 2015다242429 판결 ······· 203, 281

대법원 2018.02.28. 선고 2013다26425 판결 ·············· 205
대법원 2018.04.06. 자 2017마6406 결정 ················ 31
대법원 2018.04.26. 선고 2015다211289 판결 ·············· 52
대법원 2018.05.04. 자 2018무513 결정 ················ 83
대법원 2018.05.30. 선고 2017다21411 판결 ········ 229, 304
대법원 2018.06.19. 선고 2017다270107 판결 ············ 49
대법원 2018.06.28. 선고 2018다210775 판결 ············ 103
대법원 2018.07.12. 선고 2015다36167 판결 ············ 138
대법원 2018.07.19. 선고 2018다22008 판결 ······· 73, 198
대법원 2018.08.01. 선고 2018다229564 판결 ····· 128, 137
대법원 2018.08.30. 선고 2016다46338 판결
················ 89, 101, 172, 176, 177, 179, 182, 300
대법원 2018.09.13. 선고 2015다78703 판결 ············ 189
대법원 2018.09.13. 선고 2018다231031 판결 ············ 34
대법원 2018.10.04. 선고 2016다41869 판결 · 111, 114, 138
대법원 2018.10.12. 선고 2016다243115 판결 ············ 139
대법원 2018.10.18. 선고 2015다232316 전합 판결
·· 74, 180, 181
대법원 2018.10.25. 선고 2015다219030 판결 ············ 153
대법원 2018.10.25. 선고 2018다210539 판결 ············ 45
대법원 2018.11.29. 선고 2017다35717 판결 ············ 45
대법원 2018.11.29. 선고 2018므14210 판결 ········ 250, 262
대법원 2018.12.27. 선고 2018다268385 판결 ············ 54
대법원 2019.01.04. 자 2018스563 결정 ················ 11
대법원 2019.01.17. 선고 2018다24349 판결 ········ 178, 198
대법원 2019.01.31. 선고 2015다26009 판결 ············ 192
대법원 2019.01.31. 선고 2017다228618 판결 ············ 46
대법원 2019.02.21. 선고 2018다248909 전합 판결 ······ 151
대법원 2019.03.14. 선고 2018다277785 판결 ············ 52
대법원 2019.04.03. 선고 2018다296878 판결 ············ 95
대법원 2019.05.16. 선고 2017다226629 판결 ············ 96
대법원 2019.05.16. 선고 2018다242246 판결 ······· 72, 80
대법원 2019.06.13. 선고 2016다221085 판결 ············ 278
대법원 2019.08.09. 선고 2019다222140 판결 132, 134, 151
대법원 2019.09.10. 선고 2017다258237 판결 ············ 100
대법원 2019.10.17. 선고 2014다46778 판결 ············ 186
대법원 2019.10.17. 선고 2018다300470 판결 ······· 75, 319
대법원 2019.10.18. 선고 2019다14943 판결 ········ 286, 289
대법원 2020.01.09. 선고 2018다229212 판결 ············ 13
대법원 2020.01.16. 선고 2019다247385 판결 ············ 82
대법원 2020.01.30. 선고 2019다268252 판결 ············ 270
대법원 2020.02.06. 선고 2019다223723 판결 ······· 90, 97
대법원 2020.03.26. 선고 2018다221867 판결 ············ 308

대법원 2020.05.14. 선고 2019다261381 판결 ············ 186
대법원 2020.05.21. 선고 2018다287522 전합 판결 ······ 293
대법원 2020.05.21. 선고 2018다879 판결 ········ 47, 282
대법원 2020.06.25. 선고 2019다292026 판결 ············ 143
대법원 2020.10.15. 선고 2018다229625 판결 ············ 231
대법원 2020.10.29. 선고 2016다35390 판결 ············ 327
대법원 2020.11.05. 선고 2017다23776 판결 ············ 52
대법원 2020.12.30. 선고 2020다255733 판결 ············ 54
대법원 2021.01.14. 선고 2020다260117 판결 ············ 223
대법원 2021.03.25. 선고 2019다208441 판결 ······ 217, 230
대법원 2021.04.15. 선고 2019다244980 판결 ············ 124
대법원 2021.05.07. 선고 2018다259213 판결 ············ 171
대법원 2021.05.07. 선고 2020다292411 판결
··· 218, 222, 223, 225, 231
대법원 2021.05.27. 선고 2021다204466 판결 ············ 324
대법원 2021.06.17. 선고 2018다257958 판결 ············ 81
대법원 2021.06.24. 선고 2016다210474 판결 ············ 75
대법원 2021.07.08. 선고 2020다292756 판결 ······ 251, 260
대법원 2021.08.19. 선고 2018다207830 판결 ············ 239
대법원 2022.01.13. 선고 2019다220618 판결 ············ 124
대법원 2022.01.27. 선고 2018다259565 판결 ············ 80
대법원 2022.02.17. 선고 2021다275741 판결 ············ 91
대법원 2022.03.17. 선고 2020다216462 판결 ············ 122
대법원 2022.03.31. 선고 2020다271919 판결 ············ 165
대법원 2022.04.14. 선고 2021다305796 판결 ············ 120
대법원 2022.04.28. 선고 2022다200768 판결 ············ 116
대법원 2022.05.03. 자 2021마6868 결정 ················ 25
대법원 2022.05.26. 선고 2020다206625 판결 ············ 90
대법원 2022.07.28. 선고 2017다286492 판결 ············ 330
대법원 2022.07.28. 선고 2020다231928 판결 ··· 50, 93, 291
대법원 2022.08.11. 선고 2018다202774 판결 ············ 51
대법원 2022.09.29. 선고 2022다228674 판결 ············ 293
대법원 2022.10.14. 선고 2022다241608 판결 ············ 276
대법원 2022.12.01. 선고 2022다247521 판결 ············ 332
대법원 2022.12.29. 선고 2022다263448 판결 ············ 277
대법원 2023.01.12. 선고 2022다266874 판결 ············ 173
대법원 2023.02.23. 선고 2022다285288 판결 ············ 279
대법원 2023.03.13. 선고 2022다286786 판결 ············ 81
대법원 2023.03.30. 선고 2021다264253 판결 ······ 329, 332
대법원 2023.07.17. 자 2018스34 전합 결정 ············ 149
대법원 2023.09.14. 선고 2020다238622 판결 ············ 6
대법원 2023.12.21. 선고 2023다221144 판결 ············ 293

지은이 **이관형** 변호사(辯護士), 법학박사(法學博士)

[학 력]
- 인천 세일고 졸업
- 성균관대 법학과 졸업
- 경북대 법학전문대학원 졸업
- 성균관대 일반대학원 법학과 졸업(Ph. D - 조세법)

[경 력]
- 제7회 변호사시험 합격, 법무법인 세지원 구성원 변호사
- 베리타스 법학원 민사법 전임강사
- 강남대학교 정경학부 세무학과 겸임교수(兼任敎授)
- 한국조세법학회 우수 박사학위 논문상 수상
- 대법원 국선변호인
- 인천광역시 환경분쟁조정위원
- 인천광역시 부평구청 법률고문·재건축분쟁조정위원
 ·행정자치위원·의정비심의위원

[저 술]
- 학위논문 "상속형 신탁 활성화를 위한 상속·증여 세제 개선방안에 관한 연구" - 지도교수 이전오
- 학술논문 "상속형 신탁과 유류분의 관계", 「법학논고」 제79권, 2022. 10.
 - 윤진수 교수님 著 친족상속법 강의 제5판 참고문헌 기재
- COMPACT 변시 환경법의 感(이론과 사례)(학연, 2024)
- COMPACT 변시 2024년 6모 민사법 해설(학연, 2024)
- COMPACT 변시 2024년 8모 민사법 해설(학연, 2024)
- COMPACT 변시 2024년 10모 민사법 해설(학연, 2024)
- COMPACT 2025년 14회 변호사시험 민사법 해설(학연, 2025)
- COMPACT 변시 진도별 상법사례연습(학연, 2025)
- COMPACT 변시 진도별 민법사례연습(학연, 2025)
- COMPACT 변시 진도별 민사소송법사례연습(학연, 2025)
- COMPACT 변시 진도별 민법선택연습(기출편)(학연, 2025)
- COMPACT 변시 진도별 민사소송법선택연습(기출편)(학연, 2025)
- COMPACT 변시 진도별 민법선택연습(모의편)(학연, 2025)
- COMPACT 변시 민법의 感(판례편)(학연, 2025)
- COMPACT 변시 민법의 感(이론편)(학연, 2025)
- COMPACT 변시 청구별 민사기록연습(학연, 2025)
- COMPACT 변시 진도별 상법선택연습(기출편)(학연, 2025)
- COMPACT 변시 진도별 상법선택연습(모의편)(학연, 2025)
- COMPACT 변시 상법의 感(이론편/판례편)(학연, 2025)
- COMPACT 변시 민사소송법의 感(이론편/판례편)(학연, 2025)

지은이 **송재광** 변호사(辯護士)

[학 력]
- 대구고등학교
- 서울대학교 국사학과(학사),
- 서울대학교 법학전문대학원 졸업(석사)
- 13회 변호사시험 합격

[저 술]
- COMPACT 변시 2024년 6모 민사법 해설(학연, 2024)
- COMPACT 변시 2024년 8모 민사법 해설(학연, 2024)
- COMPACT 변시 2024년 10모 민사법 해설(학연, 2024)
- COMPACT 2025 14회 변호사시험 민사법 해설(학연, 2025)
- COMPACT 변시 진도별 민법선택연습(기출편)(학연, 2025)
- COMPACT 변시 진도별 민사소송법선택연습(기출편)(학연, 2025)
- COMPACT 변시 진도별 민법선택연습(모의편)(학연, 2025)
- COMPACT 변시 진도별 상법선택연습(기출편)(학연, 2025)
- COMPACT 변시 진도별 상법선택연습(모의편)(학연, 2025)

COMPACT 변시 진도별 민사소송법선택연습(모의편)

발 행 일 : 2025년 03월 19일(제2판)
저　　자 : 이 관 형, 송 재 광
발 행 인 : 이 인 규
발 행 처 : 도서출판 (주)학연
주　　소 : 충청북도 진천군 백곡면 명암길 341
출판등록 : 2012.02.06. 제445-2510020120000013호
www.baracademy.co.kr / e-mail: baracademy@naver.com / Fax: 02-6008-1800

저자와 협의하여 인지를 생략함

정가: 26,000 원　　　　ISBN: 979-11-94323-81-5(93360)

* 파본은 구입하신 서점에서 바꿔드립니다.
* 본 서는 저작권법에 의하여 보호를 받는 저작물이므로 무단 전재와 복제를 금합니다.